Hermann Kießling

Der Goldene Saal und die Fürstenzimmer

im Augsburger Rathaus

Eine Dokumentation der Wiederherstellung

mit einführenden Beiträgen
von Alfred A. Schmid, Jürgen Paul und Michael Petzet
sowie einem Beitrag über die Rekonstruktion
des mit der Planung beauftragten Architekten
Alois Machatschek

Deutscher Kunstverlag München Berlin

Die Herausgabe dieser Dokumentation wurde freundlicherweise unterstützt durch die Stadtsparkasse Augsburg.

Die Deutsche Bibliothek – CIP Einheitsaufnahme

Der goldene Saal und die Fürstenzimmer im Augsburger Rathaus : eine Dokumentation der Wiederherstellung / Hermann Kießling. Mit einführenden Beitr. von Alfred A. Schmid ... Sowie einem Beitr. über die Rekonstruktion des mit der Planung beauftragten Architekten Alois Machatschek. - München ; Berlin : Dt. Kunstverl., 1997
ISBN 3-422-06198-3
NE: Kießling, Hermann

Gesamtkonzeption und Gestaltung	Hermann Kießling
Text und Redaktion	Hermann Kießling Ulrich Lohrmann und Andreas Pintscher
Planzeichnungen	Alois Machatschek Städtisches Hochbauamt Ludwig Leybold Ulrich Lohrmann Hans Schrammel Friedrich Hermann Stab Johann Weiß

Lithos
Behnsen & Co. GmbH, Augsburg; Dörfel Repro, München

Satz und Druck
Hofmann-Druck Augsburg GmbH, Augsburg

Bindung
Thomas-Buchbinderei Augsburg

© 1997 Deutscher Kunstverlag GmbH München Berlin
ISBN 3-422-06198-3

Vorwort von Oberbürgermeister Dr. Peter Menacher

PVBLICO CONSILIO – PVBLICAE SALVTI steht seit 1620 als Inschrift über dem Hauptportal des Augsburger Rathauses. Es solle dem »öffentlichen Rat« und dem »öffentlichen Wohl« dienen. Hier wird beraten und entschieden, und weil guter Rat immer schon teuer war, hat sich die Stadt Augsburg seinerzeit ihr Rathaus etwas kosten lassen. Es ist der Stolz der Stadt, und von diesem Stadtbewußtsein waren auch die Augsburger Bürger rund dreieinhalb Jahrhunderte nach dem Bau des Rathauses getragen, als sie sich nach der Bombennacht des Februar 1944 daran machten, dieses ausgebrannte Rathaus in altem Glanz wiedererstehen zu lassen.

Nicht nur das Rathaus, sondern vor allem auch dessen Herzstück, den Goldenen Saal. Er dient nicht unmittelbar dem »öffentlichen Rat«, jedenfalls aber dem »öffentlichen Wohl«. In diesem Prunksaal stellt sich die Stadt dar, repräsentiert sie, feiert sie. Es ist der Festsaal der Bürger.

Dieser Ort der Repräsentation dient nicht der Verherrlichung der Repräsentanten. Vielmehr der Identifikation der Bürger mit ihrer Stadt, die ja Stadtheimat ist. Er ist nicht nur die gute, sondern die beste Stube unserer Stadt, ist auch nach außen strahlendes Zeugnis unserer Stadtkultur, der unverwechselbaren und nicht austauschbaren Augsburger Urbanität, deren große Tradition bereichernd in die Gegenwart hineinwirkt.

Der Wunsch, diesen ausgebrannten Goldenen Saal wieder im alten Glanz erstehen zu lassen, kam aus der Mitte der Augsburger Bürgerschaft, die sich zu diesem illustren Stück Stadtheimat bekannte – und allen Skeptikern zum Trotz fest daran glaubte, daß eine solche originalgetreue Rekonstruktion möglich sei. Diese Optimisten bekamen recht. Augsburg hat seinen Goldenen Saal wieder.

Allen, die an der Wiederherstellung dieses Saales beteiligt waren, sage ich an dieser Stelle ganz herzlichen Dank: den Architekten, den Künstlern, den Handwerkern, die bewiesen haben, daß unser heimisches Handwerk nach wie vor vitales Kunsthandwerk ist, allen, die Hoffnung gegeben und Vertrauen darauf gesetzt haben, daß dieser Saal wieder so wird, wie er war, und allen, die diese Wiederherstellung ermöglicht haben. Einen besonderen Dank richte ich an den Goldenen-Saal-Verein und seine großherzigen Mitgliedern, ohne deren Initiative und Engagement dem Stadtrat eine Entscheidung zugunsten der historischen Wiederherstellung kaum möglich gewesen wäre. Ich danke allen Privatpersonen, Firmen und Organisationen für die ideelle und finanzielle Unterstützung. Es hat sich gezeigt, daß unser heimisches Handwerk, unsere heimischen Handwerker nicht nur, wie man heute sagt, up to date sind, sondern auch noch fest in der guten alten handwerklichen Tradition verwurzelt sind und Kunst, Handwerkskunst, Kunsthandwerk und schlichtes und deswegen nicht weniger anspruchsvolles Handwerk auch heute noch wie anno dazumal beherrschen, es verstehen, mit den Mitteln von damals umzugehen, praktisch zeitversetzt zu arbeiten. Dies war und ist eine einmalige Leistung, ein Kraftakt unseres Handwerks, unseres Kunsthandwerks und unserer Handwerkskunst. Ich danke an dieser Stelle ganz herzlich allen Künstlern und kunstfertigen Handwerkern und allen Firmen, die das zustande gebracht haben.

Es war ein langer Weg von der Überlegung über die Diskussion bis zur Beschlußfassung und schließlich bis zur Fertigstellung; allein die Arbeiten haben sechzehn Jahre gedauert. Als, nach einen Kolloquium international kompetenter Experten, festgelegt wurde, die Rekonstruktion des Goldenen Saales zu wagen, wurde Professor Dr. Alois Machatschek mit der Planung der Rekonstruktionsarbeiten betraut. Seitdem hat Professor Machatschek, zusammen mit den Professoren Dr. Alfred A. Schmid und Dr. Jürgen Paul, beratend und begleitend diese Arbeiten gefördert. Ihnen sage ich ganz herzlichen Dank. Danken möchte

ich auch dem Bezirk Schwaben sowie dem Bayerischen Landesamt für Denkmalpflege und der Bayerischen Landesstiftung.
Einen besonderen Dank richte ich an die Bauverwaltung der Stadt Augsburg, die dieses Mammutwerk betreut hat. Namentlich danke ich dem langjährigen Leiter unseres Hochbauamtes und ebenso kompetenten wie leidenschaftlichen Rathaus-und Goldenen-Saal-Kenner Dr. Hermann Kießling, der stets treuer Berater und Betreuer war und jetzt noch, im Ruhestand, die vorliegende umfassende Dokumentation erarbeitet hat.
Diese Dokumentation zeigt nicht nur den beispielhaften Weg der historisch getreuen Rekonstruktion eines einzigartigen Kunstwerkes auf, sondern zeugt auch vom nicht weniger beispielhaften Einsatz der Bürger für ihren Lebensraum Stadt, für ihre Stadtheimat, zu der sie sich bekennen, und die zu erhalten sie auch gern zu Opfern bereit sind.
Möge dieser Bürgersinn in die Zukunft fortwirken und möge dieses Buch eine breite Aufnahme finden.

Augsburg, im November 1996

Dr. Peter Menacher, Oberbürgermeister

Einführung

Das Schicksal des heute wieder in seiner vollen Pracht erstrahlenden Baudenkmals war von der ersten Stunde an mit der Initiative risikobereiter und kluger Menschen und dem Können unzähliger Handwerker und Künstler verbunden. Dies gilt nicht nur für die Entstehung des Bauwerkes, sondern auch für seine Erhaltung nach der nahezu vollständigen Zerstörung im Zweiten Weltkrieg, für den Wiederaufbau und die spätere Generalsanierung, vor allem aber für die originalgetreue Rekonstruktion des Goldenen Saales und eines Fürstenzimmers.
So verdankt das Augsburger Rathaus seine heutige Existenz drei mutigen Entschlüssen, die ausnahmslos in besonders schwierigen Zeiten getroffen wurden: unmittelbar vor dem 30jährigen Krieg die Entscheidung für den Neubau, kurz nach dem Zweiten Weltkrieg gegen den Abbruch und für den Wiederaufbau der Brandruine und schließlich in den Jahren der beginnenden Geldknappheit für die Wiederherstellung des zentralen Prunksaales im Hollschen Rathaus.
Dieser wohl einmalige Vorgang ist Grund genug, in einer ausführlichen Dokumentation dargestellt zu werden. Neben einer Beschreibung von Baugeschichte, Kunst und Ausstattung werden aber auch die beteiligten Personen, Vereine und Gremien behandelt. Hierzu zählen Persönlichkeiten wie Altoberbürgermeister Dr. Klaus Müller als Mann der ersten Stunde mit seinem Enthusiasmus und Durchhaltevermögen sowie der von ihm gegründete »Goldener-Saal-Verein«. Ohne ihr vorbildliches Engagement ist die inzwischen nahezu vollständige Rekonstruktionsmaßnahme nicht denkbar.
Besondere Erwähnung verdient in diesem Zusammenhang auch Professor Dr. Alfred A. Schmid, Präsident des Schweizer Denkmalpflegerates, auf dessen souveränes Fachwissen und Argumentationsgeschick die Empfehlung des Internationalen Kolloquiums im Jahre 1978 zurückzuführen ist, wozu auch die vom Verfasser dieses Buches erarbeitete Dokumentation maßgeblichen Anteil hatte. Die politische Umsetzung der Empfehlung des Kolloquiums ist ohne Zweifel das Verdienst des damaligen Oberbürgermeisters Hans Breuer, der den Stadtrat zu seiner beispielhaften Beschlußfassung bewegen konnte. Schließlich war Stadtbaurat Friedrich Hermann Stab, der bislang keineswegs ein Verfechter der Wiederherstellung war, nachhaltig bestrebt, den Beschluß des Stadtrates konsequent und effizient umzusetzen: Er gab sowohl den entscheidenden Anstoß für die Beauftragung des namhaften Architekten Professor Dr. Alois Machatschek mit Planung und Bauleitung, als auch für die Einsetzung der heute noch erfolgreich tätigen Sachverständigen-Kommission.
Diese hochrangigen Experten – sie waren in bislang 32 Kommissionssitzungen tätig – waren zusammen mit den beauftragten Architekten die Garanten für den sichtbaren Erfolg dieser Rekonstruktion, die wohl zu den bedeutendsten im europäischen Raum zu zählen ist. Erinnert sei aber auch an die vielfältigen Widerstände, denen die Rekonstruktionsmaßnahme von Anfang an ausgesetzt war, die aber letztlich die Verantwortlichen zu umso größeren Anstrengungen herausforderten. Die erheblichen Schwierigkeiten in der Anfangsphase des Rekonstruktionsvorhabens sind heute angesichts des vollendeten Werkes fast in Vergessenheit geraten, weshalb auch diesem Thema ein Abschnitt dieser Dokumentation gewidmet ist.
Mit den weiteren Ausführungen werden in Text und Bild die Abwicklung der Rekonstruktionsarbeiten und außerdem die einzelnen Ausstattungselemente umfassend beschrieben und dargestellt. Somit ist diese Publikation auch ein Rechenschaftsbericht über die geistigen, manuellen und finanziellen Aufwendungen, die das Augsburger Rathaus in seiner 370jährigen Geschichte bis zum heutigen Tag begleitet haben.

Eine besondere Aufwertung erfährt die vorliegende Dokumentation durch die einführenden Textbeiträge der an der Rekonstruktion beteiligten Professoren Alfred A. Schmid aus Fribourg (CH), Jürgen Paul, Dresden, und Michael Petzet, Generalkonservator des Bayerischen Landesamtes für Denkmalpflege. Die vor allem in den letzten Jahren intensiv gepflegte Zusammenarbeit mit dieser Behörde findet hier zudem ihren sichtbaren Ausdruck mit dem profunden Beitrag von Oberkonservator Bernd Vollmar über die Restaurierung der Freskenfragmente im Goldenen Saal.
Der eigentlichen Dokumentation vorangstellt ist schließlich ein umfassender Beitrag von Professor Dr. Alois Machatschek über Planung und Durchführung der Rekonstruktionsmaßnahme aus der Sicht des beauftragten Architekten, wobei anhand des Ergebnisses die methodischen Grundsätze dieser Wiederherstellung dargestellt und bewertet werden.

Augsburg, im November 1996

Hermann Kießling

INHALT

Anhang

Einführende Beiträge

Blick in den südöstlichen Bereich des rekonstruierten Goldenen Saales.

Alfred A. Schmid

Rekonstruktion – Wiederherstellung – Restaurierung

Der Untergang und die Erneuerung des Rathauses müssen nicht nur mit der besonderen geschichtlichen Situation der Stadt Augsburg, sondern auch im Zusammenhang mit den gewaltigen denkmalpflegerischen und städtebaulichen Aufgaben gesehen werden, die nach dem Ende des Zweiten Weltkriegs in Europa bewältigt werden mußten. Ein Verhängnis ohnegleichen hatte während mehr als fünf Jahren auf den europäischen Städten gelastet. Sie waren – erstmals in diesem Umfang – existenziell bedroht und zum Ziel direkter Angriffe auch abseits der Frontlinien gemacht worden. Dabei wurden schwerste Verluste unter der Zivilbevölkerung von vornherein in Rechnung gestellt. Zu den punktuellen Zerstörungen einzelner Objekte, die genau ins Visier genommen wurden, kamen schon im ersten Kriegsjahr die Flächenbombardierungen, denen wahllos ganze Siedlungen zum Opfer fielen.

Angesichts der Zerstörungen apokalyptischen Ausmaßes, wie sie vor allem der Luftkrieg hinterließ, stellten sich grundsätzliche Fragen: Waren inmitten von Ruinen überhaupt noch Ansätze zu einem Wiederbeginn auszumachen, die ein Anknüpfen an das geschichtlich Gewordene, das in Jahrhunderten Geschaffene erlaubten? War es sinnvoll, historische Strukturen freizulegen und sie als Grundlage für einen Neuanfang zu nutzen? Oder war im Gegenteil ein solcher Neubeginn nur vom Nullpunkt her möglich, aufgrund einer völligen Neuorientierung? Nicht überall stellten sich zwar die Fragen mit der gleichen Unerbittlichkeit wie etwa in Rotterdam, Coventry und Dresden. Im ersten Jahrzehnt des Wiederaufbaus wurden jedoch, so scheint es uns im Rückblick, sämtliche Möglichkeiten ausgeschöpft. Wiederaufbau in freier Nachschöpfung unter Beibehaltung der Häuserfluchten und des Brandmauersystems wie im historischen Stadtkern von Münster in Westfalen, Replik des einst Vorhandenen bis zur Respektierung von Material und Technik innerhalb des ursprünglichen Volumens, bewußte Abkehr von der historischen Überlieferung mit Ausnahme der im Gesamtaspekt so wichtigen Kleinmaßstäblichkeit, oder freie Bahn für die moderne, in Material und Form nur der Gegenwart verpflichtete Baukunst? Mit einem beispiellosen Einsatz wurden die Trümmer weggeräumt. Zeitdruck und Erfolgszwang führten zu Lösungen, denen wir heute insgesamt, als Architekten, Denkmalpfleger, Städtebauer und Raumplaner, doch distanziert gegenüberstehen. Sowohl im kontinentalen Überblick als auch im regionalen und lokalen Rahmen kann jedoch auf Leistungen verwiesen werden, die unseren Respekt verdienen – die neue, dem ausgehenden Jahrhundert entsprechende Stadt ist dabei allerdings nirgends geschaffen worden.

Fassen wir die mehr oder weniger getreue Replik historischer Einzelbauten, Baugruppen, Straßenzüge und ganzer Quartiere ins Auge, so standen sich in der Regel zwei Schulen gegenüber, nicht selten mit dem kompromißlosen Absolutheitsanspruch von Religionen. Das Thema des Bauens in der alten Stadt war Gegenstand ungezählter Kongresse und Symposien, und das Gleiche gilt für die erlaubten oder verpönten Eingriffe ins einzelne Objekt, ob die Wiederherstellung, die Ergänzung oder die notwendige funktionelle Anpassung nun in der Sprache unserer eigenen Zeit oder unter Zuhilfenahme von Grammatik und Syntax vergangener Jahrhunderte erfolgten. Aus heutiger Sicht stellen wir dankbar fest, daß dank der oft vehementen Auseinandersetzung über den Umgang mit unserem baulichen Erbe, gelegentliche Irrwege und Fehlleistungen miteingeschlossen, auch abgesehen von Objekten erster Ordnung, im Ergebnis doch eine Fülle oft bereits verloren gegebener und abgeschriebener Altbauten und ganze Ensembles erhalten geblieben sind.

Was seinerzeit wiederaufgebaut wurde, ist inzwischen selbst bereits Geschichte und damit Teil unseres baulichen Erbes geworden. Vieles hat zu dieser Entwicklung beigetragen: die günstigen konjunkturellen Voraussetzungen, die während der fünfziger und sechziger Jahre in den meisten europäischen Ländern herrschten, die Erweiterung der Aufgaben und der Befugnisse der staatlichen und kommunalen Denkmalämter und ihre personelle Aufstockung, aber nachhaltiger doch wohl noch die Sensibilisierung der öffentlichen Meinung. Die gewaltigen, unwiederbringlichen Substanzverluste während des Zweiten Weltkriegs und selbst noch in den ersten Nachkriegsjahren haben ein neues Bewußtsein für die geplante Wirklichkeit geschaffen, in der sich unser Leben abspielt. Dieses Bewußtsein hat – und das ist das eigentlich Neue – sämtliche soziale Schichten erfaßt. Die Denkmalpflege hat so den elitären Charakter und die betont geschichtliche Ausrichtung, die sie lange charakterisierten, verloren, sie ist in einem guten Sinne mehr und mehr volkstümlich, das heißt zum Anliegen breiter Schichten geworden. »Eine Zukunft für unsere Vergangenheit« – das europäische Jahr für Denkmalpflege, 1975 vom Europarat proklamiert und von den Mitgliedstaaten unter Einsatz erheblicher Mittel durchgeführt, erweist sich nachträglich als entscheidender Impuls, ja als eigentliche Peripetie der Denkmalpflege. Ziel eines behutsamen Umgangs mit dem baulichen Erbe war die erhaltende Erneuerung, die Behebung von Schäden mit dem Ziel, dem Baudenkmal über seinen historischen Zeugniswert hinaus seine Aura als Kunstwerk wiederzugeben.

Im Widerspruch dazu steht eine Einstellung, die der Bedeutung des Objekts als Dokument der Geschichte absolute Priorität einräumt und im Hinblick darauf konsequent auf jede Korrektur nachträglicher Eingriffe verzichtet, selbst wenn diese dem Bau, seinem Wesen und seiner Funktion zuwiderlaufen. Jede Denkmalpflege, die über die bloße Sicherung und Erhaltung des Objekts hinausführt, wird unmißverständlich abgelehnt. Die entsakralisierte Kirche eines zerfallenden Klosters z. B., die zur Einstellhalle für landwirtschaftliche Maschinen erniedrigt wurde, wird demzufolge selbst im Zustand einer entwürdigenden Verfremdung akzeptiert. Die Quintessenz dieser Auffassung lautet: Konservieren statt Renovieren. Ihre Apologeten waren Ruskin, Riegl, Dehio und in geringerem Maß auch Max Dvorak. Sie verstanden ihre Doktrin als Antwort auf die akute Gefahr, in der sich die Denkmalpflege ausgangs des 19. Jahrhunderts befand, gegen die damals übliche rekonstruierende Intervention, die dort, wo der Befund nicht ausreicht und nicht hinlänglich dokumentiert ist, zwangsläufig zur Hypothese greift und in die Interpretation mündet. Beispiele von Baudenkmälern, die auf diesem Wege verfälscht und um ihre Echtheit, ihre Authentizität gebracht worden sind, hat uns das 19. Jahrhundert reihenweise hinterlassen, und Georg Dehios geharnischte Stellungnahme muß als berechtigter Einspruch gegen diesen freizügigen Umgang mit historischer Bausubstanz verstanden werden. Auch Alois Riegl, dessen Kritik des modernen Denkmalkultes nur um wenige Jahre vorausgeht, betont den Zeugniswert des Baudenkmals, das in seiner aktuellen Erscheinung zu erhalten ist. Der Alterswert muß unter allen Umständen respektiert werden; ihm kommt in jedem Fall Priorität zu. Die Intervention hat sich auf die Sicherung des Ist-Zustands zu beschränken, und jede weiterführende Maßnahme ist demzufolge zu unterlassen. Die Konsequenzen dieser Haltung sind absehbar. Gerade weil es in seiner aktuellen historischen Erscheinung fixiert wird, verliert das Baudenkmal letztlich seinen Bezug zum Leben, es wird zum Fossil. Berührungsängste, wie sie Ruskin in schärfster Weise formuliert hat, führen auf diese Weise notgedrungen zum Untergang des Objekts und verfehlen damit das Ziel der Denkmalpflege, die mit ihren Maßnahmen im Sinne der Gerontologie das Leben des Patienten doch zum mindesten verlängern soll.

Die hier kurz skizzierten Doktrinen der Denkmalpflege wurden vor dem Hintergrund einer heilen Welt entwickelt. Wie hätten sich Ruskin, Riegl und Dehio über die Situation geäußert, die uns der Zweite Weltkrieg hinterließ? Wie hätten sie sich in Kenntnis einer von Schadstoffen angereicherten Luft verhalten, durch

1

Vue du Superbe Hotel de la Ville d'Augsbourg. Prospect des schönen Rath-Hauses zu Augspurg.

»Prospect des schönen Rath-Hauses zu Augspurg«. Zeichnung von Salomon Kleiner, gestochen von Joh. Georg Pinz, 1732.

welche selbst das physische Überleben der Bauten in Frage gestellt wird? Wir dürfen annehmen, daß in einer derart extremen Lage auch sie sich nicht aus der Verantwortung gestohlen hätten. Heute kann es ja nicht mehr um die akademische Diskussion der Frage gehen, ob man hemmend in den programmierten Ablauf der Ereignisse eingreifen dürfe, sondern einzig noch darum, ob unsere Intervention richtig und angemessen sei und ob sie langfristig das Ziel zu erreichen, den Zerfall hinauszuzögern vermöge. Die dauernde Selbstprüfung der Denkmalpflege im Rahmen ihrer nationalen und internationalen Organisationen, wie sie in der Nachkriegszeit geschaffen wurden, hat sich im großen und ganzen bewährt. Wir sind zum mindesten vorsichtiger geworden, soweit der Weg und das Ziel unserer Interventionen in Frage stehen. Formal kommt die sogenannte gestaltende Denkmalpflege nur noch ausnahmsweise zu Wort, materiell beschränkt man sich grundsätzlich auf den Einsatz traditioneller Materialien und Techniken. Bravourleistungen im gewollten Neben- und Gegeneinander von Möglichkeiten sind weniger gefragt als der Dienst am Werk, Altes und Neues nebeneinander im Sinne der Integration und nicht des Konflikts. In der Bewahrung, der Rettung und der Wiederherstellung des vielfach gefährdeten baulichen Erbes wird heute eine veränderte Haltung spürbar. Beim Entscheid über den Wiederaufbau der Altstadt von Warschau und insbesondere des Königsschlosses, von dem ja nur ein paar Steine in situ den Krieg überlebt hatten, stand ja weit mehr als das Bauwerk und seine städtebauliche Funktion und seine doch in großem Ausmaß gerettete Ausstattung auf dem Spiel, so wichtig das alles war. Hier ging es, und darüber waren die Verantwortlichen nie im Zweifel, letztlich um den Kern der Altstadt als Symbol für die wiedergewonnene Würde und Identität Polens, ungeachtet der damals herrschenden politischen und sozialen Verhältnisse: Wiederaufbau der Altstadt und des Schlosses als Bekenntnis, das von der Bevölkerung auch als solches verstanden und mitgetragen wurde. Wiederaufbau aufgrund der noch vorhandenen Ruinen, unter Einsatz der vorhandenen ikonografischen Dokumentation, von den Plänen und Fotografien der Kunstdenkmäler-Inventarisation zurück bis zu den Veduten Canalettos. Die Leistung wurde unter den schwierigsten Umständen erbracht, und wir können ihr auch im Abstand einiger Jahrzehnte unseren Respekt nicht versagen.

Unter dem Zwang der Verhältnisse wurden beim europäischen Wiederaufbau denkmalpflegerisch alle denkbaren Varianten im Nebeneinander von Alt und Neu durchexerziert, mit wechselnden Akzenten. Das verschwundene Berliner Stadtschloß steht uns als Gegenbeispiel zum Warschauer Schloss vor Augen. Es wäre nach dem Untergang des Dritten Reiches durchaus zu retten gewesen, aber es verfiel damals einer rein politisch begründeten damnatio memoriae. Noch hat sich die Auseinandersetzung um die künftige Nutzung des an seiner Stelle errichteten Ersatzbaus und – in Verbindung damit – die Zukunft der Museumsinsel kaum beruhigt. Zwischen diesen beiden Extremfällen ließen sich die verschiedensten Verhaltensweisen aufzeigen, darunter auch ernsthafte, bedenkenswerte Versuche, verschwundene Glieder in der Kette in der Sprache des 20. Jahrhunderts dem Altbestand einzufügen. Daß dabei sich die Kargheit und die kristalline Härte mittelalterlicher Bauten selbst noch im Fragment toleranter verhalten als Reste eines nachmittelalterlichen Gesamtkunstwerks, läßt sich an den relativ wenigen geglückten Synthesen dieser Art aufzeigen. Entscheidend für das Gelingen oder Mißlingen solcher Versuche ist jedoch immer der Takt und die Behutsamkeit des verantwortlichen Architekten, der sich die ihm gebotenen Grenzen und Möglichkeiten bei jedem einzelnen Schritt überlegen muß. Im Rückblick darf heute festgestellt werden, daß der Ersatz für Verlorenes oder Beschädigtes zwangsläufig ein zentrales Anliegen der Denkmalpflege der Nachkriegszeit war. Das Schließen von Lücken entsprach in den meisten Fällen nicht so sehr einem ästhetischen und kunstgeschichtlichen Anliegen, es wurde in erster Linie von der Funktion her gefordert, ob es sich nun um ein Einzeldenkmal, eine Baugruppe oder um ein städtebauliches Ensemble handelte. Die überzeugendsten Lösungen sind dabei nicht dem Konflikt, dem harten Gegenüber von Neu und Alt zu verdanken, sondern einer zurückhaltenden, integrativen Intervention.

In diesem europäischen Rahmen muß auch das Augsburger Rathaus, sein Untergang und seine Wiederherstellung gesehen und beurteilt werden. Die Ausgangslage ist bekannt. Das Gebäude ist in den schweren Bombenangriffen der Nacht vom 25. auf den 26. Februar 1944 völlig ausgebrannt, und es blieben im Wesentlichen nur die Fassaden und die untersten Geschosse stehen. Die mit dem Bau verbundene feste Ausstattung des Goldenen Saales ging mit Ausnahme von Resten der Wandmalereien verloren, und nur die rechtzeitig in Sicherheit gebrachte bewegliche Ausstattung der vier Fürstenzimmer blieb erhalten. Die Brandruine wurde, sobald es die Verhältnisse zuließen, durch wirksame Sicherungsmaßnahmen vor weiterem Zerfall geschützt. Hätte man sie abreißen, beseitigen, das Gelände einebnen sollen? Überblickt man die Aktendossiers, die seit der Katastrophennacht im Hinblick auf die Wiederherstellung und die künftige Nutzung des Rathauses angelegt wurden, so stellt man fest, daß der Wiederaufbau unter möglichster Tilgung der Zerstörungsfolgen eigentlich nie grundsätzlich in Zweifel gezogen worden ist. Schrittweise erfolgte der Wiederaufbau einzelner Bauteile bis zum Wiedereinzug der Stadtverwaltung. Das Äußere erhielt dabei schon im Hinblick auf die städtebauliche Bedeutung des Bauwerks Priorität. 1954 war das äußere Erscheinungsbild des Rathauses wiederhergestellt. Der im Rohbau belassene Goldene Saal und die Fürstenzimmer waren einstweilen bewußt ausgeklammert worden.

Die Augsburger verfolgten mit spürbarer Anteilnahme die von den städtischen Behörden angeordneten Sicherungsmaßnahmen wie auch die erste Stufe des Wiederaufbaus. Ein großer Schritt folgte im Dezember 1956 mit der Auslobung eines Wettbewerbs über die künftige Gestaltung und Nutzung des Raumangebots, das mit der Wiederherstellung des Innern geschaffen wurde. Das veranlaßt uns zu einem weiteren Blick in die Geschichte des Rathauses, der die seit jeher

Prospect du premier Apartement des Princes vers le Côte: au des Conciergerie marquè C. dans le Plan.

Perspectivischer Aufzug der Ersten Fürsten-Stuben gegen dem Eisenberg, in dem Grundriß mit Lit. C.

Das südöstliche Fürstenzimmer. Zeichnung von Salomon Kleiner, gestochen von Joh. Georg Pinz, 1732.

bestehende Bindung der Augsburger an diesen aufwendigsten bürgerlichen Profanbau der deutschen Geschichte offenlegt. 1884 – zu einem Zeitpunkt also, an dem die Diskussion öffentlicher Bauaufgaben noch durchaus nicht selbstverständlich war – verhinderte ein Protest der Bürgerschaft die Errichtung eines Verwaltungstrakts östlich des Rathauses; der Bau wurde, ungeachtet der bereits begonnenen Fundamentierung, aufgegeben. 1960 setzten sich die Bürger für die Freihaltung des Rathausplatzes ein, und die Gestaltung des Ludwigsplatzes unterblieb. Unter dem Druck der öffentlichen Meinung beschloß der Stadtrat im Oktober 1962, den Platz einstweilen freizuhalten und die bereits ausgehobene Baugrube wieder einzufüllen.

Im Dezember 1956 schrieb die Stadtverwaltung unter deutschen Architekten, Malern und Bildhauern einen Ideenwettbewerb zur Erlangung von Entwürfen für den Innenausbau des Rathauses aus. Es ging dabei um ein Nutzungskonzept und vor allem um die künstlerische Ausgestaltung der Erdgeschoßhalle (des sogenannten Unteren Fletzes), des Zwischengeschosses und des darüber liegenden Vollgeschosses (des Oberen Fletzes). Schließlich – und das war natürlich das Hauptanliegen – sollte auch der Goldene Saal und wenigstens eines der vier Fürstenzimmer in die Planung einbezogen werden. An diesem Wettbewerb beteiligten sich insgesamt 37 Teilnehmer. Die Zielsetzung war eindeutig auf eine zeitgenössische Lösung ausgerichtet, so daß das einzige Projekt, das eine reine Rückführung des Goldenen Saales auf den letzten faßbaren historischen Zustand vorsah, den Zustand gewissermaßen am Vorabend der Katastrophe von 1944, durch das Preisgericht sogar von der Beurteilung ausgeschlossen wurde.

Das Ergebnis des Wettbewerbs war nicht überwältigend. Das Preisgericht schlug keinen Entwurf zur Ausführung vor, und auch der Stadtrat mochte sich nicht dazu entschließen, einen der eingereichten Entwürfe zur Ausführung oder auch nur zur Weiterbearbeitung vorzusehen. Er förderte den Innenausbau unter Zurückstellung des Hauptgeschosses jedoch soweit, daß das Rathaus 1963 wieder voll funktionsfähig war. Die inzwischen erarbeitete neue Nutzungs-

konzeption entlastete den Bau weitgehend von den administrativen Aufgaben. Nach Beschluß des Stadtrates vom 28. Juli 1982 sollte er künftig vorzugsweise repräsentativen und kulturellen Zwecken dienen, die seinem hohen künstlerischen Rang angemessen waren. Der Goldene Saal mit seinen drei Begleiträumen, den sogenannten Fürstenzimmern – das vierte, nordöstlich gelegene war inzwischen leider einem Lifteinbau geopfert worden – wurde im Hinblick auf den Mißerfolg des Wettbewerbs einstweilen zurückgestellt und im Rohbau belassen. In dieser provisorischen Form, mit einem Asphaltbelag als Fußboden und kahlen, verputzten Wänden, diente das ganze Hauptgeschoß zur Durchführung großer, auch im Ausland beachteter kultur- und kunsthistorischer Ausstellungen, die hier ein neutrales, vielfach zu nutzendes Raumangebot vorfanden.
Auf die Dauer ließ sich indessen das Problem der Integration dieser großartigen, den Besucher noch in Knechtsgestalt beeindruckenden, ja überwältigenden Raumfolge nicht vertagen. Die Wiederherstellung des Rathauses, dessen Äußeres wieder den repräsentativen Bedürfnissen der einstigen Reichsstadt entsprach, mußte im kolossalen Goldenen Saal und seinen Trabanten Krönung und Abschluß finden. Im Dezember 1977 beschloß der Stadtrat auf Empfehlung des Baureferenten Friedrich Hermann Stab, ein internationales wissenschaftliches Kolloquium über die Restaurierung und Rekonstruktion historischer Profanbauten und insbesondere von repäsentativen Festräumen zu veranstalten, die im Krieg vernichtet oder schwer beschädigt worden waren. In diesem Gespräch sollte auch das Problem des Goldenen Saals in seinen sämtlichen Aspekten zur Diskussion gestellt werden.
Das Kolloquium wurde auf den 08. und 09. März 1978 angesetzt. Neben den deutschen Teilnehmern fanden sich Fachleute aus Belgien, Dänemark, Frankreich, Österreich, Polen und der Schweiz ein. Das große Interesse, das man auch im Ausland derartigen Rekonstruktionsproblemen entgegenbrachte, wurde daraus ebenso ersichtlich wie die exemplarische Bedeutung, die einer Wiederherstellung des Goldenen Saales in den Augen der internationalen Fachwelt zukam. Die Organisation war vom Zentralinstitut für Kunstgeschichte in München übernommen worden, dessen damaliger Direktor, Professor Willibald Sauerländer, die Sitzungen des ersten Tages leitete. An diesem Tag wurden einige Paradebeispiele rekonstruierender Denkmalpflege vorgestellt, unter anderem die Residenz in München, die Schlösser Charlottenburg und Bruchsal und verschiedene Rathäuser in der Bundesrepublik. Die Problematik der Wiederherstellung historischer Räume, die im Laufe ihrer Geschichte schon erheblichen Eingriffen ausgesetzt waren, trat bei einzelnen Bauten besonders eindringlich in Erscheinung. Welcher Raumgestaltung, derjenigen des 16. oder der des 19. Jahrhunderts, beide nur noch lückenhaft überliefert, sollte zum Beispiel im Rathaus von Nürnberg der Vorzug gegeben werden? Die ausländischen Fachleute wiederum berichteten von ihren besonderen Erfahrungen. Schon aus dem Gespräch des ersten Tages ließ sich absehen, daß es keine allgemein verbindliche Doktrin und keine Patentrezepte gab, die man unbesehen eigenen Entscheidungen zugrunde legen konnte. Am zweiten Tag stand der Goldene Saal eindeutig im Mittelpunkt. Hier war der historische Bestand mit Ausnahme der ausgebrannten Raumschale, relativ geringen Resten von Wandmalereien und der beweglichen Ausstattung der Fürstenzimmer vernichtet, insbesondere die prunkvolle Spätrenaissancedecke, die dem Saal schon bald nach seiner Vollendung seinen Namen gegeben hatte.
Die Teilnehmer am Kolloquium äußerten sich zur Frage einer eventuellen Rekonstruktion des Saales in allen Einzelheiten meist zurückhaltend. Sie waren sich der Schwierigkeiten einer Wiederherstellung, die möglichst nahe an das verlorene Original heranführen sollte, voll bewußt. War eine rekonstruierende Wiederherstellung, die – wenn man von der Raumschale und den wenigen Wandmalereiresten absah – neu geschaffen werden mußte, überhaupt statthaft? Auch die beste und zuverlässigste Dokumentation erlaubte ja nur eine Annähe-

Wiederhergestellte Maske an einer Säule des nördlichen Hauptportals, geschnitzt und vergoldet von Walter Campidell aus Feistritz a. d. Drau in Kärnten.

rung an ein Raumkunstwerk, das unter ganz bestimmten Bedingungen entstanden und von den Möglichkeiten und Mitteln einer bestimmten Epoche geprägt war. Alle am Gespräch Beteiligten wußten andererseits, daß ein nachmittelalterlicher Festraum stets ein Gesamtkunstwerk darstellt und im letzten auch eine Gesamtwirkung erstrebt, in der das Einzelne seinen bestimmten und im Grunde durch nichts zu ersetzenden Stellenwert besitzt. Vereinfachen, straffen, weglassen von Einzelheiten in dieser höchst differenzierten Partitur würde mit Sicherheit das Ziel verfehlen. Anspruchsvolle Festräume von der Art des Goldenen Saales leben aus dem Einklang, wie er sich aus dem Zusammenspiel und der Wechselwirkung zahlloser Details ergibt. Hinzu kommt schließlich noch, daß innerhalb des Zusammenspiels gerade in Augsburg nicht jedes konstituierende Element die gleiche künstlerische Qualität besaß, auch wenn es rein handwerklich hohen Ansprüchen genügen mußte.

Überlegungen dieser Art wurden in manchen Vorträgen und Diskussionsvoten geäußert. Skepsis und ermunternder Optimismus, Bedenken und Vertrauen in das handwerkliche Können, das in Augsburg offensichtlich zur Verfügung stand, hielten sich, so erscheint es uns heute im Rückblick, einigermaßen die Waage.

Seitens der zuständigen städtischen Behörden wie der Bevölkerung hatte sich im Laufe der Jahre der Wille verstärkt, dem Saal über eine gewissenhafte Rekonstruktion des im Krieg Verlorenen, die allen denkmalpflegerischen Anliegen Rechnung trug, seine einstige Bedeutung wiederzugeben. Die Stadt Augsburg als Veranstalterin des Kolloquiums erwartete von den geladenen Teilnehmern verständlicherweise einen Rat und Hinweise für das weitere Vorgehen. Die Redaktion einer Entschließung zu Händen des Stadtrates wurde deshalb einem Fünferausschuß anvertraut. Er wurde bewußt aus Kunsthistorikern und Denkmalpflegern gebildet, die sich bisher beruflich noch nicht mit der Wiederherstellung des Goldenen Saales befaßt und zur ganzen Problematik in der Öffentlichkeit noch nicht Stellung bezogen hatten. Es gehörten ihm die Professoren Walter Frodl (Wien), Theodor Müller (München), Paul Philippot (Bruxelles), Willibald Sauerländer (München) und Alfred A. Schmid (Fribourg) an. Für den Ausschuß wie für die übrigen Teilnehmer am Kolloquium ging es zunächst darum, die Frage nach der wissenschaftlichen und technischen Möglichkeit einer rekonstruktiven Wiederherstellung vom politischen Entscheid, den Weg einer Wiederherstellung einzuschlagen, abzuheben. Sodann war zu überlegen, ob die Stadt Augsburg oder die Region wirklich über ein Handwerkerpotential verfügte, das die theoretisch mögliche Wiederherstellung des Saales auch einwandfrei durchzuführen in der Lage sein würde. Das wurde von den Augsburger Vertretern mit dem Hinweis auf die Erfahrungen an anderen anspruchsvollen Restaurierungen bejaht. So wurde den politischen Entscheidungsträgern zu einem schritt- und stufenweisen Vorgehen geraten, wobei die Versuche an unproblematischen, relativ einfachen Aufgaben beginnen und schwierigere erst nach Vorliegen erster positiver Ergebnisse angepackt werden sollten. Die politisch verantwortlichen Behörden müßten andererseits bereit sein, die Übung jederzeit abzubrechen, falls keine Gewähr bestand, die Rekonstruktion zu einem mehr als befriedigenden, zu einem überzeugenden Resultat zu führen.

Der Entwurf einer kurzen Entschließung konnte dem Plenum im Lauf des Nachmittags des 09. März unterbreitet werden. Er wurde intensiv diskutiert und aufgrund der im Plenum vorgebrachten Änderungswünsche in Einzelheiten präzisiert und ergänzt, ohne als Ganzes in Frage gestellt zu werden.

Schließlich wurde für den überarbeiteten Text die Zustimmung sämtlicher Teilnehmer erreicht. Er gelangte in der Julinummer der Kunstchronik 1978 auf S. 260f zum Abdruck und sei auch hier nochmals im Wortlaut wiedergegeben.

1. Die nach Augsburg geladenen Fachleute aus der Bundesrepublik Deutschland und Nachbarländern danken der Stadt Augsburg für die Umsicht, mit welcher sie das Problem der Ausgestaltung des ehemaligen Goldenen Saales prüft. Sie anerkennen im besonderen die Gründlichkeit und Objektivität der

Wiederhergestellte Nymphenfigur auf der rechten Giebelschräge des nördlichen Hauptportals, geschnitzt von Bildhauer Friedrich Mayet aus Oberammergau.

den Teilnehmern zur Verfügung gestellten Dokumentation. Sie danken weiter der Stadt Augsburg dafür, daß sie den Teilnehmern am Kolloquium Gelegenheit geboten hat, mit Blick auf den Goldenen Saal die Fragen der Wiederherstellung historischer Innenräume, wie sie sich in der europäischen Nachkriegszeit stellten, zu diskutieren.

2. Zur Erlangung sicherer Grundlagen für eine Beurteilung der gestellten Aufgabe rufen die Teilnehmer die nachstehenden Voraussetzungen in Erinnerung:
   a) Vom Goldenen Saal sind die Außenwände erhalten geblieben. Die Decke wurde nach ihrem Einsturz in Rohform wiederhergestellt. Die Fensteröffnungen im Attikageschoß wurden mit einer Ausnahme in der Rohform mit Stichbögen rekonstruiert, während sie ursprünglich mit geraden Stürzen schlossen.
   b) Von der Ausstattung sind isolierte Reste der Wandmalereien erhalten und restauriert worden. Der bildliche Schmuck in den Fürstenzimmern ist vollständig erhalten.
   c) Über die verlorene Ausstattung gibt es eine relativ umfangreiche Dokumentation: Stiche von Simon Grimm 1678 und Salomon Kleiner 1732, vermaßte Pläne von L. Leybold, Schwarzweißfotografien, Farbaufnahmen und aquarellierte Ansichten von Raum und Decke.
3. Diese Dokumentation bietet viele Voraussetzungen für eine eventuelle Rekonstruktion des Saales. Aufgrund der den Experten vorliegenden Unterlagen scheint eine Rekonstruktion technisch möglich, doch müßte die Dokumentation zuvor im einzelnen auf ihre Zuverlässigkeit geprüft werden. Außerdem ist die Konstruktion in ihren Details nicht bekannt. Im weiteren muß darauf hingewiesen werden, daß von der Ausstattung, mit Ausnahme der bereits erwähnten Wandmalereien, nichts die Katastrophe überlebt hat.
4. Ob der Goldene Saal in seiner historischen Gestalt wiederhergestellt werden soll, ist ein kulturpolitisches Problem. Die Entscheidung ist Sache der Stadt Augsburg. Die Experten sehen sich aber veranlaßt, auf die Schwierigkeiten eines solchen Unterfangens hinzuweisen.
   In jedem Fall müßte schrittweise vorgegangen und nach jedem Schritt das Zwischenergebnis überprüft werden. Die weiteren Entscheidungen müßten vom Ergebnis dieser Prüfung abhängig gemacht werden. Diese Schritte sollten bei den am wenigsten problembelasteten Teilen des Saales beginnen, z. B. Fußboden, Fenstersprossen, Türen und Türeinfassungen, und an originalgroßen Modellen erprobt werden. Es empfiehlt sich, die einzelnen Arbeitsphasen durch ein kleines Gremium internationaler Fachleute begleiten und beurteilen zu lassen. Gegebenenfalls sollte der beschrittene Weg nicht weiter verfolgt werden.
5. Während der Einleitung solcher Schritte sollte das jetzige Provisorium hingenommen werden. Durch eine eventuelle zeitgenössische Lösung, auf deren Problematik ausdrücklich hingewiesen wird, dürfte die Architektur von Elias Holl auf keinen Fall verändert werden.
6. Voraussetzung jeder künftigen Entscheidung bzw. Maßnahme im Saal ist die unveränderte Erhaltung und die konservatorische Sicherung der noch vorhandenen originalen Wandmalereireste in situ.

Das Kolloquium und die von ihm verabschiedete Empfehlung an den Stadtrat ebneten den Weg für den Entscheid zugunsten der rekonstruktiven Wiederherstellung des Goldenen Saales. Im Oktober des gleichen Jahres beschloß der Stadtrat, gestützt auf die Ergebnisse des Kolloquiums und die Empfehlung grundsätzlich, die Rekonstruktion des Goldenen Saales zu wagen. Der Auftrag wurde an Architekt Prof. Dr. Alois Machatschek (Wien) vergeben und zur Begleitung und Kontrolle der Arbeiten ein dreiköpfiger Beraterausschuß eingesetzt, in den die Professoren Dr. Jürgen Paul (Dresden), Dr. Willibald Sauerländer (München) und Dr. Alfred A. Schmid (Fribourg) berufen wurden. Seither ist die Rekonstruktion in langjähriger, sorgfältiger Arbeit verwirklicht worden. Sie begann in unproblematischen Bereichen, wie dies die Empfehlung des Kolloquiums angeregt hat: Wiederherstellung der ursprünglichen kleinmaßstäblichen Fensterteilung, die sowohl für die Wirkung des Äußern wie für den Wandaufbau im Innern von Bedeutung war; Rekonstruktion des Marmorfußbodens nach dem noch vorhandenen, vermutlich von Matthias Kager stammenden Entwurf. Gleichzeitig wurde der Aufbau der sechs Portale in Angriff genommen, die sich aus repetitiven Formelementen zusammensetzten, gleich wie die Schreinerarbeit und das ornamentale Schnitzwerk der Decken im Goldenen Saal und im nordwestlichen Fürstenzimmer, während das feine Schnitzwerk in einer weiteren Stufe hinzugefügt wurde. Holzbehandlung, Vergoldung und die farbige Fassung waren dank der vorhandenen Dokumentation bis in Einzelheiten belegt. Die bereits im Voraus nach Fotografien angefertigten, schon 1968 der Stadt zu Verfügung gestellten Kopien der Deckenbilder wurden trotz einigen Bedenken schon zum Abschluß dieser ersten Etappe angebracht. Für eine eventuell notwendige Einstimmung sollte das Altern der neuen Decken bis zum Abschluß der Arbeiten abgewartet werden. Ein sehr schwieriges Problem stellten die von den Kaiserbildnissen dominierten, weitgehend monochromen Fresken der Wände dar. Ihrer Rekonstruktion stand die begleitende Expertenkommission anfänglich mit großer Reserve gegenüber. Probefelder, die aufgrund einer sehr umfangreichen fotografischen Dokumentation erstellt wurden, führten schließlich zum Entscheid, die Rekonstruktion in echter Freskotechnik zu wagen. Zusammen mit den von den originalen Wandmalereien noch vorhandenen Resten ist doch eine sehr befriedigende Nachschöpfung entstanden, die der originalen Dekoration sehr nahe kommt. Die größten Bedenken hatte der Sachverständigen-Ausschuß vor dem Entscheid, die vier allegorischen Frauengestalten, die ursprünglich auf den gesprengten Giebeln der beiden Hauptportale in der Mitte der Längswände angebracht waren, nachzugestalten. Trotz des reichlich vorhandenen Fotomaterials und der großformatigen Bauaufnahmen, die der Stadtbaurat Ludwig Leybold für A. Buffs 1886 erschienenes monumentales Tafelwerk über das Augsburger Rathaus bereitstellte, blieb diese Nachschöpfung ein außerordentlich schwieriges, risikoreiches Unterfangen, dem man sich schrittweise über mehrere Rekonstruktionsstufen nähern mußte. Im Nachhinein zeigte sich, daß der Entscheid richtig war: die vier kolossalen Figuren besetzen zwei äußerst empfindliche Stellen im Saal, und der Verzicht auf sie hätte sich auf den Gesamtaspekt der Innenfassaden sehr nachteilig ausgewirkt.

So ist es schließlich zu einer vollständigen Wiederherstellung des Goldenen Saales gekommen, und das Wagnis hat sich aus unserer Sicht gelohnt. Es sei anerkannt, daß die Ausgangslage dafür ungewöhnlich günstig war. Es gab im kriegsversehrten Deutschland und darüber hinaus kaum ein zweites Raumkunstwerk, das bis in Einzelheiten ähnlich gut dokumentiert gewesen wäre: die archivalischen Quellen lieferten präzise und umfassende Angaben über die Intentionen der Bauherrschaft, den Bauablauf, die technischen Fragen und die Kosten des Unternehmens. Hinzu kam eine ikonographische Dokumentation von seltener Vollständigkeit, vom 17. Jahrhundert bis in die Gegenwart: Pläne, Stiche, Fotografien, von denen auch Informationen über Details zu erwarten waren, usw. Ausschlaggebend war aber zweifellos, daß sich Behörden und Bevölkerung eindeutig hinter das Projekt stellten, und daß die öffentliche Hand wie auch private Spender, von denen hier dankbar wenigstens der Goldene-Saal-Verein genannt sei, die benötigten Mittel zur Verfügung stellten. Ein im Umgang mit historischer Bausubstanz erfahrener Architekt und seine Mitarbeiter sowie hochqualifizierte Kunsthandwerker, Restauratoren und Künstler bürgten für eine Umsetzung der aus Quellen, Dokumentation und Befund gewonnenen Kenntnis des Baudenkmals, das so in langjähriger geduldiger Arbeit wiederhergestellt werden konnte.

Der Goldene Saal im Augsburger Rathaus, gezeichnet von Salomon Kleiner, gestochen von Joh. Georg Pinz, 1732.

Jürgen Paul

Der Goldene Saal des Augsburger Rathauses und die Bautradition des Ratssaales

Der Goldene Saal des Augsburger Rathauses (Abb. S. 14) besitzt als einer der Höhepunkte in der Innenraumgestaltung der Renaissance in Deutschland einen hohen kunsthistorischen Rang. Entwicklungsgeschichtlich vergleichbar mit den gleichzeitigen oder wenig früheren Rittersälen der Schlösser von Heiligenberg (Abb. S. 19), Kirchheim und Weikersheim, geht der Goldene Saal in Augsburg, »getragen von den mächtigen Raumverhältnissen, unerreicht in Pomp und Grandezza« (Georg Dehio) in seinem repräsentativen Anspruch weit über diese hinaus.

So naheliegend der Vergleich mit den Hauptsälen der gleichzeitigen fürstlichen Schlösser ist, so wichtig ist aber für das Verstehen seiner historischen Bedeutung, daß sich der Goldene Saal eben nicht in einem Schloß, sondern in einem Rathaus befindet, daß er nicht ein Ort fürstlich-höfischer, sondern reichsstädtisch-bürgerlicher Repräsentation war.

Der Goldene Saal gehört in die Funktionsgeschichte des mittelalterlichen Ratssaales. Die Bautradition des Rathauses geht zurück bis in das 13. Jahrhundert. Damals hatte der allmähliche Übergang der wirtschaftlichen, politischen und rechtlichen Macht und Initiative vom Stadtherrn, das heißt vom Bischof, Herzog oder Grafen als Lehnsträger des Kaisers, in die Eigenverantwortlichkeit der Selbstverwaltung des Bürgertums in den Ratsverfassungen der Städte seine etablierte Form erhalten. Die damals für die städtische Selbstverwaltung errichteten Häuser waren Vielzweckgebäude, in denen nicht nur die politische Verwaltung, sondern auch das wirtschaftliche, rechtliche und gesellschaftliche Leben seinen Mittelpunkt hatte. Der architektonische Aufbau dieser frühen Rathäuser war sehr einfach: zwei übereinanderliegende Hallen formten einen querrechteckigen Baukörper mit einem durchgehenden Satteldach. Ihr städtebaulicher Ort war der Marktplatz. Die untere Halle war integraler Bestandteil des Marktlebens. Bei vielen Bauten durch Arkaden ganz geöffnet, jedenfalls aber durch große Tore ebenerdig zugänglich, diente sie als Kaufhalle und war sie der Raum für Waage, Eichmaße und -gewichte, vor allem aber für das Markt- und Niedergericht.

Die Halle darüber war der Raum, in dem sich die Funktionen abspielten, die dem Vielzweckgebäude schon im Mittelalter seine Bezeichnung gaben: »Rathaus«. Während die untere Halle von Stützen unterteilt, oft gewölbt war, bildete die obere Halle einen großen ungeteilten Saal unter einer flachen Balkendecke. In ihm versammelte sich der Rat der Stadt, um politische Beschlüsse zu fassen und um Recht zu sprechen. Aber der große Saal diente auch als Ort der politischen und gesellschaftlichen Repräsentation für Feste öffentlichen und privaten Charakters. Noch viele andere Aufgaben waren im mittelalterlichen Rathaus untergebracht: in den gewölbten Kellern wurde Wein und Bier gelagert, waren die Gefängnisse, und der Dachraum diente als Speicher.

Den architektonischen Typus des zweigeschossigen Saalbaues hatten die Städte von den Palastbauten der kaiserlichen, bischöflichen oder herzoglichen Pfalzen übernommen. Die Rathäuser waren die Pfalzen der autonom gewordenen bürgerlichen Regierung. Die frühesten großen Rathausbauten entstanden im 13. Jahrhundert in Oberitalien. Die deutschen Städte folgten im 14. und 15. Jahrhundert. Das steigende politische Selbstbewußtsein der Städte ließ aus der anfänglich schlichten Zweckbauform des Rathauses bald eine Architektur von repräsentativem Anspruch werden. Zuerst drückte sich dies in der Gestaltung des Äußeren aus, das mit bildhaften und schmückenden Formen ausgestattet wurde: Zinnen und Wehrtürmchen aus dem Burgenbau als symbolischer Ausdruck von

Rathaus Köln, Hansasaal. Zustand vor der Zerstörung.

Machtanspruch, Maßwerkfenster, Wimperge und andere Formen aus dem gotischen Kirchenbau als Ausdruck von Würde und Hoheit. Reich gegliederte und geschmückte Schauwände verdeckten und verwandelten den einfachen Aufbau des Saalgeschoßbautypus.

Das Bedürfnis nach bildlichem Ausdruck des politischen und rechtlichen Anspruchs der freien Stadt und nach repräsentativer Selbstdarstellung bestimmte auch die Gestaltung des Saales in den Rathäusern. Dies geschah – wiederum zuerst in den großen Städten Italiens – durch die Ausmalung der Wände und Decke des Saales mit allegorischen politischen und juristischen Programmen. Bedeutende Beispiele sind der in seinen Ausmaßen (27 x 79 Meter, 27 Meter Höhe) gewaltige »Salone« des Palazzo della Ragione, des Rathauses von Padua, dessen Wände und riesiges hölzernes Tonnengewölbe im 14. Jahrhundert von Giotto und seiner Schule ausgemalt wurde und die »Sala del Mappamonde« des Palazzo Pubblico in Siena mit den Wandmalereien von Simone Martini. Im Vergleich dazu ist der Ratssaal des Rathauses der größten deutschen Stadt des Mittelalters, nämlich Kölns, aus dem 14. Jahrhundert recht klein, zeigt aber mit seinen großen Maßwerkfenstern, seiner Wandvertäfelung, verzierten Holztonne und seinem Figurenschmuck eindrucksvoll den Anspruch an repräsentativer Gestaltung und bildlicher Bedeutung (Abb. oben).

Eine besondere Rolle hatten die großen Säle der Rathäuser von Aachen und Lübeck. In Aachen wurde der Stadt um 1300 für den Bau des Rathauses die Palastaula der Pfalz Karls des Großen vom Kaiser überlassen, jedoch mit der Auflage, den Ratssaal in Größe und Ausstattung so zu gestalten, daß darin das Festmahl bei Kaiserkrönungen sowie Reichstage abgehalten werden konnten. Dies ist der Grund für die außergewöhnliche Größe des Aachener Rathaussaales und seiner monumentalen Ausstattung mit mächtigen Rippengewölben. Ungefähr zur gleichen Zeit, um 1340–1350, bauten die Lübecker ihr Rathaus neu, um einen neuen Saal von ebenfalls ungewöhnlicher Größe zu erhalten, in dem die regelmäßigen Städteversammlungen des Hansebundes abgehalten werden konnten.

Von der Ausstattung mittelalterlicher Ratssäle hat sich in deutschen Rathäusern nur wenig erhalten. Bis zu welcher dekorativen Pracht und bildlichem Bedeutungsreichtum sich die Ausgestaltung des Saalinneren steigerte, zeigte bis zu seiner Zerstörung im Zweiten Weltkrieg in besonders eindrucksvoller Weise

Rathaus Nürnberg, Kaisersaal. Zustand vor der Zerstörung.

der Ratssaal in Nürnberg (Abb. oben). Die rekonstruierende Wiederherstellung seiner Ausstattung mit ornamental gestalteter Holztonne und den auf Albrecht Dürer zurückgehenden Wandbildern wurde in den 80er Jahren nach dem Vorbild der Wiederherstellung des Goldenen Saales in Augsburg erwogen. In der Vollständigkeit seiner erhaltenen Ausstattung ist der alte Ratssaal, die sogenannte »Gerichtslaube«, in Lüneburg einzigartig (Abb. S. 18 links). Die Wände und die gewölbte Holzdecke sind vollständig mit figürlichen und ornamentalen Malereien überzogen, deren Themen – ebenso wie die der figürlichen farbigen Fenster – den Rat zu Weisheit und Gerechtigkeit mahnen. Dazu kommt die erhaltene originale Möblierung. Auf dem ornamental eingelegten Fußboden steht das geschnitzte und mit bildlichen Darstellungen versehene Ratsgestühl, an den Wänden sind die reich verzierten Schränke, in denen das Ratssilber aufbewahrt wurde.

Bis zum 16. Jahrhundert aber hatte sich in den Rathäusern und damit auch in den Ratssälen ein Funktionswandel vollzogen. Für die wachsende Zahl der Ämter und Behörden, für die steigenden Bedürfnisse nach Repräsentation reichte das einfache Raumprogramm des traditionellen Saalgeschoßbaues mit seinen zwei großen Hallen nicht mehr aus. Während des 15. und 16. Jahrhunderts wurden die alten Rathäuser stetig erweitert, umgebaut und bereichert, so daß aus den meisten von ihnen weitläufige, vielfältig zusammengesetzte, malerische Gruppenbauten wurden. Das Regensburger Rathaus gibt davon ein anschauliches Bild. Seit dem 15. Jahrhundert begann es sich einzubürgern, daß die Sitzungen des Rates nicht mehr im großen Saal, sondern in einer kleineren, wohnlichen, dafür aber auch umso reicher ausgestatteten Ratsstube abgehalten wurden. Die Ratsstube des Lüneburger Rathauses mit ihrem reichen Schnitzwerk oder der sogenannte »Huldigungssaal« des Rathauses in Goslar (Abb. 18 rechts) mit seiner vollständigen Ausmalung sind besonders aufwendige Beispiele.

Der große Saal wurde nun mehr und mehr nur noch für zeremonielle und festliche Anlässe genutzt. In dieser Funktion als Zeremonien- und Festraum wurde der Typus des Ratssaales Bestandteil der großen Renaissance-Paläste in Italien und der sich daraus entwickelnden Typologie des fürstlichen Schlosses. Und die Gestaltungsformen und bildlichen Ausstattungsprogramme, die der große Saal im Zusammenhang des Schloßbaues erhielt, wirkten wiederum auf die Ratssäle zurück. Dies gilt in besonderem Maße für den Augsburger Goldenen Saal.

Links: Rathaus Lüneburg. Der alte Ratssaal, die sogenannte Gerichtslaube.

Rechts: Rathaus Goslar. Der Ratssaal, der sogenannte Huldigungssaal. Beide Beispiele im heutigen Zustand.

Das von Elias Holl entworfene neue Rathaus von Augsburg ist der letzte große Rathausbau in der aus dem Mittelalter kommenden reichsstädtischen Tradition in Deutschland. Er setzte einen großartigen Schlußpunkt unter eine jahrhundertelange Bautradition, und gleichzeitig gab er dem Bautypus eine neue Formulierung und neue Ansprüche. Allein schon, daß man sich nicht damit begnügte, das alte Rathaus – wie man es gleichzeitig in Nürnberg tat – umzubauen und zu erweitern, sondern daß man sich 1615 entschloß, das spätgotische, große und durchaus anspruchsvolle Rathaus vollständig abzubrechen und durch einen modernen Neubau von Grund auf zu ersetzen, war eine radikale Tat von hohem Anspruch. Nur so konnte das neue Rathaus ein Bauwerk werden, das ganz und gar aus einem Guß und – den neuen Idealen entsprechend – von konsequenter Ordnung ist. Dies gilt für die Architektur ebenso wie für die dekorative und bildliche Ausstattung des Innern.

Der hochgerechte, blockhafte Baukörper mit seinem aus der Mitte aufragenden Giebel und den beiden symmetrischen Türmen scheint auf den ersten Blick mit der mittelalterlichen Rathaustypologie nichts mehr gemeinsam zu haben. Seine kubische Geschlossenheit und strenge Symmetrie bilden einen radikalen Gegensatz zu den gewachsenen, zusammengesetzten Gruppenbauten, und die geometrische Regelmäßigkeit der klassischen Renaissanceformen zu deren malerischer Vielfalt. Es ist oft bemerkt worden, daß Elias Holl sich für die Komposition der Frontansicht mit ihrer Zusammensetzung aus einem stark durchbrochenen, reich gegliederten Mittelteil und zwei massiveren, geschlosseneren Flankenteilen ebenso wie für die räumliche Ordnung mit den durch die ganze Grundrißtiefe sich erstreckenden Sälen des Mitteltraktes und den seitlich angeschlossenen kleineren Räumen und Treppenhäusern den Typus der venezianischen Paläste zum Vorbild genommen habe. Doch in dieser Grund- und Aufrißordnung steckt und zeigt sich auch der traditionelle Typus des mittelalterlichen Rathauses. Der Mittelteil mit seinen übereinanderliegenden Hallen

Schloß Heiligenberg, Rittersaal (1584), als Beispiel eines entwicklungsgeschichtlich vergleichbaren Festsaales eines Renaissance-Schlosses.

bzw. Sälen ist der traditionelle Saalgeschoßbau, und das leichte Vortreten und die rahmende Gliederung projiziert ihn als Baukörper nach außen. Die gewölbte, von Pfeilern unterteilte Halle des Unteren Fletz mit ihrem großen mittleren Tor entspricht den ebenerdigen Markthallen mittelalterlicher Rathäuser. Zwischen der Erdgeschoßhalle und dem großen Saal liegt das Obere Fletz. Dieses diente als großer Vorraum, von dem aus die in den Seitenteilen liegenden Amtsräume – vor allem die Ratsstube und die Gerichtsstube an der Vorderfront – zugänglich sind. Dieses Geschoß enthält also die eigentlichen funktionalen Haupträume des Rathauses. Es zeigt sich dabei, daß Elias Holl in seinem Konzept das komplizierte, erweiterte Raumprogramm der spätmittelalterlichen Rathäuser in eine streng durchsystematisierte räumliche Ordnung gebracht hat. Erst über diesem Zwischengeschoß kommt der große Saal. Er ist so hoch wie die beiden unteren Hallen zusammen. Doch auf dieser Ebene ist alles Repräsentation. Schon die Tatsache, daß sich ziemlich bald die Bezeichnung »Goldener Saal« einbürgerte, erweist, daß dies nun ausschließlich ein repräsentativer Raum war, ein prunkvoller Rahmen für die Selbstdarstellung des Rates und der führenden Bürgerschichten. Mit dem Alltagsleben im Rathaus hatte der Goldene Saal nichts zu tun. Alljährlich wurde in ihm die zeremonielle Eröffnungssitzung des Rates abgehalten, ein Anlaß, den der bekannte Stich von Salomon Kleiner aus dem Jahre 1732 wiedergibt. Hier fanden festliche Empfänge und Bankette statt, manchmal überregionale Konferenzen wie die Konventionen des Reichskreises oder die Approbationstagungen des Münzwesens. Und der Goldene Saal wurde bereitgehalten für erhoffte Reichstage. Für solche Anlässe waren die vier über den Amtsstuben liegenden Begleiträume, die Fürstenzimmer, bestimmt.

Der Goldene Saal stammt zwar aus der Tradition des mittelalterlichen Ratssaales. Die Fürstenzimmer aber erweitern ihn zu einem repräsentativen Raumprogramm im Sinne einer fürstlichen Residenz, wie es bisher kein Rathaus

Das rekonstruierte nordwestliche Fürstenzimmer, südwestliche Ecke.

besaß. Im Augsburger Rathaus wurden die funktionale und bautypologische Tradition des bürgerlichen Rathauses und das Anspruchsniveau des fürstlichen Schlosses zu einer integralen Einheit verschmolzen. Das war es, was dem Rat und Elias Holl vorschwebte, als sie zu dem Entschluß kamen, nach anfänglichen Umbauprojekten des Altbaues einen völligen Neubau zu errichten. Und unter allen deutschen Städten konnte sich das damals nur Augsburg leisten. Die integrale Einheitlichkeit der Konzeption gilt auch für die dekorative Ausgestaltung und das bildliche Programm des Inneren. Alles bildet formal und ikonographisch einen großen Zusammenhang. Die bürgerlich-gediegene, wenn auch durchaus anspruchsvoll gestaltete Schlichtheit der Amtsstuben und des Oberen Fletz mit ihren Wandvertäfelungen und Kassettendecken, mit ihren allegorischen und mythologischen Bildern von Gerechtigkeit, Frieden und Prosperität, wird in den Fürstenzimmern gesteigert und verwandelt sich schließlich zu höchstem dekorativen Prunk im Goldenen Saal, dessen hochgelehrtes allegorisches Bildprogramm eine Verherrlichung des Kaisertums darstellt, die sowohl reichsstädtisch als auch monarchisch interpretiert werden kann.
Die architektonisch-dekorative Gestaltung des Goldenen Saales unterscheidet sich wesentlich von den älteren deutschen Ratssälen. Nicht nur die Dimensionen, vor allem in der Höhe, sind gesteigert. Auch eine solche stringente Systematik sowohl im formalen Aufbau als auch im ikonographischen Programm – anstelle der aus älteren Rathäusern vertrauten heterogenen, gewachsenen Vielfältigkeit – war neu. Die Vorbilder liegen in Italien und in dem von dort her beeinflußten Schloßbau. Die plastisch-ornamentale Gestaltung der Decke mit ihren von ornamentalen Formen umspielten Gemälden hatte ihr unmittelbares Vorbild – wie vielfach vermerkt worden ist – in den manieristischen Decken des Dogenpalastes in Venedig. Das Darstellungsprogramm aber, wie wohl auch der gestalterische Anspruch insgesamt, bezog sich direkt auf den damals noch in Arbeit (1611–1619) befindlichen (1674 durch Brand zerstörten) Kaisersaal der Münchener Residenz. Der reichsstädtische Augsburger Rat schuf sich einen Repräsentationsraum, der mit dem des bayerischen Herzogs konkurrierte, und er holte sich hierfür die Entwürfe von demselben Münchner Hofmaler Peter Candid.
Bekanntlich ist es eine nach wie vor strittige Frage, von wem die Gesamtkonzeption der Ausstattung des Augsburger Rathauses stammte, ob von Peter Candid oder dem Augsburger Stadtmaler Matthias Kager. Die gängige Meinung, daß Elias Holl daran keinerlei Anteil gehabt habe, müßte dann vielleicht doch noch einmal überdacht werden. In der kunstwissenschaftlichen Literatur wird oft die Einschränkung gemacht, daß die Ausführung der Bilder und Dekorationen in künstlerischer Qualität nicht ganz dem inhaltlichen und repräsentativen Anspruch entspricht. Man schiebt diese Diskrepanz auf Matthias Kager, durch den das ehrgeizige Projekt zusammen mit einheimischen Handwerkern ausgeführt wurde. Doch diese Einschränkung mindert weder den hohen Rang des Augsburger Rathauses als Gesamtkunstwerk von Architektur und Ausstattung noch die hervorragende Bedeutung dieses letzten großen Rathauses in Deutschland und gerade auch des Goldenen Saales als einzigartiges und großartiges Zeugnis der zu Ende gehenden reichsstädtischen Kultur.

Das Nebenportal zum nordwestlichen Fürstenzimmer im Goldenen Saal mit den wiederhergestellten Wandmalereien.

Ausschnitt der südlichen Saalwand mit dem Hauptportal und den wiederhergestellten Fresken.

Kommission einzuberufen, und am 08./09. März 1978 fand ein internationales Kolloquium über den Goldenen Saal unter Vorsitz von Prof. Alfred Schmid statt, dem Präsidenten der Eidgenössischen Kommission für Denkmalpflege. Mit den als Ergebnis des Kolloquiums formulierten und vom Augsburger Stadtrat akzeptierten Empfehlungen zu einer schrittweise rekonstruierenden, von einem Gremium internationaler Fachleute begleiteten Wiederherstellung des Goldenen Saales in seiner historischen Gestalt wurde der erfolgreiche Weg beschritten, an dessen Ende das heute auch aus der Sicht des Bayerischen Landesamtes für Denkmalpflege sehr zu begrüßende und in der vorliegenden Publikation unter verschiedenen Gesichtspunkten gewürdigte Ergebnis steht.

Natürlich wird man auch weiterhin Fragen der Rekonstruktion ebenso sorgfältig abwägen müssen, wie dies hier im Sinn der Empfehlung des Kolloquiums von 1978 geschehen ist. In der denkmalpflegerischen Praxis wird man in allen Rekonstruktionsfragen, die abgesehen vom Wiederaufbau von Kriegszerstörungen ja immer eine Ausnahmesituation darstellen, sehr behutsam verfahren, alle historischen Fragmente, falls noch vorhanden, zu bewahren versuchen und unter Berücksichtigung des Umfeldes eines zerstörten Monuments zunächst einmal alle möglichen Alternativen bis hin zu modernen Lösungen gründlich abwägen müssen – moderne Lösungen wie sie in Augsburg, wenn man rückblickend nur die Ergebnisse des Wettbewerbs von 1957 betrachtet, allerdings glücklicherweise nicht zum Zuge gekommen sind. Die Geschichte der Wiederherstellung des Goldenen Saales bleibt jedenfalls ein höchst lehrreiches Beispiel für Theorie und Praxis nicht nur der bayerischen Denkmalpflege, die sich am Ende des 20. Jahrhunderts vor neue Herausforderungen gestellt sieht.

Blick in den südöstlichen Bereich des wiederhergestellten Goldenen Saales. Zustand mit den im Februar 1996 eingefügten rekonstruierten Portalfiguren.

Alois Machatschek

Planung und Durchführung der Wiederherstellung aus der Sicht des mit der Rekonstruktion beauftragten Architekten

Die methodischen Grundsätze und Voraussetzungen der Rekonstruktion

Als der Goldene Saal im Februar 1944 zerstört wurde, blieben nur die nackten Umfassungswände mit einigen spärlichen Freskoresten erhalten, der Fußboden und die Decke waren verschwunden. Kein Brett, kein Blatt der kostbaren Ausstattung, nicht einmal eine Steinplatte des Fußbodens hatte man aus den Trümmern gerettet, um für eine spätere Wiederherstellung als Muster verwendet werden zu können.

Mit diesem Totalverlust war die Ausgangsposition für eine »historische Rekonstruktion« des Saales und der Fürstenzimmer sicherlich ungünstig, jedenfalls wesentlich schwieriger als bei vielen anderen, nach dem Kriege rekonstruierten Baudenkmälern, bei denen in der Regel doch Teile der Originalsubstanz erhalten geblieben waren.

Im Ausmaß dieser Zerstörung und in der Tatsache, daß es sich um die Rekonstruktion eines Gesamtkunstwerkes handelt, müssen wir den Hauptgrund dafür suchen, daß sich zahlreiche Fachleute gegen die Rekonstruktion aussprachen bzw. sich der Stadtrat so lange nicht zur Wiederherstellung entschließen konnte. Aber es waren keine konkreten Untersuchungen, die die Fachleute zu ihrer Ablehnung bewogen, sondern ausschließlich grundsätzliche Argumente. Grundsätzliche Erörterungen eines Problems sind in der Denkmalpflege und gerade bei einer Aufgabe wie der Rekonstruktion des Goldenen Saales eine notwendige Voraussetzung für jede Entscheidung. Es wäre allerdings falsch, diese ohne unvoreingenommene Untersuchung aller Aspekte, auch der zur Verfügung stehenden Dokumentation und der materiellen Voraussetzungen, treffen zu wollen.[1] Im konkreten Fall, der Rekonstruktion des Goldenen Saales, standen den grundsätzlich eher schwierigen Voraussetzungen eine ganze Reihe von durchaus sehr positiven Tatsachen gegenüber. Die wichtigste Voraussetzung jeder Rekonstruktion ist die genaue Kenntnis des Denkmals, wie es vor der Zerstörung war. Diese Kenntnis sollte möglichst alle Fragen abdecken: Form, Material, Bearbeitung, Farbe etc. Weil es eine lückenlose Kenntnis in der Praxis nicht geben kann und daher mehr oder weniger auch hypothetische Annahmen getroffen werden müssen, steht die Denkmalpflege jeder Rekonstruktion zunächst einmal mit einer verständlichen Skepsis gegenüber.

Beim Goldenen Saal war zwar die Ausstattung bis auf die spärlichen Freskoreste verloren, dafür waren aber die raumbildenden Mauern als Originalsubstanz erhalten. Weil in den Mauern der Fußboden und die Decke zentimetergenau in ihrer Höhenlage abgelesen werden können, waren die Hauptdimensionen und die Achsen des historischen Goldenen Saales exakt gegeben. Festzuhalten ist allerdings, daß der Saal durch den Brand im Bereich der Decke bis zu 21 cm trapezförmig verzogen war und die Nordwand eine leichte Krümmung aufwies. Beides mußte in der Planung der Decke berücksichtigt und korrigiert werden. Ähnliche Schwierigkeiten ergaben sich durch die nach dem Krieg vorgenommenen »Achsenkorrekturen« bei den Eckfenstern der Längswände im obersten Geschoß. Als in seiner Art überaus günstiger Ausgangspunkt für die Planung der Rekonstruktion, später auch für die handwerkliche und künstlerische Ausführung, erwies sich die nahezu komplette Dokumentation des zerstörten Saales in seinem Zustand vor der Zerstörung.

1 Paul Clemen, einer der Väter der deutschen Denkmalpflege, hat sich 1933 nach einer 40jährigen Tätigkeit als Denkmalpfleger zu dieser »grundsätzlichen« Einstellung seiner Landsleute wie folgt geäußert: »Als eine spezifisch deutsche Krankheit – die Kehrseite unserer Tugenden – darf es wohl bezeichnet werden, bei jeder Einzelfrage den ganzen Komplex der grundsätzlichen Erörterung aufzurollen und in dem Stolz auf die höchste Gewissenhaftigkeit des Überprüfens, in dem Triumph der Theorie, das Einfache, das Natürliche, eben das »Selbstverständliche« zu vergessen.

Als ich im November 1977 zum ersten Mal mit dem Problem des Goldenen Saales konfrontiert wurde, hielt ich die Rekonstruktion eines solch reich gestalteten Gesamtkunstwerkes, selbst bei Vorliegen von sehr guten Planungsgrundlagen, zunächst für ausgeschlossen. Für mich stand schon damals fest, daß sich die Rekonstruktion nicht in einer Wiederherstellung des Raumeindrucks, womöglich mit vereinfachten Formen, erschöpfen konnte: wenn Wiederherstellung, dann nur als möglichst exakte Kopie, mit allen Details, allen Unregelmäßigkeiten der Ausführung etc. Zumindest mußte dieses Ziel konsequent verfolgt werden. Aus Erfahrung wußte ich, daß eine solche Aufgabe nur auf Grund einer kompletten Fotodokumentation durchgeführt werden kann, die im Falle einer so reichen Ausstattung sicherlich nicht zu erwarten war. Erst als ich, vollkommen unerwartet, die Existenz einer solchen Fotodokumentation zur Kenntnis nehmen mußte, änderte ich meine vorgefaßte Meinung: Eine Rekonstruktion zumindest der handwerklichen Ausstattung des Saales erschien mir nun doch möglich. Die provisorische »Bahnhofshalle« im berühmten Rathaus hatte mir einen solchen Schock versetzt, daß ich sogar in der Wiederherstellung der raumbildenden, handwerklichen Ausstattung doch eine Verbesserung sah. Ganz wesentlich erschien mir, daß man mit den einfachen Arbeiten – dem Steinfußboden und der rohen Decke – beginnen müsse, um sich allmählich zu den schwierigeren Arbeiten – den Portalen, dem architektonischen Dekor usw. – vorzutasten. Deshalb empfahl ich schon in meinem damaligen Gutachten die »schrittweise Rekonstruktion« des Saales als einzig mögliche Methode.

Die anläßlich des internationalen Kolloquiums im März 1978 in Augsburg versammelten Denkmalpfleger kamen zu einer sehr ähnlichen Empfehlung. Dieses für die meisten Teilnehmer – auch für mich – vollkommen unerwartet positive Bekenntnis zur Rekonstruktion beruhte auf der vom Hochbauamt für das Kolloquium zusammengestellten vorzüglichen Dokumentation der gesamten Ausstattung. Tatsächlich erwiesen sich die für die Planung zur Verfügung stehenden Unterlagen noch vollständiger als damals angenommen. Es gibt im Saal praktisch keine Stelle, die wirklich hypothetische Annahmen für die Rekonstruktion erforderte.

Im Februar 1979 erhielt ich vom Stadtrat den Auftrag für die Erarbeitung eines Entwurfskonzeptes samt Kostenschätzung und Terminplan für eine erste »Zwischenstufe« der Rekonstruktion, die bis 1985 fertiggestellt sein sollte. Der Vertrag sah, entsprechend der empfohlenen »Methode des schrittweisen Vorgehens«, eine beliebige Ausweitung vor. Ein wesentlicher Teil der zu erbringenden Leistungen sollte zunächst die Sichtung, detaillierte Überprüfung und übersichtliche Zusammenstellung aller Unterlagen umfassen.

Die vorhandene Dokumentation des im Kriege zerstörten Saales

Folgende Unterlagen standen zur Verfügung:

A. Schriftliche Nachrichten, Archivalien und Literatur.
B. Historische Pläne, Stiche und Ansichten.
C. Die Bauaufnahme Leybolds (Publikation und Aufnahmeskizzen des Verfassers).
D. Schwarzweißfotos.
E. Die knapp vor der Zerstörung des Saales als Dokumentation angefertigten Farbfotos.

Der Bedeutung des Baudenkmals entsprechend, waren die schriftlichen Quellen bereits ausführlich bearbeitet. Für die Rekonstruktion konnten diese Quellen nur zusätzliche Informationen liefern; als Materialangaben z. B. beim Fußboden bzw. für die Decke waren sie dennoch von Bedeutung.[2]

Entgegen allen Erwartungen gab es von der Innenausstattung des Goldenen Saales keine Originalzeichnungen oder historischen Pläne, mit einer Ausnahme: vom Steinfußboden. Es handelt sich um eine lavierte Federzeichnung, die mit

2 So konnte das sogar in der Literatur auftauchende Märchen von der »Zedernholzdecke« endgültig ad acta gelegt werden. Sie war »von Nußbaum in Holz« hergestellt, was übrigens auch die Farbfotos eindeutig beweisen.

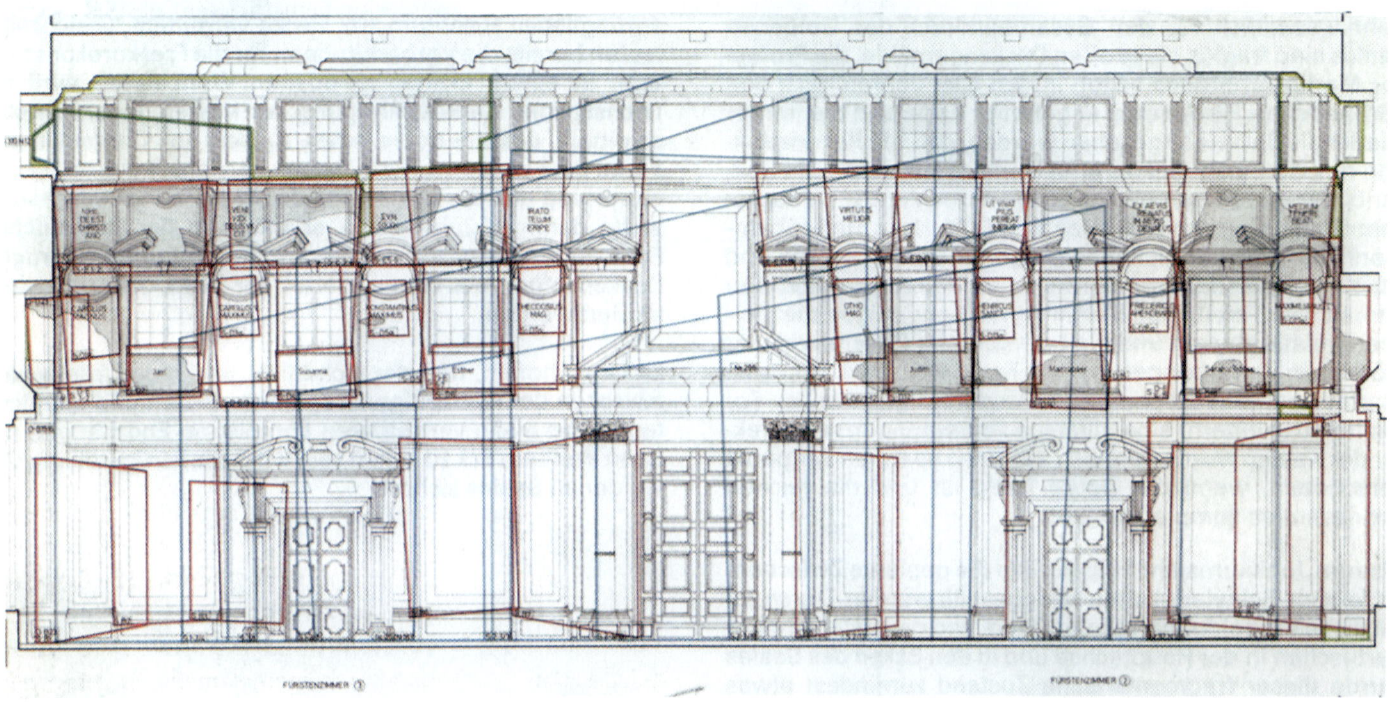

Grafische Darstellung der vorhandenen dokumentarischen Unterlagen für die Wiederherstellung der Wandfresken an der Südwand des Goldenen Saales.

Bestand (Fresken)

Farb-Fotos

Schwarzweißfotos

Leybold

Nicht dokumentiert

einigen Abweichungen den tatsächlich verlegten Steinboden darstellt. Es dürfte sich somit um eine Entwurfszeichnung und nicht um eine Bauaufnahme handeln. Obwohl es möglicherweise eine Originalzeichnung Matthias Kagers ist, hatte sie für die Planung der Rekonstruktion keine Bedeutung, weil sie viel zu schematisch gezeichnet ist. Dasselbe gilt auch für alle historischen Stiche und Ansichten.

Ganz anders ist die Bauaufnahme Ludwig Leybolds zu bewerten, die er während seiner Tätigkeit als Stadtbaurat in Augsburg ab 1883 angefertigt hat. In unzähligen Aufnahmeskizzen von hervorragender graphischer Qualität hat er sich persönlich mit der gesamten Ausstattung des Goldenen Saales und der Fürstenzimmer beschäftigt. Verständlicherweise sind jene Stellen des Saales, die für ihn leicht zugänglich waren, genauer erfaßt und auch mit wirklich brauchbaren Maßangaben versehen. Dies gilt z. B. für die Portale zu den Fürstenzimmern, überhaupt für die Ausstattung der Fürstenzimmer. Jene Teile des Saales, die für ihn mehr oder weniger unzugänglich waren, z. B. die Decke und der obere Teil der Hauptportale, sind hingegen wegen ihrer viel zu schematischen Darstellung für die Planung der Rekonstruktion nur sehr bedingt verwendbar. Die Bauaufnahme Leybolds ist auch in ihrer Verläßlichkeit unterschiedlich. Es gibt Teile, die jedem Vergleich mit der ausgezeichneten Fotodokumentation standhalten, und andere, bei denen man schon bei relativ oberflächlicher Betrachtung die Differenzen erkennt. Trotz einer gewissen Vorsicht in der Nutzung der Bauaufnahmeskizzen, waren sie dennoch ein ganz wesentlicher Planungsbehelf.

Die im Druckwerk »Das Rathaus in Augsburg« veröffentlichten und nach den Bauaufnahmen Ludwig Leybolds angefertigten Tafeln sind viel schematischer gezeichnet als die Bauaufnahmeskizzen. Es fehlt ihnen die direkte Aussagekraft der nach der Natur gezeichneten Skizzen; für die Planung wurden sie nur als Orientierungspläne verwendet.

Die weitaus wichtigste, weil auch die einzig wirklich verläßliche Quelle, sind die zahlreichen Schwarzweißfotos aus der zweiten Hälfte des 19. bzw. aus dem 20. Jahrhundert, vor allem aber die 170 bewußt als Dokumentation für den Fall der Zerstörung angefertigten Farbdiapositive. Die Beschäftigung mit der Fotodokumentation hatte mich erkennen lassen, daß im Goldenen Saal trotz aller Strenge und Achsgebundenheit der Komposition, trotz der ständig wiederholten gleichen oder sehr ähnlichen Dekorationselemente, eine unglaubliche Vielfalt in der Ausbildung der Details vorhanden ist. Sie beruht auf den vielen kleinen Unregelmäßigkeiten, die für handwerkliche und kunsthandwerkliche Arbeiten charakteristisch sind. Einzig die Fotos lassen diese Unregelmäßigkeiten erkennen. Die von mir angestrebte perfekte Kopie konnte nur anhand der Fotodokumentation hergestellt werden. Wieder kann man von einem Glücksfall sprechen, weil gerade die von Leybold nur schematisch erfaßte Decke des Goldenen Saales in den Fotos besonders ausführlich dokumentiert ist. Sehr wesentlich waren die Farbfotos auch für die Materialbestimmung und für das Erzielen einer harmonischen Gesamterscheinung des Saales.

Die Erfassung des Bestandes

Ergänzend zur Dokumentation des zerstörten historischen Saales mußten eine genaue Bauaufnahme und eine fotografische Dokumentation des Saales in seinem Zustand vor Beginn der Arbeiten angefertigt werden. Weil diese Bauaufnahme absolut genau auch alle Verformungen, Krümmungen der Wände u. ä. enthalten mußte, entschloß ich mich, zusätzlich zu unserer Bauaufnahme auch eine photogrammetrische Aufnahme der Decke und aller Wände im Maßstab 1:10 anfertigen zu lassen. Der Auftrag erging an die Photogrammetrie GmbH München.

Methodische Grundsätze für die Rekonstruktion

Von Anfang an stand für mich als oberste Zielvorstellung die Herstellung einer möglichst perfekten Kopie des Zustandes vor der Zerstörung fest, der sicher nicht genau dem ursprünglichen Zustand entsprach. Der Saal war mehrfach restauriert worden.[3]

Erhebliche Differenzen sind z. B. zwischen den um die Jahrhundertwende angefertigten Fotos der Grisaillen und den knapp vor der Zerstörung aufgenommenen Farbfotos zu erkennen. Für mich kam nur eine konsequente Rekonstruktion des Zustandes vor der Zerstörung in Frage, weil jeder Versuch einer Rückführung auf frühere »Originalzustände« in einer Flut von hypothetischen Annahmen enden würde.

Daß die perfekte Kopie nur eine ideale Wunschvorstellung sein kann, ist klar. Gerade deshalb mußten alle beteiligten Künstler, Kunsthandwerker und Handwerker auf dieses Ziel eingeschworen werden, nur so konnten die unvermeidlichen Abweichungen innerhalb erträglicher Grenzen gehalten werden. Schon in der Planung lassen sich trotz bester Dokumentation und größtem Bemühen um Genauigkeit einzelne Abweichungen gegenüber dem zerstörten Original nicht vermeiden. Bei der Reduktion einer plastischen Form in die auf dem Plan mögliche Linie ergibt sich für den Architekten zwangsweise ein gewisser Interpretationsspielraum, der bei der Umsetzung der Zeichnung in die rekonstruierte, plastische Wirklichkeit durch den Ausführenden abermals gegeben ist. Bei letzterem kommt, gerade bei künstlerischen oder kunsthandwerklichen Leistungen, auch ungewollt die »Handschrift« des Ausführenden dazu. Die während der Arbeiten oft sehr mühevollen und für den Ausführenden manchmal frustrierenden Korrekturen ließen vereinzelt bei ihnen die Vorstellung der »freien künstlerischen Neuschöpfung« auftauchen. Solche Wünsche galt es bereits im ersten Ansatz auszuschalten. Dem Prinzip der perfekten Kopie als Idealvorstellung haben sich schließlich alle Beteiligten untergeordnet. Gerade deshalb habe ich mich aber stets bemüht, auch die Vorstellungen der Künstler und Handwerker so weit als möglich zu berücksichtigen. Künstlerische Qualität entsteht nicht unter Zwang, sie benötigt einen gewissen Freiraum, dies gilt auch für die Anfertigung einer Kopie. Eine begleitende Kontrolle ist bei solchen Arbeiten unvermeidlich, Kritik ist aber nur zielführend, wenn der Künstler selbst dabei die Überzeugung gewinnt, Korrekturen oder Verbesserungen vornehmen zu müssen – manchmal eine mühevolle Überzeugungsarbeit.

3 Durch schriftliche Quellen wissen wir, daß 1837 der Saal in einem so schlechten Zustand war, daß man ihn nicht mehr besichtigen ließ. Die Restaurierung unter der Leitung des »königl. Gallerie-Conservators« Eigner wurden von »Maler Hölzle« durchgeführt, wahrscheinlich wurden, wie im 19. Jahrhundert üblich, damals auch »Korrekturen« vorgenommen.

Die perfekte Kopie verlangt verständlicherweise auch die Wiederherstellung aller Unzulänglichkeiten und Fehler der zerstörten Ausstattung. Jede »Korrektur« führt nicht nur vom Original weg, sondern schafft neue Schwierigkeiten im anschließenden Bereich, sie multipliziert die Fehler. Manchmal müssen allerdings gewisse kleine Veränderungen bewußt vorgenommen werden. Beim Goldenen Saal waren es vor allem die durch den Brand entstandenen Verzerrungen der Wände im Deckenbereich, die große Schwierigkeiten bereiteten. Verständlicherweise mußte das Mittelfeld mit seinen komplizierten, eng aneinander grenzenden Kreisen und Ellipsen streng rechtwinkelig bleiben. Die Differenzen von bis zu 21 cm mußten in die relativ schmale Randzone verlagert und, aufgeteilt auf vier Bereiche, korrigiert werden.
Die perfekte Kopie erfordert auch die Berücksichtigung der verschiedenen Materialien, der handwerklichen und farblichen Charakteristika des zerstörten Originals. Zumindest die sichtbare Oberfläche der rekonstruierten Teile mußte möglichst genau dem Eindruck vor der Zerstörung entsprechen, das heißt die Oberfläche mußte unbedingt in der alten Handwerkstechnik und im ursprünglichen Material hergestellt werden. Nur so konnte die typische lebendige und »weiche« Oberfläche entstehen, die für eine Decke aus dem 17. Jahrhundert charakteristisch ist. Die farbliche Gestaltung sollte diesen Oberflächencharakter möglichst betonen, allerdings mußten künstliche Alterungsprozesse und Patinierungen, denen stets die Gefahr eines kitschigen Eindrucks anhaftet, von vornherein ausgeschlossen werden.
Anläßlich des internationalen Kolloqiums am 08./09. März 1978 hatte man mir die Aufgabe übertragen, über »die materiellen Voraussetzungen einer Rekonstruktion« zu sprechen.
Schon damals hatte ich die handwerkliche Wahrheit der gesamten Ausstattung im Falle einer Rekonstruktion gefordert, aber angesichts der großen technischen Schwierigkeiten die Möglichkeit angedeutet, bei der Unterkonstruktion den Vorteil moderner Technik, etwa die Verwendung von dicken gesägten Furnieren statt der Massivbretter an der Decke, zu nützen. Grundsätzlich wäre es sicher konsequent und richtiger gewesen, auch die alte Unterkonstruktion der Decke wiederherzustellen, allerdings reichte hierfür auch die Dokumentation nicht aus.
Wichtigster methodischer Grundsatz mußte aber das »schrittweise Vorgehen« bei der Rekonstruktion sein. Nachdem in der Empfehlung des internationalen Kolloquiums, die unter dem Vorsitz von Prof. Dr. Alfred Schmid erarbeitet wurde, nicht nur dieses schrittweise Vorgehen, sondern auch nach jedem Schritt die Überprüfung des Zwischenergebnisses gefordert wurde, war dieser methodische Grundsatz für den Fall einer Rekonstruktion eigentlich bindend festgelegt.
Das schrittweise Vorgehen hatte unschätzbare Vorteile, die den Nachteil einer wesentlichen Verlängerung der »Bauzeit« – ich schätze auf das Dreifache – und daher auch etwas höhere Kosten mehr als aufwogen. Dieser Methode entsprach auch eine ganz bestimmte Reihenfolge der Arbeiten. Am Beginn der Rekonstruktion würde man nur die rein handwerklichen Leistungen erstellen, die, entsprechende Planungs- und Ausführungsqualität vorausgesetzt, keinerlei Risiko hinsichtlich des Ergebnisses in sich bargen. Man könnte diese Arbeiten jedenfalls mit einer Zwischenstufe abschließen, die zumindest den ursprünglichen Raumeindruck des Saales erahnen ließe. Mit diesen ersten Arbeiten würde man auch notwendige Erfahrungen sammeln, um sich an die schwierigeren und auch kritischeren kunsthandwerklichen und künstlerischen Leistungen gleichsam herantasten zu können. Sollte man feststellen, daß das in der Zwischenstufe erzielte Ergebnis weitere Schritte nicht erlaubt, könnte man die Rekonstruktion abbrechen.
Jeder Schritt der Rekonstruktion müßte eine in sich abgeschlossene Leistung sein, die man zwar durch weitere Schritte, das heißt Hinzufügungen ergänzen, aber ansonsten nicht mehr verändern dürfte. Mit diesem Grundsatz war die

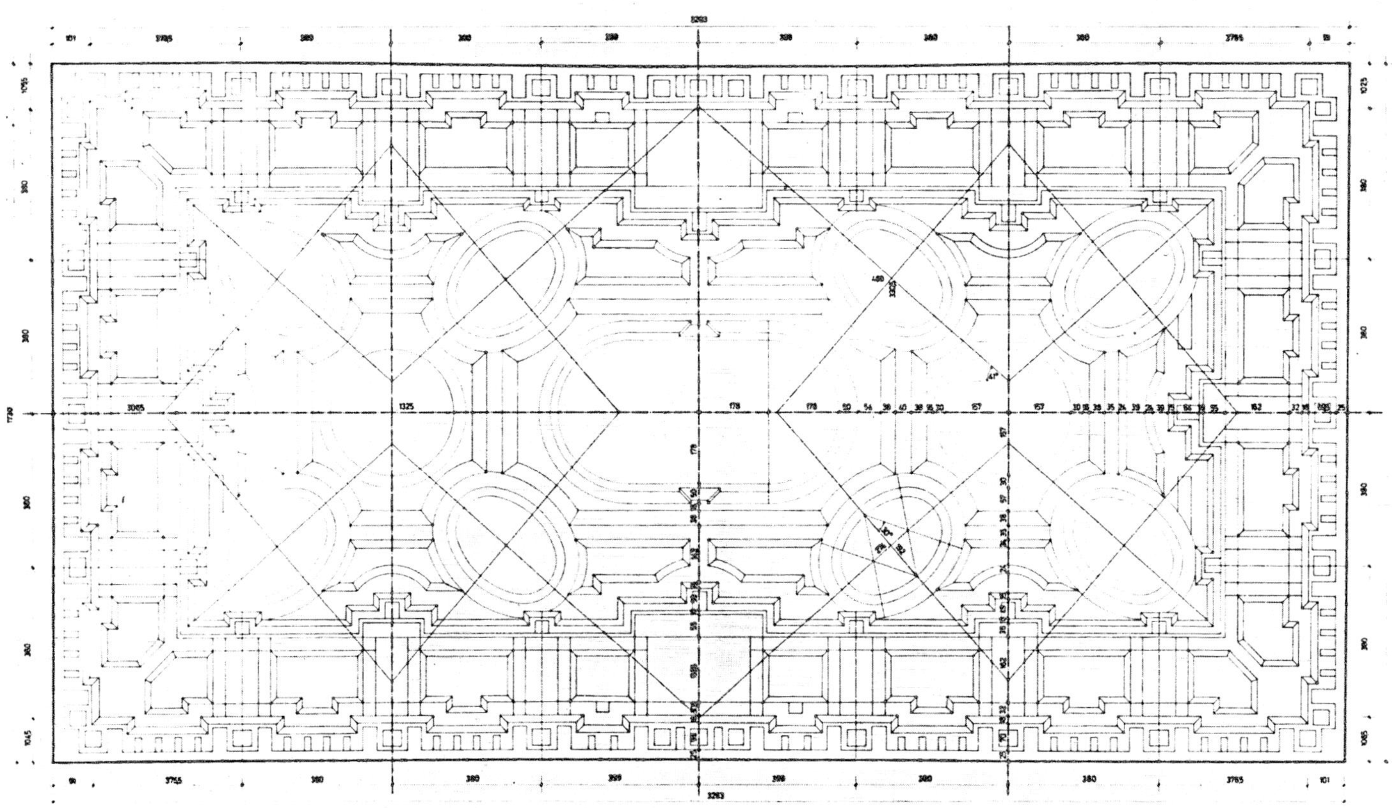

Aus der Vorplanungsphase: Die Deckenuntersicht mit Achsmaßen auf Grundlage fotogrammetrischer Vermessung.

Verwendung vereinfachter Formen ausgeschlossen. Gerade diese Forderung erschien mir besonders wichtig, weil ich die Vereinfachung der architektonischen Gliederung stets als eine unvertretbare »Verballhornung« und Verfälschung eines historischen Baudenkmals empfinde. Wenn Rekonstruktion, dann konsequent, ansonsten lieber Neugestaltung!

Vorentwurf und Entwurf samt Bericht und Kostenschätzung als Entscheidungsgrundlage für den Stadtrat

Es ist dem Stadtrat dafür zu danken, daß er ohne Vorbehalt der Methode des »schrittweisen Vorgehens« zustimmte. Den zuvor beschriebenen methodischen Grundsätzen folgend wurden im Laufe eines Jahres der Vorentwurf und der Entwurf erarbeitet, der verständlicherweise nicht viel mit dem normalen Vorentwurf eines Architekten zu tun hatte. Er sollte vor allem für mich selbst den Nachweis liefern, daß anhand der vorhandenen Unterlagen die Rekonstruktion des Saales tatsächlich möglich ist. Dies wurde am besten damit erzielt, daß man sofort nach der Zusammenstellung der gesamten Dokumentation, gleich im ersten Planungsschritt mit dem Entwurf aller kritischen Details 1:1 und den Konstruktionsskizzen 1:10 begann. Die für den Laien so »schönen« Übersichtspläne 1:50 wurden erst später, nach Fertigstellung der Detailzeichnungen und nur im tatsächlich benötigten Umfang angefertigt. Sie dienten lediglich als Übersichtspläne, zur Darstellung der vorhandenen Dokumentation und als Basis für die Kostenschätzung.
Gemäß diesem Vorentwurf sollte bis zum Stadtjubiläum 1985 eine erste Zwischenstufe fertiggestellt sein, die durch die Rekonstruktion der Holzdecke, des Marmorfußbodens und der Portale und Fenster zumindest eine räumliche Vorstellung des historischen Goldenen Saales vermitteln sollte. Bei diesen Arbeiten wäre es möglich gewesen, nur im Bereich der rein handwerklichen Leistungen zu bleiben, wie ich es mir bei der Auftragserteilung vorgestellt hatte. Erste Schwierigkeiten gab es bei der Decke, wo man den architektonischen Dekor mit anfertigen mußte, weil dieser Bestandteil der Architektur ist. Da Teile dieses

Dekors nicht plastisch, sondern nur als Ölvergoldung aufgesetzt waren, ergab sich gleichsam von selbst die Notwendigkeit, diesen Dekor gleich in der ersten Stufe auch zu vergolden. Ähnliche Probleme sah ich bei den Portalen. Da ich einen unbefriedigenden Eindruck der riesigen »nackten« Türen ohne Schnitzereien befürchtete, empfahl ich, die Schnitzereien und Beschläge der Portale doch bereits in der ersten Zwischenstufe fertigzustellen. Damit wagte man sich, entgegen allen theoretischen Überlegungen, in den Bereich des Kunsthandwerks, ja sogar einfacher künstlerischer Arbeiten vor. Dieses erweiterte Konzept hatte aber auch den Vorteil, daß mit den komplett wiederhergestellten reichen Portalen die Diskussionsgrundlage für eine Grundsatzentscheidung zum weiteren Vorgehen bereits vorhanden war.

Die Erstellung einer Kostenschätzung für die Rekonstruktion eines Gesamtkunstwerkes vom Range des Goldenen Saales ist ein sehr kompliziertes Unterfangen. Vergleichbare Objekte fehlen vollständig; wir konnten nur den erforderlichen Zeitaufwand abzuschätzen versuchen, wobei Fehler von 100 Prozent und auch mehr durchaus in einem erklärbaren Rahmen gelegen wären.[4] Meine damals erstellte Kostenschätzung war im wesentlichen richtig. Trotz meiner Erfahrung mit denkmalpflegerischen Arbeiten gebe ich gerne zu, daß mir auch das Glück zu Hilfe kam.

Am 26. März 1980 hatte ich Gelegenheit, mein Entwurfskonzept anläßlich einer Sitzung der Kommission für die Wiederherstellung des Saales ausführlich zu erläutern. Nach Zustimmung der Rekonstruktion durch den Stadtrat am 23. Juli 1980 konnte schließlich die eigentliche Ausführungsphase beginnen.

Die zuständigen Behörden und die Sachverständigenkommission

Meine Partner in der Stadtverwaltung waren von Anfang an das Baureferat unter Stadtbaurat Dipl. Ing. Friedrich Hermann Stab und das Hochbauamt unter der Leitung des Baudirektors Dr.-Ing. Hermann Kießling. Ihnen folgten als neuer Stadtbaurat Dipl.-Ing. Rudolf Saule und als Amtsleiter Dipl.-Ing. Günter Billenstein.

Mit verständlicher Skepsis sah ich der kommenden Zusammenarbeit mit den Behörden entgegen, weil eine solche Aufgabe nicht unter Einhaltung der heute im öffentlichen Bauwesen selbstverständlichen Normen und Auflagen zu bewältigen ist. Wie sollten Dienststellen, die mit den üblichen Bauaufgaben einer Stadt befaßt waren, das notwendige Verständnis für ein so kompliziertes und auch im Rahmen der Denkmalpflege eigentlich beispielloses Unternehmen aufbringen? Nun, ich wurde in jeder Beziehung angenehm überrascht. Man bot mir optimale Arbeitsbedingungen, auch meine direkten Betreuer, die Herrn Diplomingenieure Beck, Mayer und Schenck erwiesen sich als überaus kompetent und hatten selbst für meine manchmal etwas ausgefallenen, für sie sicher ungewohnten Vorstellungen stets volles Verständnis; vor allem waren sie alles andere als Bürokraten.

Ganz wesentlich für meine Arbeit war die Bestellung einer Sachverständigenkommission, die für die fachlichen Fragen der Rekonstruktion nicht nur mein Gesprächspartner war, sondern auch die Aufgaben einer alle Arbeiten überwachenden Instanz übernahm, die sonst der Denkmalpflegebehörde obliegen. Schon anläßlich des internationalen Kolloquiums hatte der Generalkonservator des Bayerischen Landesamtes für Denkmalpflege, Herr Professor Dr. Michael Petzet, die Mitwirkung des Landesamtes mit dem Hinweis abgelehnt, daß die Rekonstruktion nicht als Aufgabe der Denkmalpflege bezeichnet werden könne. Ich mußte diese Entscheidung mit Bedauern zur Kenntnis nehmen, auch wenn ich persönlich anderer Meinung war. Ich wünschte mir eine Möglichkeit, methodische Probleme mit kompetenten Denkmalpflegern diskutieren zu können. Um so dankbarer war ich, daß sich die Herrn Professoren Dr. Alfred Schmid, Dr. Jürgen Paul und Dr. Willibald Sauerländer für eine Sachverständi-

4 Tatsächlich gab es auch bei den abgegebenen Offerten Unterschiede von 100 Prozent und auch mehr.

Deckenkonstruktion der Alternativlösung; perspektivische Darstellung. Architekt Prof. Machatschek.

genkommission zur Verfügung stellten. Für mich war die Unterstützung, die ich in allen Fragen bei den Sachverständigen fand, ein außerordentlich wichtiger Beitrag zu einer erfolgreichen Arbeit. Vor allem ist es den Herren Professoren Schmid und Paul zu danken, daß die Rekonstruktion nicht mit der Zwischenstufe ihren Abschluß fand.
Erfreulicherweise änderte das Landesamt für Denkmalpflege im Laufe der zweiten Bauphase, als es um die Sicherung der vorhandenen Freskenreste ging, auch seine grundsätzlich ablehnende Einstellung zur Rekonstruktion. Bei den Fresken und später auch bei den Schnitzereien standen uns Herr Prof. Dr. Michael Petzet und Dr. Bernd Vollmar mit Rat und Tat zur Seite.

Die Künstler, Kunsthandwerker und Handwerker

Ein wesentliches Argument der Gegner der Rekonstruktion war immer wieder die Behauptung gewesen, daß für eine solche Aufgabe heute nicht mehr die erforderlichen Künstler und Handwerker zur Verfügung stünden. Es wäre falsch, diese Tatsache einfach abstreiten zu wollen, weil viele der alten Handwerkstechniken heute tatsächlich nicht mehr angewendet werden. Aber es gibt auch heute noch genügend hervorragende Handwerker, die, wenn sie wirklich wollen, zu denselben Leistungen befähigt sind, wie ihre Vorfahren vor 350 Jahren. Allerdings muß man ihnen die nötige Zeit geben, in eine alte Technik wieder »hineinzuwachsen«.
Eines ist allerdings sicher, daß die früher selbstverständlichen Detailkenntnisse heute nicht mehr vorhanden sind. Für die Kapitelle der Hauptportale mit ihren komplizierten Verschneidungen benötigte der Schreinermeister im 17. Jahrhundert sicher keine Zeichnung des Architekten im Maßstab 1:1, er wußte selbst, wie so etwas im Detail auszusehen hat. Heute benötigt man genaueste Pläne, jede Menge Naturdetails und, weil man die Plastizität der Blätter ohne Modell selbst nicht richtig festlegen möchte und wohl auch nicht kann, muß man bei der

Anfertigung der Blätter Gelegenheit zur Mitarbeit, zur Korrektur haben. Ob nun die Kapitelle auf Grund lebendiger Kenntnisse entstanden oder nach genauen Plänen angefertigt wurden, ist vom Ergebnis her betrachtet jedoch unerheblich.
Bei komplizierten Leistungen ist die gemeinsame Erarbeitung von Musterstükken in der Ausführungsphase eine absolute Notwendigkeit. Sie ist für den Architekten auch die einzige Möglichkeit zu prüfen, ob der Handwerker tatsächlich die von ihm erwartete Qualität zu liefern imstande ist. Ich habe diesbezüglich sehr selten Enttäuschungen erlebt; beim Goldenen Saal nur ein einziges Mal, und da war die fehlende Motivation schuld. Diese echte, direkte Zusammenarbeit zwischen Architekt und Handwerker am Objekt vermag auch am ehesten jene Motivation zu schaffen, die ich als die wichtigste Voraussetzung für außergewöhnliche Leistungen bezeichnen möchte.
Es gibt einen bequemeren, weniger mühevollen Weg: man übergibt so eine Aufgabe an ein Team von Spezialisten. Die Polen haben sich mit ihrem PKZ[5] auf diesem Gebiet bereits einen Namen gemacht. Auch in Augsburg hat man diese Möglichkeit diskutiert. Ich halte diesen Weg für falsch, weil eine so außergewöhnliche Arbeit für die heimischen Handwerker eine einmalige Gelegenheit ist, die alte handwerkliche Tradition weiterzuführen oder, wo sie bereits verloren ist, sie wieder neu zu beleben. Mit großer Genugtuung kann ich feststellen, daß, bis auf die ersten Schnitzereien bei den Portalen und an der Decke, ausschließlich Künstler und Handwerker aus Augsburg oder aus der näheren Umgebung am Werk waren.

Die Ausführungsphase bis zur Zwischenstufe 1985

Nach der Genehmigung des Entwurfs konnten wir mit der Fertigstellung der Ausführungspläne und der Ausarbeitung der Leistungsverzeichnisse beginnen. Beides hatten wir in den Grundzügen bzw. als Skizzen bereits für den Entwurf benötigt, so daß nur mehr Ausfertigungsarbeiten notwendig waren. Dennoch war die reine Zeichenarbeit enorm. Bis zur Fertigstellung der Zwischenstufe waren wir bei Plannummer 360 angelangt, bis zur Totalrekonstruktion waren es mehr als 460 Planzeichnungen. Auch hinsichtlich der Planungsarbeit erwies sich das »schrittweise Vorgehen« als großer Vorteil, weil die Fertigstellung der Pläne nicht bereits vor dem Beginn der gesamten Arbeiten notwendig war, sondern jeweils erst mit dem Beginn eines neuen Schrittes. Dadurch war es möglich, mit 2 bis 3 langjährigen Mitarbeitern, die ich laufend mit besonderen Aufgaben der Denkmalpflege beschäftigte, das Auslangen zu finden. Die »Seele« des Projekts wurde Herr Ing. Johann Retzl, dem die Ausführung fast aller wichtigen Pläne zu danken ist.
Wesentlich schwieriger als die Planung wurde die Realisierung der Rekonstruktion; dies gilt selbstverständlich für die Künstler und Handwerker, aber auch für den Architekten als verantwortlichen Bauleiter. Ganz anders als bei einem normalen Bauvorhaben gab es, dank des »schrittweisen Vorgehens«, keine organisatorischen Probleme. Meist war in einem »Schritt« nur eine Firma im Saal beschäftigt. Es galt auch jeden Zeitdruck von den beschäftigten Firmen und Künstlern fernzuhalten, sie sollten durch zu knappe Termine in keiner Weise belastet werden. Die gewünschte Qualität konnte nur in einer harmonischen Arbeitsatmosphäre erbracht werden; diese den Firmen zu bieten war mein besonderes Anliegen.
Bei der Bauleitung wurde ich von meinem Kollegen, Dipl. Ing. Raimund Baron von Doblhoff, der seit vielen Jahren in Augsburg als Architekt tätig war, unterstützt. Er war von Anfang an einer der entscheidenden Protagonisten für die Rekonstruktion des Goldenen Saales und der Fürstenzimmer. Für ihn war diese Arbeit eine echte Herzensangelegenheit. Für mein bedächtiges Vorgehen, die übergenaue Planung mit der Rekonstruktion der alten Unregelmäßigkeiten, hatte er wenig Verständnis und in der schrittweisen Methode sah er eigentlich

5 Zentrale staatliche Werkstätten mit einem großen Personalstand, der alle Bereiche der Denkmalpflege, sowohl die Planung als auch die Ausführung, abzudecken imstande ist. Das PKZ hat in vielen Ländern Europas und auch in Übersee einschlägige Arbeiten durchgeführt.

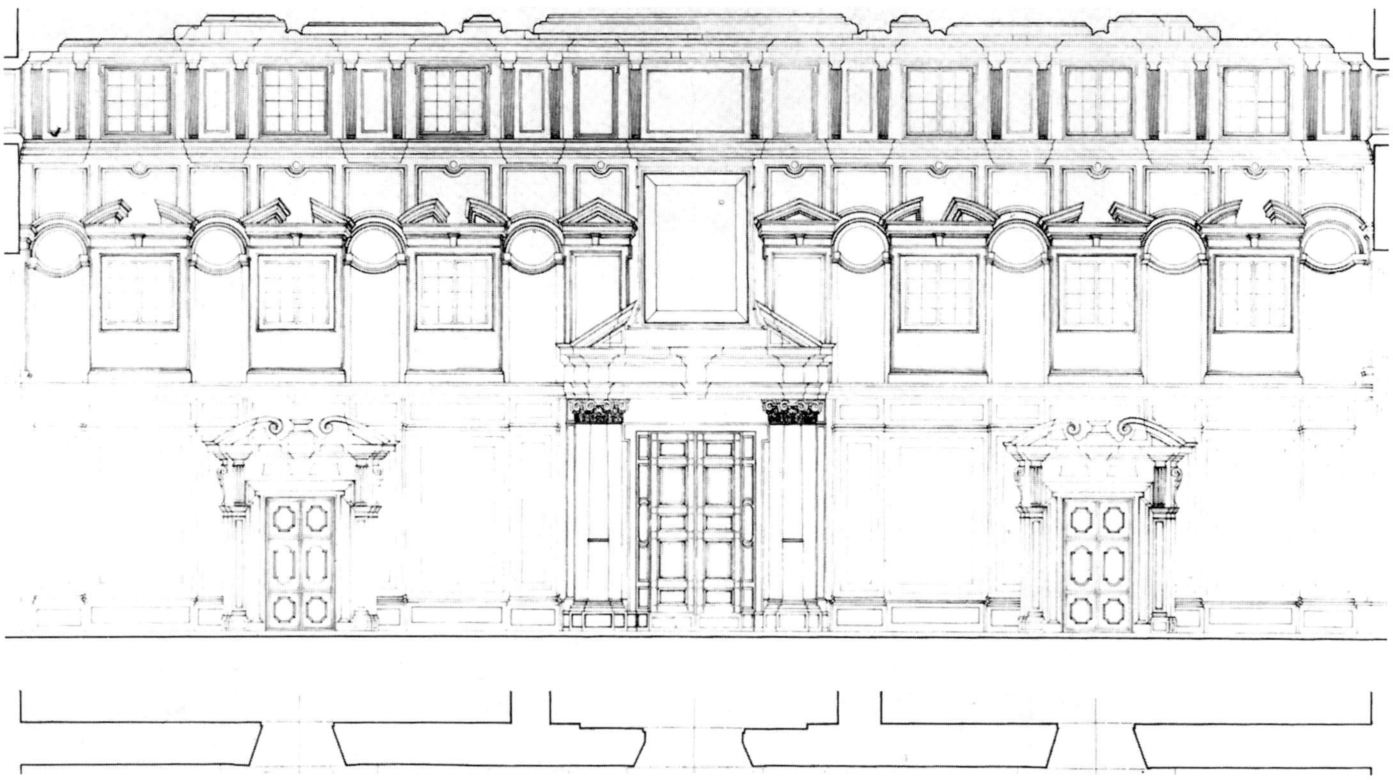

Abwicklung der Südwand ohne figürliche Malerei und ohne Zierschnitzereien; aus der Phase der Vorplanung. Architekt Prof. Machatschek.

nur eine unnötige Verzögerung. Am liebsten hätte er alles auf einmal begonnen, weil er fürchtete, daß der Goldene Saal sonst auf halbem Wege stecken bleiben würde. Mit dieser Einstellung war er in vielem mein Antipode. Trotz mancher grundsätzlicher Differenzen wurden und blieben wir Freunde. Ich achtete sein außerordentliches Engagement, seine Offenheit und Ehrlichkeit; er erkannte, zumindest im Laufe der Zeit, daß meine Gewissenhaftigkeit, mein »Bremsen« wie er es nannte, doch nicht nur Spielerei war. Für beide von uns war die Realisierung des Goldenen Saales ein aufregendes aber auch beglückendes Erlebnis. Meine Hauptaufgabe in der Ausführungsphase sah ich in der gegenseitigen Abstimmung der einzelnen Leistungen auf eine große, geschlossene Gesamtwirkung: Material, Materialoberfläche, Farbe etc. müßten zuletzt einen harmonischen Gleichklang ergeben. Diesen zu erzielen, ohne daß unvertretbare Konzessionen hinsichtlich des Strebens nach der »perfekten Kopie« in Kauf genommen werden mußten, war keineswegs einfach. In den folgenden Kapiteln, bei der Besprechung der einzelnen Leistungen, werde ich noch auf dieses Problem zurückkommen.

Die Schreinerarbeiten im Goldenen Saal, die Decke und die Portale

Die historische Decke war eine relativ grobe Schreinerarbeit aus massivem Nußholz: Rahmen mit kräftigen, plastischen Profilen und Flächen, die aus sehr unterschiedlichen Nußholzbrettern bis zu 20 cm Breite bestanden. Die relativ grobe Arbeit ist verständlich: die Decke des großen Saales sieht man in einer Höhe von rund 14 Metern, sie ist nur Hintergrund des reichen, vergoldeten Schnitzwerks, die großen Tafelgemälde lenken den Blick von den einfachen Brettern ab. Es hätte gar keinen Sinn gehabt, die Bretter sorgfältig auszusuchen und auf eine perfekte Verbindung untereinander zu achten. Auch im 17. Jahrhundert mußte man wirtschaftlich denken und unnötigen Aufwand vermeiden. Der Qualitätsunterschied zur Decke des Fürstenzimmers, die man aus nächster Nähe sieht, ist augenfällig.
Es steht wohl außer Frage, daß gemäß den zuvor beschriebenen Grundsätzen auch dieser grobe Bretterhintergrund der historischen Decke des Goldenen

Saales rekonstruiert werden mußte. Mir war bewußt, daß nach der Fertigstellung der Zwischenstufe, die nackte, »fleckige« Decke einen vorläufig unbefriedigenden Eindruck ergeben würde – was tatsächlich auch von Fachleuten, die sich offenbar die alten Fotos nicht genau angesehen hatten, kritisiert wurde. Aber eine »verschönerte« Rekonstruktion als Alternative kam für mich nicht in Frage.

Für die handwerkliche Ausführung wurde ein Konstruktionsprinzip gewählt, das es ermöglichte, relativ große Elemente der Decke in der Werkstatt fertigzustellen und diese »Fertigteile« im Saal nur mehr auf einer Montageebene aus Stäbchenfurnierplatten zu montieren. Die freie Aufhängung der gesamten Dekke erlaubt nicht nur ein ungehindertes Arbeiten des Holzes, sondern gewährleistet auch eine einwandfreie Belüftung aller Holzteile. Die sichtbaren Oberflächen sind in der alten Technik und mit den alten Materialstößen gefertigt. Da es heute auch aus Kostengründen unmöglich ist, jahrzehntelang gelagertes Nußholz in der benötigten Menge zu beschaffen, wurden die ursprünglich massiven Bretter durch »Bretter« mit aufgeleimter, 2 – 3 mm starker, gesägter Nußholzfurnier ersetzt. Für die Profile wurden entsprechend starke, massive Nußholzteile auf Weichholzkerne aufgeleimt, auf der Fräsmaschine grob vorgearbeitet, zuletzt aber mit dem Profilhobel bzw. der Ziehklinge überarbeitet. Die fertige Oberfläche wurde mit einem speziell entwickelten Halböl im Zuge der Vergolderarbeiten eingelassen. Schon heute, nach 15 Jahren und einem zweiten Einlassen, ist der Farbton der Decke mit dem Gold der Schnitzereien zu einem sehr überzeugenden Gesamteindruck zusammengewachsen. Im Laufe der Zeit wird dieser noch besser, weicher werden, das »Leben« des Holzes wird sich von selbst, als ein natürlicher Alterungsprozeß einstellen. Im Prinzip nach dem gleichen System wurden die Portale zusammengebaut, allerdings meist als Massivkonstruktion in Nußholz. Verständlicherweise war hier die Schreinerarbeit gegenüber der Decke, wie in den Fürstenzimmern, eine wesentlich feinere.

Alle Schreinerarbeiten im Goldenen Saal, das heißt die Decke, die Portale und das Zwischengesims, aber auch die Wandverkleidung im Fürstenzimmer, wurden von der Augsburger Firma Willmeroth-Innenausbau KG hergestellt. Es handelte sich um einen normalen, großen Schreinerbetrieb, der vor allem im Innenausbau bei Bürobauten, Hotels und ähnlichem tätig war. Es gibt wohl kein besseres Beispiel für die Fähigkeiten eines wirklich motivierten Handwerksbetriebes. Die Arbeit der Großschreinerei im Goldenen Saal bzw. die ebenfalls von ihr angefertigte Wandverkleidung des Fürstenzimmers steht hinsichtlich ihrer Qualität jener der Decke im Fürstenzimmer, die von den renommierten und hochspezialisierten Münchner Vereinigten Werkstätten hergestellt wurde, in nichts nach.

Die Beschläge der Portale

Die Portale des Goldenen Saales und der Fürstenzimmer hatten Beschläge, die in ihrer Gestaltung und kunsthandwerklichen Ausführung dem hohen Anspruch der gesamten Ausstattung entsprachen; anhand einiger Fotos konnte man ihre Schönheit erahnen. Ich kannte die Schwierigkeiten, die wir bei den Beschlägen zu lösen haben würden. Doch wieder hatten wir unwahrscheinliches Glück! Leybold hatte sich offenbar gerade für die Beschläge interessiert und alle in besonders schönen Skizzen mit Maßangaben festgehalten. Mit Hilfe der wenigen vorhandenen Fotos waren wir wirklich imstande, genaue Detailzeichnungen 1:1 aller Beschläge anzufertigen. Noch größeres Glück hatten wir hinsichtlich der Ausführung. In Augsburg gibt es einen Schlossermeister, der eine bedeutende Sammlung historischer Beschläge, darunter auch ein Original aus dem Augsburger Rathaus, besitzt und der sogar die historischen Handwerkstechniken noch beherrscht. Vater und Sohn Weiß fertigten uns Kopien der historischen Beschläge an, wie sie wohl niemand besser zustande gebracht hätte.

Detailplan des Architekten für die Wiederherstellung der Beschläge der beiden Hauptportale.

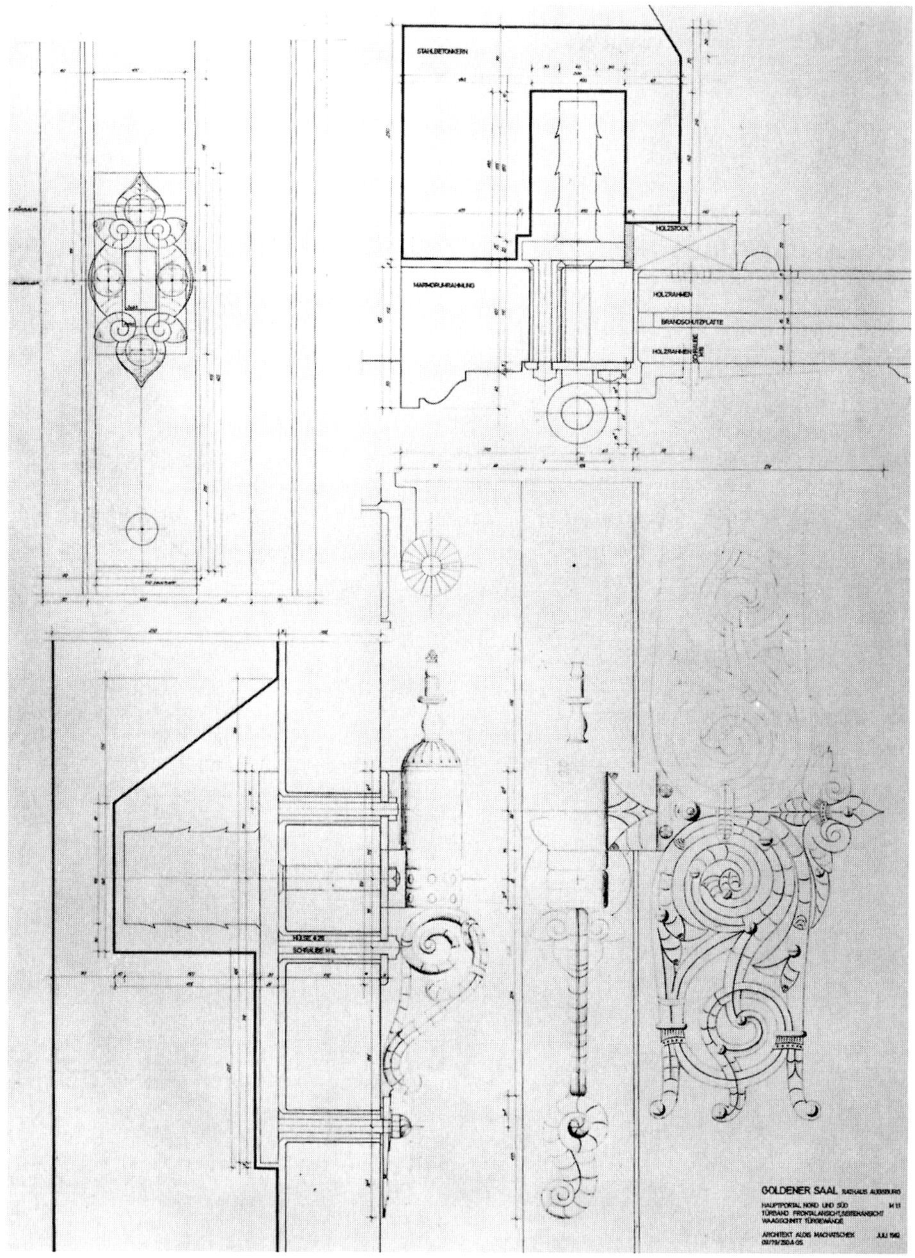

Der Steinfußboden

Anhand der zahlreichen Fotos konnte die Verlegung des historischen Steinbodens mit allen ihren Unregelmäßigkeiten genau rekonstruiert werden. Das Material war durch ein Gutachten eines Steinmetzen überliefert: Rot-Grau-Schnöll und Rotscheckmarmor aus Hallein bei Salzburg bzw. Solnhofener Platten. Früher wurden die Kanten geschlagen und die Flächen mit der Hand geschliffen und poliert. Diese Bearbeitung zusammen mit der Verlegung ergab einen sehr charakteristischen, weichen und lebendig spiegelnden Gesamteindruck. Heute werden die Platten scharfkantig geschnitten, die auf der Bandschleifmaschine polierten Oberflächen sind plan wie eine Glasplatte und die Verlegung erfolgt ohne sichtbare Fugen. Der Eindruck der modernen Steinböden ist entsprechend hart, spiegelnd wie eine Eisfläche.

Schon wegen der Belichtung des Goldenen Saales durch die hohen Fenster in den Stirnseiten ist die Art der Spiegelung des Bodens von entscheidender Bedeutung für den Gesamteindruck des Saales. Die Oberflächenbehandlung des neuen Bodens mußte daher dem Charakter der alten Steinböden angepaßt werden, die Kanten wurden mit der Hand überarbeitet und die Oberfläche jeder einzelnen Platte mit der Wandarmschleifmaschine überschliffen und poliert.

Die Verlegung der 4 cm starken, für heutige Begriffe riesigen Platten erfolgte in einem Traßmörtelbett mit Fugen von 3–5 mm Breite – um auch die heute erforderlichen Dehnfugen zu vermeiden. Tatsächlich erscheint der rekonstruierte Steinboden schon heute in der für alte Böden charakteristischen »Weichheit«.
Mit der Arbeitsgemeinschaft Eser und Brenner standen uns ausgezeichnete Handwerksbetriebe zur Verfügung. Der für den Saal federführende Steinmetzmeister C. P. Kienzle hatte zwar anfangs Bedenken wegen der fehlenden Dehnfugen, vor allem wegen der neu eingebauten elektrischen Fußbodenheizung, ließ sich dann aber doch überzeugen und erfüllte alle unsere Vorstellungen.

Die vergoldeten Schnitzereien

Schon in der ersten Stufe wurden die Schnitzereien für die Portale, und, nach langem Überlegen, auch einige große Kartuschen für die Decke angefertigt. Wie ich schon in meinem Referat vor dem Stadtrat im Jahre 1980 ausführte, handelt es sich bei den Schnitzereien sicher um die heikelste Arbeit der Zwischenstufe.
Die Schnitzereien sind, wie alle Teile des Saales, durch zahlreiche Farb- und Schwarzweißfotos gut dokumentiert. Schon beim Studium der vorhandenen Planungsgrundlagen mußten wir feststellen, daß zwar Größe und Umriß einwandfrei bestimmt werden können, daß bei der Ermittlung der Plastizität allerdings ein Interpretationsspielraum offen bleibt. Die gleichen Schnitzereien wirken auf den einzelnen Fotos in ihrer Plastizität verschieden; je nach Standpunkt oder einfallendem Licht ergeben sich teilweise erhebliche Unterschiede, die vor allem auf die Vergoldung zurückzuführen sind. Diese verändert überhaupt in einem nur schwer abschätzbaren Ausmaß die Plastizität der fertiggeschnitzten rohen Holzteile; vereinfachend kann man sagen, daß diese durch die Vergoldung an Volumen bzw. Plastizität verlieren, sie wirken deutlich »dünner«. Bei der richtigen Abschätzung der Veränderungen kann nur die Erfahrung weiterhelfen. Ich ließ schon während des Schnitzens einzelne vergoldete Probestücke

Der kolorierte Rekonstruktionsplan des Architekten für den Saalfußboden aus der Vorplanung.

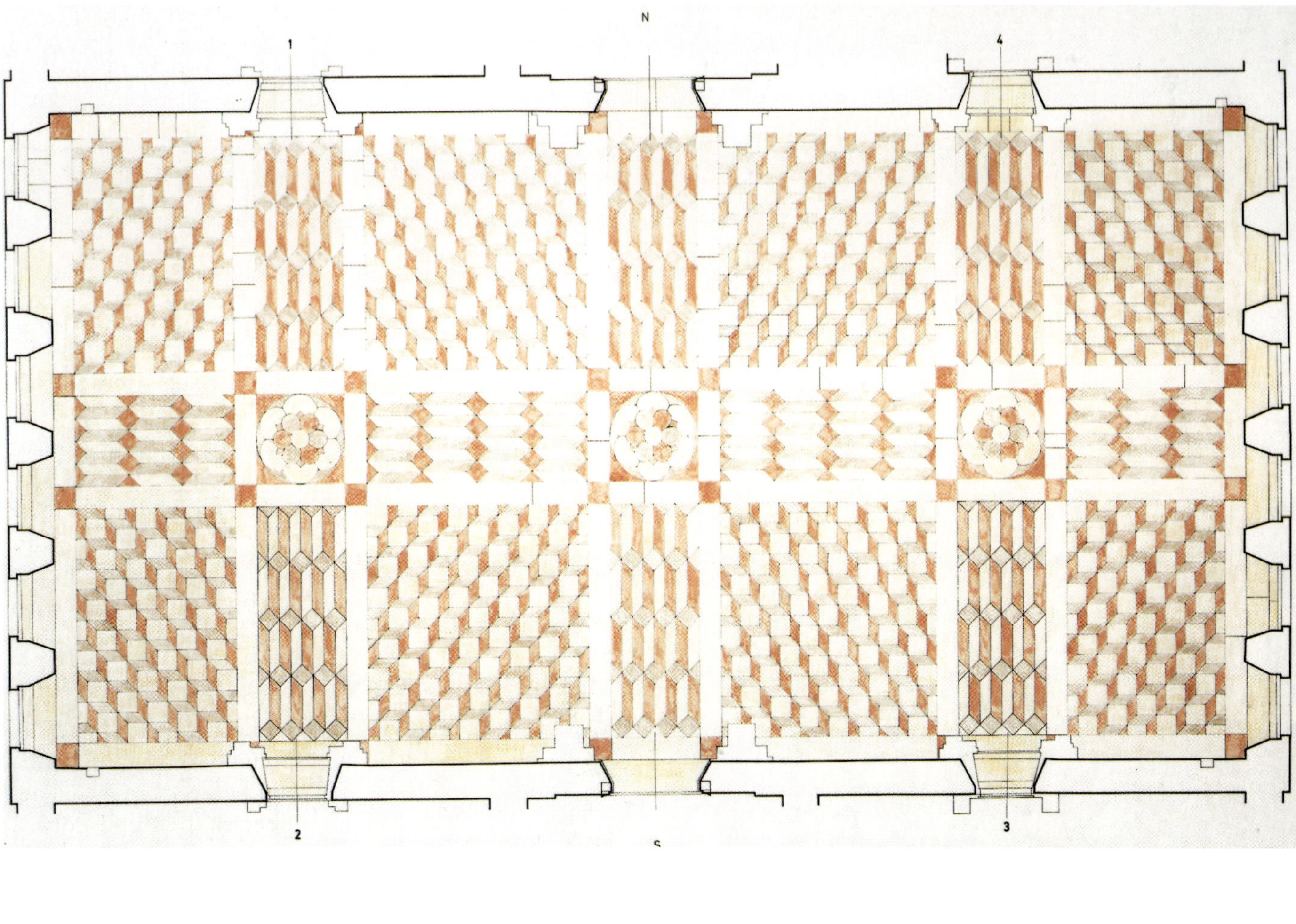

Schnitzelement (Maske) an den Konsolen der Deckenrandzone. Rekonstruktionszeichnung Architekt Prof. Machatschek.

anfertigen, um die Veränderungen gegenüber den rohen Schnitzereien feststellen zu können. Nur so war es möglich, sich langsam an die richtige Form heranzutasten. Diese Studien und die sich daraus ergebenden Korrekturen verlangten vom Schnitzer sehr viel Geduld und ein hohes Maß an Motivation.

Verständlicherweise gibt es über die Art der ursprünglichen Vergoldung keine Nachrichten und auch die Fotos lassen sie nicht mehr erkennen. Schmutz und Patina haben dem Gold im Laufe der Jahrhunderte den Glanz genommen. Anfangs wollte ich alle Schnitzereien glanzvergolden, weil ich bei Altären aus dem frühen 17. Jahrhundert überwiegend diese Art der Vergoldung feststellen konnte. Die Probestücke überzeugten uns aber, daß eine einheitliche Glanzvergoldung nicht möglich ist, weil der Glanz die Form »sprengt«. Bei den Gesichtern der Porträtbüsten auf den Portalen zu den Fürstenzimmern war nicht einmal zu erkennen, ob es sich um Frauen oder Männer handelt. Nach langen Versuchen entschlossen wir uns, zumindest bei den großen Schnitzereien die Vergoldung

zu differenzieren. Wo es die Form erforderte, wurde anstelle der Glanzvergoldung eine polierte Mattvergoldung ausgeführt, die sofort den gewünschten ruhigeren Eindruck vermittelte. Es wäre natürlich möglich gewesen, die gesamte Vergoldung in polierter Mattvergoldung auszuführen und damit die Schnitzereien von Anfang an dem Zustand vor der Zerstörung anzupassen. Mit mir waren aber auch die Vergolder der Meinung, daß die Schnitzereien ursprünglich glanzvergoldet waren, daher kam die polierte Mattvergoldung allein nicht in Frage. Daß die Entscheidung richtig war, sieht man schon heute. Man erkennt die Glanzvergoldung, obwohl der anfänglich störende »Hochglanz« verschwunden und der Gesamteindruck der Decke ein durchaus harmonischer ist.
In der ersten Phase, bis zur Zwischenstufe, wurden die Schnitzereien fast zur Gänze von der Firma Campidell, einem in der Denkmalpflege Österreichs renommierten Betrieb aus Feistritz an der Drau in Kärnten, hergestellt. Mit Herrn Campidell stand mir ein verläßlicher und erfahrener Partner zur Verfügung; die Entwicklungsarbeit, die wir gemeinsam mit vielen Probestücken leisteten, erwies sich auch für die in der Fertigstellungsphase folgenden großen Schnitzereien an der Decke als wichtige Basis. Der Kärntner Betrieb besorgte sowohl die Schnitzarbeit als auch die Vergoldung, dies erleichterte die oben geschilderten Studien. Die geschnitzten Architekturelemente in der Randzone der Decke, die Masken und Blätter der Konsolen waren einer Schnitzergemeinschaft aus Oberammergau anvertraut. Die Vergoldungsarbeiten an der Decke besorgten die Firmen Alfred Binapfel, Friedberg; Erich Ehmer, Anton Finkenzeller, München; Hans Hausch, Fürstenfeldbruck; Marion Kratz-Röhrig, Augsburg, und Franz Nefzger, Surheim.

Die Tafelbilder an der Decke und über den Portalen

Die großen Deckenbilder hatte Prof. Oskar Martin-Amorbach bereits in den 60er Jahren im Auftrag des verstorbenen Altbürgermeisters Dr. Klaus Müller nach den vorhandenen Farbdiapositiven, als eine Art von Vorleistung für eine spätere Rekonstruktion des Goldenen Saales, gemalt. Martin-Amorbach hatte die Komposition sehr gut kopiert, allerdings die starken Verfärbungen der Diapositive nicht berücksichtigt. Den Gegnern der Rekonstruktion hatten die Bilder deshalb als Argument gegen die Rekonstruktion gedient. Auch ich fürchtete diesen »Farbstich« – zum Teil ein allzu kräftiges Rot bzw. Violett – und hatte daher in meinem, dem Stadtrat vorgelegten Konzept die Anbringung der Deckenbilder ohne den reichen, vergoldeten Dekor in der Zwischenstufe noch nicht vorgesehen. Nach einer probeweisen Anbringung eines Tafelbildes entschied sich die Expertenkommission jedoch für den Einbau. Rückblickend gebe ich gerne zu, daß die Entscheidung richtig war.
Martin-Amorbach hatte die Bilder etwas zu klein gemalt, die notwendigen Ergänzungen und alle Maßnahmen für den Einbau besorgte der Augsburger Kunst- und Freskenmaler Hermenegild Peiker. Mit der Montage der großen Tafelbilder ergab sich auch die Notwendigkeit, die in den Nußholzflächen zwischen den großen Bildern eingebauten Holztafeln mit Groteskmotiven in Temperatechnik zu rekonstruieren. Probehalber wurde Herr Peiker mit einem Musterstück beauftragt, das die Expertenkommission bewog, ihn nicht nur mit den Kopien der Grotesktafeln, sondern auch mit jenen des großen Tafelgemäldes und der Schrifttafel über dem Nord- bzw. Südportal zu betrauen. Mit diesen Arbeiten hatte sich Herr Peiker zugleich als ein Anwärter für die Rekonstruktion der Fresken in der zweiten Bauphase bestens empfohlen.

Die Zwischenstufe

Am 19. Januar 1985, etwa fünf Jahre nach dem entscheidenden Beschluß des Stadtrates, wurde die Fertigstellung der Zwischenstufe in einem Festakt aus Anlaß des Stadtjubiläums begangen.

Vergoldete weibliche Maske an der rechten Säule des nördlichen Hauptportals nach der Rekonstruktion durch Bildhauer Walter Campidell aus Feistritz a. d. Drau in Kärnten.

Der Saal war zwar in seiner räumlichen Konzeption wiederhergestellt, gegenüber der provisorischen »Bahnhofshalle« war bereits eine wesentliche Verbesserung erzielt, der Gesamteindruck ließ aber manches noch zu wünschen übrig. Die kahlen weißen Wände und die leere, durch die verschiedenfarbigen Bretter sehr unruhige Decke, aus der die im Farbton nicht überzeugenden Tafelbilder hart heraustraten, waren unbefriedigend und ließen die Fortsetzung der Rekonstruktion wünschenswert erscheinen. Die Tatsache, daß man sich mit der Rekonstruktion der Fresken und der großen Deckenschnitzereien in den Bereich rein künstlerischer Arbeiten bzw. hochqualifizierten Kunsthandwerks vorwagte, sprach dagegen.

In der Öffentlichkeit hatte die bisherige Arbeit im wesentlichen ein positives Echo gefunden. Dies und die Empfehlung der Expertenkommission mögen den Stadtrat bewogen haben, sich für die Fortsetzung der Arbeiten zu entscheiden. Angesichts der berechtigten Bedenken, die manche Fachleute hatten[6], war es ein mutiger, rückblickend gesehen aber auch der richtige Entschluß. Man wäre auf halbem Wege stehengeblieben und hätte ein letzten Endes doch nicht befriedigendes Ergebnis als Abschluß der Rekonstruktion akzeptiert.

Die Rekonstruktion der Fresken

Gegen die Rekonstruktion der Fresken bestanden seitens der Kunsthistoriker und Denkmalpfleger zu Recht die größten Bedenken, handelt es sich doch um eine rein künstlerische Leistung, bei der die »persönliche Handschrift« eines Künstlers von entscheidender Bedeutung ist. Als Professor für Denkmalpflege an der TU-Wien hatte ich in meinen Vorlesungen deshalb auch immer darauf hingewiesen, daß sich die Rekonstruktion von reinen Kunstwerken von selbst verbiete. Nun sollte ich gegen diesen richtigen Grundsatz verstoßen – ganz wohl war mir bei dem Gedanken nicht. Sogar entschiedene Verfechter der Rekonstruktion hatten ihre Bedenken und schlugen deshalb eine vereinfachte Rekonstruktion als Grisaillemalerei oder überhaupt nur als Zeichnung vor. Auch Architekt Doblhoff versuchte, mich für eine solche Lösung schon in der Zwischenstufe zu gewinnen. Zur Demonstration hatte er sogar schon Kartons an einer Wand montieren lassen. Ich hielt eine solche Maßnahme für unvertretbar, weil sie zu einer Verfälschung des Gesamteindrucks der Rekonstruktion gegenüber dem historischen Saal führen mußte – da lieber die nackten Wände! Jede Vereinfachung bei den Fresken hätte auch gegen die bisher kompromißlos vertretenen Grundsätze der Rekonstruktion verstoßen.

Daß die »perfekte Kopie« nur bedingt erzielt werden kann, galt auch für die Fresken. Sollte deren Rekonstruktion Bestand haben, dann müßten sie, wie jedes Kunstwerk, auch künstlerische Qualitäten besitzen. Diese sind ohne die »persönliche Handschrift« des Künstlers auch bei einer noch so perfekten Kopie nur schwer zu erzielen. Die komplette Dokumentation der Fresken – kaum ein Teil des historischen Saales ist so vollständig in den Farbdiapositiven und Schwarzweißfotos erfaßt wie die Fresken – aber auch die grundsätzlich positive Einstellung der beiden Experten, der Herrn Professoren Schmid und Paul, half mir über meine anfänglichen Bedenken hinweg. Mit Hilfe der Fotogrammetrie konnten wir die in situ verbliebenen Reste zentimetergenau einmessen, die Planung des architektonischen Gerüstes war zwar ein sehr langwieriges Unterfangen, aber doch reine Routinearbeit. Umso schwieriger war die Ausführungsphase.

Schon während des Jubiläumsjahres wurden Probestücke für die Freskomalerei angefertigt, die den Beweis erbrachten, daß Herr Peiker für die Anfertigung der Freskokopien die besten Voraussetzungen besitzt. Nur er hatte noch genaue Kopien des historischen Vorbilds hergestellt und zugleich doch jenen Verve in seine Malerei einfließen lassen, den ein Kunstwerk einfach besitzen muß. Nun, wir hatten wieder einmal unwahrscheinliches Glück: Herr Peiker war der richtige Künstler für diese Aufgabe, überdies auch noch Augsburger, allerdings ein

6 Sogar einer der Experten, Professor Willibald Sauerländer, nahm in der Fertigstellungsphase nicht mehr an den Zusammenkünften der Sachverständigenkommission teil.

erfahrener und in ganz Deutschland tätiger Meister. Während der Arbeiten gewann er immer mehr an Sicherheit, so daß er angesichts dieser Jahrhundertaufgabe in seiner Heimatstadt über sich hinauszuwachsen imstande war.
Als Architekt konnte ich nur als kritischer Beobachter tätig sein. Mein Hauptaugenmerk richtete ich auf die farbliche Abstimmung; die Farbfotos hatten durchwegs leichte Verfärbungen, so daß trotz aller Sorgfalt ein gewisser Interpretationsspielraum offen blieb. Es galt, die verschiedene Lichtintensität im Saal, aber auch die alten Freskoreste zu berücksichtigen.
Die genaue wissenschaftliche Untersuchung gab Auskunft über die ursprünglich verwendeten Farbpigmente, aber auch über deren Veränderung durch den Brand. Trotz dieser Kenntnisse war die richtige farbliche Abstimmung der neuen Fresken außerordentlich schwierig, weil die Farben ja auf den noch frischen Putz aufgebracht werden müssen. Hier half die große Erfahrung, die Herr Peiker in der Freskotechnik besitzt. Dank dieser Erfahrung war es sogar möglich, auf Seccoretuschen vollkommen zu verzichten, eine ganz wesentliche Voraussetzung für den weichen, harmonischen Gesamteindruck der neuen Freskomalerei.

Die großen Schnitzereien an der Decke

Schon im Jubiläumsjahr wurden die großen Schnitzereien für ein Achtel der Decke angefertigt. Die Ausführung lag wieder in den Händen des mit den Detailformen im Saal bereits vertrauten Herrn Campidell; dank seiner Erfahrung besaßen wir damit eine einigermaßen sichere Ausgangsbasis für die noch fehlenden reichen Deckenschnitzereien. Der Auftrag für diese ging aber dann doch an eine im Augsburger Raum ansässige Arbeitsgemeinschaft, die Schnitzer Herrn Friedrich Mayet (als Federführenden) und Friedrich Brenner, und an die Vergolder, die Herren Finkenzeller und Hausch sowie Frau Kratz-Röhrig.
Meine Forderung, die bereits montierten Schnitzereien des ersten Achtels nur als eine Ausgangsbasis anzusehen und im Laufe des Arbeitsfortschrittes die Qualität der Kopien womöglich noch zu verbessern, wurde ernst genommen. Mit großem Ehrgeiz und Können widmete sich das junge Team, angeführt von Herrn Mayet, der ihm übertragenen Aufgabe. Das Ergebnis übertraf meine Erwartungen; wieder ein Beweis, daß, richtige Motivation und Opferbereitschaft vorausgesetzt, so ziemlich alles möglich ist. Die Malereien und Schrifttafeln in den Kartuschen wurden in bewährter Manier von Herrn Hermenegild Peiker in Temperatechnik hergestellt.
Mit der Rekonstruktion der Fresken und der großen vergoldeten Deckenschnitzereien war der Goldene Saal in seinem Gesamteindruck wiederhergestellt. Er konnte noch vom scheidenden Oberbürgermeister, Hans Breuer, einem entschiedenen Förderer der Rekonstruktion, am 28. April 1990 in einem Festakt der Öffentlichkeit übergeben werden. Allerdings waren damals noch einige besonders heikle und die sicherlich schwierigsten Leistungen der Rekonstruktion ausständig: Die Sicherung und Restaurierung der historischen Freskenreste an den Wänden, die großen allegorischen Figuren auf den beiden Hauptportalen und der riesige Kachelofen im Fürstenzimmer.
Trotz der bereits spürbaren Verknappung der finanziellen Möglichkeiten bekannte sich auch der neue Oberbürgermeister, Peter Menacher, zur endgültigen Fertigstellung des Saales, die in einer letzten Bauphase tatsächlich erfolgte.

Die Restaurierung der historischen Freskenreste

Vor allem im oberen Bereich des Goldenen Saales waren noch zusammenhängende Freskenreste erhalten – insgesamt etwa 115 qm. Diese Reste waren allerdings in einem eher schlechten Zustand: durch den Brand hatten manche Farben sehr starke Veränderungen erlitten, es gab zahlreiche Hohlstellen, überdies war beim Einbau der Betondecke die Oberfläche durch zahlreiche Betonspritzer

Südliche Wand des Goldenen Saales nach Wiederherstellung der Freskenmalerei.

beschädigt worden bzw. hatte man anläßlich der Sicherung in den 50er Jahren sehr großzügige Ergänzungen und Übermalungen vorgenommen.
In meinem Bericht über die Fresken an den Stadtrat hatte ich darauf hingewiesen, daß bei der Restaurierung der historischen Fresken unbedingt das Landesamt für Denkmalpflege eingeschaltet werden müßte, weil es sich bei diesen letzten Resten des Goldenen Saales doch einwandfrei um einen »Denkmalbestand« handelte. Der richtige Vorgang wäre gewesen: Sicherung und Reinigung der historischen Fresken, Rekonstruktion der neuen Fresken und zuletzt die Durchführung der erforderlichen Restaurierungen und Retuschen am historischen Bestand. Da seitens des Landesdenkmalamtes zunächst die Mitwirkung bei der Rekonstruktion grundsätzlich abgelehnt wurde, entschlossen wir uns, die Rekonstruktion der Fresken vorzuziehen und die Sicherung, Reinigung und Restaurierung der Freskenreste auf einen späteren Zeitpunkt zu verschieben. Dankenswerterweise erklärten sich die Herren des Landesdenkmalamtes nun in dieser letzten Phase zur Mitwirkung und auch finanziellen Unterstützung bereit.
Über Vorschläge des Landesamtes wurde Herr Restaurator Helmut Zernickel mit der Durchführung aller notwendigen Arbeiten zur Sicherung und Restaurierung der Freskenreste betraut. Er löste die ihm übertragene, schwierige Aufgabe zu unser aller Zufriedenheit. Die Reinigung ergab große Fehlstellen, die man in den 50er Jahren, nicht immer unter Berücksichtigung des zerstörten historischen Vorbildes, einfach übermalt hatte. In langwierigen Versuchen tastete sich Herr Zernickel an die richtige Methode für die Ergänzungen heran, die schließlich von der Expertenkommission, an der nun auch Herr Dr. Bernd Vollmar vom Landesdenkmalamt teilnahm, einstimmig akzeptiert wurde. Verständ-

licherweise schaltete sich die Expertenkommission gerade bei der Freskenrestaurierung sehr intensiv ein. Einerseits sollte man die alten Freskenreste als solche deutlich erkennen, andererseits sollte die Gesamterscheinung der Malereien nicht durch eine zu scharfe Unterscheidung zwischen alt und neu gestört werden. Die Retuschen wurden, reduziert auf das erforderliche Minimum, in Trateggio-Technik ausgeführt. Mein Hauptaugenmerk galt wieder vor allem dem harmonischen Zusammenklang zwischen den alten und neuen Malereien.

Die Figuren auf den Hauptportalen

Als letzte und sicherlich mit Abstand schwierigste künstlerische Aufgabe wurden die vier überlebensgroßen allegorischen Figuren auf den Hauptportalen in Angriff genommen. Verständlicherweise sind die beiden Hauptportale des historischen Saales als die wohl imposantesten Teile der Ausstattung besonders gut dokumentiert. Es gibt zahlreiche Schwarzweißfotos, aber auch Farbdiapositive aus den verschiedensten Richtungen und Winkeln, die auch die Figuren mit erfassen. Aus dieser an und für sich günstigen Ausgangsposition ergab sich nicht zuletzt die außergewöhnliche Schwierigkeit der Rekonstruktion. Die vielen Fotos der vergoldeten Figuren, bei wechselnden Belichtungsverhältnissen und mit verschiedenem Filmmaterial aufgenommen, gaben die Plastizität sehr unterschiedlich wieder. Die Fotos boten jedenfalls einen sehr weiten Spielraum für alle möglichen Interpretationen.
In einem zweistufigen, geladenen Wettbewerb wurde anhand von Modellen im Maßstab 1 : 3 zunächst der für diese Aufgabe am besten befähigte Schnitzer ausgewählt. Es war Josef Fux aus Oberammergau. Er erhielt den Auftrag für die Figuren des Südportals. Für jene des Nordportals ging er an Herrn Mayet, ebenfalls aus Oberammergau, weil sich dieser junge Schnitzer bei der Arbeit an den großen Deckenschnitzereien besonders bewährt hatte und die Expertenkommission ihm ebenfalls eine neue Chance geben wollte; sein Modell 1 : 3 war ebenfalls gut gelungen. Die Vergoldung der Figuren beider Portale wurde der Firma Binapfel übertragen, weil die einheitliche Vergoldung aller Figuren als unbedingt notwendig erachtet wurde. Damit sollten allfällige Unterschiede in der »Handschrift« der Bildhauer, etwa in der Bearbeitung der Oberfläche, ausgeglichen werden.
Ich war mir von Anfang an bewußt, daß bei diesen Kunstwerken allein das Können der Bildhauer entscheiden würde, daß Kritik zwar Fehler aufzeigen und damit weiterhelfen, die erforderliche Qualität aber nicht erzwingen könne. Korrekturen würden bei diesen Figuren, im Gegensatz z. B. zu den Fresken, auch nur sehr bedingt möglich sein. Angesichts dieser Schwierigkeiten hatte ich im Vorentwurfsstadium noch gemeint, daß man eventuell auf sie verzichten könnte, falls sich die Anfertigung der Kopien als zu schwierig erweisen sollte. Heute erkennt man, daß sie nicht nur für die Portale, sondern auch für den Gesamteindruck des Saales einen ganz wesentlichen Bestandteil darstellen.
Die Rekonstruktion der Figuren bedeutete für beide Schnitzer, aber auch für mich eine große Herausforderung. Die Arbeit begann mit verbesserten Modellen 1 : 3, dann wurde mit Studien-Modellen im Maßstab 1 : 1 der grobe »räumliche Aufbau« der Figur ermittelt, wobei auch die Portalarchitektur und die Deckung der Figuren mit dem Hintergrund besonders beachtet werden mußten. Erst wenn diese räumliche Gliederung der Figur gelungen war, konnte man sich der schwierigen Detailarbeit zuwenden, den sehr charakteristischen, manieristischen Proportionen der Figuren, der Muskulatur, dem besonders schwer zu kopierenden Gesichtsausdruck der jungen Frauen – schmale Köpfe mit sehr ausgeprägten Zügen, auf manchen Fotos fast ein wenig männlich, aber nicht so hart und doch auch nicht lieblich. Glaubte man endlich die richtige Form, den besonderen Charakter der Figur getroffen zu haben, war man, wenn man an die Vergoldung dachte, die alles wieder verändern würde, doch wieder verunsi-

Die rekonstruierte Göttin Cybele auf der rechten Giebelschräge des südlichen Hauptportals, geschnitzt von Josef Fux aus Oberammergau, vergoldet von Reinhard und Markus Binapfl aus Friedberg.

chert. Erst als die Figuren endlich auf den Portalen montiert waren, konnte man entscheiden, ob auch auch dieser schwierigste Teil der Rekonstruktion tatsächlich gelungen war. Wir ließen während der Arbeiten laufend Fotos anfertigen, vom gleichen Standpunkt wie die uns zur Verfügung stehenden Arbeitsfotos, die deutlich vor Augen führen sollten, wo Korrekturen noch erforderlich waren. Diese Fotos beweisen heute, daß die Kopien tatsächlich gelungen sind.
Die Schwierigkeit der Aufgabe ist auch an dem langen Zeitraum zu ermessen, der von der Anfertigung der ersten Modelle bis zur Fertigstellung der Figuren verging: rund 6 1/2 Jahre. Dieser lange Zeitraum ist aber auch Beweis für die Sorgfalt, mit der vorgegangen wurde. Für die sorgte auch die Expertenkommission, die insgesamt 14 Mal zur Begutachtung der Figuren zusammenkam. Die letzte Figur wurde erst am 16. Februar 1996 abgenommen, eine Woche vor der festlichen Eröffnung des fertiggestellten Saales durch Oberbürgermeister Dr. Peter Menacher.

Rückblick

Fast auf den Tag genau 52 Jahre nach der Zerstörung des Rathauses in der Nacht vom 25. auf den 26. Februar 1944 wurde der fertiggestellte Saal vom Oberbürgermeister Dr. Menacher am 23. Februar 1996 der Öffentlichkeit übergeben. 17 Jahre hatte die Durchführung aller Arbeiten erfordert, zugegeben eine lange Zeit, aber doch eine wichtige Voraussetzung, eine so schwierige und außergewöhnliche denkmalpflegerische Aufgabe ohne Zeitdruck und mit der gebotenen Sorgfalt ausführen zu können.
Abschließend und nach Vorliegen des Ergebnisses erscheint es sinnvoll, noch einmal auf den Grundsatzentschluß und die methodischen Grundsätze dieser Wiederherstellung einzugehen.
Aus Gründen der Objektivität möchte ich als Urteil über das Ergebnis unserer Bemühungen einige Sätze aus einem Vortrag wiedergeben, den der Leiter des Bayerischen Landesamtes für Denkmalpflege, Herr Generalkonservator Professor Dr. Michael Petzet am 25. Oktober 1995 in Ludwigsburg zum Thema »Rekonstruieren als denkmalpflegerische Aufgabe« gehalten hat. Ich darf daran erinnern, daß Professor Petzet der Rekonstruktion, wohl auch aus Gründen der Loyalität zu seinem Vorgänger Dr. Torsten Gebhard, anfangs kritisch und mit Distanz, um nicht zu sagen Ablehnung, gegenüberstand; für den verantwortlichen Leiter der Denkmalpflege in Bayern damals eine durchaus verständliche Haltung. Um so bedeutungsvoller ist seine Stellungnahme zur Rekonstruktion 1995 in Ludwigsburg, knapp vor der endgültigen Fertigstellung des Saales:
»Zuvor hatte mein Vorvorgänger, Generalkonservator Dr. Heinrich Kreisel, angesichts der Ergebnisse eines Wettbewerbs von 1957 (mit glücklicherweise dann nicht zum Zuge gekommenen ›modernen‹ Lösungen) eine Rekonstruktion gefordert, während mein Vorgänger, Generalkonservator Prof. Dr. Torsten Gebhard, 1970 eine Rekonstruktion aus grundsätzlichen Erwägungen heraus strikt ablehnte. Heute freue ich mich, trotz aller möglichen Kritik an Details, mit der Augsburger Bürgerschaft über das Ergebnis, das kommenden Generationen an einem für das Selbstverständnis, für die Identität der früheren Reichsstadt so wichtigen zentralen Ort wenigstens ein Abbild des Originals vermittelt, und zwar auf der Grundlage einer vollständigen Dokumentation des Vorkriegszustandes, die bis zur Maserierung der Bretter reicht: Diese ›Wiederauferstehung‹ des Goldenen Saales ist ein auch vom Denkmalpfleger zu verantwortendes Werk unserer Zeit, das durchaus einiges von jenem authentischen Geist seiner ersten Entstehungszeit vermittelt, im übrigen Jahr für Jahr an Alterswert zunimmt.«
Ich darf diese Worte als Anerkennung für unsere Arbeit auffassen, Anerkennung von einem Mann, dessen Urteil mir sehr viel bedeutet.
Ich habe von Anfang an betont, daß wir nur ein möglichst genaues Abbild des zerstörten historischen Saales schaffen können, daß wir konsequent nach der

Die städtebauliche Entwicklung im Rathausbereich

Der Rathausplatz, Mittelpunkt der Stadt

Vielen Bürgern ist noch der Höhepunkt des Jubiläumsjahres 1985 in Erinnerung, als bei dem offiziellen Festakt am 28. Juni über 20.000 Bürger und Gäste aus aller Welt auf dem Rathausplatz versammelt waren. Mit der großartigen Kulisse von Rathaus und Perlach war dies für alle auch ein großartiges Raumerlebnis. Doch so weiträumig dimensioniert ist der Platz vor dem Rathaus erst seit Ende des Zweiten Weltkrieges. Entscheidend hierfür war eine Bürgeraktion zu Beginn der 60er Jahre, als eine Wiederbebauung des damaligen Ludwigsplatzes erfolgen sollte. Zunächst soll jedoch in einem knappen Abriß die historische Entwicklung des Platzes erläutert werden. Weitergehende Informationen bietet die hervorragende städtebauliche Untersuchung: »Wiederaufbau im Bereich historisch wichtiger und künstlerisch wertvoller Bauwerke am Beispiel des Ludwigsplatzes in Augsburg« des bekannten Augsburger Architekten Gerhard Ludwig.[1]

Zusammen mit dem Perlachturm bildet das Augsburger Rathaus die markante Stadtkrone der ehemaligen Reichsstadt und begrenzt zugleich den Rathausplatz, der im Verlauf von vielen Jahrhunderten zum Mittelpunkt der Stadt geworden ist. Vermutlich im 10. Jahrhundert bildete sich am Perlach, außerhalb der befestigten Bischofsstadt, zwischen Dom und St. Ulrich eine Marktsiedlung. Innerhalb weniger Jahrhunderte ist aus diesem, damals noch bescheidenen Gegenpol der Bischofsstadt die mittelalterliche Bürgerstadt hervorgegangen, wobei der Platz bei St. Peter am Perlach zum Mittelpunkt wurde. Mit der Bebauung der »Oberen Stadt« entstand vom Südtor der Bischofsstadt bis zum Kitzenmarkt bei St. Ulrich auf einer Länge von über 1.200 m ein großes Marktgebiet. Dieses in der Abfolge von geschlossenen Plätzen und Straßenverläufen im rhythmischen Wechsel gegliederte Marktsystem stellt wohl eine der großartigsten städtebaulichen Leistungen des deutschen Mittelalters dar.[2]

Innerhalb dieses Straßenmarktsystems, das der Stadt bis heute das Gepräge gibt, nimmt der Rathausplatz eine herausragende Stellung ein. Der ursprünglich dreiecksförmige Platz, der seinen heutigen Namen erst 1972 erhielt, hieß ursprünglich »Eiermarkt« und wurde anfangs des 19. Jahrhunderts zu Ehren des bayerischen Königs Ludwig I. in »Ludwigsplatz« umbenannt. Zwischen Rathaus und Perlachturm mit der unmittelbar östlich anschließenden St. Peterskirche befindet sich auch heute noch der 1250 erstmals urkundlich erwähnte Fischmarkt, so benannt nach dem damals dort erfolgten Verkauf von Fischen.

Zur Zeit Bischof Ulrichs begann zwischen Dom und Perlach die Vorstadtbebauung außerhalb der Befestigung der Bischofsstadt, wobei die Stiftung von St. Peter 1067 durch den königlichen Vogt belegt ist. Um 1065 wurde der Perlachturm erbaut, neben dem später ein hölzernes »Dinghaus« (Rathaus) entstand, das jedoch wiederholt abbrannte und schließlich 1385 durch einen zweigiebeligen Mauerwerksbau ersetzt wurde.

1449 wurde das zweigiebelige Rathaus um einen weiteren Baukörper erweitert und rückte damit entschieden in das Platzbild (Abb. S. 66 links). Die Erhöhung des Glockenturmes brachte für das gotische Rathaus ebenso eine Bereicherung wie der Neubau der »Kaufleutestuben« und die patrizische »Geschlechterstube« für den südlichen Abschluß des Eiermarktes. Ganz entscheidend für die herausragende Platzwirkung war jedoch die Aufstellung des Augustusbrunnens 1594 von Hubert Gerhard aus Anlaß des 1600jährigen Stadtbestehens. Die damaligen Verantwortlichen hatten bei der Wahl des Standortes nichts dem Zufall überlassen und diesen unter Hinzuziehung auswärtiger Sachverständiger und mit Hilfe eines originalgroßen Lattengerüstes optimal festgelegt.

Das gotische Rathaus mit Perlach. Ausschnitt aus dem Seldschen Plan von 1521.

1 Der Beitrag wurde im Februarheft 1960 in der Fachzeitschrift des BDA »Der Architekt« veröffentlicht. Architekt Gerhard Ludwig war neben Professor Werner, Professor Norbert Lieb sowie den Architekten Wichtendahl und Wenzel einer der Gegner der von Walther Schmidt konzipierten Ludwigsplatz-Bebauung und forderte bereits damals eine städtebauliche Lösung, die auf historische gewachsene Struktur Rücksicht nimmt.

2 Herzog, Erich: »Werden und Form der mittelalterlichen Stadt Augsburg«, in »Augusta 955–1955«, München 1955.

Der »Perlachplatz« in Augsburg, Ölgemälde von Elias Schemel (1599). Am Perlachturm sind über den »Sieben Lädle« ein doppelköpfiger Reichsadler sowie anstelle der heutigen, unteren Terrassen Ziegeldächer erkennbar. Das doppelgiebelige Gebäude links neben dem Turm ist die ursprüngliche »Stadtmetzg«, die später abgebrochen und von Elias Holl durch den »Neuen Bau« ersetzt wurde.

Elias Holl verändert die Stadtmitte

Als Elias Holl 1602 zum »Stadtwerkmeister« berufen wurde, zeichnete sich eine Zäsur in der städtebaulichen Entwicklung der alten Reichsstadt ab. Noch im selben Jahr erbaute er im altstädtischen Kernbereich das »Beckenhaus« und 1609 die neue Stadtmetzg. An die Stelle der alten Stadtmetzg, bis dahin der nördliche Abschluß des Eiermarktes, setzte er den »Neuen Bau« als neues prägnantes Platzelement.

Wenig später schuf Holl als städtebaulichen Höhepunkt, nach der Erhöhung des Perlachturmes (1615) auf gut 70 Meter, mit dem Neubau des reichsstädtischen Rathauses (1615 – 1620) eine Stadtkrone von höchstem architektonischem und städtebaulichem Format, eine Stadtkrone, die bis zum heutigen Tage das Augsburger Stadtbild weithin sichtbar prägt. Alle bürgerlichen Maße sprengend, erbaute er ein Rathaus, das zweieinhalbmal größer als das alte gotische Rathaus und zudem höher als der alte Rathausturm war. Im Zuge des Rathausneubaues ersetzte er auch die alten rückwärtigen Anwesen im Bereich des heutigen Elias-Holl-Platzes, die teilweise als Gefängnisse dienten, durch Neubauten. Der eindrucksvolle Kupferstich von Wolfgang Kilian (1626) vermittelt ein plastisches Bild der damaligen Bebauung (Abb. S. 57).

Zu baulichen Veränderungen am damaligen Ludwigsplatz kam es nach gut zwei Jahrhunderten, als 1811 anstelle der patrizischen Geschlechterstube ein bald wieder abgerissenes Börsengebäude errichtet wurde. Nach Wunsch von König Ludwig I. entstand 1828 – 1830 nach Plänen des Münchner Architekten Johann

Nepomuk Pertsch unter Einbeziehung der Kaufleutestuben ein größeres klassizistisches Börsengebäude im italienischen Neurenaissancestil. Mit der Korrektur der Baulinie ergab sich eine Vergrößerung des Platzes und zugleich auch eine imposantere Wirkung der Rathausfassade (Abb. S. 58 unten).

Der Elias-Holl-Platz, Ergebnis einer Bürgeraktion

Der Elias-Holl-Platz, östlich des Rathauses, seit langem ein beliebter Ort für Veranstaltungen und Feste, ist eine Schöpfung des ausgehenden 19. Jahrhunderts. Nach dem Abbruch von 14 baufälligen Anwesen sollte für dringend erforderliche städtische Büroräume ein großer Verwaltungsbau entlang der bestehenden Baulinien errichtet werden. Die freigelegte Ostfassade des Rathauses bot jedoch einen derart faszinierenden, imponierenden Anblick, daß sich spontan ein Bürgerkomitee für die Freihaltung der Rathausfassade bildete. So schlossen sich unter Führung des bekannten Münchner Verlegers Georg Hirth namhafte Augsburger Bürger sowie die bedeutenden Münchner Architekten Georg Hauberrisser, Friedrich von Thiersch und Gabriel von Seidl zu einer Protestaktion zusammen, um ein »nationales Kleinod von größtem Wert zu retten«.[3] Der

Ausschnitt aus dem Kilianplan von 1626.

Legende:
14 *»Brot Marckt«*
15 *»Becken Hauß«*
41 *»Statt Cantzley und Müntz«*
54 *»Eysenberg«*
127 *»Kaufleutstuben«*
140 *»Die new Metzg« (Stadtmetzg)*
166 *»Vorder Perlen Berg« (Vorderer Perlachberg)*
167 *»Hinder Perlen Berg« (Hinterer Perlachberg)*
168 *»Perlen Thurn« (Perlachturm)*
180 *»Rathauß«*
197 *»Herrenstuben«*
226 *»Steingassen«*
245 *»Fischmarckt«*

3 Hirth, Georg: »Die Ostfassade des Rathauses zu Augsburg«, München 1884.

Rathaus, Perlach und das neue Börsengebäude des Augsburger Handelsstandes, 1831. Gemälde von Georg Ulbricht. Städt. Kunstsammlungen Augsburg.

Der neuangelegte Elias-Holl-Platz mit dem neuen städtischen Verwaltungsgebäude. Nach dem Abbruch der alten Anwesen konnte Dank einer ersten Bürgeraktion die prachtvolle Rathausostfassade freigehalten werden.

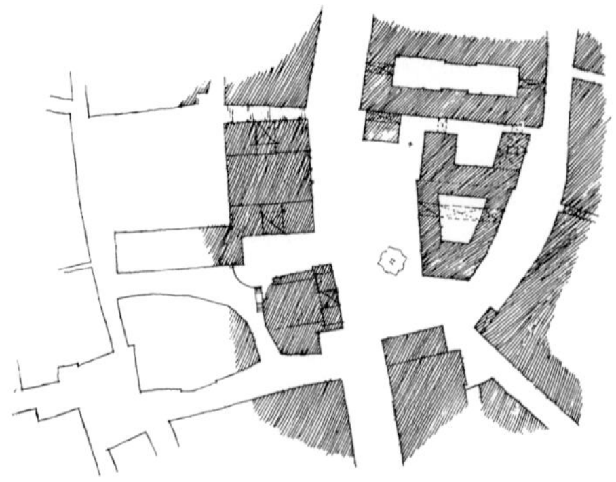

Das für die Realisierung vorgesehene »Ludwigsplatz-Projekt« von Stadtbaurat Walther Schmidt mit Lageplan (oben).

Aufruf vom August 1884 führte schließlich zur Einstellung der eingeleiteten Fundamentierungsarbeiten.

Als Kompromiß entstand letztlich der heute noch bestehende städtische Verwaltungsbau, angebaut an die nordöstliche Rathausecke, als nördliche Begrenzung des neu entstandenen Elias-Holl-Platzes. Bedauerlicherweise wurde der Gebäudetrakt im Stil der italienischen Neurenaissance 1899 um ein weiteres Geschoß aufgestockt.

Weitere bauliche Veränderungen gegenüber dem Rathaus ergaben sich in den Jahren 1900 – 1902: Zwischen Maximilianstraße, Kanzleigäßchen und Philippine-Welser-Straße entstand nach Abbruch von sieben baufälligen Anwesen ein neues Polizeigebäude, das heutige Verwaltungsgebäude I der Stadtverwaltung.[4]

Der freie Rathausplatz

Eine einschneidende Veränderung des Platzgefüges ergab sich durch die Folgen des Zweiten Weltkrieges. Fast sämtliche Gebäude im Bereich des Ludwigsplatzes wurden in der Bombennacht des Februar 1944 schwer getroffen. Doch wurden im Zuge des Wiederaufbaus der Altstadt die zerstörten Anwesen zwischen Maximilianstraße, Philippine-Welser-Straße, dem Kanzleigäßchen und dem Ludwigsplatz nicht wieder aufgebaut. Somit entstand der um diese Grundstücksflächen vergrößerte Rathausplatz, der sich im Vergleich zu seinem historischen Zuschnitt nunmehr zweieinhalbmal größer präsentiert.

Doch dies war keineswegs beabsichtigt. 1954 wurde von der Stadtverwaltung ein »städtebaulicher Wettbewerb für die Gestaltung des Ludwigsplatzes« unter bundesdeutschen Architekten ausgeschrieben, an dem sich 162 Fachleute beteiligten. Das Preisgericht stellte seinerzeit einstimmig fest, daß in dem von der Stadtverwaltung außer Konkurrenz eingereichten Entwurf (der Verfasser war der damalige Stadtbaurat Walther Schmidt) »die wesentlichsten Vorzüge der prämierten Wettbewerbsarbeiten vereint wieder auftreten«. Somit wurde durch Stadtratsbeschluß festgelegt, daß auf Grundlage dieses Entwurfes die Planung und Durchführung der Platzbebauung zu erfolgen habe.[5]

Als dann im Herbst 1960 vor Baubeginn der Platzbereich von den Ruinenresten und Behelfsbauten abgeräumt wurde, ergab sich eine derart imposante Wirkung

4 Steinhäußer, Fritz: »Augsburg in kunstgeschichtlicher, baulicher und hygienischer Beziehung« (Festschrift), Augsburg 1902.

5 Durch einen Beschluß des Stadtrates vom 02. März 1955 wurde die Stadtbauverwaltung beauftragt (unter Auswertung des Wettbewerbs auf Grundlage des Schmidtschen Entwurfes) ein Projekt auszuarbeiten.

Projekt von Architekt Thomas Wechs sen. für die Bebauung des Rathausplatzes.

von Rathaus und Perlach, daß sich spontan eine Welle des Widerstandes gegen das genehmigte Bauprojekt auslöste. Ein von der Bürgerschaft gebildetes Komitee »Freier Rathausplatz«, verbunden mit einer gezielten Volksbefragung und unterstützt durch Presseaktionen verhinderte schließlich die Realisierung der vorgesehenen Platzbebauung.[6]

Bei den weiteren Bemühungen um eine überzeugende Gestaltung des Ludwigsplatzes erstellten acht Architekten im Auftrag des Komitees Ideenskizzen mit Modellen.[7] Außerdem wurden 1962 zwei Stadtplaner (Prof. Schader und Arch. Wasserfallen, Zürich) sowie deutsche Fachleute (Prof. Linde, Stuttgart und Prof. Krahn, Frankfurt) mit der Erstellung von Gutachten beauftragt. Beide Gutachter unterstrichen in ihren Untersuchungen die Notwendigkeit einer maßstäblichen Korrektur des Platzgefüges.

Da alle bis dahin vorliegenden Lösungsvorschläge diesen Kriterien nicht entsprachen, beschloß der Stadtrat im Oktober 1962, letztlich unter dem anhaltenden Druck der Bevölkerung, den Platz »freizuhalten und als würdigen Architekturplatz zu gestalten«.[8] Nach Einfüllung der bereits ausgehobenen Baugrube wurde die Platzfläche durch eine Pflasterung ornamental gegliedert und der Augustusbrunnen, jedoch ohne das historische Ziergitter, wieder aufgestellt.

Planungsüberlegungen im Zusammenhang mit der Generalsanierung von Rathaus und Perlach

1984, im Vorjahr der 2000-Jahrfeier, wurden im Verbund mit der Generalsanierung von Rathaus und Perlach die Philippine-Welser-Straße sowie die Steingasse als Teilbereiche der Fußgängerzone mit Granitsteinen gepflastert. Gleichzeitig konnte dank einer Spendenaktion der Alt-Augsburg-Gesellschaft am Augustusbrunnen das restaurierte alte, kunstgeschmiedete Ziergitter wieder angebracht werden.[9]

Im Verbund mit der Erarbeitung eines Nutzungskonzeptes für die Generalsanierung des Rathauses wurde die Bauverwaltung beauftragt, ergänzende Nutzungskonzepte für das Ruinengrundstück am Hinteren Perlachberg zu erarbeiten, wobei es sowohl um eine funktionell optimale als auch um eine

6 Für die Freihaltung des Platzes votierten damals 55.056 Bürger, wogegen lediglich 1.350 eine Bebauung befürworteten (Augsburger Allgemeine vom 23. Juli 1991: Bürgeraktion »Freier Rathausplatz«.)

7 Bei dem Bemühen des »Komitee Freier Rathausplatz« um eine überzeugende Gestaltung dieses historischen Platzes haben acht Augsburger und Münchner Architekten Bebauungsvorschläge erarbeitet, darunter auch ein bemerkenswerter Vorschlag von Architekt Thomas Wechs sen. (Abb. oben). Die Modelle samt Plänen, Fotos und Erläuterungen waren vom 20. Januar bis 15. Februar 1962 im Schaezlerpalais ausgestellt.

8 Stadtratsbeschluß vom 24. Oktober 1962: die Anlage des Platzes wurde vom Stadtrat am 23. Januar 1963 beschlossen.

9 Gut zwei Jahrzehnte nach der Wiederaufstellung des Augustusbrunnens, der gegenüber dem früheren Standort um etwa sieben Meter in den Platz gerückt wurde, konnte das kunstgeschichtlich hoch eingestufte schmiedeeiserne Gitter des Augsburger Kunstschlossers Georg Scheff wieder am Brunnen aufgestellt werden. Das mit einem Kostenaufwand von 110.000 DM von den Augsburger Kunstschlossern Johann und Günter Weiß meisterlich restaurierte und teilweise ergänzte historische Ziergitter war ein Geschenk der Alt-Augsburg-Gesellschaft an die Stadt zur 2000-Jahrfeier.

überzeugende städtebauliche Lösung im unmittelbaren Umfeld des Rathauses ging. Um diese Zeit war außerdem ein vom Baureferat veranlaßter städtebaulicher Wettbewerb in Vorbereitung für die Gestaltung der Fußgängerbereiche zwischen Dom und St. Ulrich einschließlich der Bereiche von Rathausplatz mit Perlach und Metzgplatz.
Bei der ersten vom Stadtrat einberufenen Sitzung der gemischten Goldenen-Saal-Kommission im Januar 1979 erläuterte Stadtbaurat F. H. Stab Bebauungsmöglichkeiten in diesem Bereich, wobei er neben zwei Alternativlösungen vor allem die Einbeziehung des Verwaltungsgebäudes und nach dessen Abbruch im Verbund mit dem städtischen Ruinengelände eine Überbauung der Gesamtfläche als optimale Lösung vorschlug.[10] Mit dieser baulichen Konzeption wäre es möglich gewesen, eine erhebliche Flächenkapazität für ausreichend Büroräume in Verbindung mit der Rathausnutzung sowie für ausreichend unterkellerte Stellplätze zu schaffen und darüber hinaus eine längst fällige Bereinigung der städtebaulichen Situation zu realisieren. Das 1885 errichtete Verwaltungsgebäude ist nicht nur unwirtschaftlich konzipiert, sondern bei ungünstiger Anordnung auch städtebaulich falsch proportioniert.
Da jedoch der beabsichtigte städtebauliche Wettbewerb nicht mehr realisiert werden konnte und auch die Vorgaben für die Bebauung im angestrebten Verbund mit dem alten Verwaltungsgebäude ausblieben, wurden lediglich für die städtischen Ruinengrundstücke Am Hinteren Perlachberg Planungsüberlegungen angestellt: sowohl das städtische Hochbauamt als auch das Architekturbüro Hans Schrammel mit Dr. Helmut Bruckner (Statik) erarbeiteten Bebauungsvorschläge, wobei von letzteren eine Tiefgarage unter dem Elias-Holl-Platz vorgesehen war (1983).
Schließlich konnte noch rechtzeitig bis zur 2000-Jahrfeier an dieser Stelle wenigstens eine der Altstadtstruktur harmonisch angepaßte Bebauung mit Geschäften, Büros, einem Hotelbetrieb sowie einer Tiefgarage realisiert werden (Architekten Engel und Schrammel). Trotzdem ist es aus städtebaulicher Sicht sicherlich bedauerlich, daß die oben erläuterte Bebauungskonzeption nicht weitergeführt und verwirklicht werden konnte.

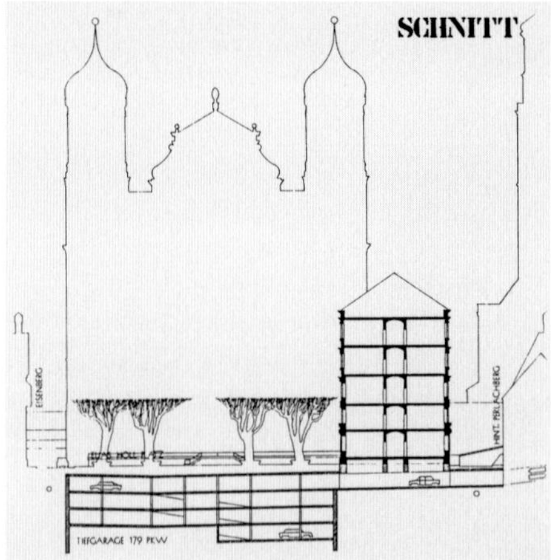

b

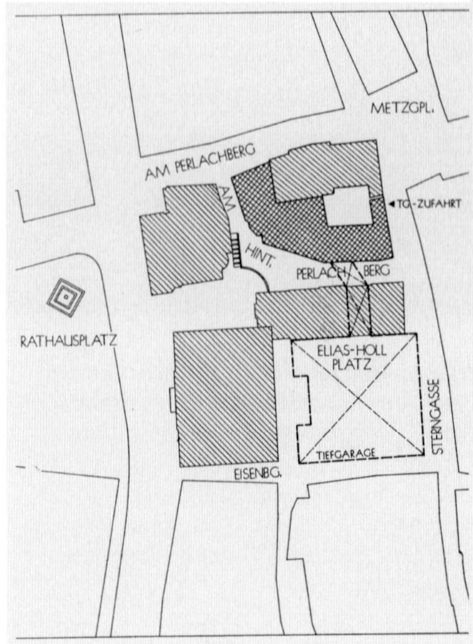

c

a, b, c. *Bebauungsvorschlag für das Ruinengrundstück »Am Hinteren Perlachberg«. Das Projekt sah eine Tiefgarage unter dem Elias-Holl-Platz vor.*

a

Der heutige Rathausplatz, eine städtebaulich unbefriedigende Situation

Im Juli 1992 beschloß der Stadtrat, die Maximilianstraße zwischen Perlach und Merkurbrunnen als Teil einer Gesamtplanung zu einer Fußgängerzone umzuwidmen. Im Zusammenhang mit diesem, in der Öffentlichkeit heiß diskutierten Projekt wurde auch eine Reihe von Umbauarbeiten (Aufhebung der Gehsteige, Verlegung großflächiger Granitplatten) durchgeführt, wobei die Entscheidung

10 Niederschrift der gemischten GS-Kommission vom 09. Januar 1979 (Akte städtisches Hochbauamt).

Blick auf die nach dem Krieg entstandene westliche Häuserzeile des Rathausplatzes. Der sechsgeschossige kubische Neubau neben dem Augustusbrunnen (auf der Abb. rechts) wurde anstelle des alten zerstörten Bürgerhauses (Litera D 272, siehe Abb. auf S. 63) von Architekt Thomas Wechs sen. erbaut.

über die endgültige Verkehrskonzeption bisher noch nicht getroffen wurde. Der damals zuständige Stadtbaurat Rudolf Saule vertrat von Anfang an die Meinung, daß in diese Teilmaßnahme auch der Rathausplatz miteinbezogen und dafür ein Gestaltungskonzept für die Fassaden der Randbebauung erarbeitet werden müsse.[11]

Wenn auch keines der bisherigen Projekte realisiert werden konnte, so haben sie doch einhellig gezeigt, daß die Platzanlage in ihrer heutigen Form eine »vom Krieg in das Stadtgefüge gerissene städtebauliche Lücke« darstellt (Walther Schmidt). Auch in dem Gutachten von Schader/Wasserfallen (s. Seite 60) wird der Zuschnitt des Ludwigsplatzes als »zufällig geformt und im Maßstab zu den ihn umgebenden Bauten verfehlt« bezeichnet. Von allen Kritikern wurde und wird gleichermaßen festgestellt, daß dem überdimensionierten Platz eine adäquate Begrenzung und damit auch dem Ensemble Rathaus – Perlach das maßstäbliche Gegengewicht fehlt. Dies gilt für die Baukörper im allgemeinen wie für deren architektonische Ausbildung im besonderen.

Die Tatsache, daß man sich in Fachkreisen offensichtlich mit dem »status quo« nicht abfinden will, zeigen die privaten und amtlichen Äußerungen und Initiativen der letzten Zeit. Dazu zählt nicht nur die oben erwähnte Fußgängerzone, sondern auch die Aufforderung des Baukunstbeirates vom April 1995, über den Rathausplatz nachzudenken, der nichts anderes sei »als eine überdimensionierte, gewölbte Fläche mit einer Möblierung auf niedrigstem Niveau«.[12] Auch der Architekturhistoriker Prof. Winfried Nerdinger bezeichnet den Rathausplatz als »einen formlosen Platz vor dem schönsten Rathaus in Deutschland«.[13]

Anfang 1996 wurden in der Stadtbauverwaltung Überlegungen angestellt, für die Gestaltung der historischen Nord-Süd-Achse vom Dom bis zum Ulrichsmünster unter Einbeziehung der Platz- und Randbereiche, also auch des Rathausplatzes, einen internationalen städtebaulichen Ideenwettbewerb auszuschreiben, der 1997 realisiert werden soll.[14]

Demgegenüber stellte das Schwäbische Architekturmuseum in einem im Sommer 1996 durchgeführten Ideenwettbewerb ausschließlich den Rathausplatz als »Herzstück der Stadtachse« zur Diskussion. Bei dem Wettbewerb waren Vorschläge möglich von neuer Bebauung über Möblierung und Platzoberflächengestaltung bis zu neuer Nutzung.[15]

11 Stadtbaurat Rudolf Saule bei seiner Eröffnungsansprache einer Ausstellung über die bauliche Entwicklung des Rathausplatzes am 04. Mai 1992 in der Zweigstelle am Rathausplatz der Stadtsparkasse Augsburg.

12 Augsburger Allgemeine vom 01. April 1995.

13 Augsburger Allgemeine vom 27. November 1995: »Spießig, kleinkariert und einfältig«. Geharnischte Kritik an Augsburger Baukultur in neuem Architekturführer.

14 »Ideen für die Achse vom Dom bis St. Ulrich«. Artikel von Angela Bachmair in der Augsburger Allgemeinen v. 23. August 1996.

15 Die Gestaltungsvorschläge mußten auf einem Blatt von einem Quadratmeter Größe bis 1. November 1996 abgegeben werden. Der Wettstreit wurde übrigens ohne Preisgelder und Realisierungsversprechen und auch außerhalb der üblichen Wettbewerbsregularien vom Schwäbischen Architekturmuseum veranstaltet, weshalb auch von einem Wettstreit die Rede war.

16 »Wettstreit um das Herzstück der Stadt«. Artikel von Angela Bachmair in der Augsburger Allgemeinen vom November 1996.

Von den 40 eingereichten Arbeiten aus ganz Deutschland stellten nach Ansicht der Preisrichter Prof. Winfried Nerdinger, Prof. Karljosef Schattner und Prof. Peter C. von Seidlein ein Dutzend Entwürfe als überzeugende Diskussionsbeiträge dar. Sie seien als Anregung gedacht, um für den heute unbefriedigend gestalteten Rathausplatz eine hochwertige Form zu finden und damit dem Rathaus als einem der bedeutendsten Renaissance-Bauwerke Deutschlands »seine Würde« wiederzugeben.[16]
Zur Abrundung dieses Themas soll nun noch mit Stadtbaurat a. D. Friedrich Hermann Stab ein erfahrener Architekt und Stadtplaner zu Wort kommen, der sich mehr als vier Jahrzehnte auch als Leiter des Stadtplanungsamtes intensiv mit dieser Materie befaßt hat. Seine städtebauliche Analyse zum Rathausplatz bildet zusammen mit einem bemerkenswerten Bebauungsvorschlag ohne Zweifel einen interessanten Diskussionsbeitrag für die bauliche Gestaltung des Platzes und seine künftige Nutzung. Im einzelnen werden in seiner Studie folgende Gedanken entwickelt:
Wer sich mit der städtebaulichen und architektonischen Gestaltung des Rathausplatzes befaßt, steht vor dem Zielkonflikt, die zwei auf den ersten Blick gegensätzlichen Belange, freie Nutzung und Städtebau, gleichermaßen zu berücksichtigen: freier Rathausplatz in der heutigen Form oder historisch dimensionierter Dreiecksplatz, das ist hier die Frage.
Wie die Nachkriegsgeschichte gezeigt hat, ist die durch Bombenschäden »zufällig« entstandene Situation für die Bürgerschaft zu einem festen Bestandteil des städtischen Lebens geworden. Hierzu zählen Veranstaltungen der Bürgerfeste oder des Christkindlmarktes ebenso wie die von Einheimischen und Touristen gerne frequentierten gastronomischen Einrichtungen, obwohl sie sehr stark von den Witterungseinflüssen abhängig sind. Auf der anderen Seite ist ihre Akzep-

Der Ludwigsplatz um 1900. Vor der Zerstörung war er einer der schönsten Plätze nicht nur im süddeutschen Raum. Der wohlproportionierte Dreiecksplatz mit Augustusbrunnen, Neuem Bau und den Bürgerhäusern war ein harmonisch überzeugendes Pendant zum großartigen Hollschen Rathaus.

tanz nicht zuletzt von dem zweifellos eindrucksvollen freien Blick auf Rathaus und Perlach, den Augustusbrunnen und den Neuen Bau bestimmt.
Trotzdem ist es eine unwiderlegbare Tatsache, daß die ursprüngliche »historische Fassung« die optische Wirkung des umgebenden Architekturensembles in großartiger Weise steigerte. Dieser frühere Eindruck ist aus der Steingasse, aus der Karolinenstraße oder vom Moritzplatz her noch spürbar, wogegen das Rathaus von Westen gesehen wegen der überdimensionierten Weiträumigkeit und der (falschen) »Wölbung« der Platzfläche gleichsam »versinkt«. Als Lösung dieses problematischen Zustandes wird eine großräumige, hallenartige Platzbebauung vorgeschlagen, deren Transparenz durch eine leichte Stahl-Glas-Konstruktion erreicht wird. Mit dieser Konzeption könnten folgende, für eine befriedigende Lösung unabdingbare Kriterien realisiert werden:

- Wiederherstellung des ursprünglichen Dreiecksplatzes entsprechend den alten Baulinien
- Weiterhin freier Durchblick und Durchgang von Westen
- Freier Blick aus der »Zentralen Halle« auf das Rathaus und Perlach, Augustusbrunnen und Neuen Bau
- Keine Einschränkung der bisherigen Veranstaltungen, sondern wegen der Witterungsunabhängigkeit Ausweitung des Publikumsangebotes (z. B. Ausstellungen analog Ulmer Stadthaus)
- ganzjährig witterungsunabhängige gastronomische Bewirtschaftung bei gleichzeitiger Verbesserung des Erscheinungsbildes durch ein überzeugendes Möblierungskonzept.

Friedrich Hermann Stab begründet die Notwendigkeit einer Änderung der heutigen Situation mit folgenden Worten: »Augsburg hat eines der schönsten Rathäuser der Welt. Augustusbrunnen, Perlach und Neuer Bau sind einmalig. Der heutige Augsburger Rathausplatz könnte dagegen in Posemuckel sein. Er findet im Reigen der großen europäischen Plätze (Brüssel, Siena, Verona, Venedig, Salzburg, Prag, Madrid, Paris, Lissabon, Dresden) keinen Eingang. Er ist das Produkt kleinlicher Verzagtheit. Demokratie ist wichtig, aber nicht immer der einzige Weg zu Urbanität. Stadtbaukunst bedarf eines starken Bauherrnwillens. Hier steht die »demokratische Verfaßtheit« unserer Stadt vor ihrer schwersten Bewährung.«

Blick über den Fischmarkt zum Rathausplatz um 1980, kurz vor Beginn der Sanierung von Rathaus und Perlachturm.

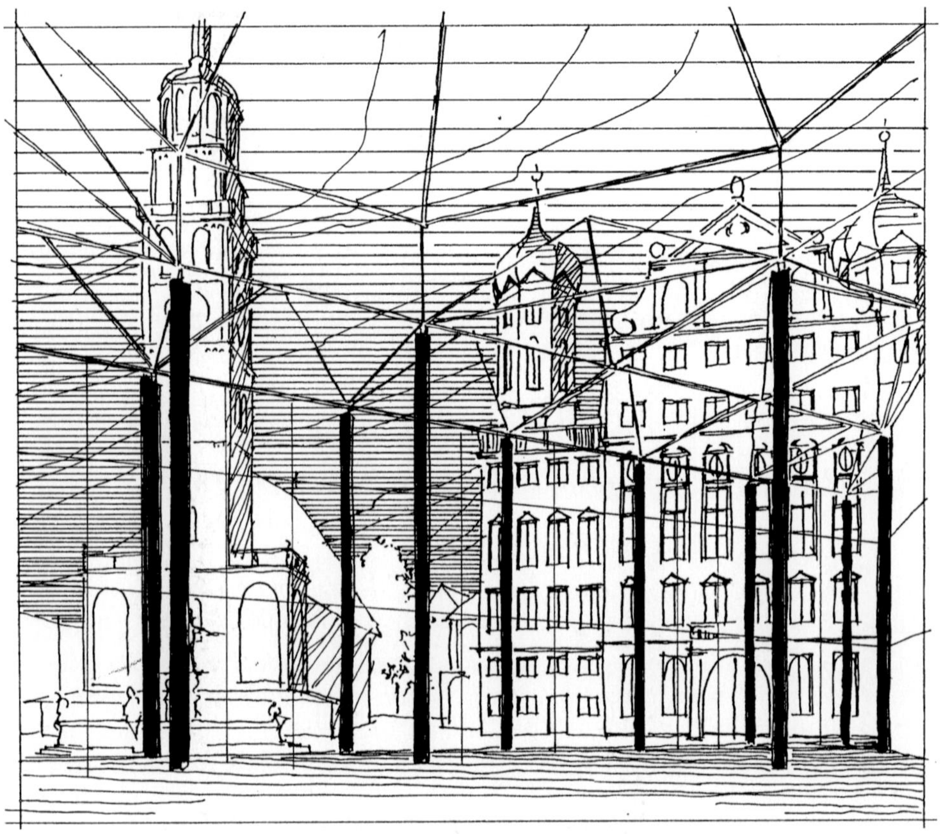

Bebauungsvorschlag für den Rathausplatz von Stadtbaurat Friedrich Hermann Stab. Perspektive mit Blick auf Rathaus und Perlach.

Unten: Bebauungsvorschlag für den Rathausplatz von Stadtbaurat Friedrich Hermann Stab vom Januar 1987.

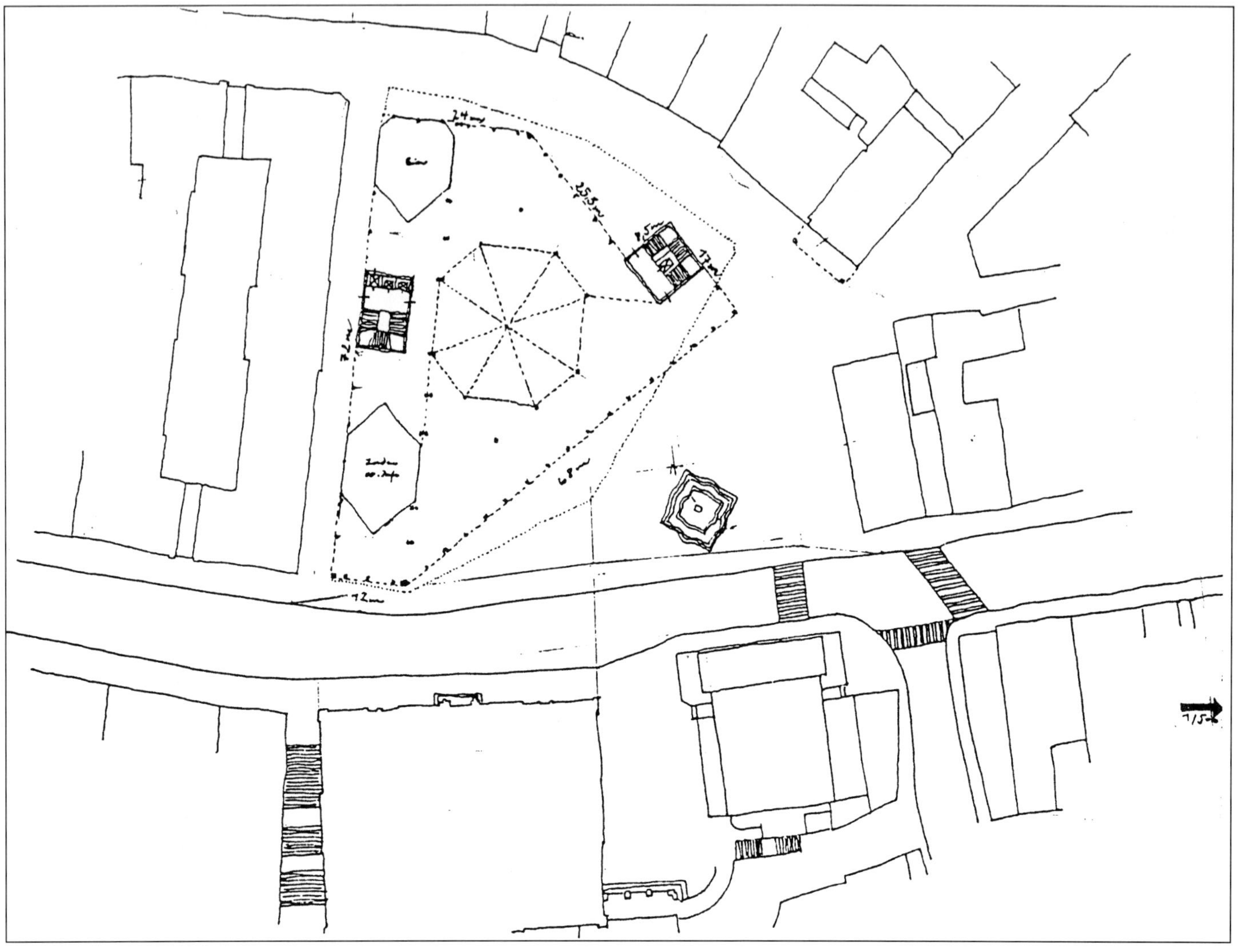

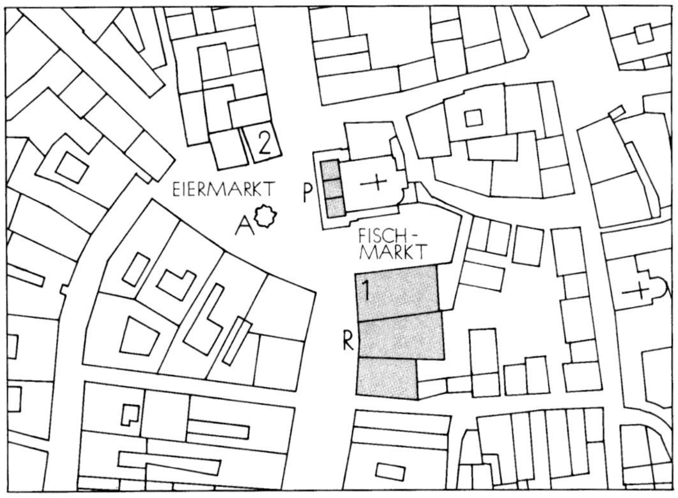

a

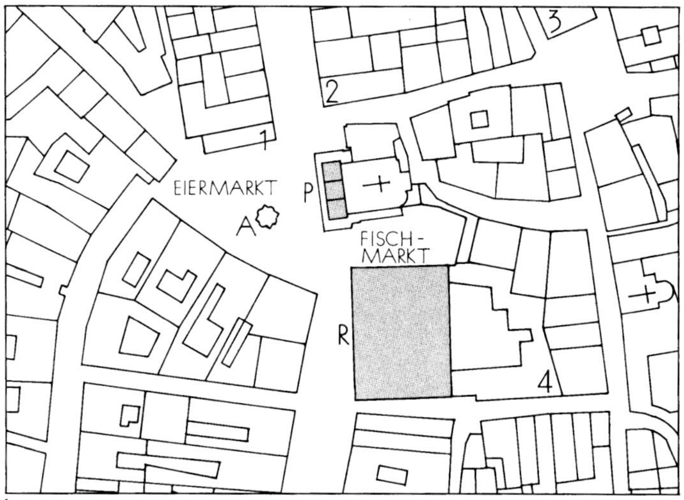

b

Die städtebauliche Entwicklung im Rathausbereich 1605 (a), *1620* (b), *1900* (c), *heute* (d).

Die Lageplanskizzen (Abb. a – d) zeigen die städtebauliche Entwicklung im Bereich des gotischen bzw. Hollschen Rathauses von 1600 bis heute:
a – bauliche Situation um 1600: Der dreiecksförmige Platz vor dem Perlach (Eiermarkt) gewinnt zunehmend an Bedeutung. Das gotische Rathaus neben dem Perlachturm wird um einen dritten Giebelbau erweitert und bestimmt somit wesentlich das Platzbild. Mit der Aufstellung des Augustusbrunnens 1594, der zusammen mit den wenig später errichteten Merkur- und Herkulesbrunnen einen Dreiklang von größter Harmonie bildet, wird der zentrale Platz an der Königlichen Straße gestalterisch weiter aufgewertet.
R – gotisches Rathaus
P – Perlachturm
A – Augustusbrunnen (1594 – Hubert Gerhard)
1 – Rathauserweiterung (1499)
2 – alte Stadtmetzg

b – städtebauliche Situation 1620: Mit der Berufung von Elias Holl 1602 zum Stadtwerkmeister erfolgten im Bereich des Rathauses bedeutende bauliche Veränderungen: 1602 erbaut er das Bäckerzunfthaus, 1609 die neue Stadtmetzg am Perlachberg und 1614 den Neuen Bau anstelle der alten Stadtmetzg am Eiermarkt, der dem Platz eine weitere Aufwertung brachte. Mit dem Neubau des Rathauses (1615 – 1620) nach vorherigerErhöhung des Perlachturmes schaffte Holl einen Prachtbau und damit eine städtebauliche Dominante von europäischem Rang.
R – Rathaus-Neubau (1615 – 1620)
P – Perlachturm (Erhöhung 1614/15)
A – Augustusbrunnen
1 – Der Neue Bau (Holl)
2 – Beckenhaus (Holl)
3 – Die Neue Stadtmetzg (Holl)
4 – Eisenhofbebauung

c

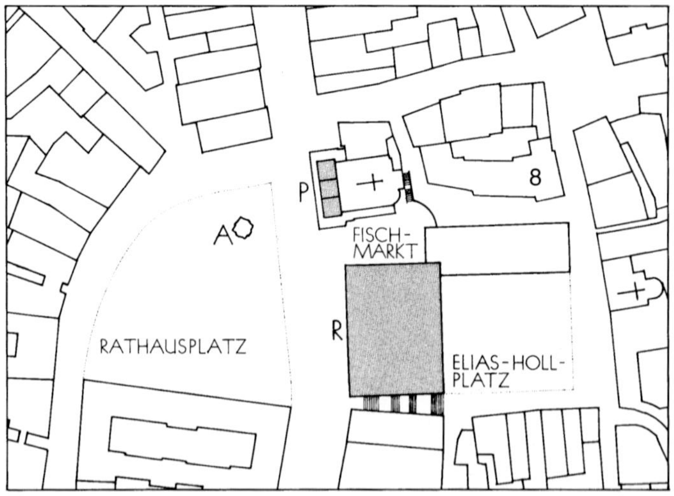

d

c – städtebauliche Situation um 1900: Mit dem Neubau des Börsengebäudes 1830 anstelle mehrerer Einzelanwesen entstand gegenüber dem Rathaus eine wirkungsvolle Platzverbreiterung. Östlich des Rathauses wurde 1884 durch den Abbruch der anliegenden alten Anwesen und den Neubau des städtischen Verwaltungsgebäudes II der stimmungsvolle Elias-Holl-Platz geschaffen. Schließlich entstand auf der Grundlage eines Wettbewerbes 1902 ein weiterer Großbau in unmittelbarer Rathausnähe: das neue Polizeigebäude (Verwaltungsgebäude I)
R – Rathaus
P – Perlachturm
A – Augustusbrunnen
5 – Börsengebäude (1830)
6 – Verwaltungsgebäude (1884)
7 – Polizeigebäude (Verwaltungsgebäude)

d – Situation um 1985: In der Bombennacht vom 25./26. Februar 1944 wurden nahezu sämtliche Anwesen rund um das Rathaus schwer beschädigt bzw. zerstört. Eine beabsichtigte Wiederbebauung des Ludwigs- bzw. Rathausplatzes auf der Grundlage eines 1954 durchgeführten städtebaulichen Gestaltungswettbewerbs scheiterte anfangs der 60er Jahre am entschiedenen Widerstand der Augsburger Bürger. Der gegenwärtige Platzzuschnitt – die Größe des Platzes ist zudem zweieinhalbmal größer als der historische – und dessen bauliche Begrenzungen ist städtebaulich unbefriedigend.
R – Rathaus
P – Perlachturm
A – Augustusbrunnen
8 – Neubau Hinterer Perlachberg (1984)

Blick auf das Rathaus mit Augustusbrunnen; rechts die Börse. Fotografie um 1890.

Das wirkungsvolle historische Ziergitter am Hauptportal vom Fletz aus gesehen. (Fotografie des verstorbenen Altstadtrats und Ehrenbürgers der Stadt Richard Hohenners.)

Die Dachlösung ist das Ergebnis einer planerischen Entwicklung von der sinngemäß dem gotischen Rathaus entsprechenden Dreigiebellösung zu der typischen kreuzförmigen Dachlandschaft, die durch die oberlichtbedingte Erhöhung des Goldenen Saales eine weitere Steigerung erfährt. Diesen dadurch bereits schon aus der Ferne sichtbaren Saal beschreibt Bruno Bushart als den das Rathaus beherrschenden Bauteil, bei dessen Anblick »es eine Freude zu sehen sei, mit welcher Behutsamkeit es Holl verstanden hat, die gebündelten Vertikalkräfte des Mitteltraktes im Giebelbereich weich ausschwingen zu lassen«. Hinzu kommen noch die beiden Türme, die trotz des fehlenden praktischen Nutzens eine konsequente Fortsetzung der Grundrißidee darstellen und damit dem Bau »ein heroisches und tapferes Aussehn geben«.[10]
Unter diesen Gesichtspunkten dokumentiert das neue Augsburger Rathaus nicht nur das außergewöhnliche Können seines Architekten Elias Holl, sondern auch den unmißverständlichen Willen seiner humanistisch gebildeten und zugleich politisch ambitionierten Auftraggeber. Ihre Absicht war es, »den Machtanspruch der in der Stadt herrschenden Ratsoligarchie prachtvoll formuliert zum Ausdruck zu bringen« (Bernd Roeck). Das Bauwerk veranschaulicht als letzter Höhepunkt seiner Baugattung die Souveränität freier deutscher Reichsstädte, indem es sich »heroisch« und »majestätisch« von der umgebenden klein-

Hauptportal des Rathauses. Bauaufnahme von Ludwig Leybold. Die Inschrift über dem Portal: »PUBLICO CONSILIO PUBLICAE SALVTI« (Auf öffentlichen Beschluß dem gemeinsamen Wohl.)

10 Meyer, Christian: »Hauschronik der Familie Holl«, München 1910, S. 61.

Gemalter Reichsadler auf der Rathausostseite; am Giebeldreieck ist der Stadtpyr sichtbar. Fotografie aus dem Jahr 1929.

teiligen Bebauung und damit symbolhaft von der überlebten mittelalterlichen Vergangenheit abhob. Es konkurriert erfolgreich mit den bis dahin die Stadt beherrschenden Sakralbauten, dem Augsburger Dom und dem Münsterbau von St. Ulrich und Afra. Es ist deshalb sicherlich nicht übertrieben, wenn Norbert Lieb zur Bedeutung des Augsburger Rathauses feststellt: »Als Verkörperung bürgerlicher Machtgemeinschaft tritt es den weltberühmten Stadtbauten Italiens ebenbürtig zur Seite, in der architektonischen Versinnbildlichung stadtstaatlicher Organisation aber ist es wohl einzig. Harmonie besteht hier: zwischen Außenbau und Innengestaltung, zwischen Nutzzweck und geistiger Repräsentation, zwischen Architektur und Bildkünsten, zwischen Schmuck und Bedeutung, zwischen Fläche und Körper, Körper und Raum, zwischen Lagerung und Hochstand, zwischen Ruhe und Bewegung, Gliederung und Spannung, Ordnung und Herrschertrieb«.

Die architektonische Fassadendekoration – Elias Holl ist es gelungen, die auf den ersten Blick gewaltigen Dimensionen durch eine zurückhaltende Gestaltung der verwendeten Formen und Proportionen, darüber hinaus aber mit wenigen Dekorationselementen zu bewältigen und dabei den Gesamteindruck auf positive Weise zu steigern.

Wie Skizzen und Modelle von Holl zeigen, waren die vier obeliskartigen Eckpyramiden auf den Terrassen ein wichtiger Bestandteil der Fassaden. Ein Vermerk hierzu findet sich in der Hollschen Hauschronik.[11]

Die Pyramiden verschwanden gegen Mitte des 18. Jahrhunderts aus bisher nicht geklärten Gründen und wurden durch Steinkugeln ersetzt. Pyramiden dieser Art waren in der Architektur des 17. Jahrhunderts ein plastisches Detail, das nicht nur aus gestalterischen, sondern auch aus symbolischen Gründen oft verwendet wurde. Ihre Form versinnbildlichte Eigenschaften wie die Tugend, die Vollkommenheit oder die Unvergänglichkeit, ihre silbergraue Tönung symbolisierte die Reinheit.[12]

Die beiden giebelbekrönenden Stadtpyre sollten im Sinne des römischen Fruchtbarkeitssymbols als Wahrzeichen der Stadt ihren lebendigen Wohlstand dokumentieren.[13]

Ähnlich symbolhaften Charakter hatten die in den beiden Giebelfeldern angebrachten Reichsadler als Sinnbild der Reichsunmittelbarkeit Augsburgs.

Der doppelköpfige Adler, seit 1433 Wappentier der deutschen Kaiser und Symbol des Habsburger Herrscherhauses, schmückte schon zur Erbauungszeit das

11 »1620, den 20ten Mart. haben wir 4 Pyramis auf die Ecken der Altanen (Balustraden) aufgerichtet; die hab ich von hölzernen Remling (Rahmen) lassen zusammen schließen und hernach von Zinn überziehen; ist gleichwohl halb Bley darunter; der Gentzer, Orgelmacher allhie, hats überzogen. Ist ein Pyramis 20 Schuh hoch (1 Augsburger Schuh = 298 mm); die Spitzknöpf darob seyn von Metall gegossen und vergoldt.«

12 In diesem Sinne hieß es in der Predigt anläßlich der ersten Ratswahl im neuerbauten Rathaus am 03. August 1620: »Sehet zu/was jhr thut/jhr habet auff disem newen Rathauß schöne Pyramides/welche vnden breit und oben zugespitzt sein/darumb sehet auch zu/das ewre Rath vnd anschläg/ewre sinn vnd gedanken vber sich zu Gott gerichtet seyen...«

13 Zu dem bis heute im Original erhaltenen Pyr auf dem Westgiebel vermerkt Holl in seinen Aufzeichnungen: »Den 8ten October (1618) haben wir die Stadt-Pir auf den vorderen Schiesser (Giebel) aufgestellt; ist von Metall gegossen und mit dem Capital 12 Schuh hoch und 4 Schuh im Bauch weit; war ganz dünn und hohl, hat gewogen 1442 Pfd. und bey 110fl. (Gulden) gekostet; ist von zwey Stuckhen ineinander gefügt und geschraubt, das Capital auch besonder, alles an ein gewaltig eyserne Stangen angeschraubt; die Stange ist 12 Schuh in den Schiesser tief eingemauert und sehr wohl versorgt.«

Das Augsburger Rathaus mit Perlachturm um 1730. Kupferstich von Matthias Seutter nach einer Zeichnung von J. Christoph Weyermann.

Rathaus der Freien Reichsstadt Augsburg. Das westliche Giebelfeld zierte bis 1806 ein vergoldeter Bronzeadler.[14] Im östlichen Giebelfeld war ein Freskoadler aufgemalt.

Das ikonographische Ausstattungsprogramm

Die Konzeption der Ikonographie – Die traditionsreiche, finanziell glänzend dastehende Reichsstadt zeigte ihren Rang, ihr Selbstbewußtsein und ihren Reichtum durch das neue Rathaus. Einem monumentalen Äußeren entsprach eine prachtvolle Innenausstattung, die offensichtlich unbeeinflußt von den Wirren des 30jährigen Krieges weit über das Notwendige hinausging. Auf der Grundlage einer nicht ohne weiteres verständlichen Thematik findet sie ihren Höhepunkt im Goldenen Saal, der nach Ansicht Matthias Kagers ein »maiestöttisches« Aussehen erhalten sollte.

Obwohl dem Ausstattungsprogramm des Augsburger Rathauses wegen der spezifischen konfessionellen und politischen Situation ein übergreifendes Gesamtkonzept fehlt, ergeben mehrere, auf die jeweiligen Raumnutzungen bezogene Themen ein additives Ganzes. Es ist ikonographisch nicht in jedem Fall zwingend und verständlich, trotzdem wird auch heute noch bei einem Gang durch die einzelnen Stockwerke die ursprüngliche Absicht von Bauherrschaft, Architekt und Künstlern sichtbar, die großartige Pracht des Rathauses im Goldenen Saal zu einem grandiosen Höhepunkt zu führen. Hier sind alle thematischen Leitgedanken mit virtuosen künstlerischen Mitteln zu einem überwälti-

14 »Den 16ten May (1619) haben wir den großen gegossenen Adler an dem vorderen Schiesser (Giebel) am Rathaus mit großer Mühe gemacht; wigt bey 22 Zentner, kost vom Gießer für Posiren und Alles fl. 1400 (Gulden), zu vergulden Fl. 500 und andere geringe Unkosten fl. 100, kost also in Allem fl. 2000.«

genden Crescendo gesteigert: Im unteren Bereich der Wandmalerei zeigt die in unaufdringlicher Tönung gehaltene Grisaillemalerei groteske, animalisch-irdische Motive, während die darüber in prächtigen Farben großmaßstäblich dargestellten Kaisergestalten die vom Menschen ausgeübte und in Gott begründete Herrschaft verkörpern. Alles übertreffend bildet schließlich die Decke den glänzenden Rahmen für die am höchsten einzustufenden Gedanken der Tugend und Moral.

So gesehen wird deutlich, daß die kostbare, beeindruckende Prachtentfaltung kein vordergründiger Selbstzweck war, sondern daß hinter ihr nach dem Willen ihrer Schöpfer trotz der Vielfalt von ikonographischen Einzelmotiven ein ebenso wichtiges, durchdachtes Leitprogramm stehen sollte. Es baute auf einem feststehenden Normengefüge auf, in dem die Obrigkeit, der Rat der Stadt und die untergebene Bürgerschaft ihren festen Platz erhalten. Nicht zuletzt ist dieses Meisterwerk der Innenarchitektur sichtbarer Ausdruck für den Anspruch einer »gottgewollten Sendung«, die wiederum »eine letzte, theologisch begründete Sicherheit gegenüber allen äußeren Erschütterungen« bewirkt (B. Roeck).

Stellvertretend für die Gründer der Stadt weist Augustus von seinem Standort auf dem Augustusbrunnen majestätisch auf das Rathaus. Er führt die Reihe der Kaiser an, die dann im Innern des Rathauses dargestellt sind.[15] Man ist leicht an die Ahnengalerie eines Schlosses erinnert, wenn man die Büsten römischer Kaiser im Unteren Fletz und über den Türen auf den Treppenabsätzen zum Oberen Fletz betrachtet.

Kaiserbüste im Unteren Fletz des Rathauses.

15 Die Reihe der Kaiserbüsten (angelegt von dem Stadtgießer Wolfgang Neidhart), jeweils über den Portalen angeordnet, beginnt im westlichen Teil der Nordwand mit Julius Cäsar, Tiberius, Claudius und S. Galba; an der Südwand sind es Augustus, Caligula, Nero und Otho. Hervorgehoben sind die Büsten Hadrians und Septimus Severius' durch ihre medaillonartige Aufstellung in den Halbnischen der beiden Mittelportale. Die Kaiserreihe setzt sich über den Portalen der Podeste beider Treppenhäuser fort, im nördlichen mit Vitellus und Vespasian, im südlichen mit Titus und Domitian.

Im Gegensatz zum Moralgedanken waren Programme dieser Art für das Innere eines bürgerlichen Rathauses recht unüblich. Auffallend ist die »aristokratische Tendenz« des Programms, das genauso in eine fürstliche Residenz passen würde. Augsburg schmückte sich mit seinen berühmten Ahnen. Darüber hinaus weist die direkt dem Kaiser unterstellte Reichsstadt Kaisertum und Reich eine besondere Stellung zu und bringt eine positiv empfundene Tradition zum Ausdruck. Der Augsburger Rat sieht sich als selbständiges Glied des Heiligen Römischen Reiches auf eine Stufe gestellt mit dessen Herren und Fürsten.

Beide Kriterien, sowohl der Kaisergedanke wie auch der Moralgedanke, werden im Goldenen Saal besonders deutlich sichtbar. Hier wird die in anderen Räumen bereits bildhaft gemachte Thematik zu einem eindrucksvollen Höhepunkt geführt. So sind an den Saalwänden acht christlichen Kaisern (Südwand) acht heidnische gegenübergestellt, wobei entsprechende Wahlsprüche die Überlegenheit des Christentums ausdrücken sollen.

Es kann daraus der Schluß gezogen werden, daß die Auftraggeber die überlegeneren Herrschaftsauffassungen bei den christlichen Kaisern sahen. Dieser Eindruck wird bestätigt durch die Kartuschen im Bereich der Fensterbrüstungen zwischen den Kaiserfiguren mit in rotem und blauem Farbton gehaltener Malerei, die nach dem Wunsch der Augsburger Auftraggeber die Gegenüberstellung christlicher und heidnischer Kaiser komplettieren sollten. Diese Kartuschen zeigten Szenen aus dem Leben heidnischer Heldinnen (Nordseite) und alttestamentlicher, berühmter Frauen (Südseite).

Es fällt dabei auf, daß den »favorisierten« biblischen Gestalten immer nur positiv herausragende Persönlichkeiten entgegengestellt wurden. Dies gilt gleichermaßen für die heidnischen Kaiser, von denen nur solche ausgewählt wurden, »welliche sich am Besten gehalten«.[16]

Auf dem Bilderzyklus an der Decke sind mit den Mitteln der Allegorie jene menschlichen Tugenden und Eigenschaften dargestellt, die den Wohlstand eines wohlbestellten Gemeinwesens begründen, bewahren und erweitern und damit auch die Macht und das Ansehen des Herrschers festigen.

Dem Mittelbild, mit dem die Weisheit zur wichtigsten Tugend von herrschenden Persönlichkeiten erhoben wird, sind auf beiden Seiten zwei symmetrische Bildergruppen mit je einem zentralen Rundbild und vier Ovalbildern zugeordnet.

Erweitert wird das Programm im Randbereich der Decke. Dort waren ursprünglich auf 24 Kartuschen in monochromer Malerei die Leitsprüche und Sinnbilder von Herrschern aus dem Hause Habsburg dargestellt.

Die praktische Durchführung – Welche herausragende Stellung die an dem Neubau beteiligten Stadträte, Bauherren und Stadtpfleger sich und ihrer Stadt zumaßen, zeigt die reichverzierte, großformatige Inschriftentafel über dem südlichen Hauptportal. Davon ausgehend ist es auch nicht verwunderlich, daß eine ganze Reihe bildlicher Darstellungen bei näherer Betrachtung ein selbstbewußtes Augsburg vor Augen führen, das voller Stolz auf seine Geschichte blickt. Dies verdeutlichen beispielsweise drei Gemälde von Matthäus Gundelach mit der Darstellung der feierlichen Belehnung Moritz von Sachsens mit der Kurwürde durch Kaiser Karl V. beim Reichstag zu Augsburg im Jahre 1548.

Der Reichtum Augsburgs kommt zum Ausdruck in dem Gemälde über dem nördlichen Hauptportal des Goldenen Saales. 1620 schuf der Maler Johann Rottenhammer eine allegorische Darstellung der Stadt mit ihren vier Flüssen: Lech, Wertach, Brunnenbach und Singold. Abundantia am linken Bildrand mit Ährenkranz und Füllhorn verkörpert den Wohlstand der Reichsstadt.

Die Beschäftigung mit den verborgenen Inhalten enthüllt dem Betrachter weitere thematische Schwerpunkte und deren Leitgedanken für das Programm der Innenausstattung. Im folgenden sollen die zwei wichtigsten Leitmotive in erster

16 Roeck, Bernd: »Elias Holl«, Regensburg 1985, S. 220 (vgl. Handschriftensammlung der Bayer. Staatsbibliothek München).

Das große Deckenbild »Triumph der Weisheit« im Goldenen Saal vor der Zerstörung.

Linie an Beispielen der bereits wieder im Rathaus vorhandenen Ausstattung unter besonderer Berücksichtigung des Goldenen Saales aufgezeigt werden.
Nach einem längeren Briefwechsel zwischen dem für die Innenausstattung verantwortlichen Stadtmaler Matthias Kager sowie dem Baumeisteramt der Reichsstadt und dem gelehrten Jesuiten Matthäus Rader aus München entstand ein Gesamtkonzept, das Rader so kompliziert ausgearbeitet hatte, daß selbst die humanistisch gebildeten Auftraggeber nicht alle Details ohne weiteres verstehen konnten, denn Kager bat im Auftrag der Baumeister in einem Brief an den Gelehrten um Erläuterungen.
Wenngleich die Zeichensprache des Jesuiten Rader im einzelnen schwer zu entschlüsseln ist und sicherlich auch unterschiedlich interpretiert werden kann, lassen sich doch zwei Leitgedanken herausstellen: der Moralgedanke und der Kaisergedanke. Unter Moralgedanke ist zu verstehen, daß durch das bildliche Aufzeigen von guten und schlechten Beispielen das Gute gefördert werden soll. Darstellungen guten, vorbildlichen Verhaltens sowie bösen Handelns zur Abschreckung waren oft in Rathäusern des 15. bis 18. Jahrhunderts zu finden.
Auch im Augsburger Rathaus zeigte sich diese Tendenz nicht nur im Goldenen Saal, sondern schon auf der Ebene des Oberen Fletzes, wo große Tafelbilder in den Amtsstuben ihrer Funktion entsprechende moralische Anforderungen symbolhaft darstellten. Diese Symbolik wurde in den allegorischen Bildern der Fürstenzimmer im 3. Obergeschoß demonstrativ weitergeführt.
Das Kaisermotiv, in der damaligen Zeit für eine Rathausausstattung verbreitet, zieht sich gleichfalls durch Raders gesamtes Bildprogramm.
Im Zusammenhang mit der Außenarchitektur von Rathäusern waren Kaiserdarstellungen keine Seltenheit, konnte man doch mit ihnen Kaisertreue demonstrieren und die Ratsherren, die Mächtigen der Stadt, in Übereinstimmung bringen zu den Herrschern des Reiches, den Kaisern.
Mit der ikonographischen Thematik der monochrom gemalten Brüstungskartuschen im Goldenen Saal wurden populäre Programmideen aufgenommen.

Portrait von Matthias Kager. Kupferstich von Lucas Kilian, 1616. Städtische Kunstsammlungen Augsburg.

Für die Gegenüberstellung heidnischer und jüdischer Heldinnen gibt es u. a. Bezüge zu unmittelbaren Vorläuferbildern im Kaisersaal der Münchner Residenz, wobei auch hier analog zu den Kaiserdarstellungen die jüdischen Frauen die heidnischen in ihrer Tugendhaftigkeit übertreffen.

Stadtmaler Johann Matthias Kager – Wie aus den überkommenen Dokumenten zu schließen ist, scheint sich Elias Holl mit der Innenausstattung des Rathauses nicht mehr besonders auseinandergesetzt zu haben. Außer kurzgefaßten Angaben und seinem Kostenvoranschlag liegen dazu keine konkreten Aussagen vor. Er wird gewissermaßen »abgelöst« von Matthias Kager, der seit 1615 offensichtlich ein großes Vertrauen bei der Bauherrschaft genoß. Als Stadtmaler war er »der natürliche künstlerische Beirat der städtischen Behörden« (A. Buff).

Der Schwerpunkt seiner Tätigkeit beim Rathausneubau lag in der künstlerischen Ausstattung des Goldenen Saales und der Fürstenzimmer. Er war nicht nur für die Anfertigung von Entwürfen und die Koordination der einzelnen Arbeiten verantwortlich, sondern führte auch die Decken- und Wandgemälde selbst aus.

Die Wertschätzung Kagers und seiner Arbeit beweist sein ungewöhnlich hohes Honorar von insgesamt 3.186 Gulden. Doch wurde nicht nur seine persönliche, d. h. eigenhändige Leistung wie die Malereien, entlohnt, sondern auch seine entwerferische Tätigkeit für die sonstigen Gewerke. In den Protokollen der Montagssitzungen wird mehrfach darauf hingewiesen, daß derartige Arbeiten »laut der ihm (d. h. dem Handwerker) gegebenen Visierung« oder »laut Visierung, die ihm zugestellt wurde« auszuführen waren. Da aber keine anderen Entwerfer erwähnt sind, wird angenommen, daß Kager allein für die Konzeption der Innenausstattung verantwortlich war. Aufgrund dieser herausragenden Stellung merkt Buff an, daß Kager auch »auf die Auswahl der sonstigen Meister einen bedeutenden Einfluß ausgeübt haben wird«.

Grundlage für seine Berufung in städtische Dienste waren seine guten Referenzen als befähigter Kirchenmaler und Freskant.

Matthias Kager wurde 1575 in München geboren. Nach seiner zweijährigen Lehrzeit bei dem Münchner Maler Jakob Jelle wechselte er 1590 zu dem am Münchner Hof beschäftigten Karl Jörf und war dort auch bis 1597 an der Ausstattung der Residenz beteiligt. Nach sechs Wanderjahren, die ihn möglicherweise auch nach Italien führten, stellte er am 10. November 1603 den Antrag auf Bürger- und Handwerksrecht in Augsburg, das ihm am 04. Dezember gewährt wurde.

Erster öffentlicher Auftrag war im Mai 1605 die Bemalung der Fassaden des Weberhauses in der Manier architektonisch dekorierter Historienmalerei mit Darstellungen von Szenen aus der Augsburger Geschichte, des Weberhandwerks und des Handels mit Venedig. 1610/11 bemalte Kager das Heiligkreuzertor und das Frauentor ebenfalls mit stadtgeschichtlichen sowie biblischen Motiven, ergänzt durch Grisaillen, Inschriften und Ornamenten. Darüber hinaus war er ein vielbeschäftigter Kupferstecher und Miniaturmaler, u. a. für das Haus Fugger und den Münchner Hof. Er entwarf einen Orgelprospekt für St. Ulrich und Afra, unternahm mehrere Studienreisen u. a. nach Eichstätt (1612) und Nürnberg (1627). Höhepunkt seiner öffentlichen Laufbahn war schließlich der 1619 erteilte Auftrag für die Ausgestaltung des neuen Rathauses. Sie stellt ohne Zweifel sein Hauptwerk dar und beweist eindrucksvoll seine künstlerische Vielseitigkeit.

Kager arbeitete nicht nur für die städtischen Auftraggeber, sondern auch für den katholischen Klerus Augsburgs und weiten Bereichen Süddeutschlands. Erwähnenswert ist dabei die von ihm geschaffene Innenausstattung der Klosterkirche in Zwiefalten. Schließlich machte er sich auch mit Architekturentwürfen einen Namen.

Kagers hohes künstlerisches Ansehen fand auch in einer kommunalpolitischen Karriere seinen Niederschlag: Von 1620 – 1627 war er Beisitzer im Stadtgericht, ab 1627 Mitglied im Kleinen Rat der Stadt und von September 1631 bis April 1632,

Teil der Wandfresken im Originalzustand vor der Zerstörung – Südseite. Kaiser Otto der Große mit der Devise »Virtutis melior« (Der Duft der Tugend ist besser). Die monochrom in Rot gemalte Kartusche im Bereich der Fensterbrüstung zeigt Judith mit dem Haupt des Holofernes, ein alttestamentarisches Thema.

bis zur Absetzung der katholischen Stadtregierung, sogar Bürgermeister. Nach einem in reichem Maße erfüllten Leben starb Kager im Jahre 1634.
In der Kunstgeschichte wird Kager zu den Initiatoren des süddeutschen Frühbarock gerechnet. »Seine künstlerische Erfindungskraft herrscht jedoch in der angewandten Kunst und im Ornament mehr vor, als in der Malerei« (Kindlers Malerei-Lexikon). Hermann Nasse, Professor an der Akademie der Bildenden Künste in München, attestiert Kager in seiner 1925 erschienenen Dissertation eine herausragende Bedeutung[17]. Zu einer differenzierteren Beurteilung Kagers insbesonders zu einer positiven Wertung hinsichtlich der kunsthistorischen Rangstellung seiner Wandmalerei kommt Bernd Vollmar in seinem Beitrag über die Restaurierung der Wandmalerei-Fragmente. (S. 349ff.)

Das Nutzungsprogramm und seine Auswirkung auf die Ausstattung

Allgemeine Vorbemerkungen – Im Jahre 1615, zum Zeitpunkt der Grundsteinlegung für das neue Rathaus, hatte Augsburg den Höhepunkt seiner politischen und wirtschaftlichen Blüte bereits überschritten. Trotzdem, oder gerade deswegen, glaubte der Magistrat mit dem Neubau ein sichtbares Zeichen setzen zu müssen.
Obwohl die Stadt im Vorfeld des 30jährigen Krieges vor einer ungewissen Zukunft stand, wagten sich die verantwortlichen Bauherren an dieses Vorhaben, um den sich anbahnenden Verlust der ehemaligen Weltgeltung aufzuhalten, um sich selbst Mut zu machen und allen anderen ungebrochene Macht zu demonstrieren. Wichtige Gäste sollten in einem entsprechend würdigen Rahmen empfangen werden und außerdem der eigenen Bürgerschaft Respekt und gleichzeitig Stolz eingeflößt werden.
Unter diesen Gesichtspunkten orientierte sich die Ausstattung des neuen Rathauses nach zwei Motiven: Zum einen ging es um eine sichtbare Wohlstands- und Machtdemonstration, zum anderen um die Schaffung eines »modernen Verwaltungszentrums«, kurz um eine Mischung selbstbewußten Repräsentationsstrebens mit praktischem Nutzungsbedarf.
In diesem Sinne konzipierte Elias Holl im Zentrum des Gebäudes den Goldenen Saal. Um diesen größten und zugleich prächtigsten Versammlungsort gruppierten sich alle anderen Räume in flächen- und ausstattungsmäßiger Abstufung. Die hierarchisch gegliederte Geschoßfolge resultiert aus der verfassungspolitischen Konstellation in Augsburg, wonach die Stadt allein dem Kaiser untertan war und in dessen Auftrag einige wenige, aber einflußreiche Patrizierfamilien die Regierungsgeschäfte und damit die Macht ausübten.
Die Eingangshalle des Erdgeschoßes diente mit den darüberliegenden Rats- und Amtsräumen als Begegnungs- und Anlaufzone der Bürger. Das darüberliegende Repräsentationsgeschoß mit dem Goldenen Saal und den Fürstenzimmern war den Empfängen auswärtiger Besucher, feierlichen Versammlungen und Veranstaltungen vorbehalten. So wäre der Saal auch in Fortsetzung der früheren Tradition der ideale Rahmen für die Abhaltung von Reichstagen gewesen, die jedoch seit dem letzten von Kaiser Rudolf II. veranstalteten prunkvollen Reichstag in Jahre 1582 nicht mehr in Augsburg stattfinden sollten.
Zu diesem bis dahin einzigartigen Raum- und Ausstattungsprogramm stellt das Mitglied der Sachverständigenkommission, Professor Jürgen Paul, fest: »In Augsburgs Rathaus wurden die funktionale und bautypologische Tradition des bürgerlichen Rathauses und das Anspruchsniveau des fürstlichen Schlosses zu einer integralen Einheit verschmolzen.«[18] Auch die Kunsthistorikerin Renate von Walter kommt zu ähnlichen Folgerungen: »An dieser Raumaufteilung tritt das Selbstbewußtsein der Freien Reichsstadt Augsburg offen zutage. Die verschwenderische Großzügigkeit in Bezug auf die Ausdehnung und Vielzahl der Räume war das bestimmende Moment bei der Neubauplanung.«[19]

17 »Ist er auch kein Stern erster Größe, so sichert ihm doch allein die Ausstattung des Goldenen Saales in Augsburg einen Anspruch auf Einreihung in eine Geschichte der bildenden Künste.«
18 Paul, Jürgen: »Der ›Goldene Saal‹« des Augsburger Rathauses und Bautradition des Ratssaales«, in: »Die Sanierung des Rathauses und des Perlachturmes. Die Rekonstruktion des Goldenen Saales«; Augsburg 1985, S. 25.
19 Walter, Renate von: »Das Augsburger Rathaus«, Augsburg 1972, S. 33.

Der Untere Fletz im Rathaus. Kupferstich von Wolfgang Kilian nach einer Zeichnung von Salomon Kleiner.

Das historische Raum- und Funktionsprogramm – Der über das repräsentative Mittelportal erschlossene Untere Fletz ist der unterste, die ganze Gebäudetiefe einnehmende Hauptraum. Die dreischiffige Gewölbehalle bildet den Übergang von der Straße zum Innenraum. Er erinnert damit an eine Markthalle, wie sie vielfach in mittelalterlichen Rathäusern vorzufinden war. Die anschließenden Nebenräume werden durch die Stadt- und Bürgergarde sowie als Heizungs- und Lagerräume für »allerley Geräth« genutzt. Auch gab es hier einen Raum für den »Kassier« mit Durchgang zu den hinter dem Rathaus befindlichen Gefängnissen.

Der Hauptraum des 2. Obergeschosses, der Obere Fletz, erschließt die beidseitig situierten Verwaltungsräume. Hier kamen Bürger zu Amtsgeschäften und Rücksprachen mit Ratsherren und städtischen Bediensteten zusammen, während die eigentliche Büroarbeit in Schreib- und Aktenstuben außerhalb des Rathauses stattfand. Das gediegene Erscheinungsbild dieses Stockwerkes resultierte in erster Linie aus einer gekonnten Verwendung des Baustoffes Holz. Die reich gegliederten Kassettendecken der Halle wie der auf zwei Drittel der Wandhöhe vertäfelten Eckstuben verliehen den Räumen eine gehobene, bürgerliche Atmosphäre, die von den acht roten Marmorsäulen mit aus Bronze gegossenen Kapitellen und Basen noch unterstützt wurde. Im einzelnen standen anfangs folgende Amtsräume zur Verfügung (in Klammern die spätere, bis zur Zerstörung im Krieg 1944 andauernde Nutzung):

- in der Nordwestecke die Ratsstube (Kleiner Sitzungssaal)
- in der gegenüberliegenden Südwestecke die Gerichtsstube (Großer Sitzungssaal)
- in der Nordostecke das Pflege- oder Proviantamt und das von diesem aus zugängliche Baumeisteramt (Stadtkämmerei und Standesamt)
- in der Südostecke die Steuerstube mit dem für die Steuerzahler vorgelagerten Warteraum (Trauungszimmer).

Die beiden erstgenannten Verwaltungsräume waren ihrer größeren Bedeutung wegen zu der bevorzugten Vorderseite des Rathauses orientiert und mit großen Historiengemälden ausgestattet, während die rückwärtigen Amtsstuben wegen ihrer räumlichen Unterteilung und ihrer sparsameren Dekoration wesentlich bescheidener wirkten.

Der Obere Fletz im Rathaus. Fotografie vor der Zerstörung.

Verbunden sind die Geschosse untereinander durch zwei monumentale Treppenhäuser. Ausgehend von den mittig an den Längswänden der durchgehenden Zentralräume angeordneten Zugängen führen zweiläufige Podesttreppen in das jeweilige nächste Geschoß. Auch hier zeigt sich das außerordentliche Können des Architekten, der mit Ausnahme der einfach gestalteten Portalen auf jegliche Dekoration verzichtete und damit dem Rathausbesucher beim Betreten der Prunkräume unerwartete Raumerlebnisse verschaffte. Als Kunstgriff sah Holl die Zugänge vom Treppenhaus zum Unteren und Oberen Fletz offen, d. h. ohne Türflügel vor, um so die Bedeutung des Goldenen Saales mit seinen überdimensionalen Prachtportalen besonders herauszustellen.

Im 3. Obergeschoß fand das Rathaus seinen architektonischen und künstlerischen Höhepunkt. Elias Holl verlieh dem hier situierten wichtigsten Raum des Neubaues wahrhaft überwältigende Ausmaße. Mit einer Länge von 32,65 m, einer Breite von 17,35 m, übertrifft der Goldene Saal alle bisher üblichen Maßstäbe. Er ist im Bereich des zeitgenössischen Profanbaues höchstens mit den Prunksälen des Dogenpalastes in Venedig vergleichbar. Die meisterliche Hand des Architekten zeigt sich nicht zuletzt in der großartigen Gestaltung der Wände, deren enorme, drei normalen Geschoßen entsprechende Höhe von 14,25 m Holl durch 60 Fenster mit einer brillanten Lichtführung bewältigte.

Bei der vielfältigen, nachstehend ausführlich beschriebenen Nutzung des Goldenen Saales spielen die in den Eckbereichen gelegenen und vom Saal aus direkt zugänglichen vier Fürstenzimmer eine bedeutende Rolle. Sie dienten prominenten Besuchern als Empfangs-, Verhandlungs- und Aufenthaltsräume. Mit ihrer Höhe von etwa 5,50 m und ihrer weitaus zurückhaltenderen Ausstattung strahlten sie eine noble Intimität aus. Sie waren durch kunstvoll gestaltete, raumhohe Kachelöfen heizbar.

Mit dem Verlust der Reichsfreiheit im Jahre 1806 und der Eingliederung Augsburgs in das Königreich Bayern verloren auch der Goldene Saal und die Fürstenzimmer ihre ursprüngliche Zweckbestimmung und Bedeutung.
Zwar fanden hier auch in der Folgezeit immer wieder Empfänge und Veranstaltungen statt, bei denen sich die Gastgeber jedoch nicht mehr in der herausragenden Position wie ehedem befanden. Von 1810 – 1835 wurden hier Werke aus der Königlichen Gemäldegalerie präsentiert, wobei im Goldenen Saal Beschädigungen an der Grisaillemalerei eine Restaurierung der unteren Wandpartien erforderlich machten. Auch in den Fürstenzimmern wurden Kunstgegenstände museumsartig ausgestellt.
Die Räume des 4. Obergeschosses wurden anfangs vom Pflegeamt und vom Proviantamt genutzt. Der Großraum über dem Goldenen Saal diente zunächst als Rüst- und Waffenkammer, dann als Magazin für Architektur- und Baumaschinenmodelle. Nach deren Verlagerung in das Maximilianmuseum waren in diesem Stockwerk bis zur Zerstörung des Rathauses Registratur- und Lagerräume untergebracht.

Festlichkeiten und Ereignisse im Goldenen Saal – Die Chronik der Stadt verzeichnet für das neue Rathaus in den ersten Jahren neben der alljährlichen feierlichen Eröffnung der Ratssitzungsperiode eine Reihe von verschiedenartigen Veranstaltungen.
1632 besichtigten der schwedische König Gustav Adolf und 1636 König Ferdinand III. den Goldenen Saal. 1655 war die schwedische Thronfolgerin, Königin Christine, sowie 1658 Kaiser Leopold I. im Rathaus zu Gast. Bis zum ersten offiziellen Staatsbesuch waren seit der Fertigstellung des Rathausneubaues über 60 Jahre vergangen, als am 26. Januar 1690 Kaiser Leopold I. im Goldenen Saal ein prächtiges Festbankett gab. Anlaß war die Krönung seiner Gemahlin Leonore zur Kaiserin sowie die Wahl und Krönung seines Sohnes Joseph I. zum Römischen König. Bei dieser Gelegenheit wurden die unteren Wandflächen des Saales mit wertvollen Teppichen behängt (Abb. S. 92). Für die schaulustige Bevölkerung wurden vor dem Rathaus Getreide und Goldmünzen verteilt und aus einem eigens aufgestellten Brunnen Rot- und Weißwein ausgeschenkt.

Die Ratsstube im Oberen Fletz. Kupferstich von Salomon Kleiner.

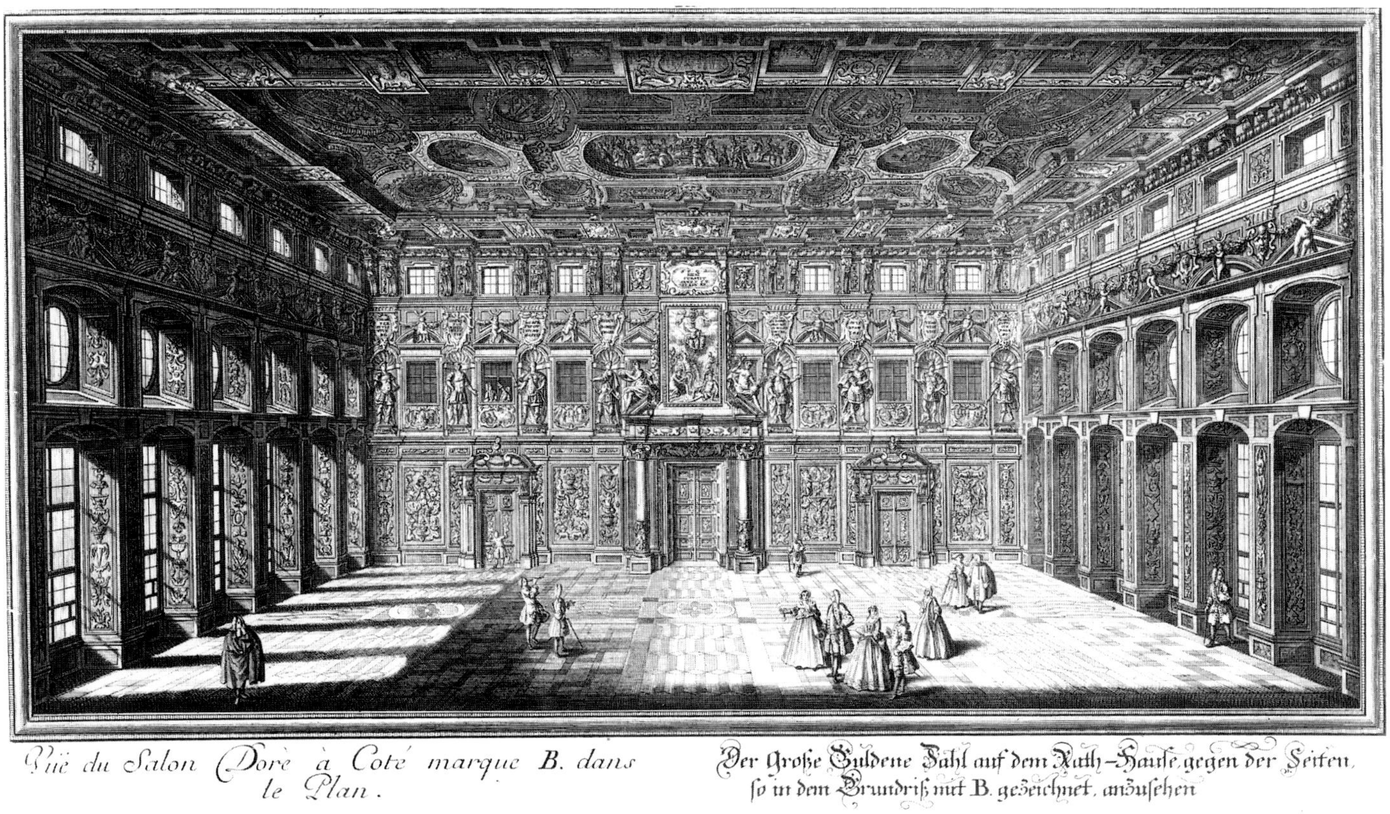

Der Goldene Saal, Blick auf die nördliche Saalwand. Zeichnung von Salomon Kleiner, gestochen von Joh. Georg Pinz, 1732.

Weniger erfreulich war zur Zeit des Spanischen Erbfolgekrieges das Erscheinen eines bayerischen Kommissärs, der am 13. März 1704 den Kleinen und Großen Rat in den Goldenen Saal beorderte und die Übernahme der Herrschaft über die Stadt durch den Kurfürsten Max II. erklärte.

1711 stattete Kaiser Karl VI. und 1743 Kaiser Karl VII. dem Rathaus einen Besuch ab. 1763 präsentierte der Augsburger Bürger und Komponist Leopold Mozart seinen Kindern Wolfgang Amadeus und Maria Anna (»Nannerl«) während eines Verwandtenbesuches in Augsburg den Goldenen Saal. Zu erwähnen ist auch Papst Pius VI., der sich im Verlauf seines Augsburgaufenthaltes vom 02. – 06. Mai 1792 durch den Prunkraum führen ließ. Ihm folgte am 25. Juli desselben Jahres Kaiser Franz II. mit seiner Gemahlin.

Mit dem Auftritt von Kaiser Napoleon I. am 23. Oktober 1805 verband sich das Ende der Augsburger Reichsfreiheit. Vier Monate später, am 04. März 1806, übergab der französische Stadtkommandant General René im Sitzungszimmer des Geheimen Rates die Stadt an den bayerischen König Maximilian I. Joseph. Der damit verbundene neue politische Status wurde 1808 im Goldenen Saal durch den königlich bayerischen Hofkommissar Freiherr von Gravenreuth besiegelt, indem er die Mitglieder der neuen bayerischen Regierung des Lechkreises auf den Landesherren verpflichtete.

Aus den Berichten der folgenden Jahre sind zwei Besuche des Königs Ludwig I. zu erwähnen, bei denen er 1829 im Rathaus eine Industrieausstellung eröffnete und 1838 seinem Gast, dem russischen Zaren Nikolaus I., voller Stolz das Rathaus und den Goldenen Saal erläuterte.

Bei der nächsten herrschaftlichen Visite fand am 11. September 1858 zu Ehren von König Maximilian II. ein festlicher Ball statt, für den eine baldachinbekrönte Königsloge aufgebaut worden war (Abb. S. 93). Ein weiteres besonderes Ereignis war 1892 der Empfang des Reichskanzlers Otto von Bismarck im Augsburger Rathaus. Auch für außerordentliche berufsständische Veranstaltungen bot der Goldene Saal einen würdigen Rahmen, so beispielsweise 1902 die 15. Wanderversammlung des Verbandes Deutscher Architekten- und Ingenieurvereine, bei der 590 Teilnehmer hier zur Tafelmusik des städtischen Orchesters festlich speisten.

Am 24. Juni 1906, dem Haupttag der Jahrhundertfeier zur Eingliederung Augsburgs in das Königreich Bayern, nahm der Thronanwärter Ludwig am Festakt im Goldenen Saal teil. König Ludwig III. war am 09. Juni 1914 mit seiner Gemahlin Ehrengast beim »Huldigungsakt« mit feierlichem Festbankett.
Aus der Reihe herausragender Veranstaltungen im Rathaus sei schließlich ein gemeinsames Essen anläßlich des Deutschen Katholikentages im Jahre 1910 und 1931 eine Gedenkfeier zum 400. Todestag des großen Augsburger Malers Hans Burkmair erwähnt sowie kurz vor der Zerstörung im Februar 1944 das 100. Jubiläum der Augsburger Liedertafel. Eine genaue Auflistung der wichtigsten Ereignisse im Rathaus und im Goldenen Saal findet sich im Anhang.

Bauliche Veränderungen im Rathaus bis zur Zerstörung im Februar 1944

Die hohe Qualität der beim Rathausneubau verwendeten Materialien und ihrer handwerklichen Verarbeitung bewirkte, daß in dem Zeitraum zwischen 1620 und 1944 nur verhältnismäßig geringfügige Reparaturen und Sanierungen durchgeführt werden mußten. Dies bestätigten auch die Substanzuntersuchungen im Januar 1947, bei denen der mit dem statischen Gutachten für den Wiederaufbau beauftragte Augsburger Oberbaurat Adolf Glatt feststellte: »Der bauliche Zustand der Mauerkrone ist viel besser, als er von unten aus beurteilt werden konnte. Außer einigen losgebrochenen Ziegeln hat der Mörtel, der am ganzen Bau von einer heute nur selten erreichten Qualität ist, die Steine und damit den ganzen Verband im Mauerwerk tadellos zusammengehalten.«[20]
Eine Erneuerung des Plattenbelages im Goldenen Saal erfolgte im Jahre 1751. Dies geht aus dem Baumeisterbuch jenes Jahres hervor, wonach Stadtsteinmetz Johann Wolfgang Schindel vom 23. Februar bis 18. September 1751 sieben Zahlungen mit insgesamt 458 Gulden (f.), 465 Kreuzer (kr.) in diesem Jahr für Steinmetzarbeiten erhielt.[21]
Dies bestätigt auch ein Briefwechsel zwischen einem Assistenten der Technischen Hochschule München und der Augsburger Bauverwaltung von 1931. In einem Schreiben vom 27. Januar heißt es unter anderem: »Wie nun die beiliegende Inschrift einer Bodenplatte besagt, ist der ganze Boden des Goldenen Saales Anno 1751 frisch gelegt worden, in Kurz- und Langrautenmuster mit großer Mittelrosette...«[22] In dem Schreiben der Bauverwaltung von 1931 wird auch aus dem Kostenvoranschlag Elias Holls von 1614 zitiert, mit einem Hinweis darauf,

Die ehemalige Modellkammer über dem Goldenen Saal.

20 Niederschrift von OBR Glatt v. 25. Januar 1947.
21 Baumeisterbuch von 1751, Bd. 39, Stadtarchiv Augsburg.
22 Antwortschreiben des Stadtbauamtes – Hochbauamtes Augsburg vom 27. Januar 1931 (unterschrieben vom damaligen Leiter der Bauverwaltung Oberstadtbaudirektor Holzer) auf eine Anfrage von Dipl.-Ing. Richard Vollmann, Assistent an der Technischen Hochschule in München vom 20. Januar 1931. Der dem Schreiben beigefügte Abdruck der Inschrift ist leider nicht archiviert (Bauakt 722/0200 Hauptaktenverwaltung Stadtverw. Augsburg).

Königstafel 1690 anläßlich der Krönung von Josef I. Auf dem Stich »Der Schöne Saal im Rathaus« sind zwei Trägerstangen sichtbar, an denen Beleuchtungskörper angebracht sind. Städtische Kunstsammlungen Inv.-Nr. G 15 109.

daß für die Pflasterung im Oberen Fletz teilweise Marmorplatten aus dem 1614 abgebrochenen alten Rathaus verwendet werden sollten.

Davon abgesehen sind vor allem aus dem 19. Jahrhundert eine Reihe von Instandsetzungsmaßnahmen und baulichen Veränderungen dokumentiert. Unter anderem belegen Aufzeichnungen in den Etatbüchern der städtischen Bauverwaltung von 1837/38 einige geringfügige Ausbesserungsarbeiten im und am Rathaus. In einer detaillierten Auflistung sind Ausgaben für »Reparationen« in Höhe von insgesamt 1.700 Gulden enthalten. Ausgeführt wurden dafür neue Fensterstöcke einschließlich Verglasung, Steinmetzarbeiten am Balkon über dem Hauptportal und im Unteren Fletz, Schlosserarbeiten an den Öfen sowie Malerarbeiten in verschiedenen Amtsräumen. Bei der Instandsetzung von Schnitzereien im Goldenen Saal und in den Fürstenzimmern sind unter dem Titel »Decoration« ein großer Engelskopf, eine Fratze, Lorbeerlaub sowie Ausbesserungen an der Holzvertäfelung in den Fürstenzimmern erwähnt.

Eine einschneidende bauliche Veränderung brachte 1883 im Außenbereich der Abbruch der desolaten »Eisenhof«-Anwesen im Osten des Rathauses. Das als Ersatz an gleicher Stelle vorgesehene städtische Bürogebäude wurde durch eine Bürgeraktion verhindert. An seine Stelle trat 1884 das vier Jahre später aufgestockte Verwaltungsgebäude II mit der davorliegenden Platzanlage, heute Elias-Holl-Platz genannt.

Zur gleichen Zeit wurde unter Leitung von Stadtbaurat Friedrich Steinhäußer in den vier Fürstenzimmern ein Schaumuseum eingerichtet und die 1838 wieder aufgefundene Grabplatte von Elias Holl am ersten Zwischenpodest des südlichen Treppenhauses eingebaut.

Im Außenbereich mußte am vorderen Giebelfeld der Bronzeadler nach der Eingliederung Augsburgs in das Königreich Bayern seinen Platz räumen, der rückwärtige wurde übertüncht. Erst 1900 erinnerte man sich im Verlauf der damaligen Fassadensanierung an den früheren Bronzeadler und brachte an seiner Stelle am Westgiebel eine in Sgrafittotechnik ausgeführte Adlerdarstellung an. Aus Bauakten des Jahres 1928 geht hervor, daß dieser Adler zu dem Zeitpunkt, als die Rathausrückfront saniert wurde, bereits wieder verschwunden war, und es dauerte bis zum Jahre 1972, bis dieses reichsstädtische Symbol auf Anregung des Augsburger Rechtsanwaltes Dr. Max Sattelmair ein weiteres Mal erneuert wurde. Der ostseitige Adler war schon 1928 freigelegt, d. h. von seiner Übertünchung befreit und restauriert worden.

Der steinerne Stadtpyr auf dem Ostgiebel wurde 1928 wegen starker Schäden gegen eine aus Kupferblech getriebene Nachbildung ausgewechselt, während den Westgiebel auch heute noch das Original schmückt.

An den Fassaden hatten die jahrzehntelangen Witterungseinflüsse und die von der jungen Augsburger Industrie verursachte Luftverschmutzung starke Schäden verursacht. Daraus folgte eine über 25 Jahre sich hinziehende Sanierungsaktion.

Dabei wurden zwischen 1904 und 1930 die aus Sandstein gefertigten Fenstereinfassungen, Gesimse, Abdeckungen und Balustraden erneuert und teilweise durch widerstandsfähigeren Donaukalkstein ersetzt.

Ebenso erforderlich waren umfangreiche Putzausbesserungen, neue Blechabdeckungen sowie eine Überarbeitung sämtlicher Fenster samt Bleiverglasung. Eine Fotografie (Abb. S. 68) zeigt den Zustand des Hollschen Rathauses um die Jahrhundertwende. Das aus dem Jahre 1450 stammende Sandsteinrelief, das 1553 vom gotischen Rathaus zum Bibliotheksgebäude bei St. Anna überführt worden war, kehrte 1893 wieder zum Rathaus zurück, wo es auf der Ostseite über der heutigen Ratskellerterrasse angebracht wurde (Abb. S. 94 rechts).

Zu Ehren des bayerischen Königs Maximilian II. fand am 11. September 1858 im Goldenen Saal ein festlicher Ball statt, für den eine baldachinbekrönte Königsloge aufgebaut wurde. Festdekorationsentwurf von Gottfried Pola, 1858. Städtische Kunstsammlungen Inv.-Nr. G 18460.

Für die Renovierung der steinernen Außenportalumrahmungen sowie der Säulen und Türeinfassungen im Innern des Gebäudes wurde 1927 das von dem Münchner Kunstdozenten Hans Schmid entwickelte enkaustische Verfahren angewandt. Dabei erhielten die Natursteinteile nach Entfernen der verkrusteten Oberflächenpatina ihr ursprüngliches Erscheinungsbild zurück, indem sie mit einer dreifach eingebrannten Wachsschicht überzogen wurden.
1930 erfolgte eine bauliche »Bereinigung« der Fürstenzimmer, in denen seit 1923 eine der Stadt gestiftete Ausstellung neoklassizistischer Gemälde untergebracht war.
Eine im Goldenen Saal 1858 durchgeführte Verstärkung der Fußbodenkonstruktion mußte 1933 wiederholt werden. Ebenso waren 1937 die 100 Jahre zuvor schon einmal restaurierten Grisaillemalereien zu reinigen und zu konservieren. Gleichzeitig erfolgte eine Instandsetzung des nach Osten orientierten Untergeschoßgewölbes und sein Ausbau zu der Gaststätte »Ratskeller« (Abb. S. 95). Die Pläne hierzu fertigte der im städtischen Hochbauamt tätige Architekt Eduard Feldpausch, der 1938 auch für die Umgestaltung des Elias-Holl-Platzes samt Freiterrasse und für den Treppenabgang am Ostchor der Peterskirche verantwortlich war. Mit dem Einbau eines Trauungssaales im südöstlichen Eckraum (ehem. »Steinerstube«) endete 1940 die langjährige Reihe der baulichen Veränderungen im und am Rathaus vor dessen Zerstörung im Februar 1944. Ein erwähnenswerter Vorgang war die Absicht, im Goldenen Saal eine elektrische Fußbodenheizung einzubauen, um damit den wichtigsten Raum auch im Winter für Festveranstaltungen nutzbar zu machen. Diese Idee entstand bereits in den 20er Jahren, nachdem die Heizung des Saales über die Kachelöfen in den Fürstenzimmern für die gewachsenen Ansprüche nicht mehr ausreichend war. Das Vorhaben wurde 1940 jedoch wegen Materialbeschaffungsproblemen bis nach dem Krieg zurückgestellt und konnte schließlich 1984 im Zuge der Generalsanierung des Rathauses realisiert werden.

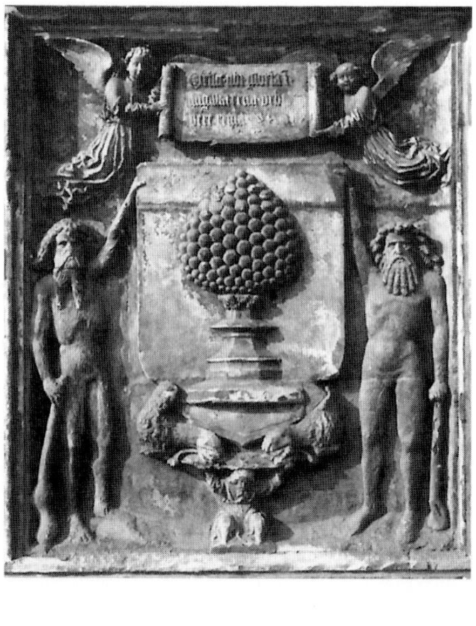

Das Kellergeschoß des Rathauses vor dem Ausbau.

Das Sandsteinrelief von 1450 vom alten gotischen Rathaus wurde 1893 an der Ostseite des Hollschen Rathauses angebracht.

Der neugeschaffene Ratskeller nach der Sanierung des Kellergeschosses (1937/38).

Rathaus und Perlachturm nach dem schweren Luftangriff in der Nacht vom 25. auf den 26. Februar 1944.

Längsschnitt durch das Rathaus mit der Dachstuhlkonstruktion vor der Zerstörung. Bauaufnahme von Ludwig Leybold.

Schnitt durch das Rathaus. Bauaufnahme von Ludwig Leybold.

teren Fletz festgestellt, daß die acht Marmorsäulen, die die Decke trugen, nicht mehr genau im Lot standen und damit die Standfestigkeit der alten Säulen nicht mehr gewährleistet war. Der Grund hierfür war, daß zu den unmittelbaren Einwirkungen des großen Brandes mit dem Luftdruck der einfallenden Bomben nunmehr auch die stärkere Belastung durch die neu eingezogene Stahlbetondekke hinzukam. Die Säulen mußten nacheinander entfernt und durch schwere Eisenstützen ersetzt werden. Diese wurden mit den aufgeschnittenen alten Marmorsäulen ummantelt, so daß das originale Erscheinungsbild wiederhergestellt wurde.

Der Rathausinnenausbau (1958 – 1962)

Stadtrat und Bauverwaltung hatten sich schon 1948 mit Ausbauplänen für das Rathaus beschäftigt, worauf die Stadträte im April desselben Jahres beschlossen, den Münchner Architekten Professor Roderich Fick mit der Planung des Innenausbaues zu beauftragen; zu einem weiterführenden Planungsauftrag kam es jedoch nicht mehr.[10]
Ehe man schließlich an den immer wieder geforderten Innenausbau des Rathauses ging, schrieb die Stadt im September 1956 unter deutschen Architekten, Malern und Bildhauern einen Wettbewerb aus, um Vorschläge und Ideen für die

10 Der eigentliche Grund dafür, daß Prof. Roderich Fick nicht weiter für die Wiederherstellung tätig wurde, liegt auf einer anderen Ebene: Prof. Fick war während des 3. Reiches Inhaber des Lehrstuhls für Entwerfen, den vordem Prof. Robert Vorhoelzer, der führende Architekt der bayerischen Postbaubehörde, innehatte, der ihm aber wegen seiner modernen Baugesinnung entzogen wurde. Engster Mitarbeiter von Prof. Vorhoelzer war Architekt Georg Werner, der im August 1948 Stadtbaurat in Augsburg wurde und für den es ein Akt der Solidarität für Vorhoelzer war, den Wiederaufbau des Hollschen Rathauses nicht von Roderich Fick, sondern vom Stadtbauamt (Stadtbaurat Walther Schmidt, Nachfolger von Prof. Werner und ebenfalls ein enger Mitarbeiter von Prof. Robert Vorhoelzer) bearbeiten zu lassen.

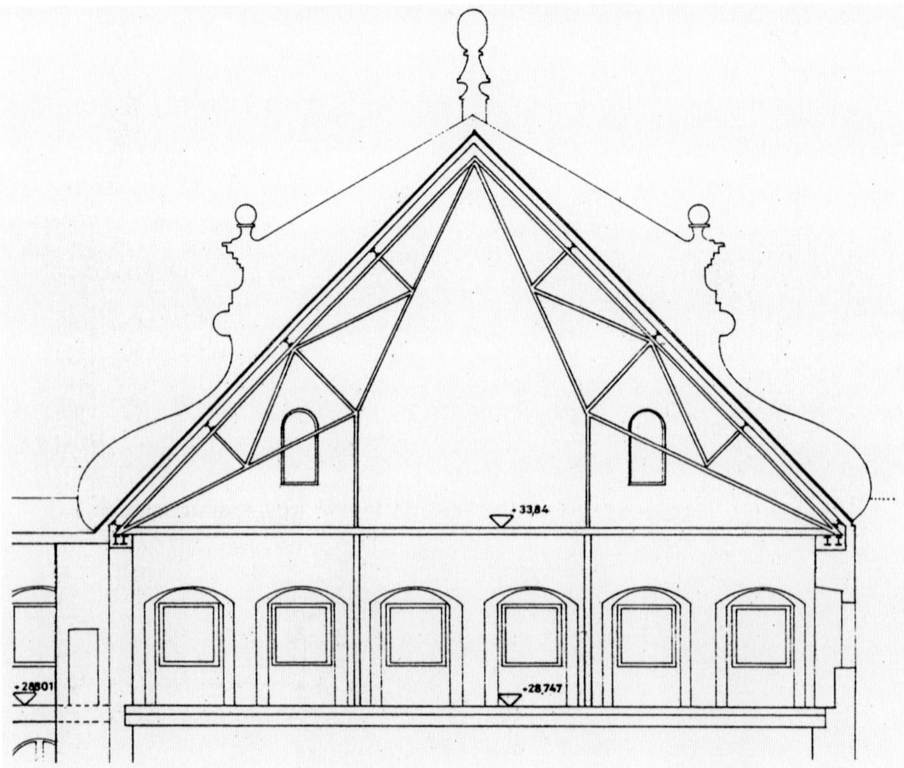

Unter dem Zwang, die wertvolle noch erhaltene Hollschen Bausubstanz vor weiteren Schäden zu bewahren, mußte das Rathaus baldmöglichst abgedeckt werden. Die Skizze zeigt den MAN-Stahldachstuhl, der sowohl die Tragkonstruktion für das Dach bildete, als auch die Lasten der neu eingezogenen Decken über dem früheren Modellsaal und über dem ehemaligen Goldenen Saal aufnehmen mußte.

Ausgestaltung des Goldenen Saales und eines der vier Fürstenzimmer sowie des Oberen Fletzes zu erhalten. 37 Teilnehmer aus der Bundesrepublik, Berlin und der damaligen DDR reichten ihre Arbeiten ein. Der Wettbewerb brachte zwar Anregungen für die Gestaltung der Festräume, jedoch keinen Entwurf, den das Preisgericht dem Stadtrat zur Ausführung empfehlen konnte. Wesentliche Erkenntnisse des Wettbewerbs waren, daß jede Art von Gestaltung dieser Räume – ob in moderner oder rekonstruiert in ihrer historischen Form – auf den alten Roh-Raumformen aufbauen müsse, wie sie von Elias Holl seinerzeit geschaffen wurden.

Der Stadtrat beschloß am 13. November 1957 entsprechend den Empfehlungen des Preisgerichts zu verfahren und zunächst den inneren Rohbau zu vollenden, die Heizungs-, Sanitär- und Elektroinstallationen durchzuführen sowie einen Aufzug einzubauen. Die Räume sollten unter Festlegung der künftigen Raumverwendung ausgebaut werden.

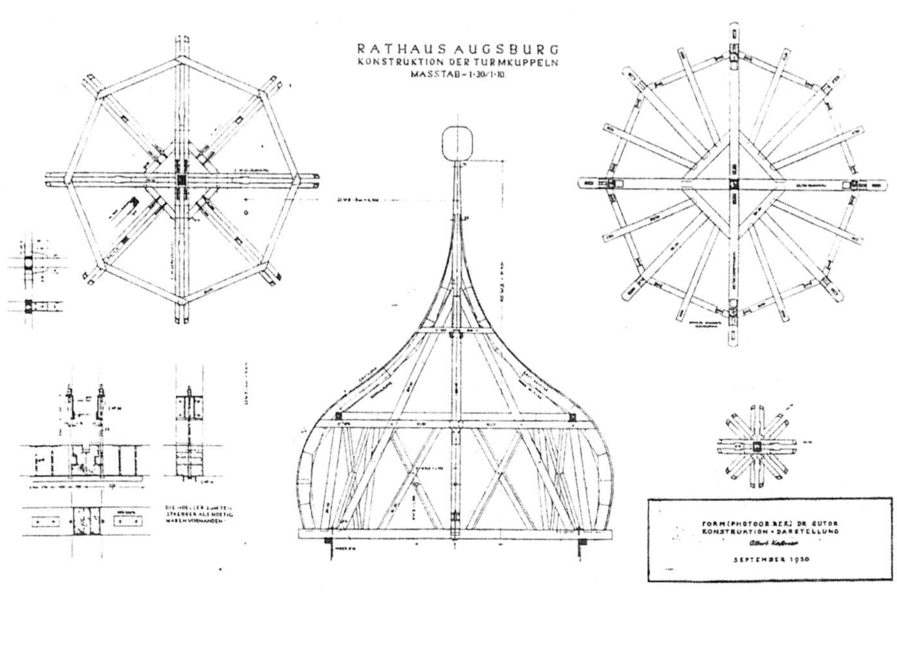

Die Rekonstruktionszeichnung der Turmkuppeln auf Grundlage einer photogrammetrischen Vermessung. Planzeichnung von Albert Kaßner, 1950.

Der Untere Fletz – hier ein Ausschnitt im Treppenhausbereich – nach den Sanierungs- und Restaurierungsarbeiten.

Bevor die eigentlichen Ausbauarbeiten begonnen werden konnten, mußten weitere schwierige Sicherungsmaßnahmen durchgeführt werden. Wegen ungenügender Tragfähigkeit erfolgte 1958 die Auswechslung der noch vor der Währungsreform eingebauten Decke über dem Oberen Fletz einschließlich der quadratischen Eisenbetonpfeiler durch eine neue Stahlbetondecke. Außerdem ergaben eingehende Untersuchungen, daß das Mauerwerk im Innern des Gebäudes durch den Brand weitaus stärker beschädigt war, als ursprünglich angenommen. Das Mauerwerk war bis zur Tiefe eines ganzen Steines ausgeglüht. Um die vollständige Tragfähigkeit wieder zu erreichen, mußten die nicht mehr tragfähigen Teile abgeschlagen werden und eine Torkretierung (Einspritzung von flüssigem Beton) vorgenommen werden.

Nach einer von Stadtbaurat Walther Schmidt[11] zusammen mit dem Hochbauamt erarbeiteten Plankonzeption nimmt der Obere Fletz, durch eine Glaswand abgetrennt, in seinem Ostteil den großen Stadtratssitzungssaal auf (Abb. S. 105 unten). Daran schließt sich in der Südostecke ein weiterer, kleiner Sitzungssaal an.

In die Nordostecke wurden der Aufzug und die sanitären Räume, in die Südwestecke die Garderobe und schließlich in die Nordwestecke ein Empfangsraum für den Stadtrat angeordnet. Die im Zwischengeschoß ausgebauten Räume stehen den Stadtratsfraktionen als Sitzungszimmer zur Verfügung.

11 Architekt Dr. h.c. Walther Schmidt, am 17. November 1899 in Hammelburg/Ufrk. geboren, war nach seinem Diplom an der Technischen Hochschule München und der 2. Staatsprüfung Regierungsbaumeister bei der Postbauverwaltung als erfolgreicher Architekt tätig. Von 1951–1966 war er Stadtbaurat in Augsburg, wobei er maßgebend für den Wiederaufbau und die Neugestaltung der Stadt tätig war. Die Nachkriegsgestalt der Stadt wurde eindeutig von ihm geprägt. Er verstarb im April 1993 in München. Siehe auch weitergehende Daten im Augsburg-Lexikon, neueste Ausgabe.

Der provisorische Ausbau des Goldenen Saales und der Fürstenzimmer

Der sich an diese langwierigen Arbeiten zur Sicherung der Bausubstanz anschließende (provisorische) Ausbau des Goldenen Saales und der Fürstenzimmer stand unter der Voraussetzung, daß einer endgültigen Entscheidung über die spätere Ausgestaltung dieser Festräume nicht vorgegriffen werden sollte. Nach dem vorläufigen Ausbau des Goldenen Saal-Bereiches war an eine Nutzung für Ausstellungen gedacht.
Die Reste der Wandfresken, die den Brand überstanden hatten, wurden in monatelanger Kleinarbeit durch den Münchner Restaurator Bernhard Otterpohl mit unzähligen Aluminiumnägeln gesichert und gereinigt.
Die übrigen Wandflächen erhielten einen einfachen Putz aus Mainsand, der allen Unebenheiten der Wände folgte und so den provisorischen Charakter des Ausbaues unterstrich. Unverkleidet sichtbar blieb auch die neueingebaute

Der wiederhergestellte Obere Fletz (westlicher Bereich) im Stil der 50er Jahre.

Der Stadtratssitzungssaal, durch eine Glaswand vom Oberen Fletz getrennt.

Gestaltungsentwurf für die Stirnseite des Goldenen Saales von Stadtbaurat Walter Schmidt mit dem Hochbauamt.

Stahlbeton-Hohlsteindecke. Der Fußboden wurde mit einem geglätteten Asphaltbelag versehen und durch schmale Steinstreifen in einzelne Felder unterteilt.

Auch die Fürstenzimmer erhielten nur einen einfachen Wandputz und Asphaltfußböden. Die anstelle der ursprünglichen reichgegliederten Holzkassettendekken eingezogenen Decken aus Stahlbeton wurden mit einer schlichten Bretterverkleidung verschalt.

Mit der Öffnung der Obergadenfenster an den Längsseiten des Saales konnte die ursprüngliche Lichtführung wiederhergestellt werden, ebenso blieben die Loggien in der Mitte der Längswand offen; dies entspricht dem alten Zustand, wonach es für Zuschauer möglich war, von hier aus an Veranstaltungen im Saal teilzunehmen.

Entwurf und Oberleitung des Rathausbaues lag in den Händen von Stadtbaurat Walther Schmidt und Oberbaurat Jakob Heichele, dem Leiter des Neubauamtes. Stanislaus Lachenmair und Vinzenz Kirschner, Architekten im Neubauamt, waren am Entwurf beteiligt. Für die Bauleitung waren verantwortlich Techn. Oberamtmann Johann Zettl mit Hauptwerkmeister Höld. Die Installationen und technischen Anlagen betreute Techn. Stadtoberamtmann Karl Thoma mit seinen Mitarbeitern von der Installationsabteilung der Stadtwerke.

Provisorischer Ausbau des Goldenen Saales. Gestaltungsentwurf für eine Längsseite.

Die ausgeführte provisorische Gestaltung des Saales (1961).

Feierliche Eröffnungssitzung am 18. April 1962 – Mit einer feierlichen Eröffnungssitzung am 18. April 1962 zog der Stadtrat wieder in das Rathaus und gab ihm damit seine frühere Funktion als Sitz der Bürgerschaft zurück. Das damalige Augsburger Stadtoberhaupt, Oberbürgermeister Dr. Klaus Müller, der am selben Tag seinen 70. Geburtstag feierte, wies darauf in seiner Festansprache besonders hin. Die Überschrift über dem Rathausportal »PVBLICO CONSILIO/ PVBLICAE SALVTI« (auf öffentlichen Beschluß dem gemeinsamen Wohl), das Rathaus also als Stätte der öffentlichen Beratung und der Obhut über das Gemeinwohl der Stadt, erhalte mit dem Wiederaufbau des Gebäudes ihre Berechtigung.

Schon damals mahnte Dr. Klaus Müller zu weiterer gemeinsamer Anstrengung der politisch Verantwortlichen und der Bürgerschaft, Goldenen Saal und Fürstenzimmer »in ihrer historischen Gestalt« wiederherzustellen. Als Zielpunkt für die Fertigstellung dieser von ihm schon seit längerem angestrebten und engagiert vertretenen Rekonstruktion nannte er die 2000-Jahrfeier der Stadt. Deshalb schloß Müller seine Ansprache mit dem Appell: »Es lebe unser liebes Augsburg, und es erblühe wieder sein Rathaus und sein Goldener Saal.«[12]

12 Amtsblatt der Stadt Augsburg vom 27. April 1962.

Das im Zuge des Wiederaufbaus neu errichtete Elias-Holl-Denkmal auf der Ostseite des Rathauses.

Ein Denkmal für Elias Holl – Zum Abschluß des Wiederaufbaus des Rathauses 1962 wurde zur Erinnerung an seinen großen Stadtbaumeister östlich des Rathauses auf dem Elias-Holl-Platz von Stadtbaurat Walther Schmidt ein Denkmal in Form eines Obelisken aus Drosselfelsmarmor aufgestellt. Die in den Stein eingelassene Bronzetafel zeigt das Profil des Augsburger Stadtbaumeisters.
Der ebenfalls von Walther Schmidt verfaßte Text der Denkmalinschrift lautet: »Elias Holl, geb. 1573, gest. 1646. Stadtbaumeister zu Augsburg, baute Rathaus, Stadtmetzg, Zeughaus, den Neuen Bau und viele andere Gebäude, vollendete den Perlachturm, errichtete den Turm der St. Anna-Kirche und schuf Befestigungen, Stadttore und Wassertürme. Er prägte bis in unsere Tage das Gesicht seiner Vaterstadt. Er baute die Willibaldsburg in Eichstätt und beeinflußte in weiterem Umkreis die Architektur seiner und der folgenden Zeit. Elias Holl war der Schöpfer eines eigenständigen, großen und strengen Stils deutscher Renaissance« (Abb. oben).

Ausbau der oberen Geschosse – Zwischen 1971 und 1973 erfolgte der Ausbau der Turmzimmer; außerdem mußte Raum für das neugeschaffene Organisationsamt sowie die Kommunale Gemeinschaftsstelle für Verwaltungsvereinfachung

Der wiederhergestellte Ratskeller (Teilbereich).

(KGSt) geschaffen werden. Hierfür wurde das 4. Obergeschoß, die Räume über den Fürstenzimmern, sowie im 6. Obergeschoß der Bereich über dem Goldenen Saal ausgebaut. Schließlich erfolgte noch der Ausbau des nördlichen Turmstübchens (8. Obergeschoß). Zur besseren Erschließung der ausgebauten oberen Geschosse war letztlich der Einbau eines Aufzuges ab dem 4. Obergeschoß erforderlich.

Rathaus, eingerüstet für die umfangreichen baulichen Maßnahmen im Rahmen der Generalsanierung aus Anlaß der 2000-Jahrfeier.

Die Generalsanierung von Rathaus und Perlachturm (1981–1984)

Der Stadtrat beschließt die Generalsanierung von Rathaus und Perlachturm

In seiner Sitzung vom 23. Juli 1980 stimmte der Stadtrat im Verbund mit der Wiederherstellung des Goldenen Saales mit Fürstenzimmer einer grundlegenden Sanierung des Rathauses mit Perlachturm zu, die nach der in Auftrag gegebenen Nutzungskonzeption zu erfolgen hatte. Die vom Hochbauamt erstellte Kostenschätzung vom 25. Juni 1980 belief sich auf 7.960.000 DM.
Die Sanierung von Rathaus und Perlach umfaßte im wesentlichen eine Verbesserung bzw. Erhaltung der Bausubstanz, die Erneuerung der haustechnischen Anlagen sowie funktionell bedingte Veränderungen. Der Stadtrat stimmte den vorgelegten Planunterlagen einschließlich Kostenermittlung mit einem Abstimmungsverhältnis von 47 : 13 zu. Die zu diesem Zeitpunkt ermittelten Gesamtkosten betrugen einschließlich der ebenfalls beschlossenen Teilwiederherstellung von Goldenem Saal und Fürstenzimmer 18.450.000 DM.

Die Rathaussanierung

Die Nutzungskonzeption – Mit Beschluß des Stadtrates vom 18. Oktober 1978 wurde zunächst die Erarbeitung eines Nutzungskonzeptes für das Rathaus im Einvernehmen mit dem Beraterteam und unter Zuziehung sonstiger Experten (wie dem Landesamt für Denkmalpflege, dem Heimatpfleger der Stadt etc.) beschlossen. Mit dieser Aufgabe wurden das Hochbauamt und das Organisationsamt beauftragt.
Diese Nutzungskonzeption, die in der Stadtratssitzung vom 25. Juli 1979 zustimmend zur Kenntnis genommen wurde, sah eine Aufteilung des Rathauses in drei Hauptbereiche vor: den Bürgerbereich im Unteren Fletz, den Sitzungsbereich im Oberen Fletz sowie den Repräsentationsbereich mit Goldenem Saal und den Fürstenzimmern. In diesem Zusammenhang wurde beschlossen, die derzeitigen Büro- und Schulungsräume (Organisationsamt sowie Verwaltungsakademie) vom Rathaus in ein anderes städtisches Gebäude zu verlegen.
Im weiteren Verfahren erfolgte eine planerische und kostenmäßige Untersuchung der erforderlichen baulichen und haustechnischen Maßnahmen, wobei auch die bauliche und gestalterische Außensanierung des Ensembles Rathaus mit Perlachturm berücksichtigt wurde. Im Zuge der weiteren intensiven Ausarbeitung der planerischen und konstruktiven Details sowie durch weiterführende funktionelle Überlegungen des Organisationsamtes war eine nochmalige Behandlung im Stadtrat erforderlich, der dieses geänderte Nutzungskonzept am 28. Juli 1982 einstimmig genehmigte.

Die Innensanierung – Im Gegensatz zum Goldenen Saal und dem nordwestlichen Fürstenzimmer, die nach historischem Vorbild wiederhergestellt wurden, erfolgte für das übrige Gebäude lediglich eine grundlegende Sanierung unter folgender Zielsetzung:
Verbesserung der Bausubstanz, Beseitigung störender baulicher Eingriffe sowie Anpassung und Vereinheitlichung aller früheren sowie neueren Um- und Einbauten, die technisch und funktionell sowie aufgrund gesetzlicher Vorschriften notwendig waren.
Das Bayerische Landesamt für Denkmalpflege als zuständige Instanz wurde von Anfang an in den Planungsprozeß eingeschaltet, so daß es in enger Zusammenarbeit mit den zuständigen Fachleuten dieser Behörde gelang, die vom

Schnitt durch das Rathaus. Planzeichnung städtisches Hochbauamt 1981.

Stadtrat beschlossenen Nutzungsvorstellungen mustergültig mit dem Hollschen Bauwerk in Einklang zu bringen.[1]

Im einzelnen handelte es sich um folgende Maßnahmen:

Untergeschosse – Sanierung und Gestaltung des Ratskellers. Überholung des Küchenbereiches und der Pächterwohnung. Teilunterkellerung der Außenterrasse für die Heizzentrale.

Erdgeschoß (Unterer Fletz) – Grundrißliche Änderung und Sanierung der Räume für die Polizeiinspektion I. Umbauten im südwestlichen Eingangsbereich für die Erweiterung der vorhandenen WC-Anlage.

1. Obergeschoß (Zwischengeschoß) – Sanierung der Räume für die Polizeiinspektion sowie Ausbau eines Fraktionsbereiches.
2. Obergeschoß (Oberer Fletz) – Einbau von Zugangstüren mit Oberlichtgittern als Abschlüsse zu den Treppenhäusern. Einbau einer neuen Elementschiebewand zwischen Stadtratssitzungssaal und dem Fletz, Renovierung der Kassettendecke sowie Ausbau eines Fraktionsbereiches.
3. Obergeschoß (Goldener Saal) – Nach dem Einbau einer neuen Stahlbetondecke über dem Goldenen Saal und dem Fürstenzimmer I Rekonstruktion der beiden Säle. Sanierung der Fürstenzimmer II und III sowie Einbau eines Service-Bereiches im ehemaligen Fürstenzimmer IV.

1 Der für Augsburg zuständige Denkmalpfleger des Bayer. Landesamtes, Architekt Dipl.-Ing. (Univ.) Lothar Schaetzl, hat sich äußerst engagiert der vielseitigen Aufgaben und Probleme der Generalsanierung von Rathaus und Perlach angenommen. Unterstützt wurde er durch Dr. Peter Böttger, der sich im besonderen um die historisch gesicherte Farbgebung der berühmten Augsburger Stadtkrone gekümmert hat.

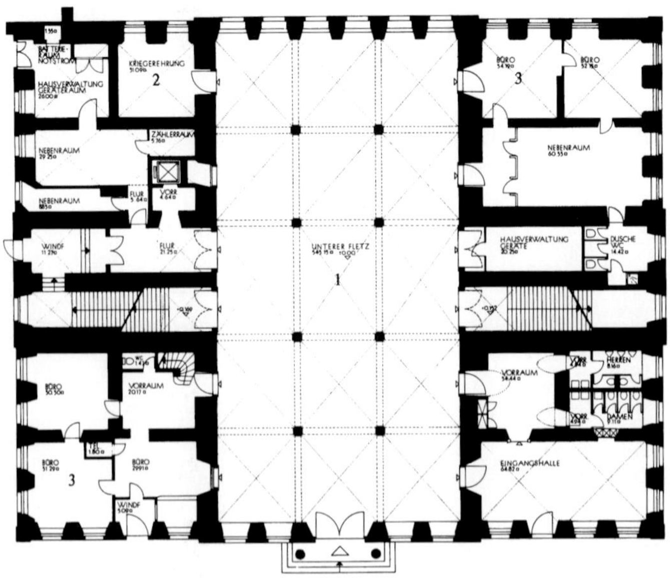

a

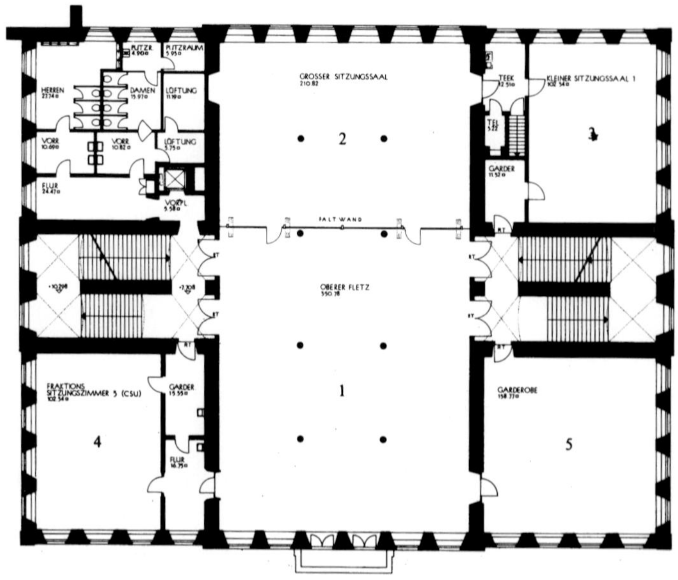

b

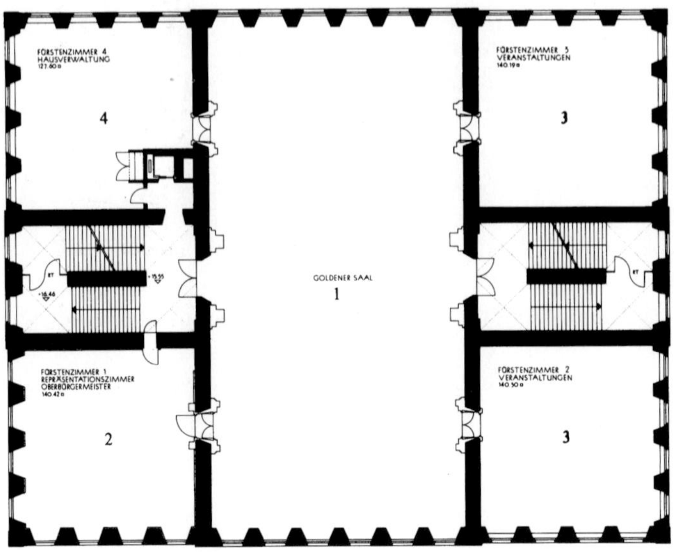

c

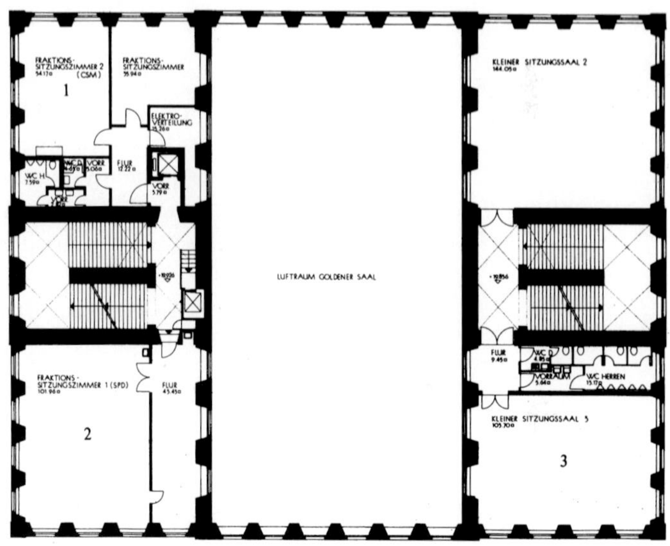

d

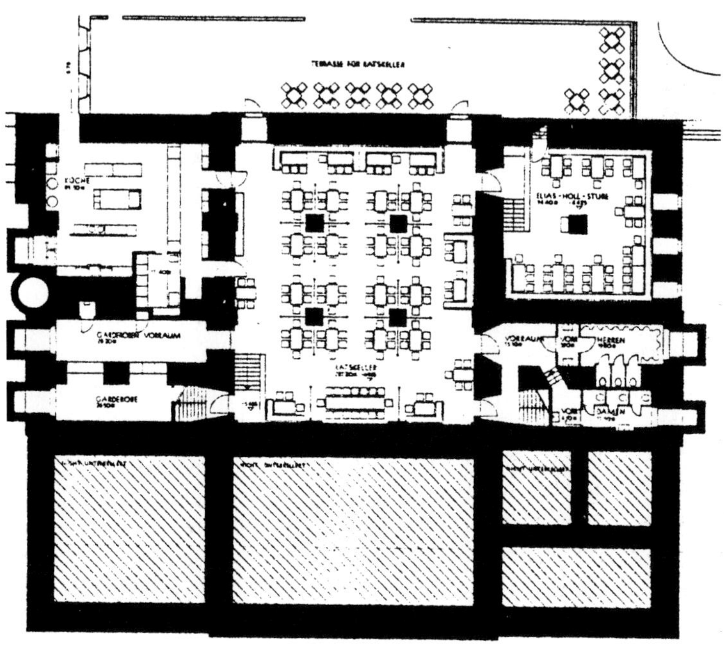

e

Die Geschoßebenen des Augsburger Rathauses. Planzeichnung städtisches Hochbauamt 1981.

a *Erdgeschoß (Unterer Fletz)*
b *2. Obergeschoß (Oberer Fletz)*
c *Obergeschoß (Goldener Saal mit Fürstenzimmer)*
d *4. Obergeschoß (Ebene über den Fürstenzimmern*
e *Kellergeschoß (Ratskeller)*

4. Obergeschoß – Ausbau von zwei Fraktionsbereichen sowie Renovierung der Sitzungszimmer.
6. Obergeschoß – Nach Entfernung der Zwischenwände der vordem bestehenden Verwaltungs- und Unterrichtsräume Ausbau zu einem Großraum analog der früheren »Modellkammer«.

Dachgeschoß – Verstärkung der Stahldachkonstruktion zur Lastenaufnahme der neuen Saaldecke. Ummantelung der tragenden Teile des Dachstuhls aus brandschutztechnischen Gründen.

In sämtlichen Räumen des Rathauses wurden neben Putzausbesserungen die Wände und Decken frisch gestrichen. Bei der Restaurierung für den Unteren Fletz sowie für die Treppenhäuser war eine eingehende Befunduntersuchung Grundlage für den ausgeführten leicht gelblich getönten Kalkanstrich.

Erneuerung der haustechnischen Anlagen – Mit erheblichem Aufwand wurden die haustechnischen Installationen von Grund auf überholt und großteils erneuert. Dadurch konnten diese Einrichtungen, unter Berücksichtigung der Einsparung von Energie, auf den neuesten Stand der Technik gebracht werden.

Unter der für diesen Zweck unterkellerten Außenterrasse ist eine neu installierte Heizzentrale an das Fernwärmenetz angeschlossen. Von dieser gehen vier witterungsabhängig vorgeregelte Hauptversorgungsstränge mit 26 Warmwasser-Heizkreisen aus, die mittels Pumpen mit dem erforderlichen Warmwasser versorgt werden. Die Regelung der einzelnen Heizkreise erfolgt über elektronische Fühler und elektrische Stellgeräte sowie mittels eines zentralen Leit- und Regelsystems, wodurch die Temperatur den individuellen Erfordernissen der einzelnen Räume optimal angepaßt werden kann. Der Goldene Saal wurde mit einer elektrischen Fußbodenheizung ausgestattet.

Eine vollständige Überholung erforderte die Lüftungsanlage für den Stadtratssitzungssaal im Oberen Fletz, da sie auch nicht mehr den Sicherheitsbestimmungen entsprach. Sie wurde zudem mit einem Wärmerückgewinnungssystem ausgestattet.

Durch eine Teilerneuerung der vorhandenen WC-Anlagen sowie durch die Installation zusätzlicher Toiletten konnten die sanitären Verhältnisse wesentlich verbessert und auf einen zeitgemäßen Stand gebracht werden. Die in den Treppenhäusern bereits vorhandenen Feuerlöschleitungen wurden erneuert sowie durch eine Druckerhöhungsanlage ergänzt.

Für die elektrische Energieversorgung mußte der Hausanschluß durch ein

Eingangsbereich zum Unteren Fletz.

Unterer Fletz (westlicher Bereich) nach der Restaurierung.

zweites Zuleitungskabel aus der unter der Perlachtreppe gelegenen Trafostation verstärkt werden.
Bestimmungen des Denkmalschutzes erforderten den Einbau von Fehlerstromschutzschaltern, was wiederum eine Erneuerung und Erweiterung der bestehenden Elektroverteilungen sowie des gesamten Leitungsnetzes in allen Geschossen zur Folge hatte. Damit verbunden war auch die Installation von Kommunikationsleitungen für Telefon, Fernsehen, Datenübertragung sowie ein eigenes Leitungssystem für Feuermelder und Sicherungsanlagen.
Aus Gründen der Denkmalpflege wurde bei der Ausstattung von Beleuchtungskörpern auf den Einbau von Leuchtstoffröhren weitgehend verzichtet. So wurden unter diesen Gesichtspunkten der Untere Fletz sowie die Treppenhäuser mit speziell nach Entwürfen angefertigten laternenartigen Pendelleuchten (Designer Frieder Pfister, Augsburg) ausgestattet. Die Sitzungssäle und andere größere Räume erhielten Deckeneinbau- oder Pendelleuchten.
Neben einer betriebstechnischen Überholung der im Zuge des Rathausausbaues in den 60er Jahren eingebauten Aufzugsanlagen wurden auch die Kabine und die Zugangsportale des Hauptaufzuges gestalterisch erneuert.

Die Außensanierung – Auch bei den Arbeiten im Außenbereich waren die für die Innenbaumaßnahmen genannten Gesichtspunkte Richtschnur für die Planung und Ausführung, wobei Auflagen der Denkmalpflege besonders zu berücksichtigen waren.

Verputz- und Anstricharbeiten – Schon wegen der starken Putz- und Anstrichschäden war drei Jahrzehnte nach dem Wiederaufbau des Rathauses eine Fassadensanierung dringend erforderlich. Außerdem führten Durchfeuchtungen im Verbund mit hohen Salzkonzentrationen an vielen Stellen zu starken Ausblühungen.
Grundlage für die Fassadensanierung waren umfangreiche Befunduntersuchungen, die von Restauratoren und Sachverständigen in Zusammenarbeit mit dem Landesamt für Denkmalpflege nach Aufstellung des Putzgerüstes im Spätherbst 1980 durchgeführt wurden. Von sämtlichen Fassadenbereichen wurden Materialproben entnommen und analysiert. Dabei fand man an der Ostseite des Rathauses großflächige Reste des historischen Verputzes aus der Holl-Zeit, während der übrige Putz ausnahmslos von den Restaurierungen der Nachkriegszeit stammte. Bei dem Originalputz handelte es sich um reinweißen Kalk-

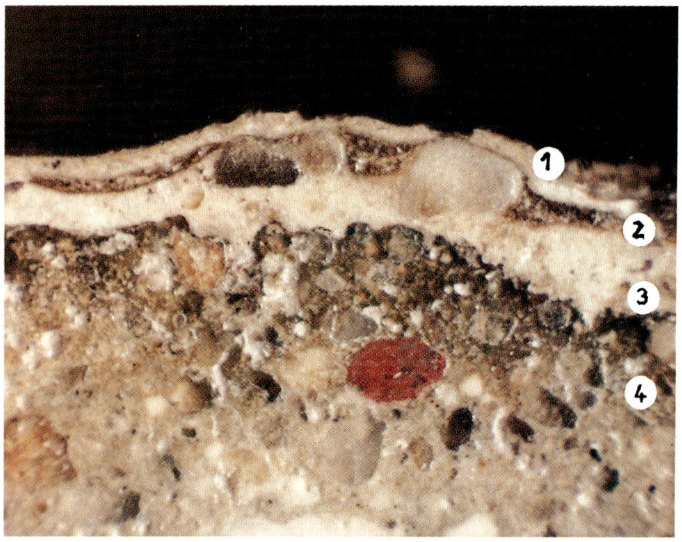

Links: Vergrößerung einer Putzprobe vom Rustikabereich der Rathausostseite.
1 = *Mineralfarbanstrich*
2 = *ölhaltiger Anstrich*
3 = *weiße Schlämme*
4 = *dunkel eingefärbter Originalputz*

Rechts: Anlegen einer »Befundtreppe« zur Putz- und Farbbestimmung durch den Restaurator.

putz an den Flächen und um einen dünn aufgezogenen, grau-grün durchgefärbten Kalkputz an den Architekturgliederungen. Darüber lagen mehrere Farbschichten aus der Zeit nach 1620. Der Augsburger Restaurator Severin Walter erstellte vor Ort sämtliche Befunduntersuchungen, während das Fachinstitut Werner Heckl die physikalisch-chemische Laboranalyse des Originalputzes vornahm. Darüber hinaus unterzog das Doerner-Institut München den durchgefärbten Putz einer Pigmentzählung. Dabei ergaben sich Farbzuschläge von Ocker und Schwarz. Damit entspricht die Ausführung des Putzes grundsätzlich der Schaufassade des Zeughaus-Ostflügels (1602 – 1607).[2]

Wegen des schlechten Zustandes und um frühzeitige Putzschäden von vornherein auszuschließen, mußte der Flächenputz vollständig erneuert werden. Die Architekturgliederungen hingegen befanden sich in einem wesentlich besseren Zustand und wurden deshalb lediglich ausgebessert. Zur Erzielung einer dem Original entsprechenden lebendigen Oberfläche wurde der Neuputz in einer Stärke von 1,5 cm angeworfen und mit der Hand verrieben.

Leider war es aus finanziellen Gründen nicht möglich, der Empfehlung des Landesamts für Denkmalpflege zu entsprechen, sämtliche Fassadenflächen einschließlich der Architekturgliederungen gemäß dem an der Ostseite vorgefundenen Hollschen Originalputz mit einem durchgefärbten Putz zu erneuern. Mit einem zweifarbigen Mineralfarbenanstrich wurde anstelle der monochromen Nachkriegsfassung das ursprüngliche Erscheinungsbild des Rathauses wiederhergestellt, wobei auf der Ostseite des Gebäudes aus dokumentarischen Gründen ein größeres Teilstück des Hollschen Originalputzes nach sachgemäßer Konservierung erhalten blieb.

Spenglerarbeiten – Zur Außensanierung gehörten auch umfangreiche Spenglerarbeiten, die vorwiegend in Kupfer ausgeführt wurden. Neben den beiden Turmkuppeln wurden Gesimsabdeckungen erneuert, sämtliche Fallrohre ausgewechselt, die Blechanschlüsse an den Terrassen saniert sowie die Mauerabdeckungen an West- und Ostgiebel erneuert. Die beim Wiederaufbau mit Ziegeln gedeckten Dachflächen des Rathauses wurden, bedingt durch die Verstärkung des Dachstuhles zur Lastaufnahme der Decke des Goldenen Saales, teilweise saniert, wobei wiederum Dachziegel verwendet wurden. Dies erfolgte einmal aus Kostengründen, zum anderen aber aufgrund einer Stellungnahme der Städtischen Kunstsammlungen vom September 1980, derzufolge »eine Gesamtdeckung des Gebäudes mit Kupfer für wenig wahrscheinlich gehalten wird«.[3]

Steinmetzarbeiten – Auch die Reinigung, Konservierung und Ergänzung der Natursteinteile erfolgte in Abstimmung mit den Sachverständigen des Landesamtes für Denkmalpflege. Das Hauptportal mit dem darüberliegenden Portal

2 Böttger, Peter und Walter, Severin: »Zur ursprünglichen Farbigkeit der Bauten Elias Holls«. Dieser Forschungsbeitrag wurde im Rahmen des Kolloquiums »Elias Holl und das Augsburger Rathaus« am 05. Juli 1985 vorgetragen.

3 Schreiben der Städtischen Kunstsammlungen vom 12. September 1980 auf eine Anfrage des städtischen Hochbauamtes, ob die Dachflächen des Rathauses ebenso wie die beiden Türme mit Kupfer bedeckt waren. Die Kunsthistoriker waren der Meinung, daß eine Gesamtdeckung des Rathauses mit Kupfer wenig wahrscheinlich sei, denn »da mit den beiden Türmen statt der Giebel über den Treppenhäusern erst spät ein besonderer, vor allem der Fernwirkung dienender Blickfang in die Bauplanung kam, dürften auch nur diese beiden Kuppeln mit Kupfer gedeckt worden sein, um sie aus dem mächtigen Baublock herauszuheben.« Allerdings wird in dem Schreiben eingeräumt, daß bis zur endgültigen Klärung dieser Fragen noch eine längere Zeit erforderlich sei. Die vom Verfasser in Zusammenarbeit mit dem Hochbauamt (Baudirektor Ulrich Lohrmann) weiterhin vorgenommenen Recherchen aufgrund alter Fotografien ergaben, daß das Rathaus eindeutig mit einer Bahnenabdeckung, höchstwahrscheinlich mit Kupferblechen, gedeckt war.

sowie die Nebenportale waren zwar stark verschmutzt, jedoch glücklicherweise nur geringfügig beschädigt; sie wurden daher zur Schonung des wertvollen Marmor- und Muschelkalkmaterials nur mit heißem Druckwasser ohne chemische Zusätze gereinigt.
Das im unteren Bereich der Ostfassade befindliche Augsburger Stadtwappen aus dem Jahre 1450, das bereits den Haupteingang des gotischen Rathauses geschmückt hatte, wurde einer intensiven Restaurierung unterzogen, denn das feinkörnige, graugrüne Sandsteinrelief war teilweise bereits aufgelöst und äußerst gefährdet. Um einer weiteren Zerstörung vorzubeugen, wurde das Wappen mehrmals mit Kieselsäureester zur Härtung getränkt, die locker aufsitzenden Oberflächenteile mit Kunstharz hinterspritzt sowie die Risse und Hohlstellen mit Steinkitt geschlossen.

Bauschreiner- und Glaserarbeiten – Eine der ersten Maßnahmen nach Einrüstung des Rathausgebäudes war die Erneuerung der Eichenholzfenster unter Wiederherstellung der historischen Sprossenteilung.
Ausschlaggebend war dabei die im Einvernehmen der Denkmalpfleger getroffene Entscheidung, bei der Rekonstruktion auch die einscheibige Fensterkonstruktion der Entstehungszeit nach Ermittlungen des Hochbauamtes wiederherzustellen. Aus Kostengründen geschah dies jedoch nur auf der Saalebene, während bei den übrigen Fenstern des Rathauses (unter Erhaltung der noch stabilen Nachkriegskonstruktion) lediglich die Außenflügel neu versproßt wurden.

Konzeption für die Farbgebung des Rathauses von Restaurator Severin Walter nach den Befundergebnissen 1981.

Erfassung der Fensterteilung nach alten Stichen und Fotos. Planzeichnung städtisches Hochbauamt.

Aufriß der Rathaus-Westfassade mit neuer Fensterteilung. Planzeichnung städtisches Hochbauamt (1981).

Die Nutzung der Hauptgeschosse des Augsburger Rathauses nach Abschluß der Generalsanierung

Kellergeschoß (Ratskeller) – Der historische bauliche Bestand des Ratskellers, im besonderen die Pfeiler und Gewölbe, wurde sorgfältig restauriert, wobei die Gliederung des Gastraumes durch halbhohe Trennwände in getrennten Sitzgruppen erfolgte (Abb. S. 120 unten). Zwei Jahre später (1987) war wegen eines Pächterwechsels ein erneuter Umbau des Ratskellers erforderlich, der jedoch nicht der Qualität des Hollschen Baues zu entsprechen vermochte.[4] Jedoch kann dieser Einbau, eine zweiseitig angeordnete Galerie bestehend aus Holzbauteilen, jederzeit wieder entfernt werden.

Erdgeschoß (Unterer Fletz) – Die dreischiffige Gewölbehalle mit Pfeilern wird in Teilbereichen zeitweilig für Ausstellungen genutzt. In der Südwestecke befinden sich der Eingangsbereich sowie eine Toilettenanlage für Veranstaltungen im Unteren Fletz, in der Nordostecke das Kriegerehrenmal sowie Hausmeisternebenräume. Die nordwestlichen und südöstlichen Eckräume stehen der Polizeiinspektion I zur Verfügung.

4 Für die Gestaltung des Ratskellers zeichnete der vom Hauptpächter beauftragte Architekt Reinhard Müller, Königsbrunn, verantwortlich. In zwei Artikeln (am 03. Oktober 1987): »Verkitschungsgefahr im neuen Ratskeller im Meinungsstreit« und am 06. November 1987: „Ratskeller im Meinungsstreit" hatte die damalige Redakteurin der Augsburger Allgemeinen Zeitung, Ingrid Bergmann, auf die problematische Ausgestaltung des Ratskellers hingewiesen.

Im Oberen Rathausfletz wurde eine Elementschiebewand als Abschluß des Stadtratssitzungssaales eingebaut sowie eine Renovierung der Kassettendecke aus beleuchtungstechnischen Gründen vorgenommen.

2. Obergeschoß (Oberer Fletz) – An den zentralen Fletz für Vertrags- und Empfangsveranstaltungen schließt sich im Osten der durch eine Elementschiebewand abgeteilte große Stadtratssitzungssaal an. Daran anschließend in der Südostecke befindet sich der kleine Sitzungssaal, dazwischen eine Teeküche mit Telefonkabine. In der Südwestecke ist die zentrale Garderobenanlage angeordnet. Ein Fraktionsraum mit Vorräumen liegt im Nordwestbereich und schließlich in der Nordostecke die erforderlichen Sanitäranlagen.

3. Obergeschoß (Goldener Saal und Fürstenzimmer) – Höhepunkt der Raumfolge des Hollschen Monumentalbaues ist der durch zweieinhalb Geschosse reichende Goldene Saal, der für repräsentative Veranstaltungen genutzt wird. Umgeben ist er von den vier ehemaligen Fürstenzimmern, von denen das südwestliche Fürstenzimmer I bis Ende 1984 bereits rekonstruiert wurde und seither als Repräsentations- und Empfangszimmer des Oberbürgermeisters dient. In der Nordostecke – ursprünglich das Fürstenzimmer IV – befinden sich der Aufzug sowie der Vorbereitungs- und Andienungsraum für Veranstaltungen

Der Ratskeller nach der Sanierung (1984).

Originalgemälde von Hans Freyberger im Oberen Fletz: »Ratswesen« – Öl auf Leinwand, 225 x 242 cm. Städtische Kunstsamm-lungen Augsburg.
Eine Sitzung der neun Archonten von Athen: In der Mitte (jeweils mit Inschrift in einer Mischung aus griechischen und lateinischen Buchstaben) – ARCHON (Herrscher) ΒΑΣΙΛΕΥΣ *(König) und POLEMARCHVS (Kriegsherr).*
Davor die sechs THESMOTHETAE (Rechtssetzer). Links eine Statue des Friedens mit den Inschriften TE POSCIMVS OMNES (dich wünschen wir alle). NILHIL MELIVS (nichts ist besser). Rechts der Kriegsgott mit den Inschriften VLTIMVM REMEDIVM (das äußerste Mittel). NIHIL PEIVS (nichts ist schlimmer). Zuunterst steht als Devise ΣΩΤΗΡΕΣ *(Bewahrer, Beschützer).*

im Goldenen Saal. Die ehemaligen Fürstenzimmer II und III in der Südwest- bzw. Südostecke werden in ihrem noch »provisorischen« Zustand für Ausstellungen genutzt.

4. Obergeschoß – Die Räume über den Fürstenzimmern nehmen im Nordwest- und Nordostbereich Fraktionsräume auf, während gegenüberliegend – dazwischen liegt der Luftraum des Goldenen Saales – zwei Sitzungs- und Schulungsräume angeordnet wurden, die jeweils durch die Treppenhäuser erschlossen werden.

6. Obergeschoß – Der Großraum steht für interne Sondernutzungen zur Verfügung.

Die Originalgemälde im Oberen Fletz

Im Oberen Fletz, dem saalartigen Hauptraum, weisen vier große Originalgemälde von Hans Freyberger[5] auf die Bedeutung und Funktion der ehemals im Oberen Fletz befindlichen Amtsräume hin. An der Nordwand (links) »das Ratswesen« (Res publica Atheniensis), dargestellt durch eine Sitzung der neun Archonten von Athen. Rechts daneben »das Bauwesen«, versinnbildlicht durch einen Bauplatz im antiken Syrakus mit König Hieron II. und seinem Berater Archimedes. An der Südwand (links) »das Steuerwesen« mit seinen positiven und negativen Erscheinungsformen, symbolisiert durch die Concordia (= Eintracht) und durch die Discordia (= Zwietracht). Daneben rechts »das Gerichtswesen« mit einer Sitzung des Staatsgerichtshofes (Areopag) in Athen als Sinnbild für eine unparteiische Rechtssprechung.
Diese vier Gemälde, die von den Städtischen Kunstsammlungen sorgfältig restauriert wurden, waren ursprünglich neben den Eingangstüren zu den entsprechenden Amtsstuben (Ratsstube, Gerichtsstube, Steuerstube und Bauherrnamtsstube) im Oberen Fletz angebracht.

5 Hans Freyberger, geb. um 1571 in Wolfsberg/Kärnten, gest. 1632 in Augsburg, kam nach achtjährigem Aufenthalt in Italien 1599 nach Augsburg: 1604 Meister und Erwerb des Bürgerrechts. 1611 malte er die Fresken am Barfüßer-Tor-Turm. Um 1620 an der Innenausstattung des Rathauses beteiligt.

Originalgemälde von Hans Freyberger im Oberen Fletz: »Gerichtswesen« – Öl auf Leinwand, 224 x 241 cm. Städtische Kunstsammlungen Augsburg.
Eine Gerichtssitzung des Areopag in Athen: Das Gericht findet bei Nacht statt, die Angeklagten werden verschleiert vorgeführt, um das Ansehen der Person auszuschalten. Bei den Gefangenen die Inschriften: SINE COLORE (ohne Farbe, das heißt ohne Schein), NAM VERITATIS SIMPLEX EST ORATIO (eine wahrhaftige Aussage gibt sich ein-fältig). Am Podest steht ΑΠΑΘΩΣ *(leidenschaftslos/soll gerichtet werden/), am Baldachin des Vorsitzenden* ΑΔΩΡΟΙ *(unbestechlich/sei der Richter/).*

Originalgemälde von Hans Freyberger im Oberen Fletz: »Steuerwesen« – Öl auf Leinwand, 224 x 242 cm. Städtische Kunstsammlungen Augsburg.
Links die blühenden Staatsfinanzen unter der Göttin CONCORDIA (Inschrift am Baldachin). Zu ihren Füßen reichgekleidete Bürger mit den Kennzeichen der wichtigsten Steuern: Haus, Getreide, Gold, Wein, Gebäck, Leinen.
Auf einer mit Pretiosen gefüllten Truhe die Worte NERVVSREIP: (VBLICAE) (die Kraft des Staates) und ALENTES ALO (ich ernähre meine Ernährer).
Rechts unter der Bezeichnung DISCORDIA eine ärmliche Frauengestalt, der Wasser und Nüsse, so interpretiert von M. Sendel, dargebracht werden. Sie hält eine Fahne mit einem Medusenhaupt. Vor ihr zwei raufende Jungen. An ihrem Podest die Inschrift: VANA EST SINE VIRIBVS IRA (ohne Kraft und Stärke ist der Zorn umsonst). An einem leeren Behälter steht zu lesen: QUOD DATIS ACCIPITIS (was ihr gebt, das empfangt ihr).

Originalgemälde von Hans Freyberger im Oberen Fletz: »Bauwesen« – Öl auf Leinwand, 224 x 240 cm. Städtische Kunstsammlungen Augsburg.
Ein Bauplatz in Syrakus zur Zeit des Königs Hieron II. (ca. 306–215 v. Chr.), dem Archimedes (ca. 285–212 v. Chr.) als wissenschaftlicher Berater nahestand.
Der an Buch und Lorbeerkranz erkennbare Gelehrte zeigt dem König einen einstürzenden Turm mit den auf einer Säulentrommel notierten Worten: EXTRA LINEA (außer dem Lot), womit er auf die Notwendigkeit statischer Berechnung hinweisen will.

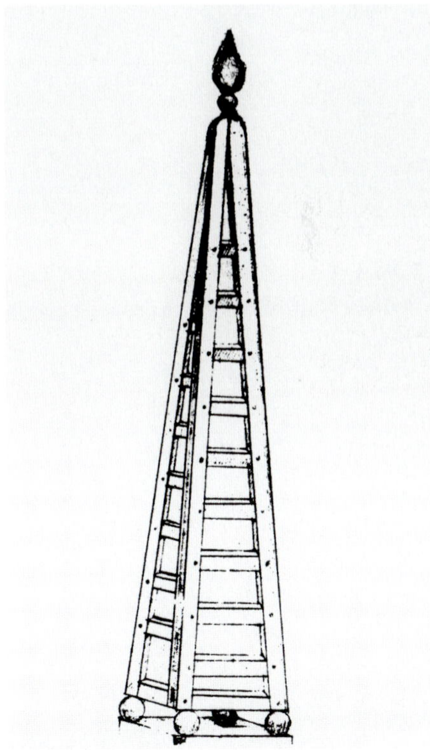

Originalzeichnung des Obelisken von Elias Holl.

Die architektonische Fassadendekoration

Elias Holl hatte bei aller formalen Zurückhaltung bei seinen Bauten keineswegs auf die Verwendung gestaltender Dekorationselemente verzichtet. So setzte er auch diese zusammen mit den architektonischen Funktions- und Gliederungselementen, wie Fenster, Portale, Lisenen und Gesimsbänder etc., gezielt zur Gestaltung und damit zur Steigerung der Gesamtwirkung der Rathausfassaden ein.
Während die vier Obelisken nach mehr als 250 Jahren rekonstruiert wurden, waren bei den übrigen Objekten, den Stadtpyren, den aufgemalten Reichsadlern und den Maßstäben an der Rathausfassade lediglich Restaurierungen erforderlich.

Die Wiederherstellung der Obelisken – Im Sommer 1984 wurden auf den Balustraden der vier Eckterrassen die Obelisken oder Pyramiden errichtet, die nach den Zeichnungen und Modellen von Holl hergestellt wurden (Abb. S. 124). Dies entspricht auch einer Anregung von Bernd Roeck, diese »ikonographisch wichtigen und architektonisch sehr wirksamen Obelisken« wieder an der alten Stelle anzubringen.[6] Elias Holl hatte diese Obelisken, wie er selbst berichtete, am 20. März 1620 aufgerichtet. Vermutlich zwischen 1729 und 1732 verschwanden die Obelisken aus bisher nicht geklärten Gründen vom Rathaus und wurden durch Steinkugeln ersetzt.
Die Obelisken bestehen aus einer hölzernen Tragkonstruktion, die mit Titanzinkblech ummantelt ist; auch die Abschlußkugel ist aus Titanblech und vergoldet.

6 »Zur Frage der Obelisken auf den Balkonbrüstungen des Rathauses« von Dr. Bernd Roeck vom September 1983 (Akt städtisches Hochbauamt).

Die Aufstellung eines der vier nach dem Plan von Elias Holl rekonstruierten Obelisken.

Die Stadtpyre (Pinienzapfen) – Stadtpyre schmücken die beiden Rathausgiebel nach Osten und Westen. Beide Rathaussymbole überstanden Bombenhagel und Feuer ohne größere Schäden, so war bei der Außensanierung lediglich eine gründliche Überarbeitung erforderlich.
Während der 20 Zentner schwere Pyr am Ostgiebel aus der Zeit des Rathausbaues wegen starker Schäden 1928 gegen eine Nachbildung aus getriebenem Kupferblech ausgewechselt wurde, schmückt dagegen noch heute das Original den westlichen Giebel.

Die Reichsadler – Nach der 1972 durchgeführten Restaurierung des reichsstädtischen Symbols auf der Westfassade erfolgte im Zuge der Generalsanierung eine nochmalige Überarbeitung wiederum in Keimfarben-Technik durch Professor Ernst Göhlert und den Augsburger Kunstmaler Fons Dörschug (Abb. S. 125).

Die Maßstäbe – Links vom Hauptportal sind die in Bronze gegossenen Maßstäbe angebracht, sie wurden als kulturhistorische Besonderheit ebenfalls restauriert. Hier konnte sich jedermann überzeugen, ob sein eigener Maßstab oder der seines Geschäftspartners auch wirklich stimmte. Die Ortsmaße waren absolut verbindlich und betrügerisches Verhalten wurde unnachsichtig bestraft.

Die zu Zeiten von Elias Holl gültigen Maßstäbe.

Der Reichsadler am westlichen Giebelfeld.

Von oben nach unten (Abb. S. 124 unten) handelt es sich im einzelnen um folgende Maßeinheiten:

1/2	Länge eines Holzklafters	= 85,60 cm
1	Leinwand-Elle	= 60,20 cm
1	Barchent-Elle	= 58,20 cm
1	Augsburger Stadtschuh	= 29,80 cm

Die Sanierungsmaßnahmen im unmittelbaren Rathausbereich

Eisenbergtreppe – Die stark abgenützte Eisenbergtreppe neben der Rathaussüdfassade wurde grundlegend überholt, wobei der Unterbau vollständig erneuert, die alten Granitstufen teilweise ausgebessert und zum Teil durch neue ersetzt wurden. Ebenso erhielten die Treppenpodeste ein Granit-Kleinstein-Pflaster. Aus Sicherheitsgründen wurden in der Treppenmitte ein geschmiedetes Treppengeländer und Straßenlaternen angeordnet.

Fischmarkt – Durch die Verlegung eines maßstäblich ausgewogenen Granitpflasterbelages im Zuge der Neugestaltung der Fußgängerzone zwischen Rathaus und Perlach erhielt der Fischmarkt wieder seinen ursprünglichen Platzcharakter. Östlich des Rathauses im Bereich des Elias-Holl-Platzes wurde die Natursteinverkleidung der Terrasse des Ratskellers saniert und dabei auch eine Rampe für Rollstuhlfahrer neu angelegt.

Die sanierte Eisenbergtreppe.

Die Sanierung des Perlachturmes

Wie bei der gleichzeitig durchgeführten Generalsanierung des Rathauses erfolgte die Sanierung des Perlachturmes im engen Einvernehmen mit dem Landesamt für Denkmalpflege. Sie erstreckte sich auf den Außen- und Innenbereich, um mit der baulichen Substanzsicherung und -verbesserung den historischen Zustand weitestgehend wiederherzustellen.

Innensanierung – Zu Beginn der Sanierungsmaßnahme mußte zunächst die Auswechslung der obersten Geschoßdecke vorgenommen werden, nachdem sich die Trägerkonstruktion als vollständig durchgerostet erwiesen hatte. Der Pflasterboden in sämtlichen Turmgeschossen und Podesten sowie den Treppenanlagen wurde instandgesetzt, wobei auch die gesetzlich vorgeschriebene Erhöhung der Geländer vorgenommen wurde. Außerdem erfolgte der Einbau einer neuen Kabine für den Turmwächter.

Haustechnik – Die veraltete haustechnische Installation (Schwach- und Starkstromanlage, Feuerschutzleitung und Blitzschutzanlage) wurde vollständig erneuert. Außerdem kann nunmehr mittels einer neu eingebauten Fernsehkamera mit Gegensprechanlage der Eingang im Erdgeschoß von der Turmwächterkabine aus überwacht werden.

Außensanierung – Um die erforderlichen Fassadeninstandsetzungen nach Art und Umfang festzulegen, mußten umfangreiche Putz- und Farbuntersuchungen durchgeführt werden. Festgestellte Originalbefunde aus der Zeit um 1616 (Erhöhung des Turms durch Holl) zeigten einen nahezu weißen Oberputz, der an den Architekturgliederungen mit schwarzer Leimölfarbe gestrichen war.
Der Fassadenputz mußte unterhalb der Turmterrassen erneuert, ansonsten jedoch nur ausgebessert werden, der Anstrich erfolgte entsprechend der historischen Farbgebung.
Im Bereich der Turmlaterne wurden die Natursteinteile gereinigt, konserviert und teils neu gefestigt; von einer farblichen Fassung der Muschelkalkflächen, wie ursprünglich beabsichtigt, sah man aus technischen Gründen ab. Weitere Sanierungsarbeiten waren an den Verblechungen der Turmkuppel, Gesimse und der Fenster erforderlich. Schließlich mußten zur Sicherheit der Besucher die Öffnungen der Turmlaterne mit Schutzgittern versehen werden.

Die restaurierte Wetterfahne mit der Stadtgöttin Cisa.

Die »Sieben Lädle« – Im Bereich der »Sieben Lädle« im Sockelgeschoß der Peterskirche und des Perlachturmes erfolgten Anstricharbeiten, wobei auch die Beleuchtung der Schaufenster an der Westseite erneuert wurde. Jahrhundertelang gehörten die Kramerläden zum Augsburger Stadtbild und waren Bestandteil des Markttreibens, das sich vom ehemaligen Brotmarkt über den Eiermarkt gegenüber dem Rathaus, den Blumen- und Gemüsemarkt in der Karolinenstraße bis hin zum Kesselmarkt ausdehnte. Sie sollten Ende der 20er Jahre wegen des gestiegenen Verkehrsaufkommens beseitigt werden.
Der Krieg zögerte die Auflösung hinaus, bis schließlich britische Bomber 1944 vollendete Tatsachen schufen. Heute erinnern noch Geschäfte an den Schmalseiten an die ehemaligen »Sieben Lädle«, während an der westlichen Längsseite Schaufenster ansässiger Firmen eingebaut sind.

Die Wetterfahne – Eine lebensgroße Frauengestalt als Wetterfahne bildet den bekrönenden Abschluß des Perlachturmes. Die sitzende Göttin Cisa mit dem Stadtpyr in der Hand wurde damals als die Stadtgöttin aus vorrömischer Zeit angesehen. Im Zeitalter des Humanismus lebte die Erinnerung an die Göttin wieder auf und fand ihren Niederschlag in der Vorstellung von einer schützenden Stadtgöttin, wie hier auf dem Perlachturm und auf reichsstädtischen Münzen zu sehen ist (nebenstehende Abb.).
Eine überraschende Entdeckung machte man, als unbekannte Täter die Kugel auf der Turmspitze derart beschädigten, daß diese abgenommen und repariert werden mußte. Bei dieser Gelegenheit wurde eine Dokumentenhülse gefunden, die im Dezember 1947 anläßlich der Kupferdeckung eingelegt wurde[7]. In dieser Hülse befand sich ein von dem damaligen Obermeister der Spenglerinnung unterzeichnetes Schreiben über die Umstände und die Beteiligten der Deckungsaktion. Beigegeben waren außerdem: eine Fachzeitung, eine amerikanische »Mark«, ein 10-Pfennigstück, eine Tageszeitung, eine deutsche Mark sowie ein Verzeichnis der Innungsmitglieder.
Die Bauleitung des Hochbauamtes nahm bei dem Wiederaufsetzen der vergoldeten Turmkugel ebenfalls die Gelegenheit wahr, ergänzende Schriftstücke aus Anlaß der Generalsanierung von Rathaus und Perlachturm in der Kugel zu hinterlegen.

Das Turamichele – Nach alter Tradition warten auch heute noch alljährlich am Michaelstag die Augsburger bis das Turamichele, wie die Figur des heiligen Michael im Volksmund genannt wird, aus dem Turmfenster tritt und mit jedem Glockenschlag auf den Teufel einsticht. Erstmals soll das Turamichele 1527 erschienen sein, nachdem der Perlachturm teilweise abgebrochen und wesentlich höher wieder aufgebaut wurde. Bei der Turmerhöhung durch Elias Holl (1615) überraschte eine neue Barockfigur des Bildhauers Christoph Murmann die

7 Aktenvermerk des Städtischen Hochbauamtes vom 20. Juni 1984.

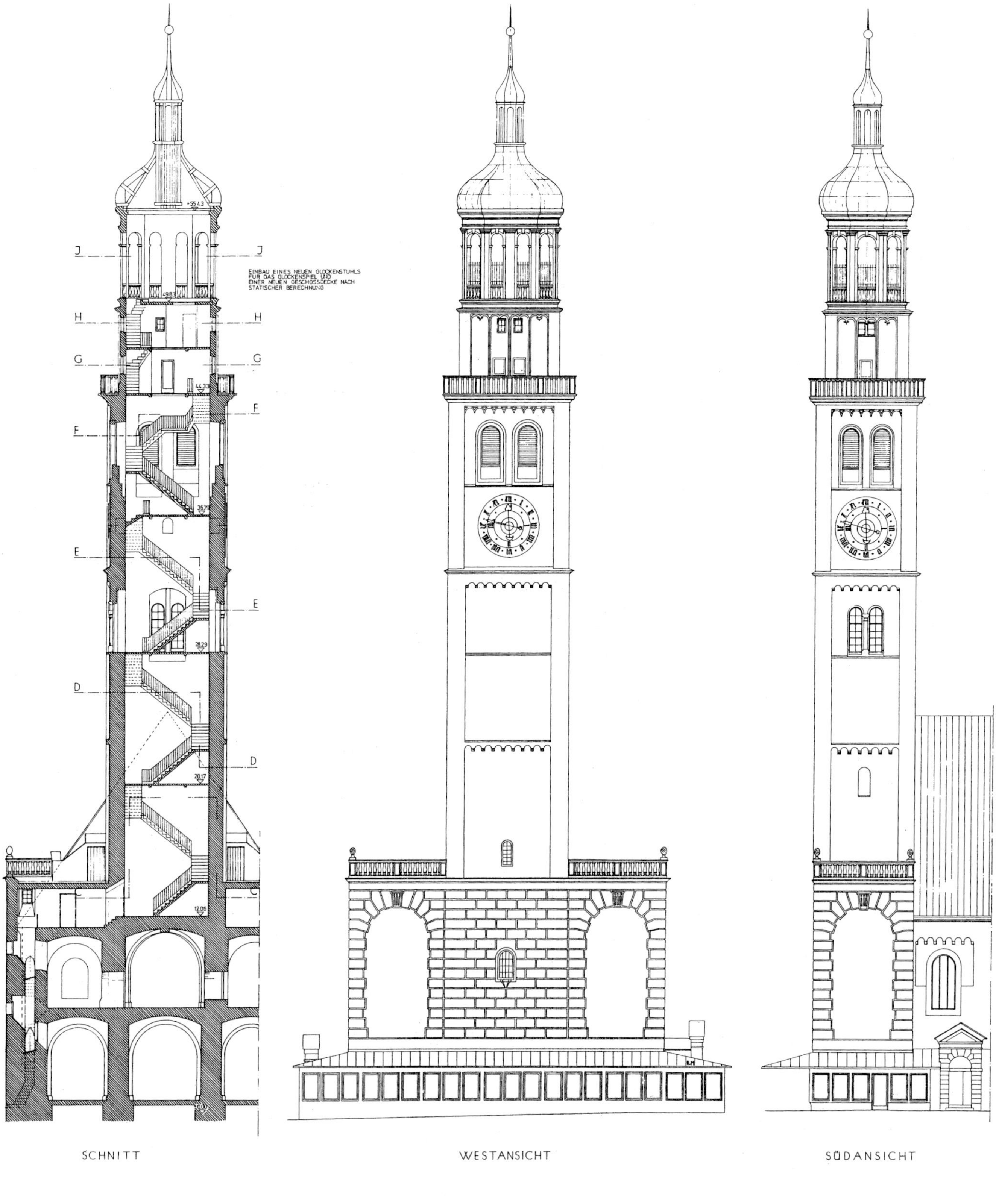

Perlachturm, Ansichten und Schnitt. Planzeichnung städtisches Hochbauamt 1982.

Augsburger Bevölkerung; diese Figur verbrannte in der Bombennacht des Februars 1944.
Das Nachkriegs-Turamichele wurde 1949 von einem Augsburger Bürger gestiftet und von dem Kemptener Bildhauer Karl Höfelmayer gefertigt.
Im Rahmen der Sanierung des Perlachturmes wurde auch die Figurengruppe, nach einer Generalüberholung des mechanischen Antriebes durch die Ulmer Spezialfirma Hörz, restauriert und neu gefaßt.

Das Turamichele von Christoph Murmann vor der Zerstörung.

Die Turmuhr – Von der Turmuhr überstanden lediglich die vier Zifferblätter und die Zeiger die Zerstörung. Allerdings mußten die Zifferblätter, jeweils mit einem Durchmesser von vier Metern, bei der Gesamtsanierung des Perlachturmes vollständig erneuert werden, während die wiederverwendbaren Ziffern und Zeiger (Länge 2,70 und 2,30 m) mit einem neuen Blattgoldüberzug versehen wurden.
Als Stadtwerkmeister Elias Holl im Zuge des Rathausneubaues den Perlachturm erhöhte, erhielt dieser wiederum eine Doppeluhranlage, bestehend aus vier Sonnenuhren und der mechanischen Rathausuhr. Bereits seit 1398 war im zweiten Turmgeschoß zusätzlich zu den Sonnenuhren eine Schlaguhr mit 24 Stunden-Zifferblättern eingebaut worden, die mit den in der Turmspitze aufgehängten Glocken verbunden war. Malermeister Jörg Sorg verschönerte dann 1561 den Turm mit vier Sonnenuhren. Im Zuge einer Erneuerung der Uhrenanlagen Mitte des vorigen Jahrhunderts erfolgte eine Verlegung der Schlaguhr an die Stelle, wo ursprünglich die Sonnenuhren angebracht waren.
Eine neue, aus Solnhofer Platten angefertigte Sonnenuhr über der Galerie der Turmsüdseite erinnert an ihre aus dem Jahre 1750 stammende Vorgängerin.

Das Glockenspiel – Seit Beginn der 2000-Jahrfeier besitzt Augsburg eines der größten Glockenspiele Deutschlands, dank einer Stiftung der Alt-Augsburg-Gesellschaft, deren damaliger Vorsitzender Heiner Seybold sich für diese Aktion besonders stark engagiert hatte.
Das elektromagnetische Glockenspiel mit 35 Glocken, das von der renommierten Glockenspiel-Firma Korfhagen und Söhne aus Melle geliefert und montiert wurde, hängt schwingungsfrei in der Turmlaterne und wird von einem auf Höhe des Turamichele im mittleren Emporenraum stehenden orgelähnlichen Spieltisch bespielt. Beim Drücken der Klaviatur wird ein elektrischer Impuls zu einem Glockenanschlaghammer geleitet und die Glocke angeschlagen, wobei die Klangstärke mittels Pedal veränderbar ist. Bei automatischem Abspielen des Glockenspiels erfolgt dies über einen im Spieltisch eingebauten Bandspielapparat, in dem sich die austauschbaren Liedbänder aus Kunststoffolien befinden. Beginn und Ende des Glockenspiels wird über eine Steueruhr geschaltet. Täglich um 11 und 12 Uhr sowie 17 und 18 Uhr ertönt nach den Stundenschlägen eine dreiminütige Folge mit Melodien, vorwiegend von Wolfgang Amadeus Mozart.
Der Perlachturm ist aufgrund seiner geschichtlichen Funktion als Glockenturm, aber auch wegen seiner Lage im Herzen der Stadt im besonderen Maße zur Aufnahme eines Glockenspiels geeignet. Der ehemalige städtische Oberbaurat Hans Baader wies darauf hin, daß schon vor dem Zweiten Weltkrieg auf dem Perlachturm ein Glockenspiel vorhanden war, das am 17. März 1935 um 12 Uhr erstmals gespielt wurde. Auch beim Wiederaufbau nach der Zerstörung sollte 1947 ein klangvolles Glockenwerk angeschafft werden, was aber letztlich am nicht zu beschaffenden Glockengußmaterial scheiterte.

Die Turmuhr am Perlach.

Die alten Glocken in der Turmlaterne – Von den ehemals sechs Glocken auf dem Perlachturm sind nur zwei bis heute erhalten geblieben. Diese beiden Schlagglocken wurden, obgleich sie nicht Bestandteil des Glockenspiels sind, in dieses integriert. Eine davon stammt aus der Werkstatt des Augsburger Erzgießers Wolfgang Neidhart, was aus ihrer Aufschrift hervorgeht (»Durch das Feuer bin ich geflossen, Wolfgang Neidhart hat mich gegossen – Anno 1615 hat

Das von der Alt-Augsburg-Gesellschaft aus Anlaß der 2000-Jahrfeier gestiftete Glockenspiel.

ein ehrsamer Rath diesen Thurm hocher bawen und die Gloggen darein gissen lassen.«). Die zweite, die Viertelstundenglocke, hängt in der Turmspitze; möglicherweise ging diese aus einem 1934 erfolgten Umguß einer Glocke aus dem Jahre 1470 hervor. Daß die beiden »Veteranen« heute noch existieren, verdanken sie der Tatsache, daß man sie 1941 aus dem Glockenstuhl ausbaute und auf eiserne Träger am Boden des Glockenstuhles abstellte, wo sie den Feuersturm zwar verrußt, ansonsten aber heil überstanden.

Bauzeit, Kosten und Verantwortliche der Generalsanierung

Die Bauarbeiten begannen im Oktober 1980 zunächst mit der Auswechslung der Decke über dem Goldenen Saal. Nach den anschließenden haustechnischen Installationsarbeiten erfolgten nahtlos die umfangreichen baulichen Sanierungs- und Restaurierungsarbeiten innerhalb und außerhalb des Gebäudes. Rechtzeitig bis zum Beginn des Jubiläumsjahres anfang Januar 1985 konnten diese zusammen mit den Arbeiten am Perlachturm beendet werden.

Die Gesamtkosten für die Generalsanierung des Rathauses betrugen 9,2 Mio. DM. Auf die Innensanierung entfielen hiervon etwa 3,5 Mio. DM, auf die haustechnische Installation ca. 1,6 Mio. DM; auf die Außensanierung etwa 3,4 Mio. DM sowie ca. 400.000 DM an Nebenkosten .

Von den Gesamtkosten der Perlachturm-Sanierung in Höhe von 1,1 Mio. DM waren etwa 500.000 DM für die Außensanierung erforderlich, für die Innensanierung einschl. Haustechnik 435.000 DM sowie für Nebenkosten etwa 165.000 DM.

Verantwortlich für die Vorbereitung, Planung und Durchführung war das Hochbauamt der Stadt Augsburg unter Stadtbaurat Dipl.-Ing. (Univ.) Friedrich Hermann Stab mit folgenden Beteiligten: Ltd. Baudirektor Dr.-Ing. Hermann Kießling, Leiter des Hochbauamtes; Baudirektor Dipl.-Ing. (Univ.) Ulrich Lohrmann, Leiter der Planungsabteilung mit Dipl.-Ing. (Univ.) Eberhard Eisen, Dipl.-Ing. Johann Ilmberger; Dipl.-Ing. (Univ.) Alois Emmerling, Leiter der Bauleitungsabteilung mit Dipl.-Ing. Willi Scharf und Werkmeister Hubert Liebal. Für die Projektierung und Überwachung der Haustechnik zeichnete die Installationsabteilung der Stadtwerke verantwortlich: Dipl.-Ing. Artur Steidele (Sanitär und Heizung), Dipl.-Ing. Alfred Krick (Elektrotechnik) und Dipl.-Ing. Franz Mittenhuber (Lüftung und Aufzug). Eine Auflistung der Firmen, die an der Generalsanierung von Rathaus und Perlachturm beteiligt waren, ist im Anhang enthalten.

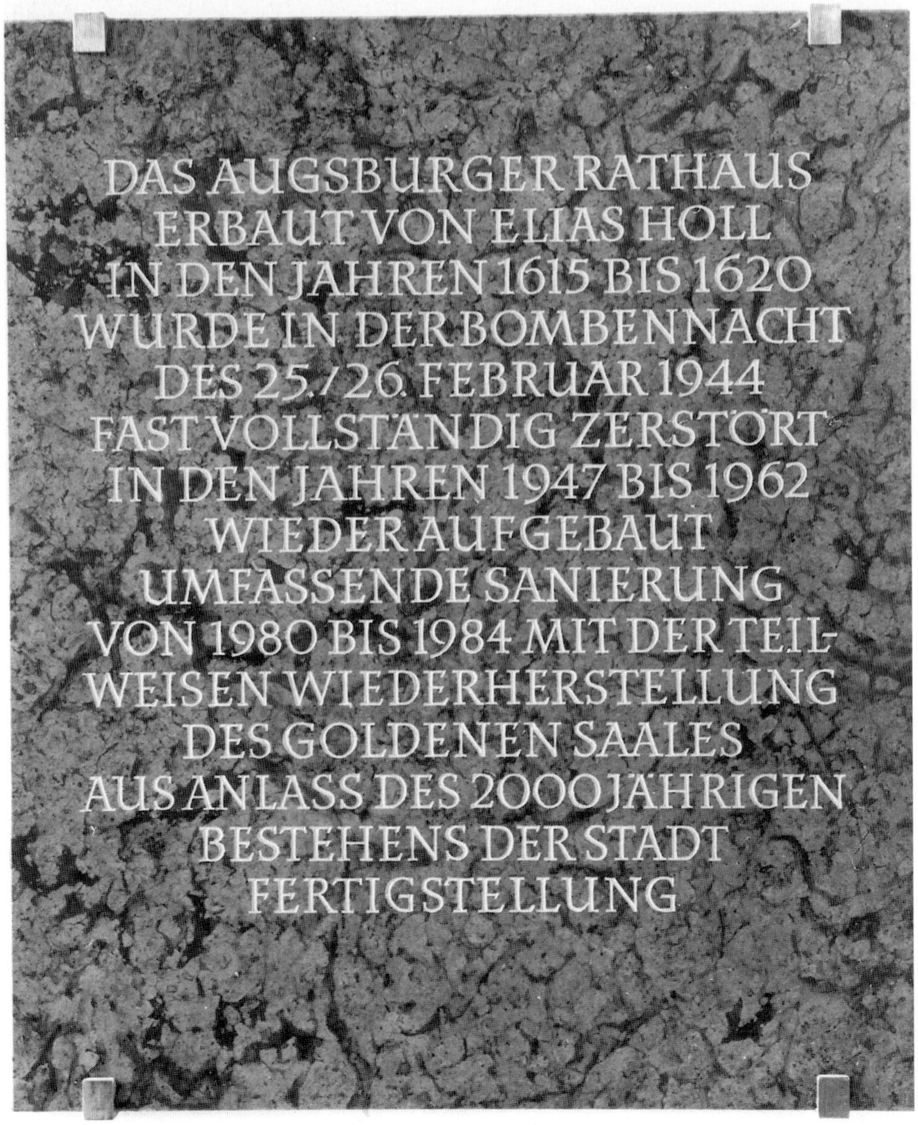

Gedenktafel im Unteren Fletz des Rathauses. Entwurf und Gestaltung Prof. Lisa Beck, Augsburg, 1984.

Initiativen und Aktivitäten für die Wiederherstellung des Goldenen Saales

Eine erste Diskussionsgrundlage für die Wiederherstellung beziehungsweise Neugestaltung des zerstörten Goldenen Saales bildete der im Jahre 1957 durchgeführte Wettbewerb für deutsche Architekten, Maler und Bildhauer zur Erlangung von Ideen für den Ausbau des Augsburger Rathauses. Allerdings stand dieser Wettbewerb eindeutig unter der Prämisse einer neuzeitlichen Ausgestaltung, wobei diese Zielsetzung des Wettbewerbes eindeutig auf die Intention des damaligen Stadtbaurates Walther Schmidt zurückging.
Die entscheidende Weichenstellung für eine historische Wiederherstellung des Goldenen Saales verwirklichte Dr. Klaus Müller, zwar noch als amtierender Oberbürgermeister, in diesem Fall jedoch als Privatperson agierend, als er dank großzügiger Geldspenden Nachbildungen der elf Deckenbilder sowie das Rottenhammer-Gemälde von dem bekannten Kunstmaler Oskar Martin-Amorbach erstellen ließ und diese der Stadt für eine Wiederherstellung des Goldenen Saales übergab. Dieser erste Schritt beeinflußte ganz maßgeblich die weitere Vorgehensweise und damit auch die Behandlung durch die städtischen Gremien und eine hierfür eingesetzte Kommission.
Als nächster Schritt in Richtung der angestrebten historischen Rekonstruktion, die von der Mehrzahl der Augsburger Bürgerschaft unterstützt wurde, erfolgte die Gründung des Goldenen-Saal-Vereins durch Altoberbürgermeister Dr. Klaus Müller mit Gleichgesinnten im Dezember 1975. Schließlich zeichnete sich durch Empfehlung des internationalen Kolloquiums von Sachverständigen am 08./09. März 1978 bereits die endgültige Entscheidung für die historische Wiederherstellung ab.

Der Zustand des Goldenen Saales zur Zeit der Wettbewerbsausschreibung 1956.

Durchführung eines Wettbewerbes zur Erlangung von Ideen für den Ausbau des Augsburger Rathauses

Bürger votieren für die historische Wiederherstellung des Goldenen Saales

Bereits in den 50er Jahren wurde der Wunsch nach einer Wiederherstellung des Goldenen Saales im wiederaufgebauten Hollschen Rathaus in der Augsburger Bürgerschaft zunehmend spürbar. Der »Verein der Freunde der Augsburger Altstadt e.V.« mit seinem rührigen Vorsitzenden Dr.-Ing. Josef Weidenbacher[1] forderte bei einer Bürgerversammlung im Dezember 1956, »daß der Ausbau des Rathauses in seiner früheren Pracht wieder ersteht zum Wohle der ganzen Kulturwelt«.[2] Gut zwei Drittel der anwesenden Bürger befürworteten diesen Antrag an den Stadtrat. In einer zweiseitigen Begründung erläuterte Weidenbacher diese Forderung der Altstadtfreunde, die mit folgenden Worten schloß: »Augsburg ist es seinem jahrhundertealten Ruf schuldig, den Goldenen Saal im alten Glanz wiedererstehen zu lassen. Alles andere würde nie versiegende Selbstvorwürfe im Gefolge haben.«
Mit Nachdruck sprach sich Weidenbacher gegen den zu diesem Zeitpunkt von der städtischen Bauverwaltung bereits vorbereiteten Ideenwettbewerb für Architekten und Künstler aus, der Beiträge für eine neuzeitliche Gestaltung des Goldenen Saales, der Fürstenzimmer sowie des oberen Rathausfletzes bringen sollte. Sein Argument hierzu: »Dieser Wettbewerb ist überflüssig, da nur eine Wiederherstellung in Frage kommen kann.«
Ungeachtet dieses eindeutigen Bürgervotums ließ der Stadtrat im darauffolgenden Jahr den Wettbewerb mit der beabsichtigten Zielsetzung durchführen. Zwar zeigte sich das Rathaus nach Abschluß der äußeren Wiederaufbauarbeiten im Jahre 1955 als vorzeigbare Visitenkarte der Stadt, doch befanden sich die Innenräume in einem wenig einladenden Rohzustand und viele Bürger empfanden vor allem die »Beletage« des Rathauses, den Goldenen Saal mit den Fürstenzimmern, ohne seine Innendekoration der schwäbischen Metropole unwürdig.

Vorbereitung des Ideenwettbewerbes

Die Frage, ob eine Rekonstruktion der historischen Ausstattung oder eine neuzeitliche Ausstattung der ehemaligen Prunkräume die richtige Lösung sei, wurde auch in den politischen Parteien immer wieder diskutiert. Eine wichtige Vorreiterrolle spielte dabei die CSU-Stadtratsfraktion, die den genannten Wettbewerb beantragte. Diesem Vorschlag stimmte der Stadtrat am 01. Februar 1956 im Grundsatz zu und verwies ihn an den Bauausschuß zur weiteren Beratung. Erste Erkenntnisse brachte eine Gesprächsrunde mit den Referenten bei Oberbürgermeister Dr. Klaus Müller am 29. Mai 1956, als festgelegt wurde, für den Hollschen Bau keine Verwaltungsräume auszuweisen. Bürgermeister Wolfgang Pepper war zudem bestrebt, den Goldenen Saal samt Fürstenzimmer der Augsburger Bürgerschaft zurückzugeben. Auch Stadtrechtsrat Dr. Prestel empfahl die Wiederherstellung dieses Bereiches ohne Zweckbestimmung, also »um ihrer selbst willen«. Stadtbaurat Walther Schmidt erklärte, daß einem Gestaltungsplan zunächst ein Raumprogramm vorausgehen müsse. Daraufhin erläuterte er drei mögliche »Wege der Wiederherstellung alter, ehrwürdiger Räume«:
Die erste Möglichkeit sei eine teilweise historische Wiederherstellung. Die zweite Möglichkeit wäre, die rohe Raumform mit neuzeitlichen Mitteln auszugestalten, wobei für diese Lösung die Ausschreibung eines Gestaltungswettbe-

1 Josef Weidenbacher, Dr.-Ing. Architekt, geb. 1886 in Füssen, gestorben 1973 in Augsburg, Mitbegründer und damaliger Vorsitzender des Vereins »Freunde der Augsburger Altstadt e.V.«. Er war als Oberbaurat in städtischen Diensten, zuletzt als Leiter des Wohnungsamtes. Verfasser der Dissertation (TH München): »Die Fuggerei in Augsburg«, 1917.

2 Antrag des Vereins »Freunde der Augsburger Altstadt e.V.« auf der Bürgerversammlung am 07. Dezember 1956 im Ludwigsbau.

werbes zu empfehlen sei. Schließlich würde sich als dritter Weg eine Zwischenlösung anbieten: Zurückhaltung mit modernen Mitteln, ohne dabei den ursprünglichen Zustand einfach zu kopieren.[3] Bürgermeister Pepper sprach sich daraufhin für einen bundesweiten Architekten- und Künstlerwettbewerb aus, der Gestaltungsvorschläge entsprechend der zweiten Lösungsmöglichkeit bringen sollte.

Am 04. Juli 1956 beschloß der Stadtrat auf Empfehlung des Bauausschusses vom 14. Juni 1956, nach Planskizzen des Baureferenten vom 06./07. März 1956 eine Planung für den Rohbau, also ohne die Ausgestaltung der Räume zu erstellen und die Kosten hierfür, einschließlich der Installation, zu ermitteln. Außerdem sollte, entsprechend dem Antrag der CSU-Stadtratsfraktion zur Gewinnung von Vorschlägen für den Ausbau des Rathauses unter Künstlern – Architekten, Malern und Bildhauern – ein Wettbewerb ausgeschrieben werden. Die Bauverwaltung wurde daher beauftragt, die Ausschreibung vorzubereiten und zur Beschlußfassung vorzulegen. Die Zustimmung zu den vom städtischen Neubauamt erarbeiteten Wettbewerbsunterlagen erfolgte in der Bauausschußsitzung am 06. Dezember 1956, wobei ergänzende Festlegungen getroffen wurden.

Die Augsburger Künstlervereinigung »Die Ecke« hatte namens ihres Vorsitzenden Architekt Gerhard Ludwig in einem Schreiben vom 19. Juli 1956 an den Augsburger Stadtrat mitgeteilt, daß der von diesem am 04. Juli 1956 beschlossene Wettbewerb über die Ausstattung des Rathauses als »keine geeignete Grundlage für eine dem Rang des Hollschen Rathauses entsprechende Ausstattung« sei. Mit der Unterbreitung beachtenswerter Vorschläge für die Ausrichtung dieses Wettbewerbes bemerkte er, daß das zu erwartende Ergebnis dieses für das gesamte Bundesgebiet ausgeschriebenen Wettbewerbes den Aufwand von 50.000 DM (für die damalige Zeit ein erheblicher Betrag) nicht rechtfertige.[4] Ungeachtet dieser Vorschläge liefen die Vorbereitungen für die Durchführung des Gestaltungswettbewerbes weiter.

In einer 24seitigen, mit zahlreichen Abbildungen sowie Planunterlagen (Grundrisse und Schnitt im Maßstab 1 : 200 des Rathauses sowie bemaßte Pläne der zu gestaltenden Bereiche im Maßstab 1 : 100) versehenen Broschüre war die Aufgabenstellung ausführlich erläutert: »Der Stadtrat beabsichtigt, wiederum den Schwerpunkt in der Ausstattung auf die Festräume des Rathauses zu legen: auf den Fletz im Obergeschoß, den darüberliegenden Goldenen Saal und die anstoßenden Fürstenzimmer. Diese Räume sollen keinen vordergründigen Gebrauchszweck erhalten, sie sollen wie früher das Wesen und die Würde der Stadt zum Ausdruck bringen. Dementsprechend soll der Goldene Saal bei besonderen Anlässen für festliche Vorträge benutzbar sein, und die Fürstenzimmer sollen ab und zu bei feierlicher Gelegenheit für eine Sitzung zur Verfügung gestellt werden können. Irgendwelche Eingriffe in das wesentliche Bau- und Raumgefüge des Hauses sollen unterbleiben. Bei der Ausgestaltung der Räume ist den Verfassern in der Wahl der Mittel Freiheit gewährt. Es kommt jedoch dem Auslober darauf an, daß wiederum Räume entstehen, die ähnlich einprägsam sind wie die verlorenen Räume und die von den Bürgern als Ausdruck des Wesens ihrer Stadt empfunden werden können.«[5]

Gefordert war von den Teilnehmern die zeichnerische Darstellung der Wände, Fußböden und Decken für den Oberen Fletz, Goldenen Saal und das nordwestliche Fürstenzimmer im Maßstab 1 : 20. Außerdem waren für alle drei Bereiche farbige Perspektiven nach vorgegebenen Standpunkten zu fertigen. Der Abgabetermin war auf den 17. September 1957 festgelegt. Aufgrund von Rückfragen der Wettbewerbsteilnehmer ging diesen im April 1957 ein vierseitiges Faltblatt zu, auf dem die Fragen beantwortet waren, sowie zwei Fotos vom Goldenen Saal, aus denen die Lichtführung und die Anordnung der Fenster zu ersehen war. Besonders hervorgehoben wurde die Funktion der Fenster in den Saallängswänden, die in der unteren Reihe zum Zeitpunkt der Wettbewerbsausschreibung noch provisorisch zugemauert waren. Es war den Wettbewerbsteil-

3 Niederschrift der Besprechung bei Oberbürgermeister Dr. Müller vom 29. Mai 1956.

4 Auch die Augsburger Künstlervereinigung »Die Ecke« schaltete sich engagiert in die Diskussion ein. Mit Schreiben vom 03. März 1956 an den Stadtrat beantragte sie: »Die Stadt schreibt unter frei zu bildenden Architekten, Malern und Bildhauern einen beschränkten Wettbewerb mit Aufwandhonorar aus und stellt neben der Gestaltung der Räume für den Stadtrat im ersten Obergeschoß als Aufgabe auch die Gewinnung von geistigen und künstlerischen Ideen für eine spätere Gestaltung des Goldenen Saales und der Fürstenzimmer. Die Preisträger sollen maßgeblich für die Ausführung herangezogen werden.« (Akten städtisches Hochbauamt).

5 »Wettbewerb Ausbau des Augsburger Rathauses«, Augsburg im Dezember 1956. Broschürtes Wettbewerbsprogramm.

Östliche Fensterwand des Goldenen Saales 1956.

nehmern freigestellt »zu entscheiden, ob sie die Öffnungen geschlossen, als Nischen oder befenstert oder in welcher Weise auch immer, ausbilden wollen«.

Die Preisgerichtsentscheidung

Am 26. September 1957 trat das Preisgericht zu seiner ersten Sitzung in den Räumen des Rathauses zusammen. Die nachfolgend aufgeführten Fachpreisrichter waren hervorragende Persönlichkeiten aus den Bereichen der bildenden Kunst, der Architektur und der Denkmalpflege: Prof. Josef Henselmann (Bildhauer, Präsident der Akademie der Bildenden Künste, München), Prof. Josef Oberberger (Maler, Akademie der Bildenden Künste, München), Direktor Dr. Joseph M. Ritz (Landesamt für Denkmalpflege, München), Stadtbaurat Walther Schmidt (Stadt Augsburg), Senator Dr.-Ing. Friedrich Seegy (Architekt BDA, stellv. Präsident des Bundes Deutscher Architekten, Nürnberg), Prof. Dr.-Ing. Rudolf Schwarz (Köln) und Regierungsbaudirektor Clemens Weber (Oberste Baubehörde, München).
Als Sachpreisrichter gehörten dem Gremium sechs Vertreter des Augsburger Stadtrates an: Oberbürgermeister Dr. Klaus Müller, Bürgermeister Wolfgang Pepper, Bürgermeister Dr. Ludwig Wegele sowie die Stadträte Josef Jenuwein, Konrad Rauter und Willi Willadt. Darüber hinaus fungierte als beratender

Sachverständiger Dr. Norbert Lieb, Direktor der Städtischen Kunstsammlungen Augsburg.
Insgesamt wurden 37 Wettbewerbsarbeiten eingereicht. Vor Eintritt in die Beurteilung hatte die Jury den Entwurf mit der Tarnziffer 1015 »als nicht wettbewerbsfähig« befunden. Er wurde nicht zur Beurteilung zugelassen, da es »eine reine Rekonstruktion des früheren Zustandes, also eine reine Wiedergabe der vorhandenen Maßaufnahmen« darstelle. Bei dieser Arbeit handelte es sich um den Entwurf des Münchner Architekten Dr.-Ing. Erwin Schleich.
Nach drei Wertungsrundgängen, bei denen 30 Arbeiten ausschieden (im ersten Durchgang zehn, im zweiten Durchgang 16 und im dritten Durchgang vier Arbeiten), verblieben sechs Entwürfe in engerer Wahl. Nach längerer Beratung entschieden sich die Preisrichter schließlich, einen ersten Preis nicht zu vergeben, weil ihrer Meinung nach kein überzeugender Entwurf vorlag. Im einzelnen ergab sich somit folgende Rangeinstufung:

2. Preis	Prof. Josef Wiedemann, Architekt, München; Mitarbeiter: Dipl.-Ing. Rudolf Ehrmann und Prof. Günther Graßmann, Kunstmaler
3. Preis	Erwin Schiffer, Architekt, Köln
1. Ankauf	Prof. O. M. Schmitt, Kunstmaler, Anhausen, mit Reg. Baurat Hauenstein, Augsburg, und Bildhauer J. Spengler, Ansbach
2. Ankauf	Günther Vogelsamer, Kunstmaler, München; Mitarbeiter: Franz Ruck, Architekt
3. Ankauf	Karl Fischer und Hans Heid, Architekten, München, mit Prof. Blasius Spreng, Bildhauer, Großhesselohe

Abschließend faßte das Preisgericht unter Vorsitz des Architekten Dr.-Ing. Seegy die Beurteilungskriterien und Ergebnisse des Wettbewerbs in folgenden sechs Thesen zusammen:

»1. Durch den Brand und die Vernichtung der gesamten Dekoration hat das Rathaus in Augsburg eine Raumform erhalten, die von dem Erbauer eigentlich nicht vorgesehen war, sich höchstens während des Rohbaues gezeigt hat, heute aber eine elementare Größe zeigt. Diese Raumform spricht unser heutiges Empfinden, das auf Klarheit des Raumes und der Raumzusammenhänge ausgeht, sehr stark an.
2. Die in dem Wettbewerb von Teilnehmern gemachten Versuche, diese ›elementare Raumform‹ durch bauliche Maßnahmen zu verändern, haben nicht zu diskutierbaren Vorschlägen geführt. Der Grund hierfür ist, daß es nicht möglich sein wird, diese Form durch Veränderung zu verbessern.
3. Es ist auch kein annehmbarer Vorschlag gemacht worden, nach dem durch enge Annäherung an die historische Raumausstattung ein überzeugendes und uns heute ansprechendes Kunstwerk entstehen könnte.
4. Dagegen sind alle Entwürfe, die vom Preisgericht mit Preisen oder Ankäufen ausgezeichnet wurden, von der elementaren Raumform ausgegangen, und es hat sich hierbei ergeben, daß diese große und vielfältige Möglichkeiten zu einem echten neuen Kunstwerk enthält.
5. Auf Grund einer langen und sorgfältigen Beurteilung des Goldenen Saales ist das Preisgericht zu der Überzeugung gekommen, daß die Fenster im Obergaden der Längswände wieder geöffnet oder zumindest als Nischen ausgewertet werden müssen, damit die Stirnwände und die Längswände besser ineinander verzahnt werden.
6. Das Preisgericht ist der Meinung, daß die Decke des Goldenen Saales dessen wichtigster Bestandteil ist und mit besonderer Sorgfalt ausgebildet werden muß. Es liegt nahe, hierbei an Gold zu denken. Die Decke dürfte nicht so gegliedert sein, daß der Saal dadurch eine ausgesprochene Richtung erhält.«[6]

6 Niederschrift über die Tagung des Preisgerichts am 26./27. September 1957 (Akten städtisches Hochbauamt).

Vorschlag für die Gestaltung des Goldenen Saales des bestqualifizierten Preisträgers (2. Preis).

Die prämierten Wettbewerbsentwürfe

Im folgenden werden die fünf prämierten Wettbewerbsarbeiten vorgestellt, wobei jeweils eine knapp gefaßte Erläuterung der Saalgestaltung erfolgt, ergänzt durch die wesentlichsten Beurteilungsaussagen des Preisgerichts.

2. Preis (6.000 DM): Architekt Prof. Josef Wiedemann, München; Mitarbeiter Dipl.-Ing. Rudolf Ehrmann sowie Prof. Günther Graßmann
Die »besondere Schönheit des Raumes«, gegeben durch die Proportionen, die Querorientierung und die Belichtung, die im gegenwärtigen Zustand noch deutlicher erkennbar ist, war für den Entwurfsverfasser das »überzeugendste Vorbild« für den vorgeschlagenen Ausbau. Er schlug deshalb vor, den Saal »ohne die Formelemente der Renaissance, aber in der klaren, straffen, vom Maß und der Fläche bestimmten Tektonik zu prägen«.
Die Wände sollten als Ganzes erhalten bleiben, ohne Aufgliederung durch Gesimse oder Felder, wobei die oberste Reihe der Fenster an den Schmalseiten in gleicher Weise über die Längsseiten weitergeführt und damit der Raum zu-

Vorschlag der zweiten Preisträger für die Gestaltung der Fürstenzimmer, wobei jedoch ein Zimmer originalgetreu wiederhergestellt werden sollte.

sammengeschlossen werden sollte. Dagegen sollten die Fensterlöcher der Zwischengeschosse zugunsten der ruhigen, großen Wand vermauert werden, wobei die Lage dieses Geschosses und damit der Maßstab durch eine Türe mit Balkon an einer Längsseite markiert werden sollte. Eine Verkleidung der Wände selbst sollte mit Porzellan oder Majolika erfolgen.

Der Schwerpunkt der Gestaltung war auf die Deckenausbildung gerichtet: In Form eines Baldachins, gewebt oder appliziert, sollte die betonierte Decke verkleidet werden. »An allen vier Seiten zu den Wänden hin gespannt und an vielen Zwischenpunkten so an der Decke gehalten, daß er im Ganzen von den ebenen Rändern her leicht zur Mitte hin hängt.«

Die Fußbodenfläche sollte mit Natursteinplatten belegt und in größere Felder nach den Portalen und Fenstern aufgeteilt werden.

Für die Fürstenzimmer wurde vorgeschlagen, ein Zimmer originalgetreu wiederherzustellen, die übrigen aber in der gezeichneten Weise auszubauen: Die Wände getüncht, Überspannung der Decke durch eine diagonale Kassettierung sowie ein Parkettboden in geräucherter und gebeizter Eiche.

Wertung des Preisgerichts: »Der Verfasser des Entwurfes versucht bewußt, den Räumen diese Größe zu lassen (d. h. die Größe, die durch die Zerstörung der Renaissancedekoration entstand und wie sie der frühere Zustand, insbesondere in der Höhe, nicht hatte. Anm. d. Verf.) und also Räume zu schaffen, die in Geist und Durchbildung durchaus anders sind als die zerstörten, aber vielleicht der Forderung der Ausschreibung, es sollten Räume entstehen, welche ebenso einprägsam wie die verlorenen seien, entsprechen könnten. Der Verfasser inkrustiert die Wände mit blau-grünen Porzellanplatten und verlegt alle Pracht der Ausstattung in die Decke, die er durch einen großen Baldachin schaffen will. Das Preisgericht ist der Meinung, daß dieser Vorschlag grundsätzlich gut ist, kann aber die Verkleidung der Wände nicht gut heißen, weil dadurch die Mauern ihre Kraft und Körperlichkeit verlören. Es wird gut geheißen, daß die Fenster in den Längsseiten geöffnet werden sollen, aber darauf hingewiesen, daß die beiden in den Mittelachsen vorgesehenen Fenster baulich unmöglich sind.«

Die Ausbildung der Fürstenzimmer ist zurückhaltend und vornehm. Auch aus heutiger Sicht ist die Wettbewerbsarbeit von Professor Wiedemann unter Zugrundelegung der damals vorgegebenen Aufgabenstellung als das beste Gestaltungsergebnis der eingereichten Arbeiten zu werten.

Der mit einem 3. Preis ausgezeichnete Gestaltungsvorschlag.

3. Preis (4.000 DM): Architekt Erwin Schiffer, Köln Marienburg
Die Gestaltungsidee des Verfassers zielt dahin, »die tektonische Struktur und damit ›das Gehäuse‹ der einzelnen Räume voll zur Geltung zu bringen, bei einer absichtsvollen Zurückhaltung der Ornamentik«. Für den Saalfußboden schlug er einen Parkettbelag vor, der »tektonischen Struktur der Fassadenpfeiler« angepaßt. Die Wände sollten weiß getüncht werden, wobei für die zugemauerten Fenster in den Obergeschossen die Aufstellung von Plastiken vorgesehen war. Die beiden Hauptportale sollten aus Eiche gefertigt und mit Zierschnitzereien versehen werden. Als Deckenlösung schlug der Verfasser ein voluminöses Faltwerk aus Edelholz mit Ornamenten und Schnitzereien mit teilweiser Vergoldung vor.
Das Fürstenzimmer sollte mit einem Parkett ausgestattet werden, die Wände ebenfalls getüncht, wobei die Ostwand aus farbigem Sandstein mit eingemeißelten Reliefdarstellungen versehen werde. Die Ausbildung der Decke sollte mit eingehängtem Lattenwerk erfolgen.
Wertung des Preisgerichts: »Der Entwurf behält die Fenstergruppen in den Längswänden bei, vertieft die Fenster, mauert sie rückwärtig zu und stattet sie mit großen Plastiken aus. Dieser Gedanke ist gut und kann sogar eine großartige Wirkung ergeben. Die vorgeschlagene Änderung der sechs Türen ist weder notwendig noch glücklich. Der Verfasser versucht, eine hölzerne Decke von starker körperlicher Wirkung zu schaffen, ohne dabei tragende Teile vorzutäuschen, welche in Wirklichkeit nicht tragen würden, da ja bereits eine Betondecke vorhanden ist. Ähnlich versucht er die Nebenräume durch eingehängte Decken aus Lattenwerk zu schließen und zu beleben. Im einzelnen lassen die Vorschläge die Befürchtung einer gewissen Magerkeit in der Durchbildung aufkommen.«

Vorschlag für die Gestaltung eines Fürstenzimmers (3. Preis).

Gestaltungsvorschlag für den Goldenen Saal, der mit dem 1. Ankauf ausgezeichnet wurde.

Vorschlag für die Gestaltung eines Fürstenzimmers (1. Ankauf).

1. Ankauf (2.000 DM): Kunstmaler Prof. O. M. Schmitt, Anhausen, mit Reg.-Baurat Hauenstein, Augsburg, und Bildhauer J. Spengler, Ansbach

Ausgehend von dem durch die Brandzerstörung entstandenen Zustand des Saales, versucht der Planverfasser eine Veredelung der vorhandenen Oberflächen von Wänden und Decke vorzunehmen. Als einziger der in der engeren Wahl verbliebenen Vorschläge zeigt der Entwurf an den Wänden eine einfache Feldereinteilung, die in den Hauptlinien auf die Einteilung der Schmalwände sowie auf die vorhandenen Maueröffnungen abgestimmt ist. Diese wird, obgleich nicht kraftvoll genug durchgeführt, für gut geheißen. Die Reihung der vergoldeten Reliefs in Höhe des Obergadens bringt eine »Zusammenbindung des Raumes«. Zur Deckenlösung stellt die Jury fest, daß diese in ihrer »zentrierten Einteilung« zwar möglich sei, doch bestünden »gewisse Bedenken, ob die Anordnung tiefer Rillen zwischen den einzelnen Sperrplatten ein genügendes Tiefenrelief für die große Deckenfläche ergibt«.

Auch die Gestaltung des Fußbodens wurde von den Preisrichtern als »nicht geglückt« beurteilt, da die vorherrschende Querrichtung »weder der Unterteilung der Decke noch dem Charakter des verhältnismäßig breiten Raumes« entspricht. Ebenso wurde die »Farbigkeit als zu unausgesprochen und freudlos empfunden«. Auch die Ausbildung des Fürstenzimmers konnte bei »anerkennenswerter Einfachheit im ganzen« in Einzelheiten nicht überzeugen.

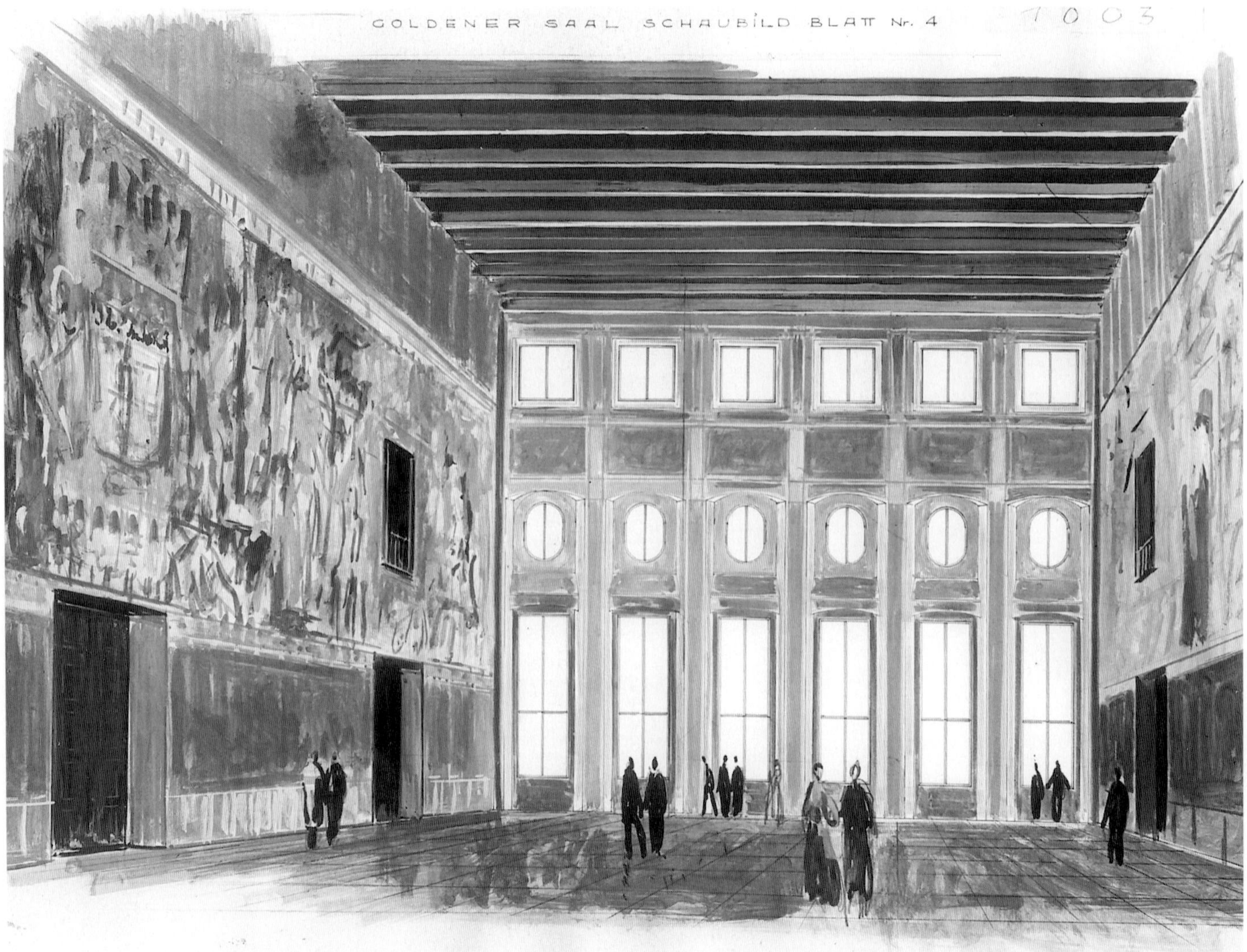

Vorschlag für die Gestaltung des Goldenen Saales, der mit dem 2. Ankauf ausgezeichnet wurde.

2. Ankauf (2.000 DM): Kunstmaler Günther Voglsamer mit Architekt Franz Ruck, München

Dieser Vorschlag wird charakterisiert durch eine große figürliche Bemalung der Saallängswände, was vom Preisgericht durchaus positiv bewertet wurde: »…er hat als einer der wenigen den Mut« eine großflächige Bemalung vorzuschlagen und außerdem ist er bemüht, »den flächigen Charakter der Seitenwände zu halten und durch eine der früheren Farbigkeit angenäherte Farbstimmung einen gemeinsamen Nenner für die farbige Erscheinung zu finden«, wobei es ihm jedoch nicht gelungen ist »eine Neuaufgliederung der Wand vorzunehmen, die zur Architektur der Fensterwand maßstäblich in einer überzeugenden Beziehung stünde«. Außerdem verändere die »Unterdrückung der Mittelachse, die durch die Absenkung des Türsturzes noch besonders unterstrichen wird, die räumliche Funktion der Mittelwand«, was auch für die Nebenportale der Fürstenzimmer gilt. Die Juroren kritisierten zudem das Wandgemälde, das »in seiner Komposition eine zu wenig strenge rhythmische Unterteilung empfinden läßt«.

Weiterhin wurde der Versuch beanstandet, mit der Ausbildung der Längswand den Raum in der Längsrichtung zu strecken, ebenso in der Querrichtung durch die Anordnung einfacher Holzbalken, wodurch das Wesen des Raumes stark verändert werde.

Vorschlag für die Gestaltung eines Fürstenzimmers (2. Ankauf).

Vorschlag für die Gestaltung des Goldenen Saales, der mit dem 3. Ankauf ausgezeichnet wurde.

Vorschlag für die Gestaltung eines Fürstenzimmers (3. Ankauf).

3. Ankauf (2.000 DM): Architekten Karl Fischer und Hans Heid, München, mit Kunstmaler Prof. Blasius Spreng, Großhesselohe

Auch dieser Entwurf wird gekennzeichnet durch das Bestreben, in wesentlichen Zügen die Form zu erhalten, die der Goldene Saal im gegenwärtigen Zustand zeigte.

Für die Wandbehandlung wurde eine Freilegung und Verfugung des Backsteinmauerwerks vorgeschlagen. Da jedoch diese Behandlungsart schon wegen des Mauerwerkszustandes und der Art des Mauerverbandes zu einer alles andere als wirkungsvollen und feierlichen Wirkung führen würde, fand dieser Gestaltungsvorschlag bei den Preisrichtern keine Zustimmung, zudem das Mauerwerk zu keiner Zeit als sichtbar gedacht war.

Die Portalvorbauten – eine Betonung dieser Elemente ist durchaus positiv zu werten – sind in der vorgeschlagenen Art »zu klobig« gestaltet. Zustimmung fand die Absicht, über den Portalen größere plastische Gruppen anzuordnen, wogegen der den ganzen Raum umspannende Metallfries weder formal noch in der Materialwahl gebilligt wurde.

Anerkennung fand die Absicht des Verfassers, »die Decke in Gold ohne Betonung einer bestimmten Richtung und mit einer gewissen Körperlichkeit vorzusehen«. Bei den Fürstenzimmern wurde zwar eine »anerkennenswerte Einfachheit« bestätigt, die aber durch »ein Übermaß im Materialspiel beeinträchtigt« würde.

Im Oktober 1957 hatte die Bürgerschaft Gelegenheit, sich in einer Ausstellung der Wettbewerbsarbeiten im Goldenen Saal und zwei Fürstenzimmern selbst ein Urteil über die Qualität der Entwürfe zu bilden. In der Öffentlichkeit hatte die Entscheidung des Preisgerichts starke Beachtung gefunden und entsprechend groß war mit über 5.000 Besuchern der Zulauf zu dieser Ausstellung.

Die Kontroverse zwischen Architekt Dr. Erwin Schleich und Stadtbaurat Walther Schmidt

Mit dem Ausschluß seiner Arbeit von der Ausstellung der Wettbewerbsergebnisse im Rathaus wollte sich Architekt Schleich[7] keinesfalls abfinden. Daß er mit seiner Arbeit keinen Preis erringen würde, war ihm offensichtlich von vornherein bewußt, wie er in seinem Schreiben vom 03. Oktober 1957 an Oberbürgermeister Dr. Klaus Müller freimütig einräumte. Mit Nachdruck wehrte er sich jedoch dagegen, daß sein Vorschlag nicht zusammen mit den anderen Wett-

Zwei von der Wettbewerbsjury ausgeschiedene Arbeiten, als Beispiele damaliger Gestaltungsvorstellungen.

7 Architekt Professor Dr.-Ing. Erwin Schleich, 1925 in München geboren, hatte sich durch die Wiederherstellung einer Reihe kriegszerstörter und beschädigter Baudenkmäler einen Namen gemacht. Er war in München am Wiederaufbau des Alten Peter, der Heilig-Geist-Kirche und von Effners Preysing-Palais beteiligt, am Auf- und Umbau von Cuvilliés' Palais Preysing, des Bayerischen Hofes, des Montgelas-Palais, des Ruffini-Hauses, der Klosterkirche St. Anna im Lehel und des Künstlerhauses am Lenbachplatz. Architekt Erwin Schleich war Gründungsmitglied des Goldenen-Saal-Vereins. Er verstarb nach längerer Krankheit im August 1992.

bewerbsentwürfen in der öffentlichen Ausstellung gezeigt werden sollte. Mit seiner Arbeit habe er »die Rekonstruktion zur Diskussion stellen« wollen. Die Möglichkeiten einer solchen müßten auch einer breiten Öffentlichkeit vor Augen geführt werden. »Ob wettbewerbsfähig oder nicht, eine Möglichkeit zur Wiederherstellung des Augsburger Rathauses besteht mindestens ebensogut wie es Möglichkeiten zur Neugestaltung geben kann«, schrieb Schleich an Oberbürgermeister Dr. Müller und bat um Zulassung seines Vorschlages zu der geplanten Ausstellung. Dies lehnte jedoch Stadtbaurat Walther Schmidt in seinem Antwortschreiben vom 08. Oktober 1957 mit dem Hinweis auf die verbindlichen Wettbewerbsrichtlinien kategorisch ab.
Außerdem wies Schmidt nochmals auf das Ziel des durchgeführten Wettbewerbes hin, Ideen für den Rathausausbau zu erhalten. »Um mitgeteilt zu bekommen, daß der alte bauliche Zustand rekonstruiert werden solle, hätte es keiner zeichnerischen Fixierung bedurft, da genaue Pläne für den früheren Zustand nicht nur uns zur Verfügung standen, sondern auch an anderer Stelle verfügbar sind.« Und weiter: »Wenn sich der Stadtrat schließlich entscheiden wird, ob eine völlige Rekonstruktion des alten Zustandes oder eine neue Gestaltung ausgeführt werden soll, so ist es eben zweckmäßig, Vorschläge für die Möglichkeiten einer Neugestaltung zu gewinnen.«
Architekt Schleich wandte sich mit Schreiben vom 19. Oktober 1957 noch einmal an den Stadtbaurat, um seinen Rekonstruktionsentwurf erneut grundsätzlich zu verteidigen: »Daß dieser Vorschlag nötig war, wissen Sie, sehr geehrter Herr Stadtbaurat, sehr genau, da seit Kriegsende jeder Rekonstruktionsvorschlag überall in Deutschland bekämpft und untergraben worden ist mit der Behauptung, man könne nicht und man dürfe deshalb auch nicht rekonstruieren.« Die Diskussion über eine historische Wiederherstellung des Goldenen Saales werde weitergehen, »und ich glaube, trotz der Ablehnung im Preisgericht, mir ein Anrecht auf die Beteiligung an dieser Diskussion erworben zu haben«.
Mit Hilfe des Vereins »Freunde der Augsburger Altstadt«, der sich engagiert für eine historisch getreue Wiederherstellung einsetzte, konnte Architekt Dr. Schleich seine Rekonstruktionsarbeit in einer gesonderten Ausstellung, ebenfalls noch im Oktober im »Hotel Augusta«, doch präsentieren. Im Erläuterungsbericht vertrat Schleich die Auffassung, das Rathaus bliebe auch nach der äußeren Wiederherstellung ohne die originalen Innenräume »ein Torso, da Außenbau und Innenräume jeweils nur Teile des einen großen Kunstwerkes sein können, das das Rathaus vor der Zerstörung war«. Eine Rekonstruktion sei zwar normalerweise in vielfältiger Hinsicht schwierig, aber »in diesem speziellen Fall absolut möglich«. Man könne sich dabei »auf hervorragende Aufmaßzeichnungen und Abbildungen aller Art stützen«. Einwänden grundsätzlicher Art gegen Wiederherstellungen setzte Schleich den Standpunkt entgegen, »daß eine Rekonstruktion ein ebenso gültiges Stück Geschichte eines Bauwerkes werden kann wie andere Ereignisse auch…, und daß die Möglichkeit, den Goldenen Saal selbst in der Nachbildung wieder sehen und erleben zu können, unendlich wichtiger ist als das Wissen um die Echtheit der einzelnen Bestandteile«.
Im Gegensatz zur öffentlichen Wettbewerbsausstellung im Rathaus, bei der keine Befragung der Besucher erfolgte, wurde bei der Präsentation der Arbeit von Schleich ein Heft für die Besucher aufgelegt. Das Ergebnis spiegelte gewissermaßen die damalige Stimmungslage der interessierten Bürger, da sich nahezu alle Ausstellungsbesucher für die Rekonstruktionslösung von Schleich aussprachen.[8]
Einen vehementen Fürsprecher fand Schleich außerdem in Stadtrat Dr. Philipp Roßteuscher, der sich in einem Leserbrief in der damaligen »Schwäbischen Landeszeitung« für eine Wiederherstellung, wie sie Schleich in seiner Arbeit aufgezeigt hatte, einsetzte.
Mit dem Grundsatzbeschluß des Stadtrates vom 13. November 1957, das Rathaus im Innern auszubauen, unter Bewahrung der ursprünglichen Raumformen und

8 Fünf Jahre Einsatz für das »Goldene« Augsburg (1953–1958), Festschrift des Vereins »Freunde der Augsburger Altstadt e.V.«, Augsburg 1958, S. 26. 93 Prozent der Besucher stimmten für die von Architekt Dr. Schleich ausgestellte Goldene-Saal-Rekonstruktion. Siehe auch den Artikel: »Ein Plan der unter den Tisch fiel« in der Süddeutschen Zeitung vom 19./20. Oktober 1957.

Der Goldene Saal, Rekonstruktionsvorschlag von dem Münchner Architekten Dr.-Ing. Erwin Schleich. Diese eingereichte Wettbewerbsarbeit wurde vom Preisgericht nicht zugelassen, da sie eine »reine Rekonstruktion des früheren Zustandes« darstellte.

Rekonstruktionsvorschlag für das nordwestliche Fürstenzimmer von Architekt Dr.-Ing. Erwin Schleich.

ohne einer eventuellen späteren Rekonstruktionslösung vorzugreifen, fand der kontroverse Briefwechsel zwischen Schleich und Schmidt im Januar 1958 seinen Abschluß, wobei Schleich in seinem letzten Brief vom 18. Januar feststellte: »Die Diskussion um den Ausbau des Augsburger Rathauses ist noch lange nicht zu Ende.«

Bayerns »oberster Denkmalpfleger« interveniert beim Stadtrat

Hatte schon die Durchführung des Gestaltungswettbewerbes selbst unter Vorgabe einer neuzeitlichen Gestaltungsempfehlung für Unzufriedenheit gesorgt, so wurde diese verstärkt durch die von der Jury vorgenommene Prämierung. Die Entscheidung des Wettbewerbs veranlaßte den damaligen Leiter des Bayerischen Landesamtes für Denkmalpflege, Dr. Heinrich Kreisel, sich mit einem Schreiben im Oktober 1957 an den Augsburger Stadtrat zu wenden und festzustellen: »In der Empfehlung des Preisgerichtes an die Stadtverwaltung wurde eine Rekonstruktion des ehemaligen Zustandes des Goldenen Saales, der Fürstenzimmer und des Oberen Fletzes als untunlich bezeichnet.« Demgegenüber war Kreisel der Auffassung, »daß gerade beim Wiederaufbau des Augsburger Rathauses eine Wiederherstellung der Innenausstattung der hier zur Frage stehenden Haupträume durchaus möglich und richtig wäre«. Nachdem das Rathaus in seiner ursprünglichen Form wieder aufgebaut worden sei, »wäre es unlogisch, die Räume, die der Inhalt dieser Außengestaltung waren, nicht wenigstens im Großen in der Form des 17. Jahrhunderts wiederherzustellen«. Gerade beim Augsburger Rathaus bestünden in Gestalt vielfältiger Dokumente »in geradezu idealer Weise die technischen und historischen Voraussetzungen für eine Rekonstruktion«. Eine »einwandfreie Wiederherstellung des alten Zustandes« bereite also »keine Schwierigkeiten«, was im übrigen auch das Preisgericht ausdrücklich anerkannt habe. Schließlich habe sich in der Entwicklung der Denkmalpflege in den letzten zwölf Jahren »eine zunehmende Tendenz zur Wiederherstellung verlorengegangener Innenräume geltend gemacht, nachdem sich eine Reihe von Versuchen, mit modernen Lösungen Gleichwertiges und Organisches in wiederaufgebauten alten Gehäusen zu erzielen, zum mindesten als sehr problematisch erwiesen hat«.
Unter Hinweis auf europäische Beispiele rekonstruierter Baudenkmäler gab Kreisel weiter zu bedenken: »Der Substanzverlust durch den Krieg ist so hoch, daß der Versuch zur Wiederherstellung einmaliger künstlerischer Schöpfungen, zu denen auch die Innenausstattung des Augsburger Rathauses gehörte, unbedingt gerechtfertigt erscheint.« Außerdem ließ er den Stadtrat Augsburg eingangs seines Schreibens wissen, daß der im Preisgericht vertretene Direktor a. D. seines Amtes, Dr. Josef M. Ritz, »nur für seine Person Preisrichter war und nicht als Vertreter des Landesamtes im Preisgericht angesprochen werden kann«.[9] Der Direktor des Landesamtes fuhr mit einem eindringlichen Appell an den Stadtrat fort: »Ich setze mich hier mit Nachdruck für den Gedanken der Erhaltung und Wiederherstellung des geschichtlichen Tatbestandes ein und bitte den Stadtrat dringend, diese offizielle Auffassung der Denkmalpflege vor seinem Entschluß zu prüfen und zu bedenken, daß eine Fehlentscheidung wohl von einer späteren Generation als einmalige verpaßte Gelegenheit angeprangert werden kann.«
Abschließend schlug Kreisel vor, die Arbeit von Architekt Schleich möge wenigstens an anderer Stelle der Öffentlichkeit zugänglich gemacht werden, denn dieser Vorschlag könne »sehr wohl als Diskussionsgrundlage für eine Lösung dienen, die zumindest ebensoviel Berechtigung für sich in Anspruch nehmen kann, wie die Forderung nach einer Neugestaltung«.
Diese Diskussionen zeigen, daß der Wettbewerb nicht das erhoffte Ergebnis gebracht hat. Aus diesem Grund beschloß letztlich der Stadtrat am 13. November 1957 den Innenausbau des Rathauses in der Form, daß der Goldene Saal und die Fürstenzimmer lediglich einen provisorischen Ausbau erhalten sollten, ohne auf einen der prämierten Wettbewerbsentwürfe zurückzugreifen.
Einen interessanten Diskussionsbeitrag lieferte in diesem Zusammenhang auch der Vorsitzende des Preisgerichtes Dr.-Ing. Friedrich Seegy mit einem Artikel in der damaligen Augsburger Zeitschrift »Eine Stadt«.[10] Zu verstehen ist dieser Artikel aus dem Zeitgeist der 50er Jahre, einer Zeit also, »wo der Stadtgemeinde noch so dringende soziale Probleme auf den Nägeln brannten«. Seegy gab zu

9 Schreiben von Dr. Heinrich Kreisel an den Augsburger Stadtrat vom 08. Oktober 1957; Nr. 192 BA 722/0203 (Akten städtisches Hochbauamt).
10 Friedrich Seegy: »Ergebnis im Geiste Holls, vom Wettbewerb zum Ausbau des Augsburger Rathauses«, in: Eine Stadt. Berichte über Kultur und Leben, Augsburg 1958.

bedenken, daß die endgültige Entscheidung für oder gegen eine Wiederherstellung der ehemaligen Ausstattung im Goldenen Saal auf eine spätere Zeit verschoben werden könnte, in der vielleicht einmal leichter die für eine Rekonstruktion erforderlichen Geldmittel bereitstünden. »Wir sollten behutsam vorgehen und uns manchmal auch damit begnügen, zunächst nur ein erstes Ziel erreichen zu wollen. Wir können nicht alles unserer Generation aufbürden. Wir wissen auch nicht, wie die Generation nach uns über die Frage der Rekonstruktion zerstörter Kunstwerke denken werde.« Die mit zeitlichem Abstand zur Wettbewerbsentscheidung formulierte Ansicht von Friedrich Seegy verdeutlicht, daß er die Rekonstruktion des Goldenen Saales nicht rundweg ablehnte, sondern sie im Bereich einer denkbaren Alternative beließ.

Eine von Altoberbürgermeister Dr. Klaus Müller 1966 offiziell verschickte Weihnachtskarte zeigt das Ovalbild »OMNIA ET UBIQUE«, versehen mit einem Ausschnitt aus der Original-beschreibung des Goldenen Saales von 1687.

Auf der sechsten Tafel stehet ein Koch- oder Kuchen-Meister in de Kuchen / mit Namen Abundantia; der Uberfluß in allen Dingen/ mit disem Sentenz: Omnia & ubique; Wo dise Abundantia Kuchenmeisterin/allda ist Uberfluß in allen Dingen zu finden.

Die Wiederherstellung der Deckenbilder im Goldenen Saal

Die Initiative von Oberbürgermeister Dr. Klaus Müller

Es war für die Augsburger ein denkwürdiger Tag, als anläßlich der 2000-Jahrfeier ihrer Stadtgründung am 09. Januar 1985 der Goldene Saal feierlich der Öffentlichkeit übergeben wurde. Doch konnte derjenige, der am Zustandekommen dieser weithin beachteten Wiederherstellung einen ganz wesentlichen Anteil hatte, diesen eindrucksvollen Festakt nicht mehr erleben: Altoberbürgermeister Dr. Klaus Müller war im August 1980 verstorben.[1]
Er hatte bereits am 18. April 1962 die feierliche Übergabe des neuen Stadtratssitzungssaales zum Anlaß genommen, im Hinblick auf das damals noch für 1989 geplante Stadtjubiläum die historisch getreue Wiederherstellung des Goldenen Saales und der Fürstenzimmer als würdige Jubiläumsgabe zu fordern.
Um die Bürgerschaft für dieses Ziel zu begeistern, zitierte Müller in seinem Festvortrag Norbert Lieb, den damaligen Direktor der Städtischen Kunstsammlungen, dessen Enthusiasmus er in voller Überzeugung teilte: »Mehr als drei Jahrhunderte lang war der Goldene Saal Augsburgs Stolz und ein Zeugnis deutscher Reichsstadtherrlichkeit. Mehr als drei Jahrhunderte lang fiel Tag um Tag das schräge Morgenlicht in den Saal, das steile Mittagslicht und wieder scheidendes Abendlicht. Es durchwob den weiten, hohen Raum über dem spiegelnden Steinboden, zwischen den bunten Wänden und ihren prunkenden Portalen und sammelte sich oben an der Decke. Sie glänzte dann wie ein Meisterstück eines Goldschmiedes, die Bilder darin wie Emails. Die Decke mit ihren Schilden und Gemälden war aber auch gleichsam ein Firmament, an dem die guten Gestirne stadtbürgerlicher Lebensordnung standen.«
Oberbürgermeister Dr. Müller schloß seinen Festvortrag mit dem eindringlichen Appell: »Möge die Augsburger Bürgerschaft, vertreten durch den Stadtrat, nicht lange säumen. Die Jahre gehen schnell vorbei. Schön freilich wäre es, wenn sich beim 2000jährigen Stadtjubiläum 1989 die Bürgerschaft über ein stolzes Werk freuen könnte. Es lebe unser liebes Augsburg, und es erblühe wieder sein Rathaus und sein Goldener Saal.«[2]
Daß Müller in seiner Begeisterung für das von ihm angestrebte Ziel bereits einige Monate vorher erste Weichen gestellt hatte, war damals den wenigsten Zuhörern bekannt. Er hatte sich nämlich in den Kopf gesetzt, mit Kopien der elf Deckenbilder und des Rottenhammer-Gemäldes über dem nördlichen Hauptportal unübersehbare Tatsachen zu schaffen und damit den Grundstein für eine Wiederherstellung des Goldenen Saales zu legen.
Trotz warnender Hinweise von Experten wagte er sich damit ausgerechnet an eine der schwierigsten Aufgaben der Rekonstruktion, obwohl damals nicht einmal exakte Maße zur Verfügung standen. Gewisse Probleme ergaben sich dann auch bei der ab 1980 durchgeführten Wiederherstellung des Goldenen Saales, als die kopierten (und etwas zu großen) Gemälde in ihre Umrahmung eingefügt werden mußten.

Kontaktaufnahme mit Professor Martin-Amorbach – Im Mai 1962 hatte Klaus Müller den ihm bekannten Kunstmaler Professor Konstantin Gerhardinger[3], Präsident der königlich privaten Künstlergenossenschaft München, in sein Vorhaben eingeweiht und ihn gebeten, ihm einen für die beabsichtigten Gemäldekopien befähigten Künstler zu empfehlen. Gerhardinger, von dem Projekt ebenso begeistert, schlug ihm daraufhin Professor Oskar Martin-Amorbach vor. Zur gleichen Zeit setzte sich Müller auch mit Professor Rudolf Esterer, dem ehemaligen Leiter der Bauabteilung der Bayerischen Schlösserverwaltung, in

1 Nikolaus Josef Müller, geb. 19. April 1892 in Augsburg, gest. 06. August 1980 in Augsburg, Oberbürgermeister. Nach dem Besuch des Humanistischen Gymnasiums bei St. Stephan Studium der Staatswissenschaften in München und Erlangen. 1936 stellvertretender Direktor der Augsburger Kammgarnspinnerei. 1946 Mitbegründer der Christlich Sozialen Union, 1947 bis 1964 Oberbürgermeister. 1956 Vorsitzender des Bayerischen Städteverbandes; im gleichen Jahr Verleihung des Großen Verdienstkreuzes und 1959 des Bayerischen Verdienstordens. Am 30. April 1964 Verleihung der Ehrenbürgerwürde der Stadt Augsburg. Seine Verdienste lagen in der Leitung des Wiederaufbaus der Stadt sowie in der entscheidenden Initiative für die Wiederherstellung des Goldenen Saales im Augsburger Rathaus.

2 Festvortrag von Dr. Klaus Müller am 18. April 1962. Siehe auch die Veröffentlichung im Amtsblatt der Stadt Augsburg vom 27. April 1962, S. 77ff.

3 Der Kontakt zu Professor Gerhardinger kam zustande, weil Dr. Klaus Müller von diesem porträtiert wurde. Dieses Portrait war ein Geschenk des Bayerischen Städteverbandes öffentlicher Kassen und des Bayerischen Sparkassen- und Giroverbandes aus Anlaß des 70. Geburtstages von Dr. Klaus Müller.

Verbindung, der nach dem Zusammenbruch des Dritten Reiches zum Präsidenten dieser Behörde berufen worden war. Mit Schreiben vom 08. Juni 1962 zeigte sich Esterer erfreut über das in einem Brief vom 30. Mai 1962 erläuterte Vorhaben und zugleich aber beruhigt über dessen »klare und eindeutige Stellungnahme zu diesem schwierigen und, wie auch ich zugebe, gefahrvollen Unternehmen«. Derartige historische Räume wie der Goldene Saal ließen sich »in bauhüttenmäßiger Zusammenarbeit der fähigsten und erfahrensten künstlerischen und handwerklichen Kräfte in ihrer wesenhaften Erscheinung zurückgewinnen. Zu diesem Kreis ist meines Erachtens unter anderem auch Martin-Amorbach zu zählen, von dem ich einige gute Arbeiten kenne.«[4] Oberbürgermeister Dr. Müller, der die Erstellung der Gemäldenachbildungen zu einer ganz persönlichen Angelegenheit gemacht hatte, wußte, als er die entsprechenden Vorbereitungen einleitete, daß der Stadtrat von einem Beschluß zur Wiederherstellung des Goldenen Saales noch weit entfernt war.

Nach einem Besuch bei Oskar Martin-Amorbach in dessen Würzburger Atelier schrieb ihm Dr. Müller am 20. Juli 1962, daß er vor der Regelung so brisanter kommunalpolitischer Probleme wie der geplanten Bebauung des Ludwigsplatzes (dem heutigen Rathausplatz) die Augsburger Bürgerschaft nicht mit dem Gedanken an eine Wiederherstellung des Goldenen Saales belasten könne. Diese und andere Hindernisse hielten aber Müller nicht davon ab, sein Vorhaben zielstrebig weiterzuverfolgen, was auch durch den Schlußsatz seines Schreibens deutlich wird: »Ich habe aber nicht vor, den Goldenen Saal einfach liegen zu lassen und seine Wiederherstellung einer späteren Zeit zu überlassen.«[5]

Finanzierung durch Privatspenden – Hatte Dr. Müller den Kunstmaler Martin-Amorbach für seine Idee bereits begeistern können, galt es nun die Geldmittel für diese Aufgabe zu beschaffen. Am 01. September 1962, beim traditionellen »Stifterdamentag« – dem Treffen großzügiger Sponsorinnen kultureller Augsburger Belange – nutzte der Oberbürgermeister die Gunst der Stunde. Er zeigte den erschienenen Damen Magdalena Haberstock, Elisabeth Koelle und Emma Josephine von Hoesslin bei einem Rundgang durch das Rathaus den provisorisch ausgebauten ehemaligen Goldenen Saal und erläuterte ihnen sein Anliegen, »den Goldenen Saal im Rathaus so herzustellen, wie er einmal gewesen ist«. Dabei wolle er als erstes Ziel die Deckengemälde wiederherstellen lassen.

Im Verlauf der anschließenden Kaffeerunde erklärte sich Frau von Hoesslin spontan bereit, die beabsichtigten Gemäldekopien mit einem Betrag in Höhe von 40.000 DM zu unterstützen, was auch die beiden anderen Damen zu einer ansehnlichen Spende bewegte.[6]

Stellungnahme von Museumsdirektor Dr. Norbert Lieb[7] – Der hervorragende Kenner des untergegangenen Goldenen Saales stellte in einem Schreiben an Oberbürgermeister Dr. Müller kritisch fest, daß sich die »mehr oder minder originalgetreue Wiederherstellung alter Baudenkmäler und Räume« in jüngster Zeit in der deutschen Denkmalpflege grundsätzlich in vielen Fällen durchgesetzt hätte. Andererseits habe sich »eine gute Lösung dadurch ergeben, daß Teile der ursprünglichen Ausstattung und Dekoration in weitem Umfang erhalten geblieben waren«. Diese Voraussetzung sei aber für den Goldenen Saal leider nicht gegeben, da die Zeichnungen des ehemaligen Stadtbaurates Ludwig Leybold von der Rathausausstattung im Bauaufnahmewerk von 1866/68 nur als kleinmaßstäbliche Reproduktionen existierten und die vorhandenen Farbaufnahmen »hinsichtlich der Originaltreue mit Vorsicht zu nutzen seien«. Norbert Lieb wußte damals noch nichts von der Existenz der bemaßten Skizzen Leybolds, die erst in späteren Jahren erworben werden konnten. Der Direktor der Städtischen Kunstsammlungen plädierte für eine zunächst »grundsätzliche Beratung über die Möglichkeiten und Methoden der Wiederherstellung« mit Vertretern der Denkmalpflege und dem Kunstmaler Martin-Amorbach und stellte fest: »Es wäre nicht zweckmäßig, in einem ersten Arbeitsgang jetzt etwa schon

4 Schreiben von Professor Rudolf Esterer vom 08. Juni 1962, erwähnt im Schreiben von Dr. Klaus Müller vom 20. Juli 1962.

5 Schreiben von Dr. Klaus Müller an Martin-Amorbach vom 20. Juli 1962.

6 Aktenvermerk über den Damenstiftertag vom 01. September 1962, verfaßt von Dr. Klaus Müller.

7 Prof. Dr. Norbert Lieb, geb. 18. 01. 1907 in der Pfalz. Leiter der Städtischen Kunstsammlungen von 1931 – 1963. Im selben Jahr erfolgte die Berufung an die Ludwig-Maximilians-Universität München an den eigens für ihn geschaffenen Lehrstuhl für Bayerische Kunstgeschichte (Ordinarius bis 1973). Es war Liebs Verdienst, unmittelbar nach Kriegsende schon die Grundlagen einer Museumspolitik und Ausstellungsarbeit geschaffen zu haben, die Augsburg bereits in den 50er Jahren wieder zu einem Begriff in der Fachwelt machte. Er verstarb am 17. Januar 1992 in München.

Die »Stifter-Damen«-Kaffeerunde bei Oberbürgermeister Dr. Klaus Müller 1962. Die Teilnehmer von links: OB Dr. Müller, Frau Emma Josephine von Hößlin, Frau Elisabeth Koelle-Karmann (Malerin und Ehefrau des Augsburger Bildhauers Fritz Koelle), Baronin von Schaezler (geborene von der Tann), Frau Magdalena Haberstock, Frau Müller (Gemahlin des OB) und Frau Lieb (Gemahlin des damaligen Leiters der Städtischen Kunstsammlungen Dr. Norbert Lieb).

Kopien der Deckengemälde anfertigen zu lassen«. Weiter gab er zu bedenken: »Überhaupt wäre die Anfertigung dieser Kopien nur sinnvoll, wenn über die Durchführung der Gesamtinstandsetzung des Goldenen Saales grundsätzlich Klarheit besteht.«[8] Dr. Müller ließ sich jedoch durch diese Stellungnahme nicht beirren. Er korrespondierte weiter mit Martin-Amorbach, den er auch im Herbst des Jahres 1962 in Augsburg empfing.

Auftrag, Durchführung und Übergabe der wiederhergestellten Deckenbilder – Am 28. November legte der Künstler handschriftlich eine Kostenaufstellung vor, die sich auf insgesamt 91.000 DM belief. Martin-Amorbach veranschlagte für das zentrale Mittelbild (»Triumph der Weisheit«) 14.000 DM, für die beiden Rundbilder zusammen ebenfalls 14.000 DM sowie für die acht Ovalbilder insgesamt 40.000 DM. Auf 23.000 DM bezifferte er die Materialkosten. Als Arbeitszeit hatte er für die elf Deckengemälde zwei Jahre vorgesehen.[9]

Im Rahmen einer Referentenbesprechung am 25. April 1963 brachte Stadtbaurat Walther Schmidt die Rede auf die Wiederanfertigung der Deckenbilder. Wie Oberbürgermeister Dr. Müller in einem Protokoll dieses Gesprächs festhielt, »warnte« auch Schmidt vor einem solchen Weg.

Ferner heißt es in der Niederschrift: »In der weiteren Aussprache wurde es als angängig erachtet, daß der Oberbürgermeister die gegebene Gelegenheit, einen erfahrenen Künstler auf diesem Gebiet zu haben und die Mittel hierfür privat aufzubringen, dazu benütze, um Herrn Prof. Martin-Amorbach den Auftrag zu geben, die elf Bilder zu malen. Ein Probebild soll die Möglichkeit geben zu prüfen, ob das Richtige zustande kommt.«[10]

Unbeachtet der Einwände von Stadtbaurat Walther Schmidt schloß Oberbürgermeister Dr. Müller einen Werkvertrag über die Anfertigung der Gemälde mit Prof. Martin-Amorbach ab. Die ihm zur Verfügung gestellten Abzüge von Farbaufnahmen hatte der Düsseldorfer Fotograf Rolf W. Nehrdich noch vor der Zerstörung erstellt.

Die finanzielle Grundlage für den Vertragsabschluß war die bereits erwähnte, von Emma Josefine von Hoesslin[11] im Mai 1963 durch ihren Notar bestätigte Zusage über ihre auf mehrere Jahre zu verteilende Spende,[12] mit der die Kopien der acht Ovalbilder des großen Mittelbereiches und des Rottenhammer-Gemäldes hergestellt werden konnten. Dazu kamen später Stiftungen durch Magdalena

8 Schreiben des Leiters der Städtischen Kunstsammlungen Dr. Norbert Lieb vom 29. Oktober 1962.

9 Kostenaufstellung für die Deckenbilder von Prof. Oskar Martin-Amorbach vom 28. November 1962 (BA 722/0200).

10 Aktenvermerk von Oberbürgermeister Dr. Klaus Müller vom 25. April 1963.

11 Emma Josefine von Hoesslin, geb. 29. Juli 1884 in München, gestorben 25. April 1968 in Augsburg. Witwe von Professor Dr. med. Heinrich von Hoesslin. Neben der großzügigen Spende für die Wiederherstellung der Deckenbilder des Goldenen Saales stiftete sie ein Grundvermögen für die Förderung der Jugendpflege und -ausbildung.

12 Schreiben von Notar Paul Bauer, München, vom 10. Mai 1963.

Haberstock in Höhe von 5.000 DM und der Familie Günther (Fa. Günther & Falke) von 5.018 DM als Finanzierungsgrundlage der beiden Rundbilder sowie eine Spende von 25.000 DM des ehemaligen Augsburgers Fritz Hintermayr.[13]
Als am 01. August 1963 das erste von Martin-Amorbach gemalte Deckenbild, das Ovalgemälde »PROCVL PARCAE«, in Augsburg eintraf, war dies für Müller »ein Festtag«, wie er noch am selben Tag in einem Brief dem Künstler mitteilte. Weniger euphorisch liest sich dagegen eine Gesprächsnotiz des Oberbürgermeisters Ende August 1963 über eine Äußerung von Stadtbaurat Walther Schmidt, der dieses erste Bild »per Zufall« im Rathaus gesehen hatte und dieses als »unerhört schlecht« bezeichnete.
Eine positive Beurteilung erfuhren dagegen die drei bisher fertiggestellten ovalen Deckengemälde durch Prof. Konstantin Gerhardinger, der im November 1963 in Augsburg zu Besuch war.[14]
Am 08. Juli 1964 konnte Klaus Müller zusammen mit Notar Paul Bauer dem Stadtrat im Auftrag von Emma Josefine von Hoesslin, die jedoch nicht genannt werden wollte, die ersten acht der insgesamt elf Deckengemälde überreichen. Mit Schreiben vom 10. Juli 1964 bedankte sich Oberbürgermeister Wolfgang Pepper als Nachfolger des inzwischen zum Altoberbürgermeister ernannten Dr. Klaus Müller bei den Stifterinnen und unterstrich die Hoffnung seines Vorgängers, daß sein »leuchtendes Beispiel edlen Bürgersinnes« auch andere Persönlichkeiten und Organisationen anregen solle, zur Wiederherstellung des ehemals so weltberühmten Kunstwerkes beizutragen.
Der Übergabe der drei noch fehlenden Hauptbilder, dem großen Mittelbild sowie den beiden Rundbildern, am 07. Juli 1965 folgte schließlich im Mai 1968 die Fertigstellung und Aushändigung des Rottenhammer-Gemäldes über dem nördlichen Hauptportal.[15]

Behandlung der beantragten Wiederherstellungsmaßnahme in Ausschüssen und Gremien

Mit seiner erfolgreichen Spendenaktion hatte Klaus Müller von Anfang an beabsichtigt, nicht nur die zerstörten Ölgemälde wieder sichtbar zu machen, sondern dadurch die Wiederherstellung des Goldenen Saales überhaupt einzuleiten, was auch aus einem Schreiben Klaus Müllers an Oberbürgermeister Pepper hervorgeht: »Die Wiederherstellung des größten Kleinodes der Stadt, des ehemaligen Goldenen Saales, habe ich mir zur Förderung vorgenommen. Die kann nur mit dem Stadtrat und seinem Vorsitzenden, dem Oberbürgermeister, geschehen. Das Ziel des Stadtrates sollte es ein, bis zum Jahre 1985, zum 2000-jährigen Gründungsjubiläum der Stadt Augsburg, den Bürgern der Stadt wieder ihren Goldenen Saal zu geben zum städtischen Gebrauch, als Anziehungspunkt für unsere Besucher und als Raum für kulturelle Zwecke.«[16]
Im weiteren Verlauf ergaben sich aus dieser demonstrativen Aktion schon bald vielfältige Reaktionen sowohl in der Stadtverwaltung und im Stadtrat, als auch bei den Kunsthistorikern. In dieser entscheidenden Phase wurde das wagemutige Rekonstruktionsvorhaben oft leidenschaftlich diskutiert.
Ein erster Schritt war die Einschaltung des Baukunstbeirates, der im September 1968 zusammentrat und nach Besichtigung der zwölf kopierten Gemälde und anschließender Beratung folgende Erklärung abgab: »Das Vorhandensein der vor Jahren angefertigten Deckengemälde für eine Rekonstruktion der gesamten Holzdecke im Goldenen Saal ist unmittelbarer Anlaß, die Problematik aller in Zusammenhang mit einer Rekonstruktion des Saales stehenden Fragen zu erörtern. Die weittragende Bedeutung, die einem Ausbau des Goldenen Saales zukommt, erlaubt es nicht, in einer kurzen Sitzung des Baukunstbeirats zu einem abschließenden Ergebnis zu kommen.«[17] Nur in einer Frage konnte sich der Baukunstbeirat bereits eine feste Meinung bilden, nämlich darin, daß die Ein-

13 Aktenvermerk, angelegt vom Hauptamt, vom 21. Juni 1965, Nr. 110, BA 722/0203. In diesem Vermerk sind die genannten Spender (-innen) aufgeführt. Unerwähnt bleibt dabei eine Spende in Höhe von 25.000 DM, die Dr. Klaus Müller in einem Schreiben vom 11. Oktober 1963 (Nr. 61, BA 722/0203) an Frau Magdalena Haberstock genannt hatte. Wie aus der Aktenlage hervorgeht, handelte es sich bei dem Spender der Summe um den gebürtigen Augsburger Fritz Hintermayr, welcher der Stadt zum Bau eines Altenheimes (Anna-Hintermayr-Stift) eine Millionenzuwendung vermachte.
14 Aktennotiz von Oberbürgermeister Dr. Müller vom 06. November 1963 (BA 722/0200).
15 Altoberbürgermeister Dr. Müller schrieb am 20. Mai 1968 an Oberbürgermeister Wolfgang Pepper: »Das 12. Ölgemälde auf Leinwand von Rottenhammer übergebe ich hiermit in das Eigentum der Stadt Augsburg. Mein Bestreben, die Deckenbilder wieder in einer Decke unterzubringen, bitte ich zu fördern. Während ich die Bilder ganz nach eigenem Ermessen und unter Aufbringung von Spenden wieder beschaffen konnte, muß bei der Decke das Einverständnis und die Hilfe des Stadtrates gegeben sein.«
16 Schreiben von Altoberbürgermeister Dr. Klaus Müller vom 20. Mai 1968.
17 Sitzungsprotokoll des Baukunstbeirates vom 10. September 1968.

Altoberbürgermeister Dr. Klaus Müller übergibt am 7. Juli 1965 an seinen Nachfolger Oberbürgermeister Wolfgang Pepper das große Mittelbild mit den beiden Deckenrundbildern.

führung der vorhandenen Gemälde in eine in reduzierten Formen nachempfundene »Stildecke« unter keinen Umständen erfolgen konnte. Darüber hinaus empfahl der Baukunstbeirat, weitere sachverständige Gremien zu hören, insbesondere auch Experten, die ein kompetentes Urteil über die technischen Möglichkeiten einer Rekonstruktion fällen könnten.
Im Herbst desselben Jahres versuchte Müller in einem weiteren Schreiben an Oberbürgermeister Wolfgang Pepper, den Stadtrat erneut für sein Ziel zu gewinnen: »Die Mittel für die Anbringung der Bilder an der Decke werde ich selbst aufzubringen trachten, so daß der Stadtrat hierfür keine Mittel bereitstellen muß. Ich wäre dankbar, wenn der Stadtrat bald die Anbringung einer Decke auf meine Kosten genehmigen würde, weil die Vorarbeiten schon im Gange sind.«[18]

Stellungnahme von Dr. Bruno Bushart – Aus der Reihe der wissenschaftlichen Experten meldete sich im Herbst 1968 der Leiter der Städtischen Kunstsammlungen Dr. Bruno Bushart als erster zu Wort. In einer ausführlichen Stellungnahme erhob er schwerwiegende Bedenken gegen die angestrebte Wiederherstellungsmaßnahme. Er wies zunächst darauf hin, daß die Innenausstattung des Goldenen Saales fast völlig zerstört sei: »Es geht also nicht darum, mehr oder minder große Lücken eines originalen Bestandes unmittelbar nach dessen Verlust zu schließen, sondern um eine neuzuerstellende Raumausstattung, in die die spärlichen Reste eines originalen Bestandes einzubeziehen wären.« Zwar seien diverse Dokumente über die einstige Ausstattung vorhanden, doch fehlten detailgetreue Unterlagen für die umfangreichen Malereien an der Decke und den Wänden. Die davon vorhandenen Farbaufnahmen seien farblich unzuverlässig. »Offen ist sogar die Frage, inwieweit die vorhandenen Angaben über Materialien und Techniken der einstigen Ausstattung für eine Rekonstruktion ausreichen, ferner, ob entsprechend vorgebildete Kunsthandwerker heute überhaupt noch zu finden sind.« Angesichts der großen Mängel der Grundlagen für eine Rekonstruktion könnte deren Ergebnis nur »eine fehlerreiche und angreifbare Nachahmung« sein.
Zu den Gemäldekopien stellte Bushart fest: »Die zwölf neugemalten Gemälde dürfen, streng genommen, nicht einmal als Kopien bezeichnet werden, nachdem

18 Schreiben von Altoberbürgermeister Dr. Klaus Müller vom 17. Oktober 1968.

Die von Professor Amorbach gemalten Kopien der Deckenbilder wurden für die Teilnehmer des internationalen Kolloquiums in einem der ehemaligen Fürstenzimmer präsentiert. Ein Grund für die teilweise negative Beurteilung der Gemälde lag sicherlich darin, daß die Darstellung von Kager maltechnisch auf eine Fernwirkung abgestimmt war. (Die Entfernung vom Betrachter zur Saaldecke beträgt immerhin etwa über 13 Meter.) Eine Begutachtung der von Amorbach nachgemalten Bilder aus nächster Entfernung war daher sehr problematisch.

sie im Gegensatz zu echten Kopien nicht mehr nach den Originalen selbst ausgeführt werden konnten.«

Besonders problematisch beurteilte Bushart die künftige Nutzung eines rekonstruierten Goldenen Saales. Er sei dann für Ausstellungen nur »schlecht zu gebrauchen, da die bemalten Wände nicht behängt und der Raum nicht durch Ausstellungsobjekte verstellt werden dürften«. Dann aber bliebe nur die Verwendung als der von Müller gedachte »Anziehungspunkt für unsere Besucher«. Damit entstünde aber »die paradoxe Situation, daß man den Besuchern ein mehr oder minder unserer Zeit verpflichtetes Werk als eine Sehenswürdigkeit des 17. Jahrhunderts anbieten müßte«. Dabei läge dann aber »der Vorwurf einer historischen Fälschung allzu nahe, um mit gutem Gewissen gegenüber der Öffentlichkeit abgewehrt werden zu können«.

Bushart, der eine Wiederherstellung des Goldenen Saales für »so gut wie unmöglich« hielt, kam abschließend zu der Empfehlung: »Die weitreichenden Konsequenzen, die der Beschluß einer wie immer gearteten Rekonstruktion unter den gegebenen Umständen nach sich ziehen müßte, lassen es dringend geboten erscheinen, rechtzeitig die zuständigen Stellen und anerkannte Fachleute zu befragen. Ein Problem solchen Ausmaßes darf von lokalen Instanzen allein nicht entschieden werden.«[19]

Kultur- und Bauausschuß stimmen dagegen – Die eindeutigen Aussagen Busharts veranlaßten die Mitglieder des Kulturausschusses in ihrem einstimmigen Beschluß vom 05. November 1968, dessen Stellungnahme zu übernehmen: »Allein die Anbringung einer kopierten Decke und die Befestigung der rekonstruierten Gemälde an dieser Decke wird für ausgeschlossen gehalten, da ein solches Verfahren die Raumwirkung erheblich mindern, die Verwendbarkeit des Saales für erstrangige Ausstellungen beeinträchtigen und eine Vorentscheidung für die künftige Gestaltung darstellen würde.«

Der Bauausschuß schloß sich in seiner Sitzung am 20. Januar 1969 nicht nur der Stellungnahme des Baukunstbeirates, sondern auch dem Beschluß des Kulturausschusses an. Daraufhin stellte Oberbürgermeister Pepper in einem ausführ-

19 Stellungnahme von Dr. Bruno Bushart vom 31. Oktober 1968.

lichen Schreiben an Klaus Müller u. a. fest: »Volle Einigkeit finde ich bei den bisherigen vorliegenden Stellungnahmen und Beschlüssen jedoch in folgendem Punkt: Man kann den Goldenen Saal nicht mit irgendeiner Holzdecke versehen und daran die Bilder befestigen. Die Entscheidung müßte zwischen einer völligen Neugestaltung und einer Rekonstruktion fallen, und die Aufgabe muß in einem geschlossenen Arbeitsvorgang durchgezogen werden. Irgendein Provisorium, wie immer es geartet sei, wird von allen Seiten als unmöglich erklärt. Das ist, sehr verehrter Herr Kollege, die Situation. Ich befürchte, daß sie nicht ganz ihren Hoffnungen und Erwartungen entspricht.«[20]

Die Goldene-Saal-Kommission wird tätig – Obwohl nunmehr eine historische Wiederherstellung des Goldenen Saales nahezu aussichtslos erschien, blieb dieses Thema im kommunalpolitischen Geschehen weiterhin aktuell. Am 22. Juli 1969 stellte die SPD-Stadtratsfraktion folgenden Antrag: »Der Stadtrat wolle beschließen, für die Entscheidung über eine Wiederherstellung, Erneuerung oder eine Neugestaltung des ehemaligen Goldenen Saales eine Kommission zu bilden. Diese solle sich aus Vertretern des Stadtrates, der Verwaltung, aus Sachverständigen und kunstverständigen Mitgliedern der Bürgerschaft zusammensetzen«.

Der SPD-Antrag, im Herbst 1969 vom Bau- und Kulturausschuß befürwortet, führte am 12. November desselben Jahres zu dem einstimmigen Beschluß des Stadtrates, eine »Goldene-Saal-Kommission« zu bilden, wobei in der Stadtratssitzung am 25. März 1970 die vorgeschlagenen Mitglieder dieser Goldene-Saal-Kommission einstimmig bestätigt wurden.[21]

Die erste Sitzung des Gremiums am 14. April 1970 unter Leitung von Oberbürgermeister Wolfgang Pepper brachte ein für die Befürworter der historischen Wiederherstellung wenig ermutigendes Ergebnis: Nach rund dreistündiger Diskussion war sich die Mehrheit der Teilnehmer einig, die Innenausstattung des zerstörten Saales lasse sich mit Sicherheit in vielen Teilen nicht mehr originalgetreu rekonstruieren.

Während Pepper sich dafür aussprach, den Saal in seinem bestehenden provisorischen Zustand zu belassen, plädierte Klaus Müller dafür, »daß dieses größte Kleinod, das die Stadt je besessen hat, den Augsburgern wieder zurückgegeben wird«. Auch Architekt Thomas Wechs sen. empfahl, den Saal in seiner ursprünglichen Ausstattung wiederherzustellen. Demgegenüber hielt es der Leiter der Städtischen Kunstsammlungen Bushart wiederum »für unverantwortlich, eine Rekonstruktion vorzunehmen«, da für »eine originale Rekonstruktion« die erforderlichen Unterlagen nicht zur Verfügung stünden. Kulturreferent Dr. Ludwig Wegele und Designer Frieder Pfister setzten sich für eine Neugestaltung ein, um einen geeigneten Raum für repräsentative Zwecke und Kunstausstellungen zu erhalten. Auch der damalige Baureferent und Jurist Hubert Bichler unterstützte diesen Vorschlag, um »über eine Neugestaltung zu einer Neuschöpfung« zu kommen.

Die mehrheitlich ablehnende Haltung gegenüber einer Rekonstruktion faßte Franz Hahnle vom Berufsverband bildender Künstler mit der Feststellung zusammen: »Wir würden keine Rekonstruktion, sondern eine Karikatur den Bürgern anbieten!«[22]

Auch eine zweite Sitzung der Kommission am 16. Juli 1970 bestätigte im wesentlichen das vorangegangene Ergebnis. Mit überwältigender Mehrheit kam das 17-köpfige Gremium wieder zu der Auffassung, eine Gesamtrekonstruktion des Saales sei nicht möglich. Mit 15 gegen 2 Stimmen (Klaus Müller und Stadtrat Benedikt Kern) war man sich auch darüber einig, »daß eine Rekonstruierung, selbst in wesentlichen Teilen, nicht durchführbar ist«. Müller hatte sich zuvor dafür eingesetzt, zumindest die Decke des Goldenen Saales wiederherzustellen und darin die kopierten Gemälde einzufügen. Dem hatte Bushart entgegengehalten, eine Rekonstruktion der Decke würde die Stadt »in Zugzwang setzen«, den gesamten Saal wiederherzustellen. Dazu aber seien die vorhandenen Dokumente nicht ausreichend.

20 Schreiben von Oberbürgermeister Pepper an Altoberbürgermeister Dr. Klaus Müller vom 24. Januar 1969.

21 Die bestätigten Mitglieder der Kommission für die Neugestaltung des Goldenen Saales: Die Stadträte Willi Willadt und Dr. Georg Steinbacher (SPD), Max Höß und Benedikt Kern (CSU), Altoberbürgermeister Dr. Klaus Müller, Kulturreferent Dr. Ludwig Wegele, Dr. Bruno Bushart (Städtische Kunstsammlungen), Baureferent Hubert Bichler, Baudirektor Vino Eisinger (Stadtplanungsamt), Baudirektor Jakob Heichele (Hochbauamt), die Architekten Thomas Wechs sen., Reinhard Brockel, E. C. Müller (Baukunstbeirat) sowie aus der kunstverständigen Bürgerschaft die Herren Heinz Meier (Augsburger Kunstverein), Georg Bernhard (»Die Ecke«), Alfred Eckert (Augsburger Aktion), Franz Hahnle (Berufsverband bildender Künstler) sowie Frieder Pfister (Arbeitsgemeinschaft freischaffender Künstler).

22 Bericht der Augsburger Allgemeinen vom April 1970: »Goldener Saal kaum zu rekonstruieren«.

Die Kommission verabschiedete schließlich eine Empfehlung, das Rathaus mit dem Goldenen Saal stärker als bisher in das öffentliche Leben einzubeziehen: »Das Gremium kann sich vorstellen, daß der Saal sowohl für Ausstellungen als auch für Veranstaltungen von Rang verwendet werden kann. In diese Überlegungen sind die Fürstenzimmer mit einzubeziehen. Die Kommission ist ferner der Meinung, daß die Stadt in absehbarer Zeit einen neuen Wettbewerb ausschreiben soll, der von dieser Zielsetzung ausgeht. Die großartige Architektur des Saales darf durch eine Neugestaltung nicht beeinträchtigt werden.«

Erneute Stellungnahme des Bayerischen Landesamts für Denkmalpflege – Inzwischen hatte auch das Bayerische Landesamt für Denkmalpflege seine bisher positive Haltung hinsichtlich einer möglichen Rekonstruktion des Goldenen Saales revidiert. War der frühere Leiter der Behörde, Dr. Heinrich Kreisel, ein engagierter Verfechter des Wiederherstellungsgedankens, so stellte sein Amtsnachfolger Professor Dr. Torsten Gebhard mit Schreiben vom 24. Juli 1970 fest: »Die Stadt würde die Zustimmung des Landesamtes zu einer Rekonstruktion der Ausstattung nicht erhalten.« Auch wenn man über noch so viele Fotos der ehemaligen Saaldekoration verfüge und daran denke, die Nachschöpfungen der Deckengemälde in eine Holzdecke einzufügen, »so wäre das ein Verfahren, das nichts mehr mit den Aufgaben echter Denkmalpflege zu tun hat«. Die Diskrepanz »zu den Originalleistungen des 17. Jahrhunderts würde gerade in Augsburg außerordentlich stark empfunden werden und jeden Kunstkenner und Kunstliebhaber schockieren«, begründete Gebhard seine ablehnende Haltung.[23]

Der Münchner Architekt, Regierungsbaumeister Dr.-Ing. Erwin Schleich, der sich jetzt erneut in die Diskussion einschaltete, vertrat eine gänzlich entgegengesetzte Auffassung. Er setzte sich in einem ausführlichen Schreiben an die Stadt noch einmal mit Nachdruck für die Wiederherstellung des Goldenen Saales ein. Dafür existierten »so viele exakte Unterlagen, wie überhaupt möglich«, außerdem stünden »alle Künstler und Handwerker, die benötigt würden, zur Verfügung«. Er verwies abschließend auf den Wiederaufbau der Münchner Residenz sowie anderer europäischer Baudenkmäler: »Der Einwand, Werke vom Range des Goldenen Saales im Augsburger Rathaus seien nicht rekonstruierbar, ist längst mit Dutzenden repräsentativer Beispiele widerlegt.«[24]

Stellungnahmen von Stadtheimatpfleger Robert Pfaud und Professor Dr. Norbert Lieb – Auch Stadtheimatpfleger Robert Pfaud sprach sich mit Nachdruck für eine Rekonstruktion aus. In einem Artikel in der »Augsburger Allgemeinen« im Januar 1975[25] stellte er zunächst fest, daß, wenn der bestehende Zustand überhaupt verändert werden solle, nur eine weitgehend historische Fassung in Frage käme. Weiterhin heißt es in seiner Stellungnahme u. a.: »Die Mehrzahl der Fremden verbindet Augsburg mit dem Goldenen Saal und der Fuggerei. So habe ich die Überzeugung gewonnen, daß Augsburg auf der Suche nach Aufwertung seines Images in der weiten Welt an die erste Stelle die Wiedererrichtung des Goldenen Saales setzen müßte, um sich als Stadt mit hohem Bürgersinn vorstellen zu können.« Außerdem verwies er auf die fertiggestellten Kopien der Deckengemälde von Professor Martin-Amorbach, welche ebenso wie die Orginale von Matthias Kager auf eine große Sichtweite konzipiert waren. Pfaud verwies in diesem Zusammenhang auf den Briefwechsel zwischen den Augsburger Bauherrn und dem von ihnen mit der Erarbeitung eines ikonographischen Bildprogramms für den Goldenen Saal beauftragten Jesuitenpater Matthäus Rader.[26]

Mit dem Hinweis auf eine Reihe geglückter Wiederherstellungen, wie etwa die der Münchner Residenz, unterstrich Robert Pfaud seine Überzeugung, daß auch eine Rekonstruktion des Goldenen Saales durchaus möglich sei. Dafür gebe es zudem genügend Künstler und Handwerker mit der Fähigkeit, »denkmalpflegerische Hochleistungen zu erbringen«.

23 Schreiben des Leiters des Landesamtes für Denkmalpflege, Prof. Dr. Gebhard vom 24. Juli 1970.

24 Schreiben von Architekt Dr.-Ing. Erwin Schleich vom 02. Juni 1970.

25 Artikel von Robert Pfaud: »Weltweit begehrter Goldener Saal« in der Augsburger Allgemeinen vom 10. Januar 1979.

26 In dem auch von Stadtarchivar Adolf Buff zitierten Schreiben von Hans Bartholomäus Welser an Rader heißt es im Hinblick auf die mehr oder minder feine Ausführung der geplanten Deckengemälde, hier sei in Anbetracht der großen Saalhöhe eine allzu genaue Nuancierung wohl nicht erforderlich. Wörtlich meint Welser: »...weil aber der saal biß auf 48 werckschuech hoch wirt werden, halt ich auch darfür, man würde die figuren einer hystory, so von villen personen gerichtet werr, schwerlich sehen khünden...«.

Hatte sich Norbert Lieb 1962 in seiner früheren Eigenschaft als Direktor der Städtischen Kunstsammlungen noch gegen die Anfertigung von Kopien der Deckengemälde ausgesprochen, so hatte sich seine Ansicht nach seiner Berufung auf den Lehrstuhl für Bayerische Kunstgeschichte zwischenzeitlich gewandelt. Vermutlich auch beeindruckt durch das lebhafte öffentliche Interesse und das unerschütterliche Engagement von Klaus Müller und seiner Mitstreiter, schrieb Norbert Lieb im März 1976 an diesen: »Mit Interesse habe ich in den letzten Jahren immer wieder beobachtet, daß der Gedanke einer Wiederherstellung des einstigen Golden Saales lebendig geblieben ist, und im Besonderen freut es mich, daß der Gedanke nach gründlichen Vorüberlegungen nun zu seiner Verwirklichung fortschreiten könnte.« Das Beispiel Münchner Residenz habe gezeigt, »daß eine Lösung durchaus möglich und erfolgreich ist«. Aufgrund der vielfältigen dokumentarischen Unterlagen sei die Ausgangslage für eine originalgetreue Wiederherstellung im Augsburger Fall sogar »ungleich günstiger«. Dazu komme, »daß zur Ausführung einer originalgemäßen Rekonstruktion eine große Zahl begabter spezieller Kunsthandwerker gerade in Augsburg und Schwaben zur Verfügung stehe«.

Lieb wies ferner auf die Bedeutung eines wiederhergestellten Goldenen Saales für den Fremdenverkehr in Augsburg hin und stellte dann fest: »Ebenso wichtig ist, daß der Goldene Saal in seiner ursprünglichen Erscheinung auch für das Selbstbewußtsein, die Selbstidentifizierung der Augsburger größte Bedeutung hat.«[27]

Wie im nachfolgenden Abschnitt deutlich wird, war diese Aussage von Professor Lieb für den neu gegründeten Goldenen-Saal-Verein eine wertvolle Unterstützung seiner Zielsetzung.

27 Schreiben von Prof. Dr. Norbert Lieb an Altoberbürgermeister Dr. Klaus Müller vom 30. März 1976.

Die Südostecke des Goldenen Saales vor der Zerstörung.

Der Goldene-Saal-Verein

Die Vereinsgründung

Altoberbürgermeister Dr. Klaus Müller (aufgenommen 1975). Der große silberne Ordensstern, der Comturorden des hl. Gregor d. Gr., ist eine hohe päpstliche Auszeichnung, die ihm von Bischof Stimpfle 1964 im Auftrage des Papstes überreicht wurde. Außerdem wurde er 1964 als erster deutscher Politiker mit dem zivilen Verdienstorden der amerikanischen Armee ausgezeichnet.

Das Jahr 1975 wurde zum »Jahr des Denkmalschutzes« proklamiert. Es war also naheliegend, auch den Goldenen Saal im Hollschen Rathaus, dessen Zukunft nach wie vor offen war, wieder in das öffentliche Bewußtsein zu rücken und auf die Tagesordnung des kommunalpolitischen Geschehens zu setzen. Einen Anstoß gab der damalige bayerische Innenminister Dr. Bruno Merk, der bei der Johann-Liss-Ausstellung am 02. August 1975 im Oberen Fletz des Rathauses für die historische Wiederherstellung des Goldenen Saales plädierte.
Obgleich seit der feierlichen Einweihung des neuen Stadtratssitzungssaales am 18. April 1962 im Oberen Fletz die leidenschaftlich geführten Diskussionen für und gegen eine Rekonstruktion an Schärfe und Aktualität verloren hatten, erinnerten sich noch viele Augsburger an den beschwörenden Appell des damaligen Oberbürgermeisters Dr. Klaus Müller, der anläßlich dieser Feierstunde eindringlich die Wiederherstellung des Goldenen Saales und der Fürstenzimmer »in der historischen Gestalt« gefordert hatte.[1] Nicht vergessen waren auch noch die von dem Würzburger Maler Prof. Martin-Amorbach auf Betreiben Müllers geschaffenen Kopien der Deckengemälde sowie des Rottenhammer-Bildes. Und wieder übernahm Dr. Klaus Müller, inzwischen Altoberbürgermeister, ermutigt durch den Zuspruch zahlreicher Persönlichkeiten, im Denkmalschutzjahr, die Initiative: Am Nachmittag des 22. Oktober 1975 traf er sich in seinem Wohnhaus in der Sanderstraße 16 mit fünf Gleichgesinnten, denen ebenfalls die Wiederherstellung des Goldenen Saales ein Anliegen war: Regierungsbaumeister Robert Pfaud, der Münchner Architekt Dr.-Ing. Erwin Schleich, Studiendirektor und Stadtrat Richard Maier, Architekt Benedikt Laib sowie der pensionierte Bundesrichter Fritz Edsperger zur Gründungssitzung des Vereins. Zum Vorsitzenden wurde Dr. Klaus Müller gewählt, zu seinem Stellvertreter Robert Pfaud. Das Amt des Schatzmeisters übernahm Benedikt Laib, das des Schriftführers Fritz Edsperger. Als Beiräte fungierten Richard Maier und Dr.-Ing. Erwin Schleich, als Geschäftsführer Dipl.-Ing. Karl Peter Branner.[2]

Aktionen und Initiativen des Vereins

Der neugegründete Verein stand schon bald im Blickpunkt der Öffentlichkeit. Der Augsburger »Kiwanis-Club« übernahm es als erster großer Sponsor, den Goldenen-Saal-Verein am 17. Januar 1976 im kleinen Sitzungszimmer des Rathauses im Rahmen eines kleinen Festaktes vorzustellen und lud hierzu lokale und regionale Spitzenpolitiker ein. Im Beisein des Fernsehens wurden sogenannte »Bausteine« in Form gut gestalteter, doppelseitiger Kunstdruckblätter mit einem Wert von jeweils 50 DM vorgestellt.
Diese Aktion zur Unterstützung der Ziele des Goldenen-Saal-Vereins von den Kiwanis-Präsidenten Karl Heinz Genter und Hans Waimer war ein glänzender Auftakt für weitere Spendenaktionen. Als ihr Schirmherr appellierte Bürgermeister Leo Fischer an alle Augsburger, diesen guten Zweck zu unterstützen.[3] Die »Bausteine« wurden daraufhin erstmals am 31. Januar 1976 beim Kiwanis-Ball der Öffentlichkeit vorgestellt, wo sie dann auch reißenden Absatz fanden. Einen beispielhaften Einsatz für die Wiederherstellung des Goldenen Saales zeigte u. a. der Augsburger Geschäftsmann Hellmut Kreppel, der sich im Rahmen der Baustein-Aktion des Goldenen-Saal-Vereins 1975 bereit erklärte, bis zur Fertigstellung des Goldenen Saales mit Fürstenzimmer einen monatlichen Betrag von 100 DM zu spenden, was bis heute die stolze Summe von etwa 26.000 DM ausmacht. Mit der Schaufensterdekoration in seinem Musikgeschäft wies er anhand von Dokumentationsstücken des Goldenen Saales wirkungsvoll auf die

1 Festvortrag von Oberbürgermeister Dr. Klaus Müller am 18. April 1962. Amtsblatt der Stadt Augsburg vom 27. April 1962, s. S. 77ff.
2 Protokoll der Gründungsversammlung des Goldenen-Saal-Vereins vom 22. Oktober 1975; Archiv des Vereins. Die Eintragung des Vereins im Register erfolgte am 02. Dezember 1975.
3 Augsburger Allgemeine vom 19. Januar 1976: »Kiwanis klappern für einen neuen Goldenen Saal«.

Eifrigster Werber von Mitgliedern im Goldenen-Saal-Verein und für den Verkauf von »Bausteinen« zur Wiederherstellung dieses Augsburger Prunkstückes war Altoberbürgermeister Dr. Klaus Müller. Stolz zeigt er anläßlich eines am 17. Januar 1976 vom Kiwanis-Club ausgerichteten Festaktes im Rathaus zwei dieser Bausteine.

Ziele des Goldenen-Saal-Vereins hin. Darüber hinaus erstellte Hellmut Kreppel eine umfangreiche Fotosammlung der beispielhaften handwerklichen und künstlerischen Arbeiten.

Als Altoberbürgermeister Müller im Oktober 1976, ein Jahr nach Gründung des Goldenen-Saal-Vereins, vor die Presse trat, konnte er eine überzeugende Bilanz ziehen: Hunderte von Bürgern hatten sich bereits in die Mitgliederliste eingetragen und 60.000 DM waren über die »Baustein-Aktion« des rührigen Kiwanis-Clubs eingegangen.[4] Dieser Anfangserfolg war wiederum Ansporn für den Goldenen-Saal-Verein, nunmehr auf breiterer Basis die Öffentlichkeit für sein Ziel zu gewinnen.

Die in der örtlichen Presse auch über die Stadt hinaus erschienenen Aufrufe verfehlten nicht ihre Wirkung, und schon bald konnten vermehrt Spendeneingänge verbucht werden. In einigen Fällen wurde der Verein als Grundstückserbe eingesetzt. Die Spenden waren steuerlich abzugsfähig, nachdem das Finanzamt Augsburg aufgrund einer Bescheinigung des Bayerischen Landesamtes für Denkmalpflege die Gemeinnützigkeit des Vereins anerkannt hatte.

Erfreulicherweise engagierten sich auch Jungbürger für den Goldenen Saal: Unter den ersten Spendern waren Schülerinnen des Maria-Theresia-Gymnasiums, die Anfang 1977 den Erlös einer Ausstellung in der Stadtsparkasse in Höhe von 600 DM stifteten. Wegen der noch fehlenden politischen Entscheidung verlegte sich der Verein verstärkt auf öffentliche Werbeaktionen und versuchte weitere Anstöße für die angestrebte Wiederherstellung zu schaffen. Beispielsweise erwarb er auf Initiative des Vereinsmitglieds Stadtrat Rolf von Hohenau Kacheln von historischen Öfen aus dem bei einem Brand zerstörten Schloß Eurasburg, die von dem Hafnermeister Adam Vogt aus Landsberg stammen, der die Öfen in den beiden östlichen Fürstenzimmern (FZ III und IV) geschaffen hatte.

Zusätzliche Unterstützung erhielt der Goldene-Saal-Verein für sein Vorhaben, als im März 1978 anläßlich des zweitägigen Kolloquiums Experten aus ganz Mitteleuropa über eine Rekonstruktion des Goldenen Saales diskutierten und abschließend dem Stadtrat eine stufenweise Wiederherstellung empfahlen. Mit dieser Empfehlung anerkannter internationaler Fachleute sah sich der Verein in seinen Zielen voll bestätigt, weshalb Dr. Klaus Müller als Vereinsvorsitzender eine Erklärung (S. 161) unterzeichnete, in der Oberbürgermeister Hans Breuer und dem Stadtrat für die Durchführung des Kolloquiums ebenso gedankt wurde wie dem an der Organisation der Veranstaltung federführend beteiligten Münchner Zentralinstitut für Kunstgeschichte. Gleichermaßen wurde die ver-

4 Augsburger Allgemeine vom 22. Oktober 1976: »Freunde des Goldenen Saales freuen sich über erste Erfolge«.

In einem öffentlichen Schreiben wies der Goldene-Saal-Verein auf die große Bedeutung der Empfehlung durch die Experten des internationalen Kolloquiums hin, die im März 1978 im Augsburger Rathaus tagten.

Goldener-Saal-Verein e. V.

Internationale Experten haben in einem zweitägigen Kolloquium am 8. und 9. März 1978 auf Ersuchen der Stadt Augsburg zur Frage der Rekonstruktion des »Goldenen Saales« im Rathaus zu Augsburg Stellung genommen und eine Empfehlung dem Augsburger Stadtrat übergeben.
Sie gipfelt im Grundsatz in der Überzeugung, daß einer schrittweisen Verwirklichung der historischen Wiederherstellung des »Goldenen Saales« vor anderen Möglichkeiten der Vorzug zu geben sei.
Die Empfehlung bezeichnet die historische Wiederherstellung als ein Kulturpolitisches Problem, das, wie Prof. Sauerländer ausdrückte, »nur die Bürger entscheiden können«.
Keine Zweifel bestehen auch bei den Gutachtern darüber, daß eine Rekonstruktion besonders durch Vorhandensein von Maßaufnahmen aller Architekturteile technisch möglich ist.
Durch diese Aussagen ist das Bestreben des »Vereins zur historischen Wiederherstellung des Goldenen Saales im Rathaus zu Augsburg« gewürdigt und bestätigt.
Diese Empfehlung öffnet sich hiermit auch dem Gedanken durch Wiederherstellung verlorengegangenen Kulturguts, das großer Bürgergeist geschaffen hat, bedrohtes Selbst- und Geschichtsbewußtsein der Nachwelt zu vermitteln.
Für die heutigen Augsburger ist von hoher Bedeutung die in den Diskussionen immer wieder stark spürbare und auch offen ausgesprochene Feststellung, daß Augsburg aus seiner kulturellen und bürgerlichen Geschichte in Europa und der Welt heute noch hohes Ansehen genießt.
So erwarte man, daß in dem wiederaufgebauten Rathaus des Elias Holl auch der »Goldene Saal« als »das Herz dieses Baues«, wie Prof. Dr. Stankiewicz aus Danzig es bezeichnete, wiederentstehen möge.
Sicherlich sind nun viele Zweifel und Vorurteile ausgeräumt, die einer baldigen Inangriffnahme dieses Vorhabens entgegenstanden.
Damit verbindet sich die Hoffnung, daß in Bälde eine Entscheidung fällt, welche es möglich macht, das geplante Werk bis zur Zweitausendjahrfeier der Stadt Augsburg im Jahr 1985 zu vollenden.
Der »GOLDENE-SAAL-VEREIN« dankt dem Oberbürgermeister, Herrn Hans Breuer, dem Stadtrat Augsburg sowie dem Zentralinstitut für Kunstgeschichte für die Durchführung des Kolloquiums

- den Teilnehmern für ihre wertvolle Mitarbeit
- dem Hochbauamt und seinem Leiter, Herrn Dr. Kießling, für die Erstellung der Dokumentation
- allen Bürgern und Freunden des »Goldenen-Saal-Vereins« für ihre ideelle und finanzielle Unterstützung, die uns auch weiterhin Hilfeleistungen ermöglichen wird.

Der Vorstand Dr. Klaus Müller

dienstvolle Vorarbeit des Hochbauamtes gewürdigt, dessen damaliger Leiter eine umfassende Dokumentation über den Goldenen Saal als Diskussions- und Informationsunterlage für die Kolloquiumsteilnehmer erstellt hatte.
Um diese Zeit zeigte sich der Verein äußerst aktiv, vor allem wollten dessen sachverständige Mitglieder nachweisen, daß eine exakte Wiederherstellung der Saaldecke durchaus möglich sei. Nach den von Architekt Benedikt Laib auf fotogrammetrischem Wege erstellten Rekonstruktionsplänen[5] wurde unter Federführung von Heimatpfleger Regierungsbaumeister Robert Pfaud zunächst von den Vereinigten Werkstätten München Kostenangebote eingeholt, ebenso von der Augsburger Innenausbaufirma Willmeroth, wobei auch über eine mögliche Ausführung Gespräche geführt wurden. Der Verein beabsichtigte, die Rekonstruktion in Auftrag zu geben und diese der Stadt anzubieten[6]. Doch erübrigte sich diese Aktion, nachdem die Stadt als Folge der Empfehlung des internationalen Kolloquiums zunehmend eine Bereitschaft zur Wiederherstellung des Goldenen Saales erkennen ließ.

5 Laut Niederschrift von Architekt Laib vom 09. November 1996 hat er die Rekonstruktionspläne dem Betriebsleiter Schreinermeister Franz Geßner für dessen erstes Deckenmodell zur Verfügung gestellt.

6 Niederschrift vom 09. November 1996 mit acht Anlagen von Architekt Laib, die sich im Archiv des städt. Hochbauamtes befinden.

Präsident Josef Egger übernimmt im Juli 1979 die Führung des Vereins vom Gründungsvorsitzenden Alt-Oberbürgermeister Dr. Klaus Müller. In der Mitte der stellvertretende Vorsitzende, Stadtheimatpfleger Robert Pfaud.

Übernahme des Vereinsvorsitzes durch Josef Egger[7] – Da der Vorsitzende Altoberbürgermeister Dr. Klaus Müller aus gesundheitlichen Gründen nicht mehr kandidierte, wählte die Mitgliederversammlung am 04. April 1979 den Präsidenten der Handwerkskammer, Senator Josef Egger, zum neuen Vorsitzenden, was sich auf die spätere praktische Durchführung der Rekonstruktion sehr vorteilhaft auswirkte. Bei der Wiederwahl der Vorstandsmitglieder wurde Altoberbürgermeister Müller zum Ehrenvorsitzenden gewählt und Universitätsprofessor Dr. Norbert Lieb zum Ehrenmitglied ernannt.[8]

Ausstellung des Deckenmodells des Goldenen Saales im Unteren Rathausfletz – Durch die Empfehlung des internationalen Kolloquiums war eine Wiederherstellung des Goldenen Saales nunmehr in greifbare Nähe gerückt, weshalb sich der Verein von nun an auf eine »ideelle Hilfestellung« für die angestrebte Rekonstruktion verlegte. Er organisierte im Sommer 1979 eine öffentliche, viel beachtete Repräsentation eines Modells der Decke des Goldenen Saales, das von dem Augsburger Schreinermeister und Werkstattleiter der Fa. Willmeroth Franz Geßner im Maßstab 1 : 1 0 gefertigt wurde. Geßner hatte bereits ein Jahr zuvor ein Arbeitsmodell für ein Deckenviertel erstellt. Zur Ergänzung des Gesamtmodells wurde der Fachbetrieb »Vereinigte Werkstätten« München mit der Nachbildung der Portale beauftragt; außerdem konnte der Augsburger Bildhauer Urban Ehm für die Portalschnitzereien gewonnen werden.[9]

Spendenaktion nach dem Stadtratsbeschluß zur Wiederherstellung des Goldenen Saales – Im Anschluß an den Beschluß des Stadtrates vom 23. Juli 1980 für die Wiederherstellung des Goldenen Saales und eines Fürstenzimmers begrüßte der Verein in einer Presseerklärung diese Stadtratsentscheidung und stellte fest: »Der Goldene-Saal-Verein sieht es nunmehr als seine Aufgabe an, den städtischen Haushalt in hohem Maße dadurch zu entlasten, daß Spenden bei der Bürgerschaft gesammelt werden. Bereits die ersten Tage seit dem Stadtratsbeschluß haben gezeigt, daß die Bürger in großem Umfang bereit waren, durch Spenden die möglichst rasche Wiederherstellung des Goldenen Saales zu unterstützen.« Dazu sollte in Abstimmung mit Prof. Machatschek und der Stadtbauverwaltung festgelegt werden, welche konkreten Einzelmaßnahmen durch den Verein finanziert werden könnten.

Am 06. August 1980 verstarb Altoberbürgermeister Dr. Klaus Müller. Gemäß seinem letzten Wunsch, statt Kranzspenden Zuwendungen an »seinen« Goldenen-Saal-Verein zu leisten, wurden über 30.000 DM auf das Vereinskonto überwiesen.

7 Josef Egger, geb. 27. November 1913 in Augsburg, gest. 01. Mai 1984 in Augsburg. Lehre als Maler, 1938 Meisterprüfung; 1957 Bezirksinnungsmeister, ab 1970 Präsident der Handwerkskammer für Schwaben und seit 1975 Mitglied des Bayerischen Senats. In Eggers Präsidiumszeit entstand u. a. 1972 das Gewerbeförderungszentrum der Handwerkskammer.

8 Niederschrift der Mitgliederversammlung vom 04. April 1979. Es wurden folgende bisherige Vorstandsmitglieder wiedergewählt:
Robert Pfaud als stellv. Vorsitzender, Peter Bisle als Geschäftsführer, Rolf Kartmann als stellv. Geschäftsführer, Eduard Kobold als Schatzmeister, Ernst Weigl als stellv. Schatzmeister, Fritz Edsperger als Schriftführer und Richard Maier als stellv. Schriftführer.

9 Presseinformation des Goldenen-Saal-Vereins vom 22. August 1979 (Vereinsarchiv) sowie Augsburger Allgemeine vom 23. August 1979.

Unter dem Motto »Die Augsburger schenken sich und der Welt den Goldenen Saal wieder« eröffnete Vorsitzender Josef Egger Mitte September die Spendenaktion des Goldenen-Saal-Vereins, die in den folgenden Jahren alle Erwartungen übertreffen sollte.

Die Augsburger Numismatische Gesellschaft mit ihrem Vorsitzenden und Gründungsmitglied des Goldenen-Saal-Vereins Benedikt Laib startete 1980 mit dem Verkauf von »Augsburger Stadt-Münzen«, ebenfalls eine Aktion zugunsten der Wiederherstellung des Goldenen Saales.[10]

Bei einer öffentlichen Mitgliederversammlung des Vereins Ende September 1980 im Oberen Rathausfletz, bei der Architekt Prof. Alois Machatschek fachliche Erläuterungen zur bevorstehenden Saalrekonstruktion gab, wurden aus dem Kreis der Zuhörer 25.000 DM gespendet.[11]

Weitere Spenden gingen von verschiedenen Innungen der Handwerkskammer in Höhe von 100.000 DM ein.

Im Frühjahr 1982 kam es zu Unstimmigkeiten mit dem Finanzamt wegen der steuerlichen Absetzfähigkeit der Spenden, die jedoch mit Hilfe einflußreicher politischer Instanzen ausgeräumt werden konnten.

Auch aus dem Ausland kamen Spenden: So sammelte der Deutsch-Amerikanische Men's Club 4.235 DM, und der Rotary-Club Charlotte (North Carolina) übergab anläßlich des Weltkongresses der Rotarier 1987 bei einem Abstecher nach Augsburg einen Scheck über 500 Dollar.

Erhebliche Geldbeträge steuerte die Augsburger Justizbehörde für die Rekonstruktion des Goldenen Saales bei. Durch Gerichtsurteile verhängte Bußgelder wurden in Höhe von über 400.000 DM auf das Konto des Goldenen-Saal-Vereins verbucht.[12]

Weitere gezielte Förderungsmaßnahmen durch den Goldenen-Saal-Verein – Vorsitzender Senator Egger stellte vor der Mitgliederversammlung im Frühjahr 1983 fest: »Der Goldene-Saal-Verein hat sich immer dort eingeschaltet, wo weitere Baufortschritte in Frage gestellt waren oder wo keine Finanzmittel zur Verfügung standen.«[13] In diesem Sinne wurden im Rahmen der Wiederherstellungsarbeiten im Goldenen-Saal-Bereich in Absprache mit dem Hochbauamt, dem Baureferat sowie dem verantwortlichen Architekten Prof. Machatschek die Bezahlung für folgende Rekonstruktionsleistungen unmittelbar übernommen:

- die Kunstschlosserarbeiten für die gesamten Beschläge der Haupt- und Nebenportale
- die Kopien der zehn Groteskornament-Tafeln in Temperatechnik für die Saaldecke
- sechs Kartuschen (vier Eck- und zwei Mittelkartuschen über dem südlichen und dem nördlichen Hauptportal)

»Augsburger Stadt-Münzen« aus der Bausteinaktion der Augsburger Numismatischen Gesellschaft: Das brennende Rathaus auf einer Medaille von Karl Götz (oben); der Goldene Saal auf der Vorderseite einer zweiten Medaille.

Starke Beachtung in der Öffentlichkeit fand im Sommer 1979 die Ausstellung eines Modelles der Decke (Abbildung) des Goldenen Saales im Unteren Rathausfletz.

10 Augsburger Allgemeine vom 21. Februar 1980: »Augsburger Stadt-Münzen für den Ausbau des Goldenen Saales«.

11 Augsburger Allgemeine vom 01. Oktober 1980: »Der Goldene-Saal-Verein strahlt über hohe Spenden«.

12 Augsburger Allgemeine vom 19. März 1985: »Angeklagte büßen für den Goldenen Saal«.

13 Ansprache von Senator Josef Egger bei der Mitgliederversammlung am 26. April 1983 (Vereinsarchiv).

Eine bemerkenswerte Werbeaktion für die Wiederherstellung des Goldenen Saales unternahm Geigenbaumeister Hellmut Kreppel, Inhaber des bekannten Musikfachgeschäftes Müller in der Zeuggasse, mit der Gestaltung seiner Ladendekoration. Mit hervorragenden Fotografien, Plänen und dem »Deckenachtel« von Franz Geßner gelang es eine breite Öffentlichkeit für dieses Vorhaben einzustimmen.

– die Anbringung der elf Deckengemälde samt der notwendigen Anpassungsarbeiten.

Die feierliche Einweihung der ersten Wiederherstellungsstufe des Goldenen Saales – Die langjährigen Verdienste des Vereins fanden bei dem Festakt am 09. Januar 1985 höchste Anerkennung.[14] Das dem Verein eng verbundene Schwäbische Handwerk zeigte eine »eindrucksvolle Demonstration einer großen und lebendigen Handwerkstradition im bayerisch-schwäbischen Raum«, wie Architekt Prof. Machatschek als einer der Festredner hervorhob.
Senator Josef Egger erlebte diese Veranstaltung nicht mehr. Nach seinem plötzlichen Tod am 01. Mai 1984 wurde Donat Müller[15] zum neuen Vereinsvorsitzenden gewählt, nachdem er auch als Präsident der Handwerkskammer die Nachfolge von Josef Egger angetreten hatte. Er führte die Arbeit seines Vorgängers zielstrebig fort, indem er weitere Spendenaktionen erfolgreich organisierte. So animierte der bei der Eröffnung sichtbar gewordene Erfolg die Bürger, vor allem im Jubiläumsjahr, zu weiteren Spenden und zum Vereinsbeitritt. Am 20. Januar 1985 wurde der vormalige Hausmeister des Rathauses, Johann Baumann, zusammen mit seiner Frau als 1000. und 1001. Mitglied in den Verein aufgenommen.
Obwohl die Mitgliederzahl im weiteren Verlauf wieder abnahm, stieg das Spendenkonto weiter an. Eine Reihe von Benefizkonzerten im Goldenen Saal, die von dem stellvertretenden Vorsitzenden des Goldenen-Saal-Vereins, Stadtrat Richard Maier, vorbildlich ausgerichtet wurden, erbrachten von 1985 – 1990 einen Erlös von 50.000 DM. Außerdem beliefen sich die Bargeldspenden von Rathausbesuchern auf nahezu 70.000 DM, so daß die Bilanz des Goldenen-Saal-Vereins im März 1990 ein Spendenaufkommen von 1,56 Millionen ergab. Auf diese Weise konnte sich der Goldene-Saal-Verein auch an den Maßnahmen der zweiten Rekonstruktionsstufe mit erheblichen Zuschüssen beteiligen: Neben der Finanzierung der von den Sachverständigen der Goldenen-Saal-Kommission dringend empfohlenen Ergänzungen des sogenannten »Deckenachtels« im südöstlichen Bereich in Höhe von ca. 27.000 DM, wurden zusätzlich über 620.000 DM der Stadt zur Verfügung gestellt.

14 Augsburger Allgemeine vom 10. Januar 1985: »Mit einem Festakt feierte die Stadt Augsburg gestern die Wiedereröffnung ihres Rathauses«.
15 Donat Karl Müller, geb. 18. Juli 1924 in Augsburg; nach der Lehre als Zimmerer Meisterprüfung 1950. Anschließend Tätigkeit im väterlichen Betrieb, den er 1955 übernahm. Mit zahlreichen Ehrenämtern in Handwerksorganisationen betraut, wurde er 1984 zum Präsidenten der Handwerkskammer für Schwaben gewählt. Seit 1988 war er auch Mitglied des Bayerischen Senats. Mit seinem Ausscheiden im Sommer 1996 wurde Senator Donat Müller zum Ehrenpräsidenten ernannt – ein Titel, der erstmals im schwäbischen Handwerk vergeben wurde.

Vorgezogene Abschlußfeier der zweiten Wiederherstellungsstufe am 28. April 1990 im Goldenen Saal.

Dank und Anerkennung bei der vorgezogenen Abschlußfeier der zweiten Wiederherstellungsstufe – Bei der vorgezogenen Feier zur Fertigstellung der zweiten Rekonstruktionsstufe am 28. April 1990 im Goldenen Saal – zu diesem Zeitpunkt war die Wiederherstellung der Portalfiguren sowie des Kachelofens für das Fürstenzimmer erst im Anfangsstadium – würdigte der scheidende Oberbürgermeister Hans Breuer ausführlich die Verdienste des Goldenen-Saal-Vereins für die Wiederherstellung.

Breuer hob hervor, daß die Stadt dem Verein »maßgebliche Impulse zu verdanken« habe. Der Oberbürgermeister fuhr fort: »Ein Herz für den Goldenen Saal hatten und haben die Mitglieder des Vereins zur Wiederherstellung des Goldenen Saales im Augsburger Rathaus e.V. Ihnen und allen Förderern und den unzähligen Bürgern, die durch ihre Spende mitgeholfen haben, dieses Werk zu vollenden, sage ich von Herzen Dank«. Auch der Vorsitzende des Goldenen-Saal-Vereins, Senator Donat Müller, wies auf die verantwortungsvolle Weitsicht der Gründungsmitglieder von 1975 und ihren beispielhaften Einsatz hin. Besonders würdigte er die Unterstützung durch »alle großen und kleinen Spenden…, weil hier nicht die Verpflichtung durch Gesetz und Verordnung gegeben war, sondern weil der Bürgersinn vieler Menschen hier motivierend hinter einem freiwilligen Beitrag stand, der für mich beweist, daß viele Bürger sich auch heute noch identifizieren mit ihrer Stadt, dem Rathaus und der Idee, Altüberliefertes zu erhalten oder historisch wieder herzustellen«.

Beschlossenes Ziel des Goldenen-Saal-Vereins: Die Wiederherstellung der beiden südlichen Fürstenzimmer

Doch mit dem Abschluß der zweiten Rekonstruktionsstufe war die Aufgabe des Goldenen-Saal-Vereins noch nicht beendet.

In einem Schreiben an Oberbürgermeister Dr. Peter Menacher vom 23. November 1991 erklärte Senator Müller, daß der Goldene Saal und die angrenzenden Fürstenzimmer als ein einheitliches Ensemble zu betrachten seien, wobei er

Probe für eines der Benefizkonzerte im Goldenen Saal, die Stadtrat Richard Maier als Ausrichter und Dirigent veranstaltete.

Oberbürgermeister Dr. Peter Menacher nahm Ende November 1992 vom Handwerkskammer-Präsidenten und Vorsitzenden des Goldenen-Saal-Vereins Senator Donat Müller einen Scheck in Höhe von 50.000 DM für die Weiterführung der erforderlichen Restaurierung der originalen Freskenfragmente im Goldenen Saal entgegen.

auch der Ansicht sei, daß der Satzungszweck des Vereins außer dem bereits wiederhergestellten nordwestlichen, auch die Rekonstruktion der weiteren, d. h. des südwestlichen und des südöstlichen Fürstenzimmers beinhalte. »Ich bin der Überzeugung, daß die Vorstandschaft und wohl auch die Mehrheit der Mitglieder sich diese Denkweise zu eigen macht, da doch nur dann von einer völlig einheitlichen Rekonstruktion gesprochen werden kann.«
Bei der Mitgliederversammlung im Dezember 1991 wurde daher beschlossen, den Goldenen Saal »nicht als einzelne Fördermaßnahme, sondern zusammen mit den Fürstenzimmern als einheitliches Ensemble« zu betrachten. »Somit werde«, so heißt es in der Pressemitteilung der Handwerkskammer für Schwaben vom 20. Januar 1992, »der Goldenen-Saal-Verein auch weiterhin seinem Förderzweck dienen und sich um die originalgetreue Rekonstruktion vor allem der beiden südlichen Fürstenzimmer bemühen«. Erneut betonte der Vorsitzende Senator Donat Müller bei der Mitgliederversammlung im Juli 1994 die besondere Bedeutung der noch nicht rekonstruierten südlichen Fürstenzimmer für die Gesamtwirkung des Goldenen-Saal-Bereiches und drängte auch namens der Mitglieder auf deren baldmöglichste Wiederherstellung.[16] Anläßlich des Festaktes zum Abschluß der Wiederherstellung des Goldenen Saales am 23. Februar 1996 verwies der stellvertretende Vorsitzende des Goldenen-Saal-Vereins, Altstadtrat Richard Maier erneut auf die Beschlußfassung für die Wiederherstellung der beiden südlichen Fürstenzimmer, wobei er den Betrag an Spendengeldern des Vereins hierfür auf eine halbe Million bezifferte.

16 Augsburger Allgemeine vom 09. Juli 1994: »Fürstenzimmer sollen alten Glanz bekommen«.

Blick vom nordöstlichen Fürstenzimmer auf das südliche Hauptportal des Goldenen Saales. Fotografie vor der Zerstörung.

Das internationale Kolloquium

Wie bereits ausführlich dargestellt, bewegte seit Mitte der 50er Jahre auch die Bürger die Frage des Schicksals des zerstörten Goldenen Saales in zunehmendem Maße. Mit der Gründung des Goldenen-Saal-Vereins war zudem ein verstärktes Bemühen um dessen Wiederherstellung erkennbar. So kam es schließlich im Sommer 1977 zu der Antragstellung der Stadtratsfraktionen der CSU und der SPD, die Möglichkeit einer Rekonstruktion des Saales ein weiteres Mal untersuchen zu lassen.
Während die CSU zu einer originalgetreuen und bis zum Stadtjubiläum abzuschließenden Wiederherstellung tendierte, sprach sich die SPD für die Einberufung eines Sachverständigenausschusses zur Klärung der technischen und finanziellen Voraussetzungen sowie der funktionellen Auswirkungen einer derartigen Aktion aus.[1]

Experten tagen am 08. und 09. März 1978 im Augsburger Rathaus

Unabhängig von diesen unterschiedlichen Auffassungen führten diese Initiativen schließlich auf Empfehlung des damaligen Baureferenten Friedrich Hermann Stab zu dem Beschluß des Stadtrates, ein internationales Kolloquium, unter Beteiligung anerkannter Denkmalpfleger, Kunsthistoriker und Architekten, einzuberufen.[2] Das Hochbauamt erhielt dazu den Auftrag, zur Information der Teilnehmer eine Zusammenstellung der wichtigsten Daten und Fakten des wiederaufgebauten Rathauses zu erarbeiten. Mit dieser Dokumentation erhielten die aus allen Teilen Europas angereisten Fachleute einen umfassenden Überblick über die baulichen Gegebenheiten des Rathauses, insbesondere auch über den Bereich des Goldenen Saales und der Fürstenzimmer, ergänzt mit Plänen und Abbildungen aus dem umfangreichen Fundus der zeichnerischen und fotografischen Belege aus der Zeit vor der Zerstörung.[3]
Das mit Spannung erwartete Kolloquium fand am 08. und 09. März 1978 unter Teilnahme von 51 Experten und zahlreichen Zuhörern im Oberen Fletz des Rathauses statt. Die Ausrichtung und Leitung oblag dem Münchner Zentralinstitut für Kunstgeschichte mit Unterstützung der Städtischen Kunstsammlungen Augsburg.
Im Mittelpunkt der zweitägigen Diskussionen stand die Frage, ob die Rekonstruktion eines nahezu vollständig zerstörten Objektes einerseits planerisch, technisch und künstlerisch noch realisiert werden könne und andererseits denkmalpflegerisch vertretbar sei. Die dabei auftretenden gegensätzlichen Meinungen wurden anhand ausführlicher Fachreferate dargestellt und diskutiert. Ergänzend dazu wies Oberbürgermeister Hans Breuer darauf hin, daß ein derartiges Vorhaben sich nicht allein an fachspezifischen Kriterien orientieren dürfe, sondern letztlich auch nach kommunalpolitischen Gesichtspunkten entschieden werden müsse.
Im Verlauf des Kolloquiums wurde nicht nur über grundsätzliche Probleme bei Rekonstruktionsmaßnahmen referiert, sondern auch vier, zum Zeitpunkt des Augsburger Kolloquiums größtenteils abgeschlossene Wiederherstellungsprojekte ausführlich vorgestellt und diskutiert: Die Schloßanlagen in Berlin-Charlottenburg und in Bruchsal, das Rathaus in Danzig sowie die Münchner Residenz[4]. Obwohl die spezifischen Vorgehensweisen dieser nachfolgend in knapper Form dargestellten Objekte nicht ohne weiteres auf die Entscheidungsproblematik des Goldenen Saales anwendbar waren, brachten die von namhaften Fachleuten vorgetragenen Beispiele wertvolle Erkenntnisse für das weitere Vorgehen.

1 Schreiben der CSU-Fraktion vom 22. Juni 1977 sowie Schreiben der SPD-Fraktion vom 12. Juli 1977.

2 Beschluß des Stadtrates vom Dezember 1977.

3 Stadt Augsburg – Hochbauamt (Verfasser: Dr. Hermann Kießling,). »Das Augsburger Rathaus – Daten und Fakten zum Wiederaufbau und zur Gestaltung des Goldenen Saales«, Augsburg, Februar 1978.

4 Die Referenten im Rahmen der Vortragsfolge: Probleme der Rekonstruktion historischer Innenräume an ausgewählten Beispielen (unter der Gesprächsleitung von Prof. Dr. Willibald Sauerländer):
– Dr. Dethard von Winterfeld (Kunsthistorisches Institut der Universität Heidelberg): »Schloß Bruchsal«
– Prof. Dr. Martin Sperlich (Verwaltung der Staatlichen Schlösser und Gärten, Berlin): »Schloß Charlottenburg«
– Prof. Dr. Jerzy Stankiewicz (Danzig): »Der Wiederaufbau des Rathauses in Danzig«
– Präsident i. R. Levin, Freiherr v. Gumppenberg (München): »Residenz München«

Vorgetragene Beispiele bereits durchgeführter Rekonstruktionen

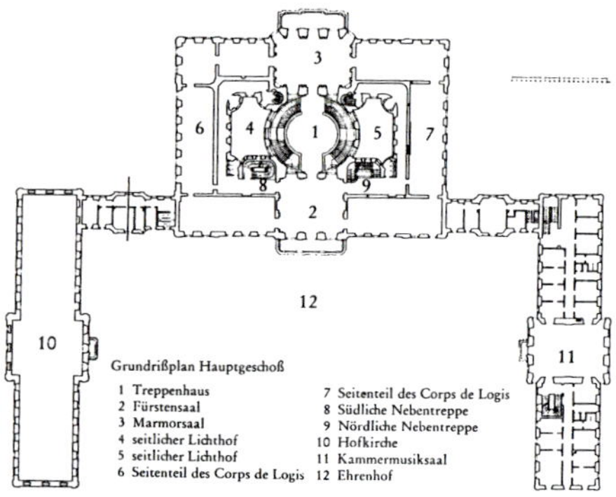

Schloß Bruchsal. Grundrißplan Hauptgeschoß.

Schloß Bruchsal – Schloß Bruchsal, ein knappes Jahrhundert lang Sitz der Speyerer Fürstbischöfe, gilt als »Perle des Barock und Rokoko«. Unter den Bauherrn Kardinal Hugo Damian von Schönborn und Fürst Kardinal Christoph von Hutten (Innenausbau) wurde es von 1721 – 1754 in drei Abschnitten errichtet.

Kern der aus 50 Einzelgebäuden konzipierten, in eine Parklandschaft eingebetteten Anlage ist der dreiflügelige Schloßhauptbau. An der Vollendung der auf Maximilian von Welsch zurückgehenden Gesamtkonzeption waren mehrere Architekten beteiligt, vor allem Balthasar Neumann, der geniale Schöpfer des Haupttreppenhauses im Corps de Logis. Die Fresken in der Beletage hat Johannes Zick geschaffen, während die im Vestibül, in der Grotte und im Gartensaal des Schloßhauses von Giovanni Francesco Marchini gemalt wurden, von dem auch die für Bruchsal typischen Fassadenmalereien stammen.

Bei dem schweren Bombenangriff am 01. März 1945 wurde die Schloßanlage nahezu bis auf die Grundmauern zerstört; nur geringe Reste vom Treppenhaus mit Kuppel, Fürsten- und Marmorsaal blieben erhalten. Obwohl anfangs an einen Abbruch der Ruinen gedacht wurde, entschloß man sich zu Beginn der 50er Jahre wegen fehlender Behördenräume für erste Wiederaufbaumaßnahmen. Sie betrafen vorrangig den Kammerflügel; während die vielgeschossigen Seitenflügel für eine Nutzung als Badisches Landesmuseum in einer zurückhaltend zeitgemäßen Bauweise wiedererrichtet wurden, entschloß man sich im Bereich des hochwertigeren Mitteltraktes für eine originalgetreue Restaurierung bzw. Rekonstruktion, die sich zunächst auf die Innenräume beschränkte. Dabei waren die ursprünglichen handwerklichen Techniken unter Verwendung der Materialien aus der Erbauungszeit streng zu beachten, weshalb das verantwortliche staatliche Hochbauamt mit diesen Arbeiten ausschließlich hochrangige Künstler und Kunsthandwerker aus dem In- und Ausland betraute.

Für die Wiederherstellung des Bruchsaler Schlosses wurden drei Schwerpunkte gesetzt, die sich aus dem kunstgeschichtlichen Rang dieses bedeutenden Baudenkmals herleiten:[5]

Schloß Bruchsal. Wiederhergestelltes Deckengemälde in der zentralen Treppenhauskuppel von Kunstmaler Manninger unter Mitwirkung von Hermenegild Peiker.

5 Rheinstädter, Hajo: »Schloß Bruchsal«, Tübingen 1982.

1. Exakte Wiederherstellung der Treppenanlage von Balthasar Neumann als klassisch vollkommene Raumschöpfung und künstlerischer Höhepunkt der gesamten Schloßanlage.
2. Wegen der intensiven Wechselwirkung mit dem Treppenhaus originalgetreue Rekonstruktion der anschließenden Raumfolgen (Fürstensaal – Treppenhaus – Marmorsaal) unter besonderer Qualitätsanforderung an die Wiederherstellung des Marmorsaales.
3. Im Interesse der vorzüglichen Architektur des Gesamtkomplexes mit seinen elegant abgestuften und streng auf die Symmetrieachse bezogenen Baukörpern, vollständige Rekonstruktion sämtlicher Außenfassaden in Fortsetzung der Renovierungsarbeiten vom Beginn des Jahrhunderts.

Die nach dem Urteil der Fachwelt hervorragend gelungene Rekonstruktion setzte neue Maßstäbe für die Denkmalpflege, hat sie doch bewiesen, daß derartige, bis dahin als undurchführbar geltende Vorhaben bei einer konsequenten und fachlich qualifizierten Vorbereitung durchaus möglich sind.[6] In Bruchsal ist das Gelingen nicht nur dem hervorragenden Können der Planer, Künstler und Handwerker zu verdanken, sondern auch dem Umstand, daß auf eine nahezu lückenlose Fotodokumentation aus dem Jahre 1942 zurückgegriffen werden konnte. Aus diesem Grund war diese Rekonstruktionsmaßnahme beim Augsburger internationalen Kolloquium ein vielbeachtetes Demonstrationsobjekt, aus dem zahlreiche Parallelen in der restauratorischen Problemstellung abgeleitet werden konnten. Ein praktischer Bezug war nicht zuletzt auch dadurch gegeben, daß der in Bruchsal mit Karl Manninger tätige Restaurator und Kunstmaler Hermenegild Peiker später mit der Rekonstruktion der Wandfresken und der sonstigen Malereien im Goldenen Saal beauftragt wurde.

Schloß Charlottenburg – Die Baugeschichte dieser imposanten Schloßanlage beginnt mit dem Neubau des Sommersitzes für die Kurfürstin und spätere Königin Sophie Charlotte im Jahre 1665 und endet 1788/90 mit dem Bau des Hoftheaters. Dazwischen liegen mehrere Erweiterungsphasen unter Beteiligung so bedeutender Architekten wie Eosander von Göthe und Georg Wenzeslaus von Knobelsdorff. Der ausgedehnte Schloßkomplex erlitt 1943 schwere Bombenschäden. Der Wiederaufbau mit weitgehender Wiederherstellung der Inneneinrichtung begann bereits im Jahre 1947.

Das Leitmotiv war dabei die Vermeidung moderner Zutaten und die Rekonstruktion lediglich der dokumentarisch gesicherten Bau- und Ausstattungsteile. In diesem Zusammenhang verdienen verschiedene Deckenbemalungen deshalb besondere Erwähnung, weil die abgegangenen Originalfresken durch neuzeitliche Alternativen ersetzt wurden. Im Gegensatz zur plastischen Dekoration, die gegebenenfalls allein nach fotografischen Vorlagen rekonstruiert werden konnte, war eine zufriedenstellende Wiederherstellung auf diese Weise bei den Deckengemälden in der Regel nicht mehr möglich. Ihre Rekonstruktion scheiterte oft nicht nur am Fehlen verlässlicher Farbaufnahmen, sondern auch an der Bedingung, die typische Handschrift des Originals bzw. seines Schöpfers zu treffen.

Unter diesem Aspekt entstanden im Schloß Charlottenburg stilistisch unterschiedliche Versionen der Deckenbemalung. So rekonstruierte Anfang der 70er Jahre Manfred Bleßmann in der Schloßkapelle die 1708 von Anthonie de Coxis geschaffenen Fresken. Ohne diese originalgetreue Wiederherstellung wäre nicht nur die Raumwirkung eines der wichtigsten Gebäude, sondern auch das dafür maßgebliche Bildprogramm nachhaltig gestört gewesen. Wäre mit Manfred Bleßmann nicht ein so hervorragender Künstler zur Verfügung gestanden, hätte man eine Rekonstruktion trotz guter fotografischer Unterlagen wohl nicht gewagt. Er stellte sein meisterhaftes Können bei der Wiederherstellung des Audienzzimmers Friedrichs I. ein weiteres Mal unter Beweis, wobei er trotz fehlender Farbvorlagen die schwierige Aufgabe dadurch löste, indem er auf analoge Dekorationsstücke zurückgreifen konnte.

6 Die Wiederherstellung der gesamten Schloßanlage nahm rund 30 Jahre in Anspruch und erforderte einen Kostenaufwand von ca. 30 Mio. DM, wovon etwa ein Drittel auf reine denkmalpflegerische Maßnahmen entfielen.

Schloß Charlottenburg in Berlin. Der Mitteltrakt mit der Kuppel, davor im Ehrenhof das Reiterdenkmal des Großen Kurfürsten von Andreas Schlüter.

Eine freie Gestaltung der Deckenmalerei hingegen übernahm 1972/73 Hann Trier im Neuen Schloßflügel. Er bemalte den Plafond des Weißen Saales mit einem Bild, das als eine »freie Paraphrase« des zerstörten Deckenbildes von Antoine Pesne seine Entstehungszeit nicht verleugnet. Auf ein Deckengemälde ganz zu verzichten, war aus architektonischen Gründen nicht vertretbar. Im Gegensatz zu Höders rahmender Scheinarchitektur mit ihren wenigen Farben, war der sich öffnende Himmel Antoine Pesnes nicht so problemlos zu rekonstruieren. Aus diesem Grunde fiel schließlich die Entscheidung für die »Paraphrase« als eine dem 18. Jahrhundert entsprechende Form der künstlerischen Aussage und als qualitativ ebenbürtiger Ausweg aus dieser Schwierigkeit.
Mit Hann Trier war in Charlottenburg ein zeitgenössischer Künstler tätig, der dem Stil des friederizianischen Rokoko stilistisch sehr nahe stand. Aus diesem Grund wurde Trier 1974 auch mit der Bemalung der Decke des anschließenden Treppenhauses beauftragt.
Eine weitere Darstellungsart wurde von Peter Schubert 1977 im Mittelsaal der Orangerie angewandt (Abb. S. 173). Wie Professor Martin Sperlich beim Kolloquium für den Goldenen Saal berichtete, befand sich hier ein 1710 geschaffenes und im 19. Jahrhundert stark verändertes Deckenfresko, das Schubert nach dessen Zerstörung in abstrakter Form erneuerte. Seine Absicht war, die »architektonisch reicher ausgestaltete Mitte durch Malerei wieder zur ursprünglichen Fülle der Orchestrierung zu steigern. In dem robusten Raum hatte der Maler weit mehr Freiheit, seinen persönlichen Stil in selbstbewußter Partnerschaft den barocken Elementen des Raumes entgegenzustellen.«[7]
Von Peter Schubert ist übrigens eine überzeugende Ausmalung der Kirche des Augsburger Priesterseminars zu sehen.

7 Börsch-Supan, Helmut: »Kopie und Paraphrase als Ersatz zerstörter Deckenmalereien im Schloß Charlottenburg«, in: Deutsche Kunst und Denkmalpflege, Heft 1 + 2, München/Berlin 1980.

Schloß Charlottenburg. Mittelpavillon der großen Orangerie mit dem Deckenbild von Peter Schubert.

Das Danziger Rathaus – Das rechtsstädtische Rathaus von Danzig bildet mit seiner Lage an der von Patrizierhäusern gesäumten Langgasse und am Langen-Markt die architektonische Mitte des Stadtzentrums. Das 1327 zunächst als zweistöckiges, gotisches Backsteingiebelhaus begonnene Gebäude wurde im 15. und 16. Jahrhundert mehrfach umgebaut, wobei 1559/60 der auf 82 m erhöhte Rathausturm seinen typischen Renaissancehelm (Dirk Daniels) erhielt. Der Dresdner Hans Kramer leitete von 1563 – 1577 den Ausbau des Hofgebäudes, während der flämische Baumeister Antony von Obberghen von 1593 – 1598 und 1608 – 1611 das Hauptgebäude umbaute. In dieser Zeit entstand auch die berühmte Innenaussstattung, vor allem im Großen Ratssaal (Roter Saal) mit den Dekkengemälden von Isaak van dem Block, dem Kamin (Wilhelm Barth) und den Schnitzereien (Simon Herle).

Bei den schweren Kämpfen um Danzig am Ende des Zweiten Weltkrieges wurde die Innenstadt zu 90 Prozent zerstört und auch das Rathaus schwer in Mitleidenschaft gezogen. Die Holzkonstruktion im Turminneren und der Turmhelm wurden ebenso wie die Dächer und Decken der oberen Räume samt ihrer Innenausstattung ein Raub der Flammen. Nur wenige Gewölbe im Keller, Parterre und im ersten Stock blieben erhalten.

Die anfängliche Resignation wich schon bald der Auffassung, Danzigs Altstadt in ihrer Gesamtheit als eine über Polen hinaus einzigartige städtebauliche Einheit originalgetreu zu rekonstruieren.[8] Am Beginn standen 1945 erste Sicherungsmaßnahmen mit Betonierung der zerstörten Decken, der Treppen im Turm und Rekonstruktion des Turmhelms, die 1954 abgeschlossen waren. Problematisch erschien jedoch das ehrgeizige Ziel, auch das Innere des Rathauses möglichst vollständig wiederherzustellen, da hierfür nur wenige Dokumente

8 Maßgeblich für die Rekonstruktionsidee war das im August 1945 von dem Generalkonservator Prof. Dr. Jan Zachwatowicz vorgelegte Thesenpapier mit dem Titel »Programm und Prinzipien der Denkmalpflege«, das in der Folgezeit den hervorragenden Ruf polnischer Fachleute auf diesem Gebiet begründete.

Oben: Danzig, Langer Markt mit Rathaus und -turm. Perspektive: W. Rauda.

Unten: Das Danziger Rathaus. Grundriß des Hauptgeschosses.
A *großer Christopher (Turm)*
B *große Diele*
C *großer Ratssaal*
D *kleiner Ratssaal*
E *großer Schöffensaal (weißer Saal)*
F *kleiner Schöffensaal*
G *Vorhalle zum kleinen Schöffensaal*
H *Hofgebäude*
I *Hauptgebäude*

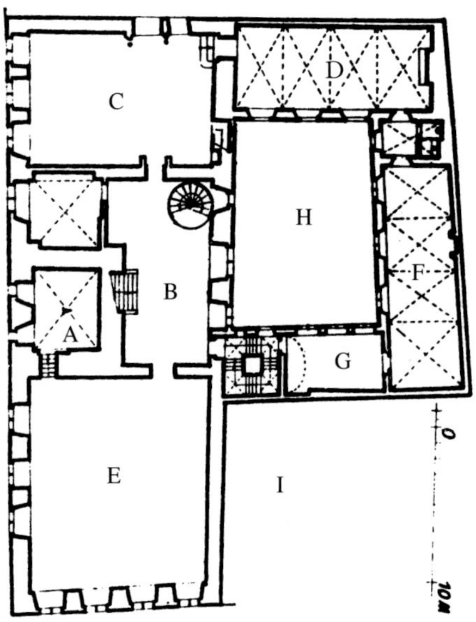

über den Zustand vor der Zerstörung zur Verfügung standen. Ein Glücksfall war, daß bereits während des Krieges der Danziger Konservator, Erich Volmar, bewegliche Dekorationsstücke, wie Bilder und Schnitzereien, ausgelagert hatte. Darüber hinaus hatten nur fragmentarische Teile, z. B. Wandgesime, Kamine, Kragsteine mit Gewölberippen, Portale und Reste von Wandmalereien, die Zerstörung überstanden.

Unter der Regie von Professor Jerzy Stankiewicz, dem Leiter des Lehrstuhls für Architekturgeschichte in Danzig, erfolgte die Wiederherstellung des Rathauskomplexes nach folgenden fünf Kriterien:[9]

1. Sicherungsmaßnahmen in weniger beschädigten Innenräumen mit Konservierung wertvoller Wandmalereien.
2. Im großen Ratssaal originalgetreue Rekonstruktion des Zustandes aus dem 17. und 18. Jahrhundert anhand von aussagekräftigem Bildmaterial und zahlreicher erhaltener Einrichtungsgegenstände.
3. Wiederherstellung der ursprünglichen Raumkonzeption in Innenräumen des Erdgeschosses mit Hilfe von fotografischen Dokumenten und erhaltenen Einrichtungsteilen, jedoch mit gewissen Abweichungen, die sich dennoch überzeugend in ihre originale bzw. rekonstruierte Umgebung einfügen.
4. Wiederherstellung von Räumen mit nur wenigen erhaltenen oder rekonstruierten Ausstattungselementen, ansonsten mit freier Gestaltungsmöglichkeit für den Architekten und den Künstler.
5. Neue Innenausstattung in Räumen mit neuzeitlichen, formalen Gestaltungsmitteln, jedoch unter Beibehaltung des traditionellen Raumeindrucks durch die unveränderte Verwendung der ursprünglichen Materialien wie Holz, Textilien sowie Fassadenmalerei.

Diese Vorgehensweise gilt in Fachkreisen als eine weitgehend geglückte Synthese der im Laufe der Zeit modifizierten Rekonstruktionstheorien und Prinzipien der Denkmalpflege. Zu widersprüchlichen Diskussionen führte lediglich die Einbindung moderner Wandmalereien und -verkleidungen in die ursprünglichen bzw. original rekonstruierten Raumbereiche.

Obwohl diese Rekonstruktionsmaßnahmen des Danziger Rathauses nur bedingt auf die Wiederherstellung des Augsburger Goldenen Saales anwendbar waren, brachte ihre Behandlung beim Kolloquium von 1978 wertvolle Erkenntnisse über die grundsätzliche ethisch vertretbare Zulässigkeit einer Wiederherstellung zerstörter Denkmäler. Das Danziger Beispiel bewies darüber hinaus eindrucksvoll das Vorhandensein befähigter Künstler und Kunsthandwerker.

Die Residenz in München – Während andere barocke Schloßanlagen, wie beispielsweise Versailles oder Würzburg, nach einem einheitlichen Gesamtkonzept in kurzer Bauzeit entstanden sind, wurde die Münchner Residenz im Verlauf mehrerer Jahrhunderte unter wechselnden stilistischen Voraussetzungen erbaut.

Vom Gründungsjahr 1385 ausgehend, reicht die Baugeschichte bis ins 19. Jahrhundert. Der Gesamtkomplex der heutigen Anlage mit insgesamt sieben Innenhöfen (Abb. S. 175) beansprucht ohne Hofgarten eine Fläche von vier Hektar. Der Besucher begegnet beim Rundgang einer nahezu lückenlosen Folge wechselnder Stilelemente von der frühen Renaissance bis zum Klassizismus. Baumeister wie Friedrich Sustris, Enrico Zuccalli, Josef Effner, François Cuvilliés bis Leo von Klenze und Karl von Fischer haben dazu beigetragen, daß sich die Münchner Residenz von der mittelalterlichen Burg zu einem der repräsentativsten deutschen Stadtschlösser entwickelte.

1944 wurde die Residenz durch Flugzeugbomben mehrmals auf das schwerste getroffen. Nach dem letzten Angriff im Februar 1945 blieben schließlich von 23.000 Quadratmetern Dachfläche nur noch 50 erhalten. Glücklicherweise waren vorher – von den Machthabern geschickt verborgen oder stillschweigend geduldet – durch verantwortungsbewußte Kräfte zahlreiche wertvolle Ausstattungsteile in 35 Depots ausgelagert worden.

9 Stankiewicz, Jerzy: »Die Rekonstruktion und ihre Probleme am Beispiel des Rathauses in Augsburg und der Innenräume des Reichsstädtischen Rathauses in Gdansk«, in: Architektura XX, Danzig 1991.

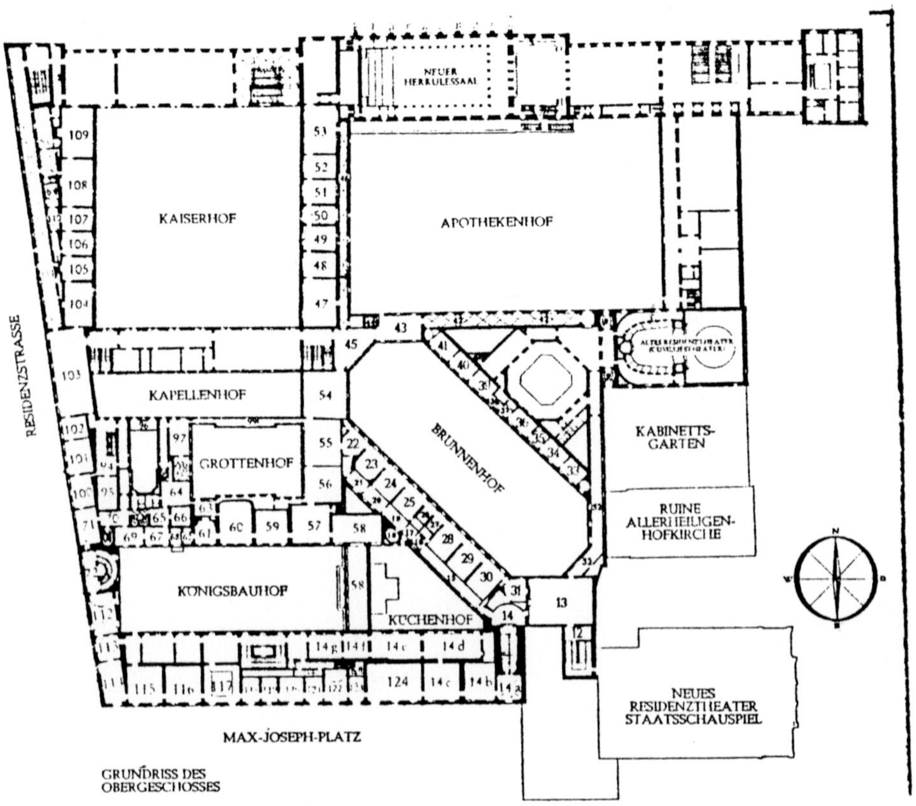

Die Residenz in München. Grundriß der Obergeschoßebene.

Die mutige Entscheidung für die Wiederherstellung der Residenz entwickelte sich zu einem vieldiskutierten Politikum, indem sie wegen der verheerenden Zerstörungen in München und im ganzen Lande nur schwer vertretbar erschien.

Andererseits war dieses bedeutende Kunstdenkmal jahrhundertelang sichtbarer Ausdruck bayerischer Eigenstaatlichkeit und deshalb seine Wiederherstellung für viele bayerische Bürger Symbol für das Weiterbestehen ihres Landes. Darüber hinaus gab es für die Rekonstruktionsmaßnahme mehrere gewichtige Gründe:

1. Die herausragende städtebauliche Bedeutung der Residenz; hatten doch die für München bedeutsamen Stadterweiterungen des 19. Jahrhunderts hier ihren Ausgang genommen.
2. Außer dem Mobiliar hatten nahezu alle demontierbaren Einrichtungs- und Ausstattungsteile dank ihrer Auslagerung den Krieg unbeschadet überstanden.
3. Die dokumentarischen Unterlagen für eine Wiederherstellung der bedeutenden Innenräume erschienen aufgrund umfangreicher Recherchen ausreichend.
4. Im Münchner Raum gab es ein großes Potential von Handwerkern und Künstlern sowie speziellen Betrieben, was auch den Aufbau eigener Werkstätten in der Residenz ermöglichte.
5. Für das Gebäude gab es neben der musealen Nutzung bald nach Kriegsende konkrete Nutzungswünsche seriöser Institutionen wissenschaftlicher und kultureller Art.

1948 begann der schrittweise Wiederaufbau nach einer zuvor erarbeiteten Rahmenplanung. Sie sah mit wenigen Ausnahmen eine Wiederherstellung der Residenz so vor, wie sie sich zuletzt vor der Zerstörung präsentiert hatte. Mehrere unterschiedliche Konzepte lagen jedoch der Behandlung der Innenräume zugrunde, die in den einzelnen Bauteilen je nach Befundlage und Zweckbestimmung, aber von Anfang an nebeneinander und gleichrangig angewandt wurden.[10]

10 Einer der entscheidenden Initiatoren der Wiederherstellung war Rudolf Esterer, Professor für Denkmalpflege an der Technischen Hochschule München und erster Leiter der Bauabteilung der Bayerischen Schlösserverwaltung nach dem Krieg.

Die Residenz in München. Der Kaisersaal nach Abschluß der Wiederherstellung 1985.

Beim ersten Konzept zielte die Wiederherstellung auf den Erhalt der historischen Grundrißteilung, aber mit gewissen Modifikationen zugunsten neuer Nutzungen und mit Vereinfachungen oder gestalterischen Abweichungen bei der Innenausstattung (insbesondere bei den neu aufgenommenen und den rein musealen Nutzungen).
Die Einhaltung der alten Grund- und Aufrisse sah auch das zweite Konzept vor, jedoch unter teilweiser Vereinfachung der Innenausstattung bei der Wiederherstellung (z. B. Charlottenzimmer, Schwarzer Saal, Max-Joseph-Saal).
Das dritte Konzept beinhaltete die Wiederherstellung nach den ursprünglichen Grund- und Aufrissen, wobei bei der Innenausstattung nicht auf den letzten Vorkriegszustand, sondern auf einen erkennbar gewordenen und gut belegten, älteren Zustand zurückgegriffen wurde (z. B. Steinzimmer, Vierschimmelsaal).
Das vierte Konzept sah die Wiederherstellung des Zustandes vor, den ein Raum zuletzt vor dem Zweiten Weltkrieg hatte (z. B. Grottenhalle, Cuvilliéstheater, die Reichen Zimmer und die anschließende Grüne Galerie).
Das fünfte Konzept schließlich umfaßte die klassische restauratorische Behandlung betroffener Räume unter gleichzeitiger Behandlung der Kriegsschäden (z. B. Antiquarium). Außerdem gab es noch Sonderfälle wie die Nachschöpfung des Kaisersaales.
Der Kaisersaal ist Mittelpunkt der Maximilianischen Residenz (erbaut 1611 bis 1619). Mit 34,60 m x 14,70 m und 10 m Höhe, der reich vergoldeten Decke, Gemälden und Wandteppichen gehörte er zu den bedeutendsten Festräumen Europas. In seiner Konzeption weist er Parallelen zu Augsburgs Goldenem Saal auf; insbesondere bei den drei großen Mittelgemälden der Decke, in denen Peter Candid wie in Augsburg allegorisch die Tugend der Weisheit darstellte. Durch die Kriegszerstörung der um 1800 im Kaisersaal eingebauten »Hofgartenzimmer« bestand die Chance, mit einer Wiederherstellung des ursprünglichen Saalzustands die großartige Raumfolge der Maximilianischen Residenz u. a. mit der Kaisertreppe[11] wiedererstehen zu lassen. Vorhandene ursprüngliche Ausstattungselemente, wie Gobelins und ein Großteil der kleineren Deckenbilder sowie dokumentarische Belege u. a. in Form von Originalskizzen, -plänen und Beschreibungen sicherten die 1985 abgeschlossene Rekonstruktion. Zu erwähnen ist in diesem Zusammenhang eine Besonderheit: Die von Candid geschaffe-

11 Die Rekonstruktion der Gewölbemalereien der Kaisertreppe in den Jahren 1967 – 1975 führte neben dem Pöckinger Karl Manninger der Augsburger Kunstmaler Hermenegild Peiker aus, der auch die Fresken im Goldenen Saal des Augsburger Rathauses wiederherstellte.

nen Mittelbilder, hundert Jahre zuvor in einer Münchner Schule eingebaut und im Krieg zerstört, wurden (vorerst) durch farbig eingestimmte fotografische Reproduktionen von Schwarzweißaufnahmen in Originalgröße in der rekonstruierten Kassettendecke ersetzt.[12]

Die Empfehlung des internationalen Kolloquiums

Für die Festlegung der Empfehlung an den Augsburger Stadtrat wurde ein Fünferausschuß gebildet, bestehend aus Kunsthistorikern und Denkmalpflegern, die sich bisher beruflich noch nicht mit der Wiederherstellung des Goldenen Saales befaßt und die zur ganzen Problematik noch nicht in der Öffentlichkeit Stellung bezogen hatten. Diesem Fünferausschuß unter Vorsitz von Professor Alfred A. Schmid (Fribourg/Schweiz) gehörten an: die Professoren Walter Frodl (Wien), Theodor Müller (München), Paul Philippot (Bruxelles), Willibald Sauerländer (München).
Die am Ende der Veranstaltung einstimmig verabschiedete Empfehlung an den Stadtrat kam nicht zuletzt durch das verdienstvolle Engagement des renommierten Schweizer Kunsthistorikers Professor Alfred Schmid[13] zustande, dem am zweiten Tag die Gesprächsleitung übertragen worden war. In dem ausführlichen Resümee wird einerseits die technische Durchführbarkeit einer Rekonstruktion des Goldenen Saales bestätigt, andererseits aber auch auf deren Schwierigkeiten und Risiken hingewiesen. Aus diesem Grunde wurde dem Stadtrat im Falle der Entscheidung für eine Rekonstruktion ein schrittweises Vorgehen empfohlen, mit der Maßgabe, nach jedem Schritt das Zwischenergebnis kritisch zu überprüfen, um gegebenenfalls die Wiederherstellungsmaßnahme abzubrechen (vgl. hierzu den Beitrag von Professor Alfred A. Schmid ab S. 3).

12 Walz, Tino; Meitinger, Otto; Beil, Toni: Die Residenz zu München. Entstehung, Zerstörung, Wiederaufbau, München 1987.

13 Alfred A. Schmid, geboren am 29. März 1920 in Luzern. 1939 – 1946 Studium der Kunstgeschichte, Klassischen Archäologie und Historischen Hilfswissenschaften an den Universitäten Zürich und Basel und an der ETH Zürich. 1946 Promotion zum Dr. phil. in Basel. Im gleichen Jahr Konservator ad interim des Kunstmuseums Luzern und Lehrbeauftragter an der Universität Fribourg/Schweiz i. Ue. 1949 außerordentlicher, 1956 ordentlicher Professor für Kunstgeschichte an der Universität Fribourg. 1952 Mitglied, 1956 Vizepräsident und 1964 – 1970 Präsident der Eidgenössischen Kommission für Denkmalpflege. 1952 – 1956 Konservator ad interim des Fribourger Museums für Kunst und Geschichte. 1961 – 1964 außerordentlicher Professor ad interim für Kunstgeschichte an der Universität Lausanne. 1964 Gründungsmitglied des ICOMOS, Mitglied des Exekutivkomitees und des Büros 1965 – 1978. Präsident des Schweizer Nationalkomitees 1965. 1971 Erster Vizepräsident, 1974 – 1976 Präsident des Ausschusses für Denkmalschutz des Europarates. Seither öfters Präsident des Leitenden Ausschusses für Raumplanung und Denkmalschutz bzw. für das Bauliche Erbe des Europarates. 1961 – 1992 Mitglied des Comité International d'Histoire de l'Art, Trésorier ab 1969. 1987 – 1990 Präsident des Stiftungsrates des Schweizerischen Nationalfonds zur Förderung der wissenschaftlichen Forschung.
Veröffentlichungen: u. a. Mitherausgeber des Lexikons der Christlichen Archäologie, 4 Bde., Freiburg i. Br. 1968 – 1972. Die Buchmalerei, im Handbuch der Bibliothekswissenschaften I 1950 (mit Albert Boeckler). Die Bibel von Moutier-Grandval, Kanontafeln und Miniaturen 1971. Herausgeber der Faksimile-Edition der Luzerner Chronik des Diebold Schilling, im Kommentarband der Beitrag Illustration und Meisterfrage 1981. Herausgeber des Kunstführers durch die Schweiz (5., vollständig neu bearbeitete Auflage in 3 Bänden) 1971 – 1982. Herausgeber des Dictionnaire des Eglises de Suisse (mit Marcel Strub) 1971.
Zahlreiche Aufsätze zur Kunstgeschichte vor allem des Mittelalters und zur Denkmalpflege.
Karl Friedrich Schinkel-Ehrenring des Deutschen Nationalkomitees für Denkmalschutz 1979. Ehrenbürger der Stadt Fribourg/Schweiz 1981.

Die Durchführung der Wiederherstellung

Östlicher Teilbereich der nördlichen Saalwand. Zustand vor der Zerstörung.

Der Stadtrat beschließt die Wiederherstellung

Vorbereitende Beschlüsse

Nach dem Abschluß des internationalen Kolloquiums lag es nunmehr an den politischen Gremien der Stadt, zu den Empfehlungen Stellung zu nehmen und diese gegebenenfalls umzusetzen.
Ausgehend von diesen Vorgaben beschloß der Stadtrat am 18. Oktober 1978 auf einstimmige Empfehlung des Bauausschusses vom 28. September 1978 die Einleitung der Wiederherstellungsmaßnahme mit nachstehendem Wortlaut:
»In Verfolgung der Empfehlung des Kolloquiums von deutschen und europäischen Sachverständigen, Denkmalpflegern, Kunsthistorikern und Architekten vom 09. März 1978 an den Stadtrat der Stadt Augsburg, sollen nachstehend genannte Maßnahmen eingeleitet werden, mit dem Ziel, den ›Goldenen Saal‹ und die ›Fürstenzimmer‹ bis zum Jahre 1985 weitestgehend in ihrer alten Form wiederherzustellen.

1. Es soll eine gemischte Kommission gebildet werden aus je drei CSU- und SPD-Stadträten und je einem Vertreter des Bau-, Kultur-, Finanzreferates, dem Organisationsamt und dem Hochbauamt. Vorsitz und Geschäftsführung sollen beim Baureferat liegen.
2. Gleichzeitig ist ein Beraterteam aus drei nahmhaften Vertretern der deutschen und europäischen Kunstwissenschaft zu gründen. Hierfür sollen die Herren Prof. Dr. Schmid, Fribourg/CH, Prof. Dr. Frodl, TU Wien, und Prof. Dr. Sauerländer, Direktor des Zentralinstituts München, gebeten werden.
3. Mit den vorbereitenden Untersuchungen (Vorentwurf und Kostenschätzung) für eine Rekonstruktion des Goldenen Saales und der Fürstenzimmer ist Herr Prof. Dipl.-Ing. Arch. Dr. Machatschek, Wien, zu beauftragen. Entsprechende Verhandlungen sind einzuleiten.«

In der Begründung heißt es weiterhin, es sollte unter Beauftragung von Architekt Prof. Machatschek und der Mitwirkung der gemischten Stadtratskommission und des Beraterteams etwa bis September 1979 dem Stadtrat ein umfassender Bericht vorgelegt werden über alle technischen, künstlerischen und finanziellen Voraussetzungen, um ggf. die Wiederherstellung des Goldenen Saales bis Ende 1984 sicherzustellen. Unter der Voraussetzung, daß der Stadtrat im Herbst 1979 einer schrittweisen Rekonstruktion und deren Finanzierung seine Zustimmung erteilen würde, ließe sich eine Durchführung bis Ende 1984 vorstellen.[1] Nicht einbezogen in den Rekonstruktionsumfang waren die Wiederherstellung der figürlichen Plastiken sowie die Kachelöfen der Fürstenzimmer, dagegen war beabsichtigt, drei Fürstenzimmer wieder herzustellen.
Der Stadtrat beschloß außerdem in seiner Sitzung am 18. Oktober 1978 die Erarbeitung eines Nutzungskonzeptes für das Rathaus sowie »ergänzende Konzepte für die Nutzung des Ruinengrundstückes am Hinteren Perlachberg, die als (Verwaltungsgebäude) genutzte Stadtmetzg sowie der beiden Verwaltungsgebäude (VG I und II).«
Dieser Komplex sollte im Zusammenwirken mit dem Beraterteam, der gemischten Kommission sowie unter Beiziehung sonstiger Experten (wie Landesamt für Denkmalpflege, Heimatpfleger etc.) behandelt werden, wobei das Ergebnis dieser Untersuchungen auch als Grundlage für die Ausschreibung des beabsichtigten »Architektenwettbewerb Innenstadt« verwendet werden sollte.[2]

Die gemischte Kommission für die Wiederherstellung des Goldenen Saales wird tätig – Die Aufgabe dieser im Vollzug des Stadtratsbeschlusses vom 18. Oktober 1978 gegründeten Kommission bestand darin, wichtige Themen zur Sanierung des Rathauses und zur Wiederherstellung des Goldenen Saales vorzuberaten und dem Stadtrat die erforderlichen Entscheidungshilfen zu geben.[3]

1 Die städtische Bauverwaltung ging von folgender zeitlicher Vorstellung aus, wobei festgestellt werden muß, daß zu diesem Zeitpunkt vom Architekten weder eine detaillierte Planung noch ein Zeitplan vorlag:
Herbst 1979 – Herbst 1980: Erstellung einer ausführungsreifen Planung für den Goldenen Saal mit Fürstenzimmer, wobei gleichzeitig die Einleitung der Sanierungsmaßnahmen für das Rathaus und Perlachturm eingeleitet waren.
Ab Oktober 1980: Vergabe und Beginn der Rekonstruktionsmaßnahme im Saal und Fürstenzimmer I.
1981/82: Weiterführung der Rekonstruktion im Saal und Fürstenzimmer (Modellversuche für Schnitzereien und Vergoldungen, Versuche Wandmalerei).
1983: Weiterführung der Deckenkonstruktion, weitere Versuche Wandmalerei im Saal; Inangriffnahme der Fürstenzimmer II und III.
1984: Weiterführung Decke und Wandmalerei.
Dezember 1984: Fertigstellung.

2 Der städtebauliche Wettbewerb sollte ausgeschrieben werden für die Gestaltung der Fußgängerzone zwischen Dom und St. Ulrich unter Einbeziehung der wichtigsten innerstädtischen Planungsbereiche. Außerdem war vorgesehen, im Zusammenhang mit der Erstellung der Nutzungskonzeption für das Rathaus auch die Bebauung der städtischen Ruinengrundstücke am Hinteren Perlachberg einschließlich des erforderlichen Parkraums in die Aufgabenstellung des Wettbewerbs einzubeziehen.

3 Die gemischte Kommission bestand aus folgenden Stadträten:
Dr. Hermann Berlin, Richard Maier, Ekkehard Gesler (CSU), Karin Egetemeir, Wilhelm Leichtle, Sieghard Schramm (SPD) und Dr. Jürgen Bruggey (FDP)
Die gemischte Kommission konnte in sechs wichtigen Sitzungen vom Januar 1979 bis März 1980 im Verbund mit den Vertretern der Stadtverwaltung und unter Federführung des Baureferates die wichtigen Vorlagen für die Stadtratsbeschlüsse erarbeiten. Vier weitere Sitzungen waren im Zuge der Durchführung der Generalsanierung und Rekonstruktion erforderlich.

Die erste Sitzung dieser Kommission fand am 09. Januar 1979 unter Federführung des Baureferates statt, wobei folgende Tagesordnungspunkte behandelt wurden:
- Zusammensetzung des Beraterteams und Besetzung der Projektleitung;
- Nutzungskonzept Rathaus;
- Bebauung des Hinteren Perlachberges.

Für die Besetzung des Beraterteams bzw. Sachverständigenausschusses waren die Professoren Willibald Sauerländer, München, sowie Alfred A. Schmid, Fribourg (Schweiz), benannt worden, als dritter Berater sollte Prof. Sperlich, Berlin, gewonnen werden.

Mit Professor Machatschek, Wien, sowie Professor Paul, Dresden, sollte wegen der Beauftragung der Projektleitung Verbindung aufgenommen und diese zu einem gemeinsamen Gespräch bei der nächsten Kommissionssitzung eingeladen werden.

Für die Nutzung des zur Sanierung und Restaurierung anstehenden Rathauses wurde das städtische Hochbauamt und das Organisationsamt mit der Erarbeitung einer Nutzungskonzeption aus bautechnischer und funktioneller Sicht beauftragt.

Bei dieser Sitzung ging es auch um eine überzeugende städtebauliche Lösung im unmittelbaren Umfeld des Rathauses in Zusammenhang mit der künftigen Bebauung des Ruinengrundstückes am Hinteren Perlachberg (dieses Thema ist auf Seite 61 behandelt).

In ihrer 2. Sitzung am 30. Januar 1979 konnte die Kommission nach intensiven Gesprächen mit den Professoren Machatschek und Paul die definitive Besetzung des Beraterteams sowie die Festlegung der Architektenleistung vorklären. Dem Beschlußvorschlag, Architekt Professor Alois Machatschek mit der Projektleitung (Planung und Durchführung) für die Rekonstruktion des Goldenen Saales und der Fürstenzimmer zu beauftragen, wurde mit Stadtratsbeschluß vom 31. Januar 1979 zugestimmt, wobei festgelegt wurde, mit ihm zunächst »einen Vertrag über das Vorprojekt mit Kostenschätzung abzuschließen«. Ebenso erfolgte die Zustimmung für die endgültige Zusammensetzung des »Beraterteams« mit den Professoren Alfred A. Schmid, Willibald Sauerländer und Jürgen Paul.

Der entscheidende Stadtratsbeschluß vom 23. Juli 1980

Diesem definitiven Stadtratsbeschluß ging ein Jahr zuvor die Stadtratssitzung vom 25. Juli 1979 voraus, bei der sowohl der Tätigkeitsbericht der Kommission für die Wiederherstellung des Goldenen Saales als auch die Nutzungskonzeption für das Hollsche Rathaus zustimmend zur Kenntnis genommen wurde. Außerdem beschlossen die Stadträte einstimmig, die im Zuge des Wiederaufbaues eingezogene Stahlsteindecke über dem Goldenen Saal aus statischen und nutzungstechnischen Gründen durch eine neue Massivdecke zu ersetzen.

Weiterhin wurde entschieden, das erarbeitete Nutzungskonzept zusammen mit den städtebaulichen Vorgaben der Bauverwaltung für die Bebauung des Hinteren Perlachberges in die Ausschreibung des seinerzeit beabsichtigten Ideenwettbewerbs aufzunehmen.[4]

Letztlich wurde die Bauverwaltung beauftragt, »die Planung in dem möglichen und erforderlichen Umfang voranzutreiben und die für die Bauvorbereitung und -durchführung notwendigen Mittel zu den künftigen Haushalten anzumelden«.

Nach der endgültigen Vorlage des Vorentwurfes und Entwurfes mit Erläuterungsbericht und Kostenschätzung für die Rekonstruktion des Goldenen Saales mit Fürstenzimmer durch Architekt Prof. Machatschek am 25. März 1980 – die Vorverhandlung erfolgte in der 6. Sitzung der gemischten Goldenen-Saal-Kommission am 26. März 1980 – faßte der Stadtrat am 23. Juli 1980 den entscheidenden Beschluß wie folgt:

4 Der beabsichtigte städtebauliche Wettbewerb kam bedauerlicherweise nicht zur Durchführung. Somit erfolgte die Generalsanierung des Rathauses nach dem genehmigten Nutzungskonzept unter Ausklammerung des Verwaltungsgebäudes und der Bebauung »Hinterer Perlachberg«.

Wandfresken auf der Südseite vor der Zerstörung. Rechts Kaiser Maximilian I; die Kartusche unter dem Fenster zeigt Sara, die Tobias die Hand zum Ehebund reicht, eine alttestamentarische Szene.

»1. Mit dem Bericht von Herrn Prof. Dr. Machatschek vom 25. März 1980, in dem festgestellt wird, daß eine vollständige Wiederherstellung des Goldenen Saales und der Fürstenzimmer kunsthistorisch und technisch möglich ist, besteht Einverständnis.
Der Realisierung dieser Wiederherstellung des Goldenen Saales im Sinne des Ergebnisses des internationalen Kolloquiums vom März 1978 wird zugestimmt.
Die Durchführung dieser Rekonstruktion erfolgt schrittweise.
Bis zur 2000-Jahrfeier im Jahre 1985 wird unter weitgehendster Berücksichtigung des erarbeiteten Nutzungskonzepts die Sanierung des Rathauses und des Perlachturmes (Ensemble) durchgeführt.
2. Die zur praktischen Durchführung notwendigen Schritte sind unverzüglich einzuleiten:
- Erweiterung des Planungsauftrages an Prof. Machatschek (Erstellung einer ausführungsreifen Planung einschließlich der Ausschreibungsunterlagen für die Gesamtrekonstruktion)
- Veranlassung des Baubeginns der 1. Zwischenstufe Goldener Saal und der Sanierungsarbeiten im Rathaus und am Perlachturm
- Anmeldung der hierzu erforderlichen Mittel zum Vermögenshaushalt 1981 – 1984.«

Die Kosten für die Teilwiederherstellung des Goldenen Saales mit Fürstenzimmer sowie für die Sanierung des Rathauses und des Perlachturms wurden auf ca. 18.450.000 DM geschätzt.
Für die 1. Zwischenstufe der Wiederherstellung des Goldenen Saales sowie eines Fürstenzimmers wurden Kosten in Höhe von 8.986.000 DM ermittelt, wobei diese Stufe folgende Ausbauelemente umfaßte: Rekonstruktion der Holzdecke ohne Zierschnitzereien und Vergoldungsarbeiten sowie ohne Deckengemälde, die Wiederherstellung der Portale ohne figürliche Plastiken sowie den Einbau des Marmorfußbodens.
Der Auftrag an die Verwaltung, mit der Generalsanierung von Rathaus und Perlachturm und mit der ersten Wiederherstellungsstufe des Goldenen Saales und eines Fürstenzimmers unverzüglich zu beginnen, erfolgte im Hinblick auf die für Anfang Januar 1985 terminierte 2000-Jahrfeier.
Bemerkenswert ist im Zusammenhang mit dieser Stadtratssitzung die Erklärung des damaligen Baureferenten Friedrich Hermann Stab: Er dürfe bekennen, daß der Stadtrat einen Mann vor sich habe, der an diese Arbeit als Saulus gegangen sei und sich heute als Paulus betrachte. Über viele Jahre hinweg habe er nämlich die Meinung vertreten, daß man ein solches Experiment, einen Goldenen Saal wiederherzustellen, nicht machen sollte. Er habe auch von dem internationalen Kolloquium erwartet, daß von den beteiligten Wissenschaftlern in einem ganz anderen Ausmaß Bedenken vorgebracht und Widerstände auftreten würden, als dies dann tatsächlich geschehen sei.[5]
Mit diesem denkwürdigen Stadtratsbeschluß vom 23. Juli 1980 sollte die Wiederherstellung des Goldenen Saales nunmehr Wirklichkeit werden.

Es gab auch Stimmen gegen eine Wiederherstellung – Wenngleich vom Stadtrat am 23. Juli 1980 mit 47 : 13 Stimmen die Wiederherstellung des Goldenen Saales beschlossen wurde, und diese Entscheidung vom größten Teil der Bevölkerung auch getragen wurde, so gab es nicht nur Fachleute wie etwa Architekten oder Kunsthistoriker, sondern auch Bürger, die gegensätzlicher Auffassung waren. Auch die Presse[6] zeigte sich, ebenso wie einige Bürgervereinigungen[7], in ihren Kommentaren und Stellungnahmen keineswegs ausschließlich dem Wiederherstellungsvorhaben zugeneigt, wobei vornehmlich der finanzielle Gesichtspunkt im Vordergrund stand: nämlich die Frage, ob sich die Stadt, und damit letztlich der Bürger als Steuerzahler, dieses Millionenprojekt leisten könne angesichts anderer dringender öffentlicher Infrastrukturaufgaben. So zeigt eine kurz vor

5 Protokoll der Stadtratssitzung vom 23. Juli 1980.

6 In einem Kommentar in der Augsburger Allgemeinen vom 10. Mai 1980 würdigte die damalige Redakteurin und heutige Frauenbeauftragte der Stadt Augsburg, Ingrid Bergmann, zwar das große Spendenengagement der Augsburger – »Der Goldene Saal als Werk der Bürger!« –, erinnerte aber an die angespannte Finanzlage der Stadt und ihre vielfältigen anderen Aufgaben: »Es geht aber nicht nur um Kulturgüter, es geht auch um die Bürger dieser Stadt. Viele leben in Stadtteilen, die seit Jahrzehnten auf Sanierung warten, die ihre Heimatviertel verlassen und fortziehen, weil ihnen das Wohnen dort unerträglich wird.«
(Kommentierte Hannes Krill von der Süddeutschen Zeitung – Beilage Augsburg am 17. Mai 1980: »Nun sollte den Wünschen und Versuchen, längst vergangenen Glanz wenigstens ein bißchen aufzupolieren, ein gewisses Verständnis nicht versagt werden – solange diese Wünsche nicht blind machen gegenüber den tatsächlichen und unaufschiebbaren Bedürfnissen. Die Wiederherstellung des Goldenen Saales, so verdienstvoll sie auch sein mag, wird abwanderungslustige Augsburger wohl kaum zum Bleiben veranlassen.«)

7 Die »Bürgeraktion Lechviertel« warnte in einem offenen Brief an Oberbürgermeister Breuer im Mai 1980 vor dem Millionenaufwand »für ein ausschließlich Repräsentationszwecken dienendes Projekt...«. Angesichts dringender Sanierungsaufgaben in verschiedenen Stadtteilen sei eine Rekonstruktion des Goldenen Saales »zum gegenwärtigen Zeitpunkt unverhältnismäßig und unpassend«. Ähnlich äußerte sich der »Verein Ulrichsviertel« in einem offenen Brief an den damaligen Vorsitzenden des Goldenen-Saal-Vereins Senator Josef Egger, ebenfalls unter Hinweis auf notwendige Wohnraumsanierungen.

Karikatur in der Süddeutschen Zeitung: »Alptraum Goldener Saal. Selbst bei allerbestem Willen: Den Hunger sollte man nicht stillen!« Karikatur: Ulrich Englaender.

der entscheidenden Stadtratssitzung erschienene »bissige« Karikatur in der Süddeutschen Zeitung mit der Überschrift »Alptraum Goldener Saal«[8] einen Drachen, der eben diesen verschlungen hat. Anzumerken wäre, daß alle damals genannten Objekte, die durch die beabsichtigte Wiederherstellung des Goldenen Saales gefährdet schienen, durchwegs realisiert werden konnten:
Altstadt-Sanierungsprojekte, das Brunnenmeisterhaus, das Parkhaus an der Vogelmauer und das Kurhaus Göggingen; lediglich die Gestaltung des Rathausplatzes wurde bislang nicht verwirklicht, da hierfür immer noch die planerischen Voraussetzungen fehlen, ganz zu schweigen von einer sinnvollen Aufgabenstellung.
So berechtigt teilweise die gebrachten Einwände hinsichtlich der noch dringend erforderlichen infrastrukturellen Bedürfnisse für eine bessere Lebensqualität auch sein mochten, so zeigten sie doch eine zu einseitige Betrachtungsweise.
Eine Stadtkultur wird ganz entscheidend geprägt durch ein ihrer Bedeutung gemäßes kulturelles und kulturhistorisches Angebot. Insofern hat der Stadtrat mit seiner Entscheidung für die Rekonstruktion des Goldenen Saales seine kulturelle Verpflichtung (in Anbetracht des 2000jährigen Bestehens der ehemaligen bedeutenden Reichsstadt) erfüllt, als er mit dieser Rekonstruktion ein Zeichen setzte, das der stolzen Vergangenheit der Stadt auch würdig war. Dies um so mehr, als die Bedeutung des Goldenen Saales einen wichtigen Bestandteil des Selbstbewußtseins der Augsburger Bürger und der Identifikation mit ihrer Stadt darstellt.

8 Süddeutsche Zeitung vom 12./13. Juli 1980. Karikaturist war der in der städt. Bauverwaltung als Stadtplaner tätige Dipl.-Ing. (Univ.) Ulrich Englaender.

Abbau des Gerüstes nach Abschluß des Deckeneinbaues der ersten Wiederherstellungsstufe im Goldenen Saal, Frühjahr 1983.

Die zeitliche Abfolge, Kosten und Finanzierung der Rekonstruktion

Vorbereitende bauliche Maßnahmen

Bevor die Wiederherstellungsarbeiten eingeleitet und durchgeführt werden konnten, mußten zunächst bauliche Maßnahmen vorgenommen werden, einmal aus statischen Gründen der Einbau einer neuen Massivdecke über den Goldenen Saal und zum andern aus maßlichen Gründen eine neue Deckenkonstruktion über dem nordwestlichen Fürstenzimmer.

Eine neue Massivdecke über dem Goldenen Saal – Wie bereits in dem Abschnitt über die Zerstörung und den Wiederaufbau des Rathauses behandelt (S. 98ff), wurden Anfang 1947 der Wiederaufbau des Dachstuhles einschließlich der Deckenabhängung in Form eines Stahlfachwerkes sowie der Einbau einer Stahlsteindecke über dem Goldenen Saal vorgenommen. Zwischen 1958 und 1962 erfolgte der »provisorische« Ausbau des Goldenen-Saal-Bereiches, wobei dieser unter der Voraussetzung erfolgte, »daß einer endgültigen Entscheidung über die spätere Ausgestaltung dieser Festräume (ob nun einer historischen Wiederherstellung oder einer neuzeitlichen Ausgestaltung) nicht vorgegriffen werden sollte«. Die Raumelemente, im besonderen die Decken, wurden so ausgeführt, daß jederzeit ohne wesentliche bauliche Veränderungen der Einbau der abgehängten Holzdecke möglich wäre.
Mitte der 70er Jahre – 1975 wurde der Goldene-Saal-Verein gegründet – zeigten sich Strömungen, die eine Wiederherstellung des Goldenen Saales begünstigten. Doch mußte zunächst einmal festgestellt werden, ob ein Einbau der abgehängten Saaldecke überhaupt machbar sei. Das städtische Hochbauamt wurde daher im Juni 1976 beauftragt, die Belastbarkeit der 1947 eingebauten Massivdecke zu überprüfen.
Diese als Hohlsteindecke ausgeführte Konstruktion bestand aus Stahlträgern, die im Abstand von vier Metern quer über den Saal verlegt waren, und einer auf den Stahlträgern aufliegenden, in der Saallängsseite gespannten »Sperle«-Hohlsteindecke. Der Deckenaufbau setzte sich zusammen aus 20 cm hohen gebrannten Tonhohlkörpern, ca. 6,5 cm breiten Stahlbetonrippen im Abstand von 25 cm sowie einer Druckplatte in einer Stärke von 5 cm. Die Stahlträger der Saaldecke wie auch die der ehemaligen Modellsaaldecke waren in den Drittelpunkten durch Hängesäulen an der Dachkonstruktion aufgehängt.
Eine Untersuchung der Tragfähigkeit der Saaldecke im Frühjahr 1977 zur Aufnahme der eventuell wiederherzustellenden abgehängten Goldenen-Saal-Decke ergab, daß wegen mangelnder Materialgüte der seinerzeit eingebauten Stahlträger die erforderliche Tragfähigkeit nicht gegeben war. Statt der geforderten Stahlgüte von »St 37« betrug diese nur »St 33«. Dies war zwangsläufig eine Folge der in den ersten Nachkriegsjahren herrschenden Materialnot, als es Baustoffe nur auf Bezugsscheine gab, und selbst mit diesen die Beschaffung schwierig war. Durch die Verwendung von Stahl geringerer Güte aber war die zulässige Spannung der Stahlsteindecke beträchtlich überschritten.
Diese Mängel erforderten entgegen der bisherigen Annahme gezielte konstruktive Maßnahmen, um die zusätzliche Belastung durch den Einbau der wiederherzustellenden Holzdecke aufzunehmen.
Da eine totale Räumung des 6. Obergeschosses wirtschaftlich nicht vertretbar war und außerdem eine Stabilisierung der vorhandenen Stahlsteindecke mit einem hohen Kostenaufwand verbunden gewesen wäre, ohne daß damit die statischen Unsicherheiten restlos hätten ausgeräumt werden können, wurde vorgeschlagen, die vorhandene Decke vollständig abzubauen und durch eine neue Konstruktion zu ersetzen. Dies ermöglichte eine vielseitige Nutzung des

6. Obergeschosses für spezielle interne Zwecke, wie z. B. die Ausrichtung von Architekten-Wettbewerben oder die Ausstellung von Stadtmodellen. Der Stadtrat beschloß daraufhin Ende Juli 1979, die Decke über dem Goldenen Saal aus statischen Gründen durch eine neue Massivdecke zu ersetzen.
Anfang Oktober 1980 konnte endlich mit dem Abbruch der alten Hohlsteindecke und dem Einbau der neuen Decke begonnen werden, nachdem parallel hierzu die Stahlbauarbeiten für das Hänge- und Sprengwerk vorbereitet waren, das als künftiges Tragwerk für die neue Saaldecke erforderlich wurde. Die Augsburger Baufirma Pius Fischer hatte als preisgünstigster Bieter den Auftrag für diese schwierigen Arbeiten mit zusätzlichen komplizierten Gerüsterstellungen erhalten.
Die neu eingezogene Decke besteht aus einer 14 cm starken Stahlbetonplatte zwischen sieben im Abstand von jeweils vier Metern eingezogenen Stahlprofilträgern (IPB 28). In die Stahlbetondecke waren alle technisch erforderlichen Rohre, elektrischen Kabel, Halfen- und Jordahlschienen und dergleichen einzubauen.
Die beachtlichen Ausmaße der Deckenfläche von nahezu 600 Quadratmetern erforderten für den Deckeneinbau besonderes Können. So mußte, weil das Gewicht der Deckenschalung sowie das der Betondecke von dem neuen Hänge- und Sprengwerk aufgenommen werden mußte, die Deckenschalung an den sieben Deckenträgern sowie an den Giebeln der Ost- und Westseite durch besondere Konsolkonstruktionen so befestigt werden, daß die fahrbaren Gerüste nicht belastet wurden. Die obere Arbeitsebene des auf dem Saalfußboden aufgestellten Gerüstes lag etwa zwei Meter unter der Unterkante der neuen Stahlbetondecke. Zu berücksichtigen war, daß der Einbau der Profilträger zeitversetzt zur Montage des Hänge- und Sprengwerks erfolgen mußte. Das Ingenieurbüro Stöckle und Reilich, Augsburg, hat sämtliche statischen Berechnungen für den Deckeneinbau sowie für die baulichen Veränderungen im Rahmen der Generalsanierung des Rathauses durchgeführt. Ende Januar 1981 war der Einbau der neuen Stahlbetondecke über dem Goldenen Saal abgeschlossen.

Einbau einer Stahltragkonstruktion im Dachstuhl – Die 1947 eingebaute Stahldachkonstruktion trug außer der Last des Daches zwei Geschoßdecken: die Decke über dem Goldenen Saal sowie die Decke über dem ehemaligen Modellsaal; bei beiden handelte es sich um Stahlhohlkörperdecken, die mittels Hängesäulen mit der Dachkonstruktion verbunden waren.
Es war also ein ähnliches Konstruktionssystem – nur mit neuzeitlichen Konstruktionselementen – wie bei der Hollschen Dach- und Deckenkonstruktion. Die neue Konstruktion mußte, wie bereits erläutert, den erhöhten Anforderungen der neuen Vorschriften entsprechen. Da die bestehende Stahldachkonstruktion nur noch die Last der Decke über dem ehemaligen Modellsaal aufnehmen konnte, wie die eingehenden statischen Berechnungen ergeben hatten, mußte im Bereich des Dachgeschosses eine zusätzliche Tragkonstruktion für die Decke des Goldenen Saales eingebaut werden.
Diese Konstruktion besteht aus sieben Hänge- und Sprengbindern, die im Abstand von vier Metern angeordnet sind. Zur Versteifung bzw. Knickaussteifung und Seitenstabilität des Tragwerks mußte ein Längsverband erstellt werden, der senkrecht zur Ebene des Sprengwerks in der Achse der Hängestangen angeordnet wurde. Zum Tragwerk gehören die notwendigen Hängesäulen – jeweils zwei Säulen pro Binder – die mit der Saaldecke verbunden sind. Bestandteile dieser Tragkonstruktion sind also auch die Stahlträger (IPB 28) der Decke, zwischen denen von der Baufirma die Stahlbetondecke eingezogen wurde.
Erhalten blieb jedoch die MAN-Stahlkonstruktion des vorhandenen Daches, die bis dahin die Geschoßdecken über dem Goldenen Saal und dem ehemaligen Modellsaal trug. Abgebaut wurden hingegen die Hängesäulen, an denen die Decke über dem Goldenen Saal hing. Somit übernahm die Dachkonstruktion weiterhin die Last des Daches sowie die der Decke über dem früheren Modellsaal.

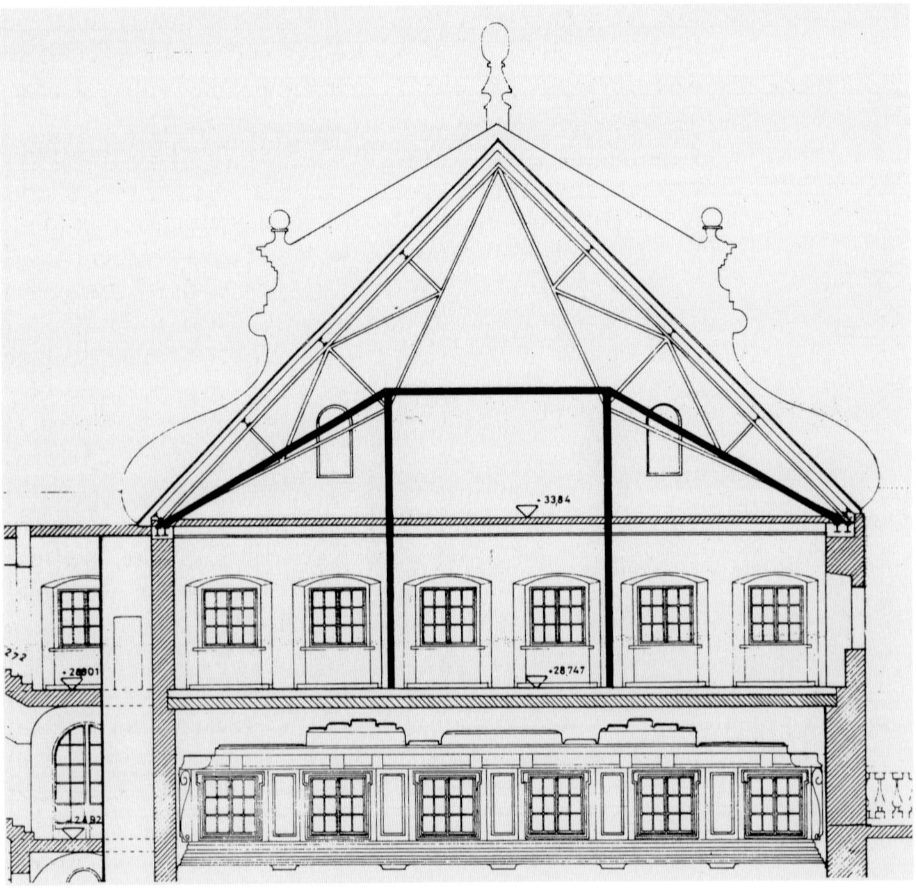

Schnitt durch das Dachgeschoß des Rathauses mit der neuen Trag- und Dachkonstruktion im Zuge der Wiederherstellung des Goldenen Saales. Die (schwarz angelegte) Stahltragkonstruktion war für den Einbau der neuen Decke über dem Goldenen Saal erforderlich. Die erforderliche Verstärkung des Dachstuhls erfolgte durch eine zusätzliche feuerbeständige Stahlkonstruktion. Planzeichnung: Städtisches Hochbauamt.

Der Stahlbedarf war nicht unerheblich: etwa 28 Tonnen für das Hänge- und Sprengwerk und etwa 14,5 Tonnen für die Deckenträger (IPB 28) waren erforderlich. Zur Montage des neuen Stahltragwerks war zwangsläufig die Aufdeckung des pfannengedeckten Daches jeweils an den Auflagerpunkten notwendig, wobei die Dachöffnungen nach erfolgter Montage wieder fachmännisch geschlossen werden mußten.
Sämtliche Stahlbauarbeiten im Bereich des Rathausdaches wurden von der Fa. Stahlbau Beck, Augsburg, einschließlich Lieferung und Verlegung der Stahlträger für die Saaldecke, ausgeführt. Der Montagebeginn erfolgte am 15. Oktober 1980, die Arbeiten waren bereits Mitte November abgeschlossen. Die Kosten der Stahlbauarbeiten beliefen sich auf rund 175.000 DM.

Einbau einer Stahlbetondecke im nordwestlichen Fürstenzimmer – Für die Deckenkonstruktion der vier Fürstenzimmer hatte man beim Wiederaufbau des Rathauses als tragendes Element eine Stahlbetondecke in einer Stärke von 14 cm gewählt mit darunterliegenden 70 cm hohen Stahlprofilträgern (Flanschbreite 40 cm). Die Deckenunterseite bestand aus an Kanthölzern befestigten Profilbrettern (Abb. S. 188).
Vor der Wiederherstellung des nordwestlichen Fürstenzimmers mußte zunächst untersucht werden, ob die bestehende lichte Höhe des Raumes von 5,34 m bis zur Unterkante der Stahlträger für den Einbau der zu rekonstruierenden Holzkassettendecke nach den gesicherten Originalmaßen ausreichend war. Die Überprüfung ergab jedoch, daß die erforderliche Konstruktionshöhe für die Kassettendecke aber nicht annähernd gegeben war, so daß die bestehende Decke entfernt und durch eine neue ersetzt werden mußte. Hierbei fanden die Statiker eine ausgesprochen wirtschaftliche und rationelle Lösung, die nur den Ausbau der Stahlträger erforderlich machte. Die verbliebene Stahlbetondecke fand Verwendung als verlorene Schalung für eine neue 40 cm hohe Stahlbetonrippendecke, die über die alte Decke eingebracht und mit dieser konstruktiv mittels Gewindebolzen verbunden wurde.

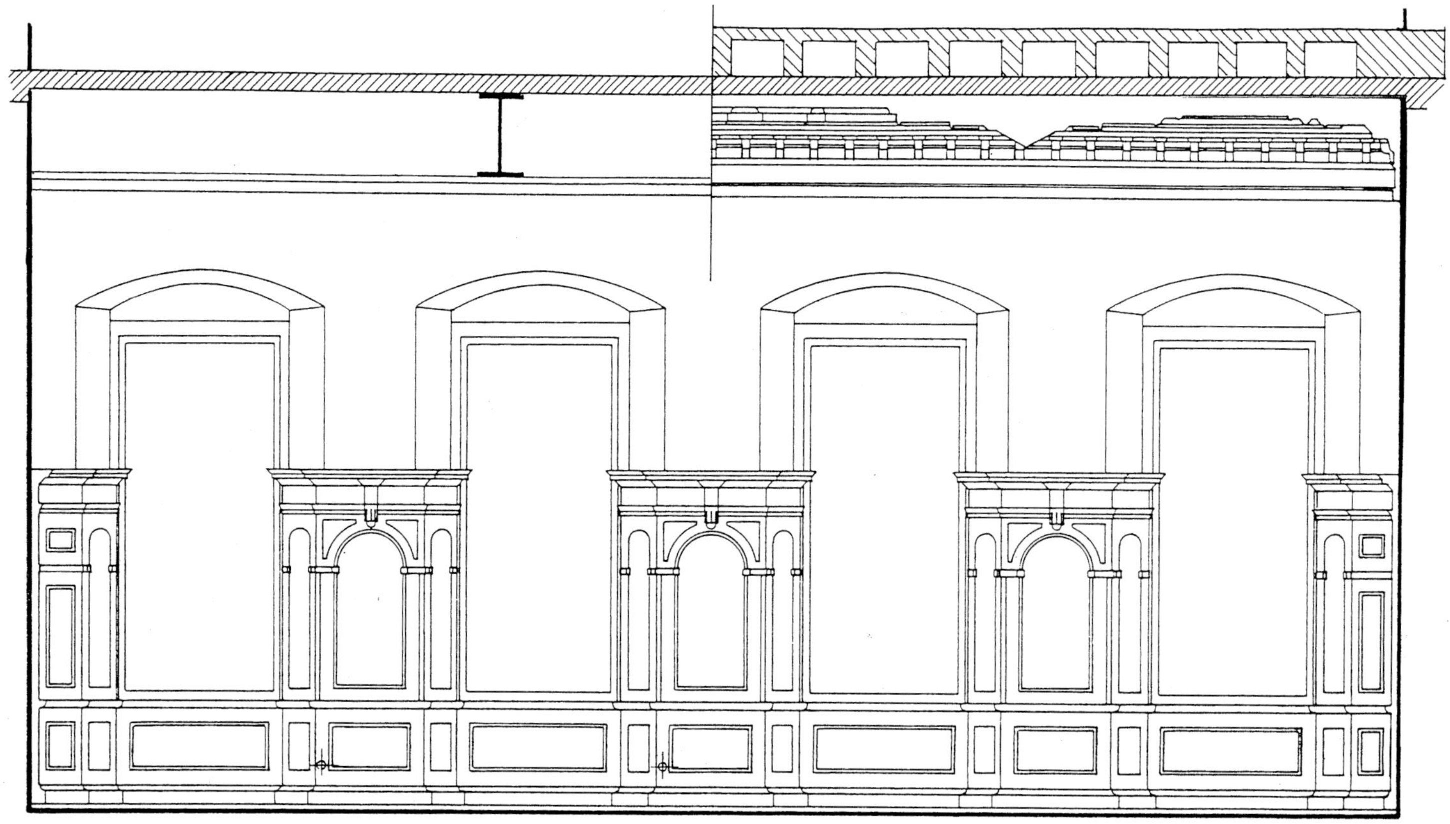

Der Einbau einer neuen Deckenkonstruktion im nordwestlichen Fürstenzimmer. Die Abbildung zeigt links den Zustand nach dem erfolgten Innenausbau des Rathauses in den Jahren 1958 bis 1962. Im Deckenbereich rechts ist die neue Konstruktion dargestellt, bestehend aus einer Stahlbetonrippendecke als Ersatz für die Stahlträger. Zeichnung Architekt Machatschek

Gerüste im Goldenen Saal – Für die Erstellung der komplizierten hölzernen Saaldecke in einer Höhe von mehr als 14 Metern war der Aufbau eines massiven Stahlrohrgerüstes mit etwa zwölf Meter Höhe erforderlich. Dieses Gerüst, das nicht an den Wandflächen verankert werden durfte und zur Vermeidung von Punktlasten unter den Fußplatten mit Bohlenbelägen unterlegt werden mußte, war in drei Arbeitsebenen unterteilt: die obere Hauptebene A (Höhe 12,57 m) mit einer Grundfläche von 26,65 m x 11,30 m; die Ebene B (Höhe 12,07 m), umlaufend an den Wänden mit einer 3,00 m breiten Arbeitsfläche; die Gerüstebene C (Höhe 10,07 m), umlaufend an den Wänden mit einer Breite von 1,80 m. Für den Materialtransport der Holzdecke war in der Hauptebene eine Öffnung in der Größe 5 x 3 m ausgespart und das Standgerüst in diesem Bereich für die Aufnahme eines Plattenaufzugs verstärkt ausgestrebt.

Das Gerüst wurde im Dezember 1981 montiert und Anfang 1983 wieder abgebaut. Den Auftrag mit Gesamtkosten in Höhe von 76.794 DM übernahm die Augsburger Firma Hopfenzitz.

Um nach der Montage der Holzdecke die folgenden vielfältigen Arbeiten (Anbringen der Schnitzelemente, Vergolder- und Kunstmalerarbeiten etc.) daran durchführen zu können, war außerdem ein fahrbares Gerüst erforderlich. Nach Kalkulationsvergleichen wurde die Anschaffung eines mobilen Gerüstes aus Leichtmetall beschlossen, das bei einer Standhöhe von 12,30 m über eine Arbeitsfläche von 4 x 3 m in verschiedenen Etagen auf zwei, vier, sechs, acht und zehn Metern Höhe verfügte.

Die zeitliche Abfolge der Wiederherstellung

Einschließlich einer zweijährigen Werk- und Detailplanung erforderte die Wiederherstellung des Goldenen Saales und des nordwestlichen Fürstenzimmers einen Zeitaufwand von mehr als 17 Jahren. Sie wurde schrittweise bis Frühjahr 1996 durchgeführt.
Die Reihenfolge der Wiederherstellungsarbeiten wurde nach der Konzeption von Professor Machatschek im Einvernehmen mit den Sachverständigen in der Weise festgelegt, daß zunächst nur rein handwerkliche, nachfolgend kunsthandwerkliche Leistungen erbracht werden und schließlich in einer letzten Stufe die Kunstwerke rekonstruiert werden sollten.
Dieses Prinzip des schrittweisen Vorgehens erforderte – wie dies durch das Kolloquium dringend empfohlen wurde – eine stufenweise Rekonstruktion, bei der jeder folgende Schritt erst nach genauer Überprüfung des vorausgegangenen begonnen wurde.

Die erste Wiederherstellungsstufe – Der Einstieg in die erste Wiederherstellungsstufe war nach dem Einziehen einer tragfähigen Massivdecke über dem Goldenen Saal der Einbau der Holzdecke. Für deren Rekonstruktion war zunächst der Aufbau des vorerwähnten Stahlrohrgerüstes erforderlich.
Im Juli 1981 konnten die Zimmerer- und Schreinerarbeiten vergeben werden. Nach umfangreichen Werkstattarbeiten erfolgte ab Januar 1982 die Montage der Deckenelemente, die ein Jahr später abgeschlossen war. Daraufhin konnten die ab Juli 1982 in der Werkstätte gefertigten Schnitzelemente an der Decke montiert werden, wobei zeitversetzt bis März 1983 die Vergoldungsarbeiten vorgenommen wurden.
Noch während dieser Arbeiten wurden bereits die Ausschreibungen für die Haupt- und Nebenportale erstellt, deren Vergabe Anfang Mai 1982 erfolgte. Wie bei der Decke war die Rekonstruktion auch dieser Ausstattungselemente mit einer umfangreichen Vorarbeit in der Werkstatt verbunden. Mit der Montage, die sich über 8 Monate erstreckte, konnte im November 1983 begonnen werden. Gleichermaßen zeitaufwendig war die Vorbereitung der Wiederherstellung des

Für die Wiederherstellung der Saaldecke war ein gewaltiges Stahlrohrgerüst erforderlich, das die gesamte Saalfläche einnahm.

Die Abbildung zeigt den Zustand im Mai 1983, nach dem Einbau der Deckenelemente einschließlich der Gemälde sowie der vergoldeten Schnitzelemente im Rahmen der ersten Stufe.

Steinfußbodens, die im Frühjahr 1981 begann. Sie umfaßte neben der genauen planerischen Plattenaufteilung die Suche nach Steinbrüchen, in denen das Steinmaterial in möglichst originalgetreuem Aussehen gefunden werden konnte. Wegen des langwierigen Abbauens im Steinbruch mußten die Steinmetzarbeiten bereits im November 1981 vergeben werden. Der Beginn der Verlegearbeiten erfolgte im August 1983 nach dem Abbau des Deckengerüstes und nach dem Einbau des Heizestriches. Das Schnitzwerk an den Portalen, im Juni 1982 vergeben, wurde in zweijähriger Werkstattarbeit gefertigt, vergoldet und ab September 1984 montiert; die Vergolderarbeit der architektonisch gebundenen Zierelemente an den Haupt- und Nebenportalen wurde im Juli 1982 vergeben und in der Zeit zwischen November 1983 und Dezember 1984 durchgeführt.

Im August 1982 begann mit der Auftragserteilung für die Erstellung der Kassettendecke, der Schreinerarbeiten der Wandverkleidung mit Innenportalen sowie für den Parkettfußboden die Rekonstruktion des nordwestlichen Fürstenzimmers. Nach Abschluß der Montage der Decke im Oktober 1983 konnten anschließend die Wandvertäfelungen mit dem Innenportal eingebaut und die Holzbildhauerarbeiten für Decke und Wandverkleidung noch bis Ende 1984 fertiggestellt werden.

Abweichend von dem ursprünglich festgelegten Umfang der ersten Rekonstruktionsstufe wurden, auf Empfehlung der Sachverständigen, die von Professor Martin-Amorbach nach Farbdiapositiven gemalten elf Deckengemälde, die von Kunstmaler Hermenegild Peiker wiederhergestellten Tafeln mit den Groteskornamenten und sechs der insgesamt 24 Deckenkartuschen noch in der fortgeschrittenen Phase der 1. Stufe (1983) in die Holzdecke eingefügt.

Die zweite Wiederherstellungsstufe – Von den Experten wurde die zweite Phase der Rekonstruktion zurecht als die eigentlich kritische bezeichnet, ging es doch dabei um die Wiederherstellung von Einzelkunstwerken und um hochqualifiziertes Kunsthandwerk. Prof. Machatschek war sich dieses Risikos durchaus bewußt. So stellte er bei einer der Expertensitzungen fest: »Sollte diese Rekonstruktion Bestand haben, müßten künstlerische Leistungen auch als Kopie Qualitäten besitzen, die künstlerischen Ansprüchen standhalten.« Er hatte auch wiederholt darauf hingewiesen, daß wahre Qualität nur entstehen kann, wenn trotz intensiven Bemühens um eine perfekte Kopie dem Künstler ein gewisser Freiraum für die »Entfaltung seiner ganz spezifischen Fähigkeiten, sozusagen seiner persönlichen Handschrift, zugestanden wird, umsomehr, als die Rekonstruktion eines Kunstwerkes eine gewisse ›Konfliktsituation‹ zwischen perfekter, abstrakter Kopie und eigenständiger künstlerischer Qualität impliziert«. Wegen der laufenden Festveranstaltungen im Goldenen Saal ruhten im Jubilä-

Einbau der Kassettendecke im nordwestlichen Fürstenzimmer durch die »Vereinigten Werkstätten«, München.

umsjahr 1985 die Wiederherstellungsmaßnahmen, nicht aber die Planungen und Vorbereitungen für die zweite Rekonstruktionsstufe. Dazu zählte, als Einstieg für die Vervollständigung der Saaldecke mit den fehlenden Schnitzereien, die probeweise Ausführung eines Achtels der Deckengesamtfläche vom Juli 1986 bis zum Juni 1987. Die komplette Fertigstellung erfolgte in der Zeit vom Dezember 1987 bis zum Frühjahr 1990.

Der zweite wesentliche Teil dieser Rekonstruktionsstufe bestand in der Ausführung der Wandfresken, beginnend mit einem Anfang 1985 ausgerichteten Künstlerwettbewerb. Die praktische Realisierung erfolgte in sechs Abschnitten von Juni 1986 bis April 1990 durch den Augsburger Kunstmaler Hermenegild Peiker. Mit der Fertigstellung der Wandfresken und der Deckenschnitzereien wurde fünf Jahre nach Beendigung der ersten Wiederherstellungsstufe der vorläufige Abschluß für die zweite Stufe am 28. April 1990 mit einer Festveranstaltung im Goldenen Saal würdig gefeiert, obgleich die Plastiken auf den Hauptportalen sowie der Kachelofen für das nordwestliche Fürstenzimmer noch nicht begonnen waren.

Diese vorgezogene Einweihungsfeier war gleichzeitig ein »vergoldeter Abschied« von Oberbürgermeister Hans Breuer, unter dessen Amtszeit der Stadtrat den mutigen und bedeutungsvollen Beschluß zur Wiederherstellung des Goldenen Saales gefaßt hatte. Er würdigte in seiner Ansprache die Rekonstruktionsmaßnahme als ein »international anerkanntes Jahrhundertwerk« und als »Pionierarbeit von Bürgern, Fachleuten und Handwerkern«. Professor Alfred A. Schmid dankte im Rahmen der Sachverständigenkommission den »erstklassigen Handwerkern, Restauratoren und Künstlern« und beglückwünschte sie zu ihrer hervorragenden Arbeit. In seinem Schlußwort faßte er die Stimmung dieser Veranstaltung eindrucksvoll zusammen: »Wir sind glücklich, daß ihn (den Goldenen Saal) Augsburg, daß ihn Europa, zu dessen eindrucksvollsten Festsälen er zählt, jetzt zurückerhalten haben: ein Zeugnis abendländischer Kultur, dessen Bedeutung gerade in einer Zeit hektischen wirtschaftlichen Wachstums, rapider technischer Entwicklung und der zu erwartenden großräumigen Veränderungen der politischen Landschaft nicht hoch genug angesetzt werden kann.«[1]

Auch Professor Alois Machatschek zog als verantwortlicher Architekt in seinem Rückblick ein überaus positives Resümee der inzwischen 12jährigen Wiederherstellungsarbeiten, betonte aber auch, daß das hier geschaffene nur ein Abbild des historischen Originals sei, nachdem eine Rekonstruktion grundsätzlich auch nicht mehr sein könne.

Die Vorstandschaft der Alt-Augsburg-Gesellschaft bei einer Begehung des Goldenen Saales im Dezember 1982. Die Teilnehmer von rechts: Prof. Dr. Bruno Bushart, Alfred Eckert, Heiner Seybold, Dr. Josef Bellot, IHK-Präsident a. D. Kurt Nill, Heimatpfleger Robert Pfaud, Malermeister Christoph Bergmüller, Dipl.-Ing. Helmut Beck und Dr. Hermann Kießling vom städtischen Hochbauamt.

1 Redeprotokolle im Akt des städtischen Hochbauamtes.

Der Goldene Saal nach Abschluß der ersten Rekonstruktionsstufe im Dezember 1984.

Handwerkskammerpräsident und Vorsitzender des Goldenen-Saal-Vereins Donath Müller verband seine lobenden Dankesworte mit der Erinnerung an die unvergeßlichen Verdienste des eigentlichen Initiators, Altoberbürgermeister Dr. Klaus Müller.

Weiterführende Rekonstruktionsarbeiten – Im Juli 1987 begann der Münchner Restaurator Helmut Zernickel mit der Erarbeitung eines Maßnahmenkataloges für die Konservierung und Restaurierung der originalen Freskenreste an der rechten Südwand. Von 1988 bis 1992 führte er abschnittsweise durch sorgfältige Säuberung und Festigung eine dauerhafte Sicherung an den Längswänden durch, während die beiden Fensterwände wegen fehlender finanzieller Mittel bisher noch nicht restauriert und retuschiert werden konnten.

Die Montage der vergoldeten Deckenelemente erfolgte mittels eines fahrbaren Leichtmetallgerüstes.

Den vorläufigen Abschluß der Rekonstruktionsarbeiten bildete, neben der Wiederherstellung der vergoldeten Plastiken auf den Hauptportalen, der originalgetreue Nachbau des Kachelofens im nordwestlichen Fürstenzimmer.
Der Auftragserteilung für die Portalfiguren an die Bildhauer Josef Fux und Friedrich Mayet im März 1992 ging, wegen des hohen künstlerischen Schwierigkeitsgrades, wiederum ein zweistufiger Wettbewerb voraus, der in den Jahren 1989 – 1991 abgewickelt wurde.
Nach entsprechender Vorarbeit mit Probefiguren und Korrekturterminen konnten die Schnitzer im Herbst 1991 mit der Werkstattarbeit beginnen. Die Abnahme der ersten fertiggestellten Figur erfolgte nach den jeweiligen Vergoldungsvorgängen im Juli 1994, der vierten und letzten, der Minerva, Mitte Februar 1996.
Der Auftrag für die Wiederherstellung des Kachelofens an Frau Gertrud Nein wurde im März 1990 erteilt. Auch hier gestaltete sich die Rekonstruktion der Vielzahl von Einzelkacheln in technischer wie auch in künstlerischer Hinsicht äußerst arbeitsintensiv, so daß bis zur Aufstellung des Ofens im März 1995 fünf Jahre vergingen. Die vier Figuren in den Nischen des Oberofens konnten schließlich nach einem Korrekturtermin im Rahmen der Sachverständigen-Kommission am 16. Februar im Mai 1996 fertiggestellt werden.
Nicht zum Abschluß gebracht werden konnte bis zur Drucklegung der vorliegenden Dokumentation die Beleuchtung im Goldenen Saal (mit Ausnahme der wiederhergestellten Wandleuchten an beiden Saalstirnwänden), obgleich schon im Frühjahr 1992 grundsätzliche Überlegungen angestellt und auch Beleuchtungsversuche zuletzt mit Objekten des Münchner Designers Ingo Maurer vorgenommen wurden.
Die wichtigsten Daten über den Ablauf der Rekonstruktionsmaßnahme sind im Anhang erfaßt.

Bezirkstagspräsident Dr. Georg Simnacher übergab am 20. Dezember 1984 im Rahmen einer kleinen Feierstunde ein Geldgeschenk in Höhe der Kosten des südlichen Hauptportales (490.000 DM), das seitdem als »Schwabenportal« bezeichnet wird. Die Abbildung zeigt Dr. Georg Simnacher (links) vor dem Schwabenportal mit Oberbürgermeister Hans Breuer.

Die Kosten der Wiederherstellung

Bei den anfänglichen Aktionen für die Wiederherstellung des Goldenen Saales waren selbst von Fachleuten, beispielsweise von Stadtheimatpfleger Robert Pfaud und auch von Architekt Dr.-Ing. Erwin Schleich, Beträge genannt worden, die im Vergleich zu den tatsächlich angefallenen Kosten beträchtlich niedriger lagen. Sicherlich muß berücksichtigt werden, daß in den 60er und 70er Jahren der Baupreisindex wesentlich niedriger lag und außerdem solch spezielle kunsthandwerkliche Arbeiten im Gegensatz zu den sonst üblichen baulichen Leistungen nur schwer kalkulierbar waren. Derart schwierige Ausbauelemente, wie beispielsweise die Saaldecke, die vom Architekten erst konstruktiv entwikkelt werden mußte, sind ohne detaillierte Konstruktionspläne ohnedies nicht verbindlich zu kalkulieren.

Eine erste Kostenschätzung des mit der Planung und Durchführung der Rekonstruktion beauftragten Architekten Prof. Alois Machatschek von Ende 1979 ergab schließlich einen relativ zuverlässigen Kostenrahmen und damit die Grundlage für einen vom Stadtrat genehmigten Finanzierungsplan.

Diese erste Kostenschätzung, welche auf der Grundlage von Vorentwurfsplänen im Maßstab 1 : 50 sowie 1 : 10 entstand, bezifferte für die wichtigsten Ausstattungselemente folgende Beträge: Marmorboden etwa 336.000 DM, Wandfresken ca. 1.347.000 DM, Portale rund 580.000 DM und Saaldecke ca. 4.600.000 DM. Dies ergab für den Goldenen Saal zuzüglich der Mehrwertsteuer einen Betrag von etwa 7.756.000 DM. Für das nordwestliche Fürstenzimmer wurden ohne Kachelofen rund 985.000 DM veranschlagt, zusammen somit 8.740.000 DM. Allerdings muß hierbei berücksichtigt werden, daß in dieser Kostenschätzung weder die Portalfiguren noch der Kachelofen im Fürstenzimmer kostenmäßig erfaßt waren, da an deren Rekonstruktionsmöglichkeit zu diesem Zeitpunkt nicht gedacht war.

Insgesamt betrugen die tatsächlichen Aufwendungen für die zweistufige Wiederherstellung des Goldenen Saals und eines Fürstenzimmer 15.239.000 DM. Davon entfielen auf die erste Rekonstruktionsstufe bis Ende 1984 rund 9.522.000 DM, wovon der Goldene-Saal-Verein neben den sonstigen Zuschüssen einen Betrag von 355.482 DM unmittelbar an Kunsthandwerker und Künstler ausbezahlt hat.

Der Goldene Saal nach Abschluß der zweiten Wiederherstellungsstufe im Frühjahr 1990. Noch fehlen im Saal die vergoldeten Holzplastiken an den beiden Hauptportalen sowie im nordwestlichen Fürstenzimmer der Kachelofen.

Für den zweiten Rekonstruktionsabschnitt (Komplettierung der Saaldecke, Wiederherstellung der Wandfresken einschließlich Restaurierung der Freskenfragmente, die Rekonstruktion des Kachelofens im Fürstenzimmer sowie der Portalfiguren) der sich bis Anfang 1996 hinzog, ergab sich ein Gesamtaufwand von 5.717.000 DM.[2] Eine detaillierte Kostenaufgliederung ist im Anhang erfaßt.

Zuschüsse für die Rekonstruktionsmaßnahme

Die der Augsburger Rekonstruktionsmaßnahme zugemessene Bedeutung wird aus einer Reihe namhafter Zuschüsse verschiedener überörtlicher und lokaler Institutionen deutlich. Zu erwähnen sind in diesem Zusammenhang die Bayerische Landesstiftung, der Bezirk Schwaben und das Bayerische Landesamt für Denkmalpflege sowie neben dem Goldenen-Saal-Verein die Alt-Augsburg-Gesellschaft.

Im einzelnen wurden folgende Beträge bereitgestellt:

- Bayerische Landesstiftung[3] insgesamt 620.000 DM
  davon 350.000 DM für die 1. Rekonstruktionsstufe
  270.000 DM für die 2. Rekonstruktionsstufe
  einschließlich 20.000 DM für die Retuschierung der Originalfresken

- Bezirk Schwaben[4] insgesamt 667.000 DM
  davon 490.000 DM für das südliche Hauptportal (»Schwabenportal«)
  177.000 DM für 2 Portalfiguren des südlichen Hauptportales

- Landesamt für Denkmalpflege insgesamt 130.000 DM
  für die Restaurierung der Originalfresken
  (Einer weitergehenden Bezuschussung standen die geltenden gesetzlichen Richtlinien entgegen, wonach staatliche Zuschußmittel nur für Maßnahmen zum Erhalt originaler Bausubstanz, nicht jedoch für Rekonstruktionsvorhaben gewährt werden können.)

- Gesellschaft zur Erhaltung Alt-Augsburger Kulturdenkmale e.V. (Alt-Augsburg-Gesellschaft)[5] insgesamt 200.000 DM
  für die Wiederherstellung des nördlichen Hauptportals

- Verein zur historischen Wiederherstellung des Goldenen Saales im Rathaus zu Augsburg e.V. (Goldener-Saal-Verein) insgesamt 1.560.000 DM

Spenden von Privatpersonen, Betrieben und Institutionen – Wie sehr die Wiederherstellung des Goldenen Saales auch von der Bürgerschaft getragen wurde, geht schon aus deren Spendenfreudigkeit hervor. Die Spender sind im Anhang namentlich erfaßt, wobei wegen der hohen Zahl der Geber kleinerer Beträge die Auflistung ab einer Höhe von 500 DM erfolgte. Es wurden sowohl die Spenden an den Goldenen-Saal-Verein als auch die an die Stadt Augsburg berücksichtigt.

2 Die zweite Wiederherstellungsstufe sowie die Saalbeleuchtung war zum Zeitpunkt der Drucklegung noch nicht abgeschlossen bzw. noch nicht vollständig abgerechnet.

3 Die 1972 durch Gesetz errichtete Bayerische Landesstiftung, eine Körperschaft des öffentlichen Rechts, unter Vorsitz des Ministerpräsidenten, verfolgt gemäß ihrer Satzung »ausschließlich und unmittelbar gemeinnützige und mildtätige Zwecke, auf sozialem und kulturellem Gebiet«, wobei sie Zuschüsse bzw. Darlehen gewährt, Bürgschaften und Garantien für entsprechend förderungswürdige Projekte übernimmt. Jährlich werden herausragende Leistungen auf kulturellem und sozialem Gebiet aus dem Stiftungsvermögen mit einem insgesamt zweistelligen Millionenbetrag unterstützt.

4 Der Bezirk Schwaben, dessen Arbeitsschwerpunkte auf dem sozialen und kulturellen Gebiet liegen, unterstützt alljährlich auch mit einem Millionenbetrag Aufgaben der Denkmalpflege. So engagierte er sich in Augsburg über die Bezuschussung für die Goldene-Saal-Rekonstruktion hinaus im Rahmen eines Zweckverbandes für die Sanierung des Kurhaustheaters im Stadtteil Göggingen, einem Jugendstilgebäude von europäischem Rang.

5 Die 1960 von dem damaligen 3. Bürgermeister und Kulturreferenten Dr. Ludwig Wegele gegründete Gesellschaft versteht sich als »Bürgerinitiative für Denkmalschutzpflege«. Im Verlauf ihrer über 35jährigen Tätigkeit hat sie vornehmlich aus den Erlösen ihrer alljährlich veranstalteten Alt-Augsburg-Tombola (insgesamt über 7,5 Millionen DM) einen Betrag von über einer Million DM allein für die Rettung alter Augsburger Bürgerhausfassaden, Innenhöfe, Erker und Türen aufgebracht. Darüber hinaus beteiligte sie sich u. a. an einer Sanierung des Herkulesbrunnens, bezuschußte den Ausbau des Brunnenmeisterhauses zum Handwerksmuseum ebenso wie die Sanierung des Schaezlerpalais und kaufte Kunstwerke Augsburger Maler, Bildhauer und Goldschmiedewerkstätten an.

Hermenegild Peiker bei Freskierarbeiten an der westlichen Fensterwand.

Die an der Rekonstruktion Beteiligten und deren Arbeitsweise

Das nachfolgende Kapitel befaßt sich mit den an Planung und Durchführung der Rekonstruktionsarbeiten beteiligten Architekten, Künstlern, Restauratoren und Handwerksbetrieben, wobei eine Reihe der unmittelbar Beteiligten selbst zu Wort kommt. Weitere Einzelheiten über ihre Arbeitsweise sind in dem Kapitel über die Ausstattungselemente des Goldenen Saales und der Fürstenzimmer erläutert. Darüber hinaus informiert eine stichwortartige Übersicht über die sonstigen Mitwirkenden, Büros und Firmen.

Die Architektenleistungen

Architekt Prof. Machatschek mit Holzbildhauern und Vergoldern bei der Korrektur im März 1990.

Mit Professor Alois Machatschek[1] konnte für diese europaweit beachtete Rekonstruktionsmaßnahme ein hervorragender und auf diesem Gebiet anerkannter Architekt gewonnen werden. Seit 1959 freischaffender Architekt, mit zahlreichen Preisen und Ankäufen bei Architektur-Wettbewerben ausgezeichnet, verlagerte er den Schwerpunkt seiner Tätigkeit zunehmend auf denkmalpflegerische Projekte, auf Restaurierungen, Revitalisierungen sowie Umbauten im In- und Ausland (Bürgerhäuser, Schlösser, Palais und Kirchen). Beachtlich sind auch die Auszeichnungen für seine denkmalpflegerischen Arbeiten: beispielsweise der 1986 verliehene österreichische Staatspreis für Denkmalpflege für das Palais Ferstel und Hardegg in Wien (Abb. S. 200) sowie im selben Jahr die Europa-Nostra-Medaille und das Europa-Nostra-Diplom. Beim Internationalen Kolloquium im März 1978 beeindruckte er durch sein Referat über die »materiellen Voraussetzungen einer Rekonstruktion«.

Der Planungsumfang – Im Rahmen des Architektenvertrages wurde mit Prof. Machatschek folgender Planungsumfang vereinbart: Sämtliche Räumlichkeiten werden in ihrer linearen Gesamtkonzeption im Maßstab 1 : 50 erfaßt, jedoch ohne Darstellung der bildnerischen Details. Dafür wurden bereits im Vorentwurfsstadium alle Unregelmäßigkeiten der ehemaligen Ausstattung festgelegt. Ergänzt wurde die lineare Darstellung des Saales und der Fürstenzimmer durch die notwendigen Details im Maßstab 1 : 10, in denen bereits alle Profile und die bildnerischen Einzelheiten enthalten waren.
In den von Prof. Machatschek auf der Grundlage dieser Planzeichnungen erarbeiteten Leistungsverzeichnissen erhielten die beteiligten Firmen einen umfassenden Überblick über die Aufgabenstellung zusammen mit einer erschöpfenden Beschreibung aller Details und der geforderten Herstellungsweise. Zu den Obliegenheiten des Architekten gehörte außerdem die Beurteilung der vor Ausführungsbeginn vorzulegenden Musterstücke sowie die laufende Überwachung jedes einzelnen Arbeitsschrittes, ergänzt durch die regelmäßig stattfindende Kontrolle der Sachverständigenkommission. Damit war es den Künstlern und Handwerkern möglich, sich bereits aufgrund der Entwurfspläne ein genaues Bild vom geforderten Leistungsumfang zu machen.
Gleichzeitig war er als Planer schon in dieser ersten Planungsphase gezwungen, alle Raumelemente wie Fußboden, Wände und Decken genau zu untersuchen und sich vor allem auch mit den vielen Detailproblemen rechtzeitig zu befassen. Weitere Vorteile ergaben sich aus dieser Planungsmethode insofern, als damit von Anfang an eine zuverlässige Kostengrundlage und zugleich der Beweis der Realisierbarkeit des Rekonstruktionsvorhabens gegeben war.
Der Vorentwurf und Entwurf umfaßte 25 Planzeichnungen für den Goldenen Saal und 11 Planzeichnungen für die Fürstenzimmer, bestehend aus Werkplänen im Maßstab 1 : 50 und aus Detailplänen im Maßstab 1 : 10.

1 Alois Machatschek, am 25. November 1928 in Preßburg als Sohn eines Baumeisters geboren, erwarb sein Diplom an der Technischen Hochschule in Wien. Nach Promotion zum Dr. techn. (1962) und Habilitation (1967) an der TU Wien wurde er Universitätsprofessor (1973) und Leiter der Abteilung Denkmalpflege.
Architekt Professor Alois Machatschek ist Mitglied wissenschaftlicher und beratender Gremien. Derzeit ist er Vorsitzender des österreichischen Denkmalbeirats, Kuratoriumsvorsitzender des Europapreises für Denkmalpflege der Alfred Töpfer Stiftung FVS, wissenschaftlicher Leiter des Linzer Planungsinstituts sowie Jury-Mitglied der EU für Denkmalpflege-Pilotprojekte.

Palais Ferstel, Wien. Großer Ferstelsaal mit einer Grundfläche von 450 qm und einer Höhe von 16 Metern. Für die äußerst schwierige Restaurierung und Revitalisierung des ehemaligen Wiener Bank- und Börsengebäudes wurde Prof. Machatschek 1986 mit dem österreichischen Staatspreis für Denkmalpflege ausgezeichnet.

Die Werkpläne beinhalten die Darstellung aller Wände, der Decke und des Fußbodens in ihrer linearen Gesamtkonzeption mit sämtlichen Unregelmäßigkeiten, jedoch ohne bildnerische Details. In dieses zeichnerische »Gerüst«, der exakt rekonstruierten architektonischen Struktur, wurden alle weiteren Detailplanungen eingefügt. Ihnen war neben allen Einzelheiten auch die Richtung der Holzmaserung und der bildnerische Schmuck zu entnehmen, wobei vielfach Naturdetailstudien als Grundlage herangezogen wurden. Für die konkrete Ausführung bedurfte es einer nochmaligen Überarbeitung bzw. Ergänzung zur Erfassung des speziellen stilistischen Charakters des Goldenen Saales.
Nach Abschluß der Zeichenarbeit umfaßte das Planverzeichnis insgesamt 460 Pläne.
Bei der Bau- bzw. Rekonstruktionsdurchführung wurde der Architekt von Dipl.-Ing. Raimund von Doblhoff, einem gebürtigen Wiener, unterstützt, der schon seit Kriegsende in Augsburg als Architekt erfolgreich tätig war.[2] Doblhoff war seit jeher ein Verfechter der historischen Wiederherstellung des Goldenen Saales, es war daher eine zweckmäßige Entscheidung von Prof. Machatschek, ihn für diese Aufgabe zu verpflichten. Im weiteren Verlauf seiner engagierten Bauleitungstätigkeit hatte er an den Folgen eines Anfang 1990 erlittenen Unfalles zu leiden. Doch konnten durch den tatkräftigen Einsatz von Dipl.-Ing. Nikolaus Mayer sowie dessen Nachfolger Dipl.-Ing. (Univ.) Peter Schenck vom städtischen Hochbauamt die Aufgaben der Bauleitung im Einvernehmen mit Architekt Prof. Machatschek erfolgreich abgewickelt werden.

Ingenieurtechnische Leistungen

Fotogrammetrische Bauaufnahme – Die Möglichkeit, ein Bauwerk auf fotogrammetrischem Wege millimetergenau zu erfassen, wird heute im besonderen bei schwierigen Bauaufnahmen von Denkmälern angewandt. So veranlaßte auch im vorliegenden Fall der planende Architekt den Einsatz dieses bewährten Verfahrens, da schon mit freiem Auge gravierende Verformungen der raumumschließenden Flächen erkennbar waren.
Nach Vorliegen des Aufnahmeergebnisses stellte sich dann auch heraus, daß der Einbau der Ausstattungselemente wie der Saaldecke oder der Portale ohne die Fotogrammetrie gescheitert wäre.

2 Dipl.-Ing. Freiherr Raimund von Doblhoff, geboren 1914 in Wien, gestorben am 22. November 1993 in Augsburg, war bereits nach dem Krieg in Augsburg als freischaffender Architekt tätig. Nach dem Krieg wurde er von Fürst Fugger mit dem Wiederaufbau der Fuggerhäuser in der Maximilianstraße sowie der Fuggerei beauftragt. Neben verschiedenen altstädtischen Baumaßnahmen oblag ihm auch der Wiederaufbau des »Neuen Baues« am Rathausplatz. Vom »Augsburg Club« wurde er Ende Oktober 1991 wegen seiner Verdienste um die »sichtbare Verschönerung der Stadt« ausgezeichnet.

Die fotografischen Spezialaufnahmen wurden in den Nachtstunden durchgeführt, da nur so der störende Lichteinfall durch die Fenster vermieden werden konnte. Für die vier Wände wurden entzerrte Schwarzweiß-Abzüge im Maßstab 1 : 50 und für die Decke im Maßstab 1 : 25 hergestellt. Die koordinatenmäßige Vermessung der Wände erfolgte durch 27 Vertikalschnitte und 8 Horizontalschnitte, ihre Kartierung auf transparenten Folien im Maßstab 1 : 50 und 1 : 10. Zur besseren Darstellung der durch unregelmäßige Verformungen gekennzeichneten Wandprofile wurden Bezugsflächen jeweils einen Meter hinter die Wände gelegt.[3]
Die fotogrammetrische Bestandsaufnahme wurde durch die Firma Fotogrammetrie München GmbH vorgenommen.

Statische Berechnungen – Die bauvorbereitenden Maßnahmen für die Rekonstruktion des Goldenen Saales und eines Fürstenzimmers erforderten u. a. auch den Einsatz eines zuverlässigen Ingenieurbüros, das die notwendigen Untersuchungen und Berechnungen für die Erneuerung der Massivdecken über beiden Räumen vorzunehmen hatte. Für die erfolgreiche Lösung dieser ab Seite 185 näher erläuterten Aufgabe war das Augsburger Ingenieurbüro Büro Stöckle und Reilich verantwortlich.

Haustechnische Installationen – Die im Zusammenhang mit der Generalsanierung des Rathauses erforderliche Projektierung haustechnischer Anlagen und Einrichtungen stellte die hierfür tätigen Fachleute gerade im Goldenen Saal und in dem Fürstenzimmer vor nicht unerhebliche Probleme. Zusammen mit dem Architekten gelang es jedoch, die originalgetreu zu rekonstruierenden Räume mit neuzeitlichen Installationen und Einrichtungen auszustatten, ohne daß diese optisch in den Vordergrund traten. So war beispielsweise in den Natursteinboden des Goldenen Saales eine Fußbodenheizung einzubauen, hinter den Portalverkleidungen Elektroleitungen und -anlagen zu installieren und die Holzdecke so zu konstruieren, daß die Raumluft über entsprechende, nicht sichtbare Öffnungen abgezogen werden kann.
Verantwortlich für die haustechnischen Anlagen im Goldenen Saal war die Installationsabteilung bei den Augsburger Stadtwerken mit Dipl.-Ing. Artur Steidele (Heizung und Sanitär), Dipl.-Ing. Alfred Krick (Elektrotechnik) mit seinem Werkmeister Rudolf Schranzhofer sowie Dipl.-Ing. Franz Mittenhuber (Klimatechnik), für die sich ihre langjährige Gebäudekenntnis als sehr hilfreich erwies.

Verlegung des Saalbodens durch die Arbeitsgemeinschaft der Steinmetzfirmen Eser (Inh. P. C. Kienzle) und W. Brenner, Augsburg.

3 Bericht über die Mitwirkung der Fotogrammetrie GmbH, München, an der Vorbereitung und Durchführung der Rekonstruktion des Goldenen Saales im Augsburger Rathaus vom 21. September 1992, verfaßt von dem seinerzeit in Augsburg tätigen Dipl.-Ing. E. Bergt.

Die Steinmetzarbeiten

Ein bestimmendes Element der Wiederherstellung der Ausstattung des Goldenen Saales war der Fußbodenbelag aus mehrfarbigen Steinplatten, darüber hinaus aber auch die Portalumrahmungen, Fensterbänke und Treppenpodeste.
Im Hinblick auf die vom Architekten gestellten hohen Anforderungen an die handwerkliche Ausführung war es besonders wichtig, hierfür Steinmetze zu gewinnen, die der alten Bearbeitungstechnik möglichst nahe kamen. Insoweit war es eine zweckmäßige Entscheidung, den Auftrag für dieses Gewerk der erfahrenen Augsburger Arbeitsgemeinschaft Eser und Brenner zu erteilen.
Die Auftragssummen, die dem Beschluß des Stadtrates vom 28. Oktober 1981 zugrundelagen, beliefen sich auf 360.000 DM für den Saalboden, 39.000 DM für die Portalumrahmungen, 9.300 DM für die Fensterbänke und 14.700 DM für die Treppenpodeste.

Die Arbeit der Schreiner

Das Erscheinungsbild des Goldenen Saales und des Fürstenzimmers wird in besonderem Maße von der Arbeit der Schreiner geprägt. Sie umfaßt so wichtige Ausstattungsteile wie die Saaldecke, die Haupt- und Seitenportale samt Gurtgesimsen und die beiden großen Tische im Goldenen Saal. Im Fürstenzimmer bestimmt der Werkstoff Holz noch stärker den Raumeindruck und erforderte von den Schreinern bei der Herstellung der Kassettendecke, der Wandverkleidung, der Innenportale und der Fußböden damals wie heute überdurchschnittliche Fähigkeiten.
Den Auftrag für Schreinerarbeiten im Goldenen Saal sowie für die Wandverkleidungen einschließlich Innenportal des nordwestlichen Fürstenzimmers erhielt durch Stadtratsbeschluß vom 28. April 1982 die Firma Willmeroth, Innenausbau AG, Augsburg, zum Angebotspreis von 2.149.461,74 DM, wovon sich die Kosten für die Portale auf 818.469 DM beliefen. Dieser Auftrag wurde im weiteren Verlauf noch erweitert (12. Dezember 1983 Gurtgesimse 46.284 DM und 19. Juli 1984 Saaltische 48.000 DM). Die Zimmererarbeiten für die Unterkon-

Josef Willmeroth hat sich intensiv um die Abwicklung der Schreinerarbeiten gekümmert. Hier überprüft er den originalgroßen Aufriß der Deckenelemente auf dem Werkstattboden.

4 P. C. Kienzle, Inhaber des seit 1872 bestehenden Marmorwerkes Anton Eser in Augsburg (geb. 1922 in Freiburg/Br.); er war ursprünglich Holzbildhauer. Sein Sohn Peter Klaus, ebenso wie sein Vater an der Wiederherstellung des Saalbodens im Goldenen Saal beteiligt, führt seit dessen Tod im November 1989 den Betrieb weiter.

5 Steinmetzmeister Wilhelm Brenner übernahm 1975 den väterlichen Betrieb, der bereits seit 1908 besteht; dieser zählt zu den leistungsfähigsten Firmen im Augsburger Raum.

Schreinermeister Franz Geßner, Betriebsleiter bei der Fa. Willmeroth, bei der Anfertigung des Giebels für ein Seitenportal.

struktion der Saaldecke führte im Auftrag der Firma Willmeroth der Zimmerei- und Schreinerbetrieb Donath Müller, Augsburg, aus.
Der Firmeninhaber Joseph Willmeroth[6] hat sich persönlich intensiv für eine fach- und termingerechte Abwicklung des Auftrages eingesetzt. So bemühte er sich vor allem um die nicht einfache Beschaffung von geeignetem Holz als entscheidende Voraussetzung für ein optimales Arbeitsergebnis. Er kümmerte sich aber auch um die handwerkliche Durchführung der anspruchsvollen Schreinerarbeiten, beispielsweise beim Aufriß der Deckenelemente auf dem Werkstattboden (Abb. S. 202).
Einen wesentlichen Anteil hatte auch sein langjähriger Betriebsleiter Franz Geßner, der sich dieser Aufgabe mit großem Engagement verschrieben hatte. Auf Anregung von Heimatpfleger Regierungsbaumeister Robert Pfaud fertigte er bereits Ende 1977, also noch vor dem Beschluß des Stadtrates für die Rekonstruktionsarbeiten, zwei Modelle der Saaldecke an.
Den Auftrag für die Fertigung der Kassettendecke im nordwestlichen Fürstenzimmer erhielten die Vereinigten Werkstätten für Kunst und Handwerk AG, München, mit Stadtratsbeschluß vom 28. Juli 1982, die zu einem Angebotspreis von 505.594,77 DM eine hervorragende Qualitätsarbeit lieferten.
Die Verlegung des Holzfußbodens im Fürstenzimmer besorgte mit der Firma Max Herzog aus Thierhaupten ein weiterer Handwerksbetrieb aus dem näheren Augsburger Raum. Die Auftragserteilung zum Angebotspreis von 43.191,99 DM erfolgte am 03. August 1982 durch das städtische Hochbauamt.

Die Arbeit der Holzbildhauer

Einen hohen Anteil an der dekorativen Ausstattung des Goldenen Saales und der Fürstenzimmer hat das vielfältig gestaltete Schnitzwerk, bestehend aus architektonischen und figürlichen Elementen unterschiedlichen Schwierigkeitsgrades. Sie waren im Saal selbst ausnahmslos vergoldet, während sie in den Fürstenzimmern unbehandelt blieben. Wie beim Neubau des Rathauses vor über 370 Jahren waren auch bei der Rekonstruktion dieses so bedeutenden Teiles der Raumausstattung zahlreiche hochqualifizierte Künstler tätig. Sie stammen alle aus dem süddeutschen und österreichischen Raum und belegen mit ihrer Arbeit eindrucksvoll das auch heute vorhandene hohe Niveau auf diesem Sektor der bildenden Kunst.

6 Josef Willmeroth, ein geborener Westfale (geb. 1910, gest. 1995), gründete 1946 in Augsburg eine Schreinerwerkstätte, die er zielstrebig ausbaute, wobei er sich auf den Innenausbau verlegte. 1966 wurde Josef Willmeroth in die engere Vorstandschaft des Landesinnungsverbandes bayerischer Schreinermeister gewählt. In den folgenden Jahren hatte er es durch fachliches Können geschafft, seine Firma zu einem der bedeutendsten Betriebe für Innenausbau im Augsburger Raum zu machen. Sie war bereits mit dem Innenausbau bei der Wiederherstellung des Augsburger Rathauses beschäftigt, u. a. mit der Erstellung der Decke des oberen Fletzes und des großen Sitzungssaales.

Die Arbeiten im Rahmen der ersten Wiederherstellungsstufe – Die Vergabe der Holzbildhauerarbeiten an der Saaldecke erfolgte mit Beschluß des Bauausschusses vom 27. Mai 1982 an die Arbeitsgemeinschaft der Landesinnung der Bayerischen Holzschnitzer (Oberammergau) unter Federführung von Josef Fux zu einem Angebotspreis von 240.000 DM. An dieser Arbeitsgemeinschaft beteiligten sich neben Josef Fux auch die Holzbildhauermeister Erich Baab, Alex von Elst und Sepp Erhart aus Unterammergau sowie Alois Greiner, Klaus Klucker, Herbert Koch, Anton Neu, Siegfried Schieder und Peter Zwick aus Oberammergau.
Für die Wiederherstellung des Schnitzwerkes an den Portalen und der Decke waren besonders fachkundige Firmen zur Angebotsabgabe eingeladen worden. Von den drei anbietenden Firmen bot lediglich eine den gesamten Leistungsumfang an. Die Submissionssumme lag jedoch mit 1.200.000 DM erheblich über den Schätzkosten von 670.000 DM. Um die Rekonstruktionsmaßnahme nicht in Frage zu stellen, kam es auf Vermittlung des Architekten zu zusätzlichen Verhandlungen mit dem Restaurator und Holzbildhauer Walter Campidell aus Kärnten, der mit Stadtratsbeschluß vom Juni 1982 den Auftrag für das Schnitzwerk der Portale zum Angebotspreis von 419.712 DM erhiehlt.
Der auf zwei Werkstätten aufgeteilte Auftrag für das nordwestliche Fürstenzimmer erging einmal an Walter Campidell (Wandverkleidung, Portal und Deckenmittelmedaillon, Angebotspreis 25.052,64 DM) und zum anderen an die Oberammergauer Arbeitsgemeinschaft der Holzschnitzer (Restliche Deckenschnitzereien, Angebotspreis 38.924,10 DM).
Auf Empfehlung der Städtischen Kunstsammlungen wurden die Bilderrahmen für die Originalgemälde im Fürstenzimmer I an den Münchner Restaurator Karl Pfefferle zum Angebotspreis von 78.328 DM vergeben.
Mit der Ausführung des dekorativen Schnitzwerkes an den beiden Repräsentationstischen im Goldenen Saal wurde der Bildhauer Friedrich Brenner aus Anhausen bei Augsburg im Rahmen einer beschränkten Ausschreibung beauftragt. Der Angebotspreis belief sich auf 10.168,80 DM.

Die Zwischenstufe und die Komplettierung der Saaldecke – Am 22. November 1985 stellte der Sachverständigenausschuß im Zusammenhang mit der Wiederherstellung der Wandfresken fest, daß eine Vervollständigung des Deckenschnitzwerkes mit den bis dahin noch fehlenden Zierelementen für die Beurteilung des anzustrebenden Gesamteindruckes unabdingbar sei. Die Richtigkeit dieser Empfehlung sollte zunächst an einem Achtel der Decke nachgewiesen werden. Eine beschränkte Ausschreibung ergab als Mindestbieter wiederum die Werkstatt Walter Campidell, der seine Arbeit zu einem Gesamtpreis von 248.250,96 DM angeboten hatte.
Für die Komplettierung der Saaldecke wurde wiederum eine beschränkte Ausschreibung durchgeführt, derzufolge am 08. Dezember 1987 die Vergabe der restlichen Schnitzarbeiten zu einem Angebotspreis von 1.336.623,78 DM an eine hierfür neu gebildete Arbeitsgemeinschaft erfolgte, bestehend aus folgenden Künstlern und Kunsthandwerkern: Bildhauer Bernd Brucklachner, Augsburg, Friedrich Mayet, Affing (jetzt Oberammergau), Friedrich Brenner, Anhausen, Vergolder Anton Finkenzeller, München, Josef Hausch, Fürstenfeldbruck, Marion Kratz, Augsburg.
Die wohl schwierigste Bildhauerarbeit, die Wiederherstellung der jeweils zwei überlebensgroßen Holzplastiken an beiden Hauptportalen, wurde auf Empfehlung der Sachverständigenkommission vom Bauausschuß am 06. August 1991 an die Bildhauer Josef Fux und Friedrich Mayet vergeben. Die Auftragssumme betrug für alle vier Objekte ohne Vergoldung 229.420 DM. Dabei übernahm Fux die beiden südlichen und Mayet die beiden nördlichen Figuren.

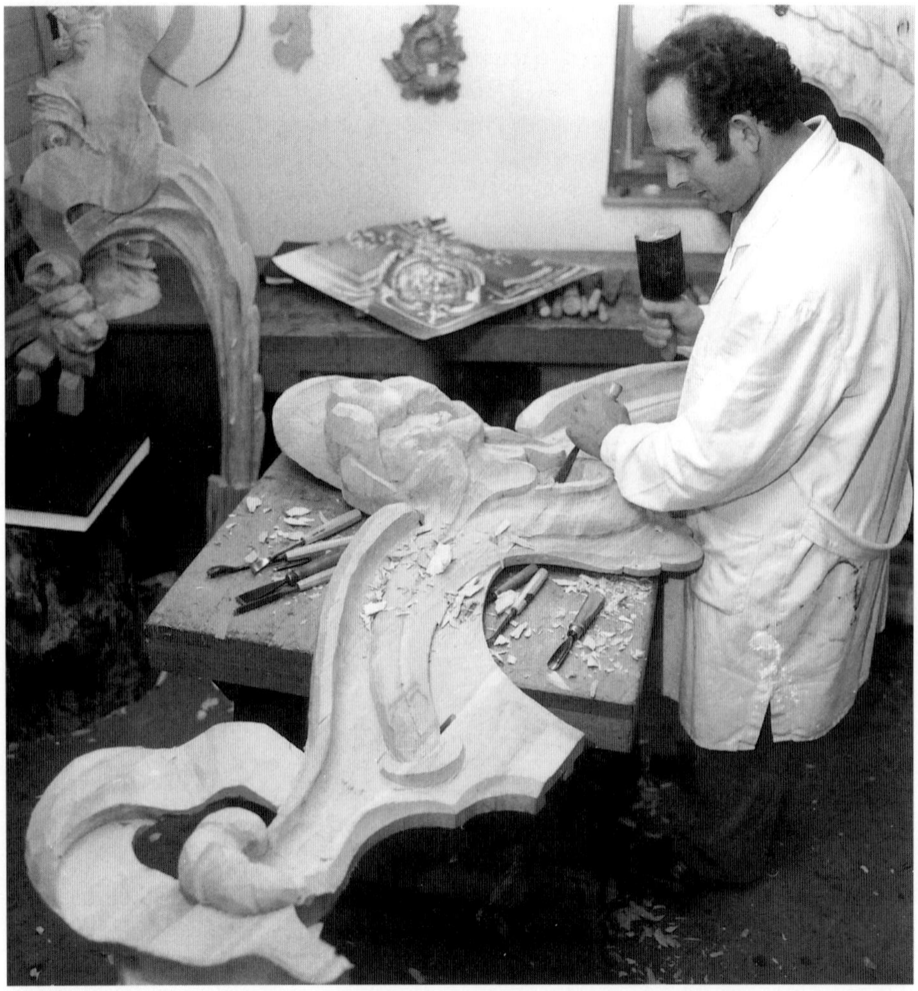

Holzbilderhauer Walter Campidell aus Feistritz a. d. Drau in Kärnten beim Schnitzen einer Deckenkartusche.

Die einzelnen Holzbildhauer und ihre Arbeitsweise

In den folgenden Ausführungen wird das methodische Vorgehen einer Reihe von Beteiligten bei ihrer Arbeit näher erläutert. Dazu kommen einige der Künstler und Kunsthandwerker selbst zu Wort.

Walter Campidell – Der von Professor Machatschek empfohlene Holzbildhauer und Vergolder Walter Campidell[7] war nach mehrjähriger Tätigkeit in den Werkstätten des Bundesdenkmalamtes in Wien bei einer Reihe bedeutender Wiederherstellungsmaßnahmen in Österreich beteiligt.

An der Saaldecke fallen unter den 24 Kartuschen im ringsumlaufenden inneren Rahmenfeld die besonders aufwendig gestalteten Umrahmungen der vier Eckkartuschen ins Auge, die gekrönt sind von geschnitzten, mit Flügeln versehenen Büsten.

Am Beispiel der großen Mittelkartuschen beschreibt Walter Campidell das Entstehen eines derartigen Objektes: »Schnitzarbeit ist keine Kunst, man muß nur das Holz, das zuviel ist, entfernen.« Für die Ausführung der ihm übertragenen Rekonstruktion der vier Eckkartuschen sowie der Kartuschen über den Hauptportalen standen Campidell als Vorlage die noch vorhandenen, vor der Zerstörung des Goldenen Saales aufgenommenen Fotografien zur Verfügung, die jedoch perspektivische Verzerrungen und verwirrende Spiegelungen infolge der Glanzvergoldung aufwiesen. Campidell führte dazu aus: »Diese Verzerrungen ließen völlig falsche Eindrücke über die Plastizität der Schnitzereien entstehen.« Im Interesse einer präzisen Rekonstruktion wurden deshalb die Fotos soweit wie möglich vergrößert und in einem Rastersystem entzerrt. Langjährige Erfahrungen, »das Wissen um das Spiel von Licht und Schatten am entzerrten Foto und das Wissen um die Technik und Möglichkeiten des Bildhauers, die ja

7 Walter Campidell, geb. 1933 in Freistritz a. d. Drau (Kärnten), lernte im väterlichen Betrieb das Handwerk des Vergolders, des Faßmalers und Malers. Wenige Jahre später kam die Meisterprüfung als Bildhauer hinzu sowie nach mehrjähriger Tätigkeit in den Werkstätten des Bundesdenkmalamtes in Wien die Abschlußprüfung als staatl. anerkannter Restaurator. Walter Campidell war federführend beteiligt u. a. an der Wiederherstellung des Wiener Musikvereinssaales sowie an den Innenrestaurierungen von Schloß Porcia, und des Gurker Domes. 1969 übernahm er in Freistritz den Betrieb des Vaters Adolf Campidell. Walter Campidell arbeitete bei dem Auftrag für den Goldenen Saal eng mit seinem Bruder Konrad zusammen, einem ebenfalls weithin renommierten Holz- und Steinbildhauer sowie Vergolder, der für die hier beschriebenen Eckkartuschen die Musterstücke angefertigt hatte.

Bildhauer und Restaurator Walter Campidell mit dem unteren Schnitzelement der großen südlichen Deckenmittelkartusche in seinem Atelier.

durch die Beschaffenheit des Materials gleich waren«, waren für Campidell entscheidende Hilfen bei der Rekonstruktion. Auf dieser Grundlage fertigte er Detailpläne im Maßstab 1 : 1, die er Prof. Machatschek zur Begutachtung und Korrektur vorlegte. Darüber hinaus stellte er fest: »Vor meiner eigentlichen bildhauerischen Arbeit mußte ich die Fähigkeit und Phantasie haben, bereits in der Rohform die fertige Skulptur vor meinem geistigen Auge zu sehen und diese Gestalt werden zu lassen.«

Als Material für die Umrahmung der Kartuschen wurde mindestens sechs Jahre gelagertes Lindenholz in Brett- bzw. Bohlenstärke von 2 – 10 cm verwendet. Aufgrund der durch die Fotos gewonnenen Erkenntnisse über die erforderliche Stärke des Schnitzwerkes wurden schon für die Unterlage entsprechend starke Lindenholzbohlen ausgewählt und verleimt. Die Leimfugen mußten zusätzlich verdübelt werden, um bei einem etwaigen Holzschwund, bedingt durch Temperatur- oder Luftfeuchtigkeitsschwankungen, ein Herabfallen einzelner Teile zu verhindern. Auf dieser so aus Einzelteilen zusammengefügten Grundplatte wurde die Zeichnung des Schnitzwerkes aufgetragen und die entsprechende Form grob herausgeschnitten.

Wenn diese Grundplatte eine für die Form des Kartuschenrahmens zu geringe Stärke aufwies, wurden zusätzliche Lindenholzbretter schichtweise aufgeleimt und verdübelt, wobei auf jeder neuen Schicht die entsprechende Zeichnung aufgetragen wurde. Unter Verwendung von Hacke und Beil sowie groben, ver-

Die Abbildungen auf dieser Seite zeigen die Entstehungsphasen der Maske der südwestlichen Eckkartusche an der Saaldecke, geschnitzt von Walter Campidell.

schieden geformten Schnitzeisen entstand so Zug um Zug die grob herausgearbeitete Schnitzform. Die anschließende Detailarbeit erfolgte mit feinen Schnitzeisen wie beispielsweise dem »Gaisfuß«. Anschließend wurde das Schnitzwerk mit Raspeln und Feilen so lange bearbeitet, bis eine feine, jedoch nicht zu glatte Oberfläche entstand, um die Haftfähigkeit für den Untergrund der abschließenden Vergoldung nicht zu beeinträchtigen.
Letzter Arbeitsschritt war das Hinterschneiden, d. h. das Abschrägen der Rückseite des Schnitzwerkes, um eine gleichmäßige Stärke der Seitenansicht zu erzielen. In diesem Zustand wurden die Kartuschen dann vom Architekt begutachtet. Die überzeugende Leistung von Restaurator Walter Campidell zeigte sich auch bei den übrigen Schnitzelementen wie den vergoldeten Herrscherbüsten an den Nebenportalen oder dem Schnitzwerk an Decke und Portal des nordwestlichen Fürstenzimmers.

Holzbildhauer Friedrich Mayet beim Schnitzen einer männlichen Maske mit Zunge und seitlichem Knorpelwerk für die Umrahmung der ovalen Deckenbilder.

Friedrich Mayet – Holzbildhauer Mayet[8] hatte zusammen mit Bildhauer Friedrich Brenner – Holzbildhauer Bernd Brucklachner, der anfangs federführend tätig war, mußte aus gesundheitlichen Gründen von seinem Werkvertrag zurücktreten – die Fertigstellung der Decke mit den reichen Schnitzereien im Rahmen einer mit den beteiligten Vergoldern gebildeten Arbeitsgemeinschaft übernommen.

Auch Friedrich Mayet äußerte sich zu der Aufgabenstellung und den damit verbundenen Schwierigkeiten. Er hob zunächst hervor, daß er bei der Rekonstruktion der dekorativen Schnitzteile vor einer Aufgabe stand, »die in unserem Kunsthandwerk hinsichtlich Umfang und Bedeutung ohne Beispiel war«. Zwar habe ein reicher Schatz an Fotodokumenten und historischen Unterlagen eine »jederzeit überprüfbare Vorgehensweise garantiert«, doch warf der komplizierte Umsetzungsvorgang von der Abbildung zur plastischen Bildschnitzerei ebenso Fragen auf, wie die künstlerische und handwerkliche Durchgestaltung der für diese Prunkdecke charakteristischen gestalterischen Eigenarten und Merkmale im Detail.

Mayet unterstreicht die Wichtigkeit der Dokumentationsunterlagen und der Pläne, nach denen die zu rekonstruierenden Elemente in der Werkstatt in Originalgröße nachgebaut wurden. »Anders als etwa ein Maler, der ein Bild nach Fotografien rekonstruieren will und dabei seine Arbeitsunterlagen nur winkelkorrigieren, d. h. entzerren muß, erhält der Bildhauer nur Informationen über

8 Friedrich Mayet, Holzbildhauer. geb. am 14. Januar 1960 in Oberammergau. Lehre als handwerklicher Bildhauer, anschließend sechs Semester Studium an der Münchner Akademie der Bildenden Künste. Seit 1984 selbständig. Nach den umfangreichen Rekonstruktionsarbeiten im Goldenen Saal des Augsburger Rathauses wurde er 1994 mit der Wiederherstellung der zentralen Figurengruppe am Hochaltar der Jesuitenkirche in Mannheim beauftragt.

Detail der geschnitzten Maske.

Bildhauer Friedrich Mayet beim Schnitzen einer Deckenkartusche.

Bildhauer Friedrich Brenner beim Schnitzen von Füllhörnern für die Deckenwandzone.

die Form und Plastizität eines Gegenstandes und über die Entfernung zum Hintergrund, wenn er über Ansichten von möglichst unterschiedlichen Standpunkten verfügt.«

Friedrich Brenner – Auch der akademische Bildhauer Friedrich Brenner[9] aus Anhausen bei Augsburg hatte ein umfangreiches Arbeitspensum zu bewältigen. So übernahm er an der Saaldecke die Schnitzelemente im Bereich der Umrahmung des großen Mittelbildes, der beiden Rundbilder sowie die der Tafeln mit den Groteskornamenten.

Weiterhin fertigte er im Bereich der Fenster bzw. Architravzone die Schnitzereien in Form von Füllhörnern, Vasen und Girlanden etc. Hierzu gehörten auch die geschnitzten Dekorationen der Füllungsfelder, ebenso die in den Fensterlaibungen der beiden Stirnwände und seitlich der Fenster und Maskenfelder der beiden Längswände.

Aber auch die von ihm durchgeführte Schnitzarbeit an den beiden großen Tischen im Goldenen Saal erforderte ein solides holzbildhauerisches Können. Aus massiven Nußbaumstücken waren jeweils vier schneckenförmige Voluten an den Tischwangen nach den Plänen des Architekten zu gestalten.

Seine Erfahrungen mit diesen schwierigen holzbildhauerischen Arbeiten schildert Friedrich Brenner wie folgt: »Eine Rekonstruktion ist für einen kreativen Bildhauer eine äußerst schwierige Aufgabe. Die Fotodokumentation war gut, aber speziell für die Bildhauerarbeiten nicht für alle Teile gleich ergiebig. An den beiden Fensterfronten waren die Fotos der Decke unscharf und durch den steilen Aufnahmewinkel stark verzerrt. So mußte ich mühsam und mit Einfühlungsvermögen die Ornamentteile im Maßstab 1 : 1 aufzeichnen. Die Zeichnung übertrug ich auf eine dicke Tonschicht, schnitt mit Tonschlingen die plastische Form negativ aus dem weichen Material und goß die Hohlform mit Gips aus. Auf diese Weise fertigte ich von allen Masken und Ornamentteilen, welche ich

9 Friedrich Brenner, geboren 1939 in Augsburg, von 1960 – 1965 Studium an der Akademie der Bildenden Künste, München, bei Professor Josef Henselmann. Von 1968 – 1971 Lehrauftrag an der dortigen Akademie für Prägmünzschnitt; mehrere Preise für Gedenkmünzentwürfe sowie für Plastikentwürfe. Als selbständiger Bildhauer in Anhausen tätig. Erfolgreiche Beteiligung an Bildhauer-Wettbewerben (u. a. Erster Preis und Auftrag für das Mozart-Denkmal am Fronhof).

Die Arbeit der Vergolder

Wie bereits bei den Ausstattungselementen der Portale und der Saaldecke eingehend behandelt, waren die Vergolderarbeiten neben den Schreiner- und Schnitzarbeiten ein wesentlicher Teil der Rekonstruktionsmaßnahme.
Erst mit der Vergoldung des reichen Schnitzwerkes an den Portalen und an der Decke erhielt der Goldene Saal sein unverwechselbares Gepräge und damit auch seinen weit über Augsburg hinaus bekannten Namen. Die nachfolgenden Ausführungen zeigen die wissenswerten Einzelheiten über die Vergoldungstechnik, den praktischen Ablauf der Vergoldungsarbeiten und die daran beteiligten Kunsthandwerker und Firmen auf.

Verwendung von Blattgold – Für sämtliche Ausstattungsbereiche wurde ausschließlich Blattgold aus 23¹/2 karätigem Altgold mit einer Feinheit von 1/5000 bis 1/6000 mm verwendet. Das gesamte für den Goldenen Saal verwendete Blattgold kam aus Augsburg, hergestellt in der Blattgoldfabrik C. Küny,[11] Inhaber Rolf Eitel.
Insgesamt wurde im Goldenen Saal Blattgold mit einem Gesamtgewicht von 2.609 Gramm, wie Rolf Eitel errechnet hat, aufgebracht. Dies entspricht 143.500 Blatt des Blattgoldes der Sorte Altgold von 23¹/2 Karat, wobei in den obigen Zahlen für die vier Portalfiguren ca. 8 Quadratmeter Blattgold enthalten sind.

Vergoldungsarten – Entsprechend den zu vergoldenden Zierelementen und dem zu erzielenden Effekt wurden unterschiedliche Vergoldungsarten angewandt.
Glanzvergoldung: für Teile des Schnitzwerkes, welche besonders hervortreten sollen, beispielsweise Blattrippen, ausgewölbte Flächen von Blättern, Früchten und Masken.
Mattvergoldung: für Perlstäbe, geradlinige und gebogene Leisten sowie für schmale Profile.
Polierte Mattvergoldung: für Schnitzwerk, das bereits vor der Montage in der Werkstätte vergoldet werden konnte sowie für geradlinige oder geometrische Zierprofile.
Dekorative Vergoldungen: in Form von aufgemalten Kettengliedern und Eierstäben auf Nußholzprofilen.

Vorgang einer Glanzvergoldung – Die Vergoldung stellt eine der arbeitsaufwendigsten Arten der Oberflächenbehandlung dar. So erfordert beispielsweise die Glanzvergoldung 15 Arbeitsschritte, die nachstehend im einzelnen beschrieben sind.

1. Arbeitsschritt: ein absolut trockener und fester Untergrund ist die wichtigste Voraussetzung für eine hochwertige und dauerhafte Vergoldung. Die gründliche Reinigung der zu vergoldenden Flächen, das Schleifen des Untergrundes sowie schließlich die Befreiung des Holzes von allen Fettrückständen durch ein Gemisch aus Spiritus und Salmiak sind hierfür die entscheidenden Vorbereitungen.

2. Arbeitsschritt: Der Holzgrund wird mit einer Leimtränke präpariert, um eine Klebewirkung zwischen Bildträger und erster Grundschicht zu erreichen. Dazu wird ein bis zu 60° erhitzter, stark verdünnter Hautleim, je nach Saugfähigkeit des Untergrundes, ein- bis zweimal auf das Holz aufgetragen.

3. Arbeitsschritt: Dieser beinhaltet das Aufbringen der ersten Grundierschicht des sogenannten Steingrundes, bestehend aus einer stärkeren Hautleimlösung – versetzt mit grauer Steinkreide, einem groben, griffigen Pigment. Diese Schicht ergibt nach dem Trocknen einen besonders haltbaren Untergrund.

4. – 6. Arbeitsschritt: Der Aufbau des Kreidegrundes besteht aus vier bis fünf Lagen einer Mischung, gewöhnlich aus Bologneser Kreide (Gips) und Cham-

11 Der jetzige Inhaber in der dritten Generation, Rolf Eitel, baute den teilzerstörten Betrieb 1948 zum modernen und leistungsfähigen Blattgoldbetrieb aus. Küny-Blattgold wurde und wird in ganz Deutschland verwendet, beispielsweise im Münchner Nationaltheater, ebenso in der dortigen Residenz, bei der Wiederherstellung von Schloß Bruchsal sowie in der Würzburger Residenz. Selbst die Mönche vom Berg Athos in Griechenland kommen für ihre Ikonenmalerei nach Augsburg.

Die Werkzeuge zum Anschießen des Blattgoldes: Vergolderkissen, Vergolderheft mit inliegendem Blattgold und dem Anschießer.

pagnerkreide oder Chinaclay, gebunden mit Hautleim. Diese Mischung wird aufgetupft bzw. aufgestrichen, wobei das Material schnell verarbeitet werden muß, da es rasch antrocknet.

7. Arbeitsschritt: Der getrocknete Kreidegrund muß nun geschliffen und geglättet werden. Dieser Arbeitsgang mit Trocken- oder Ölschleifpapier und Bimsstein ist entscheidend für einen optimalen Glanz des Goldes. Weitere Werkzeuge für das Schleifen sind: Schabeisen, Reparierhaken, Leinenlappen, Schwämme und Leder.

8. Arbeitsschritt: »Lösche« wird aufgebracht. Sie ist notwendig, um die Saugkraft des Kreidegrundes zu vermindern und besteht aus verdünntem Leimwasser, dem etwas Poliment, ein fettes Erdpigment, zugegeben wird.

9. – 12. Arbeitsschritt: Diese Schritte spielen im Aufbau des Goldgrundes eine Schlüsselrolle. Je zweimal wird zunächst gelbes, dann rotes Poliment aufgetragen, dessen Fettigkeit und Saugkraft dem später aufgebrachten Blattgold festen Halt durch engste Verbindung gibt. Das Poliment ist also der unmittelbare Goldträger. Sein Rohmaterial, der sogenannte Bolus, ist ein im Tagebau gewonnenes Tonerdesilikat, das durch die Zugabe von Fetten, Seifen oder Wachs zum Poliment veredelt wird. Entsprechend der gelben oder roten Tönung beeinflußt es die Färbung des Goldes. Rotes Poliment eignet sich vor allem für die Glanzvergoldung, da es durch die dünne Blattgoldauflage durchschimmert und ihr einen warmen Ton gibt. Gelbes Poliment wird vornehmlich für Mattvergoldung verwendet. Um das Poliment geschmeidig verarbeiten zu können, wird es mit Eiweiß oder Hautleim aufbereitet, wobei es auf die richtige Bindemittelstärke ankommt, was viel Materialkenntnis und Erfahrung erfordert. Zur Glättung wird das Poliment schließlich mit einer Bürste abgerieben.

13. Arbeitsschritt: Um das Gold auf dieser Unterlage zu binden, muß das Poliment im nächsten Arbeitsgang angefeuchtet, d. h. »genetzt«, werden. Bei der Glanzvergoldung wird ausschließlich Alkoholnetz genommen, eine Mischung aus destilliertem Wasser und Spiritus. Dabei werden mit einem weichen Haarpinsel immer nur kleine Partien angefeuchtet, gerade groß genug für den jeweiligen Goldauftrag.

14. Arbeitsschritt: Damit beginnt das eigentliche Vergolden. Mit dem Vergoldemesser wird das einem Heftchen entnommene Blattgold (Quadrate von gewöhnlich 80 x 80 mm Größe) mit einem breiten Feh-Haarpinsel oder Wattebausch auf die vorher angenetzte Fläche aufgelegt oder »angeschossen«, wie der Fachmann sagt. Nach dem Anschießen wird das überflüssige Gold mit dem Versäuberungspinsel abgenommen. Der Umgang mit dem hauchdünnen edlen Material setzt von dem geübten Vergolder eine absolut ruhige Hand und großes Geschick voraus.

15. Arbeitsschritt: Dieselbe Fertigkeit erfordert das Polieren der vergoldeten Flächen, die zuvor einige Stunden vollkommen austrocknen müssen. Zum Polieren werden heute vorzugsweise Achatsteine verwendet, wobei der mit einem Griff versehene Polierstein glatt aufgelegt und mit dem richtigen Gefühl für Druckstärke und Bewegung behutsam über die Fläche geführt werden muß.

Umfang der Vergolderarbeiten – Vergolderarbeiten wurden mit Ausnahme des Fürstenzimmers an sämtlichen Schnitzelementen, an den Portalen und der Saaldecke vorgenommen, wobei auch die spezielle Behandlung sämtlicher Nußholzoberflächen eingeschlossen war. Diese Arbeiten zogen sich von der ersten Wiederherstellungsstufe über Zwischenstufen bis hin zur Fertigstellung des Goldenen Saales mit der Vergoldung der Portalfiguren.
Die Vergolderarbeiten im Rahmen der ersten Wiederherstellungsstufe für die Saaldecke einschließlich der Architravzone umfaßten das Schnitzwerk, beste-

Vergolderarbeiten im Rahmen der ersten Wiederherstellungsstufe.

hend aus Akanthusblättern, Groteskmasken und Rosetten sowie aufgemalte Vergoldungen auf Deckenkonsolen und Profilen. Diese Vergoldungsarbeiten wurden mit Stadtratsbeschluß vom 14. Juli 1982 zum Angebotspreis von 576.300 DM an die Bietergemeinschaft Hans Hausch (Fürstenfeldbruck), Anton Finkenzeller (München), Erich Ehmer, Marion Kratz (Augsburg) und Franz Nefzger (Surheim) unter Federführung von Hans Hausch vergeben. Gleichzeitig erhielt die Augsburger Firma Hatzelmann (Inh. Alfred Binapfl) zum Angebotspreis von 170.041 DM den Auftrag für die Vergoldung des Schnitzwerks an der Deckenuntersicht und in der Fensterzone.[12]

Frau Marion Kratz-Röhrig aus Augsburg bei Vergolderarbeiten an der Saaldecke.

12 Für die Vergolderarbeiten wurden insgesamt 14 fachkundige Firmen zur Angebotsabgabe aufgefordert. Es war bei der Submission eine unangenehme Überraschung, daß die geschätzten Kosten von 985.000 DM für die Vergolderarbeiten der ersten Rekonstruktionsstufe an Decke und Portalen von den Bietern erheblich überschritten wurden. So lag das günstigste Angebot bei 1.662.065 DM, das teuerste bei 2.224.672 DM. Das gesamte Leistungspaket der Vergolderarbeiten wurde daher aufgegliedert und in Losen vergeben.

Vergolderarbeiten an einem Portalelement im Atelier von Walter Campidell in Feistritz a. d. Drau (Kärnten).

Die Vergoldung des Schnitzwerkes an den Haupt- und Nebenportalen wurde ausgeführt von Restaurator Walter Campidell, der auch mit der Wiederherstellung der Schnitzelemente beauftragt war. Die Vergoldung der architektonisch gebundenen Zierelemente einschließlich der Oberflächenbehandlung an den beiden Hauptportalen wurde an die Augsburger Werkstätte Alfred Binapfl gemäß Stadtratsbeschluß vom 24. Mai 1982 zum Angebotspreis von 104.161 DM vergeben, während die Firma Richard Kunze, München, dieselben Vergolderarbeiten für die Nebenportale gemäß Stadtratsbeschluß vom 14. Juli 1982 zum Angebotspreis von 91.229,87 DM übernahm.

Die Vergoldung der vorgezogenen Kartuschen und des »Deckenachtels« (Zwischenstufe) übernahm Walter Campidell, der bereits die Schnitzelemente geschaffen hatte.

Mit den Vergolderarbeiten der Schnitzelemente im Rahmen der Komplettierung der Saaldecke (zweite Stufe) wurde am 08. Dezember 1987 aufgrund einer beschränkten Ausschreibung für die Vergoldung des gesamten reichen Schnitzwerkes die Arbeitsgemeinschaft der Holzbildhauer und Vergolder zu einem

Vergoldung von Schnitzelementen der Deckenwandzone in der Vergolderwerkstatt von Anton Finkenzeller, München.

Weibliche Maske einer Deckenkartusche geschnitzt von Friedrich Mayet, Oberammergau, vergoldet von Hans Hausch, Fürstenfeldbruck.

Preis von 1.336.623,78 DM beauftragt, wobei die Vergolder Anton Finkenzeller, München, Josef Hausch, Fürstenfeldbruck, sowie die Augsburgerin Marion Kratz mit den Bildhauern Friedrich Brenner und Friedrich Mayet eine Arbeitsgemeinschaft bildeten.
Schließlich wurde die Vergoldung der vier Portalfiguren gemäß Bauausschußbeschluß vom 11. November 1993 an die Firma Hatzelmann (Inh. A. Binapfl), Friedberg, zum Angebotspreis von 105.984 DM vergeben.[13]

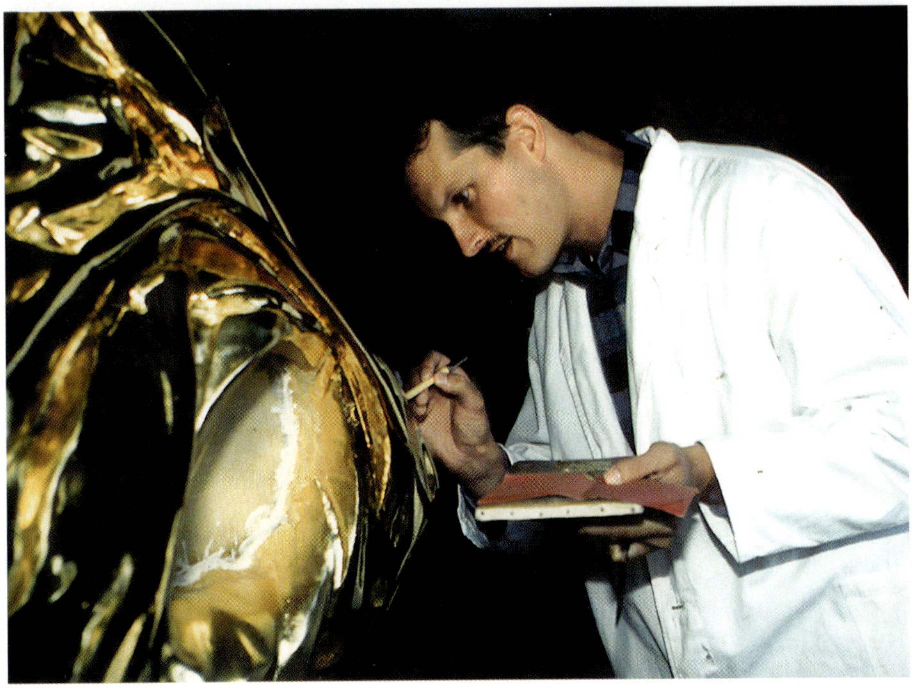

Reinhard Binapfl beim Vergolden einer Portalfigur.

13 Alfred Binapfl übernahm 1967 den Betrieb des Augsburger Kirchenmalers G. Hatzelmann in Augsburg. Aus der umfangreichen Referenzliste von A. Binapfl sind u. a. zu nennen: Vergoldung der Decke des Kaisersaales der Münchner Residenz, Gesamtrestaurierung der Klosterkirche Roggenburg, die Raumschale der Klosterkirche Oberelchingen, das Ulrichsmünster in Augsburg sowie die Klosteranlage Thierhaupten.
Mit dem plötzlichen Tod des Firmenchefs 1994 übernahmen seine beiden Söhne, Reinhard und Markus, ebenfalls ausgebildete Kirchenmaler und Restauratoren, den Betrieb.

Kunstschlosser Johann Weiß (links) vor dem von ihm restaurierten und in Teilbereichen wiederhergestellten Ziergitter des Augustus-Brunnens. Von rechts: Heiner Seybold, Vorsitzender der Alt-Augsburg-Gesellschaft, Stadtbaurat Friedrich Hermann Stab und Hochbauamtsleiter Dr. Hermann Kießling.

Die Arbeit des Kunstschlossers (Beschlagarbeiten)
(Siehe Falttafel I)

Die kunstvoll gestalteten Beschläge an den Saalportalen wurden schon vor der Zerstörung des Goldenen Saales als Zeugnisse hochqualifizierter alter Handwerkskunst viel beachtet. Die Wiederanfertigung dieser Beschläge war daher eine Aufgabe, die nur mit speziellem fachlichen Können zu lösen war.

Grundlagen – Es war ein ausgesprochener Glücksfall, daß in Augsburg ein hervorragender Fachmann für die Wiederherstellung der Portalbeschläge zur Verfügung stand, nämlich der Kunstschlossermeister Johann Weiß.[14] Wiederholt hat er, u. a. bei der umfassenden Restaurierung des Hollschen Zeughauses, mit der Anfertigung und Restaurierung alter Beschläge sein Können unter Beweis gestellt. Zudem hat er in mehr als einem halben Jahrhundert eine Beschlägesammlung von hohem materiellem und kunsthistorischem Wert zusammengetragen. Den Auftrag für die Beschläge der Portale erhielt er zusammen mit

Meister Johann Weiß am Amboß.

14 Johann Weiß, geb. am 22. September 1911 in Augsburg. Meisterprüfung 1941. Seit 1959 betrieb er seine weithin anerkannte Kunstschlosserei in der Georgenstraße in Augsburg, die er 1982 an seinen Sohn Günter übergab. Seine außergewöhnlichen Fachkenntnisse auf dem Gebiet der Beschläge waren sehr gefragt. Zu seinen anspruchsvollen Aufträgen zählten historische Schlösser- und Beschlägekonstruktionen u. a. für die Fuggerschlösser und Babenhausen, Schloß Eschenau bei Heilbronn und Schloß Leitheim, das von Stettensche Schloß in Hammel bei Augsburg sowie das Augsburger Fuggerhaus. Weiß fertigte auch Kunstschlosserarbeiten im Augsburger Zeughaus. Eine hervorragende Leistung war die Restaurierung und Ergänzung des prächtigen Brunnengitters für den Augustusbrunnen (1984). Weiß verstarb 1993 in Augsburg.

seinem Sohn Günther durch den Goldenen-Saal-Verein, der auch die Kosten übernahm.

Wiederherstellung der Beschläge – Wie bei anderen Gewerken mußten auch die Türbeschläge einschließlich der Schlösser in der ursprünglichen Technik, d. h. von Hand angefertigt werden. Vor allem die Herstellung eines so komplizierten Türschlosses stellt dabei einen mechanisch wie handwerklich besonders schwierigen Vorgang dar.
Zunächst galt es, nach eigenen Zeichnungen, die sich vorwiegend auf den Schloßmechanismus bezogen, und denen des Architekten die einzelnen Elemente wie Riegel, Nüsse, Fallen und Feststeller im Feuer bei ca. 1.000 bis 1.200° C möglichst genau auszuschmieden. Dieser Vorarbeit folgte die Bearbeitung im Schraubstock: zunächst das »Vorschruppen« mit groben Feilen und im zweiten Arbeitsgang die »Schlichtfeilung« bis zur Maßgenauigkeit.
Der wichtigste Teil eines Schlosses ist, nach Ansicht von Johann Weiß, der Schlüssel, da dieser die Schließlänge des Riegelwerks und damit den Aufbau des Schlosses bestimmt.

Johann Weiß bei der Arbeit am Stützkegel eines Hauptportals.

Bei den beiden Hauptportalen handelt es sich um sog. Stangenriegelschlösser mit nach oben und unten verschiebbarem Gestänge.
Das obere Gestänge wird durch die Federkraft des oben am Türflügel angebrachten Riegelverschlusses nach oben gezogen, während das untere Gestänge mit einem geschmiedeten Griff bis zur Arretierung hochgezogen wird (siehe hierzu die Erläuterung zum Schloßmechanismus auf S. 272). Schwierigkeiten bereitete dabei vor allem die Anfertigung der Federn für das nach oben führende Gestänge ebenso wie der Federn für den Riegelverschluß. Denn schon beim Ausschmieden galt es, die jeweils erforderlichen Federstärken zu beachten.
Johann Weiß schildert die weiteren Arbeitsgänge wie folgt: »Nach dem Schmiedevorgang kommt erst das eigentlich Schwierige, nämlich die Formung der Federn und das Bearbeiten mit der Feile, wobei immer wieder die Federkraft kontrolliert werden muß. Letzter Arbeitsschritt ist die Härtung. Dazu wird die Feder nochmals dunkelrotwarm erhitzt, anschließend im lauwarmen Wasser gekühlt, blank gescheuert und über gut erhitztem Schamotte so lange gedreht, bis sich die blanke Oberfläche gleichmäßig bläulich-violett verfärbt hat. Anschließend wird die Feder im lauwarmen Wasser blitzschnell abgeschreckt. Zur

Die obere Verriegelung eines der Hauptportale entsteht. Es sind zu sehen: Griff für die Verriegelung (ganz links), Schloßkasten, Schloßhebel, Gestänge und Federkasten mit Boden, Deckblatt und Umschweif.

Kontrolle, ob sie die richtige Härte bzw. Spannung erreicht hat, wird die Feder dann mit der Schlichtfeile »gestreift«, wobei die Feile nicht abrutschen darf. So vorbereitet, läßt sich die Feder dann an der vorgesehenen Stelle gut einbauen.«

Das Kastenschloß am Innenportal – Wer vom Goldenen Saal aus in das nordwestliche Fürstenzimmer gelangen will, muß durch eine Portalanlage gehen, die saalseitig aus einem zweiflügeligen Portal und dem einflügeligen Innenportal des Fürstenzimmers besteht. Der rechte Flügel des sich in die tiefe Wandlaibung nach innen öffnenden Seitenportals ist mit einem Steckschloß bestückt, während der linke Flügel zu dessen Arretierung mit zwei Stangenriegeln versehen ist. Dann steht man vor der Tür zum Fürstenzimmer, dessen sich in diesen Raum hinein öffnende Flügeltür innenseitig mit einem kunstvoll gearbeiteten Renaissance-Kastenschloß beschlagen ist. Die Wiederherstellung dieses mit einem komplizierten Mechanismus versehenen Schlosses ist, wie auch die übrigen

Der obere Federkasten des Beschlages am Hauptportal.

Kastenschloß am Innenportal des Fürstenzimmers. Schloß mit Eingericht.

Das Kastenschloß mit oberem, ziseliertem Deckblatt.

Beschlägeteile, eine Meisterleistung von Kunstschlosser Johann Weiß und seines Sohnes Günter.

Überlassen wir dem im September 1993 verstorbenen Kunstschlossermeister die fachliche Erläuterung, wobei anhand der gegenüberliegenden Falttafel mit der eigenhändig von ihm erstellten Zeichnung das »Innenleben« des Schloßsystems nachvollzogen werden kann (Falttafel I mit den bezifferten Schloßteilen).[15] »Ist das Innenportal verschlossen, kann es von außen, also von der Saalseite, nur mit dem zur Kapelle (5) passenden Schlüssel (15) geöffnet werden. Nach dem Eintreten kann man die beiden Riegel (4) des Schlosses durch Drehen des Feststellungsringes (6) zur Bandseite hin (also nach links) bis zur Arretierung festhalten. Die Türe bleibt nun unverschlossen, nur die Falle (3) schnappt ein. Verläßt man das Fürstenzimmer, und die Türe soll verschlossen werden, wird der Feststellungsring nach rechts gedreht und gibt damit die Riegel wieder frei. Sie gehen (»schließen«) nun ebenso wie die Falle wieder vor. Beim Zuziehen der Türe werden Falle (3) und Riegel (4) beim Auftreffen auf den Schließkloben (14) zunächst zurückgedrückt und dann durch Federkraft sofort wieder nach vorn, so daß sie im Schließkloben verriegeln. Damit ist das Innenportal wieder versperrt.«

15 Der Verfasser konnte Kunstschlosser Johann Weiß im Herbst 1990 dazu bewegen, die Zeichnung des Kastenschlosses samt den zahlreichen Einzelelementen des Schloßmechanismus' anzufertigen. Die Zeichnung ist ein wertvolles Dokument und zudem eine respektable zeichnerische Leistung, wenn man bedenkt, daß Johann Weiß damals 80 Jahre alt war.

Die Arbeit der Kunstmaler

Neben den Deckengemälden prägen die Wandfresken in besonderem Maße das Erscheinungsbild des Goldenen Saales. Sie waren im Original das Werk des Stadtmalers Matthias Kager und nicht zuletzt deshalb für die mit der Wiederherstellung beauftragten Künstler eine besonders schwierige Aufgabe.

Professor Oskar Martin-Amorbach – Wie bereits ausführlich behandelt, hat Dr. Klaus Müller Anfang der 60er Jahre die elf Deckenbilder sowie das Rottenhammer-Gemälde durch Kunstmaler Prof. Oskar Martin-Amorbach anfertigen lassen und diese jeweils nach ihrer Fertigstellung der Stadt zur Verfügung gestellt, wobei großzügige Geldspenden diese Wiederherstellung ermöglicht hatten. Die elf Kopien wurden auf Empfehlung der Sachverständigen noch im Rahmen der ersten Wiederherstellungsstufe in die neue Decke eingefügt. Professor Martin-Amorbach[16] war ein erfolgreicher Kunstmaler, der sich nach dem Zweiten Weltkrieg mit Landschafts- und Porträtmalerei sowie mit der Restaurierung und Ergänzung beschädigter Fresken intensiv beschäftigte. Martin-Amorbach hat beispielsweise 1951 die Kuppelfresken von Nikolaus Stuber (1736) nach dem Brand von 1945 im Würzburger Neumünster überzeugend wiederhergestellt.

16 Oskar Martin-Amorbach, 1897 im unterfränkischen Amorbach geboren, wurde im Alter von 17 Jahren in die Königliche Kunstgewerbeschule in München aufgenommen. Mit 28 Jahren wurde ihm 1925 der Rom-Preis verliehen, 1929 gelang ihm der Durchbruch mit einem Fresko einer Kreuzigungsgruppe, das seinerzeit im Münchner Glaspalast ausgestellt wurde. Noch während des Zweiten Weltkrieges (1943) erfolgte seine Berufung an die Hochschule für Bildende Künste in Berlin. Zum Zeichen seiner Verbundenheit mit seinem Geburtsort Amorbach fügte er den Ortsnamen seinem Geburtsnamen hinzu. Professor Martin-Amorbach starb im Oktober 1987 in Roßholzen im Allgäu.

Versteigerung der Rottenhammer-Kopie – Wie im Abschnitt über die Portale näher erläutert, mußte das von Professor Martin-Amorbach kopierte Rottenhammer-Gemälde über dem nördlichen Hauptportal ein zweites Mal wiederhergestellt werden, da dieses wegen fehlender verbindlicher Maße zu groß geraten war und nicht mehr in den exakt rekonstruierten Bildrahmen paßte. Die zweite Nachmalung übernahm Hermenegild Peiker im Zuge der Wiederherstellung der Wandfresken.

Der Initiative des 1991 verstorbenen Augsburger Architekten Gustav Adolf Donner war es zu verdanken, daß Martin-Amorbachs Kopie nicht in der Versenkung verschwand, sondern darüber hinaus noch zusätzliche Geldmittel für den Goldenen-Saal-Verein und damit für die Weiterführung der Rekonstruktion des Goldenen Saales einbrachte. Für seine Idee, das Gemälde versteigern zu lassen, fand Donner in dem damaligen Vorstandsvorsitzenden der Kreissparkasse, Dr. Peter Kahn, als unermüdlichem Förderer der Goldenen-Saal-Rekonstruktion, einen engagierten Befürworter dieser Aktion. Nach Ausstellung des Bildes in der Augsburger Kreissparkasse konnte es im Mai 1985 ersteigert werden. Architekt Donner hatte zuvor am 24. April Prof. Martin-Amorbach nach

Unten links: Professor Oskar Martin-Amorbach (zweiter von rechts) im Gespräch mit Hermenegild Peiker, Architekt Gustav Adolf Donner und Hochbauamtsleiter Dr. Hermann Kießling.

Unten rechts: Um das Amorbach-Gemälde versammelten sich (von rechts) Architekt Gustav Adolf Donner, der Initiator dieses Treffens, Professor Oskar Martin-Amorbach, stellvertretender Vorsitzender des Goldenen-Saal-Vereins Stadtrat Richard Maier, Bürgermeister Dr. Ludwig Kotter, Hochbauamtsleiter Dr. Hermann Kießling, Architekt Raimund von Doblhoff, Stadträtin Liesl Williams und Heimatpfleger Robert Pfaud.

Hermenegild Peiker bei der Freskenarbeit.

Augsburg eingeladen – an der Feier zur Wiedereröffnung des Rathauses im Januar 1985 hatte der Künstler aus gesundheitlichen Gründen nicht teilnehmen können – und hier ein Zusammentreffen des 88jährigen Malers auch mit seinem »Nachfolger« Hermenegild Peiker arrangiert. Nach einer Besichtigung des wiederhergestellten Goldenen Saales mit Vertretern der Stadt signierte Martin-Amorbach sein Gemälde auf der Rückseite mit den Worten »Rekonstruiert frei nach Rottenhammer« (Abb. S. 224 rechts).
Die Amorbach-Kopie ging schließlich für einen Betrag von insgesamt 10.200 DM zugunsten des Goldenen-Saal-Vereins an die Kreissparkasse, die mit 2.000 DM bei der Versteigerung den höchsten Einzelbetrag geboten hatte. Sie übergab das Gemälde nach Restaurierung und Rahmung als Dauerleihgabe an das Landratsamt Augsburg.

Hermenegild Peiker, der Nachschöpfer der Wandfresken – Eine enorme Herausforderung an das Können und die Schaffenskraft eines Freskanten war in der Tat die Wiederherstellung der Wandfresken im Goldenen Saal, sowohl wegen der Größenordnung und des Ausmaßes als auch hinsichtlich der Schwierigkeit, die Kagersche Manier nachzuempfinden und umzusetzen. Hermenegild Peiker,[17] der im Rahmen eines beschränkten Wettbewerbs als Sieger hervorging, wurde am 16. Juli 1986 mit der Wiederherstellung der Fresken beauftragt. Peiker ging zunächst bei dem Augsburger Kirchenmalermeister und Restaurator Georg Hatzelmann in die Lehre und arbeitete anschließend bei dem bekannten Münchner Maler und Freskanten Karl Manninger. 1969 machte er sich, nach einem dreijährigen Besuch der Werkkunstschule in Augsburg, selbständig. Unter der Betreuung von Karl Manninger, dem renommierten Kunst- und Freskenmaler aus Pöcking, war er zuletzt als freischaffender Mitarbeiter bei einer Reihe bedeutender Rekonstruktionen beteiligt. Mit seinen überzeugenden Arbeiten, nicht zuletzt durch seine gekonnten, auch in Fachkreisen beachteten

17 Hermenegild Peiker, geb. am 16. Dezember 1944 in Augsburg. Als Kunstmaler tätig an bedeutenden Fresken-Rekonstruktionen: bei der Wiederherstellung der Münchner Residenz das Steinzimmer (1973), den Schwarzen Saal (1979) und die Kaisertreppe. Vordem stellte er mit Manninger im Schloß Bruchsal die Fresken in der Treppenhauskuppel (Johann Zick) wieder her. Fresken von Cosmas Damian Asam restaurierte und rekonstruierte er für die Hl. Geist-Kirche in München (1970 – 1975) sowie in St. Anna im dortigen Stadtteil Lehel (1972 – 1976). Nach Wiederherstellung von Amigoni-Malereien im Schloß Nymphenburg und in der Amalienburg (München) begann ab 1983 eine langjährige Schaffensperiode in Mainz, als er abschnittsweise die Fresken von Appiani in der Kirche St. Peter, einer der schönsten Rokokokirchen des Rheinlands, wiederherstellte.

Appianifresken in St. Peter in Mainz, hat er das notwendige Rüstzeug erworben, das ihn für die schwierige Aufgabe der Nachschöpfung der Kagerschen Fresken prädestinierte. Es war ein ausgesprochener Glücksfall, daß sich Peiker gerade zu der Zeit dem Höhepunkt seines Schaffens näherte, als die Wandfresken im Goldenen Saal auszuführen waren.

Wie in dem nachfolgenden Abschnitt ausführlich erläutert wird, hatte Peiker außer der Wiederherstellung der Wandfresken noch folgende Rekonstruktionsarbeiten zu erfüllen:

- maltechnische Anpassungsarbeiten bei den von Martin-Amorbach kopierten Deckenbildern
- Wiederherstellung der 10 Tafeln mit Groteskornamentik an der Decke
- Nachbildung der Bemalung an den 24 Deckenkartuschen
- Wiederherstellung des Rottenhammer-Gemäldes »Augsburg und seine Flüsse« über dem nördlichen Hauptportal
- Wiederherstellung der großen Schrifttafel über dem südlichen Hauptportal einschließlich zwei kleinerer Schriftkartuschen.

Ein »Tagwerk« der Wandfresken entsteht – Die nachfolgenden Ausführungen befassen sich mit der Tätigkeit Peikers als Freskant bei der Wiederherstellung der Wandmalerei. Sein überzeugender Erfolg bei dem zweistufigen Wettbewerb, der ihm diesen umfangreichen Auftrag sicherte, wurde im Abschnitt der Ausstattungselemente bereits eingehend behandelt.

Entscheidend für das Gelingen war auch bei Peiker die Vorbereitung des Putzuntergrundes. Dabei wurde unmittelbar vor der eigentlichen Freskenarbeit die

Die Abbildungen zeigen die zügige Wiederherstellung von Kaiser Karl V., der zweiten Figur von links an der südlichen Saalwand.

3 mm starke zweite Kalkputzschicht aufgetragen. Sie umfaßte von der Fläche her so viel, wie der Künstler an einem Tag malerisch bewältigen konnte. Ausgangspunkt war dabei der freskotypische Vorgang, daß die auf den nassen Untergrund aufgetragene Farbe nicht in den Putz eindringen, sondern die Putzoberfläche steinartig verkieseln und damit eine unlösliche Verbindung eingehen konnte.
Diese Maltechnik hatte zwangsläufig zur Folge, daß größere Malflächen abschnittsweise ausgeführt werden mußten, wobei die Einteilung in »Tagwerke« wiederum eine detaillierte Vorplanung der Malerei sowie eine enge Zusammenarbeit von Künstler und Verputzer erforderte.
Der Arbeitstag im Goldenen Saal begann sehr früh. Jeweils morgens um 6 Uhr trug der erfahrene Freskenputzer Helmut Husel von der Augsburger Putz- und Stuckfirma Schnitzer die zweite Schicht des Feinputzes auf, nachdem er bereits am Vortag den Unterputz aufgezogen hatte. Gegen 8 Uhr begann Hermenegild Peiker seine Arbeit auf dem frischen Malgrund, um damit fertig zu sein, bevor der Putz trocken war. Auf diese Weise benötigte der Künstler für eine Kaiserfigur drei Tage.

Peikers Maltechnik – Peiker arbeitete nach der »klassischen« Freskentechnik. Bei seinen Freskenfarben handelte es sich um kalk- und lichtechte Farbpigmente ohne jedes Bindemittel unter Verwendung von Farbkornpulver, das mit Sinterwasser »angeteigt« wurde. Zum Aufhellen diente holzgebrannter Sumpfkalk. Das Abbinden der Farben erfolgte durch Aussinterung des Pulvers (Oberflächenversteinerung). Peikers Farbpalette umfaßte 20 Pigmentabstufungen,

Die Wiederherstellung von Kaiser Karl V. geht ihrer Vollendung entgegen. Die linke Abbildung zeigt die Umrißzeichnung der unteren Körperpartie, Abbildung rechts zeigt den Abschnitt im ausgemalten Zustand. Zur laufenden Kontrolle verglich Peiker während des Malvorgangs seine Arbeit ständig mit alten Fotos, die den Zustand der Fresken vor der Zerstörung dokumentieren.

Das Bildnis von Kaiser Severus (zweites Standbild von links auf der linken Hälfte der Nordwand) nach der Wiederherstellung im Zustand vom Juni 1988. Die Aufnahme dokumentiert, wie behutsam Hermenegild Peiker bei der Rekonstruktion dieser Figur den noch erhaltenen Teil des Originalfreskos – im Bauchbereich des Kaiserstandbildes als wasserfleckenartig sichtbare Partie erkennbar – ohne jegliche Retusche in die neue Bemalung eingebunden hat.
Die Abb. unten zeigt den noch erhaltenen Teil des Originalfreskos, der sich in der oberen Abb. im Bauchbereich der Kaiserfigur deutlich abzeichnet. Zustand etwa 1986, also vor Beginn der Freskenwiederherstellung.

vom hellen Ocker bis zum Rebschwarz. Neben den 18 Erdfarben, wie etwa Venezianisch Rot, Böhmische Grüne Erde oder Caput Mortuum, gehören zu dieser Palette außerdem Kobaltblau und Chromoxydgrün als die einzigen Mineralfarben. Für den Farbton Weiß verwendete er reinen Kalk. Alle Fresken im Goldenen Saal wurden mit dieser Farbpalette geschaffen, wobei durch Mischung der einzelnen Farben, die mehrere Abstufungen umfassen, die gewünschten Tönungen, Formen und Räumlichkeiten herausgearbeitet wurden. Die Farbgebung der Fresken war zwar durch die Vielzahl der vor der Zerstörung aufgenommenen Farbdiapositive gesichert, doch erfolgte die Feinabstimmung durch Vergleich mit den glücklicherweise noch an den Saalwänden erhaltenen Originalfreskenresten.
Peiker verweist in diesem Zusammenhang auf folgendes Beispiel: »Kaiser Severus an der Nordwand trägt ein blaues Wams, wie auf den Farbfotos festzustellen ist. Aus den Fotos war aber nicht ersichtlich, daß die Rippen dieses Wamses goldgelb behandelt waren; dies war wiederum eindeutig durch den originalen Freskenrest des Kaiserbildes belegt.«
Die Originalfreskenreste waren – neben den vorhandenen nahezu lückenlosen dokumentarischen Bildunterlagen – eine ganz entscheidende Hilfe für seine Arbeit, betont Peiker, der übrigens die Rekonstruktion der Kaiserstandbilder als die schwierigste Aufgabe empfand, obgleich ihm auch die Grisaillemalerei höchste Konzentration abverlangte.

Restaurator Helmut Zernickel bei Retuschierungsarbeiten über dem westlichen Nebenportal auf der Saalnordseite.

Die Arbeit des Freskenrestaurators

Im Juli 1987 begann die Restaurierungstätigkeit von Restaurator Helmut Zernickel,[18] München, mit Befunduntersuchungen und Erstellung eines Maßnahmenkatalogs für die Konservierung und Restaurierung der originalen Freskenreste an der rechten Südwand.
Im einzelnen waren folgende Sicherungs- und Restaurierungsmaßnahmen erforderlich:[19]

1. Festigung der Freskenreste durch Hinterspritzen. Um das Verfestigungsmaterial zwischen Verputz und Mauerwerk einbringen zu können, mußten mittels einer 1 mm dünnen Stahlnadel kleine Bohrlöcher im Bereich von alten Rissen oder vorhandenen Fehlstellen hergestellt werden. Diese Hohlstellen wurden mit Spritzen und entsprechenden Kanülen hinterfüllt, wobei hierfür fein gesiebter Sumpfkalk mit Zusatz von Traßmehl verwendet wurde (Abb. S. 230 oben).
2. Reinigen der originalen Freskenreste. Reinigungsproben am rechten Abschnitt der Südwand zeigten umfangreiche farbige Überarbeitungen, die den ursprünglichen Farbkontrast stark verwischten und verflachten. Zudem entsprachen diese farbigen Überarbeitungen sowohl in der formalen als auch in der farblichen Qualität nach Meinung von Restaurator Zernickel nicht der originalen Malerei von Matthias Kager.
3. Kittungen, d. h. Schließen der Löcher und Risse, wobei hierfür extrem feiner Flußsand mit Sumpfkalk verwendet wurde. Von 1988 bis 1992 konnte abschnittsweise durch sorgfältige Säuberung und Festigung eine dauerhafte Sicherung erreicht werden, wobei im besonderen unterbrochene Formen durch behutsame Retuschen wieder geschlossen und damit fehlende Zusammenhänge wieder hergestellt werden konnten. Mangels finanzieller Mittel konnten die beiden Fensterwände bisher noch nicht restauriert und retuschiert werden.

18 Helmut Zernickel, geb. am 23. Juni 1944 in Oberschlesien; Restaurator in München, ab 1961 Volontariat in den Werkstätten des Landesamtes für Denkmalpflege, München (Meisterschule mit Diplomabschluß).
Ausgeführte Restaurierungsarbeiten, Asambibliothek Schloß Thurn und Taxis in Regensburg (1964/67); Mitarbeit bei der Deckenmalerei der Asamkirche in München; Deckenfresken in St. Michael in Berg am Laim (München) von Johann Baptist Zimmermann; Deckenfresken von Johann Baptist Zimmermann in der Pfarrkirche in Prien; Deckenfresken von Matthäus Günther in der Kirche St. Leonhard in Forst; Rekonstruktion der Stuckmalerei von Johann Zick in St. Gangolf in Amorbach.

19 Restaurierungsbericht von Restaurator Helmut Zernickel vom 03. November 1992

Die Mitarbeiterinnen von Restaurator Zernickel Sabine Palffy und Martina Gutsmiedl bei den umfangreichen Restaurierungsarbeiten. An Stellen, an denen sich der Putz löste, an Löchern und Rissen wurde eine feine Lösung aus Sumpfkalk zur Festigung eingespritzt.

Die Kosten für die Sicherung der Freskenfragmente beliefen sich auf 187.691 DM, für die Retuschen bislang auf 340.274 DM, wobei die linke Hälfte der Südwand durch eine Spende des Goldenen-Saal-Vereins finanziert werden konnte.

Die an der Wiederherstellung des Kachelofens Beteiligten und ihre Arbeitsweise

Die Wiederherstellung des Kachelofens im nordwestlichen Fürstenzimmer war ebenfalls eine der schwierigsten Aufgaben bei den Rekonstruktionsmaßnahmen im Augsburger Rathaus. Trotz intensiver Bemühungen war deshalb die Suche nach geeigneten Künstlern für die Wiederherstellung dieses plastisch reich gegliederten Keramikofens lange Zeit erfolglos.

So war es schließlich ein glücklicher Umstand, daß sich mit Gertrud Nein[20] eine Künstlerin und zugleich Keramikerin fand, die bereits alte Kachelöfen aus der Renaissance- und Barockzeit restauriert hatte. Durch Kenntnis der alten Handwerkstechniken war sie in der Lage, die schwierigen Kachelreliefs und Ofenplastiken zu rekonstruieren und dieses komplizierte Vorhaben in 5jähriger Arbeit meisterlich zu vollenden. Die eigentliche Kontaktaufnahme erfolgte über den damaligen Augsburger Oberbürgermeister Hans Breuer, dem anläßlich einer Kunstausstellung in Kirchheim von der Fürstin Fugger von Glött die Künstlerin nachhaltig empfohlen wurde, nachdem Gertrud Nein seit vielen Jahren im Hause Fugger historische Öfen erfolgreich betreut und restauriert hatte.

Die Grundlage für die nachfolgende Zusammenarbeit war die Vorlage eines Modells des Ofens im Maßstab 1 : 10 sowie einer Musterkachel in natürlicher Größe. Der Architekt und die Sachverständigen waren von der Qualität der

20 Gertrud Nein, geb. am 21. April 1943 in Nürnberg, Bildhauerin. Machte zunächst eine Töpferlehre und besuchte 1962, nachdem sie im selben Jahr sowohl Kammersiegerin in Oberfranken als auch Landessiegerin im Töpferhandwerk in Bayern geworden war, die staatliche Keramikfachschule in Landshut, wo sie die Meisterprüfung absolvierte. Von 1963 – 1967 studierte sie an der Akademie der Bildenden Künste in München bei Prof. Kirchner, anschließend als Meisterschülerin bis 1971 bei Prof. Hans Wimmer. Seit der Einrichtung einer eigenen Werkstätte 1972 in Erlangen ist sie freischaffend tätig.

Arbeiten ebenso überzeugt, wie von der sorgfältigen und fachkundigen Rekonstruktionskonzeption und sie empfahlen, in Anbetracht des geschätzten Zeitaufwands von etwa vier Jahren, eine unverzügliche Vergabe des Auftrages. Demzufolge beschloß der Stadtrat am 21. März 1990, Gertrud Nein mit der Wiederherstellung des Kachelofens zu beauftragen. Grundlage hierfür war eine Angebotssumme von 469.385 DM.

Die Fertigungsweise großformatiger Ofenkacheln – Die profunden Kenntnisse der Künstlerin, insbesondere auf dem Gebiet der nur noch von wenigen Fachleuten beherrschten Herstellung großformatiger Ofenkacheln, gehen aus ihrem ausführlichen Bericht über die zu beachtenden handwerklichen Regeln bei der Anfertigung einer barocken Ofenkachel hervor. Mit dem Kachelofenbau war sie erstmals an der staatlichen Keramikfachschule in Landshut in Berührung gekommen, als sie unter Leitung ihres damaligen Lehrers Wallner den ersten Barockofen restaurierte.
Damals fielen ihr die Besonderheiten der Herstellungstechnik auf, an die sie sich erinnert: »Es war vor allem die Materialstärke der großen Tafelkacheln von 1 – 1,5 cm. Die Rümpfe dieser Kacheln saßen höchstens einen bis einen halben Zentimeter hinter dem sogenannten Blattrand. Die Kacheln waren nur mit einem Steg unterteilt, Stege und Rümpfe mit kleinen Keilstücken nach innen verstärkt. Die Kachelrückseiten waren von Sackrupfenmuster geprägt.« Diese spezifische Fertigungsweise, die sie bei der Restaurierung von Kachelöfen des 17. und 18. Jahrhunderts wieder entdeckt hatte, wandte sie auch bei der Rekonstruktion des Augsburger Ofens an. Von ihren Erfahrungen berichtet sie wie folgt:
»Ich legte ein frischgeschnittenes dünnes Tonblatt in eine Gipsnegativform, drückte das Tonblatt leicht in die Hohlräume dieser Form, dabei aber riß das Tonblatt an den Reliefkanten. Daraufhin verstärkte ich die Kanten gleichmäßig mit weichen Tonwürsten. Auf das so vorbereitete Blatt kam dann ein nasses Stück Sackrupfen und mit Handballen und Fingern drückte ich den Ton, so fest ich konnte, in die Form. Feiner Schlicker drückte sich durch das grobe Gewebe, die Oberfläche wurde glitschig und ich konnte leicht und großflächig mit den Händen arbeiten. Diese Art Kacheln auszuformen ersetzte den Schwamm, den es früher noch nicht gab.«
Die tiefen Rümpfe der damaligen Ofenkacheln hatten, laut Gertrud Nein, mehrere Funktionen zu erfüllen: »Eine Reliefkachel wird aus der Form gehoben oder gestürzt, sie kommt also auf ihrem Rumpf zu stehen, der einen kräftigen Rahmen bildet. Der Kachelrumpf wirkt so einem Verwerfen oder Verziehen entgegen.«
Den an das Formen anschließenden Brennvorgang der Kacheln beschreibt Gertrud Nein mit folgenden Worten: »Zum Brennen werden die Kacheln in den Ofen gesetzt, das heißt gestellt, um Rissebildung zu vermeiden und um Platz zu sparen. Große Kacheln können nur auf tiefen, weit außen sitzenden Rümpfen stehen. Der Ofensetzer konnte damals den dünnwandigen Kachelscherben gut mit Lehm und Dachziegeln ausfüttern, außerdem gaben die weit außenliegenden Rümpfe der Ofenkacheln enge Fugen. Auch das Gewicht einer großen Kachel war früher von Bedeutung, denn die damaligen Hafner verwendeten ihr Material, den Ton, sehr sparsam. Schließlich mußten sie ihn selbst mühsam mit dem Stechscheid in den Tongruben gewinnen, dann auf Körben oder Fuhrwerken oft über weite Strecken in ihre Werkstätten transportieren und dort weiter mit den Händen und Füßen bearbeiten. Auch das Holz für ihre Brennöfen mußten sie selbst im Wald schlagen und anschließend einige Jahre zum Trocknen lagern.
Je dünner also das Brenngut gearbeitet wurde, desto ergiebiger war das Material, entsprechend dichter konnten auch die Brennöfen mit Brenngut bestückt werden, und so hielten sich auch die Heizkosten in Grenzen.«
Diese Ausführungen zeigen, daß das Gelingen des Werkes von Gertrud Nein,

Das von der Bildhauerin Gertrud Nein erstellte Modell des Kachelofens.

Gertrud Nein beim Schneiden eines Blattes vom Stock in ihrer Erlanger Werkstätte.

Überschlagdach ohne Ton-Blätter; zu sehen sind die Stege oder Rümpfe ungebrannt im lederhartem Zustand, d. h. gerade noch mit dem Messer schneidbar.

Überschlagdach (nächste Phase) mit aufgeschlickerten Ton-Blättern in ungebranntem Zustand, unzerschnitten. Zu sehen ist ein Teil der äußeren Umrandung des Daches mit Maske sowie einem Ausleger (rechts) mit Verstärkung, ebenfalls in ungebranntem Zustand.

wie schon vor über 350 Jahren, auf dem glücklichen Zusammentreffen von hohem künstlerischen Können und technisch konstruktiver Erfahrung beruht. In diesem Sinne beurteilt sie die Kunstfertigkeit ihrer Vorgänger und Vorbilder mit folgenden Worten: »Sie besitzen meine ganze Bewunderung, die Hafner der Renaissance und Barockzeit. Ihre großen handwerklichen Fähigkeiten lassen einen heute noch staunen!«

Die Überschlagstechnik – Eine wesentliche Voraussetzung für die perfekte Wiederherstellung des Kachelofens war die Beherrschung der früheren Handwerkstechnik. Gertrud Nein stellte fest, daß für die damalige Zeit der Ofen für die Hafner eine große Herausforderung war. Sie führten zum ersten Mal das Gewölbe und das Dach des Ofens in der »Überschlagtechnik« aus.
Die Keramikmeisterin und Bildhauerin beschreibt diese wie folgt: »Aus lederhartem Ton wird ein Gerüst gebaut, welches schon die kommende Form andeutet, darüber werden nachfolgend weiche Tonblätter gelegt, um so die endgültige geschlossene Form zu erhalten. Sobald dieser geschlossene Körper lederhart durchgetrocknet ist, wird er mit einem Draht oder Messer in die vorbestimmten Abschnitte geteilt und gebrannt. Auch heute noch erfordert dieser Ofen die gleiche handwerkliche Geschicklichkeit wie damals. Alle Teile dieses Ofens wurden also in der Handwerkstechnik des 17. Jahrhunderts gearbeitet.«

Dach des inneren Ofenturms mit Voluten und Giebelbekrönung in ungebranntem lederharten Zustand.

Dach des inneren Ofens mit Ansätzen der Voluten in gebranntem Zustand.

Die Abbildungen (S. 232/233) zeigen die Phasen der Überschlagstechnik am Beispiel des Ofendaches mit Elementen des Baldachingewölbes.

Die Grafitierung des Kachelofens – Die Schwarztönung von Kachelöfen stellt seit der Verwendung gußeiserner Teile im 17. Jahrhundert ein bevorzugtes Gestaltungselement dar. Dabei wurde versucht, das hochwertige Material möglichst echt in Ton zu imitieren, indem die Kacheln zunächst nur grafitiert und später noch zusätzlich glasiert wurden.
Gertrud Nein hat durch eingehende Studien, im besonderen aber auf Grundlagen der Untersuchungen des Doerner-Instituts, die geeignete Rezeptur für die zweimalige Oberflächenbehandlung angewandt: Unter Verwendung von frischem Magerquark, gelöschtem Kalk, Wasser und Graphitpulver konnte wieder jener Effekt erzielt werden, der die berühmten Augsburger Rathausöfen vor ihrer Zerstörung auszeichnete. Mit der tatkräftigen Unterstützung ihres Ehemannes, des Bildhauers Gerd Weiland, und ihrer Freundin, Fürstin Fugger von Glött, gelang Gertrud Nein mittels Bürstenbehandlung eine überzeugende Oberflächenwirkung des rekonstruierten Ofens, der damit zu einem besonders geglückten Glanzstück des nordwestlichen Fürstenzimmers wurde.

Der Mittelteil des Ofens mit der noch leeren Figurennische.

Das Setzen des Kachelofens – Nach Fertigung sämtlicher Elemente des Kachelofens durch die Keramikmeisterin Gertrud Nein erfolgte die Aufstellung d. h. das Setzen des nahezu 5,5 m hohen Ofens durch die anerkannte Fachfirma Josef Weiß[21] aus Boos bei Memmingen.

Noch vor dem Setzen des Ofens, der ein Gewicht von knapp drei Tonnen aufweist, mußte die Stahlbetondecke am künftigen Standort statisch verstärkt werden. Die Abdeckung der Fläche erfolgte mit 20 mm starken, bruchrauh von Hand behauenen Solnhofer Platten in der früheren Anordnung.

Vor Beginn des Setzens wurden sämtliche 238 Einzelstücke übersichtlich im Fürstenzimmer ausgelegt. Gut zwei Wochen im März 1995 erforderte das Setzen des Ofens durch den Juniorchef Stephan Weiß mit zwei tüchtigen Gesellen, wobei drei Tage für das Verfugen der Ofenelemente erforderlich waren.

21 Stephan Weiß ist Juniorchef der Ofenbauer- und -setzerfirma Josef Weiß in Boos bei Memmingen, die schon seit fünf Generationen in diesem Handwerksgewerbe tätig ist. Der renommierte Fachbetrieb hat unter anderem Restaurierungs- und Setzerarbeiten für die historischen Öfen im Schloß Kirchheim für die Fürstin Angela Fugger von Glött unter der Betreuung der Bildhauerin und Keramikmeisterin Gertrud Nein durchgeführt.

Die Abbildung zeigt das Setzen des Kachelofens durch die Fachfirma Josef Weiß aus Boos bei Memmingen.

Im Gegensatz zum zerstörten historischen Ofen, der früher vom Flur aus mit Holz beheizt wurde, ist der wiederhergestellte mit acht Elektro-Heizelementen bestückt. Die erforderliche Entlüftung wird durch zwei Aluminiumrohre ermöglicht. Die Ausmauerung erfolgte nicht wie früher aus Backsteinen bzw. Dachziegeln. Die Kacheln und Gesimse wurden nur versteift, die Ecken und Säulen hingegen mit Ytongsteinen und Schamottmörtel ausgemauert. Mittels Töpferdraht wurden die einzelnen Tonelemente an deren Rümpfen verklammert und an den Wülsten abgemauert.

Bei der beträchtlichen Höhe und dem Gewicht des Kachelofens war eine ausreichende Versteifung erforderlich. Auf drei Ebenen wurde eine diagonale Verspannung mittels Eisenstäben angeordnet und im Sockelbereich des Ofenunterbaues ein massiver Eisenrahmen eingebaut. Die mit wilden Hundeköpfen versehenen Ofenfüße sind mit im Betonboden verankerten Metallrohren fest verbunden.

Der Sachverständigenausschuß am 11. Oktober 1984.
Von rechts nach links:
Professor Dr. Alfred A. Schmid (Fribourg/CH), Stadtbaurat Friedrich Hermann Stab, Professor Dr. Jürgen Paul (Tübingen), Architekt Professor Dr. Alois Machatschek (Wien), und Professor Dr. Willibald Sauerländer (München).

Der Sachverständigenausschuß

Auf Empfehlung des internationalen Kolloquiums wurde entsprechend dem Stadtratsbeschluß vom Oktober 1978 für die Wiederherstellung ein Sachverständigenausschuß gebildet, bestehend aus folgenden Fachleuten:
- Professor Dr. Alfred A. Schmid,[22] Fribourg, Präsident der eidgenössischen Kommission für Denkmalpflege,
- Professor Dr. Willibald Sauerländer, Leiter des Zentralinstituts für Kunstgeschichte in München und
- Professor Dr. Jürgen Paul[23] vom Kunsthistorischen Institut der Universität Dresden.

Die Sachverständigen, die auch schon Teilnehmer des internationalen Kolloquiums 1978 waren, begleiteten mit äußerster Sorgfalt die Planungs- und Arbeitsabschnitte. Sie gaben Empfehlungen für weitere Rekonstruktionsschritte und übernahmen damit auch die kunsthistorische und denkmalpflegerische Mitverantwortung für die Wiederherstellung des Goldenen Saales und des Fürstenzimmers.
Bedauerlicherweise nahm Prof. Sauerländer nach dem Beginn der zweiten Wiederherstellungsstufe nicht mehr an den Kommissionssitzungen teil.
Zurückblickend kann festgestellt werden, daß die bislang mehr als 18jährige Tätigkeit dieses Beratergremiums ein wesentlicher Garant war für das Gelingen dieser europaweit stark beachteten Wiederherstellungsmaßnahme war.

Der Stadtrat mit seinen Ausschüssen

Die beispielhafte Aktivität des Stadtrates unter dem damaligen Oberbürgermeister Hans Breuer, die zu den Beschlußfassungen für die schrittweise Wiederherstellung des Goldenen Saales und darüber hinaus für die beabsichtigte Rekonstruktion der beiden südlichen Fürstenzimmer führte, wurde bereits an anderer Stelle gewürdigt. Ebenso wurde auch die erfolgreiche Tätigkeit der eigens für die Vorbereitung dieser großen Kulturaufgabe gebildeten gemischten Kommission aus Vertretern der Stadtratsfraktion besonders hervorgehoben.

22 Siehe Anmerkung 13 auf Seite 177.
23 Jürgen Paul, geb. 15. November 1935 in Dresden, Studium der Kunstgeschichte in Freiburg/Br., München, Berlin und Florenz. Promotion 1963 in Freiburg, Dissertation: »Die mittelalterlichen Kommunalpaläste in Italien«. Wiss. Assistent an der Universität Köln, 1965 – 1968. Forschungs- und Lehrtätigkeit in New York (Columbia University) und Toronto. Habilitation an der Universität Tübingen, 1973 – 1978 Professor für Architektur- und Stadtbaugeschichte an der Technischen Universität Braunschweig, 1978 bis 1993 Professor für Kunstgeschichte an der Universität Tübingen, seit 1993 Professor für Kunstgeschichte an der Technischen Universität Dresden. Publikationen zur Architektur des Mittelalters, zur Ikonographie der mittelalterlichen Kunst, zur Architektur des 19. und 20. Jahrhunderts und der Gegenwart, zu Fragen der Kunsttheorie, der Stadtbaugeschichte und der Denkmalpflege.

Baureferat und Hochbauamt der Stadt Augsburg

Dem Baureferat, im besonderen dem Hochbauamt der Stadt Augsburg, oblag die gesamte Oberleitung der Rekonstruktionsmaßnahme. Diese Tätigkeit begann bereits mit der Vorbereitung für die Wiederherstellung, dem Aufbereiten von vorhandenem Grundlagenmaterial sowie der Erstellung einer umfangreichen Dokumentation für das internationale Kolloquium. Mit der Oberleitung dieses bedeutenden Vorhabens fiel dem Hochbauamt die Aufgabe zu, die Stadt Augsburg als Bauherr gegenüber den Planenden und Ausführenden zu vertreten. Maßgeblichen Anteil hatten daran: der Leiter der Bauverwaltung, Stadtbaurat Friedrich Hermann Stab bis März 1990 sowie ab diesem Zeitpunkt bis April 1996 sein Nachfolger Stadtbaurat Rudolf Saule, der im Mai 1996 von Stadtbaurat Dr. Karl Demharter abgelöst wurde. Der Leiter des Hochbauamtes Ltd. Baudirektor Dr.-Ing. Hermann Kießling bis Januar 1991, der Leiter der Planungsabteilung und stellvertretender Amtsleiter Baudirektor Ulrich Lohrmann, der die Amtsgeschäfte kommissarisch weiterführte bis zur Einführung des nachfolgenden Amtsleiters, Ltd. Baudirektor Günter Billenstein, im Mai 1991. Des weiteren waren engagiert tätig: Abteilungsleiter Dipl.-Ing. (Univ.) Helmut Beck bis August 1988, Dipl.-Ing. (FH) Nikolaus Mayer bis Dezember 1990 sowie dessen Nachfolger Dipl.-Ing. (Univ.) Peter Schenck ab Januar 1991.

Der Sachverständigenausschuß am 11. Oktober 1984.
Von rechts nach links: Professor Dr. Michael Petzet (Präsident des Landesamtes für Denkmalpflege München), Professor Dr. Alois Machatschek (Wien), Stadtbaurat Friedrich Hermann Stab, Hochbauamtsleiter Dr. Hermann Kießling, Architekt Raimund von Doblhoff, örtlicher Bauleiter von Architekt Alois Machatschek und Professor Dr. Jürgen Paul (Tübingen).

Einer der Höhepunkte im Jubiläumsjahr war der faszinierende Festzug des Bezirks Schwaben am 30. Juni 1985. 200.000 begeisterte Zuschauer säumten die Straßen und Plätze beim großen Festumzug mit 8.000 Mitwirkenden, darunter 2.000 Musikern, in Tracht oder historischem Gewand: Römer, Ritter, Landsknechte, Klosterleute, Schützen, Reichsstädtler und Landvolk vom Bodensee bis zum Ries zeigten bedeutende Ereignisse aus der 2000jährigen Geschichte Schwabens.

Bei strahlendem Sonnenschein feierten die Augsburger am 28. Juni 1985 den offiziellen Festakt auf dem Rathausbalkon. Von links: Oberbürgermeister Hans Breuer, Ministerpräsident Franz Josef Strauß und Roms Vizebürgermeister Professor Mario de Bartolo.

Geschlechtertanz im Goldenen Saal.

Die Abschlußfeier – Am letzten Tag des Jahres 1985 kamen noch einmal über 12.000 Augsburger auf dem Rathausplatz zusammen, um das Jubiläum festlich zu beschließen. Oberbürgermeister Hans Breuer wies in seiner Schlußrede darauf hin, daß mit dem Jubiläum das bürgerliche Miteinander eine neue Qualität erhalten habe. Er stellte mit Stolz und Freude fest, daß sich die Bürger in besonderer Weise mit ihrer Stadt identifiziert hätten, weshalb das zu Ende gehende Festjahr mit Sicherheit noch lange nachwirken werde. Den eindrucksvollen Schlußpunkt setzte ein buntes Feuerwerk über dem bengalisch beleuchteten Rathaus, das zusammen mit dem wiederhergestellten Goldenen Saal den würdigen Hintergrund auch dieser letzten Jubiläumsveranstaltung darstellte.

Der Goldene Saal als Schauplatz der Verleihung der Deutschen Preise für Denkmalschutz 1986

Eine bemerkenswerte Veranstaltung sei aus der Fülle der zahlreichen Festveranstaltungen herausgegriffen. Am 13. November 1986 fand im teilweise wiederhergestellten Goldenen Saal die Verleihung der Deutschen Preise für Denkmalschutz 1986 durch das Präsidium des Deutschen Nationalkomitees für Denkmalschutz statt, wobei auch die »Gesellschaft zur Erhaltung Alt-Augsburger Kulturdenkmale e. V.« für ihre Verdienste mit der silbernen Halbkugel ausgezeichnet wurde. Außerdem erhielt Professor Walter Frodl aus Wien, der bereits beim internationalen Kolloquium im März 1978 in Augsburg ein Grundsatzreferat gehalten hatte, den Karl-Friedrich-Schinkel-Ring für seine großen Verdienste um die Denkmalerhaltung als europäisches Anliegen. Frodl erinnerte im Rahmen seiner Festansprache an die damalige Empfehlung der Kolloquiumsteilnehmer und an die Entscheidung des Augsburger Stadtrates für die Rekonstruktion des Goldenen Saales: »Heute scheint sie mir, trotz ursprünglicher Abneigung, eben doch richtig gewesen zu sein. So wie das Werk nun in Erscheinung tritt, ist es das Ergebnis seines sorgsam, mit größter Akribie vorbereiteten Konzeptes, einer bedachtsam in einzelnen immer wieder überprüften Abschnitten fortschreitenden Arbeit und ganz gewiß einer bedeutenden handwerklichen Leistung.« Für Professor Frodl war es zudem eine besondere Genugtuung, daß Architekt Professor Dr. Alois Machatschek, lange Jahre sein Assistent und schließlich sein Nachfolger im Fach Denkmalpflege an der Technischen Universität in Wien geworden war.

Wiederkehrende Bürgerfeste

Wegen des überwältigenden Zuspruchs zu dem Bürgerfest »Rund um das Rathaus« als einem der Höhepunkte der 2000-Jahrfeier beschloß der Stadtrat, diese Veranstaltung auch künftig alle drei Jahre auszurichten.
So kam es im Sommer 1988 zur ersten Wiederholung, bei der rund 500.000 Besucher zusammenströmten, um 23 Tage lang zu feiern. Neben dem gastronomischen Angebot gab es wieder eine Vielzahl von Vorführungen der Augsburger Handwerkszünfte sowie ein Treffen prominenter Vertreter des öffentlichen Lebens aus dem Regierungsbezirk Schwaben im Goldenen Saal.
Das dritte Bürgerfest stand 1991 bereits unter der Schirmherrschaft von Oberbürgermeister Dr. Peter Menacher. Im Verlauf der 12 Tage fanden die zahlreichen Veranstaltungen und Aktivitäten wie in den vergangenen Jahren einen begeisterten Zuspruch der frohgestimmten Festgäste aus nah und fern. Auch im Juni 1994 kam es zu einer Neuauflage der vorausgegangenen Bürgerfeste, bei der wieder 17 Tage lang das Handwerk, die Musik und die Gastronomie im Stil der Zeit um 1620 die Altstadt regierten. Auch dieses Mal bildeten das Rathaus und die anderen Hollschen Renaissancebauten den architektonischen Rahmen für das Augsburger Bürgerfest und seine historische Pracht.
Das erklärte Ziel von Oberbürgermeister Dr. Peter Menacher für das Bürgerfest 1997 ist, mit der Ausrichtung eines »Reichstagsspiels« für die künftigen Bürgerfeste einen neuen Schwerpunkt zu setzen. Dieses »Historienspektakel« soll sich gleichsam auf der »Freilichtbühne« von Maximilianstraße und Rathausplatz unter aktiver Mitwirkung der Bürgerschaft abspielen.

Bürgerfest 1991. Oberbürgermeister Dr. Menacher mit seiner Frau Gemahlin in reichsstädtischer Kleidung vor dem restaurierten Brunnenmeisterhaus beim Hl.-Geist-Spital.

Die Ausstattungselemente im Goldenen Saal

In den folgenden Abschnitten werden die wiederhergestellten Ausstattungselemente des Goldenen Saales vorgestellt: der Marmorfußboden mit seiner wirkungsvollen Ornamentik, die im Verbund mit den Wandfresken überzeugend in die Saalarchitektur integrierten Haupt- und Nebenportale, die Saaldecke mit den vergoldeten reichen Schnitzelementen samt den Deckengemälden und schließlich die dekorativen Wandfresken. Ausgehend von den zur Verfügung stehenden dokumentarischen Unterlagen wird versucht, den stufenweise erarbeiteten Wiederherstellungsprozeß, bei dem auch die gültigen denkmalpflegerischen Wertmaßstäbe zu beachten waren, für den interessierten Leser nachvollziehbar zu machen.

Die Abbildung vermittelt die beeindruckende Wirkung des Marmorfußbodens als mitbestimmendes Element der Saalarchitektur.

Der Saalfußboden

Der Marmorboden, mitbestimmendes Element der Saalarchitektur

Der verschiedenfarbige Steinbodenbelag mit seiner der Raumform angepaßten dekorativen Musterung bestimmt ganz wesentlich das architektonische Erscheinungsbild des Goldenen Saales. Die rötlichen und grauen Marmorplatten aus den Steinbrüchen von Adnet bei Hallein sind in harmonischer Abstimmung mit dem helleren Solnhofer Kalkstein kombiniert. Dabei werden die Hauptachsen des Monumentalraumes durch teppichartig gegliederte Streifen besonders betont.

Fußböden aus Naturstein sind nördlich der Alpen erst seit dem 16. Jahrhundert anzutreffen. Die meist schwierige Materialbeschaffung führte zu hohen Kosten, weshalb dieses Ausstattungselement vor allem Schlössern, Festsälen und bedeutenderen Sakralbauten vorbehalten war. Einer der frühesten bekannten Natursteinböden im hiesigen Raum befindet sich im St.-Georgs-Saal der Münchner Residenz (1558/59).

In Süddeutschland wurde vorzugsweise gelber und grauer Kalkstein verwendet und häufig mit dunkelgrauem und rotbraunem Marmor kombiniert. So auch im Goldenen Saal, wobei der hervorragende optische Eindruck zusätzlich durch die in der Renaissance mit Vorliebe angewandte geometrische Aufteilung des Fußbodens unterstützt wird. Auf diese Weise entsteht nicht nur eine harmonisch korrespondierende Einheit in der Farbgebung, sondern auch in der architektonischen Gliederung der raumumschließenden Flächen. Entsprechend diesem Gestaltungsprinzip verbinden im Goldenen Saal die drei Querstreifen die an den Längsseiten angeordneten Portale und nehmen dadurch auch die vertikale Gliederung der Wände auf, während der mittig verlaufende Längsstreifen mit den Rosetten an den Kreuzungspunkten den drei großen Deckengemälden entspricht.

Für derart gestaltete, ornamentale Fußböden gibt es in Italien zahlreiche Vorbilder aus dem 16. und 17. Jahrhundert, die die süddeutsche Innenarchitektur stark beeinflußt haben. Typische Beispiele hierfür sind die Fußböden in venezianischen Kirchen wie S. Giorgio Maggiore oder S. Giovanni e Paolo (Abb. rechts). Der Goldene Saal selbst weist deutliche Bezüge in Material, Farbe und Ornamentierung zu einigen Räumen der Münchner Residenz, insbesondere mit den zwischen 1612 und 1617 entstandenen Trierzimmer und Steinzimmer auf.

Teilbereich des Fußbodens in der Rosenkranzkapelle der Kirche SS Giovanni e Paole in Venedig - zeichnerische Darstellung (Detail) nach Bauaufnahme durch das Europäische Ausbildungszentrum für Handwerker im Denkmalschutz, Venedig, San Servolo.

Stadtsteinmetz Caspar Strobel verlegt den Saalfußboden

In den sogenannten Montagssitzungsprotokollen aus der Zeit des Rathausbaus sind alle Angaben über Art, Kosten und Vergabe der einzelnen Gewerke dieses Projektes erfaßt.[1] Hier finden sich auch detaillierte Vermerke über die Natursteinarbeiten sowie über die Ausgestaltung des Fußbodens im Goldenen Saal.

Die Steinmetzarbeiten beim Rathausneubau wurden Stadtsteinmetz Caspar Strobel übertragen, der mit seinen acht Gesellen auch die »Pflasterung« der Säle besorgte. Strobel war nach dem Tod von Stadtsteinmetz Leonhard Kreuzer im Oktober 1615 als dessen Nachfolger bestellt und nach dem Montagsprotokoll vom 02. Mai 1615 damit beauftragt worden, das »Steinwerkh zum neuen Rhathaus« anzufertigen. Wie ein Zahlungsbeleg dokumentiert, gehörte dazu neben einer Reihe von Tür- und Fensterverkleidungen aus Marmor auch ein »Thurgricht 4$^{1}/_{2}$ Schuh weitt und 9 Schuh im liecht mit Fueß und Gesimpß«. Im Oktober 1620 erhielten schließlich – Stadtarchivar Buff dokumentiert dies mit dem Montagsprotokoll vom 17. Oktober – Strobels Steinmetzgesellen den Auftrag für die »Pflasterung« des Goldenen Saales. Übrigens hatte Holl in seinem Kostenvoranschlag 500 Gulden für den Steinfußboden des Saales angesetzt.

1 Die im Stadtarchiv erfaßten Montagsprotokolle sind Sitzungsniederschriften des reichsstädtischen Baumeisteramtes; sie vermitteln wertvolle Hinweise über die Durchführung der damaligen Baumaßnahmen.

Eine Elias Holl zugesprochene Zeichnung für die Gestaltung des Saalfußbodens. Städtische Kunstsammlungen Augsburg.

Die Verlegung des Plattenbodens im Goldenen Saal zog sich noch bis zum Herbst 1622 hin, wie Einträge im Baumeisterbuch aus diesem Jahr belegen. Weiter wird dort vermerkt, daß der Steinmetz Stefan Schmid eine »Verehrung von 30 fl. erhalten habe wegen des ausgemachten sals«. Bei diesem Stefan Schmid handelte es sich um den Steinmetzgesellen Stephan von Diessendorff, der nach dem Tod von Caspar Strobel als »Ballier« in städtische Dienste verpflichtet wurde.
Welche Schwierigkeiten bei der Beschaffung und Anlieferung des Steinmaterials für den Fußboden des Goldenen Saales und die übrigen Natursteinarbeiten zu bewältigen waren, erhellen Dokumente aus der Bauzeit des Rathauses im Stadtarchiv, unter anderem ein sogenannter »Spaltzettel«, ein Vertrag vom 16. Januar 1616.[2] Darin vereinbarten der Salzburger Erzbischof Sittich von Hohenems und die Delegierten der Reichsstadt Augsburg, darunter Werkmeister Caspar Strobel und andere Steinmetze, Einzelheiten über Ankauf und Lieferung von weißem und rotem Marmor. Demzufolge erhielten die Augsburger Steinbrecher die Erlaubnis, Salzburger Marmor »von schön, rain, sauber, guet und ganzen Stainen« abzubauen. Das Material war dann auf eigene Kosten und eigenes Risiko mit Fuhrwerken bis Hallein und weiter per Schiff auf Salzach und Inn und die Donau aufwärts bis Marxheim (Landkreis Donauwörth) zu befördern und von dort wieder auf Wagen nach Augsburg.
Der Transport des Baumaterials auf Schiffen – im Treidelverfahren, also mit Pferden donauaufwärts gezogen – galt als die zweckmäßigste Beförderungsart, doch führten immer wieder widrige Verhältnisse wie zu geringer Wasserstand, Hochwasser oder Gegenwind zu spürbaren Zeitverlusten und Mehrkosten.

Unterlagen und Grundsätze der Wiederherstellung des Saalbodens

Zahlreiche alte Stiche, vor allem aber gut verwertbare Schwarz-Weiß-Fotos, belegen eindeutig Struktur und Ornamentik des ursprünglichen Steinplattenbodens. Eine besonders wertvolle Unterlage für dessen Wiederherstellung war nicht zuletzt eine kolorierte Zeichnung des Fußbodens von Stadtmaler Matthias Kager (Abb. S. 249). Weiterhin befinden sich in der grafischen Sammlung der Städtischen Kunstsammlungen zwei Elias Holl zugeschriebene Skizzen des Saalbodens, von denen die oben abgebildete der ausgeführten Ornamentik in den einzelnen Feldern entspricht (Abb. 248).
Wie bei den übrigen Gewerken bestand auch bei der Rekonstruktion des Fußbodens im Goldenen Saal die Aufgabe darin, dem Zustand vor der Zerstörung so exakt wie möglich nahezukommen, d. h. auf der Grundlage der vorhandenen Bildunterlagen einen in Steinmaterial, Färbung und Plattenteilung nahezu identischen Bodenbelag wiederherzustellen. Eine entscheidende Voraussetzung zum Gelingen dieses Vorhabens war der glückliche Umstand, daß auf das ursprünglich verwendete Plattenmaterial (Rotscheck- und Grauschnöll-Marmor sowie Solnhofer Kalkstein) aus denselben Steinbrüchen wie vor 370 Jahren zurückgegriffen werden konnte. Um dem Ziel einer möglichst »perfekten Kopie« (Machatschek) näherzukommen, ging es neben der Gewinnung des verbürgten originalen Materials auch darum, geeignete Steinmetze für diese Aufgabe zu finden. Diese Auswahl mußte im Rahmen einer beschränkten Ausschreibung unter besonders qualifizierten Steinmetzbetrieben getroffen werden.

Planung, Ausschreibung und Vergabe des Plattenbodens

Die erforderlichen Pläne für die Rekonstruktion des Saalfußbodens erstellte das Architekturbüro Machatschek auf der Grundlage der vorhandenen Fotografien, Zeichnungen und Maßaufnahmen aus der Zeit vor der Zerstörung. Allein

2 Der Spaltzettel, versehen mit zwei Oblatensiegeln, ist im Stadtarchiv Augsburg registriert.

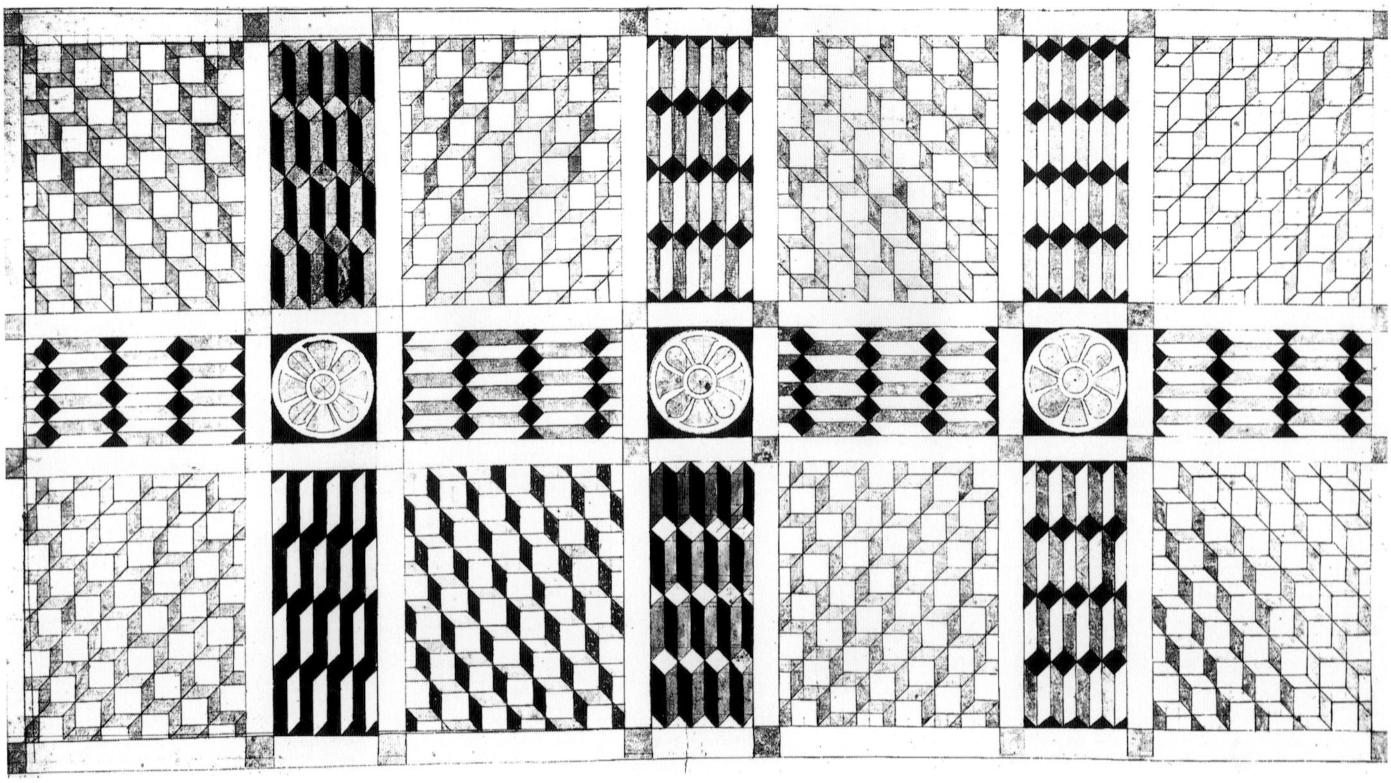

Entwurfszeichnung für den Fußboden im Goldenen Saal von Stadtmaler Matthias Kager. Obgleich sie nicht ganz dem ausgeführten Marmorboden entspricht, war sie dennoch ein sehr wichtiges Dokument; die Zeichnung zeigt gerade jenen Teil des Saales im Gesamtzusammenhang, der durch Abbildungen und Fotos nicht ausreichend oder verzerrt wiedergegeben ist.

für dieses Gewerk wurden zehn exakte Planzeichnungen im Maßstab 1 : 50, 1 : 20 und 1 : 1 gefertigt – eine weitere Planzeichnung war für das Podest des südlichen Treppenhauses erforderlich – in denen ausgehend von den exakt vermessenen Hauptbezugsachsen die Plattenaufteilung und die Anordnung der Dehnfugen festgelegt wurden. Nach Klärung aller fachlichen Probleme stimmten am 16. Januar 1981 die Sachverständigen der Goldenen-Saal-Kommission der Ausschreibung der Natursteinarbeiten zu, die außer dem Fußboden auch die Umrahmungen der Hauptportale in Rotscheck-Marmor, die Fensterbankabdeckungen in Grauschnöll-Marmor sowie den Bodenbelag der beiden Treppenpodeste vor dem Goldenen Saal in Solnhofer Kalkstein umfaßte. Den Auftrag für diese Natursteinarbeiten erteilte der Stadtrat am 28. Oktober 1981 der Augsburger Arbeitsgemeinschaft Eser und Brenner mit einer Auftragssumme in Höhe von 422.539,63 DM, wovon etwa 360.000 DM für die Fußbodenarbeiten im Saal, 39.000 DM auf die Türrahmungen, 9.300 DM auf die Fensterbänke und 14.700 DM auf die Treppenpodeste entfielen.
Die Federführung lag bei Peter Claus Kienzle, dem Inhaber des Marmorwerks A. Eser. Aus der Reihe der von ihm erfolgreich durchgeführten Objekte ist die Sanierung der Sandsteinerker am Maximilianmuseum und der Toskanischen Säulenhalle im Zeughaus besonders zu erwähnen. Wilhelm Brenner, ein ebenfalls erfahrener Fachmann und Inhaber eines alteingesessenen Steinmetzbetriebes führte u. a. die Brunnenanlage vor dem Augsburger Dom aus und arbeitete erfolgreich bei der Neuausstattung der vorgenannten Toskanischen Säulenhalle mit.

Die ornamentale Gliederung des Saalbodens

Der Ausschreibung für die Natursteinarbeiten lag eine vom Architekten präzise rekonstruierte Plattenaufteilung des Saalbodens zugrunde; deren Gliederung ist in dem Verlegeplan (Abb. S. 250) anschaulich aufgezeigt:

Mittelfelder (A): 4 Felder, Größe 6,21 x 5,94 m
Eckfelder (B): 4 Felder, Größe 6,21 x 4,32 m

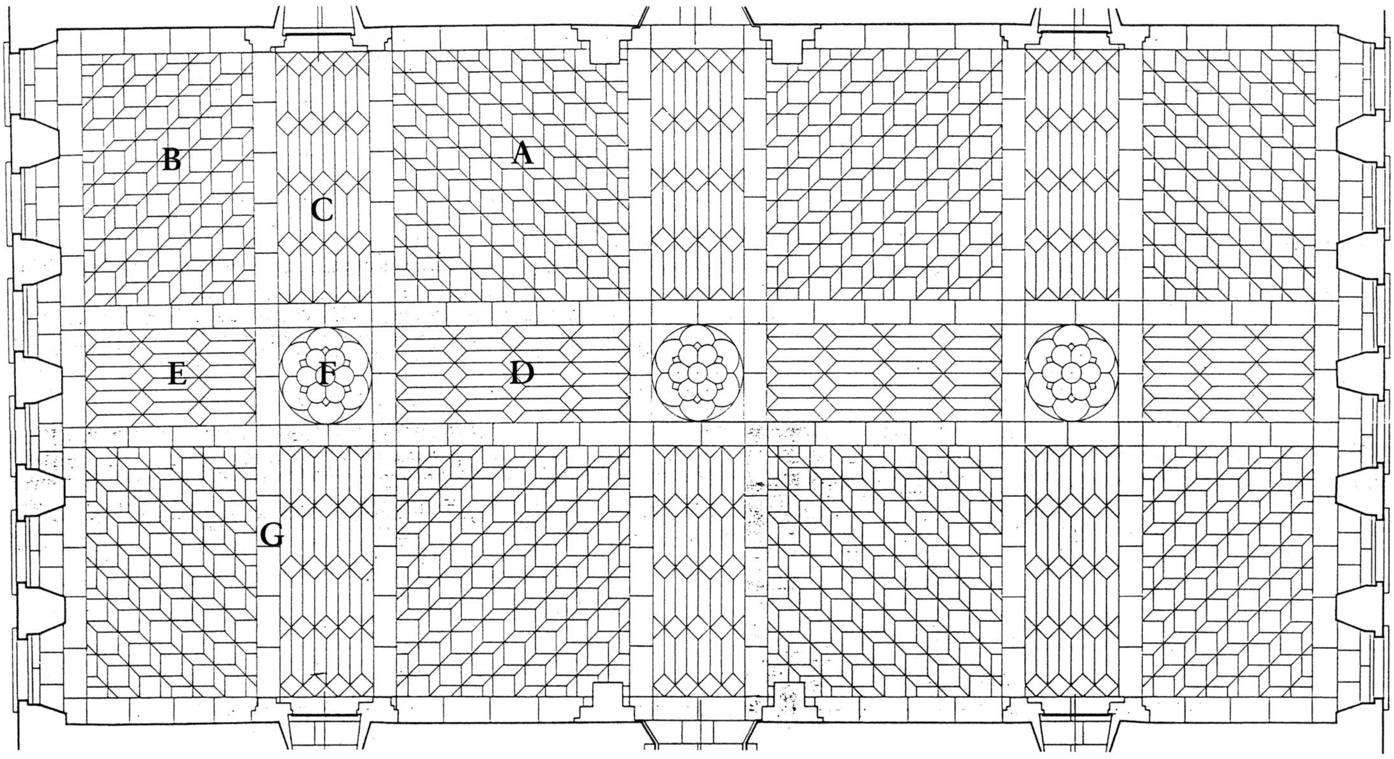

Rekonstruktionszeichnung (Steinteilung) des Natursteinbelages des Goldenen Saales von Architekt Machatschek.

Felder A + B bestehend aus Parallelogrammen (abwechselnd in Rotscheck- und Grauschnöll-Marmor) und Quadraten (Solnhofer Platten).

Rechteckige Felder in Querrichtung (C): 6 Felder, Größe 6,21 x 2,44 m, bestehend aus Parallelogrammen (abwechselnd aus Rotscheck-Marmor und Solnhofer Platten) und Quadraten (Grauschnöll-Marmor), die jeweils um 45 Grad zur Achse verdreht sind.

Mittelfelder in Längsrichtung (D): 2 Felder, Größe 5,94 x 2,44 m
Endfelder in Längsrichtung (E): 2 Felder, Größe 4,32 x 2,44 m
Felder D + E ebenfalls bestehend aus Parallelogrammen (abwechselnd aus Grauschnöll-Marmor und Solnhofer Platten) und zur Achse versetzt Quadraten (Rotscheck-Marmor).

Rosettenfelder (F): 3 Felder, Größe 2,44 x 2,44 m
mit jeweils einer Rosette, bestehend aus blattförmigen Teilen mit teils kreisbogenförmigen Begrenzungen und eingefügten Zwickeln (Rotscheck-, Grauschnöll-Marmor und Solnhofer Platten).

Friese (G): ab 61 cm breit
als Umrahmung und Unterteilung der Gesamtfläche, bestehend aus quadratischen Platten aus Rotscheck-Marmor jeweils an den Kreuzungspunkten angeordnet sowie Streifen bis zu einer Länge von 124 cm aus Solnhofer Platten.

Instruktiv ist in diesem Zusammenhang folgender Abschnitt aus einem Beitrag von zwei Studierenden unter Anleitung von Professor Pukelsheim vom Lehrstuhl für Mathematik an der Universität Augsburg über die Gliederung des Saalfußbodens:[3] »Zur Füllung der acht Felder verwendete Kager ein Muster aus Quadraten und Parallelogrammen, das, wenn man so will, als parallelperspektivische Darstellung über- und hintereinander angeordneter Würfel gesehen werden kann. Typisch für die Renaissancekunst und die zu dieser Zeit eben

3 Dorfleitner, Gregor und Klein, Thomas: Renaissance Area. Fillings in the City Hall of Augsburg, in: The Mathematical Intelligencer, Vol. 18, Nr. 2, 1996 New York.

entdeckte perspektivische Darstellung räumlicher Objekte mag es sein, daß die dreidimensionale Sichtweise dieses Musters eine optische Zweideutigkeit impliziert: als Vexierbild kann der Betrachter das Muster ›kippen‹ lassen – eine heute wohlvertraute, vor knapp 400 Jahren aber sehr wohl aufsehenerregende Spielerei. Der der hier verwendeten Parallelperspektive zugrundeliegende Basiswinkel beträgt 45°, der Verkürzungsfaktor $1/\sqrt{2}$. Somit ergibt sich als Höhe der Parallelogramme genau die halbe Seitenlänge der Quadrate, die dem Betrachter als Frontseiten der Würfel erscheinen, wodurch die halbe Quadratseitenlänge zur bestimmenden Größe dieses Flächenfüllungsmusters wird. Diese Länge nun ist nicht etwa willkürlich gewählt, sondern so, daß alle Seitenlängen der durch die Quer- und Längsstreifen abgegrenzten Hauptfelder ganzzahlige Vielfache dieser Länge sind. Dies sorgt dafür, daß das Flächenfüllungsmuster nicht beliebig an den Rändern abgeschnitten wirkt, sondern sämtliche Feldränder weitestgehend mit schon im Muster vorhandenen Trennlinien zusammenfallen. Als Kreuzungspunkte unterteilen die Rosetten die Querstreifen in jeweils zwei gleich große Felder, den Längsstreifen dagegen in vier Felder, wovon jeweils zwei dieselben Maße besitzen. Da Längs- und Querstreifen gleich breit sind, unterscheidet die einzelnen Felder nur ihre Länge; das allen gemeinsame Füllmuster variiert nun gewissermaßen das in den großen Hauptfeldern schon angeschnittene Thema des parallelperspektivischen Vexierbildes. Wiederum ist der verwendete Basiswinkel 45°; statt Würfeln aber kann der Betrachter eine Anordnung von langgestreckten Quadern erkennen, die allerdings eine quadratische Seitenfläche haben. Die Länge dieses Quadrats wurde dabei so gewählt, daß genau vier (bzw. drei und zwei halbe) solcher Quader die Streifenbreite exakt auffüllen. Ähnlich wie bei der in den Hauptfeldern verwendeten Flächenfüllung stellte sich Kager hier die Schwierigkeit, durch geeignete Wahl der das Füllmuster bestimmenden Quaderlängen einen willkürlichen Abbruch an den Feldrändern zu vermeiden. Bei der Lösung dieses Problems gelang es, die Längen der Quader so zu stimmen, daß die drei verschiedenen Feldlängen sich jeweils als Summe vom Vielfachen der Quaderlänge und der halben Diagonallänge der quadratischen Seitenflächen ergeben, und – dies ist die eigentliche Leistung – die Quaderlängen bei allen drei Feldtypen näherungsweise gleichen Betrags sind. Bei genauerer Betrachtung erkennt man, daß Kager hier ein keineswegs triviales Optimierungsproblem zu lösen hatte, wobei die Frage offen bleibt, ob er sich dessen tatsächlich bewußt war.«

Saalfußboden, Teilbereich.

Materialvorbereitung und Verlegung des Plattenbodens

Nach Zustimmung der Sachverständigenkommission zu den von der Arbeitsgemeinschaft vorgelegten Musterplatten im März 1982 und nach der anschließenden Beschaffung und Vorbereitung des Steinmaterials konnte im August 1983 mit den Verlegearbeiten vor Ort begonnen werden. Die Einhaltung der hierfür angesetzten Arbeitszeit, 17 Monate für die vorbereitenden Maßnahmen und 6 Monate für die Verlegung, ist nicht nur dem besonderen handwerklichen Können der beiden Steinmetzfirmen, sondern auch der exakten planerischen Vorarbeit des Architekten zu verdanken.

Zunächst ging es darum, den benötigten Marmor in Originalqualität aus den schon beim historischen Rathausbau genutzten Steinbrüchen abzubauen. Dazu mußte der schon seit längerer Zeit stillgelegte Steinbruch in Adnet bei Hallein nur für dieses Vorhaben wieder erschlossen werden (Abb. 252 links).

Das nicht mehr sehr ergiebige Vorkommen erforderte für den Abbau der notwendigen Gesteinsmenge von etwa 16 Kubikmetern ein kompliziertes Verfahren. Das so gewonnene Material gliedert sich, nach Angabe von Steinmetzmeister P. C. Kienzle, differenziert nach den zwei Marmorarten, in folgende Positionen:

- Rotscheck-Marmor in großen Rohblöcken mit einer Abmessung von ca. 260 x 150 x 130 cm

Links: Der Steinbruch im Adnet bei Hallein im Salzburger Land, der speziell für den Abbau des erforderlichen Marmors für den Goldenen Saal wieder erschlossen wurde.

Rechts: Einer der Solnhofer Steinbrüche, aus dem wie schon zu Holls Zeiten Natursteinmaterial abgebaut wurde. Damals wie heute wurde speziell diese Qualität für die Verlegung von Fußbodenbelegen verwendet.

– Grauschnöll-Marmor in kleineren Rohblöcken mit einer Abmessung von ca. 140 x 150 x 140 cm.

Noch vor dem Transport nach Augsburg wurden die Blöcke in 4 cm starke Platten zugeschnitten.

Die gelblichen Platten aus einem der zahlreichen Steinbrüche bei Solnhofen im Altmühltal wurden, wie in historischer Zeit, in Handarbeit, d. h. mit Grubenhaue, Hammer und Meißel, abgebaut. Bei der ausgeschriebenen Qualität »Maxberg«[4] handelt es sich um äußerst hartes und dichtes Steinmaterial, das auch im bruchrohen Zustand wegen seiner natürlichen Struktur eine planebene Oberfläche aufweist. Es wird deshalb schon seit der Römerzeit bis zum heutigen Tag als hochwertiger Werkstein verwendet.

Bei der handwerklichen Bearbeitung durch die Steinmetze wurden die neuen Steinplatten mit einer Wandarm-Schleifmaschine bearbeitet (überschliffen). Ebenso von Hand erfolgte, in Anlehnung an die historische Steinmetztechnik, das Schlagen der Kanten. Auf diese Weise ergab sich nicht nur die für alte Steinböden typisch weiche Lichtbrechung, sondern auch der lebendige Zuschnitt der einzelnen Platten.

Im Zusammenhang mit der Installation einer (elektrischen) Fußbodenheizung mußte zwangsläufig von dem ursprünglichen Fußbodenaufbau vor der Zerstörung abgewichen werden. Hieraus ergab sich folgende Konstruktion: Auf die Rohdecke folgt eine Wärmedämmung von 3 cm Stärke, darüber ein 5 cm starker Heizestrich mit Dichtungsfolie und schließlich der 4 cm starke Steinplattenbelag auf Mörtelbett und doppelter Gleitfolie. Um mögliche Durchfeuchtungsschäden von vornherein auszuschalten, kam statt einer Warmwasserheizung eine elektrische Fußbodenheizung zur Ausführung.

4 König Max II. von Bayern besuchte 1857 die Betriebsstätten der Solnhofer Steinbrüche und bestätigte die Firmengründung »Solnhofer Aktien-Verein«. Danach hieß das großfläche Betriebs- und Steinbruchgelände im Volksmund »Maxberg«.

Schwierige verlegetechnische Details – Bei der erforderlichen Kombination von drei Natursteinarten war grundsätzlich auf eine farbliche Gleichmäßigkeit der jeweiligen Steinfärbung zu achten. Besonders schwierig gestaltete sich das Verlegen der Rosetten in den Kreuzungspunkten der drei Saalachsen: Wegen der Größe der Dreieckszwickel mit ihrem bogenförmigen Abschluß und einer Seitenlänge von 122 cm, konnten diese Elemente nicht in einem Stück hergestellt werden. Sie wurden deshalb in drei Teilstücken getrennt verlegt. Größte Sorgfalt erforderte die Herstellung planebener Schnittkanten und die Gleichartigkeit der Steinstruktur, um so optisch störende Plattenstöße zu vermeiden. Wegen der enormen Grundfläche des Goldenen Saales von etwa 580 m^2 war die Anordnung fachtechnisch exakt angeordneter und ausgebildeter Dehnungsfugen – ihre Breite war im Leistungsverzeichnis auf 3 – 6 mm begrenzt festgelegt – unabdingbar. Ebenso mußten konstruktive Vorkehrungen zur Vermeidung belastungsbedingter Schäden getroffen werden. Hierzu zählt die Verwendung von Traßmörtel für das vollflächige Mörtelbett und, in feinkörniger Ausführung, für die Ausfugung der Platten. Hierfür wurden mehr als 46 Tonnen Sand verbraucht. Bei der Saalbegehung am 06. Dezember 1983 – der Marmorboden war zu diesem Zeitpunkt bis auf die Portalnischen und Verfugungsarbeiten nahezu fertigverlegt – zeigten sich die Sachverständigen mit dem Ergebnis sehr zufrieden. Ihr hohes Lob ist im Sitzungsprotokoll wie folgt vermerkt:
»Der Fußboden stellt eine handwerklich hervorragende Steinmetzarbeit dar. Durch die tadellose Verlegung und Oberflächenbearbeitung ist die notwendige Lebendigkeit voll erreicht worden.«[5]

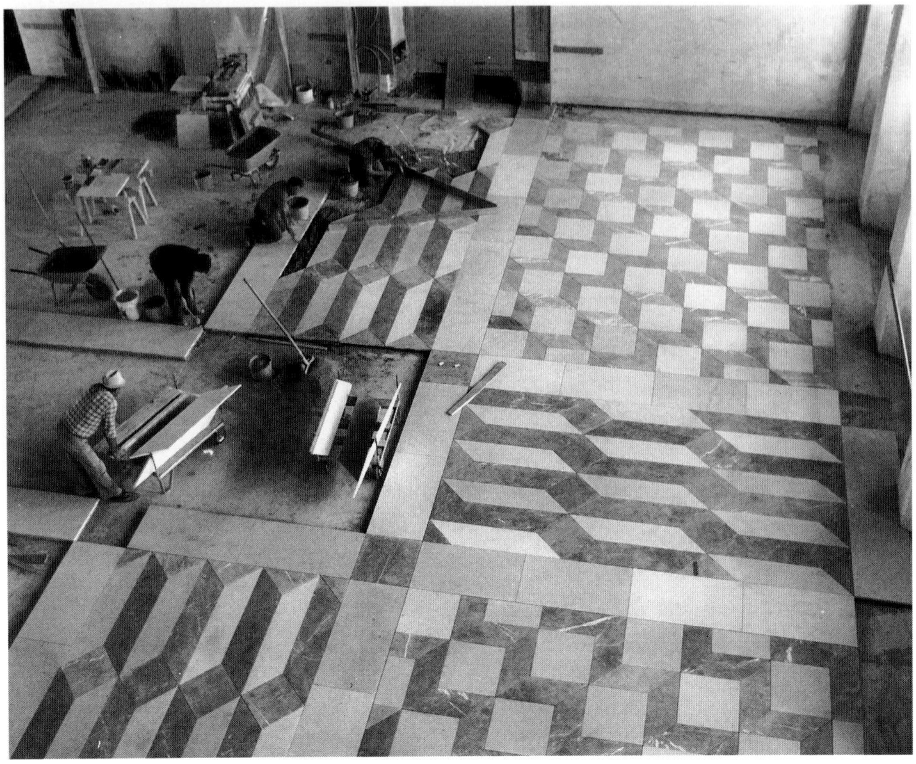

Verlegung des Marmorbodens im Herbst 1983 durch die Arbeitsgemeinschaft A. Eser (Inh. P. C. Kienzle) und W. Brenner, Augsburg.

5 Protokoll der 6. Sachverständigensitzung vom 06. Dezember 1983. Die Sachverständigen hatten sich in drei vorausgehenden Sitzungen intensiv im Einvernehmen mit dem Architekten und dem Bauherrn um die fachspezifischen Voraussetzungen für eine werkgerechte Wiederherstellung des Natursteinbodens angenommen.

Blick vom nördlichen Treppenhaus auf das südliche Hauptportal des Goldenen Saales.

Die Saalportale

Die Portale im Saalgefüge

Die im Zuge der Rekonstruktion des Goldenen Saales wiederhergestellten Portale sind nicht nur ein hervorragendes Beispiel des heutigen handwerklichen und künstlerischen Könnens, sondern auch ein Beweis für die Genialität des Baumeisters Elias Holl, des damaligen reichsstädtischen Stadtwerkmeisters. Was sich bereits in dem durch seine bestechende Einfachheit geprägten Grundriß andeutet, findet im Aufriß des Rathauses seine adäquate Fortsetzung: Mit dem dramatischen Gegensatz zwischen dem Goldenen Saal und den übrigen Raumzonen steigert Holl – unterstützt durch eine gekonnt dazukomponierte Ausstattung – die räumliche Spannung im 3. Obergeschoß zu einem ungeahnten Höhepunkt. In diesem wohldurchdachten Gesamtkonzept erfüllen die Portale eine entscheidende Aufgabe: sie verbinden den über menschliches Maß hinausgehenden, fast sakral wirkenden Saal mit den gleichsam profanen Räumen, zu denen auch die bewußt bescheidener gestalteten Fürstenzimmer zu zählen sind. Die fast fünf Meter hohen, in tiefen Leibungen liegenden Hauptportale mit ihren vergoldeten Schnitzereien und reich verzierten Beschlägen bilden einen adäquaten Rahmen für den ersten Blick des ankommenden Besuchers auf die verschwenderisch gestalteten Wand- und Deckenflächen des Goldenen Saales. Diesen überwältigenden Eindruck beschreibt Ulrich Christoffel in seinem Rathausführer überaus treffend mit folgenden Worten: »Die Dynamik der Dekoration schwillt nach oben hin zu einem mächtigen Crescendo an.«[1]

Eines der vier Seitenportale im Goldenen Saal vor der Zerstörung.

Beide Hauptportale unterscheiden sich in ihrer Gesamtwirkung trotz der nahezu identischen Detailausbildung durch die verschieden gestalteten Tafelbilder, die sich als Bekrönung der Portalanlage aus den Sprenggiebeln erheben. So ist über dem Nordportal die von Johann Rottenhammer geschaffene Augsburger Gewässerallegorie angeordnet, ergänzt von einer goldgerahmten Schrifttafel mit der Jahreszahl der Baufertigstellung 1620. Auf der Tafel über dem Südportal sind die Namen der für den Rathausneubau verantwortlichen Ratsherren und Stadtpfleger aufgeführt, vervollständigt durch eine kleine Tafel mit der Inschrift des damaligen Herrschers Kaiser Ferdinand II.

Auf den Giebelschrägen der beiden Hauptportale waren vergoldete allegorische Frauenfiguren in Überlebensgröße aufgesetzt – ein eindrucksvolles Zeugnis hervorragender bildhauerischer Schnitzkunst von enormer raumsteigernder Wirkung.

Die Einbeziehung der Portale in das thematische Ausstattungsprogramm des Goldenen Saales war eine Idee des Münchner Jesuitenpaters Matthäus Rader, der im Auftrag der Augsburger Bauherrn die ikonographischen Grundlagen für den Prunksaal entwickelt hatte.

Flankiert werden die in der Mitte der Längswände angeordneten Hauptportale von jeweils zwei Seitenportalen als Zugang zu den vier Fürstenzimmern. Ihr architektonischer Aufbau und die dekorative Ausstattung entspricht den Hauptportalen, wobei in die gesprengten Volutengiebel vergoldete Büsten römischer Herrscher eingefügt sind.

Trotz seiner blendenden Pracht und dekorativen Fülle strahlt der Goldene Saal eine harmonische Ruhe auf den Betrachter aus. Er spürt – vielleicht unbewußt – die Ausgewogenheit der durch die Portale dreigeteilten Längswände, die wiederum mit der horizontalen Gliederung der drei Fenstergeschosse übereinstimmt. Diese wiederholt sich auch in den drei teppichartigen Ornamentstreifen des Fußbodens, die die Portale miteinander verbinden und in den Kernpunkten über die drei Mittelrosetten einen Bezug zu den drei zentralen Deckengemälden herstellen.

Die dem gesamten Rathausbau zugrundeliegende ideelle Symbolik ist maßgeblich geprägt von dem Gedanken einer grandiosen Selbstdarstellung Augsburgs.

1 Christoffel, Ulrich: »Augsburger Rathaus«, Augburg 1929.

Nördliches Hauptportal. Zustand vor der Zerstörung.

Dieser reichsstädtische Stolz fand vor allem im Goldenen Saal und nicht zuletzt in seinen Hauptportalen seinen sichtbaren Ausdruck, der auch heute, nach Abschluß der Rekonstruktion, auf eindrucksvolle Weise wieder spürbar geworden ist. Selbst der sonst so sachlich wirkende Elias Holl vermerkt in seinem nur als Abschrift überlieferten Kostenvoranschlag für das neue Rathaus bei den Angaben zu den Schreinerarbeiten im Goldenen Saal und in den Fürstenzimmern: »Dießer gemeldte Saal soll mit Holzwerck, als da ist Nußbaum, Ölbaum, Äschen und dergleichen Holz über sich ausvertaffert werden und mit eyner schönen und künstlichen Abtheilung ausgetheilt seyn. Ingleichen muß auch die Saal-Thür-Kleidung von dergleichen Holz künstlich Corindischer Arbeit seyn...«[2]

Stadtbaurat Ludwig Leybold in der Uniform des Chefs der Feuerwehr (Aufnahme von 1882) erstellte die umfangreiche Bauaufnahme des Augsburger Rathauses (1883 – 1886).

Die Fertigung der Originalportale

Wie bei anderen Neubauten dieser Zeit war auch beim Hollschen Rathaus die Durchführung der Holzarbeiten Aufgabe des Handwerkszweiges der Kistler (Schreiner) und Schnitzer. Maßgeblich für deren Auswahl war schon damals ein hervorragendes kunsthandwerkliches Können.

Die Herstellung der beiden Hauptportale wurde Lorenz Bayr aus Augsburg übertragen, der zuvor schon mit den Schreinerarbeiten für die Decke des Oberen Fletzes, der Rats- und der Gerichtsstube betraut worden war.

Der Augsburger Kistler Wolfgang Ebner, der bereits im Oktober 1619 den Auftrag für die große Saaldecke erhalten hatte, fertigte bis Oktober 1622 die vier Seitenportale zu den Fürstenzimmern und wurde hierfür laut Zahlungsanweisung vom 07. Januar 1622 mit 800 Gulden entlohnt.

Die Schnitzereien, zumindest an den Hauptportalen, werden dem einheimischen Bildhauer Hans Leonhard Gemelich zugeschrieben, der neben anderen Holzschnitzern im Auftrag Wolfgang Ebners auch an den dekorativen Schnitzarbeiten für die Saaldecke beteiligt war. Die Schnitzer und Bildhauer erhielten ihren Lohn üblicherweise von den Kistlern, die für die Aufträge insgesamt als »Generalunternehmer« verantwortlich waren. Es kam aber auch vor, daß Bauherrn bei besonderer Zufriedenheit mit der geleisteten Arbeit den Bildhauern direkte Sonderzahlungen gewährten. Der aus Kaufbeuren stammende Bildhauer Caspar Menneler schnitzte die vier vergoldeten, überlebensgroßen Nymphenfiguren auf den Giebelschrägen der beiden Hauptportale. Im Baumeisterbuch ist hierzu am 18. September 1621 vermerkt: »Zahlt Caspar Menneler wegen der zweyen Bilder, so er auf die zwei Portal geschnitten fl. Gulden 50.«

Die geschnitzten und vergoldeten Büsten römischer Herrscher in den Giebelöffnungen der Seitenportale schuf der Münchner Bildhauer Christoph Angermeyer. Er arbeitete offensichtlich im Auftrag und nach Entwürfen von Matthias Kager, dem Augsburger Stadtmaler.[3]

Über die Vergabe der Beschlagsarbeiten an den Stadtschlosser Bartholomäus Scheff finden sich in den Montagssitzungsprotokollen und in den Baumeisterbüchern keine näheren Angaben, doch weisen Zahlungsbelege aus den Jahren 1617 – 1623 aus, daß ihm für Schlosser- und Schmiedearbeiten im neuen Rathaus die stattliche Summe von mehr als 1700 Gulden vergütet wurde.[4]

Unterlagen und Grundsätze für die Wiederherstellung

Als wichtigste Grundlagen für die Wiederherstellung der Portale dienten, neben den vorzüglichen Aufnahmeplanzeichnungen Ludwig Leybolds[5], vor allem dessen bemaßte Aufnahmeskizzen (Abb. S. 258 u. 259), zahlreiche Schwarz-Weiß-Fotos sowie großformatige Farbdiapositive von teilweise hervorragender Qualität, nach denen Architekt Prof. Alois Machatschek seine umfangreichen und präzisen Planzeichnungen erstellen konnte. Eine ergänzende Bestandserfassung des südlichen Hauptportals vor der Zerstörung stellt auch das gekonnte Aquarell von Wilhelm A. Hahn dar (Abb. S. 260).

2 Buff, Adolf: Der Bau des Augsburger Rathauses«, 1887, S. 282 ff.

3 Im Wochenblatt des ersten Ratsdieners 1623 ist unter dem 01. Februar vermerkt: »Zalt Math. Kagern, wegen Christoph Angermayrs, fürstl. Bildhauer zu München pr. 4 Kaiserköpfen den Saal, für jeden 5 Thaler, thut 125 Gulden.«

4 Bartholomäus Scheff, 1611 in das Amt des Stadtschlossers berufen, war ein Sohn von Georg Scheff, der 1594 das Ziergitter des Augustusbrunnens geschaffen hatte. Die einträglichen Arbeiten im neuen Rathaus scheinen dem Stadtschlosser jedoch kein Glück gebracht zu haben: Wegen Alkoholproblemen und Verschuldung, auch von Unterschlagung war die Rede, wurde er laut Montagsprotokoll vom 08. Juli 1628 aus den städtischen Diensten entlassen (Vergl. Buff, S. 245 ff).

5 Ludwig Leybold (geb. 1833 in München, gest. 24. März 1891 in Augsburg) war einer der bedeutendsten Stadtbauräte Augsburgs des 19. Jahrhunderts, hinterließ ein umfangreiches »Skizzenbuch zum Augsburger Rathaus«. In ihm hat er in jahrelanger Tätigkeit sämtliche Räume und deren Ausstattung bis ins kleinste Detail erfaßt und zeichnerisch dargestellt. Zusammen mit dem darauf aufbauenden Druckwerk »Das Rathaus in Augsburg« (Berlin 1886) war diese Arbeit eine der wichtigsten Grundlagen für die Rekonstruktion des Goldenen Saales und eines Fürstenzimmers.

Das südliche Hauptportal. Bauaufnahme von Ludwig Leybold.

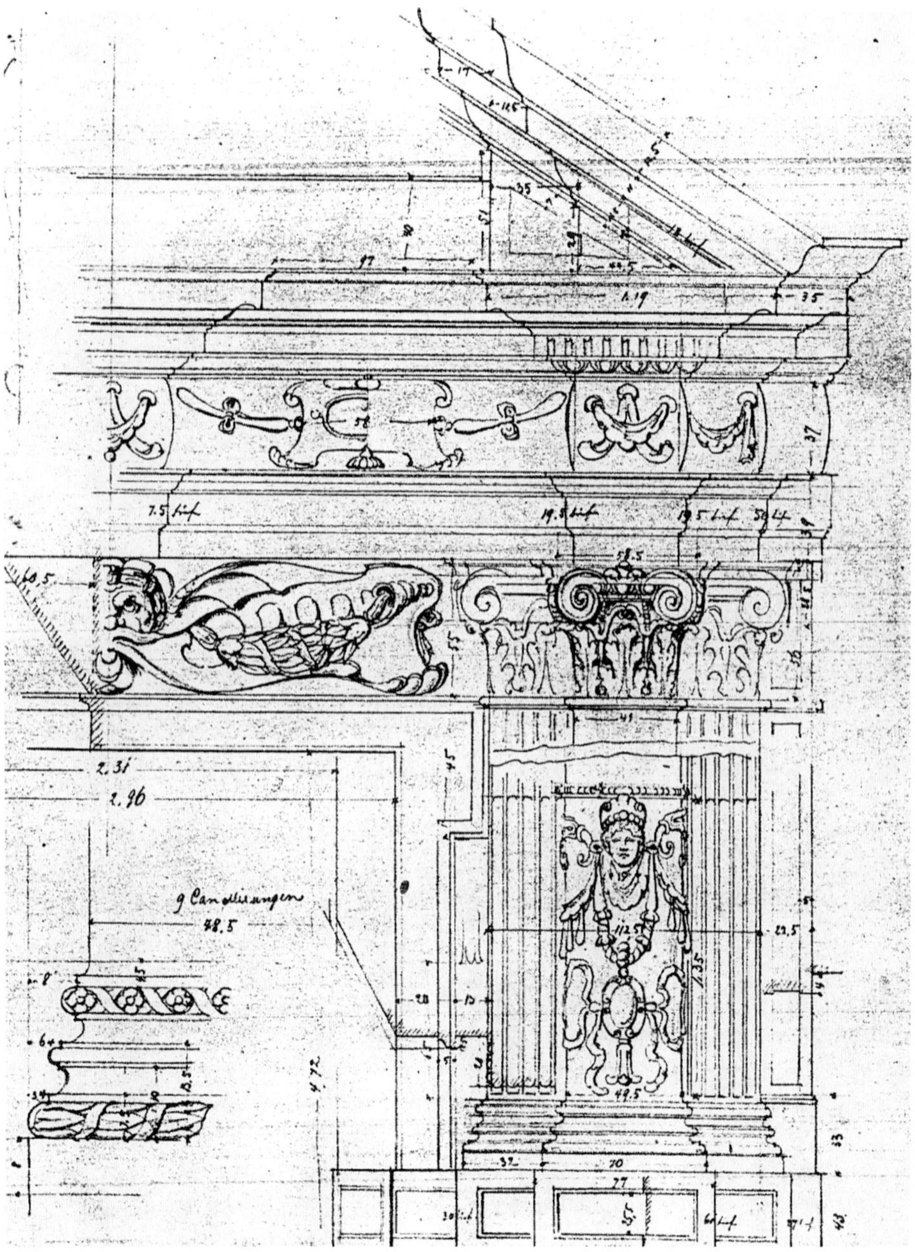

Aufmaßskizze eines Teilbereiches des südlichen Hauptportals von Ludwig Leybold.

Oberster Grundsatz für die Wiederherstellung der Portale war neben der geforderten Maßgenauigkeit die manuelle Bearbeitung aller sichtbaren Flächen. Damit sollte in Wiederholung der ursprünglichen alten Herstellungstechnik der typische Charakter einer Handarbeit erreicht werden. Die davon betroffenen Holzflächen wurden zu diesem Zweck aus massivem Nußbaumholz oder gesägtem Nußbaumfurnier gefertigt, während für die tragende Unterkonstruktion zeitgemäßes und modern verarbeitetes Material (ausgenommen Spanplatten) zugelassen war. Auf diese Weise sollten Schwund- und Bewegungsschäden, verursacht durch Schwankungen der Raumtemperatur und Luftfeuchtigkeit, von vornherein vermieden bzw. auf ein Mindestmaß beschränkt werden.

Plan- und Ausschreibungsunterlagen für die Wiederherstellung

Als nächster Schritt erfolgte die sorgfältig erarbeitete Ausschreibung der Schreinerarbeiten. Neben einer detaillierten Leistungsbeschreibung wurden den dazu eingeladenen Fachfirmen 20 Werkzeichnungen für die Hauptportale sowie 17 Werkzeichnungen für die Seitenportale im Maßstab 1 : 10 sowie 1 : 1 (also auch in natürlicher Größe) zur Verfügung gestellt. Diesen Unterlagen waren alle für eine Angebotskalkulation erforderlichen Angaben zu Konstruktion, Material und Arbeitsmethode zu entneh-

Blick auf die südliche Saalwand. Aquarell von Studienprofessor Wilhelm August Hahn (1883 – 1966).

men. Dabei gehörten die »architektonisch gebundenen« Schnitzelemente als integrierter Bestandteil der Portalkonstruktion zu den Leistungen der Schreinerarbeiten. Zu diesen Elementen zählten die Eierstäbe, Perlstäbe und Zahnschnitte ebenso wie die Voluten an den Kapitellen und Konsolen.

Die Unterkonstruktionen konnten als Weichholzrahmen ausgeführt werden, während die ebenen und gekrümmten Sichtflächen aus 3 mm starkem gesägtem Nußholzfurnier anzufertigen waren. Eine Ausnahme bildeten die geschnitzten und gedrechselten Teile aus massivem Nußholz. Dabei war darauf zu achten, daß selbsttragende, auf Rahmen aufgeleimte Bretter mindestens 12 mm stark sein mußten, während vollflächig auf Tischlerplatten aufgeleimte Flächen aus Furnier bestehen konnten.

Besondere Sorgfalt war auf die in den Detailplänen vorgegebenen Maserung sowie auf die Färbung des Holzes zu legen; außerdem erhielten die Firmen genaue Hinweise über die Größe der Furniere und Massivholzflächen. Für Teile, die abschließend vergoldet wurden, war Lindenholz zu verwenden.

Links: Säulenkapitell eines Hauptportals, geschnitzt von Walter Campidell.

Links unten: Detailzeichnung des Säulenkapitells von Architekt Machatschek.

Rechts unten: Detailzeichnung der Säulenbasis eines Hauptportals von Architekt Machatschek.

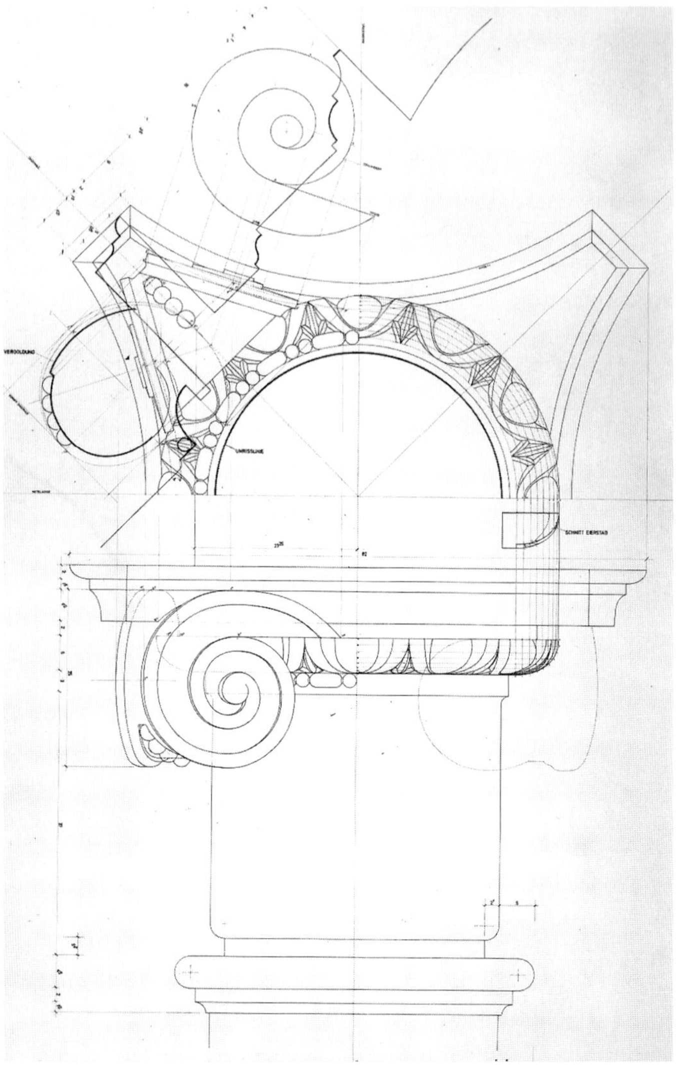

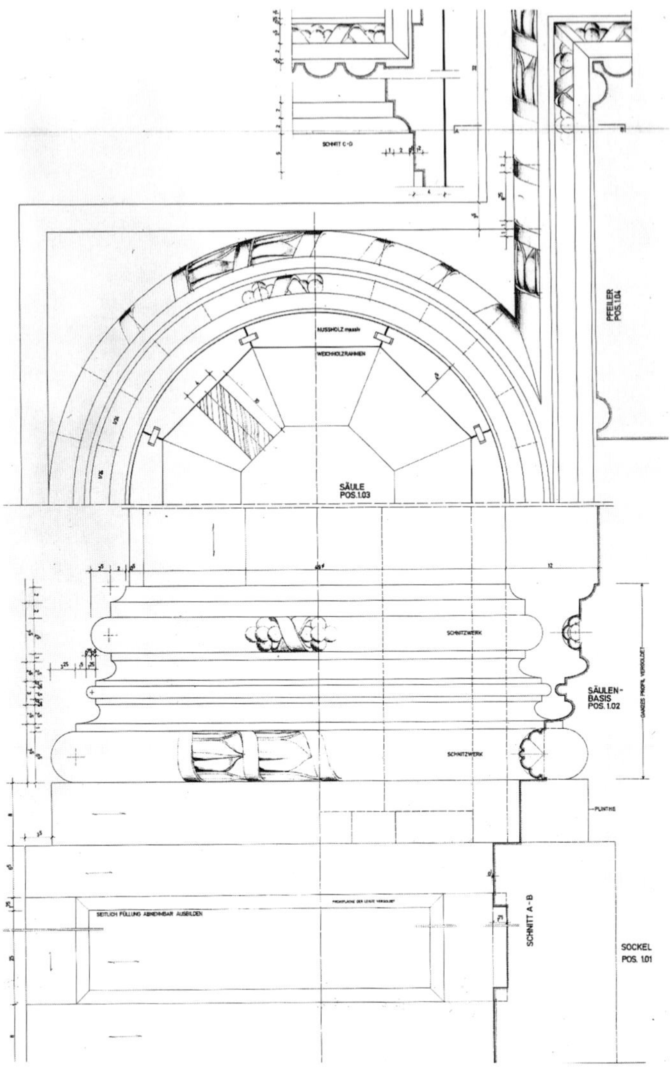

Die Schreiner-Elemente der Hauptportale

Die beiden Hauptportale weisen beträchtliche Ausmaße auf. Ihre Höhe beträgt bis zum gesprengten Giebel 7,70 m (mit Bildaufsatz 11,17 m), die Breite im Sockelbereich 6,37 m bzw. an der breitesten Stelle des Gebälks 7,17 m. Das Falzmaß der beiden Türblätter mißt in der Breite 2,52 m und in der Höhe 4,83 m.
Die Planzeichnung des Architekten zeigt die einzelnen Konstruktionselemente der Schreinerarbeiten, die nachfolgend aufgelistet sind (Abb. S. 265).

1 Sockel für Säulen und schräge Gewändeverkleidung – 43 cm hoch, beiderseits der Türöffnung, bestehend aus Rahmen, eingesetzten Füllungen und quadratischen Füllstäben.
2 Säulen- und Pfeilerbasis – 33 cm hoch, im Grundriß den Säulen und Doppelpfeilern angepaßt, reich profiliert, beiderseits der Türöffnung.
3 Säulen – (zwei Stück) mit kreisrundem Querschnitt, Durchmesser maximal 49 cm; von der Oberkante der Basis bis zur Unterkante des Kapitells 4,075 m hoch.
4 Kannelierte Doppelpfeiler – im Querschnitt 4 x 48,5 x 20,5 cm mit Kanneluren und im unteren Drittel mit Pfeilern ausgebildet.
5 Kapitellbündel – beidseits der Türöffnung für Säulen und Pfeiler. 63,5 cm hoch von der Oberkante des Säulenschaftes bis zum Auflager des Architraves. Die in den geschwungenen Abakus einschneidenden Voluten (pro Kapitellbündel 6 Stück) enthalten beidseitig tiefe profilierte Schnecken.
6 Gebälk über dem kompletten Portal – mit einer Profilhöhe von 121,5 cm, einer Länge von 674 cm und einer maximalen Auskragung von 125,5 cm. Das Gebälk besteht aus
- einem gegliederten und gekröpften Architrav,
- einem kombinierten Fries, darüber ein Wulst,
- einem rechteckigen Profil mit Zahnschnitt und einer abdeckenden Hängeplatte.

7 Gesprengter Giebel samt Verbindungsteil – 107,5 cm hoch, mit einer Ausladung von 135,5 cm, reich profiliert und verkröpft.
8 Portalverkleidung in der Wandebene – vom Sockel bis zur Unterkante Gebälk.
9 Verkleidung der Türöffnung – bestehend aus zwei schrägen Gewänden und einer horizontalen Abdeckung.
10 Türblätter – (zwei Stück) für ein Falzmaß von 252,5 x 483 cm, bestehend aus Rahmen, eingesetzten glatten Füllungen und Profilstäben auf der Saalseite. Auf der Rückseite ebene Ausbildung der Türfläche mit aufgesetzten Profilleisten in Nuß.
11 Bildaufsatz – für das Nordportal mit kräftiger Profilierung, Gesamtbreite 342 cm, Höhe 405,5 cm bei einer Tiefe von 62,5 cm bis zur Unterkante des Deckenarchitravs.

Für das Südportal sind es dieselben Elemente wie für das Nordportal, wobei lediglich der Bildaufsatz mit einem breiteren schrägen Profil versehen auf das Schnitzwerk aufgesetzt ist.

Die Schreinerarbeiten an den Hauptportalen – Für die Durchführung setzte die vom Stadtrat beauftragte Firma Willmeroth, Augsburg, durchschnittlich 10 Fachleute ein. Gleich zu Beginn bereitete die Beschaffung von geeignetem Nußbaumholz große Schwierigkeiten, da beispielsweise für die Hauptportale Stämme von 2 – 3 Meter Länge benötigt wurden. Erst nach längerem Schriftverkehr mit Händlern und Sägewerken sowie nach etlichen vergeblichen Versuchen, führten die Bemühungen schließlich zu dem gewünschten Ergebnis.
Besonderer Anstrengungen bedurfte es bei der Herstellung der nahezu fünf Meter hohen Rundsäulen der Hauptportale. Sie wurden in zwei Teilen gefertigt, bestehend aus dem mit Schnitzereien verzierten Unterteil und dem nach oben

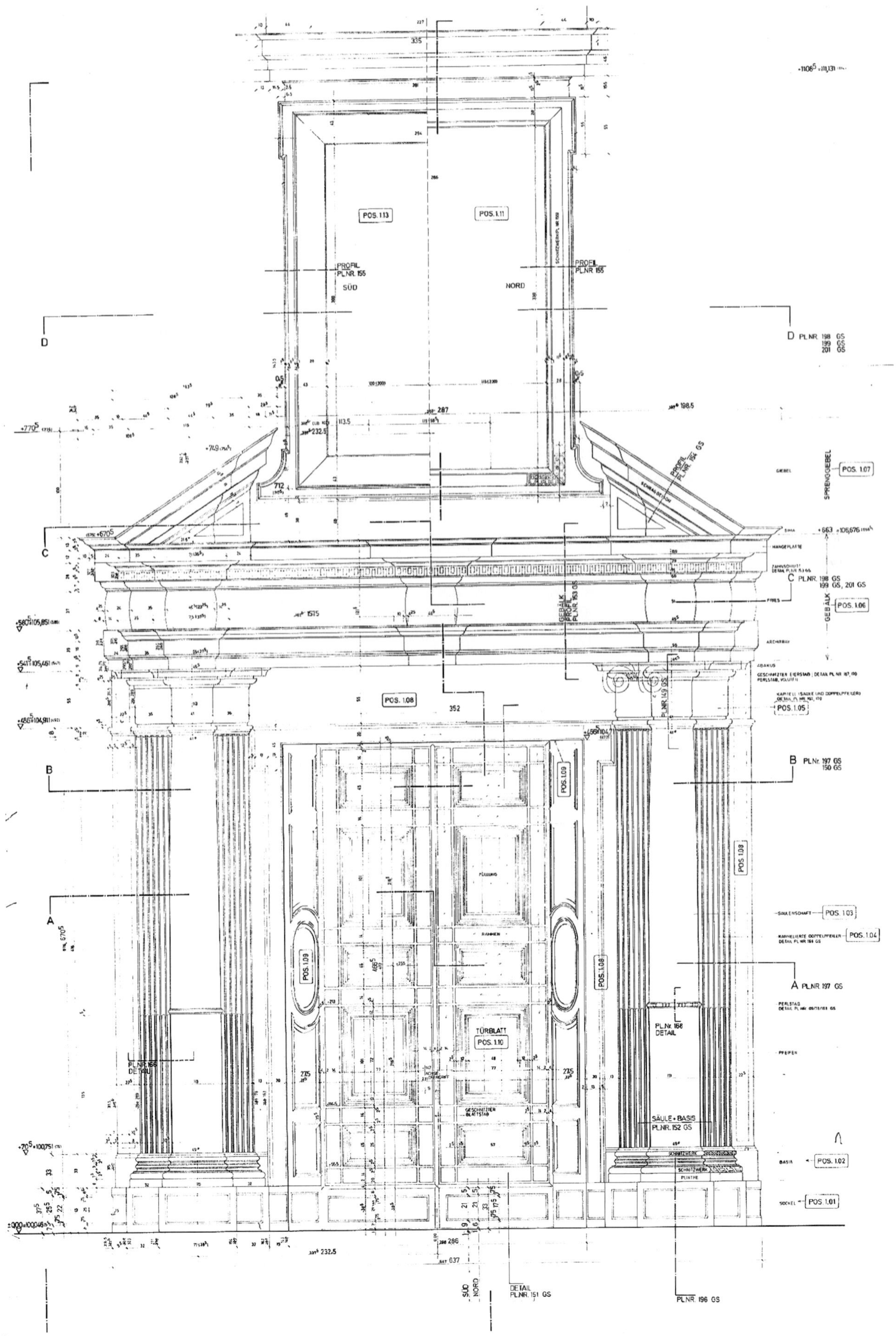

Rekonstruktionsplan des Hauptportals für die Schreinerarbeiten (mit Ergänzungen vom August 1983) von Architekt Machatschek.

Versetzen des großen Bildrahmenelementes auf das südliche Hauptportal.

leicht verjüngenden Oberteil. Beide Säulenhälften setzen sich jeweils aus 16 Einzelelementen zusammen. Nach Fertigstellung der Säulen wurden die zunächst erforderlichen inneren Aussteifungsspanten herausgeschlagen, so daß das Holz ohne zu reißen »arbeiten« kann.

Weitere Probleme gab es bei dem probeweisen Zusammenbau der Hauptportale in der Werkstatt, der wegen der enormen Abmessungen der Einzelteile nur liegend erfolgen konnte. Doch dadurch war es möglich, den späteren Aufbau naturgetreu zu proben und alle notwendigen Vorarbeiten für eine zügige Montage vor Ort bereits vorher durchzuführen. Der Transport der Türflügel mit einem Einzelgewicht von etwa 400 kg stellte ebenfalls hohe Anforderungen an die Handwerker. Zeitweilig war die Muskelkraft von zehn Helfern nötig, um die einzelnen Portalelemente ohne technische Hilfsmittel mehrere Stockwerke hoch in den Goldenen Saal zu tragen. Das enorme Gewicht der Türflügel bedurfte außerdem besonderer Vorkehrungen bei ihrer Verankerung mittels kräftiger Stützkegel in dem mit Naturstein verkleideten Stahlbetonkern der Türgewände. Das Gelingen dieser schwierigen Arbeit ist der hervorragenden Zusammenarbeit der Schreinerfirma Willmeroth mit dem Augsburger Kunstschlosser Johann Weiß und den Steinmetzmeistern Kienzle und Brenner zu verdanken.

Zur Aufnahme der hohen Belastung mußten die aus Rotscheck-Marmor gefertigten Natursteinwerkstücke untereinander wie auch mit dem Fußboden und dem Mauerwerk mit Dübeln und Ankern aus rostfreiem Stahl verbunden werden.

Der in der Werkstatt fertiggestellte Sprenggiebel eines Hauptportals steht zur Montage bereit.

Die gedrehten Säulen der Hauptportale werden von Hand nachgehobelt.

Schnitzwerk auf den Säulenschäften des Hauptportals mit Maske, Blatt- und Bandwerk.

Die Schnitzarbeiten an den Hauptportalen

Die originalgetreue Wiederherstellung des im Rahmen der ersten Rekonstruktionsstufe vorgesehenen dekorativen Schnitzwerks erforderte von den ausführenden Bildhauern ein außerordentliches Einfühlungsvermögen und kunsthandwerkliches Können.

Für die Ausführung der einzelnen Elemente war die Verwendung von sechs Jahre lang gelagertem ausgetrocknetem Lindenholz vorgeschrieben. Äste und Fehlstellen mußten einwandfrei ausgebessert werden. Als Vorlagen dienten neben zahlreichen fotografischen Abbildungen eine Vielzahl von Plänen des Architekturbüros Machatschek. Dabei mußte für die Zierschnitzereien eine Darstellung im Maßstab 1 : 10 genügen, da in einer zweidimensionalen Abbildung die Plastizität dieser figürlichen Elemente auch bei einer größeren maßstäblichen Detaillierung nicht erreicht werden konnte. Demgegenüber standen für die Herstellung der architektonisch gebundenen Schnitzteile, wie beispielsweise der Akanthusblätter und der Blumengewinde der Masken, Detailpläne im Maßstab 1 : 1 zur Verfügung.

Als Vorbereitung für seine Arbeit mußte der Holzbildhauer Werkzeichnungen und plastische Studien der Schnitzteile erarbeiten. Da es sich hierbei um eine komplizierte künstlerische Aufgabe handelte, war ein ständiger Kontakt mit Prof. Machatschek bei Besprechungs- und Korrekturterminen notwendig, der als verantwortlicher Architekt im Einvernehmen mit der Sachverständigenkommission die letzte Entscheidung über die Brauchbarkeit der geschnitzten Teile hatte.

Schnitzwerk am Hauptportal: Supraporte auf dem Architrav mit Maske, kartuschenähnliche Flügel mit Rollwerk und Festons.

Die Schnitzelemente an den Hauptportalen (Abb. S. 269) – Anhand der detaillierten Ausschreibung des Architekten sind nachfolgend die Elemente des reichen Schnitzwerkes auf nebenstehender Planzeichnung eingetragen.

1 Schnitzwerk auf den kreisrunden Säulenschäften mit Masken, Blatt- und Bandwerk, Kartuschen und Girlanden, insgesamt 130 cm hoch, der gekrümmten Fläche angepaßt, aus mehreren Teilen zusammengesetzt.

2 Blätter mit Perlschnüren und Blattrosetten auf den zusammenhängenden Komposit-Kapitellen über dem Säulenbündel.

3 Gehänge als vertikale Begrenzung der Türumrahmung, Oberteil als geschwungene Konsole, mit Schuppenblatt und Blütenformen, auf ebener Fläche, aus mehreren Teilen zusammengesetzt. Gesamtlänge 305 cm, Breite 13 cm.

4 Supraporte auf dem Architrav mit Maske, kartuschenähnlichen Flügeln mit Rollwerk und Festons, Gesamtlänge 325 cm, Höhe 55 cm, Ausladung ca. 45 cm, auf ebenem Untergrund.

5 Dekoratives Schnitzwerk auf dem leicht wulstförmigen Fries des Gebälks, bestehend aus mehreren Einzelteilen, für den 580 cm langen Fries: Kartuschen mit Roll- und Knorpelwerk, Tuchgehänge, an die leicht geschwungene Oberfläche des Frieses angepaßt.

6 Dekoratives Schnitzwerk für die Füllungen der schrägen Türgewände, mit Knorpelwerk, Blatt- und Blütenformen auf ebenem Untergrund der Füllungen; pro Türgewände mit 5 verschiedenen Füllungen.

7 Dekoratives Schnitzwerk für die Füllungen der oberen Türumrahmung (Untersicht), ähnlich wie Position 6. Pro Türumrahmung drei verschiedene Füllungen.

8 Dekoratives Schnitzwerk für die Füllungen der Türflügel mit Maskerons, kleinen Kartuschen, Tuchgehängen und einfachen, geraden und halbkreisförmigen Umrahmungen.

9 Rosetten für die kleinen Vierungen der Türflügel, Durchmesser 10 cm.

10 Schnitzwerk für die Bildumrahmungen des südlichen Portales mit Maske, reichem Rollwerk, Füllhörnern, Blatt-, Tuch- und Fruchtgehängen, mit den Ausmaßen von 250/370 cm, auf das geradlinige Rahmenprofil aufgesetzt.

11 Fruchtgehänge beiderseits der Bildaufsätze oberhalb der Portale, 230 cm lang, mit Bändern, Blätter und Früchten.

12 Kartusche mit Rollwerk oberhalb der Bildaufsätze, 330 cm breit und 210 cm hoch, in einem Stück mit der oberen Bildtafel.

13 Blattstab, Querschnitt 4/2 cm.

14 Säulen- und Pfeilerbasis: in zwei Wülsten der Profile sind regelmäßig, jedoch in verschiedenen Richtungen laufende verschlungene Bänder, Blätter und Knospen eingeschnitzt. Knospenprofil im Querschnitt 4,5/2,5 cm; Blattprofil 6,5/3,25 cm.

15 Kapitellbündel: Umlaufender, geschnitzter Eierstab, im Querschnitt 5/7 cm.

16 Schnitzwerk für die Bildumrahmung des nordöstlichen Portals, Eckausbildung mit Akanthusblättern, Umrahmung in Nußholz.

Rekonstruktionsplan für das südliche Hauptportal mit sämtlichen Schnitzelementen von Architekt Machatschek.

Schnitzwerk-Maske mit Fruchtkörben für die mittlere Türfüllung eines Nebenportales.

Die Schreiner- und Schnitzelemente der Seitenportale

Deutlich kleiner zwar als die beiden Hauptportale, aber in ihrem architektonischen Aufbau ähnlich überzeugend gestaltet, präsentieren sich die vier Nebenportale zu den Fürstenzimmern. Ihre Breite beträgt im Bereich des Gebälks immerhin 4,57 m bei einer Giebelhöhe von 5,70 m, die lichte Öffnung der jeweils zweiflügeligen Seitenportale 1,70 m x 3,10 m. Auch hier lohnt sich eine genauere Betrachtung der einzelnen Elemente, in denen sich die Arbeit des Schreiners mit der des Schnitzers zu einem Gesamtkunstwerk vereinigt.

Beidseitig der Türöffnung bilden Sockel (1), bestehend aus Rahmen, eingesetzten Füllungen und quadratischen Füllstäben, den unteren Abschluß zum Fußboden. Zwei gegliederte Lisenen (2) mit profilierter Basis und Kapitell sind die tragenden Pfeiler der Umrahmung. Über ihnen erheben sich frontale und seitliche Konsolen mit volutenähnlichen Schnecken und geschnitzten seitlichen Blättern (3). Auf diesen Konsolen lagert das profilierte und mehrfach gekröpfte Gebälk (4), das stark auskragend das gesamte Portal überspannt. Krönender Abschluß der Umrahmung ist ein gesprengter Giebelaufsatz (5) mit zwei geschwungenen, in Voluten auslaufenden geschnitzten Seiten, in deren Mitte auf einem reich profilierten Sockel (6) eine Portraitbüste den Höhepunkt der Portalanlage bildet. Zwischen Türrahmung und Gebälk erstreckt sich die Stirnverkleidung (7) mit einfachen Profilen. Die tiefe Verkleidung (8) der seitlichen und oberen Türleibungen besteht aus Rahmenfriesen mit eingesetzten Füllungen und Zierprofilen.

Die schon an sich kunstvoll gestaltete Schreinerkonstruktion der Seitenportale erhält durch das vielfältige Schnitzwerk zusätzlich dekorative Glanzlichter. Blickfang auf den beiden großen mittleren abgerundeten Füllungen der Türblätter sind Masken mit Fruchtkörben (oben), Fruchtgehängen und Blattwerk (A). Kleine Kartuschen und Fruchtgehänge verzieren die oberen und unteren Füllungen (B), die, wie auch die mittleren, mit je vier Rosetten (C) versehen sind. Besonders reich verziert ist die Fläche über dem Türsturz, die »Supraporte« (D). Von der mittleren konsolartigen Kartusche schwingt sich beidseits ein Blattgewinde mit Tuchgehänge. Das aus mehreren Einzelteilen bestehende Schnitzwerk ist 250 cm lang, 52 cm hoch und stark ausladend. Eine Blattgirlande (E) mit beidseits abschließenden Rosetten in den Voluten bekränzt, teilweise freischwingend, den gesprengten Giebel; zwei Tuchgehänge (F) schließen seitlich ab. Kleine Rosetten (G) verzieren die Konsolen über den Lisenen. Ein in Nußholz geschnitzter Zierstab umrahmt die Türöffnung (H), während die Konsolen frontal und seitlich mit Blättern (I) geschmückt sind. Gekrönt werden die Portale von geschnitzten Porträtbüsten römischer Kaiser (60 cm breit/ 70 cm hoch) im Giebelausschnitt (J).

Für die Wiederherstellung der Nebenportale stand teilweise nur lückenhaftes Bildmaterial zur Verfügung, nämlich Handzeichnungen von Ludwig Leybold sowie aus größerer Entfernung aufgenommene Fotografien. Vom Holzbildhauer war daher ein ganz besonderes Einfühlungsvermögen gefordert, weshalb vor der Durchführung dieser Arbeiten Modelle vorgelegt werden mußten.

Ebenso wie bei den Hauptportalen sind die Schnitzelemente der Seitenportale vergoldet.

Architektonischer Bestandteil der jeweils drei Portale an beiden Längsseiten ist ein hölzernes Gurtgesims als Abschluß des unteren Saalgeschosses. Dieses dekorative Gliederungselement, das den unteren, mit Groteskdarstellungen bemalten Bereich der beiden Längswände abschließt, verläuft in Höhe der Kaiserbüsten über den Giebeln der jeweils zwei Seitenportale. In den Aussparungen der Gurtgesimse sind Leitungen für die Brandschutzanlage und Spiegelreflektoren verlegt.

Rekonstruktionsplan für die Nebenportale von Architekt Machatschek.

Vergoldetes Schnitzwerk auf dem Säulenschaft des Hauptportals, bestehend aus Maske, Blatt- und Bandwerk, Kartusche und Girlanden.

Die Vergolderarbeiten an den Portalen

Für die Vergolderarbeiten an den Haupt- und Nebenportalen standen 11 Übersichtspläne im Maßstab 1 : 10 des Architekten und zahlreiche Fotografien des Altbestandes zur Verfügung. Auch bei diesen Arbeiten galt es, ihren ursprünglichen Zustand und ihre Wirkung im Saal wieder möglichst exakt zu erreichen. Von den mit der Vergoldung beauftragten Firmen mußte für die schwierigeren Schnitzwerke ein größeres Muster angefertigt werden und erst nach dessen Begutachtung durch die Sachverständigen konnten die Vergoldungsarbeiten beginnen. Je nach Art und Anordnung der Schnitzelemente auf den Haupt- und Seitenportalen erfolgte deren spezielle Vergoldung:
Polierte Mattvergoldung und Glanzvergoldung auf Schnitzwerk wie Kartuschen, Gehängen, Blättern mit Perlschnüren und Rosetten der Kapitelle über den Säulenbündeln; Mattvergoldung und teilweise polierte Mattvergoldung für architektonisch gebundene Elemente wie glatte Profile auf den Säulensockeln, Stege und Pfeifen der kannelierten Doppelpfeiler, Perlstäbe und Profile für die Türflügel; dekorative Vergoldung in Form eines Eierstabmusters auf dem Wulstprofil des Gebälks und dem gesprengten Giebel beider Hauptportale sowie auf dem Wulst des Giebels der Nebenportale. Die Portraitbüsten der vier Seitenportale erhielten eine polierte Mattvergoldung mit teilweiser Glanzvergoldung. (Eine Beschreibung der komplizierten Vergoldungstechnik mit ihren zahlreichen einzelnen Arbeitsschritten findet sich auf Seite 215/216). Ebenfalls zu den Vergoldungsarbeiten gehörte die Behandlung der Nußholzoberflächen der Portale. Ausgehend von einzelnen Partien, die noch eingestimmt werden mußten, wurden sämtliche nicht von der Vergoldung erfaßten Flächen aus Nußholz mit Halböl eingelassen und nach Trocknung mit Bimsmehl eingerieben. Dadurch bekam das Holz seinen endgültigen Farbton und zugleich einen Oberflächenschutz. Die erste Wiederholung dieser Spezialbehandlung wurde 1991 durchgeführt.

Die Portalbeschläge

Die Wiederanfertigung der Portalbeschläge stellte eine Aufgabe dar, die nur mit besonderem fachlichen Können zu lösen war. Glücklicherweise war in Augsburg seit Jahrzehnten ein Kunstschlossermeister tätig, dessen besonderes Interesse seit seiner Jugend alten Beschlägen galt: Johann Weiß, der mit seinem Sohn Günther mit der Rekonstruktion der Beschläge für die Haupt- und Nebenportale eine Meisterleistung vollbrachte.

Unterlagen für die Wiederherstellung – Als Johann Weiß Anfang der 50er Jahre Altmetall auf einem Schrottplatz beim Predigerberg anlieferte, entdeckte er unter dem herumliegenden Gerümpel Beschlagteile, die ihm bekannt vorkamen. Eine sorgfältige Überprüfung ergab, daß es sich um Teile der schmiedeeisernen Beschläge aus dem Goldenen Saal handelte, die aus dem Schutt des ausgebrannten Rathauses geborgen und anschließend im Brunnenmeisterhaus gelagert worden waren: ein Stützkegel eines der beiden Hauptportale, Bruchstücke eines Zierbandes und eines Kastenschloßgehäuses. Gut 30 Jahre später, als Johann Weiß mit der Rekonstruktion von Schlössern und Beschlägen für den Goldenen Saal beauftragt wurde, waren diese Fundstücke neben den Zeichnungen aus Ludwig Leybolds »Skizzenbuch zum Augsburger Rathaus« hervorragendes Grundlagenmaterial für die Anfertigung der kunstgeschmiedeten Beschlagteile. Angesichts der in Augsburg hochentwickelten Schmiede- und Schlosserkunst, die sich auch im Rathaus und speziell bei den Beschlägen im Goldenen Saal dokumentierte, ist es umso bedauerlicher, daß mit Ausnahme der wenigen Überreste keine weiteren Beschlagteile in den Trümmern des ausgebrannten Rathauses gefunden werden konnten.

Vergoldung des Schnitzwerkes der Supraporte am nördlichen Hauptportal.

Komposit-Kapitell am nördlichen Hauptportal in vergoldetem Zustand.

Beschläge am Hauptportal; das obere Riegelschloß mit Federung für einen Portalflügel (siehe auch Abb. S. 273, Planzeichnung oben rechts: das mit E bezeichnete Riegelschloß).

Wie bei den anderen Gewerken mußten alle diese Beschläge nach der Technik ihrer Entstehungszeit von Hand gefertigt werden, wobei grundsätzlich keine modernen Maschinen oder Geräte benutzt werden durften.

Die Beschläge der Hauptportale – Die Anlage des Türschlosses selbst setzt sich aus dem Stangenriegelschloß und einem ebenfalls handgefertigten Zusatz-Einsteckschloß jeweils auf dem rechten Portalflügel zusammen. Der äußere Beschlag besteht auf der Treppenhausseite aus einem Wirbeldrehgriff mit ziselierter, getriebener Rosette und einer entsprechend gestalteten Schlüsselrosette (Abb. S. 275). Auf der Saalseite ist statt des Wirbeldrehgriffs eine drehbare Rosette angebracht, geschmiedet nach dem Vorbild der geschnitzten Holzrosetten an den Türfüllungen. Die Türflügel werden jeweils von drei schweren geschmiedeten Stützkegeln und Bändern getragen.

Beschläge am Hauptportal; Stützkegel mit Zierband am Portalfries.

Jeder Portalflügel wird von zehn geschmiedeten Führungskloben gehalten. Zum Öffnen bzw. Verriegeln der Portale durch das obere und untere Gestänge muß ein ausgeklügelter Mechanismus in Bewegung gesetzt werden:
Zunächst wird der Schlüssel bis zu einer Arretierung halb nach rechts gedreht, wodurch der im Schloß befindliche Riegel die sog. Überschlagsklappe freigibt. Diese wird nun mittels eines aufgesetzten Griffes in waagrechte Höhe angehoben. Anschließend kann die andere an die Überschlagsklappe angeschmiedete Stange nach rechts durch zwei Führungskloben (Ösen) geschoben werden, wodurch das Verschlußgestänge frei wird: Die obere Verschlußstange fällt durch ihr Eigengewicht bis zu einem Anschlag nach unten, während die untere bis zur Arretierung angehoben werden muß. Damit ist der Türflügel geöffnet. Kaum weniger kompliziert als das Öffnen ist das Schließen der Portalverriegelung. Dazu muß das obere Gestänge bis zu einem spürbaren Einrasten angehoben und der Türflügel soweit zugedrückt werden, bis der erste Riegelkolben greift. Um aber den Türflügel zum vollständigen Aufliegen auf dem Türstock zu bringen, mußte Johann Weiß eine spezielle Konstruktion mit besonders starker Federkraft »erfinden«. Seine Lösung: ein Zweitkippriegel, der per Federung das Verschlußgestänge arretiert und damit den Türflügel zum festen Schluß mit dem Türstock bringt.

Verzinnung der Beschläge – Für das historisch getreue Aussehen von Schlössern und Beschlägen an Portalen und Fenstern im Goldenen Saal war nicht nur ihre Herstellung nach den alten Handwerkstechniken des 17. Jahrhunderts wichtige

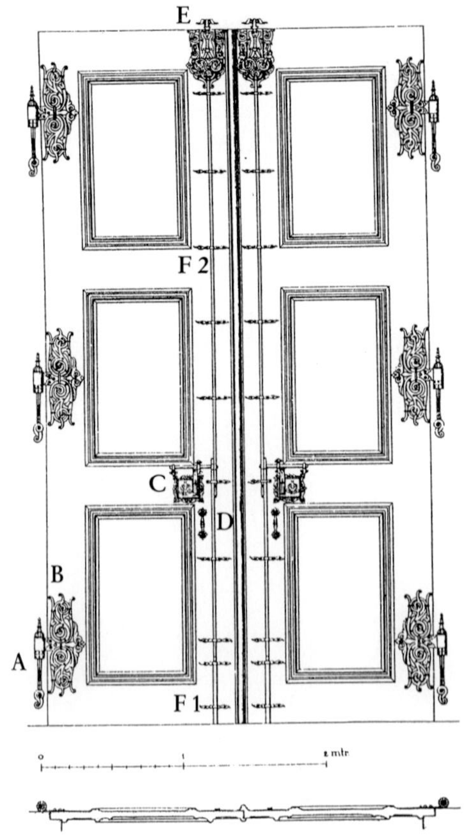

A *Stützkegel, pro Portalflügel drei Stück*
B *Zierband am Portalfries, pro Portalflügel drei Stück*
C *Stangenriegelschloß, jeweils auf einem Portalflügel (mit Führungskloben, Stange und Überfall)*
D *Griff*
E *Obere Verriegelung mit Federung*
F 1 *Unteres Gestänge mit Führungskloben (jeweils 5 Stück pro Portal)*
F 2 *Oberes Gestänge mit Führungskloben (jeweils 5 Stück pro Portal)*

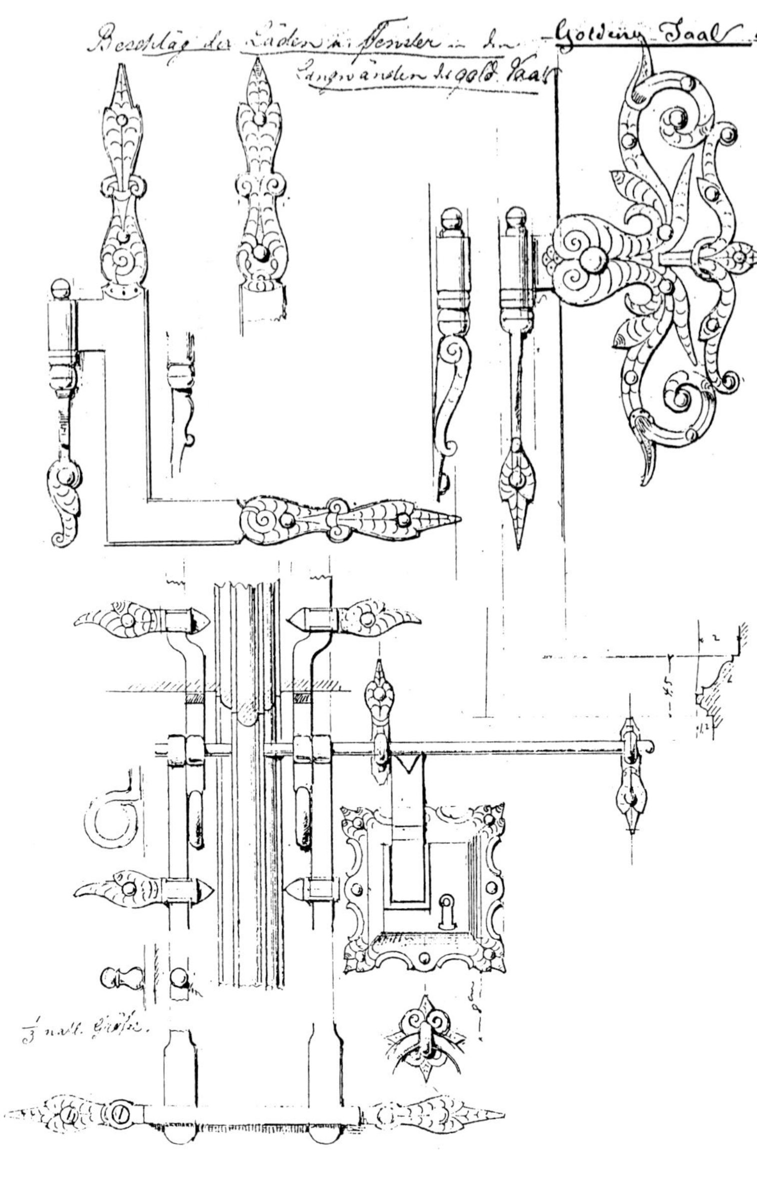

Nördliches Hauptportal zum Goldenen Saal vom Treppenhaus gesehen. Zeichnung und bemaßte Skizzen von Ludwig Leybold aus seinem Bauaufnahmewerk (1883–1886).

Stangenriegelschloß mit Griff (an beiden Flügeln des Hauptportales) in patiniertem Zustand.

Voraussetzung, sondern auch die spezifische Oberflächenbehandlung der einzelnen Elemente.
Hierzu zählen die typischen Verzierungen in einer an Pflanzenformen erinnernden Ornamentik, die Johann Weiß mit seiner großen stilistischen Erfahrung hervorragend nachempfunden hat, sowie die abschließende Oberflächenbehandlung durch »Verzinnen«. Diese alte Technik verleiht den fertig geschmiedeten Teilen einen »historischen« Farbton und damit die erforderliche »Patina«. Nach Reinigung und Beizung mit verdünnter Salzsäure werden die angewärmten Beschlagsteile in ein Zinnbad getaucht. Die so nach dem Abkühlen auf Handwärme entstandene Patinaschicht wird dann durch Polieren mit einem feinem Wollappen oder feinster Stahlwolle auf den gewünschten Farbton gebracht.

Das allegorische Gemälde über dem nördlichen Hauptportal

Den eindrucksvollen Aufbau beider Hauptportale bestimmen neben den vergoldeten allegorischen Frauenfiguren auf den Portalschrägen die gerahmten Gemälde bzw. die Schrifttafel auf dem Gesims. Für das nördliche Hauptportal sollte nach den Vorstellungen der Bauherren die Reichsstadt Augsburg als wohlhabendes und einflußreiches Gemeinwesen auf einem repräsentativen Gemälde dargestellt sein, wie Hans Bartholomäus Welser, einer der drei Bauamtsherren, im August 1619 an den Jesuitenpater Matthäus Rader in München schrieb. Dieser entwickelte daraus ein allegorisches Konzept, das als Grundlage für eine Entwurfsskizze des Münchner Hofmalers Peter Candid diente,[5] nach der schließlich 1620 Johann Rottenhammer[6] sein Gemälde in Öl auf Leinwand schuf.
Den Mittelpunkt bildet, auf einer Wolke sitzend, Augusta in der Gestalt einer gekrönten Stadtgöttin, in der Rechten den Stadtpyr, in der Linken den Wappenschild. Über ihr halten zwei Putti ein Wappen mit dem Reichsadler als Hinweis auf die reichsunmittelbare Stellung der Stadt. Zu Füßen der Augusta lagern die vier Flußgötter: Lech und Wertach sind als bärtige Männer dargestellt, dahinter die mädchenhafte Singold und in der Mitte der jugendliche Brunnenbach. Zu ihnen tritt von links die römische Göttin Abundantia (Überfluß), geschmückt mit Ähren, Kranz und Füllhorn als Symbol für den Wohlstand von Stadt und Land.
Über dem Gemälde bildet eine reich verzierte vergoldete Kartusche den oberen Abschluß. Sie trägt die Inschrift:
S.P.Q.A./FIERE/CVRAVIT/ANNO P.C.N./MDCXX (Senat und Volk von Augsburg ließen dies [es Rathaus] 1620 nach Christus erbauen).
Mit der Verwendung der römischen Formel »S.P.Q.(R.)« = Senatus Populusque (Romanorum) = Senat und Volk (von Rom) weist die Stadt noch einmal selbstbewußt auf ihre römische Tradition und Vergangenheit hin.

Die Wiederherstellung des Rottenhammer-Gemäldes – Von dem Gemälde Rottenhammers gibt es zwei Nachbildungen. Eine befindet sich an ihrem angestammten Platz über dem nördlichen Hauptportal des Goldenen Saales und eine zweite im Schwabmünchner Heimatmuseum; sie hing bis 1992 in der großen Eingangshalle des Landratsamtes Augsburg am Prinzregentenplatz. Der Grund hierfür ist, daß das 1964 von dem Würzburger Prof. Oskar Martin- Amorbach auf Veranlassung des damaligen Altoberbürgermeisters Dr. Klaus Müller nach Farbdiapositiven gemalte Bild nicht in den zwischenzeitlich rekonstruierten Rahmen für den Bildaufsatz paßte. Dies war aber keineswegs das Verschulden von Prof. Martin-Amorbach, es lag vielmehr daran, daß ihm bei der damaligen Beauftragung keine genauen Größen zur Verfügung standen. Exakte Maße ergaben sich erst im Rahmen einer photogrammetrischen Aufnahme, die 1980 zu Beginn der Rekonstruktion des Goldenen Saales auf Veranlassung von Prof. Machatschek erstellt wurde.

5 So lautete der Eintrag im Montagssitzungsprotokoll vom 05. März 1620, in dem die Auftragsvergabe für das Gemälde an Hans Rottenhammer (Rotenhaimer) vermerkt ist.

6 Johann Rottenhammer, geb. 1554 in München, gest. 1625 in Augsburg. Lehre bei Hans Donauer, einem der bedeutendsten Künstler am Münchner Hof. Nach der Lehrzeit hält sich Rottenhammer bis 1606 mit Jan Brueghel und Paul Bril in Italien auf. 1607 erhält er das Bürgerrecht und sogenannte Malergerechtigkeit in Augsburg, wo er vor allem Altarbilder malt und Entwürfe für das Kunsthandwerk fertigt. Einen Namen machte er sich mit der Verzierung Augsburger Bürgerhäuser durch Fassadenmalerei, von denen allerdings nichts mehr erhalten ist.

Die Göttin Minerva für das südliche Hauptportal im Atelier von Josef Fux in Oberammergau.

sichere Hand eines Könners. Zu einigen vorgebrachten Verbesserungsvorschlägen wies der Künstler auf die positive Wirkung der späteren Vergoldung auf die Gesamtproportion wie auch auf Gesichtsform und -ausdruck hin.
Josef Fux orientierte sich im weiteren Verlauf seiner Arbeit auch an einer anderen Arbeit Caspar Mennelers, an der Pieta im Hl.-Kreuz-Kloster. Besonders durch das Studium des Faltenwurfes war er bemüht, der Arbeitstechnik von Menneler näherzukommen.[10]
Die Cybele wurde als erste Holzplastik, überzeugend in Haltung und Ausdruck, von den Sachverständigen zur Vergoldung freigegeben.
Minerva: Bei der 28. Expertenkommission am 22. Juli 1994 wurde erstmals das Modell der Minerva aus Styropor auf dem linken Sprenggiebel begutachtet. In der räumlichen »Ausdehnung« als richtig bewertet, empfahlen die Sachverständigen, die Figur in der Größe auf die fertiggestellte und bereits vergoldete Plastik der Cybele abzustimmen. Die weiterführende Bearbeitung der Minerva konnte am 25. November 1994 beurteilt werden, wobei festgestellt wurde, daß »die Figur in ihrer gesamten Erscheinung einwandfrei sei und zudem einen guten Schwung« habe. Die Minerva wirke zwar etwas größer als die bereits fertige rechte Plastik, doch sei davon auszugehen, daß die Figur nach der Ausarbeitung in Holz und vor allem nach der Vergoldung kleiner erscheinen werde. Bildhauer Fux überprüfte nochmals durch Vergleich der alten mit den vom gleichen Standort hergestellten neuen Fotos die Größe der Figur sowie die Länge der Lanze, worauf am 31. Juli 1995 schließlich die dritte und letzte Begutachtung sowie die Freigabe für die Vergoldung erfolgte.

Die Vergoldung der Portalfiguren – Professor Machatschek wies in seiner Wettbewerbsausschreibung darauf hin, daß das Erscheinungsbild der Figuren nach Abschluß der Schnitzarbeiten ganz entscheidend von der Vergoldung bestimmt wird, wobei die Endbehandlung dieser Vergoldung einen maßgeblichen Einfluß auf die Plastizität ausübt. Aus diesem Grund war es das erklärte Ziel des Architekten wie der Sachverständigen, trotz bzw. wegen der schon erwähnten »persönlichen Handschrift« der Künstler für alle vier Figuren eine maximale optische Einheitlichkeit zu erreichen. Auf Empfehlung der Expertenkommission wurde deshalb der Auftrag für die Vergoldung sämtlicher vier Figuren nur an eine Firma erteilt.

10 Die Menneler zugeschriebene Pietà, die gegenwärtig im Kreuzgang des Klosters von Hl. Kreuz in Augsburg steht, wurde nach einem Hinweis des dortigen Custos, Pater Raphael, etwa 1969 von Kirchenmaler Alfred Binapfl gefaßt.

Göttin Minerva auf der linken Giebelschräge des südlichen Hauptportals. Die überzeugend wiederhergestellte Portalfigur wurde Ende August 1995 von den Sachverständigen zur Vergoldung freigegeben.

Die Ausführungsart wurde auch für die Portalfiguren wie bei den vorausgegangenen Objekten von Professor Machatschek bestimmt. So erhielten die unbedeckten Körperteile eine polierte Mattvergoldung und die Gewänder eine Glanzvergoldung, wobei beide Vergoldungsarten in sich noch einmal zu differenzieren waren. Untenstehende Abbildung zeigt die Vergoldung der Cybele in der Werkstatt des beauftragten Restaurators A. Binapfl in Friedberg.

Vergoldung einer der Portalfiguren in der Werkstätte der Gebrüder Markus und Reinhard Binapfl, Friedberg.

Göttin Minerva auf der linken Giebelschräge des südlichen Hauptportals, nach der Rekonstruktion. Geschnitzt von Josef Fux aus Oberammergau, vergoldet von A. Binapfl aus Friedberg; sie konnte Mitte Februar 1996 als letzte Holzplastik auf das »Schwabenportal« aufgesetzt werden.

Blick auf das große Mittelbild der Saaldecke mit dem oberen Bereich der nördlichen Längswand. Fotografie aus der Zeit vor der Zerstörung.

Die Saaldecke

Einführung

Das die Augsburger Stadtsilhouette markant überragende Rathaus erfährt durch den Goldenen Saal eine imposante Steigerung, wie sie wohl in keinem anderen deutschen Profanbau anzutreffen ist. Die reiche Vergoldung, vor allem der Decke, hat die Besucher des Rathauses von jeher in höchstem Maße beeindruckt und dem Saal seinen weithin bekannten Namen verliehen. Nur mit diesem enormen Gestaltungsaufwand war es möglich, den mächtigen, über drei Geschosse gehenden Saal nach oben adäquat zu begrenzen. Die maßstäbliche Untergliederung der Decke in unterschiedlich tiefe Kassetten ergibt, bei aller Lebendigkeit, eine ausgewogene harmonische Gesamtwirkung, die durch elf spannungsreich über die Gesamtfläche verteilte, goldgerahmte Gemälde und Grotesktafeln noch verstärkt wird.

Ein umlaufender Randfries aus abwechselnd breiten Rechteckfeldern rahmt den zentralen Deckenbereich ein, festlich dekoriert mit eleganten Fruchtgehängen sowie 24 Kartuschen. Den Übergang der Decke zur Wand bildet die ebenfalls in Nußholz ausgeführte und mit vergoldetem Schnitzwerk geschmückte Architravzone, die wiederum durch die oberste Reihe der Saalbefensterung rythmisch unterteilt ist.

Die Höhe des Goldenen Saales von der Oberkante des Fußbodens bis zur Ebene des großen Mittelbildes (Triumpf der Weisheit) mißt exakt 14,49 m; im Bereich der Ovalbilder beträgt sie sogar 14,56 m. Demgegenüber mißt die Höhe der 2. Hauptebene mit den umlaufenden Kartuschen 13,97 m und die der schmäleren dritten Ebene 13,67 m. Die Höhendifferenz innerhalb der Saaldecke beträgt somit 0,89 m (Abb. S. 296 oben).

Die dekorative Ausstattung lehnt sich, wie die des übrigen Saales, an italienische Beispiele an. So nennen Kunsthistoriker als Vorbild für die Anordnung der Gemälde u. a. die Decke im »Saal der vier Türen« des Dogenpalastes in Venedig, in dem das üppig stukkierte Gewölbe elf Bildfelder trägt, deren Gestaltungsschema eine deutliche Ähnlichkeit mit der Decke des Goldenen Saales aufweist. Vom programmatischen Inhalt her lassen sich Bezüge zum »Kaisersaal« und zum »Saal des Rates« in der Münchner Residenz herstellen, die wenige Jahre vor dem Augsburger Rathaus entstanden sind.

Die Ausführung der Decke des Goldenen Saales war, wie dessen Dekoration, ein Gemeinschaftswerk von Handwerkern und Künstlern. Beteiligt waren Schreiner, damals Kistler genannt, für die Grundkonstruktion, Holzbildhauer für die Schnitzereien und schließlich Vergolder und Maler. Dabei ist es unübersehbar, daß Elias Holl beim Entwurf und bei der Ausführung der Innenausstattung offensichtlich in den Hintergrund trat, obwohl ihm die Gestaltung des Goldenen Saales ein besonderes Anliegen war.

Wie zeitgenössische Dokumente zeigen, setzte er 1614 in seinem Kostenvoranschlag für die Schreiner- und Schnitzerarbeiten des Saales 4.000 Gulden an.[1] Den hohen Stellenwert, den Holl diesem Teil des Rathausneubaues beimaß, zeigt ein Vergleich dieses Betrages mit den Baukosten für den gesamten Rathausneubau in Höhe von 72.422 Gulden. Wie auch in der heutigen Zeit wurden die veranschlagten Kosten damals häufig erheblich überschritten, was die von Stadtarchivar Adolf Buff zitierten Montagssitzungsprotokolle sowie Eintragungen in den Baumeisterbüchern belegen.

So belief sich allein der Auftrag für die Saaldecke einschließlich Schnitzarbeiten, der laut Niederschrift vom 05. Oktober 1619 an den Augsburger Kistler Wolfgang Ebner vergeben wurde, auf 7.000 Gulden. Die im Baumeisterbuch von 1622 eingetragene Endabrechnung weist schließlich eine Gesamtzahlung an Ebner »wegen der Döckhin des Sals im Rathaus« in Höhe von 8.368 Gulden aus.

1 Buff S. 251 ff.

Das westliche Rundbild (in der Schemaskizze auf S. 293 mit »B« bezeichnet). Entwurfskizze von Peter Candid.

Entwurfsskizze von Matthias Kager für das westliche Rundbild. Das ausgeführte Gemälde ist auf nachfolgender Falttafel sowie auf Seite 311 abgebildet.

Wolfgang Ebner,[2] der auch mit der Ausführung der vier Seitenportale beauftragt worden war, beendete die Arbeiten an der Decke zusammen mit elf Gesellen vertragsgemäß im August 1621. Die hohe Qualität der von ihm geleisteten Arbeit brachte Ebner im Oktober 1623 die Berufung in das Amt des »Stadtkistlers«, als Nachfolger des verstorbenen Georg Hetsch, ein.
Die eingangs erwähnten und nurmehr in Kopien vorhandenen elf Deckengemälde waren das Werk des Stadtmalers Matthias Kager. Er orientierte sich an den Entwurfsskizzen des Münchner Hofmalers Peter Candid, der wiederum die programmatischen Vorgaben des beratenden Jesuitenpaters Matthäus Rader künstlerisch umgesetzt hatte.[3] Ein Vergleich der Zeichnungen Candids mit den ausgeführten Gemälden zeigt deutlich, daß sich Kager keineswegs streng an diese Vorbilder gehalten hat (Abb. S. 311).

Farbfotografien als die zuverlässigsten Unterlagen für die Wiederherstellung der Saaldecke

(Siehe Falttafel II)

Eine beträchtliche Zahl alter Ansichten, insbesondere Stiche, zeigen zuverlässig die Deckengliederung des Goldenen Saales – die Stiche von Salomon Kleiner sind die genauesten –, ebenso zahlreiche Schwarzweißfotos. Auch einige Zeichnungen und farbige Darstellungen sind zu erwähnen, von denen die aquarellierte Deckenaufnahme des vor dem Zweiten Weltkrieg in Augsburg als Restaurator und Kunstmaler tätigen Carl Nicolai besondere Beachtung verdient.[4] Doch für eine exakte Wiederherstellung der Decke waren diese Unterlagen nicht ausreichend. Auch das ansonsten umfangreiche Werk der Leyboldschen Bauaufnahme, einschließlich bemaßter Aufnahmeskizzen, belegt die Decke und die obere Wandzone nicht erschöpfend genug. Als wertvollste und verläßlichste Unterlagen erwiesen sich die kurz vor der Zerstörung aufgenommenen Farbbilder, großformatige Diapositive, die über alle Details auch der Saaldecke erschöpfend Auskunft geben. So ist aus ihnen beispielsweise eindeutig zu ersehen, welche Deckenteile plastisch geschnitzt und welche nur mit Goldfarbe und Schatten bemalt waren. Die Aufnahmen dokumentieren auch die Stärke der dominierenden Flächen, die auf die Verwendung massiver Holzbretter zurückzuführen ist, die sich im Laufe der Jahrhunderte entsprechend verformt hatten (Abb. S. 294).
Zu sehen sind auch gewisse Unregelmäßigkeiten der handwerklichen Ausführung, die die ursprüngliche Ausstattung charakterisierten. Die Farbfotos belegen darüber hinaus eindeutig, daß die Decke aus Nußholz gefertigt war, sowohl alle Flächen, welche die Erscheinung der Untersicht bestimmten, als auch die kräftigen Profile der Deckenelemente.

Grundsätze für die Wiederherstellung der Saaldecke

Prof. Alois Machatschek hat als verantwortlicher Architekt in seinem Beitrag über die Planung und Durchführung der Rekonstruktion des Goldenen Saales bereits ausführlich die wesentlichen Grundsätze für die Wiederherstellungsmaßnahme erläutert. Es sei daher in diesem Abschnitt über die Rekonstruktion der Saaldecke nur noch auf ergänzende Details hingewiesen.
Da der ehemalige Raumeindruck sehr wesentlich durch spezifische handwerkliche und materialbedingte Charakteristika bestimmt wurde, galt das besondere Augenmerk der Material- und Handwerksgerechtigkeit. Dieses betraf in erster Linie die Schreinerarbeiten: Die vor der Zerstörung aufgenommenen Farbaufnahmen lassen deutlich Richtung und Breite der ehemaligen Nußbaumbretter erkennen, die, wie Machatschek feststellt, fast schon den Eindruck einer rohen Schalung erwecken, die aber infolge ihrer handwerklichen »Weichheit« für die Gesamtwirkung der Decke ausschlaggebend waren.

2 Wolfgang Ebner d. Ä. (geb. 1575 in Augsburg, gest. 1628 in Augsburg), Kistler. Außer den Arbeiten im Goldenen Saal hatte er im Rathaus weitere Aufträge, u. a. die Holzarbeiten in der Rüstkammer über dem Goldenen Saal. Er erhielt auch Aufträge für das Kloster St. Ulrich und Afra (u. a. das Chorgestühl) sowie für die Jesuiten in Dillingen. Im Oktober 1623 wurde er zum Stadtkistler bestellt.

3 Die elf farbig angelegten kleinformatigen Skizzen von Candid für die Deckengemälde befinden sich in der Graphischen Sammlung München.

4 Außer den Wandfresken hat Karl Nicolai im Goldenen Saal auch die Saaldecke sorgfältig aufgenommen. Das Aquarell ist bei den Kunstsammlungen erfaßt. Daten zu Nicolai siehe Anmerkung 3 auf Seite 331.

Die Deckengemälde des Goldenen Saales – Der eindrucksvolle Bilderzyklus der Decke im Goldenen Saal umfaßt elf Einzelgemälde, die harmonisch in die Dekkenornamentik eingepaßt sind.

Dem großen längsovalen Mittelbild sind auf beiden Seiten zwei symmetrische Bildergruppen mit je einem zentralen Rundbild und vier Ovalbildern zugeordnet. Auf ihnen sind mit den Mitteln der Allegorie jene menschlichen Tugenden und Eigenschaften dargestellt, die den Wohlstand eines Staates oder einer Stadt begründen, bewahren und erweitern und damit auch den Machtglanz des Herrschers festigen. Die Weisheit als höchste Herrschertugend steht in der Mitte des Spannungsfeldes zwischem dem friedlichen inneren Aufbau und der ständigen Wehrbereitschaft eines Gemeinwesens.

Der an der herzoglichen Residenz tätige Hofmaler Peter Candid setzte es in farbige Entwurfsskizzen um, die dem Augsburger Stadtmaler Matthias Kager bei der Realisierung im Goldenen Saal als Vorlage dienten.

Als sich die Augsburger Ratsherren 1619 an Rader wandten, um von ihm ein den hohen Ansprüchen des Goldenen Saales adäquates Ausstattungskonzept zu erbitten, lag die Einteilung der Decke in unterschiedliche Kassettenfelder bereits vor. Völlige Freiheit erhielt Rader jedoch für die thematische Gestaltung seines Bildprogrammes, verbunden mit dem Hinweis, daß wegen der enormen Saalhöhe wohl nur das große Mittelfeld für eine vom Betrachter noch gut erkennbare, figürliche Darstellung in Frage komme.

Das nahezu 24 m² große Mittelbild (A) zeigt die Tugend der Weisheit (»Sapientia«), verkörpert durch eine Frauengestalt in reichem Gewand mit Krone und Szepter. Sie thront unter Spruchbändern (»Per me reges regnant«, d. h. durch mich herrschen die Könige) auf einem Triumphbogen der von Weisen und Rechtsgelehrten gezogen wird.

Weitere Begleiter sind neben allegorischen Figuren (Gerechtigkeit, Friede, Stärke, Sanftmut, Sieg und Überfluß) Herrscher im Kostüm von gerüsteten Feldherren.

Mit der Szene auf dem westlichen Rundbild (B) werden die segensreichen Auswirkungen baulichen Schaffens ausgedrückt. An der Seite der Allegorie der Baukunst ist der Erbauer des Rathauses, Elias Holl, mit Bauplan und Zirkel erkennbar, darüber ein Spruchband mit dem Satz: »Civitates conduntur« (Städte werden gegründet). Auf den umgebenden Ovalbildern sind vornehm gekleidete Frauen abgebildet. Sie versinnbildlichen die Tugenden vorbildlicher Bürger in einer wohlbestellten Gemeinde.

Wir erkennen das Streben nach Wissen (»Juventus sapit« = die Jugend nimmt Wissen auf) und Attribute des Lehrens und des Lernens (B 1); den Fleiß und die Fruchtbarkeit (»Cita propagantur« = Bürger breiten sich aus) ? Bienenstöcke und Weinrebe (B 2); die Arbeitsamkeit (»Nemo otiosus« = niemand ist müßig) mit Zeichen des tätigen Handwerks (B 3) und die Frömmigkeit (»Caelum aperitur« = der Himmel wird geöffnet) mit Rotunde, Altar, Kelle und Hostie als Sinnbild der Kirche (B 4).

Das Rundbild im östlichen Bereich (C) symbolisiert mit dem Leitsatz: »Hostes arcentur (Feinde werden abgewehrt) die Wehrbereitschaft, bildlich dargestellt in der Person einer »Minerva Bellona« als hoheitsvolle Behüterin des Handwerks. Ihr Schild weist auf die schützende Aufgabe der Waffen hin. Die prächtigen Frauengestalten auf den zugehörigen Ovalbildern bedeuten die Heilkunst (»Prodcul parcae« = fern die Todesgöttin) zur Abwehr der Gefahren für Leib und Seele mit Äskulapstab und Heilkräutern einer Apotheke (C 1); die Redlichkeit (»Bon fide« = auf Treu und Glauben), dargestellt durch das Ausmessen eines Stoffballens inmitten eines Tuchladens (C 2); die Gerechtigkeit (»Bonus ridet, malim plorat« = der Gute lacht, der Böse heult) mit Lilie und Schwert (C 3) und den Wohlstand (»Omnia et ubique« = alles und überall), der von der Freigebigkeit des Herrschers ausgeht. Der Schlüsselbund und die Küche voller Vorräte sollen aussagen, daß es in einem von der Weisheit regierten Gemeinwesen an nichts mangelt (C 4).

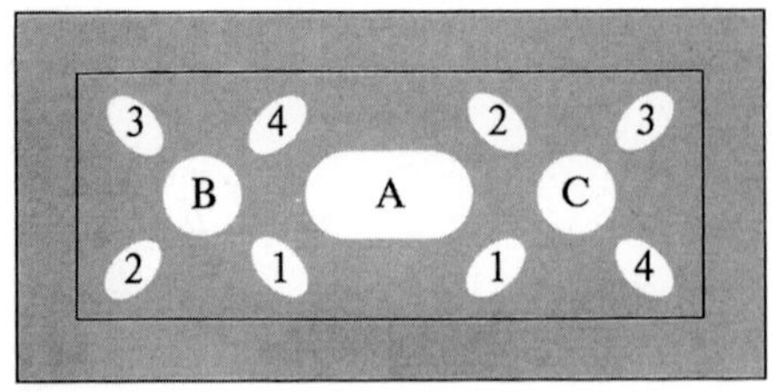

Anordnung der Deckenbilder im Goldenen Saal (Schema).

Die Abbildungen zeigen Deckenausschnitte vor der Zerstörung. Deutlich ist die Brettstruktur der Deckenebene zu erkennen.

Prägend für deren Wirkung waren aber ebenso die aus Einzelteilen zusammengesetzten Profile, die von Material und Form her die Deckenlandschaft strukturierend bestimmten. Auf den Farbfotos sind die Stöße dieser Profile deutlich erkennbar, vor allem im Bereich der gekrümmten Formen (Abb. 294). Bei der Rekonstruktion mußte daher das Prinzip der zusammengesetzten Profilelemente besonders beachtet werden.
Wie bei den Portalen ging auch für die Wiederherstellung der Decke eine äußerst sorgfältige zeichnerische Erarbeitung der konstruktiven Details voraus. Mit welcher Gewissenhaftigkeit diese Entwurfsarbeit vom Architekturbüro Machatschek durchgeführt wurde, geht auch daraus hervor, daß für die Saaldecke allein 171 Planzeichnungen erstellt wurden, wovon ein beträchtlicher Teil im Zuge der weiterführenden fortschreitenden Bearbeitung wiederholt abgeändert wurde. Von diesen entfielen 58 Pläne auf die Schreinerarbeiten, weitere 90 für die Bildschnitzer und Vergolder.

Die Zimmerer- und Schreinerarbeiten der Deckenkonstruktion

Es erforderte vielfältige Überlegungen, wie die stark gegliederte und profilierte Decke – die Höhendifferenz der Deckenebenen beträgt etwa einen Meter – konstruiert und ausgeführt werden sollte. Konstruktions- oder Detailpläne aus der Entstehungszeit gab es nicht, sie waren damals auch nicht üblich.
Nach gründlichen Untersuchungen, wobei auch ein Deckensystem mit Nagelbindern erwogen und konstruiert wurde (Abb. S. 36), entschied man sich schließlich für die nachfolgend beschriebene Konstruktion: Von einem über die gesamte Saalfläche (564 m^2) reichenden etwa 12 Meter hohen Arbeitsgerüst aus wurde zunächst von den Zimmerleuten der Augsburger Firma Donath Müller die Deckenunterkonstruktion erstellt.
Zu diesem Zweck waren in der neu eingezogenen Plattenbalkendecke bereits Ankerschienen einbetoniert worden, an denen mittels verzinkter Hängeeisen Balkenlagen (Kanthölzer 1308/12 cm) in unterschiedlichen Höhen abgehängt wurden: eine höherliegende für das Deckenmittelfeld (26 x 10,80 m) und eine um knapp einen halben Meter tieferliegende für den Randbereich. Die an den Balken befestigten 35 mm starken, stäbchenverleimten »Paneelplatten« bilden so eine Konstruktions- oder Montageebene, auf der nunmehr alle weiteren Teile der Holzdecke mit Holzschrauben montiert werden konnten.
Zur Erreichung der rohen Grundformen der Deckenuntersicht wurden Körper in Form von Prismen, teilweise auch mit kreisrunder oder korbbogenförmiger Grundfläche gebildet und zusammengefügt. Diese aus Weichholzrahmen bestehenden Deckenelemente stellen gewissermaßen die für den Goldenen Saal typische »Deckenlandschaft« dar. Für diese einzelnen Bauteile wurden aus Sperrholz mittels Spanten und Rippen tragende Unterkonstruktionen angefertigt, in die dann die aus massivem Nußholz gefrästen Profilstücke eingesetzt wurden.
Äußerst schwierig gestaltete sich die Montage der Deckenrandzone. Bei der bereits vor Beginn der Planungsarbeiten durchgeführten fotogrammetrischen Vermessung hatte sich nämlich herausgestellt, daß die Längswände des Saales, bedingt durch die Hitzeentwicklung des Feuersturms im Februar 1944, erhebliche Verformungen aufwiesen, die bei der Bemessung der Randfelder berücksichtigt werden mußten.
Die Saalumfassungswände weisen Maßabweichungen von bis zu 15 cm von der Ebene auf, die nicht mehr korrigiert werden konnten und daher in der Holzkonstruktion ausgeglichen werden mußten. Architekt Machatschek legte daher fest, daß die verbleibenden Maßabweichungen, dreifach gestuft, in der 2,75 m breiten Randzone auszugleichen waren.
Den Abschluß der Decke bildet die obere ringsumlaufende 2,5 m hohe Wandverkleidung der Fenster bzw. Gesimszone, auch als Architravzone bezeichnet.

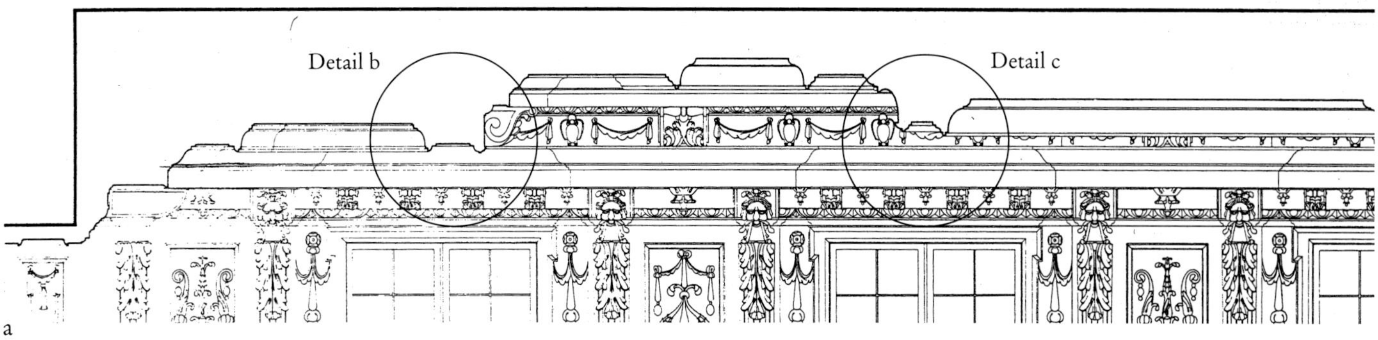

a

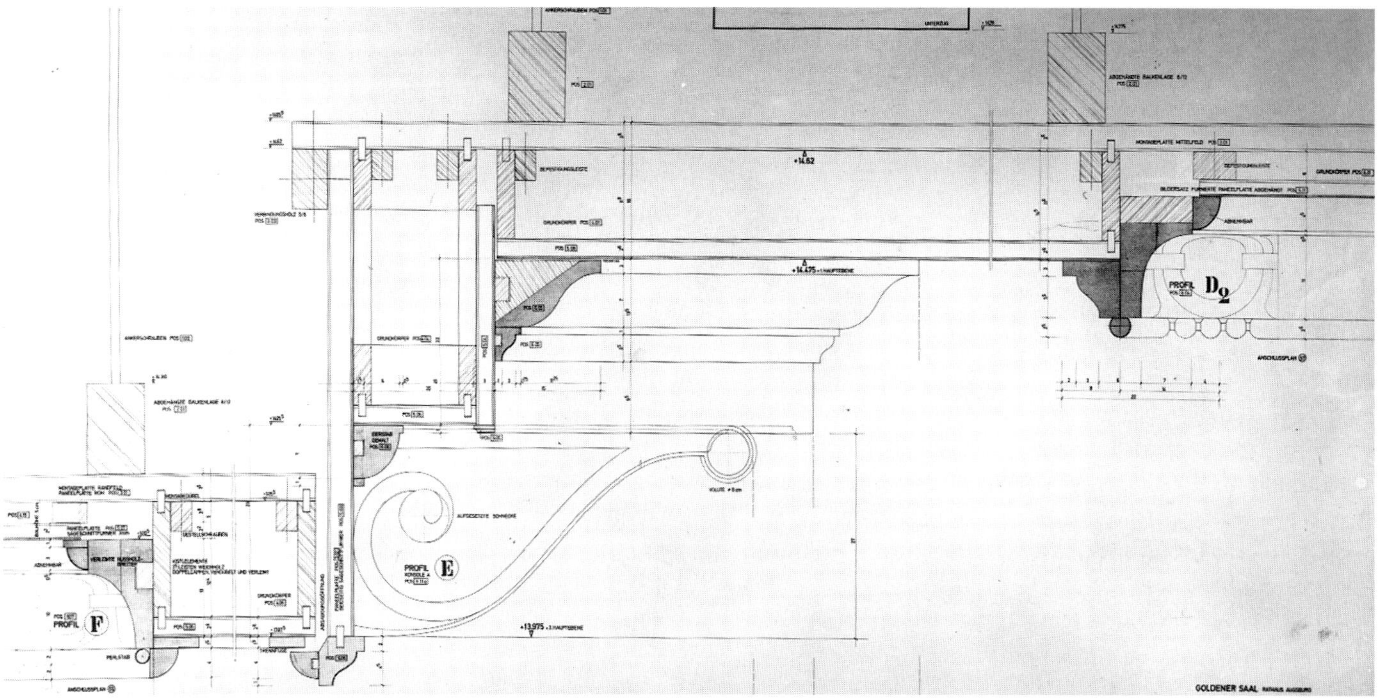

b

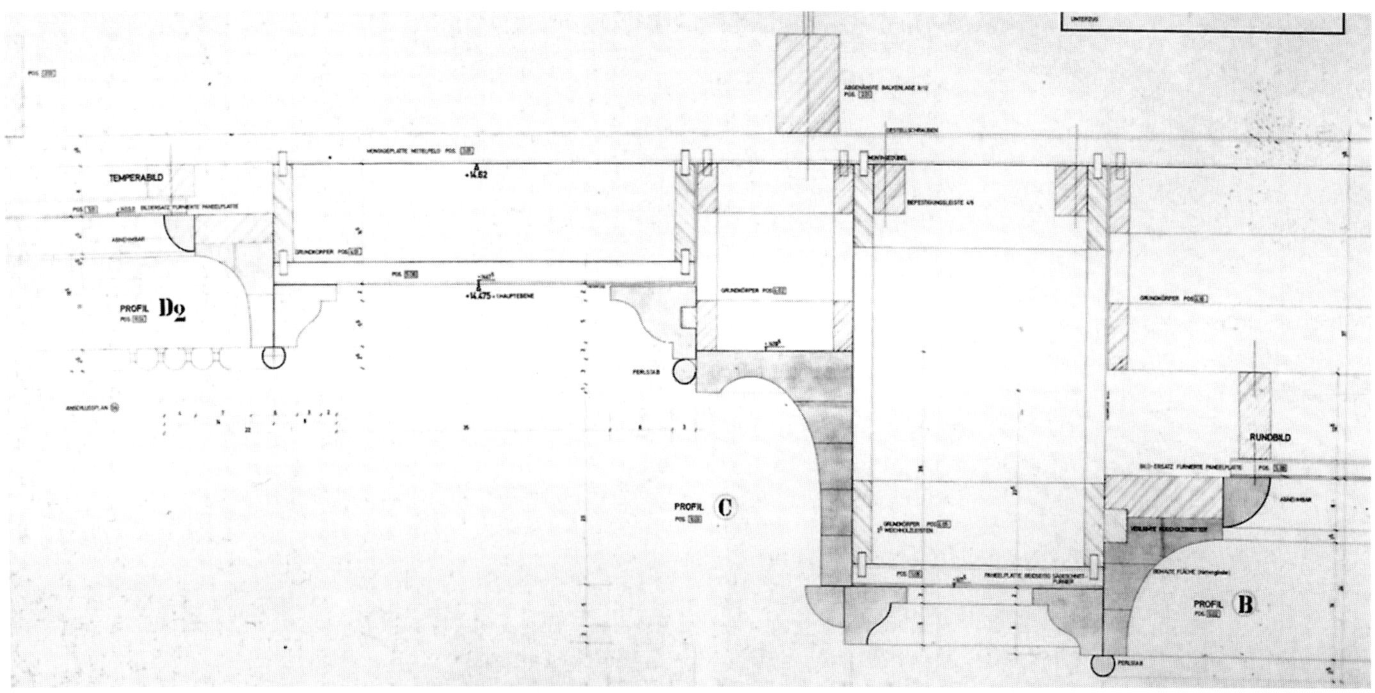

c

Saaldecke – Rekonstruktionspläne, Architekt A. Machatschek.
a *Längsschnitt der Saaldecke (Schemazeichnung).*
b *Detailzeichnung für den Übergang vom Mittelfeld zum Randbereich der Decke.*
c *Detailzeichnung für die Einfassungen der Deckenbilder.*

Die nachfolgenden Abbildungen zeigen die einzelnen Arbeitsschritte der Fertigung der Deckenelemente und deren Montage.

Links: Eines der Teilelemente für das große Mittelbild in der Werkstatt der Fa. Willmeroth.

Auch bei der Unterkonstruktion dieses Bereiches waren die bestehenden Maßdifferenzen auszugleichen, ansonsten erfolgte die Konstruktion und Ausführung dieser Zone wie bei der horizontalen Deckenfläche.
Auf alten Fotos ist zu erkennen, daß die horizontalen und vertikalen Bereiche der Decke aus bis zu 20 cm breiten massiven Nußholzbrettern bestanden. Sichtbar sind zudem, der Natur des Holzes entsprechend, Färbungen des Materials, offene Fugen durch Austrocknung, teilweise auch Abstufungen oder leichte Höhenunterschiede der Einzelbretter durch Verwerfungen (Abb. S. 294).
Von der Verwendung massiver Nußholzbretter beim Bau der neuen Decke wurde jedoch aus verschiedenen Gründen Abstand genommen. Einerseits war Nußholz in der dafür erforderlichen Menge und der notwendigen abgelagerten Qualität kaum zu beschaffen, außerdem standen dem auch wirtschaftliche Gesichtspunkte entgegen. Entsprechend dem von Prof. Machatschek vertretenen Grundsatz, alle sichtbaren Flächen im ursprünglichen Material und in der alten Handwerkstechnik herzustellen, wurden deshalb Tischlerplatten in Form und Größe der ehemaligen Bretter verwendet, die beidseitig mit mindestens 2,7 mm starkem gesägtem Furnier aus Nußholz beschichtet waren, deren Oberflächen abschließend von Hand nachgearbeitet wurden.
Für die außergewöhnlich großen Profile der Bildrahmungen wurde massives Nußholz auf einen Weichholzkern aufgeleimt. Das Fräsen dieser Profile und Hohlkehlen erfolgte mit eigens für diesen Zweck hergestellten Fräsköpfen und -werkzeugen, die heutigen Sicherheitsvorschriften entsprechen mußten, und deren Anfertigung allein schon rund 30.000 DM kostete. Um den ursprünglichen Charakter der alten individuellen Handwerkstechnik zu erreichen, wurde abschließend auch bei diesen Deckenelementen die sichtbare Oberfläche von Hand mit einem speziellen Hobel nachbearbeitet, denn künstliche Schleifmittel wie etwa Glaspapier durften nicht verwendet werden.

Ablauf der Arbeiten – Wichtig war die Beschaffung von Nußbaummassivholz in den Stärken von 50 – 120 mm und gebräuchlichen Längen von 3 bis 4 Metern. Nach intensiver Suche wurde man schließlich bei verschiedenen Betrieben in Süddeutschland und im Elsaß fündig. Für die Decke wurden allein rund 55 m^3 Nußbaum-Massivholz (bei einem Verschnitt von ca. 50 Prozent) und etwa 1.500 m^2 Nußholzfurnier mit einer Mindeststärke von 2,7 mm verarbeitet.

Auf einer Grundkonstruktion aus Spanten werden die massiven Profilstücke aus Nußbaumholz für ein Rundbild aufgebaut.

Die Rahmenkonstruktion eines Rundbildes ist fertiggestellt.

Aufziehen von Deckenelementen.

Montage des Mittelfeldes mit den Bildfassungen.

Zum Auftakt der Arbeiten war auf dem Werkstattboden ein Viertel der Decke in natürlichem Maßstab (135 m^2) auf 3 x 1,5 m großen Platten als Brettaufriß angefertigt worden. Diese Aufrißplatten standen dann für die gesamte Bauzeit zur Verfügung und bildeten die Grundlage für die Herstellung der vielen Frässchablonen und zum maßgerechten Zuschnitt der einzelnen Deckenelemente. Der Arbeitsvorbereiter ergänzte gleichzeitig die vom Architekturbüro Machatschek erarbeiteten Detailpläne zu Werkstattzeichnungen und stellte hierzu die Materiallisten auf.

Wichtig war, die einzelnen Bauteile in montagegerechten und transportfähigen Segmenten anzufertigen, da sie zur Endmontage an der Decke noch auf das zwölf Meter hohe Arbeitsgerüst gehoben werden mußten, was bei einem Einzelgewicht dieser Teile von 150 – 400 kg enorme Anforderungen an die Handwerker stellte. Die Vorarbeiten in der Werkstatt dauerten rund ein halbes Jahr. Ab Anfang 1982 folgte dann Schritt für Schritt der Einbau der rekonstruierten Holzdecke im Goldenen Saal. Etwa ein Jahr nahm die Montage in Anspruch, die Anfang 1983 im wesentlichen abgeschlossen war (Abb. S. 298/299).

Die Holzbildhauer- und Vergolderarbeiten der ersten Wiederherstellungsstufe

Noch während der Ausführung der Schreinerarbeiten für die Decke folgte die Ausschreibung und Vergabe des Schnitzwerkes für die erste Wiederherstellungsstufe.

Hierbei handelte es sich um Masken und Rosetten auf horizontalen Flächen sowie um 164 Akanthusblätter[5] an den geschwungenen Unterseiten der Deckenkonsolen (Abb. S. 300 a).

Ausgeführt sind diese Blätter-Typen in vier Varianten (A, B, C, D), wobei ihre Breite bei abgestufter Länge durchwegs 30 cm beträgt. 92 weitere Akanthusblätter sind an den Unterseiten der Gesimskonsolen am Deckenrand angeordnet. Die Längs- und Schmalseiten der Deckenkonsolen sind mit Groteskmasken versehen (Abb. S. 300 c), wobei zu beachten war, daß die langgezogenen Bartenden freischwebend sein mußten und erst an den Spitzen wieder befestigt werden durften.

32 hängende, dreifach gefächerte Rosetten mit einem Durchmesser von 30 cm und einer Höhe von 22 cm sind jeweils in den Feldern der Gesimszone plaziert (Abb. S. 300 b). Weitere 108 Rosetten mit kleinerem Durchmesser befinden sich in den kleinen Feldern der Gesimszone.

5 Akanthus ist eine am Mittelmeer sehr verbreitete Distelart – Bärenklau –, deren meist große, buchtig ausgerandeten und an der Spitze leicht eingerollten Blätter in stilisierter Form schon ein beliebtes Dekorationselement der griechischen und römischen Baukunst waren.

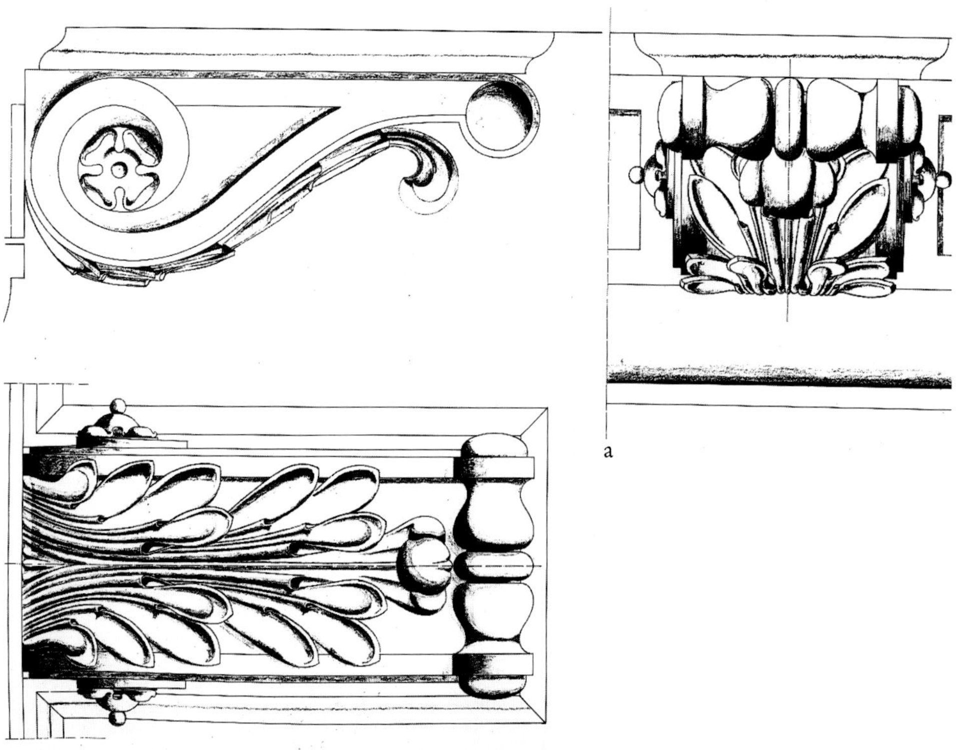

a

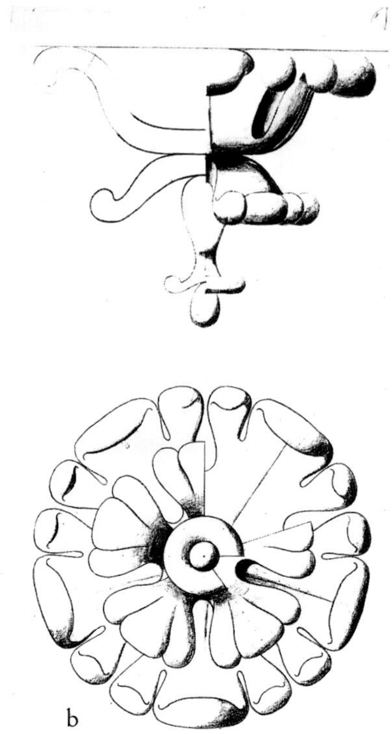

b

c

Schnitzelemente der Decke (erste Wiederherstellungsstufe). Detailzeichnungen von Architekt Machatschek.

a *Akanthusblatt im Deckenrandfeld*
b *große Rosette im Deckenrandfeld*
c *Groteskmaske*

In der Fenster- bzw. Architravzone sind insgesamt 36 Akanthusblätter angeordnet, und zwar auf den Wandkonsolen der Längsseiten, den geschwungenen Flächen angepaßt, mit einer Länge von 60 cm und einer Breite von 27 cm. Weitere 144 Rosetten mit einem Durchmesser von 10 cm waren schließlich noch an den Seitenflächen der hohen Wandkonsolen der Längsseiten erforderlich.

Für die Ausführung dieser Schnitzarbeiten war neben den bildhauerischen Qualitäten ein besonderes Einfühlungsvermögen in die Art alter Schnitztechnik eine wesentliche Voraussetzung, wie Architekt Machatschek in seiner Ausschreibung betonte. In diesen sorgfältig erarbeiteten Leistungsbeschreibungen, die durch Planzeichnungen ergänzt wurden, waren sämtliche verarbeitungstechnischen Details erfaßt. So war, wie schon bei den Portalen, für alle Schnitzelemente, die anschließend vergoldet werden sollten, die Verwendung von mindestens sechs Jahre gelagertem, vollkommen ausgetrocknetem Lindenholz vorgeschrieben. Jegliche Rissebildung war zu verhindern, beispielsweise durch Aushöhlung der Rückseiten größerer kompakter Holzteile. Die Oberflächen mußten so behandelt werden, daß eine einwandfreie Glanzvergoldung möglich war. Um eine möglichst plastische Oberfläche zu erreichen, wurde auf ausgeprägte Linienführung etwa entlang von Blattrippen und allen Unterschneidungen Wert gelegt. Konturen und Formen der zu schnitzenden Elemente waren weitgehendst aus den Plänen des Architekten zu ersehen, wobei eine Genauigkeit von ± 3 mm für jeden Punkt der Oberfläche erreicht werden mußte.

Verschiedene Schnitzelemente, die wegen ihrer Größe nicht in einem Stück herzustellen waren, konnten aus mehreren Einzelstücken bestehen und ohne Verleimung, jedoch genau passend, für die Montage an der Decke zusammengefügt werden.

Beim Montieren war zu beachten, daß prinzipiell alle geschnitzten Teile an vertikalen Flächen mit Holzdübeln aufgeleimt wurden, während die Teile an horizontalen Untersichten aus Sicherungsgründen mit Schrauben befestigt werden mußten.

Wie aus den Fotos der alten Decke ersichtlich, wiesen einige Schnitzereien der gleichen Art z.T. deutlich erkennbare Unterschiede auf. Bei der Rekonstruktion wurde deshalb auf die Nachbildung dieser unregelmäßigen Ausführung besonders Wert gelegt.

Für ihre Arbeit stand den Holzbildhauern ein photogrammetrisch ausgewerteter Plan der Rohdecke im Maßstab 1:20 zur Verfügung, in dem exakt die Unregelmäßigkeiten der Decke eingetragen waren, die sich durch die Verformung der Saallängswände infolge der Brandeinwirkung vom Februar 1944 ergaben.

Eines der Schnitzelemente der ersten Wiederherstellungsstufe (Akanthusblatt im Deckenrandbereich).

Vergolderarbeiten im Deckenrandbereich; zu sehen sind Akanthusblätter, Rosetten, Groteskmasken sowie die aufgemalten Vergoldungen auf Deckenkonsolen und Profilen.

Ausschnitt aus dem Deckenrandbereich mit vergoldeten Akanthusblättern, Perlstäben und Profilen sowie aufgemalter Vergoldung in Form von Eierstäben und Kettengliedern auf gebogenen Nußholzprofilen.

Um die Schnitzereien einwandfrei an ihren vorgegebenen Stellen einzupassen, mußten zuvor die einzelnen Felder der vorhandenen hölzernen Rohdecke in natürlicher Größe auf einem Reißboden aufgetragen werden. Bereits vor Beginn der Schnitzarbeiten waren naturgetreue Vorlagen in Skizzenform anzufertigen und auf dem Reißboden einzupassen.

Absprachen und Korrekturen mit den Holzbildhauern erfolgten in bestimmten Abständen während der laufenden intensiven Betreuung durch den Architekten. Diese war umso wichtiger, als die Form der Oberflächen von plastischen Elementen selbst in Detailplänen oft nicht erschöpfend dargestellt werden konnte. Nach Fertigstellung der Schnitzarbeiten, die vor ihrer endgültigen Montage wieder auf dem Reißboden ausgelegt wurden, folgte eine weitere Überprüfung zusammen mit den Sachverständigen der Goldener-Saal-Kommission und erst nach deren Zustimmung die Freigabe zur anschließenden Vergoldung.

Die Vergolderarbeiten der ersten Wiederherstellungsstufe – Wie schon bei den Portalen war die Arbeit der Vergolder im Deckenbereich ein besonders wichtiger Teil der Wiederherstellung des Goldenen Saales. Im einzelnen waren folgende Vergoldungspositionen ausgeschrieben:

- Polierte Mattvergoldung und Glanzvergoldung von Akanthusblättern, Groteskmasken und Rosetten;
- Mattvergoldung und teilweise polierte Mattvergoldung von Deckenkonsolen, Perlstäben und Profilen;
- Dekorative Vergoldungen in Form von aufgemalten Kettengliedern und Eierstäben auf geraden oder gebogenen Nußholzprofilen;
- Abschließende Oberflächenbehandlung der Nußholzflächen mit nach speziellen Rezepturen zubereitetem Halböl.

Auch im Deckenbereich wurde ausschließlich Blattgold aus 23 1/2 karätigem Altgold mit einer Feinheit von 1/5000 bis 1/6000 mm verwendet.

Erweiterung der ersten Wiederherstellungsstufe: Einbindung der Amorbach-Deckenbilder und der Groteskornamentik

Die Anbringung der Deckenbilder war nach dem vom Stadtrat genehmigten Wiederherstellungskonzept in der ersten Ausbaustufe nicht enthalten. Vielmehr war diese Leistung für die später auszuführende zweite Stufe nach der 2000-Jahrfeier Augsburgs (1985) vorgesehen. Wie bereits ausführlich behandelt, hatte der Würzburger Kunstmaler Prof. Oskar Martin-Amorbach in den 60er Jahren im Auftrag von Oberbürgermeister Dr. Klaus Müller die elf Tafelbilder der Decke (großes Mittelbild, zwei Rund- und acht Ovalbilder) nach vorhandenen Farbdiapositiven neu geschaffen.
Als Ende September 1982 der Sachverständigenausschuß zu einer ganztägigen Sitzung zusammentraf, ging es vor allem um die Frage, ob nach den inzwischen gewonnenen Erkenntnissen die bislang gültige Grenzziehung zwischen erster Ausbaustufe und weiteren Abschnitten verschoben werden solle. Übereistimmend stellten die Teilnehmer zunächst fest, daß sich der bisherige Weg des schrittweisen Vorgehens bei der Rekonstruktion als richtig erwiesen habe. Besonders lobend wurde die Arbeit des Architekturbüros Prof. Machatschek sowohl auf dem Gebiet der Planung als auch der Bauleitung zur Kenntnis genommen. Die bereits durchgeführten Arbeiten und auch die bemusterten Beispiele zeigten laut Sitzungsprotokoll vom 28. September 1982 ein »vorzügliches Qualitätsniveau« und ließen den Schluß zu, »daß die Rekonstruktion im bisher vorgesehenen Umfang möglich ist«.
Zu dem Treffen der Sachverständigen waren die Amorbach-Kopien bereits in ihre Rahmen an der Saaldecke eingefügt worden, um ihre Wirkung im Gesamt-

Hermenegild Peiker mit zwei von insgesamt zehn von ihm wiederhergestellten Temperatafeln mit Groteskmalereien der Saaldecke.

Hermenegild Peiker bei den Anpassungsarbeiten an den Deckengemälden, Februar 1983. Die von dem Würzburger Kunstmaler Prof. Oskar Martin-Amorbach in den 60er Jahren nach Farbfotos kopierten elf großen Deckenbilder waren, wegen der damals fehlenden exakten Bildmaße, etwas zu klein und mußten im Randbereich ergänzt werden.

zusammenhang beurteilen zu können. Das Beraterteam empfahl, über die Anbringung der Deckenbilder hinaus, im Mittelfeld der Decke die Temperamalerei – die Muster für diese Tafeln mit Groteskornamentik hatte der Augsburger Kunstmaler Hermenegild Peiker erstellt – als Bindeglied zwischen den großen Gemälden anzubringen und außerdem in der Deckenrandzone Festons und Kartuschen einzufügen. Begründet wurde die Empfehlung mit dem Hinweis, »daß ohne das erst in einer späteren Ausbaustufe vorgesehene dekorative Schnitzwerk im Übergangsbereich zwischen Mittelfeld und Wandanschluß eine Art ›Leerzone‹ entsteht. Dieses negative Erscheinungsbild kann dadurch vermieden werden, daß die zu diesem Bereich gehörenden Festons und Kartuschen schon jetzt angebracht werden. Eine derartige Ausweitung der ersten Ausbaustufe wird vom Beraterteam grundsätzlich befürwortet.«
Weiterhin stellten die Sachverständigen fest, die Amorbach-Kopien der Deckengemälde müßten noch »durch geeignete oberflächliche Maßnahmen einander angeglichen werden, um sie in die Gesamtkomposition der Decke harmonisch integrieren zu können«. Diese Anpassungsarbeiten waren deswegen erforderlich, weil Martin-Amorbach für seine Arbeit keine exakten Maße zur Verfügung standen und deshalb die einzelnen Bilder nicht genau in die nunmehr richtig dimensionierten Rahmen paßten.
Der Stadtrat stimmte in seiner Sitzung vom 09. Februar 1983 dem Vorschlag der Sachverständigen zu, anstelle der als Bildersatz bislang vorgesehenen glatten Nußholzflächen die vorhandenen Amorbach-Kopien sowie auch die Temperamalereien in den Deckenbereich einzufügen. Für alle Beteiligten war offensichtlich, daß sich durch die Anbringung der Deckenbilder und Temperatafeln ein wesentlich geschlossenerer Gesamteindruck der Decke ergeben würde. Zudem hatte sich der Goldene-Saal-Verein bereiterklärt, sowohl die Kosten für die Anfertigung der Temperamalereien als auch für die Anpassungsarbeiten zum Einfügen der elf Gemäldekopien in die Rahmenprofile an der Decke zu übernehmen.

Die Saaldecke nach der ersten erweiterten Wiederherstellungsstufe Ende 1984.

Kunstmaler Hermenegild Peiker rekonstruierte im Laufe des Jahres 1983 die zehn gerahmten Temperatafeln mit Groteskmalereien (Abb. S. 305).

Einbindung der Mittel- und der Eckkartuschen – Nach Meinung der Sachverständigen war für den harmonischen Gesamteindruck der ersten Rekonstruktionsstufe die Einbindung der Kartuschen über den beiden Hauptportalen als auch die der vier Eckkartuschen erforderlich. Der Goldene-Saal-Verein erklärte sich daraufhin bereit, die Kosten auch hierfür zu übernehmen. Nach Preisverhandlungen mit Restaurator Walter Campidell (Feistritz/Drau) und dem Holzbildhauer Josef Fux (Oberammergau) wurde Campidell mit der Wiederherstellung der sechs Kartuschen beauftragt. Die Bemalung der Kartuschen übernahm – ebenfalls auf Kosten des Goldenen-Saal-Vereins – Hermenegild Peiker.

Die Sachverständigen empfehlen eine weitere Zwischenstufe: »Das Deckenachtel«

Bei ihrer sechsten Sitzung am 06. Dezember 1983 kamen die Sachverständigen einstimmig zu der Auffassung, das Erscheinungsbild des Goldenen Saales sei im gegenwärtigen Zustand nach wie vor nicht zufriedenstellend: »Das fehlende dekorative Schnitzwerk führt ebenso zu negativ wirkenden Leerfächern, wie die bisher nicht ausgeführten Wandfresken.« Falls im Rahmen der ersten Wiederherstellungsstufe finanziell weitere Schritte möglich seien, sollte die Fertigstellung der Decke Vorrang haben. Dabei solle von außen nach innen symmetrisch vorgegangen werden. Außer den bereits in Auftrag gegebenen vier Eck- und den beiden Mittelkartuschen handelte es sich um folgende Schnitzelemente: Sechs Kartuschen in den Zwischenfeldern sowie die restlichen zwölf kleinen Kartuschen, 20 Festons (bogenförmig durchhängende, geschnitzte und vergoldete Gewinde aus Blättern, Blumen und Früchten mit Bändern an den Enden) und das dekorative Schnitzwerk im Mittelbereich der Decke.
Dieses Thema stand erneut auf der Tagesordnung der achten Sitzung der Gutachterkommission am 11. Oktober 1984.
Dabei wurde angeregt, in einem begrenzten Sektor der Decke den Endzustand zu schaffen, und zwar in einem Eckausschnitt mit Ovalbild und Umgebung. Die Finanzierung übernahm wiederum der Goldene-Saal-Verein.
Noch bis Ende 1984 – also noch kurz vor Beginn des Jubiläumsjahres – wurden zunächst die beiden Kartuschen in der Achse der Hauptportale sowie die vier Eckkartuschen fertiggestellt und montiert, wobei Kunstmaler Hermenegild Peiker die Embleme (gemalte Symbole wie Palmzweig, Schwert, Adler etc. mit ihnen zugeordneten Inschriften) in den Innenfeldern der Kartuschen nach vorhandenen Unterlagen wiederherstellte.
Im weiteren Verlauf wurden die Vorbereitungen für die Komplettierung des »Deckenachtels« getroffen und die Finanzierungsfrage geregelt. In der elften Sitzung der Sachverständigen am 22. November 1985, bei der auch Hermenegild Peiker für die Wiederherstellung der Fresken vorgeschlagen wurde, empfahlen sie die Erstellung des »Deckenachtels« in der Südost-Ecke des Saales, um beide Bereiche, Decke und Freskenteile, in ihrem künstlerischen Zusammenhang beurteilen zu können.
Holzbildhauer Walter Campidell erhielt am 18. Juli 1986 den Auftrag für die Herstellung der Schnitzereien in dem festgelegten »Deckenachtel«. Die probeweise Anbringung dieser Schnitzereien war bis zum Juni 1987 abgeschlossen, ebenso zum größten Teil das Wandviertel mit den von Peiker wiederhergestellten Fresken. Mit dem Ergebnis zeigten sich die Gutachter in ihrer Sitzung am 12. Juni 1987 äußerst zufrieden. Trotzdem sollte mit der Fortführung der »bisher vollauf gelungenen dekorativen Deckenschnitzereien« noch bis zur Fertigstellung der gesamten Wandmalereien gewartet werden.

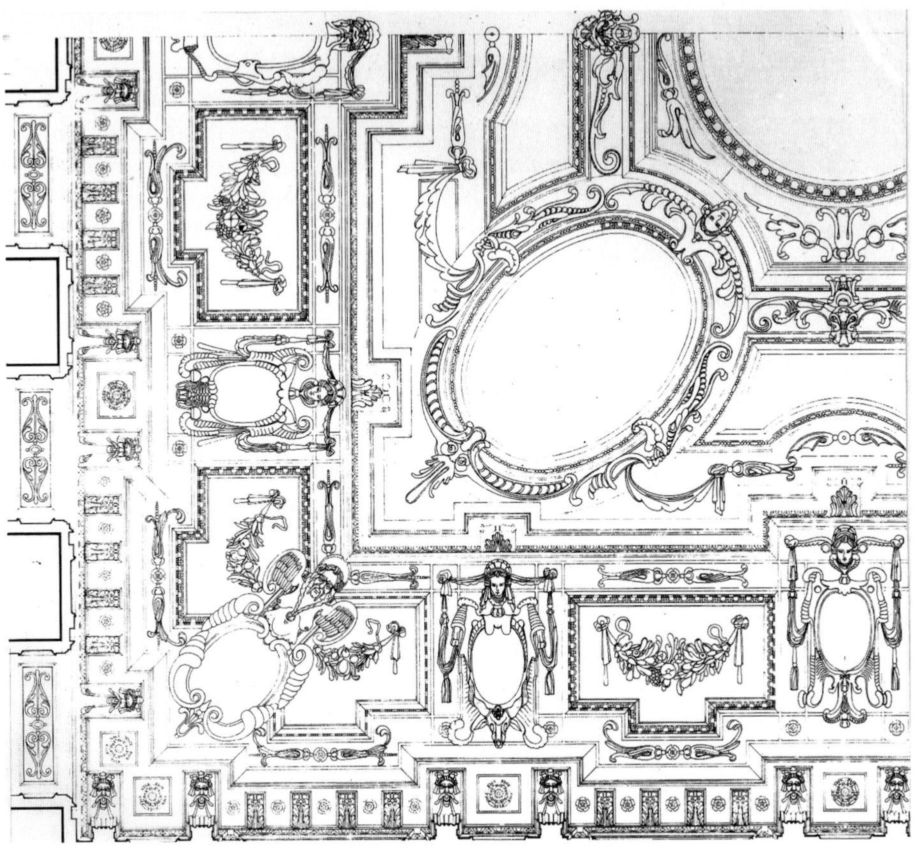

Auf Empfehlung der Sachverständigen wurde im südöstlichen Eckbereich der Saaldecke das »Deckenachtel« mit dem gesamten vergoldeten Schnitzwerk (im Vorgriff auf die zweite Wiederherstellungsstufe) erstellt. Dies war erforderlich um beide Bereiche, Decke und Wandmalerei, in ihrem künstlerischen Zusammenhang beurteilen zu können.

Die Planzeichnung von Architekt Machatschek zeigt den Umfang des Deckenachtels.

Die Komplettierung der Decke (Schnitzer- und Vergolderarbeiten)

(Siehe Falttafel III)

Neben den Wandfresken gehörten die reichen, kompliziert aufgebauten Schnitzelemente der Decke im Rahmen der zweiten Rekonstruktionsstufe mit zu den schwierigsten Arbeiten im Goldenen Saal. Die Ausschreibung bzw. das Leistungsverzeichnis für die Holzbildhauerarbeiten der zweiten Wiederherstellungsstufe enthielt wie beim ersten Rekonstruktionsabschnitt (Schnitzerarbeiten für Decke und Portale) auch die Vergoldung der geschnitzten Elemente. Sofern die Vergolderarbeiten nicht vom Holzbildhauer selbst ausgeführt wurden bzw. in dessen Betrieb, mußte eine Arbeitsgemeinschaft mit einem oder mehreren namentlich zu benennenden Vergoldern gebildet werden. In diesem Fall hafteten beide Vertragspartner für Schnitzwerk, Vergoldung und Montage. Bei den Vergolderarbeiten handelte sich hier um eine Glanz- sowie eine polierte Mattvergoldung der geschnitzten Zierteile in der Randzone, der Umrahmungen der ovalen Tafelbilder und der Schnitzereien der Wandzone. Diese stellten ganz besondere Anforderungen an das Können der Beauftragten, wobei es zweifellos eine günstige Voraussetzung für das Gelingen war, daß die ausführenden Vergolder bereits bei der ersten Wiederherstellungsstufe an der Decke erfolgreich tätig waren.

Erfassung der Schnitzelemente an der Decke

(Siehe Falttafel IV)

Die reichen vergoldeten Schnitzereien an der Saaldecke entstanden »stufenweise« innerhalb von fünf Jahren von 1984 bis Ende 1989.
Die folgende Übersicht erfaßt sämtliche Schnitzelemente in den einzelnen Deckenbereichen, die Einstufung nach Schwierigkeitsgraden und von welchem Bildhauer sie geschaffen wurden. Angefügt sei noch, daß die einzelnen Elemente in verschiedene Schwierigkeitsstufen eingeteilt waren, wobei die Stufe 7 die einfacheren Schnitzereien, die Stufe 1 die schwierigsten Holzbildhauerarbeiten klassifizierte.

Schnitzereien an der horizontalen Saaldecke

A: Kartuschen in der Randzone (Schwierigkeitsgrad 1)
- Kartuschen (6 Stück): zwei große Mittelkartuschen (Positionsnummern nach dem auf Seite 315 oben abgebildeten Deckenschema) über den beiden Hauptportalen (01 und 13) und vier Eckkartuschen (Nr. 05, 09, 17 und 21) – Walter Campidell
- Kartuschen (4 Stück), im Rahmen des sog. »Deckenachtels« (südöstlicher Bereich) erstellt (Nr. 7, 8, 10 und 11) – Walter Campidell
- Kartuschen (14 Stück), im Zuge der Komplettierung der Saaldecke bis Anfang 1990 erstellt (Nr. 02, 03, 04, 06, 12, 14, 15, 16, 18, 19, 20, 22, 23 und 24) – Friedrich Mayet

Die Kartuschen sind jeweils mit weiblicher Maske bzw. Fratze, Knorpelwerk und Tuchgehänge versehen, teilweise mit Schädel und Gehörn des großen Kudu. Sämtliche Kartuschen haben eine eingesetzte Tafel aus Lindenholz mit monochromer Bemalung durch den Augsburger Kunstmaler Hermenegild Peiker.

B: Fruchtgehänge in der Randzone (Schwierigkeitsgrad 3)
- große Fruchtgehänge (12 Stück) mit verschiedenen Blättern, Früchten und Schleifen – Friedrich Mayet (10 Stück); die zwei übrigen im südöstlichen Bereich (sog. Deckenachtel) schuf Walter Campidell
- mittelgroße Fruchtgehänge jeweils seitlich der Eckkartuschen (8 Stück) – Friedrich Mayet (6 Stück); die zwei übrigen im südöstlichen Bereich (sog. Deckenachtel) fertigte Walter Campidell

Schnitzelemente für die Komplettierung der Saaldecke: eine der 14 von insgesamt 24 Kartuschen, die von Friedrich Mayet nachgeschaffen wurden; links daneben ein großes Fruchtgehänge.

Großes Fruchtgehänge in der Randzone.

- kleinere Fruchtgehänge, beiderseits der großen Kartuschen über den zwei Hauptportalen (4 Stück) – Friedrich Mayet

C: Blattranken in der Randzone (Schwierigkeitsgrad 5)
- gerade Blattranken, groß (26 Stück);
- geschwungene Blattranken, groß (32 Stück);
- gerade Blattranken, klein (8 Stück) – Friedrich Mayet; die entsprechenden Elemente im südöstl. Deckenachtel schnitzte Walter Campidell

D: Rosetten in der Randzone (Schwierigkeitsgrad 7)
- Rosetten, vierstrahlig und dreifach gefächert (69 Stück) – Friedrich Mayet; die entsprechenden Rosetten im südöstlichen Deckenachtel schnitzte Walter Campidell

E: Umrahmung der Ovalbilder in der Mittelzone (Schwierigkeitsgrad 2)
  - E1 untere männliche Masken mit Zunge und seitlichem Knorpelwerk in den Saalecken (4 Stück)
  - E2 untere männliche Masken mit seitlichem Knorpelwerk an den inneren Ovalbildern (4 Stück)
  - E3 obere weibliche Masken mit seitlichem Knorpelwerk in verschiedenen Längen (8 Stück)
  - E4 seitliche männliche Fratzen mit Knorpelwerk in verschiedenen Längen (16 Stück) – Friedrich Mayet; die entsprechenden Schnitzteile im südöstlichen Deckenachtel stammen von Walter Campidell

F: Umrahmung der Temperabilder in der Mittelzone (Schwierigkeitsgrad 4)
- Tuchgehänge und Blattranke, seitliche Querachse (12 Stück)
- Tuchgehänge und Blattranke, Längsachse (6 Stück)
- Tuchgehänge und Blattranke beiderseits der Querachse (8 Stück) – Friedrich Brenner
- Muscheln beiderseits der Längs- und seitlichen Querachse (8 Stück)
- Rosetten an der Längs- und seitlichen Querachse (4 Stück) – Friedrich Mayet

G: Schnitzwerk zwischen Rand- und Mittelzone (Schwierigkeitsgrad 6)
- Tuchgehänge groß (16 Stück)
- Tuchgehänge mittel (67 Stück)
- Tuchgehänge klein (10 Stück)
- Medaillons (48 Stück) – Friedrich Mayet; Walter Campidell schuf von diesen Schnitzereien insgesamt 10 Stück im südöstlichen Deckenachtel.

Umrahmung der großen Bilder an der Saaldecke

H: Masken und Fratzen der äußeren Umrahmung (Schwierigkeitsgrad 2)
  - H1 männliche Masken mit flügelartigen Girlanden im schmalen Steg (2 Stück)
  - H2 männliche Masken mit flügelartigen Girlanden im breiten Steg (2 Stück)
  - H3 männliche Fratzen mit Girlanden (4 Stück) – Friedrich Mayet
  - H4 männliche Fratzen mit Girlanden und Quaste (2 Stück) – Friedrich Brenner; jeweils eine Maske und eine Fratze schnitzte Walter Campidell für das südöstliche Deckenachtel

I: Blattranken und Tuchgehänge der inneren und äußeren Umrahmung (Schwierigkeitsgrad 4)
- Blattranken Längsachse Rundbild (4 Stück)
- Blattranken seitliche Querachse Rundbild (4 Stück)
- Blattranken und Tuchgehänge Querachse äußere Umrahmung großes Mittelbild (4 Stück)
- große Blattranken, alle rechts (4 Stück)
- große Blattranken, alle links (4 Stück)
- Blattranken der inneren Umrahmung des großen Mittelbildes (2 Stück)
- Blätter in den Rundungen des großen Mittelbildes (4 Stück) – Friedrich Brenner; zwei Blattranken am östlichen Rundbild des südöstlichen Deckenachtels schuf Walter Campidell

Das westliche Rundbild mit dem Spruchband »Civitates conduntur« – deutlich ist Elias Holl, der Erbauer des Rathauses, erkennbar – ist von vier Ovalbildern umrahmt, die ebenso mit vergoldeten Schnitzelementen versehen sind. Drei Temperabilder, ebenfalls mit reichverzierten Umrahmungen, ergänzen die Gemäldekomposition (siehe Erfassung der Schnitzelemente auf S. 310).

Schnitzelement für eine der Füllungen der Deckenwandzone, von Friedrich Brenner nachgeschaffen.

J: Umrahmung des großen Mittelbildes
Rosetten (Schwierigkeitsgrad 7)
- vierstrahlige Rosetten an den Blättern in den Rundungen (4 Stück)
- Rosetten zwischen den Blattranken (4 Stück) – Friedrich Mayet

Schnitzereien in der Wandzone der Saaldecke

K: Schnitzereien in den Füllungen der Längswände (Schwierigkeitsgrad 2)
- Füllungen mit männlicher Maske, Tuchgehänge und Quasten (4 Stück)
- Füllungen mit Füllhorn, Medaillon, Rankenwerk für schmales Feld (1 Stück)
- Füllungen mit Füllhorn, Medaillon, Rankenwerk für breites Feld (9 Stück)
- Füllungen mit Vase, Ranke, Girlanden für breites Feld (8 Stück)
- Füllungen mit Vase, Ranke, Girlanden für schmales Feld (2 Stück) – Friedrich Mayet

L: Schnitzereien in den Fensterlaibungen der beiden Stirnwände und seitlich der Fenster sowie Maskenfelder der beiden Längswände (Schwierigkeitsgrad 5)
- Füllungen der seitlichen Laibung der Fenster an den Stirnwänden, bestehend aus Medaillons, Ranke und Tuchgehängen (24 Stück)
- Füllungen der oberen Laibung der Fenster an den Stirnwänden, bestehend aus Medaillons und Blattranken (12 Stück)
- seitliche Umrahmung der Fenster und Maskenfelder an den Längswänden, bestehend aus Blattranken, Tuchgehängen und Medaillons (insgesamt 32 Stück, davon 13 an der linken und 15 an der rechten Saallängswand) – Friedrich Brenner; 13 Stück dieser Schnitzelemente von Walter Campidell im südöstlichen Deckenachtel

M: Rosetten in der Wandzone beiderseits der Fenster und der Maskenfelder der Längswände (Schwierigkeitsgrad 7)
- vierstrahlige Rosetten (28 Stück) – Friedrich Mayet

Die vergoldeten Schnitzelemente im Eckbereich von Wandzone und Decke nach Fertigstellung der zweiten Wiederherstellungsstufe. Im vergoldeten Zustand sind sowohl die Schnitzelemente der ersten Stufe (Rosetten, Masken etc.) als auch die der zweiten Stufe sichtbar, unter anderem das oben abgebildete Element vor der Vergoldung.

Montage einer der 24 Deckenkartuschen in das entsprechende Feld der Deckenrandzone. Das von Hermenegild Peiker rekonstruierte Kartuschenbild zeigt nach Terzio eine gewappnete Hand, die eine Lanze zum Stoß erhoben trägt.

Die Deckenkartuschen mit Leitsätzen habsburgischer Herrscher

24 Kartuschen schmücken das umlaufende innere Rahmenfeld der Deckenrandzone. Diese schildähnlichen Wappentafeln – Zeichen der Herrschaft – zeigen auf ihren von prächtig geschnitzten und reichvergoldeten Rahmen umgebenen Innenfeldern in Braun- und Grautönen gemalte Symbole, die in Form von Emblemen Herrschertugenden versinnbildlichen. Diese mit Devisen (Leitsprüchen) von Fürsten, Königen und Kaisern des Hauses Habsburg versehenen Kartuschen fügen sich folgerichtig in das Bildprogramm des Goldenen Saales ein. Als Vorlage für diese Darstellungen wird von Kunsthistorikern die Bildnisreihe des Francesco Terzio (1520–1591) genannt, der als Hofmaler im Auftrag des Erzherzogs Ferdinand von Tirol von 1553–1573 unter dem Titel »AVSTRIACAE GENTIS IMAG« ein Kupferstichwerk mit den Devisen des Habsburger Herrscherhauses schuf.[6]

Bei den 24 Kartuschen unterscheiden sich acht deutlich durch ihre Größe und die aufwendige Gestaltung der Umrahmung, nämlich die Kartuschen über den beiden Hauptportalen, die vier in den Ecken und die beiden mittleren der Schmalseiten. Ihre Anfertigung stellte an die Holzbildhauer besondere Ansprüche, gehören diese doch zu den Schnitzelementen mit dem höchsten Schwierigkeitsgrad. Die aus Lindenholz geschnitzten Rahmen zeigen in verschiedenartiger Ausführung eine vielfach verschlungene Fabelwelt, in der weibliche Masken und männliche Fratzen, Tierschädel und Gehörne, Bänder und Tuchgehänge, Ranken, Schleifen und Knorpelwerk ineinander verwoben sind.

6 Vergleiche hierzu die Erläuterung zu den Vorlagen der Devisen des Hauses Österreich von Susanne Tipton, Kat. Nr. 69 und folgende in »Elias Holl und das Augsburger Rathaus«, Regensburg 1985.

Die große Mittelkartusche (Nr. 1 in der gegenüberstehenden Schemaskizze) über dem nördlichen Hauptportal mit der Devise AMOR RELIGIONIS (Liebe zur Religion) symbolisiert in Gestalt der betenden Frau, umgeben von Adler, Löwe, Schlange, Basilisk und Reichsinsignien, die Liebe zur Religion als eine Tugend Kaiser Ferdinands I.

Stellte schon die Rekonstruktion der Kartuschenrahmen an die Holzbildhauer außerordentliche Anforderungen, ergaben sich auch bei der rekonstruktiven Bemalung der Innenfelder mit den Emblemen und Devisen für den mit der Wiederherstellung beauftragten Augsburger Kunstmaler Hermenegild Peiker anfangs erhebliche Schwierigkeiten. Es zeigte sich nämlich, daß die von den ursprünglichen Kartuschen vorhandenen, vor der Zerstörung aufgenommenen Fotos nicht ausreichten, um eine lückenlose Bemalung vornehmen zu können. Da aber bekannt war, daß sich die Kartuschenembleme auf das Kupferstichwerk von Francesco Terzio stützten, konnte Hemenegild Peiker zusammen mit Raimund von Doblhoff dieses Buch nach langwierigen Recherchen ausfindig machen. Dabei erwies sich das zunächst aufgespürte Exemplar in der Augsburger Staats- und Stadtbibliothek allerdings als lückenhaft. Umso mehr kann es als Glücksfall angesehen werden, daß sich ein zweites, vollständiges Exemplar dieses Kupferstichwerks in dem umfangreichen Bestand der Oettingen-Wallersteinschen Bibliothek fand, die erst kurz zuvor in den Besitz der Universität Augsburg gekommen war.
So konnte Hermenegild Peiker mit Hilfe dieser zeichnerischen und fotografischen Unterlagen die Kartonentwürfe der Kartuschenembleme anfertigen und, im Einvernehmen mit Architekt Machatschek und seinem örtlichen Bauleiter Architekt von Doblhoff, die Bemalung aller 24 Deckenkartuschen in überzeugender Manier vornehmen.
Die Arbeit von Peiker fand schließlich auch die einhellige Zustimmung der Sachverständigen, die in ihrer Sitzung am 08. Januar 1985 auch die erfolgreichen Recherchen zur Klärung der nur lückenhaft dokumentierten Embleme ausdrücklich würdigten.

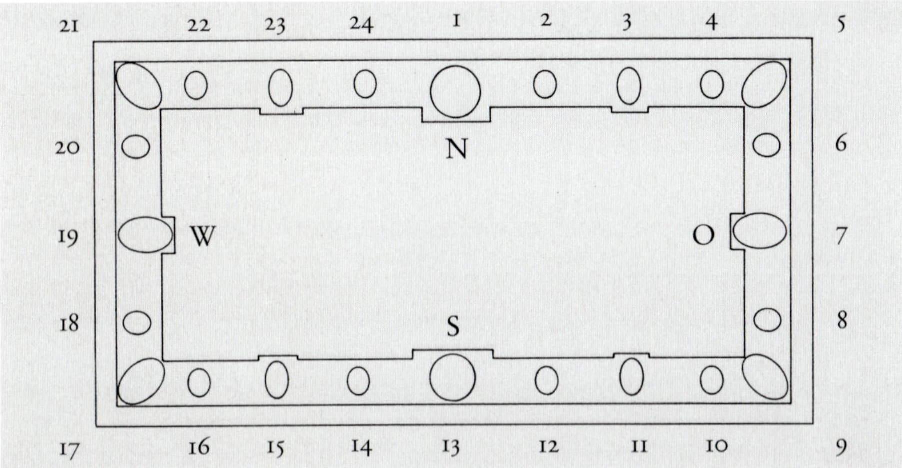

Anordnung der Deckenkartuschen (Schemazeichnung).

Die Kartuschen mit ihren Devisen werden im Uhrzeigersinn von der nördlichen großen Mittelkartusche ausgehend (= 1) im einzelnen vorgestellt:

1 AMOR RELIGIONIS (Liebe zur Religion) Kaiser Ferdinand I. Motiv: Kniende weibliche Gestalt, Hände zum Himmel erhoben, bedroht von Basilisk, Löwe und Schlange, zu ihren Füßen Reichsinsignien.

2 ETIAM MAIORA (Noch Größeres) Don Juan d'Austria. Motiv: Ein Blätter treibender Pfahl.

3 PER TOT DISCRIMINA (Durch soviel Gefahren) Kaiser Maximilian I. Motiv: Rad über einem Granatapfel, darüber ein Reichsapfel.

4 AUDACES IUVAT (Den Wagemutigen hilft sie) Erzherzog Karl von Österreich. Motiv: Fortuna mit Segel auf einer Kugel über dem Wasser fahrend.

5 CHRISTO DUCE (Unter der Führung Christi) Kaiser Ferdinand I. Motiv: Globus in Gestell, darauf ein doppelköpfiger Reichsadler; die linke Fahne zeigt das Wappen Böhmens, die rechte das Wappen Ungarns.

6 PLUS ULTRA (Darüber hinaus) Kaiser Karl V. Motiv: Zwei Säulen mit Kaiserkronen.

Die rekonstruierte südöstliche Eckkartusche der Saaldecke (Nr. 9 in obiger Schemaskizze) mit der Devise von Kaiser Matthias (siehe S. 316). Die Abbildung zeigt den Wiederherstellungszustand von 1987, es fehlen die Schnitzelemente der zweiten Wiederherstellungsstufe.

7 GENIUS LUMEN SUSTULIT (Der Genius löscht das Licht) als Allegorie auf den frühen Tod König Ladislaus' V.

8 HIC REGIT ILLE TUETUR (Dieses herrscht, jenes schützt) Kaiser Friedrich III. Motiv: Über aufgeschlagenem Gesetzbuch gepanzerte Hand mit Schwert.

9 FIRMATUM COELITUS OMEN (Das Zeichen der Göttlichkeit ist bestätigt) Kaiser Matthias. Motiv: Adler mit den Reichsinsignien in die Sonne blickend.

10 ANTE FERRIT QUAM FLAMMA MICET (Er schlägt zu bevor der Funken sprüht) Herzog Karl der Kühne von Burgund. Motiv: Feuereisen und Andreaskreuz (Zeichen des Ordens vom Goldenen Vlies).

11 TANTO MONTA (Steige hoch) König Ferdinand der Katholische von Spanien. Motiv: Ein Säbel durchtrennt den gordischen Knoten.

12 STAT ADHUC (Er steht noch) König Ferdinand der Katholische von Spanien. Motiv: Beine einer Herkulesstatue mit gebrochenem Bein.

13 LATET ALTIUS (Er ist tief verborgen) König Ladislaus V. Motiv: Flußgott im Schilf.

14 NON MINOR EST VIRTUS – QUAM QUAERE PORTA TUERIS (Die Tugend [Erworbenes zu schützen] ist nicht geringer [als Neues zu erwerben]) König Sigibert I. von Austrien. Motiv: Ein Drache hält die Weltkugel in den Klauen.

15 TELUM VIRTUS FACIT (Die Tugend macht alles zur Waffe) Ernst der Eiserne, Erzherzog von Österreich. Motiv: Hand mit Dreschflegel.

16 DEO VOLENTE (Nach Gottes Willen) Gottfried von Bouillon, König von Jerusalem. Motiv: Zwei gekreuzte Siegespalmen.

17 LEGITIME CERTANTIBUS (Den rechtmäßig Kämpfenden) Kaiser Ferdinand II. Motiv: Krone in einem Lorbeerkranz.

18 TOLLE MORAS (Mach dem Pausen ein Ende) Kaiser Albert II. Motiv: Eine gewappnete Hand trägt eine Lanze zum Stoß erhoben.

19 MENS MODERATA (Allegorie der Mäßigkeit) König Sigibert von Austrien. Motiv: Stehende weibliche Gestalt mit Zügeln in Händen sowie Waffen zu ihren Füßen.

20 UTRUM LUBET (Beides beliebt) Kaiser Rudolph II. Motiv: Gewappneter Arm hält Streitkolben und Ölzweig als Sinnbild für Krieg und Frieden.

21 VIRTUTE ASTRA VADUNT (Durch Tugend gelangen sie zu den Gestirnen) Kaiser Rudolph II. Motiv: Adler des Jupiter über Steinbock, dem Sternzeichen des Augustus.

22 PRETIUM NON VILE LABORUM (Kein schlechter Lohn für die Mühe) Herzog Philipp der Gute von Burgund. Motiv: Kette des Ordens vom Goldenen Vlies.

23 DOMINUS PROVIDEBIT (Gott wird Sorge tragen) Kaiser Maximilian II. Motiv: Adler auf einer mit Bändern umschlungenen Weltkugel.

24 VAEH ILLI (Wehe ihm) König Childebert von Austrasien. Motiv: Löwe zerbeißt einen Speer, der ihm den Schenkel durchbohrt hat.

Blick auf die Saaldecke mit dem großen Mittelbild und den oberen Bereich der nördlichen Längswand nach der Rekonstruktion 1996.

Kaiser Trajanus auf der Nordseite des Saales im Originalzustand vor der Zerstörung. Daneben die Kartusche mit der Artemisia-Szene.

Die Wandfresken im Goldenen Saal

Die Originalwandfresken: ein Werk des Stadtmalers Matthias Kager

Die überwältigende Wirkung des Goldenen Saales wird neben der prachtvollen Decke in besonderem Maße von den mit raumbeherrschenden Fresken bemalten Wänden geprägt. Sie bilden in der Gesamtkomposition des Saales gleichsam den dramaturgischen Unterbau für den oberen Raumabschluß.
Schöpfer der Fresken war Matthias Kager (1575 – 1634), einer der bedeutendsten Künstler seiner Zeit im süddeutschen Raum. Wie schon bei den Deckengemälden hatte der Jesuitenpater Matthäus Rader das Programm für die wesentlichen Teile der Wandmalerei erarbeitet. Dieser wirkte zu dieser Zeit am herzoglichen Hof in München, genoß aber auch in Augsburg hohes Ansehen, wo er 1591 an der von Jesuiten geleiteten Lateinschule St. Salvator unterrichtete. Man beauftragte ihn ergänzend zu dem Gesamtprogramm mit besonderen »stofflichen Angaben« zu den Wandfresken, wobei es den Auftraggebern auf ein der reichsstädtischen Geschichtstradition entsprechendes Konzept für den zentralen Hauptraum des Rathauses ankam, das auch »vor der gelehrten Kritik bestehen konnte«.[1] So geht aus dem umfangreichen Briefwechsel zwischen dem städtischen »Bauamt« sowie Rader und Kager hervor, daß sich die Bauherrschaft »alfresco gemalt acht haidnische und acht christliche Khaiser, welliche sich am besten gehalten«, wünschte, zusammen mit dem Ersuchen, daß Peter de Witt, genannt Peter Candid, »dieselben mit ihren Posen oder Gestis, dass sie möchten zum Theil zu kennen sein«, zeichnen möge,[2] nachdem er bereits die Entwürfe für die Deckenbilder gefertigt hatte. Er stand als Hofmaler in Diensten des bayerischen Herzogs Maximilian. Die Ausstattung der kurz vor dem Neubau des Augsburger Rathauses großzügig erweiterten Münchner Residenz war größtenteils sein Werk. Von den Entwürfen Candids für den Herrscherzyklus gibt es leider keine Belege mehr.
Matthias Kager verarbeitete Candids Skizzen der Herrscherfiguren, zusammen mit den von Matthäus Rader verfaßten Inschriften und Sinnsprüchen, zu einer vorzüglichen Gesamtkomposition. Er ordnete an der Südwand die christlichen und an der Nordwand die heidnischen Herrscher an. Dazu wählte er für die Freskenkartuschen, im Gegensatz zu der Mehrfarbigkeit der Kaiserdarstellungen, an den unteren Fensterbrüstungen eine monochrome Farbgebung, abwechselnd in roten und blauen Tönen. Der Entwurf für diese künstlerische Meisterleistung stammt, wie für den Puttenkranz, von Kager selbst.
Die reichsstädtischen Bauherrn hatten Matthias Kager 1615 in das Amt des »Stadtmalers« berufen und sich damit die Dienste eines hervorragenden Künstlers gesichert, der in Augsburg nicht zuletzt wegen seiner Mitarbeit beim Ausbau der Münchner Residenz bekannt und angesehen war. Mit der Bemalung des Weberhauses (1605), des Hl.-Kreuzer-Tores und des Frauentores (1610/11) hatte sich Kager nachdrücklich für weitere anspruchsvolle Aufgaben empfohlen. Es lag deshalb nahe, ihm die künstlerische Oberleitung für die Innenausstattung des neuen Rathauses zu übertragen. Damit war Kager als »natürlicher, künstlerischer Berater der städtischen Behörden« (Adolf Buff) für den Erbauer des Rathauses Elias Holl ein künstlerisch kongenialer Partner.

Gliederung und Thematik der Wandfresken

(Siehe Falttafel V + VI)

Die Längswände des Goldenen Saales sind durch Malerei in zwei differenziert gestaltete Bereiche gegliedert. Wie bei einer Architekturfassade bildet über der zurückhaltenden Sockelzone die Galerie christlicher und heidnischer Kaiserge-

1 Buff, S. 255 ff.
2 wie Anm. 1. Der Schriftwechsel zwischen Bartholomäus Welser, Matthäus Rader und Matthias Kager zum Bildprogramm aus den Jahren 1619 und 1621 befindet sich in der Bayerischen Staatsbibliothek (clm 1611 und 1612). Den Quellentext hat Susanne Tipton im Quellenanhang in: »Elias Holl und das Augsburger Rathaus«, ab S. 377, wiedergegeben.

Ausgelassene Putten sind über der Fensterreihe des Saalzwischengeschosses angeordnet. Zustand vor der Zerstörung.

stalten nicht nur den Höhepunkt der seitlichen Raumbegrenzungen, sondern auch einen gleichwertigen Gegenpart zu der vergoldeten Nußholzdecke.
Auf den unterschiedlich breiten und von Friesen eingefaßten Sockelflächen entfaltet sich eine vielgestaltige Bildlandschaft aus Arabesken und Grotesken. Die in weißen und grauen Tönen ausgeführte Grisaillemalerei zeigt phantastische Fabelwesen, Früchte, Tier- und Pflanzenornamente in wechselseitiger Durchdringung und Verflechtung. Diese exotisch-erotischen Szenen waren schon in der griechischen und römischen Kunst ein beliebtes Motiv, das in der Renaissance wieder aufgegriffen wurde.
Der von dieser Sockelzone durch ein kräftiges Nußholzgesims getrennte zentrale Freskenbereich weist im Gegensatz zu seinem Unterbau Leben und Plastizität auf. In einer architektonisch geprägten Szenerie geben jeweils acht in muschelgekrönten Nischen stehende Herrscherfiguren in kräftigen Farben dem Raum eine repräsentative Würde. In diesen majestätischen Bildnissen setzt sich das dem Rathaus zugrundeliegende Leitmotiv, der Kaisergedanke, eindrucksvoll fort. Sie unterstreichen nicht nur die als Kontinuität begriffene Augsburger Geschichte von der römischen Stadtgründung bis zur Blüte der Reichsstadt im 16. Jahrhundert, sondern auch die Überlegenheit des christlichen Glaubens (Südseite) über das Heidentum (Nordseite), was durch entsprechende Sinnsprüche in gemalten Kartuschen dokumentiert wird. Im einzelnen stehen sich an den beiden Wänden von Osten nach Westen folgende Herrscher gegenüber:

1 Nordseite: ALEXANDER M(AGNVS) – NIHIL SVFFICIT PAGANO
(= Nichts genügt dem Heiden)
Südseite: CAROLVS MAG(NVS) – NIHIL DEEST CHRISTIANO
(= Nichts mangelt dem Christen)
2 Nordseite: IVLIVS CAE(SAR) – VENI VIDI VICI
(= Ich kam, sah und siegte)
Südseite: CAROLVS V. MAX(IMVS) – VENI VIDI DEVS VICIT
(= Ich kam, sah und Gott siegte)
3 Nordseite: OCTAVIANVS AVG(VSTVS) – FESTINA LENTE
(= Eile mit Weile)
Südseite: CONSTANTINVS M(AGNVS) – CVM DEO
(= Mit Gott)
4 Nordseite: TRAIANVS IMP(ERATOR) – SI BONVS PRO ME, SI MALVS CONTRA ME (= Für mich wenn ich recht tue, gegen mich wenn ich Unrecht tue)
Südseite: TEODOSIVS M(AGNVS) – IRATO TELVM ERIPE
(= Dem Zornigen entreiße die Waffe)

I *Nord*

IV *Nord*

III *Nord:*
OCTAVIANUS AUG(USTUS) –
FESTINA LENTE (= Eile mit Weile).

IV *Nord:*
TRAIANUS IMP(ERATOR) –
SI BONUS PRO ME, SI MALUS
CONTRA ME (= Für mich, wenn ich recht tue, gegen mich, wenn ich unrecht tue).

I *Süd*

IV *Süd*

III *Süd:*
CONSTANINUS M(AGNUS) –
(= CUM DEO) (= Mit Gott).

IV *Süd:*
THEODOSIUS IMP(ERATOR) –
IRATO TELUM ERIPE (= Dem Zornigen entreiße die Waffe).

V *Nord:*
VESPASIANUS IMP(ERATOR) – LUCRI BONUS ODOR (= Der Duft des Reichtums ist gut).

VI *Nord:*
ANTONIUS PIUS – NE PEREAT CIVIS, VIVAT HOSTIS (= Damit der Bürger nicht umkomme, lebe der Feind).

V *Nord*

VI *Nord*

V *Süd:*
OTHO MAG(NUS) – VIRTUTIS MELIOR (= Der Duft der Tugend ist besser).

VI *Süd:*
HENRICUS II – UT VIVAT PIUS; PEREAT IMPIUS (= Damit der Fromme lebe, möge der Gottlose umkommen).

V *Süd*

VI *Süd*

'II *Nord*

VIII *Nord*

VII *Nord:*
(SEPTIMIUS) SEVERUS IMPER(ATOR) – OMNIA FUI NIHIL EXPEDIT (= Ich bin alles gewesen, und es hat nichts genützt).

VIII *Nord:*
AURELIANUS – CLEMENTER AGE, SI VIS VINCERE (= Handele milde, wenn du siegen willst).

'II *Süd*

VIII *Süd*

VII *Süd:*
FRIDERICUS AHENOBARBUS – EX AQUIS RENATUS, IN AQUIS DENATUS (= Ich bin im Wasser geboren und im Wasser gestorben). Der Begriff »Wasser« steht hier als Synonym für die christliche Taufe.

VIII *Süd:*
MAXIMILIANUS I. – MEDIUM TENUERE BEATI (= Die Glücklichen halten die Mitte).

1 *Nord*

1 *Süd*

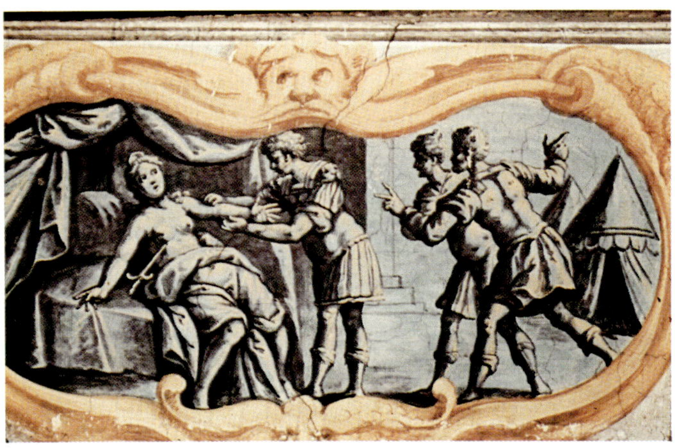

2 *Nord*

2 *Süd*

3 *Nord*

3 *Süd*

1 Nord: SEMIRAMIS – Gattin des Ninus und Herrscherin von Assyrien mit Krone und Szepter, die im Kreis ihrer Berater thront.

2 Nord: LUCRETIA – die auf ihrem Lager mit einem Dolch Selbstmord begeht.

3 Nord: ARTEMISIA – mit dem Gefäß, das die Asche ihres Gatten Maussolos enthält, die sie mit Wein vermischt trinkt.

1 Süd: JAHEL – wie sie den schlafenden Feldherrn Sissara tötet, indem sie ihm einen Nagel in die Schläfe bohrt.

2 Süd: SUSANNA – im Bade, lüstern beobachtet von den beiden Alten.

3 Süd: ESTHER – empfängt von dem auf dem Thron sitzenden Ahasver den Gnadenbeweis.

4 *Nord*

4 *Süd*

Nord

5 *Süd*

Nord

6 *Süd*

Nord: TOMYRIS – mit dem abgeschlagenen Kopf des Cyrus in er Hand.

Nord: NIOBE – muß erschüttert mit ansehen, wie ihre Kinder on Apollo und Artemis mit Pfeilen getötet werden.

Nord: DIE TOCHTER DES PERIKLES – erwartet am pinnrocken die beiden Freier.

4 *Süd: JUDITH – übergibt einer Dienerin das Haupt des Holofernes.*

5 *Süd: TOD DER MAKKABÄER – die Mutter der Makkabäer trägt mit Fassung den Märtyrertod ihrer Kinder.*

6 *Süd: SARA – reicht Tobias die Hand zum Ehebund, der von einem Engel besiegelt wird.*

Ausschnitt der Saalwestseite mit den Fresken in den Fensterlaibungen. Aufnahme vor der Zerstörung.

Die Schmalseiten des Goldenen Saales, jeweils mit 18 Fenstern in drei Ebenen versehen, sind in die Freskenmalerei eingebunden. Überzeugend wirkungsvol war die Fortführung des unterhalb der befensterten Deckenarchitravzone ver laufenden Puttenkranzes, dazwischen jeweils in Pfeilerhöhe große gemalte Masken. Die Fensterpfeiler der beiden unteren Geschosse mit ihren tiefen Lai bungen waren in Anlehnung an die Grisaillebemalung der Längswände mi einer Vielfalt phantastischer und ornamentaler Motive wie Masken, pflanzliche und animalische Gebilde versehen.

Ausschnitt aus der nördlichen Saalwand mit Kaiser Trajanus und Octavianus. Aus dem Skizzenbuch von Ludwig Leybold.

Die Dokumentation der Wandfresken

Bei der Wiederherstellung der im Februar 1944 bis auf einige Reste nahezu vollständig zerstörten Wandfresken waren der rekonstruierende Architekt, wie der ausführende Künstler, auf das glücklicherweise noch vorhandene Grundlagenmaterial angewiesen. Die nahezu alle Wandflächen umfassende Bilddokumentation beinhaltete, neben historischen Grafiken und dem Skizzenbuch Ludwig Leybolds, eine große Anzahl hervorragender Schwarzweiß-Fotografien sowie als wichtigste Quelle eine Serie von 183 farbigen Diapositiven, die noch vor der Zerstörung des Saales angefertigt worden waren. Obwohl die Diapositive von guter Qualität sind, war wegen verschiedener Farbstiche doch eine Filterung – wie sich bei ersten Versuchen erwiesen hatte – erforderlich.

Eine weitere, aufschlußreiche Unterlage ist eine Aquarelldarstellung der nördlichen Saalwand (Abb. S. 330) des bereits erwähnten Karl Nicolai,[3] der 1938 von der Stadt mit der Aufnahme von Freskenmalereien in Augsburger Profan- und Sakralbauten beauftragt worden war. Darüber hinaus zeigt ein eindrucksvolles Aquarell des Gymnasiallehrers Wilhelm Hahn einen Ausschnitt der südlichen Saalwand mit Hauptportal (Abb. S. 260).
Im Vergleich zu den Längswänden sind die Fensterpfeiler und -laibungen der beiden Stirnseiten (Ost und West) sparsamer dokumentiert, doch erlaubten eine Reihe von Schwarz-Weiß-Fotografien trotz schwieriger Gegenlichtverhältnisse eine genaue Wiederherstellung auch dieser Raumzonen, da die sich wiederholenden Motive zumindest einmal ausreichend dokumentiert sind.
Beim genauen Studium der Diapositive bzw. deren Abzügen stellte Architekt Machatschek fest, daß an den Fresken in der Vergangenheit umfangreiche Restaurierungen, teilweise sogar in Form von Übermalungen, durchgeführt worden waren. Dies bestätigt auch eine Eintragung im städtischen Bauakt, wonach 1836/37 unter Leitung des Kgl. Galeriekonservators Eigner sämtliche Fresken-

3 Karl Nicolai, geb. 1883 in Halberstadt; gest. 15. September 1949 in Augsburg. Portraitist, Freskant und Restaurator. Studium von 1902 – 1908 an der Münchner Akademie. Seit 1919 in Augsburg, wurde er ab 1938 mit der Aufnahme von Wand- und Deckenfresken von Augsburger Gebäuden und Kirchen beauftragt (vorwiegend Aquarelle).

Aquarellierte Bauaufnahme der nördlichen Saalwand von Kunstmaler Karl Nicolai. Städtische Kunstsammlungen Augsburg Inv.-Nr. 20586.

malereien und Arabesken von Kunstmaler Hölzle einer restauratorischen Überarbeitung unterzogen wurden.[4]

Andreas Eigner,[5] der in seiner Zeit als der beste und erfahrenste Restaurator für altdeutsche, besonders altschwäbische Tafelmalerei galt, schilderte in einem anschaulichen Bericht seine Erfahrungen mit der Restaurierung der Fresken im Goldenen Saal. Sie war erforderlich geworden, nachdem die vorübergehende Unterbringung der königlichen Gemäldegalerie im Goldenen Saal vor ihrer Verlagerung 1835 in das neue Galeriegebäude bei St. Katharina die Wandmalereien erheblich in Mitleidenschaft gezogen hatte. So mußte Eigner feststellen, daß die »Kaiserbilder ganz verdorben« waren: »Nicht nur, daß durch das vielseitige Einschlagen von Mauerhaken in die Wandfläche ganze Teile des Mauerwurfes samt der Freskofarbe ausgesprungen und abgefallen waren, erblickte man durch die Gemälde gehend unzählige Risse und Furchen, welche durch rücksichtsloses Anlegen von großen Leitern und Herunterziehen an der Wandfläche beim Herunternehmen derselben entstanden waren.« Zur Restaurierung wendete Eigner ein Spezialverfahren an: Er ließ unter die Farben »enkaustischen venetianischen Firniß« mischen, den er »nach Art der mittelalterlichen Freskomaler zusammensetzte«, und bescheinigte sich rückblickend, »diese Kaiserbilder so gelungen wieder restauriert (zu haben), wie dieselben nach Verlauf einer Reihe von beinahe 20 Jahren heutigen Tages noch erscheinen«.[6]

Wie erkennbare Unterschiede zwischen den alten Schwarzweißfotos und den Farbpositiven belegen, erfolgten weitere Restaurierungen an den Fresken noch Ende des 19. und Anfang des 20. Jahrhunderts.

Sehr aufschlußreich sind auch die Befunde an den beiden Saalquerwänden, wonach die Gewände der obersten Fensterreihe wie die der darunterliegenden Fenster mit Fresken bemalt waren, bevor sie später in die holzverkleidete Architravzone mit einbezogen wurden. Dies war nach Meinung von Professor Machatschek wohl im Laufe der Kagerschen Saalausstattung aus Proportionsgründen erfolgt, um durch eine »Erweiterung« der Decke die enorme Saalhöhe zu vermindern. Ein weiterer interessanter Befund ergab sich im Bereich des westlichen Seitenportals an der nördlichen Saalwand: Die Überdeckung von Freskenresten durch die breite Portalverkleidung läßt den Schluß zu, daß die niederen Portale zu den Fürstenzimmern nachträglich mit schwereren und breiteren Umrahmungen versehen wurden. Diese Vermutung wird laut Professor Machatschek auch durch die »zerschnittenen« Freskenfiguren an den gemalten Pfeilern in diesem Bereich bestätigt.[7]

4 Wirth: »Augsburg wie es ist«. Augsburg 1846, S. 86; sowie Schreiben der Stadt Augsburg an die Zentral-Gemäldedirektion in München vom 30. September 1846.

5 Andreas Eigner, geb. 1801 in der Oberpfalz, gest. 1870 in Augsburg, arbeitete seit 1830 als Restaurator an der Gemäldegalerie in Augsburg und wurde 1832 Galerie-Inspektor.

6 Schreiben von Eigner an den Magistrat der Stadt Augsburg vom 26. Juni 1855.

7 Der Hinweis von Prof. A. Machatschek auf die »zerschnittenen« Wandfresken erfolgte bei einer der zahlreichen Arbeitsbesprechungen und Begehungen im Zuge der Rekonstruktionsmaßnahme.

Der westliche Bereich der Saalnordwand. Farbaufnahme aus der Zeit vor der Zerstörung (1944). Kaiser Vespasian (am rechten Bildrand) wurde in dem beschränkten Wettbewerb als Muster für die Rekonstruktion der Wandfresken festgelegt.

Grundsätze für die Rekonstruktion

»Die Rekonstruktion der Fresken wird sicherlich der schwierigste Teil der gesamten Arbeit sein, und es wird eines sehr großen Könners bedürfen, hier den richtigen Weg zwischen perfekter Kopie einerseits und der für die Qualität der Rekonstruktion schließlich maßgebenden, künstlerischen Freiheit andererseits zu finden.« Diese Aussage aus dem Bericht Professor Machatscheks zum Entwurf für die Wiederherstellung des Goldenen Saales vom 25. März 1980 mußte später dahingehend relativiert werden, als mit dem Beschluß der Rekonstruktion des Kachelofens im Fürstenzimmer I und der Figuren an den beiden Hauptportalen noch höhere Anforderungen an das Können der beauftragten Künstler zu stellen waren.

Da es nicht mehr möglich war, die Farben der Fresken z. Z. ihrer Entstehung – also den »Originalfarbton« – festzustellen, mußte der Farbzustand vor der Zerstörung als Basis für die Rekonstruktion herangezogen werden. Für sämtliche Arbeiten in Rahmen der ersten Rekonstruktionsstufe galt der Grundsatz, möglichst exakt den Zustand vor der Zerstörung zu erreichen. Konkret bedeutete dies für die Freskenwiederherstellung einmal eine optimale Auswertung der umfangreichen Farbdiaserie, zum anderen der Ergebnisse der wissenschaftlichen Untersuchung der Freskenreste. Abzulehnen war – so Professor Machatschek und die Sachverständigen – eine exakte Rekonstruktion der Architekturmalerei ohne Figuren, Medaillons etc. als eine Verfälschung des Originalzustandes.

Ebenso forderten der Architekt und die Experten wie bereits die Teilnehmer des internationalen Kolloquiums von 1978, die noch vorhandenen Reste der Originalfresken an Ort und Stelle zu erhalten. Machatschek hatte darüber hinaus in seinem Gutachten von 1980 festgestellt: »Es wird wohl unvermeidlich sein, bei der Rekonstruktion auch die Restaurierungen der Fresken einzubeziehen, da sonst die Gefahr einer (zu) hypothetischen Rekonstruktion bestünde.« Diese Freskenreste wurden im Nachkriegszustand fotografisch dokumentiert, worauf die späteren Restaurierungsmaßnahmen aufbauten.

In seinem Gutachten vom 28. Juli 1986 zur Wiederherstellung der Fresken ging Professor Machatschek ausführlich auf den Unterschied zwischen den vorhandenen Freskoresten, an denen »grundsätzlich keine Retuschen, Lasuren oder Farbanpassungen an die ursprüngliche Farbigkeit vorgenommen werden« sollten und den zu rekonstruierenden Wandmalereien ein: »Der deutlich erkennbare Unterschied zwischen den ›verbrannten Originalen‹ und den neuen rekonstruierten Teilen ist durchaus positiv zu bewerten. Als den letzten erhaltenen Teilen der ursprünglichen Ausstattungen kommt diesen Resten ein besonderer Dokumentarcharakter zu, sie sollten daher besonders erkennbar sein.« Im wesentlichen handele es sich um relativ geschlossene und zusammenhängende Flächen im obersten Bereich der Wände, »deren Farbigkeit gegenüber den rekonstruierten Teilen gedämpfter und dunkler, aber keineswegs grundsätzlich verschieden« sein werde. Deshalb sei eine störende Beeinträchtigung der harmonischen Gesamterscheinung des Saales durch die unveränderte Erhaltung der Freskoreste nicht zu befürchten.

Die Planungsunterlagen für die Rekonstruktion der Wandfresken – Am Beginn der Rekonstruktion der Wandfresken stand die Erstellung der notwendigen Planunterlagen, die größte Erfahrung und Sorgfalt seitens des Architekten erforderte. Die Arbeitsgrundlage für alle nachfolgenden Planzeichnungen bildete eine entzerrte photogrammetrische Aufnahme aller Wände mit Eintragung sämtlicher Originalfreskenreste im Maßstab 1 : 20. Zusammen mit den farbigen Diapositiven ermöglichten sie dem Planer die zeichnerische Erfassung der gemalten Architekturgliederung der Längs- und Seitenwände in einer optimalen Genauigkeit.

Zweimal das Musterstück von Kaiser Vespasian im Rahmen der ersten Stufe des Wettbewerbs für die Wiederherstellung der Wandfresken im Goldenen Saal: die Arbeit von Prof. Josef Fastl, Wien (links), und Kunstmaler Hermenegild Peiker, Augsburg (rechts).

Die figuralen und dekorativen Bildelemente wurden nur insoweit berücksichtigt, wie sie in die architektonische Struktur eingreifen. Diese Vorgehensweise sicherte nicht nur die genaue Rekonstruktion des architektonischen »Gerüstes«, sie gewährte dem Freskanten auch im Rahmen der dokumentarischen Vorgaben einen gewissen künstlerischen Freiraum. Diese Vorgaben bestanden aus den Architektenplänen sowie aus Vergrößerungen der Farbfotos im Maßstab 1 : 5 und 1 : 10.

Der Wettbewerb für die Rekonstruktion der Wandfresken

In Anbetracht der außerordentlichen Bedeutung gerade dieser Rekonstruktionsmaßnahme für den Goldenen Saal schlugen Architekt und Experten vor, hierfür geeignete Kunstmaler zu einem beschränkten Wettbewerb für die Erstellung von Freskenmustern einzuladen.
Zur Teilnahme wurden folgende vier Kunstmaler und Restauratoren eingeladen: Professor Josef Fastl, Wien; Manfred Leitenmeier, Augsburg; Josef Lorch, Füssen; Hermenegild Peiker, Augsburg.
Gefordert war eine transportable Tafel in der Größe von 150 x 380 cm mit Darstellung des Kaisers Vespasian samt architektonischer Umrahmung in Freskotechnik.
Die schwierige Gestik und Haltung dieser Figur erforderte von den Wettbewerbsteilnehmern ein hervorragendes Darstellungsvermögen. Dabei bestand die Aufgabe in erster Linie darin, eine möglichst genaue Nachbildung des Freskos im Zustand vor der Zerstörung zu fertigen. Eine besondere Schwierigkeit war dabei, daß die gegenüber den Farbfotos auf den vom Brand verfärbten Originalresten erkennbaren Farbabweichungen »verarbeitet« werden mußten. Bemerkenswert ist in diesem Zusammenhang die Tatsache, daß zu diesem Zeitpunkt (Herbst 1984) an eine Überarbeitung, d. h. Restaurierung oder gar an eine Retuschierung dieser Freskenreste nicht gedacht war. Spätestens zum Abgabetermin am 31. März 1985 mußten in einem verschlossenen Umschlag ein Kostenangebot für die Totalrekonstruktion der Wandfresken sowie ein überschlägiger Terminplan abgeliefert werden.

Wettbewerbsergebnis der zweiten Stufe: Links die Arbeit von Prof. Josef Fastl, rechts die von Hermenegild Peiker, der mit der Freskenwiederherstellung beauftragt wurde.

Am 24. Mai 1985 trafen sich die Sachverständigen, der Architekt, die Vertreter der städtischen Bauverwaltung sowie nicht stimmberechtigte Mitglieder des Goldenen-Saal-Vereins zur Beurteilung der eingereichten Wettbewerbsarbeiten, wobei nur Josef Fastl und Hermenegild Peiker Mustertafeln abgegeben hatten.
In der einleitenden Grundsatzdiskussion empfahl Professor Sauerländer, den Weg der Wiederherstellung der Wandfresken nicht weiter zu verfolgen, sondern zunächst zu klären, ob eine historisch getreue Rekonstruktion überhaupt möglich sei. Professor Paul verwies dagegen auf die Bedeutung des Goldenen Saales im Gesamtzusammenhang des Rathauses, der ein »Belassen des fragmentarischen Zustandes nicht dulde«. Ohne die Kaiserbilder sei der Saal nicht nur unvollständig, sondern vor allem auch unverständlich. Schließlich vertrat Professor Schmid die Meinung, daß wegen der optimalen dokumentarischen Belege der Versuch der Wiederherstellung trotz aller Schwierigkeiten gewagt werden sollte.
Nach der anschließenden eingehenden Überprüfung und Beurteilung der beiden im Goldenen Saal aufgestellten Musterstücke (Abb. S. 333) faßten die Sachverständigen ihre Bewertung wie folgt zusammen: Die Kaiserfiguren des Verfassers von Fresko II (Prof. Fastl) entspreche zwar der Manier des 17. Jahrhunderts, sei jedoch etwas unpräzise, wobei die farbliche Ausführung nicht zu beanstanden sei. Dagegen zeige die Darstellungsweise des Verfassers von Fresko I (Kunstmaler Peiker) vom Detail her die gebotene Präzision auf, jedoch verbunden »mit einer gewissen Gefahr der Kleinlichkeit«. Die Vorlagen seien richtig, gleichzeitig aber zu »ängstlich« und farblich nicht ganz überzeugend interpretiert. Das »große Bemühen der beiden Künstler« um eine optimale Lösung dieser äußerst schwierigen Aufgabe wird zwar anerkannt, doch ließen aber die aufgezeigten Mängel eine »direkte Auftragserteilung noch nicht zu«.
Professor Machatschek wurde beauftragt, den beiden Teilnehmern das Ergebnis der Beurteilung mitzuteilen und sie aufzufordern, unter Berücksichtigung der darin genannten Kriterien ein neues Probestück anzufertigen. Die eingereichten Kostenangebote sollten solange ungeöffnet bleiben.
Diese wiederum anonym eingereichten Arbeiten wurden bei der Expertensitzung am 22. November 1985 begutachtet (Abb. S. 334). Während die Professoren Schmid und Paul für das »Fresko I« votierten, bezeichnete Professor Machatschek beide Mustertafeln als gleichwertig, wenn auch das Fresko I »die exaktere Kopie darstelle«. Kritisch vermerkt wurden auch die beim »Fresko II« nachträglich in Secco-Technik vorgenommenen Korrekturen und unrichtigen »barocken Effekte«.
Die mit Spannung erwartete Öffnung der bis dahin verschlossenen Umschläge ergab als Verfasser für das »Fresko I« den Augsburger Kunstmaler Hermenegild Peiker, der für die Gesamtausführung der Malereien, jedoch ohne Arbeitsgerüst 741.000 DM veranschlagt hatte. Das Angebot des zweiten Wettbewerbsteilnehmers Josef Fastl belief sich auf 1.758.000 DM.
Mit Schreiben vom 16. Juli 1986 wurde Hermenegild Peiker nach Zustimmung des Stadtrates vom 25. Juni 1986 mit der Wiederherstellung der Wandmalereien im Goldenen Saal beauftragt, mit der Maßgabe, zunächst nur ein Wandviertel auszuführen. Bestandteil der Auftragserteilung waren die von Architekt Machatschek festgelegten Vertragsbedingungen. Dazu gehörte neben einem verbindlichen Zeitplan die Vorlage von Entwurfskartons und Farbstudien. Die Rekonstruktion sollte abschnittsweise mit Einzelabnahmen der jeweiligen Arbeitsschritte erfolgen. Die Verantwortung für die Qualität der Ausführung hatte der beauftragte Künstler zu tragen, während dem Architekten lediglich die Beratung oblag. Im Falle von Meinungsverschiedenheiten sollten die Arbeiten bis zur Entscheidung der Experten ruhen. Derartige unterschiedlichen Auffassungen zwischen dem Freskanten und dem Architekten traten in der Praxis insofern auf, als dem Künstler in den Vertragsbestimmungen ein »gewisser künstlerischer Freiraum« zugestanden worden war. Während die Herstellung

der Kartons ohne Probleme erfolgte, gab es wiederholt Meinungsverschiedenheiten hinsichtlich der Farbgestaltung und der Differenzierung von Licht und Schatten, zudem eine eindeutige Entscheidung durch die auf den fotografischen Vorlagen erkennbaren Übermalungen erschwert wurde.

Die Durchführung der Freskenwiederherstellung

Trotz der umfangreichen dokumentarischen Unterlagen stellte die bevorstehende Aufgabe für Hermenegild Peiker nach seinen eigenen Worten »eine große Herausforderung« dar. Diese Aussage bezog sich nicht nur auf die hohen künstlerischen Ansprüche, sondern auch auf die langjährige zeitliche Belastung, mit der dieser Auftrag verbunden war. Bereits mit Abgabe seines Kostenangebotes hatte Peiker erklärt, daß die Ausführung der Arbeit vier Jahre beanspruchen würde. Dies begründete sich nicht nur im Umfang und in der Schwierigkeit des Vorhabens, sondern auch mit anderweitigen Verpflichtungen des Künstlers von nahezu sechs Monaten pro Arbeitsjahr.
Im Einvernehmen mit Professor Machatschek und dem städtischen Hochbauamt wurde aufgrund der bereits ausgeführten linken Südwand folgender Terminplan erarbeitet:
Südwand links vom 11. August 1986 bis Ende Februar 1987
Südwand rechts vom 1. Juni 1987 bis 31. Oktober 1987
Nordwand rechts vom 1. April 1988 bis 31. August 1988
Ostwand vom 1. Dezember 1988 bis 31. Mai 1989
Nordwand links vom 1. Juni 1989 bis 31. Oktober 1989
Westwand vom 1. November 1989 bis 31. März 1990

Die Vorarbeiten im Atelier und im Saal – Zur Vorbereitung der Freskenwiederherstellung führte Peiker im Goldenen Saal an Ort und Stelle eine exakte Bestandserfassung zur Bestätigung der vom Architekten vorgegebenen Planunterlagen durch. Zu diesem Zweck übertrug er die Originalfreskenreste in natürlicher Größe auf Transparentpapier. Der nächste Schritt war die Anlage eines Einteilungsrasters durch Auftragung der vertikalen und horizontalen Bezugsachsen direkt auf dem Wandputz sowie die maßstäbliche Entzerrung der zur Verfügung gestellten Fotografien mittels eines Netzrasters. Auf dieser Grundlage konnte Peiker mit der groben Aufzeichnung der wiederherzustellenden Freskenteile mit Kohlestift auf Karton beginnen, um sie daran anschließend wiederum genau auf Transparentpapier aufzuzeichnen. Die auf diese Weise hergestellten originalgroßen Entwürfe dienten als Besprechungs- und Diskussionsgrundlage für die weitere Betreuung durch Architekt Machatschek und die Sachverständigen. Nach entsprechenden Korrekturen und abschließender Abnahme der Zeichnungen konnte Peiker mit der praktischen Ausführung beginnen. Dazu wurden die Umrißlinien durch die Perforierung des Transparentpapiers mittels spitzer Stricknadeln »abgestochen«, und durch Einstäubung mit feinem Kohlestaub auf die frisch aufgetragene Putzschicht übertragen.
Neben dieser äußerst sorgfältigen Vorbereitung der bildlichen Grundlagen ist bei der Freskenmalerei eine weitere Voraussetzung für ein optimales Arbeitsergebnis ausschlaggebend: die Herstellung eines einwandfreien Malgrundes.
Eine Untersuchung mit chemischer Analyse des vorhandenen Wandputzes im Verbund mit den Farben der Originalfresken hatte im März 1982 ergeben, daß der nach dem Krieg (1963) aufgebrachte Putz eine hervorragende Qualität aufwies, der »wegen seiner Stabilität bei einer späteren Freskobemalung nicht entfernt werden müsse«. Doch führte eine weitergehende Überprüfung zusammen mit einer probeweisen Bemalung durch Hermenegild Peiker zu dem gegensätzlichen Ergebnis, daß nämlich eine einwandfreie Freskenwiederherstellung auf dem Nachkriegsputz nicht möglich sei.

Kartonentwürfe von Hermenegild Peiker für Kaiser Karl d. Großen (links) und Kaiser Theodosius (rechts).

Putzmusterproben für die Erstellung des Freskoputzes.

Auf Grund mehrerer Versuche in Zusammenarbeit mit dem erfahrenen Stukkateurmeister Franz Frühholz der Firma Jakob Schnitzer entschied man sich für die vollständige Abfräsung des bestehenden Feinputzes. Dadurch entstand eine rauhe Oberfläche, auf die der neue Malgrund nach wiederholtem Nässen zweilagig aufgebracht werden konnte. Besonderer Wert wurde dabei auf ein exaktes Mischungsverhältnis gelegt. Es umfaßte folgende Bestandteile:
1. Lage: ca. 7 mm stark, mit 3½ Teilen Natursand und einem Teil holzgebranntem Marmorsumpfkalk aus Altmannstein im Altmühltal.
2. Lage: ca. 3 mm stark, mit 1½ Teilen Sand (¾ Natursand und ¼ Quarzsand) und einem Teil holzgebranntem Marmorsumpfkalk.
Mit der Gesamtstärke von ca. 10 mm war ein flächengleicher Anschluß des Neuputzes an die Originalfreskenreste gewährleistet, wobei die zweite Lage entsprechend dem Arbeitsfortschritt des Freskanten abschnittsweise aufgezogen wurde.

Die Abwicklung der Freskenmalerei – Im August 1986 begann Peiker an der östlichen Südwand mit der Wiederherstellung der Fresken. Dabei bestätigte sich zunehmend die Notwendigkeit der von ihm bis dahin geleisteten Vorarbeiten. Hierzu zählte neben der bereits erläuterten Herstellung der Malvorlagen auch das intensive Studium der Maltechnik Matthias Kagers. Als erfolgreicher Restaurator und Kopist bekannter Künstler des 17. und 18. Jahrhunderts, war Kunstmaler Hermenegild Peiker in der Lage, den Kagerschen Stil nachzuvollziehen, dessen »gut ablesbare, disziplinierte Arbeitsweise« seiner künstlerischen Einstellung sehr entgegenkam. Trotz dieser Gemeinsamkeit bedurfte es zunächst noch einer Befreiung von der anfänglich feststellbaren Zurückhaltung Peikers. An seiner schon bald zunehmenden Sicherheit und Souveränität hatte die aufgeschlossene und konstruktive Betreuung durch Professor Machatschek einen nicht unerheblichen Anteil.

Wie die Rekonstruktion der Kaiserbildnisse ging auch die Wiederherstellung der Kartuschen auf den Fensterbrüstungen des Saalzwischengeschosses abschnittsweise vor sich. Dokumentiert ist hier die Wiederherstellung der Szene »Susanna im Bade und die beiden Alten« (zweite Kartusche von links auf der Südwand).
Oben die Umrißzeichnung des Bildes auf der Wand. Darunter die schrittweise Ausmalung in monochromen Grau-Blau-Tönen der Szene mit ockerfarbener Kartuschenumrahmung bis zur Fertigstellung.

Teilabschnitt aus der Wiederherstellung des Puttenkranzes über den Fenstern des Saalzwischengeschosses. Oben die mit dunklem Puder angefertigte Umrißzeichnung auf der Wand, darunter die Figur mit der Blumengirlande im komplett ausgemalten Zustand.

Mitte März 1987 hatte Peiker den östlichen Teil der Südwand vollständig fertiggestellt. Bei der Beurteilung durch die Sachverständigen fand seine Arbeit einhellige Zustimmung; Professor Alfred A. Schmid lobte seine »meisterhafte Leistung« und Generalkonservator Professor Michael Petzet stellte fest, daß der Goldene Saal erst durch die Malerei von Hermenegild Peiker »wieder das künstlerische Flair der Renaissance erhalten habe«.
Diese künstlerische Qualität und im besonderen die zunehmende Sicherheit setzte sich auch in der weiteren Arbeit fort, was im Protokoll der 13. Sachverständigensitzung vom 13. November 1987 Anerkennung fand: »Die Hand des Künstlers wurde leichter, er arbeitet jetzt selbstsicherer und ohne Ängstlichkeit.«
Am Beispiel der Wiederherstellung der Kartuschenbemalung »Susanna im Bade« aus der Reihe der alttestamentarischen Heldinnen auf der Saalsüdseite wird das Entstehen eines Freskendetails von Kunstmaler Hermenegild Peiker dokumentiert (Abb. S. 339). Die beispielhafte Arbeitsweise Peikers zeigt weiterhin das Entstehen eines Teilabschnittes des Puttenkranzes (Abb. oben) sowie eines Feldes in Grisaillemalerei im unteren Bereich der nördlichen Saalwand (Abb. S. 341). Weitere Beispiele des Könnens von Hermenegild Peiker sind im Abschnitt »Die an der Rekonstruktion Beteiligten und deren Arbeitsweise« (S. 226/227) behandelt, wo auch über seine Maltechnik im Detail berichtet wird.

Zu den schwierigeren Partien bei der Freskenwiederherstellung zählten die Szenerien in Grisaillemalerei der Sockelzone. Hermenegild Peiker beim Aufpausen und Aufzeichnen der Umrißlinien eines Abschnittes der Freskenmalerei.

Auch bei der im August 1988 fertiggestellten westlichen Nordwand zeigte Peiker nach Meinung der Experten »eine Steigerung in der Souveränität und bei der Interpretation der dokumentarischen Unterlagen. Diese Entwicklung setzte sich gleichermaßen bei der östlichen Nordwand fort, bei der das »außerordentliche Bemühen des Künstlers um eine exakte Kopie ohne Vernachlässigung der notwendigen gestalterischen Freiheit« in der Sitzungsniederschrift vom 02. Juni 1989 besonders anerkannt wurde.

Im Gegensatz zu den Längswänden gestaltete sich die Freskenwiederherstellung an den beiden Schmalseiten insofern etwas schwieriger, als diese Wandbereiche dokumentarisch weniger ausführlich belegt sind. Kunstmaler Peiker wurde auch hierfür eine vorzügliche Arbeit bescheinigt, nachdem er im April 1990 mit der westlichen Schmalseite die Wiederherstellung der Wandfresken vollständig abgeschlossen hatte.

Das überzeugende Ergebnis der Freskenmalerei Peikers vermitteln die Abbildungen auf den Seiten 342 bis 345.

Das von Peiker erstellte Freskoteil. Festgehalten ist hier die Szene auf dem großen Wandfeld links neben dem nördlichen Hauptportal.

Die wiederhergestellten Wandfresken im östlichen Teil der Südwand des Goldenen Saales 1990.

Die wiederhergestellten Wandfresken im westlichen Teil der Südwand des Goldenen Saales 1990.

Die wiederhergestellten Wandfresken im westlichen Teil der Nordwand des Goldenen Saales 1990.

Die wiederhergestellten Wandfresken im östlichen Teil der Nordwand des Goldenen Saales 1990.

Restaurierungsphasen von Wandmalerei-Fragmenten am Beispiel einer monochrom behandelten Kartusche der Fensterbrüstung. Dargestellt ist eine alttestamentarische Szene im linken Bereich der Südwand (Achse 1 auf der Falttafel VI): Jahel, wie sie den schlafenden Feldherrn tötet.

Vor der Restaurierung.

Zwischenphase.

Fertiger Zustand.

Sicherung und Restaurierung der Wandmalerei-Fragmente

Entscheidungsfindung und Durchführung

Fast vier Jahre, von Juli 1986 bis April 1990, arbeitete Kunstmaler Hermenegild Peiker an der Wiederherstellung der Kagerschen Wandfresken im Goldenen Saal. Während dieser Zeit hatte sich die Sachverständigenkommission in zahlreichen Sitzungen auch mit der Behandlung der noch vorhandenen Freskenfragmente beschäftigt.

Die nachfolgende Zusammenfassung über die Behandlung durch die Sachverständigen beweist, wie sorgfältig die Rekonstruktionsabschnitte behandelt wurden. In diesem Zusammenhang wurde festgelegt, daß über eventuell notwendige Retuschen der durch den Brand farblich veränderten Originale später entschieden werden solle, wobei diese als solche gegenüber der Neubemalung erkennbar sein müßten. Im Verlauf dieser sorgfältigen wissenschaftlich fundierten Vorbereitung wurde offenkundig, daß die Behandlung der noch erhaltenen Originalfreskenreste und vor allem die Ergänzungen und Übermalungen der Nachkriegszeit das größte Problem darstellten.

In der 12. Kommissionssitzung vom Juni 1987 wurde die bisherige Vermeidung von Retuschen posititv gewertet, wobei empfohlen wurde, die original erhaltenen und teilweise im 19. Jahrhundert restaurierten Fragmente von den Ergänzungen der Nachkriegszeit zu unterscheiden. Für das weitere Vorgehen wurde beschlossen, die Zusammenarbeit mit dem Landesamt zu intensivieren und einen Fachmann für diese spezielle Aufgabe beizuziehen.

Bei der 13. Sitzung der Sachverständigenkommission am 13. November 1987 wurde die vorzügliche Integration der Freskenreste, die neben ihrem denkmalpflegerischen Wert auch eine »Kontrollfunktion« für die neue Malerei haben, besonders hervorgehoben. Allerdings sollte mit einer »allfälligen Einstimmung der originalen Reste« auf jeden Fall bis zum Abschluß der ganzen Rekonstruktion zugewartet werden.

Prof. Alfred A. Schmid hielt damals eine derartige Anpassung für entbehrlich, da die unretuschierten Reste »gleichsam als Nagelprobe für das korrekte Vorgehen bei der Rekonstruktion« dienen würde.

Bei der Sachverständigensitzung am 24. Juni 1988 wurde bei den Wandfresken eine weitere Qualitätssteigerung festgestellt, die sich auch auf den »sehr guten Zusammenklang« zwischen Original- und Neufresken beziehe, wobei gerade die Existenz späterer Übermalungen eine besonders sorgfältige Arbeitsweise erfordert hätte. Außerdem wurde erneut festgelegt, die endgültige Behandlung der Originalreste vorläufig, d. h. bis zur Vollendung der Rekonstruktion, zurückzustellen. Nach einer vorausgehenden sorgfältigen Reinigung sollten jedoch nur soviel Ergänzungen wie nötig bzw. so wenig wie möglich durchgeführt werden. Optische Unterschiede zwischen Original und Rekonstruktion seien zulässig, jedoch dürfe der Gesamteindruck nicht gestört werden.

Am 25. November 1988 wurde von den Experten festgestellt, daß das Vorhandensein der inselartigen Originalfresken einen »Glücksfall« darstelle, »die zusammen mit erhaltenswerten Ergänzungen der 50er Jahre in klarer, aber harmonischer Differenzierung in die Gesamtmalerei einzubeziehen« sind.

In der Sachverständigensitzung am 02. Juni 1989 schlug Architekt Machatschek erneut vor, die immer noch nicht retuschierten gereinigten Freskenreste erst nach vollständiger Fertigstellung der Wandmalerei zu restaurieren, wobei das konkrete Vorgehen schrittweise durch entsprechende Proben im Einvernehmen mit den Sachverständigen und dem Landesamt für Denkmalpflege festgelegt werden sollte. Generalkonservator Michael Petzet schloß sich diesem Vorschlag an, mit dem ergänzenden Hinweis, daß die Restaurierung ohne

Rücksicht auf den »Publikumsgeschmack« primär denkmalpflegerisch und kunsthistorisch verantwortbar sein müsse.
Bei der Sitzung am 19. Januar 1990 wurde die Restaurierung der Freskenreste und insbesondere ihre Integration in die Gesamtkonzeption ausführlich behandelt. Hierzu gab der vom Landesamt empfohlene Münchner Restaurator Helmut Zernickel einen Befundbericht, wobei er auf mehrfache Übermalungen und Ergänzungen in Secco-Technik hinwies, die im 19. Jahrhundert sowie um 1930 und Ende der 50er Jahre durchgeführt wurden. Bei der restaurativen Überarbeitung der Originale sei davon auszugehen, daß notwendige Korrekturen nach Abschluß der 2. Ausbaustufe durchgeführt würden, sobald eine Gesamtbeurteilung möglich sei. Es bedürfe eines vorsichtigen Herantastens an die endgültige Lösung, wobei ein Minimum an Maßnahmen oberstes Ziel sein müsse.
Bei der Sitzung am 24. August 1990 – die Wandfresken waren bereits fertiggestellt – ging es um die Entscheidung über Art und Umfang der Retuschen an den Originalfragmenten. »Alleiniges Ziel dieser schwierigen Restaurierung müsse das Schließen der nicht mehr vollständigen Form sein, um auf diese Weise die frühere Gesamtwirkung und den unverzichtbaren Zusammenklang der Raumelemente wiederherzustellen.«
Prof. Schmid stellte nach einer Ortsbesichtigung mit anschließender Diskussion zusammenfassend fest: Die »Wunden« der Kriegszerstörung müssen akzeptiert werden, d. h. bei den restlichen Freskenresten dürfen nur die extrem störenden Stellen behandelt werden. Der ausführende Restaurator muß unter ständiger Begleitung der Experten äußerst behutsam vorgehen.
Auch in der folgenden Sitzung der Sachverständigen am 02. November 1990 wurde die Vorgehensweise noch einmal grundsätzlich diskutiert. Prof. Alfred Schmid wiederholte seine bisherigen Empfehlungen, wobei er Ergänzungen ablehnte, welche die Grenzen zwischen alt und neu nicht mehr erkennen lassen. Dadurch würde ein drittes Element zwischen Kager und Peiker geschaffen. Auch Prof. Paul hielt es für wichtig, daß die Originale als Fragment deutlich in Erscheinung treten. Der Vertreter des Landesamtes für Denkmalpflege, Dr. Bernd Vollmar, schloß sich diesen Aussagen an und stellte ergänzend fest, daß es ausreichend sei, durch behutsame Retuschen unterbrochene Formen wieder zu schließen und somit fehlende Zusammenhänge wieder herzustellen.
Die Restaurierung und Retuschierung der beiden Saallängswände konnten nach vorheriger Festigung und Reinigung abschnittsweise auf dieser Basis bis Juni 1994 abgeschlossen werden, wobei jeweils die vorzügliche Qualität der Restaurierung gewürdigt wurde. Dank der auf wissenschaftlicher Basis erfolgten intensiven Untersuchungen, der hervorragenden restaurationstechnischen Ausführung durch Restaurator Zernickel und der permanenten fachmännischen Betreuung durch Oberkonservator Dr. Bernd Vollmar vom Landesamt für Denkmalpflege sowie durch die Sachverständigen der Goldenen-Saal-Kommission konnte eine in der Tat beispielhafte Restaurierung der Freskenfragmente erzielt werden.
Bernd Vollmar verfaßte zu diesem Thema den nachfolgenden Beitrag, in dem das besondere Maßnahmenziel der Restaurierung und deren Durchführung einschließlich der aufgewandten Technik behandelt wird. Im Besonderen wird auch der kunsthistorische Rang der Kagerschen Wandmalerei eine von profunder Fachkenntnis getragene Würdigung erfahren.

Goldener Saal. Kupferstich von Wolfgang Kilian, 1657. Städtische Kunstsammlungen Augsburg.

Zur Restaurierung der Wandmalerei-Fragmente
(Bernd Vollmar)

Die nach der Zerstörung des Goldenen Saales im Februar 1944 verbliebenen Reste der historischen Raumausstattung sind seit den Aufräumungsarbeiten verloren.[1] Einzig die Fragmente der Wandmalereien repräsentieren noch einen originalen Bestand. Obgleich auf geringe Teilflächen reduziert, war die Wiederherstellung bzw. Ergänzung der vom augsburgischen Stadtmaler Johann Matthias Kager (1575–1634) zwischen 1619 und 1622 ausgeführten Wandmalereien ein wichtiger Aspekt der stufenweisen Rekonstruktion des Goldenen Saales. Die im Zusammenwirken mit den Ratsherren von dem Jesuiten Matthäus Rader konzipierten malerischen Wandgestaltungen des Saales beanspruchen einen wesentlichen programmatischen und künstlerischen Anteil an der Gesamtausstattung des Rathauses.

Im folgenden soll die denkmalpflegerische Problematik, sollen die konservatorisch-restauratorischen Maßnahmen am Originalbestand und dessen kunsthistorische Bedeutung erläutert werden.

1 Nach Lieb, Norbert: »Augsburgs bauliche Entwicklung als Ausdruck städtischen Kulturschicksals seit 1800«, in: »Wiederaufbau und Tradition«, Augsburg 1951, S. 90 (= Zschr. des Hist. Vereins für Schwaben, 58. Bd.) wurden bei den 1944 begonnenen Aufräumungsarbeiten beispielsweise die Türbeschläge des Goldenen Saales »mit dem Schutt in die Kippwagen geschaufelt«.
Zum Zustand des Goldenen Saales vor seiner Rekonstruktion vgl.: »Augsburg und sein Rathaus. Die Sanierung des Rathauses...« Hg. Stadt Augsburg, Hochbauamt, Augsburg 1985, S. 38, 156f.

Matthias Kager oder Umkreis, Goldener Saal, Wandentwurf, um 1620. Lavierte Federzeichnung. Universitätsbibliothek Hannover.

Zunächst zum kunsthistorischen Rang der Kagerschen Wandmalerei. Bereits mit der frühesten Ansicht des Goldenen Saales, mit Wolfgang Kilians Kupferstich von 1657 (Abb. S. 349), ausgeprägter dann noch mit den Rathaus-Zeichnungen aus der Zeit um 1730 von Salomon Kleiner (Abb. S. 14), wird der Charakter dieser Wandmalerei deutlich: Kagers Beitrag für die Raumausstattung ist Illusionskunst. Mit malerischen Mitteln bestimmt er die Struktur des Goldenen Saales und bewältigt mit diesem Medium gleichzeitig andere Kunstgattungen: Architektur, Skulptur und Ornament. Die reale Architektur der Fensteröffnungen ins Freie bzw. zu den Nebenräumen sowie auch der Türöffnungen mit den plastischen Portalgestaltungen ist in gemalte Architektur eingebunden. Kager bedient sich dabei eines klargeordneten Architektursystemes: zweigeschossig, mit Pilastern, Wandnischen, Kartuschen und profilierten Rahmungen bzw. Verdachungen um die (realen) Fenster. Mit dieser malerischen Wandgestaltung vereint sich ein drittes Architekturgeschoß, das, ebenfalls mit konkreten Fensteröffnungen versehen, plastisch ausgeführt ist und somit zur reliefierten Dekkengestaltung überleitet. Die skulpturale Dimension der Kagerschen Malerei ist mit den 16 Kaiserdarstellungen, den Putti oder den Fruchtgehängen über dem ersten Mezzaninfenstergeschoß gegeben. Die – gemalte – Skulptur steht im Widerpart zu den real-plastischen Giebelfiguren über den Hauptportalen. Bestätigt wird dieses Kunstwollen letztlich durch eine heute in Hannover aufbewahrte Zeichnung der Kager-Werkstatt[2] (Abb. oben). Auch die Ornamentmalerei, so beispielsweise die Sockelzone mit den in Grisaille-Technik gefertigten Grotesken-Darstellungen, beansprucht Plastizität und Reliefbildung. Der malerischen Dimension verhaftet bleiben allein die in Hell-dunkel-Manier dargestellten Brüstungsbilder mit den heidnisch-alttestamentarischen Frauenszenen.
Kager versteht es, Realitätsgrade aufzulösen. Seine Malerei ist Bestand des Gesamtreliefs der Raumkunst des Goldenen Saales. Die mit zahlreichem Zierwerk versehene Kassettendecke, deren in Schreinerarbeit ausgeführter Deckenanschluß oder die Portalarchitekturen mit den Giebelskulpturen sind mit der malerischen Wandgestaltung verwoben. Dies gilt auch für Kagers Farbwahl. Daß das im Saal so nachhaltig wirkende Gold ausschließlich als Besatz plastischer Teile vorkommt, wird dem Betrachter zunächst nicht bewußt; die Einbindung der malerischen Partien vollzieht sich diesbezüglich über eine ausgeprägte Okkerfarbigkeit.
Die beiden genannten historischen Ansichten verdeutlichen einen weiteren Kunstgriff: Kilian zeigt die realen Fensteröffnungen mit Butzenscheiben, bei Kleiner sind die Fensterflügel geöffnet, und eine Vielzahl von Personen verfolgt das Geschehen im Saal. Kagers (Innen-)Wandgestaltung ist gleichzeitig Fassa-

2 Baer, Wolfram, u. a. (Hg): »Elias Holl und das Augsburger Rathaus« (Ausst. Kat.), Regensburg 1985, S. 371, Nr. 294.

Goldener Saal, Teilansicht Südseite. Fotografie vor der Zerstörung.

dengestaltung; der Realitätsgrad von innen und außen verschwimmt. Die Gestaltungsmomente der Hollschen Fassade zum heutigen Rathausplatz mit Haupt- und Nebenportalen und akzentuierten Fensteröffnungen werden hier – im Innenraum – wiederholt, steigern damit den Rang des Goldenen Saales.

Die Wandmalereien des Matthias Kager im Augsburger Rathaus-Saal haben überraschenderweise in der kunsthistorischen Forschung bislang noch keine ausreichende Würdigung gefunden. Bruno Bushart hat in einem Essay darauf hingewiesen.[3] Die Malereien wurden immer als integrierter Bestand des Goldenen Saales, dieser wiederum als programmatisches und (ausstattungs-)künstlerisches Zentrum des Rathauses gesehen. Mit der – berechtigten – Definition eines Gesamtkunstwerkes und Gesamtprogrammes, in seinem Auftakt im Augustusbrunnen, mit der Vernetzung von Außenbau und Innenausstattung, mit der Veranschaulichung des Gesamtprogrammes, wurde der Stellenwert der Wandmalerei vernachlässigt. Zudem stand lange Zeit, nachgerade mystisch, die Person des Elias Holl im Vordergrund. So ist in einer Rathausbeschreibung der 20er Jahre zu lesen: »Der Geschmack (des Goldenen Saales) ist noch keineswegs in dem Maße veredelt wie der Geist der Hollschen Architektur.«[4] Anders beklagt Schindlers »Bayerische Kunstgeschichte« zwar die Vernichtung der Rathaus-Ausstattung im Zweiten Weltkrieg als einen »...der größten Verluste, den die europäische Kunst erlitten hat...«, die Wandmalerei allerdings bleibt gleichermaßen unerwähnt. Lediglich ist darauf verwiesen, daß der »trockene Lokalrivale« Kager einem Joseph Heintz vorgezogen wurden.[5] Daß die malerische Ausgestaltung eines Raumkunstwerkes von europäischem Rang auch einen Stellenwert in der Entwicklung der Wandmalerei haben müßte, wird nicht thematisiert. Doch auch in einem Standardwerk zu dieser Kunstgattung sucht man Kager vergebens.[6] Folglich bleibt es kaum verwunderlich, wenn auch in neueren monographischen Abhandlungen zum Augsburger Rathaus und zu Matthias Kager der Wandzyklus zwar als Forschungsdesiderat erkannt, aber nicht umfassend gewürdigt wird.[7]

Bei der Suche nach Vorbildern für die Malereien des Augsburger Saales ist zu berücksichtigen, daß Kager entgegen früheren Annahmen nie in Italien war. Entsprechende künstlerisch-ikonographische Vorgaben können somit nicht direkt übernommen worden sein. Neben Matthäus Rader und Peter Candid sind für die Übermittlung sogenannter Italianismen auch andere Künstlerpersönlichkeiten zu berücksichtigen.[8] Über die vielfältigen künstlerischen Wechselbeziehungen der süddeutschen Kunstzentren zu Italien hinaus ist eine – sozusagen interne – Wirkungsgeschichte, hier zwischen dem Münchner und Augsburger Kunstbetrieb, in Erwägung zu ziehen. Im Rahmen des Künstleraustausches bleiben übrigens spezifische Rahmenbedingungen, so etwa bayerisch-herzoglicher oder reichsstädtischer Herrschaftsbereich oder konfessionelle Einflüsse, weitgehend unberührt.[9] Ebenso wie bei Elias Holl[10] läßt sich bei Kager nachweisen, daß italienische Einflüsse nicht (nur) direkt übernommen, sondern auch wesentlich über lokale Vorgaben umgesetzt wurden.

Für die kunsthistorische Einordnung des Goldenen Saales sind in der Literatur bereits Vergleichsbeispiele, wie italienische, namentlich venezianische Vorgaben, oder süddeutsche, etwa der Fuggersaal in Kirchheim und der Schöne Saal in Nürnberg, benannt.[11] Speziell für die Wandmalereien müssen weitere Vergleiche gezogen werden; auch hier ist die süddeutsche Kunsttätigkeit des 16. Jahrhunderts besonders anzusprechen. Architektonische Gestaltungen von Wänden bzw. Fassaden mit malerischen Mitteln waren hier zu dieser Zeit üblich. Als prominentes Beispiel, 1611 – 1619, also kurz vor dem Goldenen Saal entstanden, ist die westliche, einstige Hauptfront der Münchner Residenz zu erwähnen.[12] Ein Vergleichsbeispiel im Hinblick auf das Zusammenwirken von Architektur und figürlicher Malerei in Abhängigkeit zu Fensteröffnungen gibt es in Landshut die um 1599 entstandene Fassade des ehemaligen Landschaftshauses. Überhaupt kann anhand der Landshuter Kunsttopographie jene Wechselwirkung zwischen den süddeutschen Kunstzentren und ihren Italianismen deutlich

3 Bushart, Bruno: »Das Augsburger Rathaus als Kunstwerk«, in: Kat. Holl (wie Anm. 2), S. 91 ff.

4 Christoffel, Ulrich: »Augsburger Rathaus«, Augsburg 1929, S. 11f.

5 Schindler, Herbert: »Große Bayerische Kunstgeschichte«, München 1963, Studienausgabe 1976, Bd.2, S. 106, 83.

6 Tintelnot, Hans: »Die barocke Freskomalerei in Deutschland«, München 1951; auf S. 23 ist Kager lediglich hinsichtlich seiner (Leinwand-) Bilder an der Decke des Goldenen Saales erwähnt.

7 Vgl. Walter, Renate von: »Das Augsburger Rathaus, Architektur und Bildgehalt«, Augsburg 1972 (= Abh. z. Gesch. d. Stadt Augsburg, Bd. 20); Netzer, Susanne: »Johann Matthias Kager, Stadtmaler von Augsburg«, München 1980 (= Miscellanea Bavarica Monacensia, Heft 92); Ausst. Katalog Elias Holl (wie Anm. 2).

8 Netzer (wie Anm. 7), S. 12.

9 Vgl. Petzet, Michael: »Das ehemalige Marstall- und Kunstkammergebäude in München und sein Umbau zur königlichen Münze«, in: »Jahrbuch der Bayerischen Denkmalpflege«, Bd. 40, S. 13 ff., hier S. 29 – 36.

10 Vgl. Roeck, Bernd: »Elias Holl, Architekt einer europäischen Stadt«, Regensburg 1985, S. 66; dazu die Rezension des Verfassers, in: »Deutsche Kunst und Denkmalpflege«, Jg. 43, 1985, Heft 2, S. 170 und die Entgegnung Roecks, ebendort, Jg. 44, 1986, Heft 2, S. 233.

11 Walter (wie Anm. 7), S. 64 ff.; Kat. Holl (wie Anm. 2), S. 252 ff; Paul, Jürgen: »Der Goldene Saal des Augsburger Rathauses und die Tradition des Rathauses«, in: »Augsburg und sein Rathaus« (wie Anm. 1), S. 21 ff.

12 Skalecki, Georg: »Deutsche Architektur zur Zeit des Dreißigjährigen Krieges«, Regensburg 1989, S. 97ff.

Matthias Kager, Goldener Saal, Grotesken-Detail. Fotografie vor der Zerstörung.

nachvollzogen werden.[13] Der Kreis von Sustris, Candid, Padovano und anderen zu Kager schließt sich dabei.

Ähnliches gilt für die Bildinhalte. Zunächst zu den Grotesken des unteren Wandgeschosses (Abb. oben). Diese, Realitäten und Größenmaßstäbe verneinende Ornamentform der Antike war zur Entstehungszeit des Goldenen Saales bereits seit einem knappen Jahrhundert wieder Thema der Kunst. Grotesken erlauben, über die reine Dekorationsform hinaus, die Präsentation eines manieristischen Wesenszuges, nämlich des Merkwürdigen, des Abstrusen und des Lasziven. Dazu der Dichter Wilhelm Heinse bei der Betrachtung des Goldenen Saales, 1783: »Wunderbar ists, daß die frommen Augsburger so etwas Abscheuliches so lange haben stehen lassen«.[14] Der Sinngehalt der unterschiedlichsten Fabelwesen der Kagerschen Darstellungen ist im einzelnen kaum bestimmbar. Die Vorbilder sind beispielsweise in den zahlreichen Ornamentstichen der frühen Neuzeit zu suchen.[15]

13 Liedke, Volker: »Stadt Landshut«, München/Zürich 1988, S. 32 f. (= Denkmäler in Bayern, Bd. II. 24); Hojer, Gerhard (Gf.): »Der Italienische Bau« (Stadtresidenz Landshut: Ausst. Kat.), Landshut-Ergolding 1994.

14 Heinse, Wilhelm: »Sämtliche Werke«, Bd. VII, Leipzig 1909, S. 278; vgl. auch Kat. Holl (wie Anm. 2), S. 251.

15 Etwa die 1609 in Rom publizierte Stichfolge des Antonio Tempesta, vgl. Berliner, Rudolf und Egger, Gerhard: »Ornamentale Vorlageblätter des 15. bis 19. Jh.«, München 1981, Nr. 735 – 742.

Die Legitimation solcher Bildinhalte konnte aus den antiken Wurzeln der Groteske bezogen werden. Aber auch die in jeder Hinsicht anders gearteten Themen des oberen Wandgeschosses berufen sich auf antike Traditionen. Die Darstellungen heidnischer und christlicher Kaiser sowie heidnischer und biblischer Frauengestalten sprechen historische Kontinuitäten an. In der Literatur wurde mehrfach darauf verwiesen, daß die Ausstattung des Goldenen Saales und hier vornehmlich die Wandmalerei, weniger die traditionelle Ikonographie eines Rathaussaales (wie beispielsweise in Nürnberg), sondern eher die eines Kaisersaales aufnimmt.[16] Wie bereits erwähnt, gehen die programmatischen Vorgaben auf Rader und Candid zurück.

Nicht zuletzt ist Augsburg selbst, internationales Kunstzentrum der frühen Neuzeit, als Maßgabe für die Gestaltung des Goldenen Saales heranzuziehen. Allgemein muß zunächst auf die lokale Tradition der Fassadenmalerei verwiesen werden. Matthias Kager hat mit seiner um 1606 ausgeführten Gestaltung des Weberzunft-Hauses einen wichtigen Beitrag zu dieser Kunstübung geleistet. Monumentale Figurendarstellungen beispielsweise waren von Giulio Licinios (heute zerstörter) Fassade des Rehlinger-Hauses, Philippine-Welser-Straße 14, bekannt.[17] Ikonographisch und ikonologisch knüpfen die Kaiserdarstellungen des Goldenen Saales direkt an die von Ulrich Apt und Jörg Breu um 1516 gefertigten Fassadenmalereien am (1615 abgetragenen) mittelalterlichen Vorgängerbau des Hollschen Rathauses an. Auch dort gab es eine genealogische Herrscherfolge von antiken Imperatoren bis zu zeitgenössischen Kaisern.[18] Biblische Szenen, wie sie in den Brüstungskartuschen des Rathaus-Saales von Kager wiedergegeben wurden, hatte bereits ein Jahrzehnt vorher, um 1610, Hans Freyberger am Augsburger Barfüsser-Torturm illustriert.[19] Groteske Raumgestaltungen schließlich waren in der Sala terrena, in den sog. Badestuben im Augsburger Fuggerhaus als lokales Vorbild gegeben. Einmal mehr ist mit dieser, von Friedrich Sustris 1569 – 1573 geschaffenen Raumgestaltung die bereits angesprochene – süddeutsche – Wechselwirkung der sogenannten Italianismen belegt.[20]

Die Erörterung der künstlerisch-ikonographischen Vorgaben muß sich angesichts der Themenstellung dieser Abhandlung auf die vorstehenden Anmerkungen beschränken. Zum kunsthistorischen Standort und zum Bedeutungsgrad der Wandmalereien im Goldenen Saal ist festzuhalten: Die unter Mitwirkung Candids von Kager konzipierte und seit 1619 ausgeführte Wandgestaltung kann einerseits als Abschluß einer Epoche gewertet werden. Bestimmt durch historische Bedingungen, wie den Dreißigjährigen Krieg, waren derartige Aufgaben, beispielsweise mit den Kaisersälen barocker Klosteranlagen, erst in der Zeit um 1700 wieder zu lösen. Da Kager den aktuellen Stand und damit die von Italien und – vor allem – in lokaler Wechselwirkung beeinflußte Tradition der süddeutschen Wandmalerei akkumulierte, beschreibt seine Gestaltung des Goldenen Saales andererseits auch einen Epochenübergang. Dies zeigt sich letztlich in der nicht endgültig definierten stilgeschichtlichen Zuordnung.

Diese Frage: noch Renaissance oder schon Barock, insgesamt manieristisch? ist übrigens auch für den Hollschen Rathaus-Entwurf nicht abschließend beantwortet. Auch unter diesen Aspekten ist der Augsburger Beitrag zur süddeutschen Monumentalmalerei noch zu würdigen.

Zur Restaurierung im einzelnen. Die ältere Restaurierungsgeschichte der Wandbilder im Goldenen Saal ist nur unzulänglich bekannt. Eine offensicht-lich umfangreiche Maßnahme, eine »Wiederherstellung« des 19. Jahrhunderts (1837) ist ohne nähere Erläuterungen in der Literatur erwähnt. Nachdem Ludwig Leybolds zeichnerische Bestandsaufnahme von 1886/1888 schwerlich ohne Gerüsterstellung zu denken ist, kann gleichzeitig zumindest eine Oberflächenreinigung angenommen werden. Nachgewiesen ist ferner eine »Reinigung und Konservierung der Grisaille-Wandmalereien«, also der Sockelzone im Jahr 1934.[21]

Auch die Restaurierungen der nach dem Brand von 1944 erhalten gebliebenen Fragmente in den 50er Jahren ist nicht dokumentiert. Trotz der relativ schnellen Überdachung der Brandruine des Rathauses (1947) waren die empfindlichen

16 Michalski, Sergiusz: »Das Ausstattungsprogramm des Augsburger Rathauses«, in: Kat. Holl (wie Anm. 2), S. 77 – 90, hier S. 85ff, ebd. zum Bildprogramm S. 249ff., vgl. auch Walter (wie Anm. 7), S. 61ff, Hagen, Bernt von u. a.: »Stadt Augsburg«, München 1994, S. 478ff (= Denkmäler in Bayern, Bd. VII, 83).

17 Hafner, Doris: »Fassadenmalerei in Augsburg vom 16. bis zum 18. Jahrhundert«, Diss. masch., 2 Bde., Bonn 1922; zum Weber-Haus ebd. Bd. II, S. 36ff und Netzer (wie Anm. 7), S. 64ff, zum Rehlinger-Haus Hafner, Bd. II, S. 323ff und Hagen (wie Anm. 16), S. 356.

18 Hafner (wie Anm. 17), Bd. II, S. 1ff, Hagen (wie Anm. 16), S. 375.

19 Hafner (wie Anm. 17), Bd. II, S. 15ff, allgemein Michalski (wie Anm. 16).

20 Hagen (wie Anm. 16), S. 478ff, Diemer, Dorothea: »Hans Fuggers Sammlungskabinette«, in: Eickelmann, Renate (Hg.): »Die Fugger und die Musik« (Ausst. Kat.), Augsburg 1993, S. 13ff.

21 Lieb (wie Anm. 1), S. 47, 81.

Matthias Kager, Kopf der Semiramis. Detail aus der Brüstungskartusche an der östlichen Nordwand des Goldenen Saales. Erkennbar die Höhungen als Secco-Malerei und Zementreste der Nachkriegszeit.

Oberflächen der restlichen Wandbilder letztlich doch ca. drei Jahre der Witterung preisgegeben. Soweit anhand von fotografischen Archivaufnahmen nachvollziehbar, war 1945 noch ein erheblicher Putzbestand überliefert. Zwar gilt dies nicht für den sogenannten intonaco, den oberen Putz, auf den die Malschicht aufgetragen wurde, sondern den sogenannten arriccio, den Grundputz. Auf letzterem waren häufig Vorzeichnungen aufgebracht, die – zumindest in Spuren – auch im Goldenen Saal erhalten waren. Weiter zeigen dann Fotos der Zeit um 1950, daß der Grundputz mit der Einbringung der Stahlsteindecke beseitigt war. An den danach verbliebenen Wandbildflächen wurden offenbar bereits zu dieser Zeit Randsicherungen als erste Erhaltungsmaßnahmen getätigt. Wohl im Rahmen der provisorischen Wiederherstellung des Goldenen Saales, zwischen 1958 und 1962, die auch eine Ergänzung der Wandputze beinhaltete, wurden die Malerei-Fragmente einer weiteren Restaurierung unterzogen. Die

Matthias Kager, Judith und Holofernes, Detail aus der Brüstungskartusche an der westlichen Südwand des Goldenen Saales. Die Schulter des Holofernes zeigt eine Retusche Otterpohls.

Arbeiten führte der Münchner Restaurator und Kunstmaler Bernhard Otterpohl aus.[22] Von ihm stammen unter anderem versiert gemalte Altarblätter, Kopien nach Originalen Tiepolos und van Dycks in der Pfarrkirche in Kutzenhausen, Lkr. Augsburg. In Augsburg hat Otterpohl 1954 die Instandsetzung der Fresken im Damenhof des Fugger-Hauses betreut. Auch wenn seine Maßnahmen im Rathaus der Kritik der heutigen Restaurierungstechnik nicht mehr standhalten, besteht dennoch der Verdienst der Sicherung eines akut gefährdeten Bestandes. Die damals angetroffenen Beeinträchtigungen der Malerei-Fragmente resultierten einmal aus der Brandeinwirkung und aus Witterungsschäden. Zum anderen zeigten sich erhebliche Zementschleier, die mit dem Einbau der neuen Deckenkonstruktion entstanden waren, und sogenannte Verputzungen (Reduzierungen der Malschicht), die von der – ebenfalls nachkriegszeitlichen – Sicherungsmaßnahme stammten. Gemäß dem damaligen Methodenstand hatte Otterpohl die Fragmente der Kagerschen Wandbilder – bisweilen ohne Berücksichtigung intakter Originalpartien – großzügig übermalt und – ohne nachvollziehbares System – Teilflächen ergänzt (Abb. oben). Insgesamt repräsentierte der zu Beginn der jüngsten Restaurierungsmaßnahme vorhandene Oberflächenbestand der Malerei-Fragmente weniger die Arbeit Kagers als eher die Otterpohls. Diese Sachlage erschloß sich jedoch erst nach einer näheren Analyse von 1989. Die 1994 fertiggestellte Restaurierung wurde von dem Münchner Wand- und Deckengemälde-Restaurator Helmut Zernickel und seinen Mitarbeiterinnen ausgeführt. Analog zur Gesamtwiederherstellung des Goldenen Saales hat man auch das Restaurierungskonzept der Wandbild-Fragmente schrittweise festgelegt. Beteiligt waren die Professoren Schmid und Paul, als Vertreter der Expertenkommission, der mit der Gesamtmaßnahme betraute Architekt Prof. Machatschek, die Vertreter des städtischen Hochbauamtes, u. a.

22 Freundlicher Hinweis auf Otterpohl von Dr. Kießling. In den Akten des Bayer. Landesamtes für Denkmalpflege (BLfD-Archiv, Augsburg, Fuggerhaus) wird Otterpohl als »bewährter Restaurator« gewürdigt.

Matthias Kager, Artemisia mit der Asche des Maussolos, Brüstungskartusche an der östlichen Nordwand des Goldenen Saales. Musterfläche während der jüngsten Restaurierung; rechts der Mittelachse gereinigtes unretuschiertes Original, links mit Retuschen Zernickels; linker Randbereich die Rekonstruktion Peikers.

Dr. Kießling und die Dipl.-Ing. Billenstein und Lohrmann und von seiten des Bayerischen Landesamtes für Denkmalpflege Generalkonservator Prof. Petzet und der Verfasser, als der für Augsburg zuständige Referent. Das letztlich im gegenseitigen Einvernehmen erarbeitete Restaurierungskonzept war von ausführlichen Diskussionen begleitet.

Für das generelle Maßnahmeziel war zunächst der Grad der Restaurierung zu klären. Die Positionen reichten hier von einer bloßen Sicherung bis zu einer perfekten Einbindung in die von Hermenegild Peiker rekonstruierten Flächen; also von einer Veranschaulichung der »Narben des Krieges«, wie es Alfred A. Schmid formulierte, bis zu einer neuerlichen Übermalung. Obgleich derartige Probleme in der Denkmalpflege gängig sind, ergaben sich beim Goldenen Saal besondere Rahmenbedingungen, da ein derart fragmentarischer Zustand selten gegeben ist. Zudem zeigten sich bei der parallel zur Rekonstruktion der Fehlflächen durchgeführten Reinigung und Sicherung der Originalpartien – unerwartete – Widersprüche. Gemäß den von der Expertenkommission festgelegten Grundsätzen zur Rekonstruktion des Goldenen Saales orientierten sich die Peikerschen Ergänzungen an der (durch Farbfotografien dokumentierten) Farbigkeit vor der Zerstörung. Die Reinigungen Zernickels dagegen deckten teilweise abweichende Farbwerte auf. Wie durch eine naturwissenschaftliche Analyse belegt,[23] begründen sich diese Veränderungen einmal durch die Hitzeentwicklung beim Brand von 1944, zum anderen durch Witterungseinflüsse in der Nachkriegszeit, namentlich durch Feuchtigkeit. Im Extremfall zeigten sich einzelne, auf den Vorzustandsfotografien belegte Rottöne nun ockerfarben. Das schließlich realisierte Konzept berücksichtigt die gültigen allgemeinen Restaurierungsgrundsätze und gewährleistet das Ziel eines homogenen Erscheinungsbildes des rekonstruierten Rathaussaales: Bei einem optischen Gesamteindruck der Wandmalereien sind – bei genauerer Betrachtung – die Anteile der Kagerschen Originale von den Rekonstruktionen Peikers zu unterscheiden. Gleichzeitig sind die Bildinhalte, die Bestandteile des ikonographischen Gesamtprogrammes, wieder deutbar. Dies gilt mit Einschränkungen, denn der Grad der Retuschen Zernickels beschränkte sich auf die Vorgaben des überlieferten, oft stark reduzierten Originalbestandes, auf eine (rekonstruierende) Zuhilfenahme der Vorzustandsfotos wurde bewußt

23 Untersuchungsbericht von Dipl. Chem. Elisabeth Kühn, München, vom 11. September 1992.

verzichtet. Die Einzelmaßnahmen sind im nachstehenden Beitrag des Restaurators erläutert.

An dieser Stelle sind abschließend einige methodisch-technologische Aspekte darzustellen. Vor Beginn der Reinigung mußten die Retuschen und Ergänzungen Otterpohls bewertet werden. Letztlich sind auch diese als Bestandteil der Geschichte der Wandmalerei-Fragmente zu sehen. Abnahmen wurden dann vorgenommen, wenn großflächige Übermalungen oder willkürliche Veränderungen originaler Partien oder qualitative Mängel gegeben waren. So entschloß man sich für eine Beseitigung des (vermeintlich) überlieferten Kopfes Karls des Großen an der Südostwand und für eine Erneuerung durch Peiker; Otterpohl hatte in diesem Bereich eine aus dem Original nicht mehr ableitbare – und verfälschende – Übermalung gefertigt.

Die Retuschen Zernickels unterlagen dem bereits angesprochenen Ziel, die Ergänzungen von Verluststellen oder von reduzierten Malschichten so auszuführen, daß eine Unterscheidung vom originalen Bestand weiterhin gewährleistet werden konnte. Es wurde dies mit einer Strichretusche, der sogenannten Tratteggio-Technik erreicht (Abb. unten). Diese Methode steht zwischen der – früher üblichen – Flächenretusche und der z. B. in Italien häufig anzutreffenden Neutralretusche. Erstgenannte stellt mit malerischen Mitteln den ursprünglichen Zustand eines Gemäldes wieder her und gibt einen unversehrten Überlieferungszustand vor; bei der zweiten Methode wird ein Kunstwerk im überlieferten Zustand belassen, die Fehlstellen (in einem neutralen Ton eingefärbt) werden bewußt gezeigt. Die Restaurierung geht dabei einmal von ästhetischen Aspekten aus, im anderen Fall wird dieser Gesichtspunkt ausgeschlossen, ein Bild wird hier als Urkunde aufgefaßt. Mittels der Tratteggio-Technik lassen sich der historische und ästhetische Anspruch eines Kunstwerkes verbinden. Die Fehlstellen werden dabei von parallel nebeneinandergesetzten, farbig nuancierten Pinselstrichen geschlossen. Auf Weitsicht konzipiert, versucht der Restaurator eine Flächenwirkung herzustellen, die gleichzeitig Einzel- und Gesamtformen wieder definiert. Diese Retuschiertechnik verlangt hohes handwerkliches Können und – nicht nur bei der spezifischen Problemstellung im Goldenen Saal – vielfältige Erfahrung. Bei allen methodisch-restauratorischen Vorteilen verlangt das Tratteggio einen erheblichen Zeit- und damit Kostenaufwand. So war neben den Sicherungs- und Reinigungsarbeiten für die Retuschen der Einsatz von ca. 4.000 Stunden notwendig. Besonders problembeladen war dabei die Retuschierung der immer noch vorhandenen und nicht ablösbaren Zement-

Matthias Kager, Detail der Schriftkartusche über der Figur Maximilian I., westliche Südwand des Goldenen Saales. Die Retuschierung erfolgte in Tratteggio-Technik.

Matthias Kager, Architekturdetail über der Figur Kaiser Maximilian I., westliche Südwand des Goldenen Saales. Ritzlinien in der Freskoschicht.

schleier. Zu rechtfertigen war der – aus staatlichen Zuschußmitteln geförderte – Retuschieraufwand durch die Qualität der Kagerschen Malerei und den Rang des Saals.

Zu Beginn der Maßnahme ging man noch davon aus, daß im Goldenen Saal ursprünglich eine Fresco-Technik ausgeführt worden war. Die Malerei wird dabei auf den frischen (ital. fresco), also noch feuchten (Kalk-)Putz aufgebracht. Farbe und Putze gehen eine chemische Verbindung ein und gewährleisten somit Beständigkeit. Ein Bindemittel, zur Haftung der Farbschicht, kann mit Wasser vermalt werden. Anders dagegen ist bei der zweiten Technik einer Malerei auf Putz, der Secco-Technik, der Zusatz eines Bindemittels zwingend. Die auf die abgebundene, trockene (ital. secco) Putzschicht aufgemalte Farbe wird angereichert. Um einen Festigkeitseffekt zu erzielen, verwendet man beispielsweise Gummiarabicum (Rindensaft von Akaziengewächsen) oder Kasein (Naturstoff bei der Käseherstellung). Peiker hat bei seiner Rekonstruktion der Fehlflächen eine reine Fresco-Technik, ein sogenanntes fresco buono ausgeführt, wie es bereits in der Antike bekannt war und in Italien im 14. Jahrhundert wieder gebräuchlich wurde. Kager dagegen führte eine Mischtechnik aus. Dies wurde zunächst anhand einzelner Pinselstrukturen im Farbmittel bestätigt. Ob des relativ kurzfristigen Abtrocknens des Putzes verlangt die Fresco-Technik eine schnelle Arbeitsweise. Der intonaco, die oberste Putzschicht, kann nur in Teilflächen aufgebracht werden, der Maler arbeitet in sogenannten Tagwerken. Zur Rationalisierung der Arbeit fertigten einzelne Künstler und wie jetzt gesichert ist auch Kager, eine Untermalung in Fresco-Technik, die dann in Secco-Malerei fertiggestellt wurde. Die Wandmalereien im Goldenen Saal wurden in zwei Schichten, in zwei unterschiedlichen Techniken aufgebracht. Wie bereits erwähnt, waren Vorzeichnungen auf dem Unterputz zur Festlegung einer großen Gliederung der Wandkomposition nicht mehr nachzuvollziehen. Dagegen sind sehr wohl Feingliederungen auf der Fresko-Schicht vorhanden: Kager bzw. seine Mitarbeiter haben in den frischen Putz mit einem Dorn Ritzlinien gezogen und somit etwa die einzelnen Formen der Architekturmalerei definiert und auch (innerhalb des fertiggestellten Werkes) akzentuiert.

Mit den letztgenannten Beobachtungen konnten nicht nur wichtige Erkenntnisse zu Kagers Malweise, sondern auch zu technologischen Vorgaben erschlossen werden, die die große Tradition der Wand- und Deckenmalerei des süddeutschen Barock begründeten.

Die rekonstruierten Wandleuchter an der westlichen Fensterwand des Goldenen Saales.

Das Mobiliar und die technische Ausstattung des Goldenen Saales

Ergänzend zu den ausführlich behandelten Ausstattungselementen des wiederhergestellten Goldenen Saales werden zunächst in knapper Form die beiden prägnanten Tische behandelt sowie die technische Ausstattung des Saales einschließlich der gewählten Beleuchtungsart. Gerade bei der Frage der Beleuchtung eines historischen Raumes dieser Größenordnung zeigt sich die Schwierigkeit einer überzeugenden Entscheidung, zu dem mit Ausnahme der Wandleuchten keine dokumentarischen Belege der historischen Beleuchtungselemente zur Verfügung standen.

Die Tische im Goldenen Saal

In der mittleren Längsachse sind jeweils auf Höhe der beiden Seitenportale zwei massive Tische von stattlichen Ausmaßen angeordnet. Wie die Stiche von Salomon Kleiner zeigen, gehörten sie zur historischen Grundausstattung des Saales. Allerdings belegen alte Fotografien wie etwa die im Kunstführer des Augsburger Rathauses von Ulrich Christoffel, daß diese Tische anfangs dieses Jahrhunderts nicht im Goldenen Saal, sondern im nordöstlichen und südöstlichen Fürstenzimmer standen. Der westliche ist mit einer Tischplattengröße von 3,72 m auf 1,88 m um knapp einen halben Meter länger als der östliche Tisch (Größe 3,24 x 1,88 m) während die Höhe von 0,98 m bei beiden gleich ist.
Die Wiederherstellung der Tische, deren Maße vom Architekturbüro Machatschek aufgrund der vorhandenen Fotografien auf photogrammetrischem Wege exakt rekonstruiert werden konnten, erfolgte nach den selben Vorgaben wie bei den übrigen Schreinerelementen. Wegen der großen Abmessungen und des Gewichts wurden sie zerlegbar konstruiert, so daß sie bei Bedarf leichter transportiert werden können. Im einzelnen bestehen die Tische aus einem Sockel in Massivholz (Nußbaum) mit umlaufendem Profil. Der zurückgesetzte Korpus mit Friesen und eingesetzten Füllungen sowie mit umlaufenden Profilen besteht ebenfalls aus Nußholz, die Füllungen sind aus Blumenesche. Für die Anordnung der geschnitzten Wangenteile wurden die Korpusecken abgesägt. Die Tischplatten bestehen aus 32 mm starken Stäbchenplatten mit beidseitig 4 mm starkem Nußbaumfunier.

Einer der beiden großen, massiven Tische im Goldenen Saal, der nach alten Fotografien und Stichen rekonstruiert werden konnte. Er fügt sich mit dem gegliederten Unterbau und den Schnitzelementen vorzüglich in die Saalarchitektur.

Besonders sorgfältig sind die Einlegearbeiten auf den Tischplatten ausgeführt: Sie bestehen aus zwei 15 mm breiten Streifen aus Ebenholz und dazwischenliegenden 70 mm breiten Streifen aus Vogelaugenahorn, wohingegen die eingeschlossenen Flächen sowie die umlaufenden Friese aus Nußbaum bestehen.
Die Schnitzarbeiten in Form schneckenförmiger Voluten an den Wangen, mit den im Sockelteil angesetzten Knospen, geben den Tischen trotz ihrer beträchtlichen Ausmaße eine gewisse Leichtigkeit.
Neben den beiden Tischen wurden für den Goldenen Saal insgesamt 18 Stühle aus Nußbaumholz mit barockem Formenausdruck gefertigt, deren Sitz- und Rückenpolsterung mit rotem Velours bezogen sind. Diese wurden, wie auch die Möblierung des Fürstenzimmers, von Architekt Doblhoff entworfen.
In der ältesten Beschreibung des Rathauses von Matthäus Sendel aus dem Jahre 1657 ist vermerkt, daß im Goldenen Saal »an die neunzig schöne Sessel mit vergoldetem Leder herumgestanden« seien. Für deren Fertigung gibt es allerdings keine Belege.

Die installationstechnische Ausstattung des Saales

Fußbodenheizung – Aus Sicherheitsgründen (Durchfeuchtungsgefahr) hatte man von einer Warmwasserfußbodenheizung Abstand genommen und sich für eine elektrische Direktmattenheizung entschieden. Insgesamt liegen 39 Matten im Estrich des Bodens, und zwar in verschiedenen Größen – bedingt durch die Dehnungsfugen der Steinplatten – mit einem Anschlußwert von 58,8 KW. Die Einschaltung erfolgt über zeitverzögerte Schütze, die vom Prozessorleitgerät in der Heizzentrale gesteuert werden. Dieses Gerät arbeitet mit den Werten der Boden- und Raumtemperaturfühler.

Feuermeldeanlage – In der abgehängten Decke des Goldenen Saales sind 14 Ionisations-Rauchmelder eingebaut, die eine frühzeitige Feststellung von Brandausbrüchen garantieren. Außerdem wurden wegen der enormen Saaldimension in Höhe der Portale lineare Rauch- und Wärmemelder sowie Lichtschranken eingebaut. Diese Melder sprechen bei Lichttrübung durch Rauch oder Lichtmodulation infolge turbulenter Warmluft bei Brand an.
Wie wichtig optimale feuerschutztechnische Anlagen zur Sicherung von wertvollen Baudenkmälern sind, zeigen Brände größeren Ausmaßes wie beispielsweise in der Burg Trausnitz in Landhut 1962, der Kirche im eidgenössischen Kreuzlingen am Bodensee oder im Schloß Eurasburg am Starnberger See.[1]

Sicherungsanlage – Im Zuge der Installation eines umfangreichen Leerrohrnetzes mit Klemmkästen, wobei auch eine Aufschaltmöglichkeit auf das Netz der Bundespost gegeben ist, wurde auch eine Raum- bzw. Objektsicherungsanlage eingerichtet.

Elektroakustikanlage – Für den Bereich des Goldenen Saales ist ein Verstärker mit einer Vielzahl von Mikrofon- und Lautsprechersteckdosen angeordnet, wobei Mikrofone und Lautsprecher transportabel an verschiedenen Stellen aufgestellt werden können. Darüber hinaus wurde im Fußboden des Goldenen Saales eine Induktionsschleife (Schwerhörigen-Schleife) verlegt. Über sie können mit Kopfhörer und Empfangsgerät alle Ereignisse mitgehört werden, die durch die Elektroakustikanlage verstärkt werden.

Die Saalbeleuchtung

Die schwierige Frage der Beleuchtung des Goldenen Saales und der Fürstenzimmer veranlaßte den planenden Architekten wie die begleitenden Experten zu intensiven Überlegungen und Diskussionen. Trotzdem konnte das Pro-

Der farbige Stich (Ausschnitt) zeigt fünf Wandleuchten an der östlichen Fensterwand, die vermutlich im 18. Jahrhundert eingebaut wurden. Gezeichnet von Gustav Seeberger, gestochen von Joh. Pöppel, 1835. Städtische Kunstsammlungen Augsburg.

blem, für den Großraum eine gestalterisch und praktisch befriedigende Ausleuchtung zu schaffen, bis heute nicht gelöst werden. Der Grund hierfür liegt nicht zuletzt in der Tatsache, daß von der historischen Beleuchtung nahezu keine Belege vorliegen. Zwar zeigt ein Stich (Abb. S. 92) in vereinfachter Darstellung Querstangen, an denen Lüster befestigt waren. Möglicherweise handelt es sich dabei um eine befristete, nur für eine bestimmten Anlaß vorgenommene Einrichtung.

Ein späteres Dokument ist ein Stich von Johann Pöppel, auf dem an den Saalschmalseiten jeweils fünf zweiarmige Wandleuchten zu erkennen sind (Abb. oben). Hingegen zeigen einige alte Fotografien etwa um die Jahrhundertwende jeweils nur drei Wandleuchten an den Schmalseiten. Obwohl die Leuchten vermutlich erst anfangs des 19. Jahrhunderts angebracht wurden, empfahl die Expertenkomission eine Bestückung mit jeweils fünf Wandleuchten, die nach den bemaßten Aufnahmeskizzen von Ludwig Leybold (1886) wiederhergestellt wurden. Der Ausführende hierfür war Bildhauer Friedrich Brenner, der auch an den Schnitzarbeiten der Saaldecke beteiligt war. Nach mehreren Probemodellen wurden diese zehn Leuchten 1994 endgültig montiert.

Die Allgemeinbeleuchtung besteht derzeit aus 16 weißen Blechzylindern, die über der Grisaillemalerei an dem Quergesims der Längswände angeordnet sind. Sie wurden von Professor Machatschek absichtlich »primitiv« gestaltet, um sie als »Provisorium auf Zeit« erkennbar zu machen.

Gleichermaßen können die derzeitigen Standleuchten im Saal nur als vorläufige Zwischenlösung betrachtet werden, was auch für die zusammen mit der Möblierung entworfenen Leuchten des nordwestlichen Fürstenzimmers gilt.

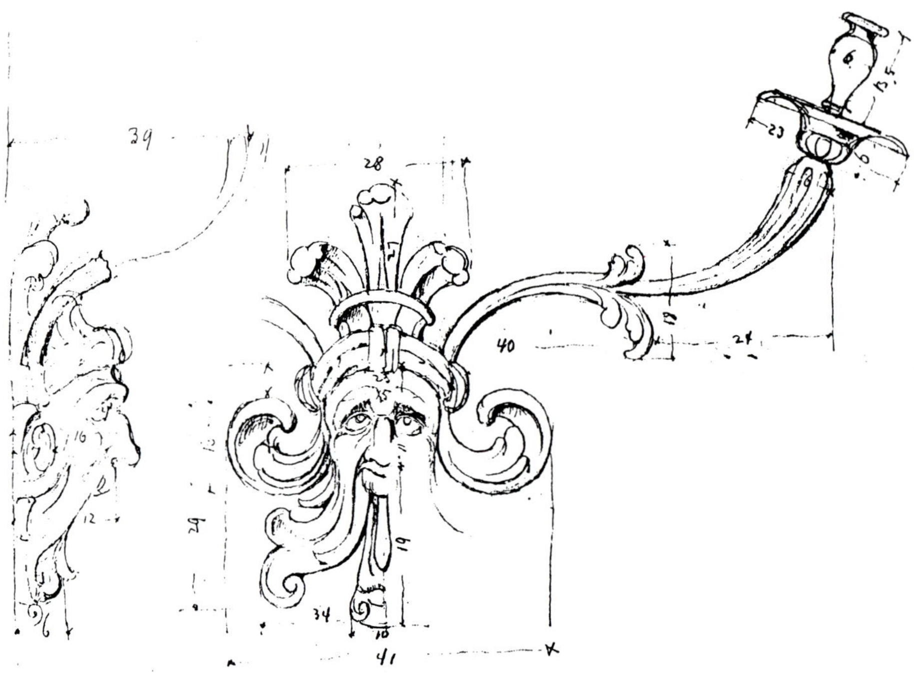

Wandleuchte im Goldenen Saal. Bemaßte Aufnahmeskizze von Ludwig Leybold, 1886.

Einer der von Bildhauer Friedrich Brenner wiederhergestellten Fratzen-Leuchter aus Bronze, die an den Fensterpfeilern der Saalquerwände angeordnet sind.

Zu erwähnen ist in diesem Zusammenhang auch die nutzungsbedingte Spezialbeleuchtung für Saalveranstaltungen wie Konzerte, Vorträge usw. Hierfür wurden Bühnenscheinwerfer beschafft, die bei Bedarf von den Innenfenstern des 4. Obergeschosses aus eingesetzt werden.

Im Oktober 1992 empfahlen die Mitglieder des Sachverständigenausschusses, von einschlägigen Gestaltern Vorschläge für die Ausbildung der neuen Saalbeleuchtung einzuholen. In den vom Hochbauamt nach Vorgaben von Prof. Machatschek erstellten Ausschreibungsunterlagen für die Einholung von Gestaltungsvorschlägen wurde darauf hingewiesen, daß die für eine heutige Nutzung eines historischen Raumes unabdingbare technische Ausstattung, zu der auch die Beleuchtung zählt, als praktische Notwendigkeit zu akzeptieren ist, doch steht eine solche, je perfekter sie ist, oft im Wiederspruch zu dessen Gesamtcharakter. Eine für beide Aspekte annehmbare Lösung erfordert daher zwangsweise einen Kompromiß, der nur durch ein vorsichtiges »Herantasten« zu erzielen ist. Diese Grundsätze gelten im besonderen auch für die neue Beleuchtung des Goldenen Saales, die in ihrer Form klar als Hinzufügung unserer Zeit erkennbar sein muß und die sich gleichzeitig harmonisch dem Gesamteindruck des Saales unterordnet. Es ist deshalb zu vermeiden, daß die neuen Leuchten ein Eigenleben führen und zum Saal und seiner Ausstattung in Konkurrenz treten, d. h. sie müssen sich störungsfrei in den Raum einfügen.[2] Das Ergebnis dieses Wettbewerbes, an dem sich vier Gestalter beteiligten,[3] war jedoch nicht befriedigend. Im weiteren Verlauf wurde noch im Sommer 1993 auch der bekannte Münchner Beleuchtungsdesigner Ingo Maurer vom Hochbauamt beauftragt, Vorschläge für die Saalbeleuchtung zu erarbeiten.

Im Folgenden erläutert der Leiter des städtischen Hochbauamtes, Ltd. Baudirektor Günter Billenstein die bislang vom Lichtstudio Ingo Maurer im engen Einvernehmen mit den Sachverständigen entwickelten Beleuchtungsobjekte: Die gestalterisch wie lichttechnisch unbefriedigenden Ergebnisse des Wettbewerbs legten die Beauftragung eines Lichtplaners nahe, der neben ästhetischen Referenzen auch ein hohes Maß an technischem Können nachweisen konnte. Zahlreich hervorragend gestaltete Lichtobjekte für historische Gebäude im In- und Ausland qualifizierten den Münchner Lichtdesigner Ingo Maurer und sein Team für diese überaus anspruchsvolle Aufgabe. Auf Vermittlung des früheren Augsburger Stadtbaurates, Rudolf Saule, begann Ingo Maurer Ende 1993 mit ersten Studien.

Am Anfang der Arbeit von Ingo Maurer stand die exakte Beobachtung der Lichtverhältnisse im Tageslauf. Anhand von Videoaufnahmen wurde der wechselnde Lichteinfall, beginnend vom einseitigen Morgenlicht an der Ostfassade bis zum schräg zur Decke strahlenden Lichtkegel der Außenbeleuchtung des Rathauses festgehalten. Mit der gleichen Sorgfalt wurden die Anforderungen, die aus den unterschiedlichen Nutzungen und der Architektursprache resultieren, analysiert. Dabei kam der Frage, ob der Goldene Saal nicht als Außenraum mit vier ihn umgebenden »Platzfassaden« zu interpretieren sei, eine entscheidende Rolle zuteil. Diese Architekturvorstellung eines »Stadtplatzes« verbot quasi die Verwendung von abgehängten Lüstern oder ähnlichem und führte zur Entwicklung von beweglichen Einzelleuchten, die entlang der Nord- und Südwand im Rhytmus der Architekturgliederung aufgestellt werden sollten.

Verblüffend einfach und für die Sachverständigen gut nachvollziehbar beantwortete Ingo Maurer die Frage nach den aus seiner Sicht idealen Materialien. Die geforderte Einordnung läßt sich, so Maurer, in einem derartig festlich gestalteten Raum nur mit Gold, die Leichtigkeit und Transparenz nur mit dünnen Metallstäben oder -blechen erreichen. Die konsequente Folge für die Maurer-Leuchten: Vergoldete Metallstäbe für das Leuchtengerüst, vergoldete Bleche für die Reflektoren und die Verkleidung der Leuchtmittel. Die goldenen Reflektoren ermöglichen ein überaus weiches, visualisiertes Licht, das dem ursprünglich vorhandenen Kerzenlicht am nächsten kommt.

1 Ausschreibungstext für die Einholung von Gestaltungsvorschlägen für die Saalbeleuchtung. Schreiben städt. Hochbauamt vom 30. November 1992.

2 An dem Gestaltungswettbewerb nahmen teil: Professor A. Brandolini, Saarbrücken, Wilhelm Hertle und Frieder Pfister, Augsburg, sowie die Fa. Vargha/Leuchtungsbau, Wien.

Die Aufnahme zeigt einen überarbeiteten Beleuchtungsvorschlag des Lichtgestalters Ingo Maurer aus München für die Beleuchtung des Goldenen Saales.

Ein hohes Maß an technischem Aufwand erforderte die angestrebte Beleuchtungswirkung: einerseits eine von unten nach oben deutlich abnehmende Lichtintensität, andererseits keine Blendung der Zuschauer oder Akteure und darüber hinaus eine gleichmäßige, nicht von Schattenkanten unterbrochene Abstrahlung, insbesondere entlang der freskierten Saalwände. Das »Verdämmern« nach oben verhindert entsprechend den Vorstellungen der Experten eine zu intensive Anstrahlung des auch heute noch sehr neu wirkenden vergoldeten Schnitzwerkes und läßt getreu der Stadtplatzidee nur einzelne Lichtpunkte als sog. »Sternenhimmel« wirksam werden.
Die Abbildung oben zeigt das bisherige Ergebnis dieser Bemühungen, das mit Hilfe von einzelnen Prototypen im Maßstab 1 : 1 und von Modellen im Maßstab 1 : 5 stufenweise erarbeitet wurde.
Die etwas über 4 m hohen, mobilen Standleuchten stehen auf vier schlanken und vergoldeten Füßen, die ihren Ursprung auf einer Metall- oder wahlweise Natursteinplatte haben. Ein ebenfalls vergoldeter Konus verbirgt die Lichtquelle, die über ein doppeltes Segel aus vergoldetem Metall ihr Licht nach unten abstrahlt und den Fußboden erhellt. Kleine Aussparungen in den Segeln sorgen für die notwendigen Lichtakzente an der Decke. Im ausgeschalteten Zustand treten die Leuchten in den Hintergrund und gliedern sich in die Struktur der dahinterliegenden Groteskenmalerei der Sockelzone ein. Die doppelten Segel nehmen die Höhe der Kapitelle der Seitenportale auf, vermeiden jedoch aufgrund der hauchdünnen Materialstärke jede Konkurrenz.
Besonderen Wert bei der Entwicklung der Lichtobjekte legte das Expertengremium auf eine schlichte Erscheinungsform und eine Rücknahme des eigenen künstlerischen Ausdruckes von Ingo Maurer. Diese schwierige Gratwanderung ist nach Auffassung aller Beteiligten und insbesondere nach Überzeugung des

Expertengremiums mit dem zuletzt vorgestellten Leuchtentyp weitestgehend gelungen.

Obwohl Denkmalpfleger, Sachverständige und Architekten ein einstimmiges und eindeutiges Votum für den Bau von vier großen Standleuchten und für die baldige Entfernung der Provisorien gegeben hatten, konnten sich die politischen Gremien der Stadt Augsburg bislang noch nicht für diese zeitgemäße und technisch perfekte Beleuchtungsidee erwärmen. Sie plädierten vielmehr für eine historisierende Lösung, für die bis heute kein Ansatzpunkt gefunden werden konnte, der eine ästhetisch und technisch annähernd gleichwertige Lösung erwarten läßt.

Die Fürstenzimmer

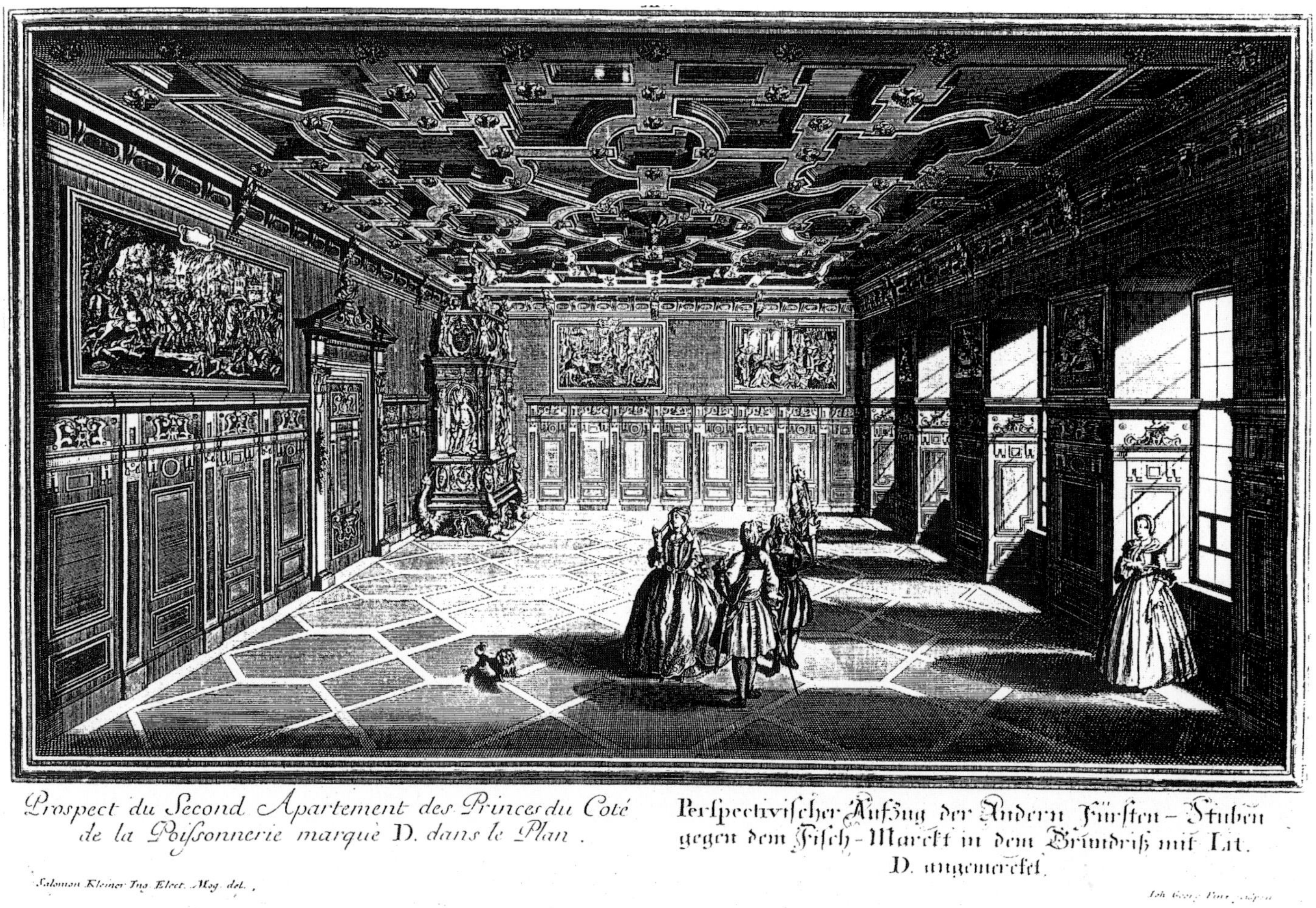

Das nordöstliche Fürstenzimmer (FZ IV) nach einem Stich von Salomon Kleiner (1732).

Die Anordnung und Ausstattung der vier Fürstenzimmer

Die vier Fürstenzimmer nehmen innerhalb der von genialer Einfachheit geprägten Grundrißkonzeption auf der Geschoßebene des Goldenen Saales die wichtigen Eckpositionen ein. Die ihnen bewußt zugemessene Bedeutung zeigt sich nicht nur an den Außenfassaden in der besonderen Fenstergestaltung, sondern auch in der saalseitigen Ausbildung der Zugangsportale, die sich von der Pracht der Hauptportale nur durch die geringere Abmessung unterscheiden. Die anspruchsvolle, oder wie von Elias Holl als »künstlich« (=kunstvoll) bezeichnete Innenarchitektur entspricht der Funktion der Fürstenzimmer als Empfangs- und Aufenthaltsräume hochgestellter Besucher. Dies ist auch in seinem Kostenvoranschlag belegt, wonach diese Räume »gleichfalls sowohl als der Saal mit gutem und schönem Holzwerk die Decken und Brusttäfer, auch schöne Türkleidungen künstlich nach Schreinerart ausgetäfert werden«. Davon ausgehend kalkulierte Holl allein für die Holzverkleidung der vier Fürstenzimmer die stattliche Summe von 1.000 Gulden. Obwohl die Fürstenzimmer, dem Goldenen Saal untergeordnet, als Nebenräume vergleichsweise bescheidene Abmessungen aufweisen, stellen sie einen spannungsreichen Kontrast zu dem Hauptraum dar, was optisch durch die fehlende Vergoldung noch verstärkt wird.
Sämtliche vier Fürstenzimmer – FZ I (nordwestlich), FZ II (südwestlich), FZ III (südöstlich) und FZ IV (nordöstlich) – hatten denselben quadratischen Raumzuschnitt mit einer Seitenlänge von etwa 11,80 x 11,80 Metern und einer mittleren Deckenhöhe von etwa 5,70 Metern.
Die im Gesamtduktus einheitlichen Ausstattungselemente waren jedoch im Detail verschiedenartig ausgebildet. So zeigten die Kassettendecken, Wandverkleidungen und Innenportale unterschiedliche Aufteilungen und Profilzuschnitte. Die Ausbildung der Fußböden, der Kachelöfen und der Bildausstattung sind in den folgenden Ausführungen näher erläutert. Wiederum gemeinsam war allen vier Fürstenzimmern die Ausführung durch hervorragende Künstler und Kunsthandwerker: Mit den Schreinerarbeiten in den Fürstenzimmern I und II wurde Kistlermeister Hans Schertlin, ein anerkannter Augsburger Handwerker, beauftragt. Er erhielt für die Holzdecken, die Wandverkleidung mit Innen-

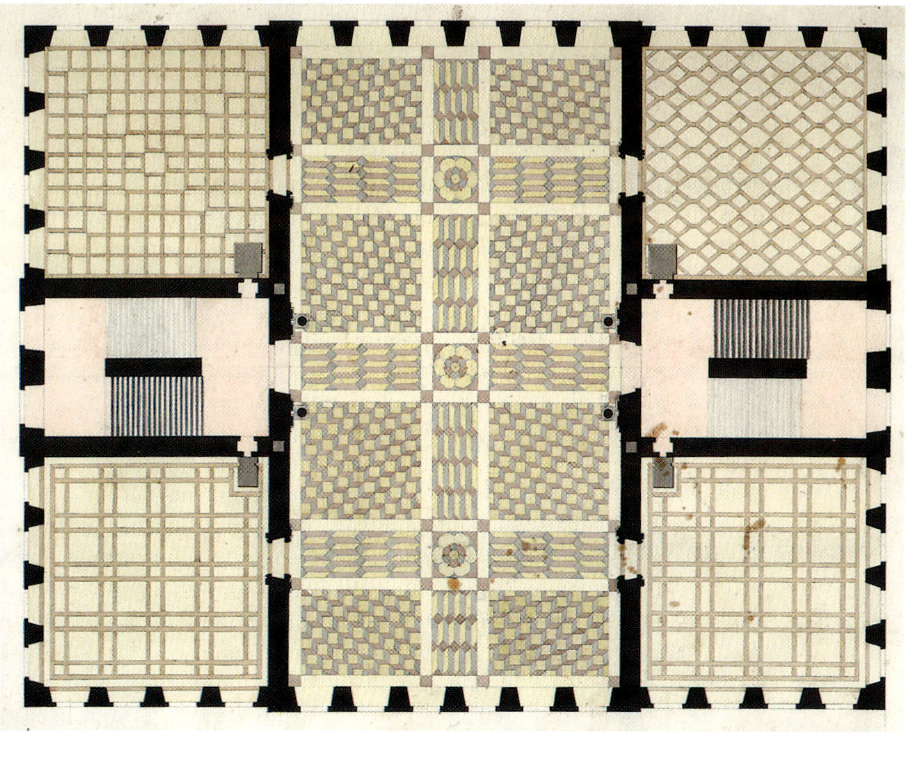

Die Fußbodengestaltung im Goldenen Saal und in den Fürstenzimmern. Kolorierter historischer Plan; vermutlich Anfang des 19. Jahrhunderts vom Stadtbauamt angefertigt. Die Anschlüsse der Kachelöfen der Fürstenzimmer sind eingetragen.

Das nordöstliche Fürstenzimmer (FZ IV). Fotografie aus der Zeit vor der Zerstörung.

portalen und die Fußböden in beiden Räumen 3.400 Gulden. Für die Ausstattung der Fürstenzimmer III und IV war Kistlermeister Jakob Dietrich, ein Sohn des Augsburger Kunstschreiners und Baumeisters Wendel Dietrich, der unter anderem die Zedernholzdecke im Saal des Kirchheimer Fuggerschlosses geschaffen hat, zuständig.
Die Portalbeschläge fertigte in sämtlichen Fürstenzimmern der Stadtschlosser Bartholomäus Scheff,[1] ein Sohn von Georg Scheff, der das prachtvolle Gitter am Augustusbrunnen (1593 – 1595) geschaffen hat.
Eine genauere Beschreibung der einzelnen Ausstattungselemente der Fürstenzimmer I – III erfolgt in den nachfolgenden Abschnitten.
Das nordöstliche Fürstenzimmer (FZ IV; Abb. oben sowie auf S. 368 und S. 371) wird im Detail nicht weiter behandelt, da es nicht mehr rekonstruierbar ist. Im Zuge des Wiederaufbaues wurde in diesem Bereich ein dringend erforderlicher Aufzug zur Beschickung der oberen Geschoße eingebaut, wobei dieses Fürstenzimmer in Zusammenhang mit der Generalsanierung (1981 – 1984) als Andienungsraum ausgebaut wurde (siehe Grundriß C auf S. 113).

Die Kachelöfen

Historischer Abriß – Der repräsentative Charakter der vier Fürstenzimmer wird durch die prächtigen Kachelöfen in eindrucksvoller Weise gesteigert. Die zu den wertvollsten Ausstattungselementen des Rathauses zählenden Kunstwerke fielen mit dem Rathaus im Februar 1944 den Flammen zum Opfer. Mit ihrer Herstellung beauftragten die Augsburger Bauherrn 1620/21 die Hafnermeister Melchior Lott aus Weilheim und Adam Vogt[2] aus Landsberg.
Für ein Honorar von 140 Gulden hatte Lott bereits im Januar 1620 vier Öfen für den Oberen Fletz angefertigt. Er arbeitete dabei nach vorgegebenen Entwürfen

1 Scheff, Bartholomäus. s. hierzu Anmerkungen (7) auf Seite 259.
2 Hafnermeister Adam Vogt aus Landsberg am Lech; 1609/18 im dortigen Zunftbuch genannt, 1630 gestorben. Außer den beiden Prunköfen in den östlichen Fürstenzimmern fertigte er ähnliche Öfen in den Schlössern Babenhausen und Eurasburg am Starnberger See (Zuschreibung). Ermittelt durch Norbert Lieb.

Der Kachelofen von Adam Vogt im nordöstlichen Fürstenzimmer (FZ IV). Fotografie aus der Zeit vor der Zerstörung.

»nach Besag und laut der gestellten Visierung«, wie es im Montagssitzungsprotokoll vom 28. Januar heißt.[3] Am 22. Juni 1620 wird er wiederum unter Planvorgabe mit der Herstellung des Ofens für das südwestliche Fürstenzimmer (FZ II) beauftragt, der ihm dann auch als Vorbild für den 1621 geschaffenen Ofen für das nordwestliche Fürstenzimmer (FZ I) diente.

Bei der Auswertung der Montagssitzungsprotokolle zog Stadtarchivar Adolf Buff den Schluß, daß der Entwurf für diese Öfen nur aus der Hand des für die künstlerische Innenausstattung des Rathauses verantwortlichen Stadtmalers Matthias Kager stammen könne. Buff geht dabei von einem Zahlungsvermerk vom November 1619 aus, wonach Kager »wegen seiner sonderen Mühewaltung« und da er dem Kistler und Hafner »mit Machung der Visierungen beistendig sein solle« das stattliche Honorar von 214 Gulden erhalten habe. Demgegenüber belief sich das Honorar von Melchior Lott auf die vergleichsweise niedrige

3 Buff, S. 244 ff.

Der Kachelofen im südwestlichen Fürstenzimmer (FZ II). Fotografie aus der Zeit vor der Zerstörung.

Summe von 250 Gulden für den ersten und 216 Gulden für den zweiten Ofen im nordwestlichen Fürstenzimmer.

Die Honorierung für die beiden Kachelöfen der westlichen Fürstenzimmer (FZ I und II) beweist, daß die relativ geringe Entlohnung Lotts keine zufällige Willkür der Bauherrschaft war, denn die Bezahlung in Höhe von 300 bzw. 350 Gulden von Adam Vogt berücksichtigt ausdrücklich, daß dieser »laut der von ime gestellten Visierung«, also nach eigenem Entwurf gearbeitet hatte (Montagssitzungsprotokoll vom 24. Juli 1620).

Stilistische Einordnung der Kachelöfen – Die Kachelöfen in den vier Fürstenzimmern sind weit über den süddeutschen Raum hinaus von kunstgeschichtlicher Bedeutung. Sie sind dem Manierismus der ausgehenden Renaissance zuzuordnen, der sich beim Hafnerhandwerk auf den Zeitraum von 1600 bis 1620 beschränkt.[4] Aus diesem Grund hat diese Epoche nur wenige Kachelöfen dieser

4 Franz, Rosemarie: »Der Kachelofen«, Graz 1981 S. 117 ff. Haas, Sabine: »Der Kachelofen – Funktionalität und Ästhetik«, Erlangen 1985, S. 99 ff.

Art aufzuweisen. Um so mehr sind die Augsburger Öfen neben den Erzeugnissen der in Winterthur ansässigen Familie Pfaud zu den hervorragendsten Beispielen dieses Kunsthandwerkes zu rechnen.
Während die Pfaudschen Öfen durchwegs bunt bemalt waren, wiesen die manieristischen Augsburger Objekte eine schwarze Graphitierung und darüber hinaus die typischen Merkmale eines Übergangsstils auf: Die strenge, lineare Symmetrie der Renaissance wird durch eine üppige Barockdekoration zu einem nahezu sakralen Höhepunkt gesteigert, wobei vollplastische Figuren als neues Element in die Gestaltung der Öfen mit einbezogen werden. Ein sichtbares Zeichen der neuen Stilrichtung ist auch das wulstartig ausgebaute Mittelstück zwischen dem zierlichen Unter- bzw. Oberbau, das dem Ofen Melchior Lotts dank dem Gestaltungsvermögen von Matthias Kager eine spürbar größere Eleganz verleiht als den beiden Öfen von Adam Vogt.

Heiztechnik – Die Kachelöfen waren nicht nur reine Dekorationsstücke, sie dienten auch dem praktischen Zweck der Beheizung der Fürstenzimmer, die dadurch im Gegensatz zum Goldenen Saal gerade bei kalten Außentemperaturen als Aufenthaltsräume genutzt werden konnten.
Die nahezu $5^1/_2$ m hohen Kachelöfen wurden ursprünglich vom Flur aus mit Holz beheizt. Die Holzspäne wurden auf eine lange Schaufel gelegt, angezündet und in den Feuerraum, der von den großen Wappenkacheln gebildet wird, geschoben. Holzscheite wurden nachgelegt. Die Hitze stieg in den inneren Turm, erwärmte dabei die Kacheln und mußten wieder zurückschlagen in das Schürloch, worüber der Kamin lag.
Die Arbeit des Schürens beanspruchte viel Zeit, bis genug Glut vorhanden war. Erst wenn die Kacheln erwärmt waren, wurde die eiserne Feuertüre zur »Hölle«, wie der Ofenhals mit der Teufelskachel genannt wird, im Flur geschlossen. Die einwandfreie Gebrauchsfähigkeit der Öfen stellte sich im März 1939 heraus, als sie ein letztes Mal beheizt wurden. Ein Bericht des Hafnermeisters Heinrich Pittroff vom 13. März 1939 über »Beobachtungen beim Heizen von zwei Fürstenzimmeröfen« ist zu entnehmen, daß die Heizleistung sehr zufriedenstellend war, wenn es auch nicht gelang, damit gleichzeitig auch den Goldenen Saal ausreichend zu temperieren. Die Bauweise der Öfen beschreibt Pittroff bei dieser Gelegenheit mit folgenden Worten: »Die Konstruktion der Öfen ist sehr einfach und gleicht jener der Bauernöfen, wie sie um 1880 gebaut wurden. Die Holzscheite werden im Kreuzstoß auf einen eisernen Feuerbock gelegt und verbrannt. Die Flammen und die heißen Rauchgase bestreichen das Ofengehäuse und ziehen durch ein viereckiges Loch (ca. 14/14 cm) über der Feuertüre in den Kamin ab. Zum Schutz der Kacheln gegen das Durchstoßen der Holzscheite ist ein starker schmiedeeiserner Korb eingebaut.«[5]

5 Niederschrift von Hafnermeister Heinrich Pittroff vom 13. März 1939: »Beobachtungen beim Heizen von zwei Fürstenzimmern«. (Stadtarchiv BA 722/0200).

Die Bildausstattung

Unter der Regie des Stadtmalers Matthias Kager wurden damals namhafte Augsburger Künstler mit der mobilen malerischen Ausschmückung des neuen Rathauses beauftragt. Den Goldenen Saal übernahm Kager selbst, lediglich Hans Rottenhammer wurde mit einem programmatischen Gemälde über dem nördlichen Hauptportal beauftragt. Die Ausstattung der vier Fürstenzimmer, jeweils mit drei großformatigen Historien- und sechs Halbfigurenbildern, wurden wiederum an Kager sowie an Johann König und Matthäus Gundelach vergeben.

Fürstenzimmer I – Neun Ölgemälde schmücken das wiederhergestellte Fürstenzimmer: drei große Historiendarstellungen in Breitformat an den beiden Innenwänden mit Motiven aus der reichsstädtischen Geschichte Augsburgs sowie sechs hochformatige Halbfigurenbilder mit allegorischen Frauengestalten, jeweils zwischen den Fenstern der Außenwände angeordnet. Es handelt sich im Gegensatz zu den Gemälden im Goldenen Saal um Originalwerke von Matthäus Gundelach,[6] die während des Zweiten Weltkrieges ausgelagert und im Keller des Schaezler-Palais aufbewahrt wurden.
Der dreiteilige Historienzyklus befaßt sich mit der Belehnung von Herzog Moritz von Sachsen mit der sächsischen Kurwürde durch Kaiser Karl V. am 24. Februar 1548 auf dem Reichstag zu Augsburg. Das erste Bild der Trilogie an der östlichen Raumwand (Abb. unten) zeigt den Einzug Kaiser Karls V. auf den Weinmarkt. Rechts daneben ist auf dem zweiten Gemälde (Abb. S. 375 oben) die Beratung über die Verleihung der Kurwürde an Moritz von Sachsen dargestellt. Herzog Heinrich von Braunschweig, Pfalzgraf Wolfgang und Herzog Albrecht V. von Bayern erwarten in kniender Haltung die Antwort auf ihr Ersuchen, Herzog Moritz von Sachsen die Kurwürde zuzusprechen. Der Kurfürst von Mainz verkündet die positive Entscheidung des Kaisers. Die Übergabe der Kurinsignien zeigt schließlich das Gemälde rechts an der Südwand neben dem Portal (Abb. S. 375 unten): Kaiser Karl V. überreicht nach dem Schwur das Schwert, während neben ihm die Fahnen der sächsischen Lehensländer aufgerollt werden.

Einzug Karls V. auf den Weinmarkt zu Augsburg. Ölgemälde von Matthäus Gundelach (1622/1624).

6 Matthäus Gundelach. Geboren 1566 in Kassel, gestorben 1654 in Augsburg. Seine erste Ausbildung erhält er am Hofe des Landgrafen Wilhelm IV. von Hessen-Kassel. 1609 wird er kaiserlicher Kammermaler in Prag als Nachfolger Josef Heintz d. Ä., dessen Witwe er heiratet. 1614 ist Gundelach für die Fürsten von Fürstenberg und 1616/17 in Stuttgart für den Württembergischen Hof tätig. Dann läßt er sich in Augsburg nieder, wo er durch die Herkunft seiner Frau das Bürgerrecht bereits besaß und erwirbt das Meisterrecht. Zwischen 1622 und 1624 malt er die neun Bilder im nordwestlichen Fürstenzimmer.

Beratung über die Verleihung der Kurfürstenwürde an Moritz von Sachsen. Ölgemälde von Matthäus Gundelach (1622/1624).

Der gemalte Schauplatz des Geschehens stellt gewissermaßen ein Kuriosum dar, denn Matthäus Gundelach verwendete für dieses historische Ereignis aus dem Jahre 1548 eine städtebauliche Kulisse, die in dieser Form erst ein halbes Jahrhundert später existierte. Deutlich erkennbar sind das von Holl erbaute Kaufhaus (1611), der Herkulesbrunnen inmitten des Platzes (1602), dahinter das Siegelhaus von Elias Holl (1605) und schließlich im Hintergrund der 1594 erhöhte Turm von St. Ulrich und Afra.
Die sechs kleineren Bilder mit weiblichen Halbfiguren zwischen den Fenstern

Übergabe der Kurinsignien an Moritz von Sachsen. Ölgemälde von Matthäus Gundelach (1622/1624).

Die Halbfigurenbilder von Matthäus Gundelach im wiederhergestellten nordwestlichen Fürstenzimmer.

Obere Reihe:
Voluntas – der Wille
Ratio – die Vernunft
Religio – die Religion

Untere Reihe:
Potentia – die Macht
Autoritas – die Herrschaft
Felicitas – die Glückseligkeit

Blick auf die östliche Wand des wiederhergestellten nordwestlichen Fürstenzimmers mit zwei Gemälden des dreiteiligen Historienzyklus.

stellen Allegorien von Fürstentugenden dar. An der Westwand sind dies: VOLUNTAS – der Wille – allegorisch dargestellt als gekrönte Frau mit Flügeln, die in der linken Hand ein Segelschiff hält. RATIO – die Vernunft – verkörpert diese Fürstentugend als Frau mit den Symbolen Weltkugel und Schlange. RELIGIO – die Religion – symbolisiert durch Kreuz und Buch in der rechten und Flamme in der linken Hand, im Hintergrund ein Zentralbau als Symbol für die Kirche. An der Nordwand (von links nach rechts): POTENTIA – die Macht – als eine gekrönte Frau mit Szepter und Füllhorn. AVTORITAS – die Herrschaft – mit einer Statue der Athena als Sinnbild der Autorität über Krieg und Wissenschaft. FELICITAS – das Glück – verkörpert als Frau mit Szepter und Füllhorn (Abb. S. 376).

Die vor der Rückkehr in das Fürstenzimmer notwendige fachgerechte Restaurierung der Bilder umfaßte neben der Reinigung und Ausbesserung der Malerei auch ihre Umrahmung. Die noch vorhandenen Originalrahmen der kleineren Bilder wurden in ihrem patinierten Zustand belassen, um dadurch den historisch bedingten Alterungsprozeß zu dokumentieren. Im Gegensatz dazu waren die ausgelagerten großen Historiengemälde nur noch mit rohen Holzleisten eingefaßt, weshalb die Einrahmungen nach fotografischen Unterlagen aus Nußholz neu angefertigt werden mußten. Auf Empfehlung der städtischen Kunstsammlungen wurde für diese spezielle Aufgabe der renommierte Münchner Restaurator Karl Pfefferle beauftragt.

»Aristokratie«. Ölgemälde von Johann König (1622/1624) im südwestlichen Fürstenzimmer (FZ II). Städtische Kunstsammlungen Augsburg.

Die heutige Anordnung der Gemälde entspricht der ursprünglichen Bildausstattung, die durch die Stiche von Salomon Kleiner belegt ist und vermutlich im vorigen Jahrhundert verändert wurde.[7]

Fürstenzimmer II – Die ebenfalls noch erhaltenen Originalgemälde des Fürstenzimmers II sind das Werk des Nürnberger Malers Johann König,[8] der auch die Bilder für die Gerichts- und Steuerstube im Oberen Fletz gemalt hat. Ebenso wie im nordwestlichen Fürstenzimmer besteht der Bildschmuck aus drei großen Gemälden sowie sechs kleineren Bildern in Hochformat (Abb. S. 403).
Auf den großformatigen Tafelbildern sind die Regierungsformen Demokratie, Aristokratie und Monarchie dargestellt: Im historischen Rückblick auf die

»Demokratie«. Ölgemälde von Johann König (1622/1624) im südwestlichen Fürstenzimmer (FZ II). Städtische Kunstsammlungen Augsburg.

7 Wie Christoffel in seinem Kunstführer von 1929 vermerkt, und was auch durch ältere Fotos bestätigt wird, hingen im nordwestlichen Fürstenzimmer: »Die Belehnung des Herzogs Moritz von Sachsen mit der Kurwürde« von Gundelach, zwei Bildnisse von Kunstmaler Gottfried Eichler (Stadtpfleger Wolfgang Jakob Sulzer und Markus Koch von Gailenbach), ein Bild von Johann Beischlag sowie das »Jüngste Gericht« von Matthias Kager. Dagegen hing das zweite Bild der Belehnungstrilogie zuletzt im südwestlichen Fürstenzimmer.

8 Johann König, Taufe im Oktober 1586 in Nürnberg, gestorben 04. März 1642 Nürnberg. Malerlehre in Augsburg bei Rottenhammer. Nach Wanderzeit in Italien Erwerb der Malergerechtigkeit in Augsburg und Heirat. Von 1622 bis 1626 malt er die Bilder im südwestlichen Fürstenzimmer, in der Gerichtsstube und Vorzimmer. Mit dem Wiederaufleben konfessioneller Kämpfe verlegt er seinen Wohnsitz aus der Stadt und kehrt schließlich 1631 wieder nach Nürnberg zurück.

»Monarchie«. Ölgemälde von Johann König (1624) im südwestlichen Fürstenzimmer (FZ II). Städtische Kunstsammlungen Augsburg.

zünftische Verfassung der ehemaligen Reichsstadt vor dem Jahre 1548 wird, wie Krämer bemerkt, die »Demokratie« als Regierungsform verurteilt, die »Aristokratie« hingegen gelobt und die »Monarchie« als vorbildlich gewertet.[9] Auf dem letzterwähnten Gemälde, das bei gleicher Höhe fast einen Meter länger ist als die beiden anderen, ist Kaiser Ferdinand dargestellt, dem die Völker Europas als Gesandte huldigen.

Die sechs Halbfigurenbilder im Hochformat (ca. 110 x 60 cm) zeigen römische Feldherren, die in Bezug zur Stadt stehen: DRUSUS GERMANICUS (38 v. Chr. – 9 n. Chr.), der gemeinsam mit seinem Bruder, dem späteren Kaiser Tiberius, mehrere Feldzüge führte; RHAETUS, den Anführer der Räter und Gründer der römischen Provinz Raetia sowie die Herrscher CORNELIUS BALBUS, M. TITIUS, QUINTUS VARUS und AUGUSTUS CAESAR. Von dem vorgenannten Bilderzyklus befinden sich das Gemälde »Monarchie« sowie die sechs kleinen Bilder im Depot der städtischen Kunstsammlungen, während seit Abschluß der Rathaus-Generalsanierung im Jahre 1984 die Gemälde »Demokratie« und »Aristokratie« in den Stadtratsfraktionsräumen hängen.

Fürstenzimmer III – Der Bilderzyklus, den Johann Matthias Kager im Anschluß an die Saalfresken für das südöstliche Fürstenzimmer malte, umfaßt ebenfalls drei großformatige Historienbilder und sechs kleinere Halbfigurendarstellungen.

Die großen Bilder sind ebenso wie die in den übrigen Fürstenzimmern breitformatig, jedoch 15 – 20 cm niedriger. Sie befassen sich mit den von Fürsten geforderten Tugenden der Enthaltsamkeit, Ehre und Großmut. Für ihre bildnerische Umsetzung verwendet Kager Themen aus der Antike: Alexander und die Familie des Darius – Tod der Virginia – Großmut des Scipio.

Auf den kleinen Bildern verkörpern die heilig und selig gesprochenen Kaiserinnen Helena, Richardis, Agnes, Palcheria, Kunigunde und Hildegard menschliche Tugenden wie eheliche Treue, Keuschheit und intensive Förderung des christlichen Glaubens.

9 Krämer, Dr. Gode: »Die Rathausbilder«, in »Elias Holl und das Augsburger Rathaus«, Regensburg 1985, S. 213.

Die Halbfigurenbilder von Johann König im südwestlichen Fürstenzimmer (FZ II) (1622/1624).

Obere Reihe:

Nero Claudius Drusus Germanicus

Augustus Caesar

Rhaetus

Untere Reihe:

P. Quintus Varus

M. Titius

L. Cornelius Balbus

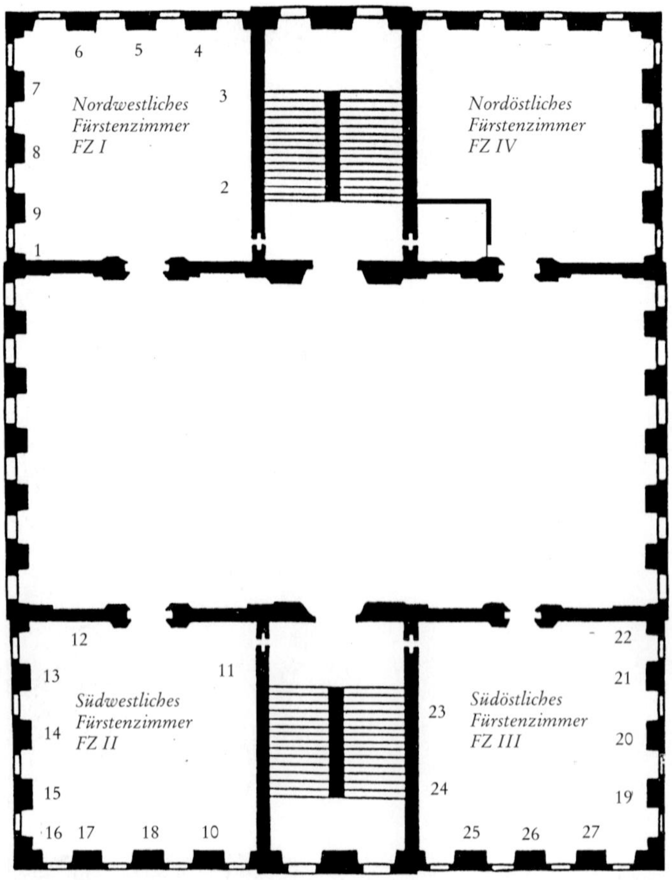

Die ursprüngliche Hängung der Bilder in den Fürstenzimmern

Nordwestliches Fürstenzimmer:
Matthäus Gundelach (1566 – 1653)

1 Übergabe der Kurinsignien an Moritz von Sachsen
2 Beratung über die Verleihung der Kurwürde
3 Einzug Karls V. auf den Weinmarkt
4 Voluntas
5 Religio
6 Ratio
7 Potentia
8 Autoritas
9 Felicitas

Südwestliches Fürstenzimmer:
Johann König (1586 – 1642)

28 Aristokratie
29 Demokratie
30 Monarchie
31 Drusus. Germanic.
32 Augustus. Caes.
33 P. Qintus Varus
34 Titius
36 L. Corn. Balbus

Südöstliches Fürstenzimmer:
J. Matthias Kager (1575 – 1634)

19 S. Pulcheria
20 S. Agnes
21 S. Helena
22 Alexander und die Familie des Darius
23 Tod der Virginia
24 Großmut des Scipio
25 S. Hillgart
26 S. Khungunda
27 S. Richardis

Quelle: Elias Holl und das Augsburger Rathaus, Regensburg 1985

Glücklicherweise haben auch diese Originalgemälde die Kriegszerstörung überstanden. Sie befinden sich im Depot der städtischen Kunstsammlungen, ihr Erhaltungszustand ist jedoch teilweise sehr schlecht. So werden vor allem die großen Historienbilder als nicht ausstellungswürdig bezeichnet. Dies bedeutet die Notwendigkeit einer grundlegenden Restaurierung, bevor sie, wie beim nordwestlichen Fürstenzimmer (FZ I), neu gerahmt werden.

»Alexander und die Familie des Darius«. Ölgemälde von Johann Matthias Kager (1624) im südöstlichen Fürstenzimmer (FZ III). Städtische Kunstsammlungen Augsburg.

Die Halbfigurenbilder von Johann Matthias Kager im südöstlichen Fürstenzimmer (FZ III).

Obere Reihe:
S. Helena
S. Richardis
S. Agnes

Untere Reihe:
S. Pulcheria
S. Khunigunde
S. Hillgart

»Tod der Virginia«. Ölgemälde von Johann Matthias Kager (1624) im südöstlichen Fürstenzimmer (FZ III). Städtische Kunstsammlungen Augsburg.

»Großmut des Scipio«. Ölgemälde von Johann Matthias Kager (1624) im südöstlichen Fürstenzimmer (FZ III). Städtische Kunstsammlungen Augsburg.

Fürstenzimmer IV – Es war ausgestattet mit drei großformatigen Historienbildern: Zerstörung Jerusalems und Gefangennahme König Zedeckias; dem Gastmahl des Belsazer und Esther von Ahasver. Des weiteren mit sechs Halbfigurenbildern: Christus, Salomon, Moyses, Abraham, Noe und Adam.
Sämtliche Originalgemälde von Johann Matthias Kager bzw. seiner Werkstatt befinden sich bei den Städtischen Kunstsammlungen Augsburg.

Das nordwestliche Fürstenzimmer (FZ I) nach einem Stich von Salomon Kleiner (1732).

Die Wiederherstellung des nordwestlichen Fürstenzimmers

Die dokumentarischen Grundlagen der Wiederherstellung

Die vorhandenen Unterlagen, vornehmlich alte Fotografien, vor allem aber die umfangreiche Bauaufnahme von Ludwig Leybold, waren ausreichend für die originalgetreue Wiederherstellung der Ausstattungselemente des Fürstenzimmers. Gerade die vier Fürstenzimmer hatte Leybold am genauesten erfaßt, da diese Räume, mit einer Höhe von etwa 5,70 m, leichter zugänglich und daher wesentlich problemloser aufzunehmen waren, als beispielsweise der mehr als 14 Meter hohe Deckenbereich des Goldenen Saales. Dementsprechend umfangreich ist auch die Anzahl seiner Bestandspläne und Handskizzen. Allein das nordwestliche Fürstenzimmer ist mit 12 bemaßten Skizzenblättern und 21 säuberlich gezeichneten Aufnahmeblättern in seinem 1886 veröffentlichten Druckwerk erfaßt. Dies betrifft sowohl die reichprofilierte Zimmerdecke wie auch die Wandverkleidung einschließlich Innenportal samt den kunstvoll gestalteten Beschlägen. Schließlich hat Leybold auch den Kachelofen in weiteren Zeichnungen genauestens erfaßt.

Planung und Wiederherstellung der Ausstattungselemente

Nach exakter Vermessung des Fürstenzimmers I erstellte das Architekturbüro Machatschek die erforderlichen Werkpläne für die Rekonstruktion der einzelnen Ausstattungselemente. Von den insgesamt 51 Planzeichnungen für Decke, Fußboden und Wandverkleidung mit Innenportal war nahezu die Hälfte im Maßstab 1 : 1, also in natürlicher Größe erforderlich, um die Ausführung der

Schreinerelemente des Innenportals

1 Sockel und Basis der Lisenen.
2 Lisenen mit Gesimsabdeckung.
3 Frontale und seitliche Konsolen, oberhalb der Lisenen, reich profiliert, mit oberer und unterer Schnecke.
4 Gebälk zwischen den seitlichen Konsolen.
5 Gesimse über Gebälk und Konsolen.
6 Giebelaufsatz, bestehend aus gegliedertem Sockelprofil, vier stehenden Konsolen mit Profilierung und Schnecke einer mittleren gerahmten Bildfläche, abdeckendem Gesims und Abschluß mit liegenden Konsolen.
7 Gesprengter, stark profilierter Segmentgiebel beiderseits des Giebelaufsatzes.
8 Türblatt (Falzmaß 162/316 cm) mit zwei ornamental gestalteten Innenfeldern.

Schnitzelemente des Innenportals

A Maske mit seitlichem Gehänge, Knospen und Vase an beiden Lisenen.
B Muschel mit zwei geschwungenen Schleifen am Gebälk.
C Portal Gebälkkonsole, Rosette zweiteilig, 17 cm.
D Frontalkonsole, Blattwulst (32 Blätter) an beiden Lisenen.

Die Schreiner- und Schnitzelemente am Innenportal und an der Wandverkleidung. Rekonstruktionsplan von Architekt Machatschek.

Die Beschläge des Innenportals – Eine vorzügliche Beschlagsarbeit erbrachte, wie bereits bei den Hauptportalen, Kunstschlosser Johann Weiß mit seinem Sohn Günter auch für das Innenportal dieses Fürstenzimmers. Als Vorlage für die sichtbaren verzierten Beschlagsteile dienten die Zeichnungen des Architekten, die sich fast ausschließlich auf die Leyboldsche Bauaufnahme stützten. Die Herstellung der Funktionstüchtigkeit des Kastenschlosses ist wiederum der

Verdienst von Johann Weiß, der hierfür in profunder Kenntnis alter Handwerkstechnik eine perfekte Konstruktionszeichnung gefertigt hat (Falttafel I). Weiterhin wird auf S. 222 anhand von Abbildungen und einer Planzeichnung Funktion und Gebrauch des Kastenschlosses näher erläutert.

Der Parkettfußboden – Der wiederhergestellte großflächige Parkettboden besteht wie das zerstörte Original aus Lärchen- und Eichenholzbrettern mit Nut- und Federverbindung. Für die Blindbodenunterkonstruktion wurden 25 mm starke ungehobelte Fichtenbretter mit Polsterhölzern (5 x 7 cm) und für die Beschüttung zwischen den Hölzern Hochofenschlacke verwendet.
Der Fußbodenbelag wird durch 20 cm breite Friese aus Eichenholz in quadratische und rechteckige Felder aus 16 – 20 cm breiten und 21 mm starken gehobelten Lärchenbrettern gegliedert. Dabei war gefordert, daß die Friese in einer Richtung, nämlich in der Gehrichtung vom Portal aus, ohne Unterbrechung durchlaufen. Außerdem durften die Lärchenbretter innerhalb der Felder nicht gestoßen werden. Der fertige Parkettboden wurde mehrfach mit flüssigem farblosem Bodenwachs eingelassen, dann mit Hartwachs behandelt und seidenmatt gebohnert.

Das wiederhergestellte Innenportal im nordwestlichen Fürstenzimmer.

Die Südwand des nordwestlichen Fürstenzimmers mit dem vom Augsburg-Club gestifteten Renaissance-Stuhl.

Die Möblierung – Im Gegensatz zur detailgetreu rekonstruierten architektonischen Raumausstattung des Fürstenzimmers ergaben sich für die Möblierung wegen fehlender dokumentarischer Vorlagen erhebliche Schwierigkeiten.
In der Ausschreibung der Möblierung des Fürstenzimmers als Repräsentations- und Empfangsraum des Oberbürgermeisters wurden »stilgemäße Einrichtungen, die sich mit dem historischen Bauwerk in Harmonie befinden sollten und der zeitgemäßen Benützung voll entsprechen müßten« gefordert. Im einzelnen besteht die Möblierung aus Tischen verschiedener Größe, einem Schreibpult für das »Goldene Buch« der Stadt, 16 Stühlen, 8 Hockern sowie verschiedenen Beleuchtungskörpern.[10] In diese Ausschreibung wurden auch 18 Stühle mit rotem Veloursstoff für den Goldenen Saal aufgenommen. Sämtliche Massivteile der Tische sind in Nußbaumholz gefertigt, die Tischfüße mit einfachen Schnitzereien geschmückt. Die Platten haben geometrische Einlegemuster unter Verwendung von Nuß-, Eiche-, Esche- und Rüsterfurnier. Das Pult für das Goldene Buch ist mit kannelierten Säulenfüßen, einem aus Nußholz geschnitzten Kapitell sowie Maskenornamenten auf den Füllungen versehen. Stühle und Hocker aus Nußholz mit sparsamen Schnitzereien sind mit goldfarbenem Veloursstoff bezogen.
Aus dem Sachverständigenprotokoll vom Januar 1985 geht hervor, daß die ausgeführte Möblierung bei den Experten wenig Zustimmung fand: »Gegen die teilweise frei historisierende Möblierung werden erhebliche Bedenken vorgebracht. Sie stellt für diesen historisch hervorragend wiederhergestellten Raum keine Bereicherung dar, weshalb empfohlen wird, diesen Weg nicht weiter zu beschreiten.«[11]

10 Für die Beleuchtungskörper der Fürstenzimmer gab es wie im Goldenen Saal keine Belege aus historischer Zeit. Gewählt wurden deshalb zurückhaltend gestaltete Lampen (Entwurf von Doblhoff): vier Deckenstrahler in Messing, vier Girandolen (sechsarmige Tischleuchter mit Füßen) mit Pergamentschirmen sowie eine Schreibtischleuchte und eine Lampe für das Pult mit dem Goldenen Buch.

11 Niederschrift zur 9. Sitzung des Sachverständigenausschusses vom 8. Januar 1985. Die Experten bedauerten es, daß sie bei der Gestaltung der Möblierung nicht hinzugezogen wurden. Da das wiederhergestellte Fürstenzimmer gleichzeitig als Repräsentationsraum für den Oberbürgermeister genutzt werden sollte, hat Architekt Doblhoff die Einrichtung mit dem OB-Referat abgesprochen.

Kachelofen im nordwestlichen Fürstenzimmer. Fotografie aus der Zeit vor der Zerstörung.

Die Wiederherstellung des Kachelofens als letztes und schwierigstes Ausstattungselement

Dokumentarische Unterlagen – Der einzige bisher bekannt gewordene Entwurf zur Innenausstattung des Rathauses ist neben dem des Saalbodens ein perspektivischer Aufriß des Kachelofens des nordwestlichen bzw. südwestlichen Fürstenzimmers. Der Verfasser der im Germanischen Nationalmuseum in Nürnberg aufbewahrten Originalzeichnung (Format 56 x 29,8 cm) kommt mit Sicherheit aus dem Umfeld von Matthias Kager.

Exakt dokumentiert sind alle Kachelöfen in dem Bauaufnahmewerk von Ludwig Leybold. Er hat zu diesem Thema insgesamt drei Bestandspläne und sechs Skizzenblätter mit erschöpfender Darstellung der Zierelemente und des figürlichen Schmucks sowie vollständiger Bemaßung gezeichnet. Weiterhin liegen Lithografien des um die Jahrhundertwende tätigen Augsburger Grafikers Anton Ringler (Abb. S. 394) vor und darüber hinaus zahlreiche, teilweise großformatige Schwarzweißfotos.

Grundlagen der Rekonstruktion – Die im Zuge der Rekonstruktion des Goldenen Saales von Anfang an vorgesehene originalgetreue Wiederherstellung des nordwestlichen Fürstenzimmers veranlaßte die Sachverständigen, sich schon frühzeitig mit der Frage der Einbeziehung des Kachelofens zu befassen. Prof. Machatschek war hinsichtlich einer Wiederherstellung der Kachelöfen sehr zurückhaltend, deren Rekonstruktion er jedoch technisch für möglich hielt. Wegen grundsätzlicher Probleme empfahl er diese Frage zu einem späteren Zeitpunkt wieder aufzugreifen. Auch die Sachverständigen waren der Meinung, daß eine Wiederherstellung grundsätzlich durchführbar sei, obgleich sie in ihrer Empfehlung an den Stadtrat im Oktober 1978 präzisierten: »Offen muß auch bleiben, ob eine Rekonstruktion der völlig untergegangenen Kachelöfen in den Fürstenzimmern möglich ist.«

Aus diesem Grund erfolgte die Wiederherstellung des Fürstenzimmers zunächst ohne Ofen, wobei jedoch eine spätere Realisierung bei der Eckausbildung der Wandverkleidung bereits berücksichtigt wurde.

Erst in der Sachverständigensitzung vom 02. Juni 1989 wurde die Frage des Kachelofens wieder aufgegriffen und ausführlich diskutiert. Anlaß hierfür war der Erwerb von Ofenkacheln aus dem abgebrannten Schloß Eurasburg durch den Goldenen-Saal-Verein.

Die Überlegungen hinsichtlich einer möglichen Verwendung dieser Ofenfragmente begründeten sich auf den Hinweis von Prof. Norbert Lieb, wonach die Eurasburger Öfen Adam Vogt zugeschrieben werden. Abgesehen von dem schlechten Zustand der Eurasburger Kacheln sprach gegen eine praktische Verwendung für das Augsburger Rathaus die Tatsache, daß dieser angesprochene Vogtsche Ofen eine Höhe von etwa 6,40 m, also nahezu einen Meter höher als der Ofen im nordwestlichen Fürstenzimmer, aufwies und außerdem kobaltblau gefärbt war. In diese Diskussion hatte sich auch der Generalkonservator des Bayerischen Landesamtes für Denkmalpflege, Prof. Michael Petzet, eingeschaltet. Er empfahl eine nochmalige Untersuchung, ob die Eurasburger Öfen wenigstens teilweise wiederhergestellt und gegebenenfalls in einem Museum präsentiert werden könnten.

Der Aufbau des Kachelofens – In seiner Grobgliederung setzt sich der Ofen aus dem kleineren würfelförmigen Feuerkasten, dem gerundeten Mittelstück und dem zierlichen Oberbau zusammen. Die unteren Teile sind mit erhabenen Fruchtgehängen und mit dem Augsburger Wahrzeichen, dem Pinienzapfen, geschmückt. Leichte freischwingende und sich schneckenartig einrollende Blattkonsolen sind zusammen mit den anmutigen Blattvoluten typische Attribute des Manierismus. Der von kannelierten korinthischen Säulen getragene obere Abschluß des Ofens bildet mit seiner grazilen Dachdekoration samt Zirbelnuß eine würdige Bekrönung des Gesamtkunstwerkes.

Der Vogtsche Kachelofen (1632) im Festsaal des Eurasburger Schlosses, das in der Neujahrsnacht 1975 durch Brand zerstört wurde.

Kachelofen im Fürstenzimmer I. Lithographie von Anton Ringler 1890. Städtische Kunstsammlungen Augsburg Inv.-Nr. 2599.

Der aus 238 Einzelstücken bestehende Kachelofen mit einer Gesamthöhe von 5,46 m bis zur Spitze der Zirbelnuß läßt sich nach der Rekonstruktionszeichnung und der Leistungsbeschreibung von Architekt Prof. Machatschek in sieben Abschnitte gliedern (Abb. nebenstehend):

1 Der Unterbau, bestehend aus fünf Füßen – Wappenkacheln mit Gesimsen – große Ofenecken mit Voluten und Gesimsen – Ofenhalskacheln (Hölle) mit Gesimsen.
2 Der Zwischenteil, bestehend aus Hohlkehle mit Kapitellen und Gesimsen – Wulst mit Ecken und Gesimsen.
3 Der Mittelteil, bestehend aus den Turmkacheln (ohne Figuren) – dem unteren Gesims von Turm und Ecken – Ecken vom Turm mit Affenköpfen und Fruchtgehängen – dem oberen kleinen Gesims vom Turm mit Ecken – dem großen Turmgesims mit Ecken – der Bekrönung vom Turm mit Sockel und Voluten der Kuppel – der Ofenkuppel in Überschlagstechnik mit freimodellierten Ziegeln.
4 Die ergänzenden Elemente des Mittelteiles, bestehend aus den Säulen mit Sockel und Kapitellen – dem Kämpfer und Bogengesims des Baldachins – dem Gesims des Baldachins mit Masken und Fruchtgehängen – dem Kreuzgewölbe in Überschlagstechnik.
5 Der Baldachin, bestehend aus den Männermasken des Baldachindaches mit freimodellierten Fruchtgehängen – Dachreiter mit Voluten, Masken und Akanthusblättern – dem Baldachindach in Überschlagstechnik.
6 Der Ofenaufsatz, bestehend aus dem Gesims, Akanthusblättern, Muschel, Kapitell, Delphinen und dem Pinienzapfen.
7 Die Figuren in den Turmnischen des Oberofens (Klugheit, Mäßigkeit, Stärke und Gerechtigkeit).

Die Beauftragung von Gertrud Nein – Bei den Gesprächen mit der Bildhauerin und Keramikmeisterin Gertrud Nein, die für diese äußerst schwierige Rekonstruktionsaufgabe empfohlen wurde, ging es um die Frage, ob mit den heutigen technischen Möglichkeiten Kacheln in der erforderlichen Größe überhaupt gebrannt werden könnten. Eine Klärung auch in künstlerischer und finanzieller Hinsicht versprachen sich die Beteiligten durch den Auftrag an Gertrud Nein, eine Musterkachel herzustellen. Die Grundlage für die nachfolgende Zusammenarbeit war die Vorlage eines Ofenmodells im Maßstab 1 : 10 sowie einer Musterkachel in natürlicher Größe. Sowohl Architekt Machatschek als auch die Sachverständigen waren von der Qualität der Arbeiten ebenso beeindruckt, wie von der sorgfältigen und fachkundigen Rekonstruktionskonzeption und empfahlen daher, in Anbetracht des geschätzten Zeitaufwands von etwa vier Jahren, eine unverzügliche Vergabe des Auftrages. Demzufolge beschloß der Stadtrat im März 1990, Gertrud Nein mit der Wiederherstellung des Kachelofens zu beauftragen.

Die Wiederherstellung des Kachelofens – Die Problematik der Wiederherstellung des Kachelofens zeigte sich bereits zu Beginn der Rekonstruktionsarbeiten. So kam es bei der Erstellung der »Wappenkachel« zu gewissen Schwierigkeiten: Architekt Machatschek berichtete in der Sitzung der Expertenkommission am 06. Dezember 1990 vom Stand der Arbeiten. Ausgehend von der in der Leistungsbeschreibung erläuterten Aufgabe liege zwar »ein gutes Ergebnis vor, das jedoch in verschiedenen Einzelheiten wesentlicher Verbesserungen bedürfe«. Bei der Wappenkachel habe er jedoch bei dem Vergleich mit den zur Verfügung gestellten Fotografien und Plänen festgestellt, daß hier eine freie Interpretation des Originals vorliege, die mit seiner Auffassung nicht mehr übereinstimme. Im Rahmen intensiver Diskussionen konnte bei der folgenden Kommissions sitzung am 26. Februar 1991 die Basis für eine effizientere Zusammenarbeit dank der Vermittlung von Prof. Alfred Schmid gefunden werden mit dem Ziel, möglichst nahe an das frühere Original heranzukommen, wobei sich auch die Künst-

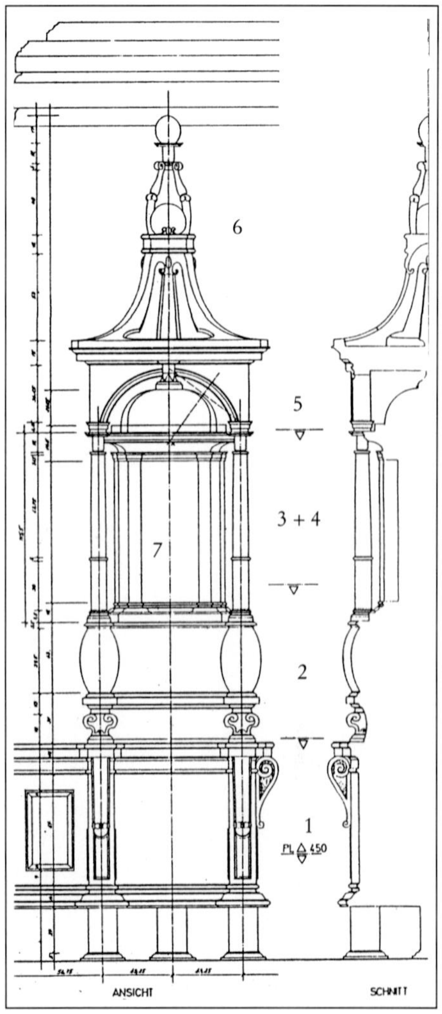

Die Gliederung des Kachelofens. Rekonstruktionsplan von Architekt Machatschek.

Die Kachel der »Hölle« am Kachelofen des Fürstenzimmers I. Fotografie aus der Zeit vor der Zerstörung.

Der wiederhergestellte Kachelofen nach der Aufstellung im März 1995. Es fehlen noch die Figuren in den Ofennischen.

Zwei von der Bildhauerin Gertrud Nein geschaffene Ofenfiguren: Fortitudo (Stärke) in der nördlichen Nische (links) und Prudentia (Klugheit) in der westlichen Nische (rechts).

lerin bereit erklärte, den zweifellos möglichen Interpretationsspielraum im Interesse dieser Zielsetzung so gering wie möglich zu halten. Architekt Alois Machatschek fertigte für die Wiederherstellung des Ofens insgesamt 16 Pläne auf der Grundlage alter Fotografien sowie Bauaufnahmen von Leybold. Der besonderen fachtechnischen Erfahrung der beauftragten Bildhauerin und Keramikmeisterin ist es zu verdanken, daß bei einigen Details Verbesserungen im Sinne der von Machatschek angestrebten »perfekten Kopie« erreicht werden konnten. Wenngleich die Kachelöfen in den Fürstenzimmern I und II, beide von Melchior Lott nach Entwurf von Kager geschaffen, in Aufbau und dekorativer Gestaltung identisch sind, konnten doch durch die hervorragenden alten Schwarzweißfotografien einige Abweichungen im Detail festgestellt werden. So beträgt die Höhe des wiederhergestellten Ofens (FZ I) 5,46 m. Er ist somit um 24 cm höher als der im FZ II, vorwiegend wegen der unterschiedlich gestalteten Zirbelnuß an der Ofenspitze. Zudem konnte aufgrund von Fotografien festgestellt werden, daß beim Ofen im FZ II, der vor dem im FZ I geschaffen wurde, Bruchstellen am Dachausleger bestanden. Wie die Nachschöpferin des Kachelofens Gertrud Nein feststellt, ist damit belegt, daß durch handwerkstechnische Unzulänglichkeiten die Überschlagstechnik, die hier wesentlich früher angewandt wurde als anderswo, damals nicht restlos geglückt war. Bei dem anschlie-

Blick auf die Südwand des nordwestlichen Fürstenzimmers mit dem wiederhergestellten Kachelofen.

ßend gebauten Ofen im FZ I hingegen zeigte sich die Überschlagstechnik als vorzüglich gelungen. Schließlich unterscheiden sich die beiden Kachelöfen durch die Nischenfiguren im Turmaufbau. Im Ofen des FZ I wählte man die figürliche Darstellung der vier Kardinaltugenden: prudentia (Klugheit), temperantia (Mäßigkeit), fortitudo (Stärke) und justitia (Gerechtigkeit), während am Ofen des gegenüberliegenden Fürstenzimmers (FZ II) die drei theologischen Tugenden: fides (Glaube), caritas (Liebe) und spes (Hoffnung) gestalterisch umgesetzt waren.

Außer den Fotos der beiden Figuren auf der West- und Nordseite des Ofens im nordwestlichen Fürstenzimmer standen weiterhin vier Stiche von Jacob Matham nach Goltzius zur Verfügung.[12] Ergänzt wurden die Unterlagen durch Fotos sowie Figuren dieser Thematik, die Gertrud Nein an einem Schrank im Museum »petit palais« in Paris entdeckt hatte. Nach Fertigung sämtlicher Ele-

12 Herr Dr. Dr. Andreas Tacke, Assistent am Kunsthistorischen Institut der Universität Augsburg konnte die Stiche ausfindig machen und hat diese freundlicherweise Frau Gertrud Nein und Fürstin Fugger von Glött zur Verfügung gestellt.

mente des Kachelofens durch die Keramikmeisterin erfolgte die Aufstellung, das heißt das Setzen, des Ofens im März 1995, die gut zwei Wochen erforderte. Noch vor dem Setzen des Ofens, der ein Gewicht von nahezu drei Tonnen aufweist, erfolgte in dem Eckbereich nach statischer Ermittlung eine Verstärkung der Stahlbetondecke, die mit 20 mm starken, bruchrauh von Hand behauenen Solnhofer Platten in der früheren Anordnung abgedeckt wurde. Vor Beginn des Setzens wurden sämtliche 238 Einzelstücke aus hartgebranntem Ton übersichtlich im Fürstenzimmer ausgelegt.

Im Gegensatz zum zerstörten historischen Ofen, der früher regulär beheizt wurde, ist der wiederhergestellte mit acht Elektro-Heizelementen bestückt. Die erforderliche Entlüftung wird durch zwei Aluminiumrohre ermöglicht.

Im Rahmen einer Feierstunde konnte am 21. April 1995 im Beisein zahlreicher Ehrengäste, darunter Altoberbürgermeister Hans Breuer und Handwerkspräsident und Vorsitzender des Goldenen-Saal-Vereins Senator Donath Müller, der Ofen an Oberbürgermeister Dr. Peter Menacher übergeben werden. Im Mai 1996 wurden schließlich die vier Ofenfiguren eingefügt, nachdem zuvor im Februar eine abschließende Korrektur im Rahmen der Sachverständigenkommission erfolgt war.

Das südwestliche Fürstenzimmer (FZ II) nach einem Stich von Salomon Kleiner (1732).

Das südwestliche Fürstenzimmer (FZ II). Fotografie aus der Zeit vor der Zerstörung.

Die Wiederherstellung der beiden südlichen Fürstenzimmer

Der Stadtrat beschließt die Wiederherstellung

Am 21. März 1990 beschloß der Augsburger Stadtrat, bei nur einer Gegenstimme, die beiden südlichen Fürstenzimmer – das südwestliche (FZ II) sowie das südöstliche (FZ III) – originalgetreu zu rekonstruieren. Die Kosten hierfür waren seinerzeit auf 4,48 Mio. DM geschätzt worden.[13] Dieser Entscheidung ging eine dringende Empfehlung des Sachverständigenausschusses vom 02. Juni 1989 mit folgendem Wortlaut voraus: »Dem Stadtrat wird empfohlen, einen Grundsatzbeschluß über die Rekonstruktion der beiden südlichen Fürstenzimmer herbeizuführen, auf dessen Grundlage konkrete Überlegungen über eine baldige Realisierung angestellt werden können.« Ausgangspunkt dieser Empfehlung war die Feststellung der Sachverständigen, daß die bislang nicht wiederhergestellten Fürstenzimmer keinesfalls in ihrem gegenwärtigen Zustand bleiben dürften. Es sollten daher die noch anstehenden Klärungen für die Rekonstruktionsarbeiten zielstrebig vorangetrieben werden, wobei auch die Wiederherstellung der historischen Kachelöfen einbezogen werden sollte. Zahlreiche Schwarzweißfotos sowie das Leyboldsche Bauaufnahmewerk mit einer Vielzahl bemaßter Skizzen belegten überzeugend die Ausstattung auch dieser Fürstenzimmer. Sie waren Grundlage für die Rekonstruktionspläne, die das Architekturbüro Professor Machatschek schon in den Jahren 1986/87 für die beiden südlichen Zimmer erstellt hat. Einschließlich aller Detailzeichnungen sind in 43 Plänen für das südwestliche und 37 Plänen für das südöstliche Fürstenzimmer sämtliche Ausstattungselemente lückenlos erfaßt.

Fehlende Geldmittel blockieren die Wiederherstellung – Bedauerlicherweise konnte die als weiterer Rekonstruktionsabschnitt vorgesehene Wiederherstellung der Fürstenzimmer II und III wegen fehlender Finanzmittel noch nicht verwirklicht werden. Ende 1990 schien durch eine angekündigte Stiftung von Frau Else Mathy-Silberhorn[14] ein entscheidender Anstoß für eine baldige Verwirklichung gekommen zu sein, als bekannt wurde, daß sie in ihrem Testament der Stadt Augsburg einen Geldbetrag in Millionenhöhe für die Wiederherstellung eines Fürstenzimmers stiften wollte. Dieses Vorhaben beschäftigte im Sommer 1993 sowohl das Expertengremium der Goldenen-Saal-Kommission als auch die städtische Verwaltung. Die Realisierung dieses Stiftungsprojektes schien aber durch den Tod von Frau Mathy Anfang August 1994, die wenige Tage vor ihrem Ableben noch ihr Testament änderte, gescheitert zu sein.[15] Letztlich nahm die Stiftungsangelegenheit Mathy-Silberhorn doch noch eine glückliche Wende. Oberbürgermeister Dr. Peter Menacher konnte in nichtöffentlicher Sitzung des Stadtrates am 06. Dezember 1995 bekanntgeben, daß zwei Juristen eine andere Stiftung der Verstorbenen in Liechtenstein[16] ausfindig machen konnten. Es handelte sich um einen Betrag von 1,5 Millionen Schweizer Franken. Da die Spenderin ihren Stiftungswillen für ein Fürstenzimmer im Augsburger Rathaus klar definiert hatte, gelang es den Stadtjuristen in Verhandlungen mit dem Stiftungsrat, diese Summe zur Auszahlung zu bringen. Somit stehen 1,8 Millionen DM, ergänzt um 100.000 DM, die Frau Mathy 1991 in Form von Schecks Oberbürgermeister Dr. Menacher überreicht hatte, nun für die Sanierung des südwestlichen Fürstenzimmers bereit. Es ist nun vorgesehen, mit diesen Mitteln einen Teil des Innenausbaues des Fürstenzimmers II durchzuführen.

Im Zusammenhang mit den Schwierigkeiten der Mathy-Silberhorn-Stiftung erklärte Senator Donath Müller, Vorsitzender des Goldenen-Saal-Vereins, im Juli 1994, daß der Goldene-Saal-Verein weiterhin für die Rekonstruktionsmaß-

13 Kostenschätzung des Hochbauamtes in Zusammenarbeit mit Prof. Machatschek von 1990.

14 Frau Else Mathy-Silberhorn, geboren 1910, gestorben am 08. August 1994 im Sanatorium »Bühler Höhe« im Schwarzwald, war in erster Ehe mit Franz Silberhorn (Sanitärgroßhandel) verheiratet. In zweiter Ehe mit dem Schweizer Oberst Mathy.

15 Nach Behandlung im Sachverständigenausschuß am 22. Juli 1993 bat der Bevollmächtigte von Frau Mathy städtischerseits einen Stiftungs-Entwurf ausarbeiten zu lassen und diesen der Stifterin vorzulegen. Ein geplantes Treffen mit Frau Mathy Ende Juni 1994 in Augsburg kam wegen akuter Krankheit der Stifterin leider nicht mehr zustande. Sie verstarb am 08. August 1994.

16 Artikel: »Doch ein Millionenerbe für Fürstenzimmer-Sanierung« in der Augsburger Allgemeinen vom 07. Dezember 1995.

Fürstenzimmer II – Rekonstruktionszeichnung der Kassettendecke. Plan von Architekt Machatschek.

nahme im Rathaus tätig werde und deshalb die Wiederherstellung der Fürstenzimmer als untrennbaren Bestandteil des Gesamtensembles Goldener Saal tatkräftig unterstützen werde. Zu diesem Zeitpunkt standen hierfür bereits 400.000 DM an Spendengeldern zur Verfügung.

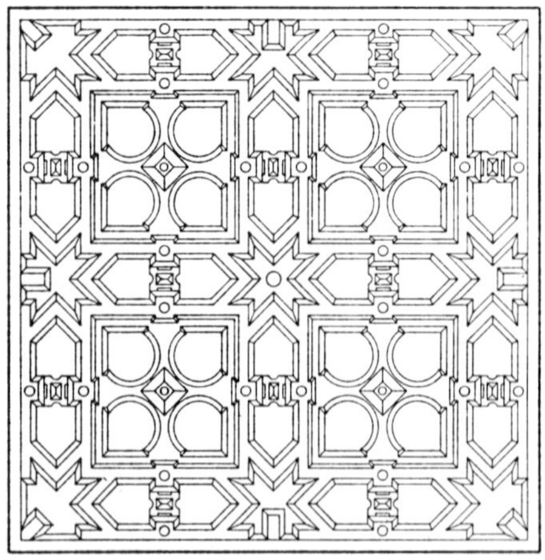

Fürstenzimmer II – Kassettendecke. Schemazeichnung von Architekt Machatschek.

Die Ausstattungselemente des südwestlichen Fürstenzimmers (FZ II)

Die Kassettendecke – Für die Wiederherstellung der Kassettendecke ist zunächst, wie dies schon beim wiederhergestellten nordwestlichen Fürstenzimmer erfolgt ist, der Einbau einer Stahlbetondecke zwingend erforderlich. Die neue Unterkonstruktion besteht auch in diesem Fall aus einer Balkenlage (Kanthölzer 5 x 8 cm) und einer daran befestigten Montageebene aus einer 35 mm starken Stäbchenplatte.
Die sichtbare Oberfläche ist durch Friese gegliedert, die in einer Ebene durchlaufen. Dazwischen eingesetzt sind unterschiedlich geformte Kassetten, deren Grundkörper aus kistenartigen Rahmen und abdeckenden Stäbchenplatten konstruiert sind.

Im Einzelnen handelt es sich um folgende Deckenelemente:
- vier quadratische Hauptfelder mit einem Zuschnitt von jeweils 3,3 x 3,3 m, die wiederum durch vier Einzelkassetten unterteilt sind; in der Mitte der Quadrate ist eine abgeflachte Pyramide aufgesetzt;
- zwei langgestreckte Sechseckfelder (Größe 3,3 x 1,1 m) mit zwei einspringenden Verkröpfungen in der Querachse;
- vier sternförmige Felder in den Raumecken (Größe ca. 2,22 x 2,06 m) mit drei Armen und Profilumrahmung der Eckkonsole;

Kassettendecke des südwestlichen Fürstenzimmers. Fotografie aus der Zeit vor der Zerstörung.

Fürstenzimmer II – Wandverkleidung mit Innenportal. Rekonstruktionsplan von Architekt Machatschek.

- vier sternförmige Felder in den Raumachsen mit vier Armen und Profilumrahmung;
- ein vierarmiger Mittelstern mit Rosette. Ein Randgesims mit eingesetzten Füllungen, Profilen und Konsolen bildet den Abschluß des Randfrieses und zugleich den Übergang von der Wand zur Decke. Sparsam verwendete Dekorationselemente in Form von geschnitzten Rosetten, Blättern, Muscheln und Masken vervollständigen den noblen Eindruck der Kassettendecke. Dem ursprünglichen Zustand entsprechend sind alle ebenen Flächen in Eiche, die Füllungen in Blumenesche mit ausgeprägten Spiegeln sowie alle Profile und sonstigen Teile in Nußholz vorgesehen.

Wandverkleidung mit Innenportal – Wie beim nordwestlichen Fürstenzimmer ist auch die Wandverkleidung durch Lisenen unterteilt. Ihre Vorderfront besteht aus glatten Friesen und drei eingesetzten Füllungen mit Profilumrahmung sowie zwei im Saal umlaufenden, um die Lisenen herumkröpfenden Gesimsprofilen. Die beiden oberen Füllungen der Lisenen sind abwechselnd durch geschnitzte Frauenköpfe und männliche Masken sowie darunter durch ein Fruchtgehänge mit Tuch geschmückt. Die Wandfelder umfassen an den fensterlosen Wänden drei eingesetzte Füllungen, wovon das obere und untere Rahmenprofil der mittleren großen Füllung segmentbogenförmig ausgebildet ist. Die oberste rechteckige Füllung ist von einem breiten geschnitzten Rahmen mit Rollwerk eingefaßt.
Im Gegensatz zu dem wiederhergestellten Innenportal des nordwestlichen Fürstenzimmers, das mit einem gesprengten Segmentbogengiebel versehen ist, ist das Portal des südwestlichen Fürstenraumes mit einem gesprengten Dreiecksgiebel und zudem mit einer geschnitzten Herrscherbüste gekrönt. Ansonsten entspricht der Portalaufbau mit der Lisenengestaltung, den Konsolen mit seitlicher Verkröpfung, dem Feld über dem Türsturz sowie der Gliederung des Türblattes dem des nordwestlichen Fürstenzimmers.

Der Parkettfußboden – Auch in der Ausbildung des Fußbodens setzt sich die Wiederholung von gestalterischen Elementen des Fürstenzimmers I fort: Die Brettfriese als Umrahmung verschieden großer Quadrat- und Rechteckfelder geben dem unteren Raumabschluß eine zurückhaltende und zugleich maßstäblich ausgewogene Gliederung.

Der Kachelofen – Im Gegensatz zu den Öfen der Fürstenzimmer III und IV sind die Öfen der Fürstenzimmer I und II hinsichtlich Aufbau und künstlerischer Gestaltung nahezu identisch. Sie stammen beide aus der Hand des Weilheimer Hafnermeisters Melchior Lott (siehe auch den Abschnitt »Die Wiederherstellung des Kachelofens« im Fürstenzimmer I S. 393).

Das südwestliche Fürstenzimmer (FZ II) aus der Zeit vor der Zerstörung.

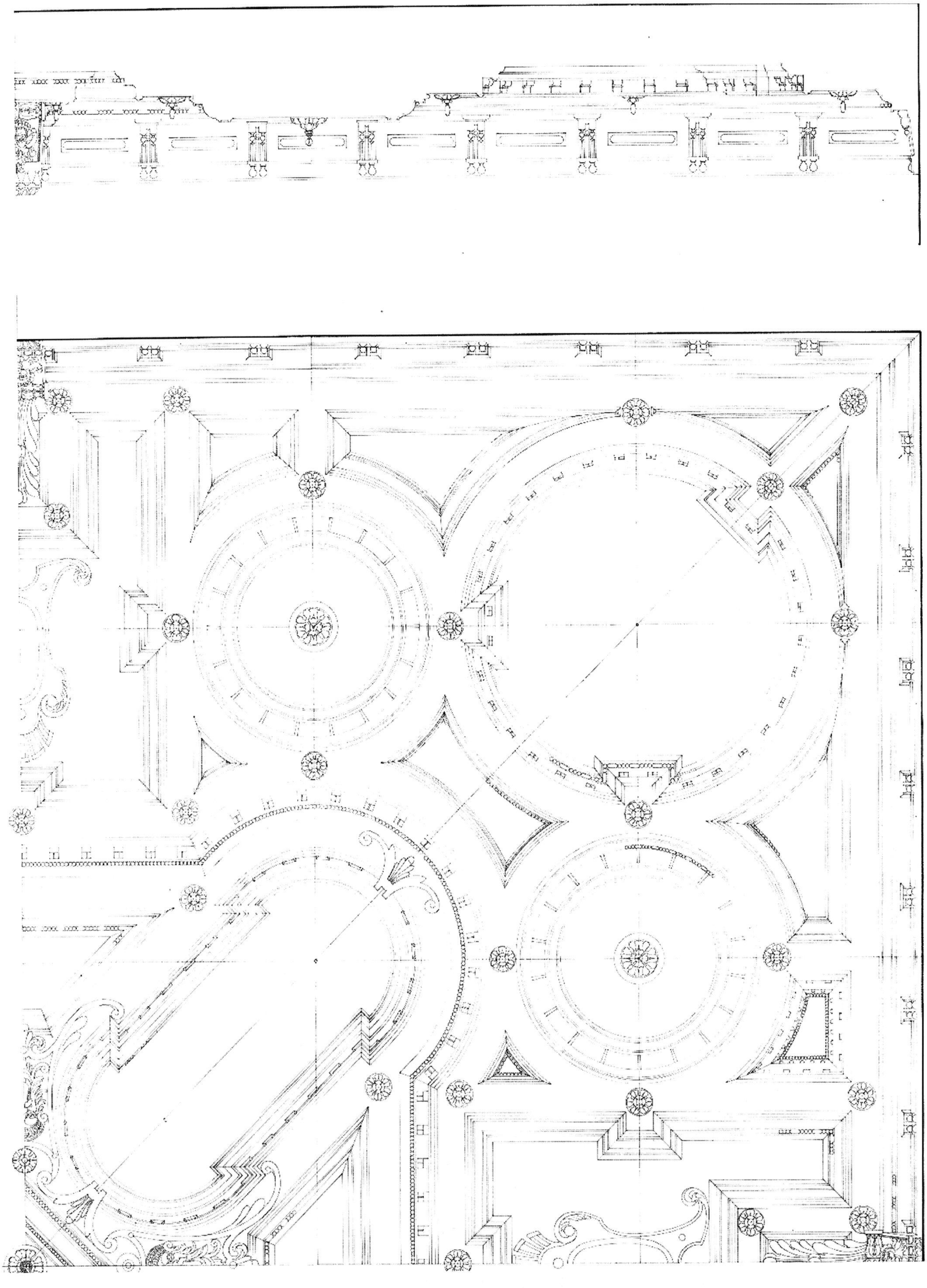

Fürstenzimmer III – Rekonstruktionszeichnung der Kassettendecke. Plan von Architekt Machatschek.

Das südöstliche Fürstenzimmer (FZ III). Fotografie aus der Zeit vor der Zerstörung.

Die Ausstattungselemente des südöstlichen Fürstenzimmers (FZ III)

Im Vergleich zu den beiden westlichen Fürstenzimmern zeigt der südöstliche Eckraum bei den Ausstattungselementen einige bemerkenswerte Abweichungen: die Beschläge des Innenportals, der Fußboden sowie im besonderen die Gestaltung des Kachelofens.

Die Kassettendecke – Die reichgegliederte Kassettendecke zeigt ein großflächiges starkprofiliertes Mittelfeld, bestehend aus vier großen, diagonal auf die Raumecken ausgerichteten, längsförmigen Kassetten mit halbkreisförmigen Abschlüssen. Betont wird der Mittelpunkt durch ein pyramidenstumpfförmiges Element, eingerahmt durch geschnitzte Ornamente und Masken.
Die Eckbereiche sind jeweils durch drei kreisförmige Elemente bestimmt. In den Wandmittelachsen ergänzen rechteckige, gegliederte Elemente mit geschnitzten Kartuschen und Akanthusblättern das kompliziert gestaltete Deckengefüge.
Weitere Schnitzereien an den Konsolen, an den Profilen der Kassettenfelder sowie in den Rundfeldern in Form von Masken, Rosetten und Blattornamenten unterstreichen den noblen Charakter der Raumausstattung.

Fürstenzimmer III – Kassettendecke. Schemazeichnung von Architekt Machatschek.

Wandverkleidung mit Innenportal – Die einzelnen durch Lisenen unterteilten Wandfelder sind mit hochrechteckigen Füllungen versehen, die im oberen Bereich durch kleinere Füllelemente mit segmentbogenförmigen Profilen ergänzt werden. Im umlaufenden Gesimsfries sind zwischen Voluten, die jeweils über den Lisenen angeordnet sind, geschnitzte Engelsköpfe mit Flügeln eingefügt.

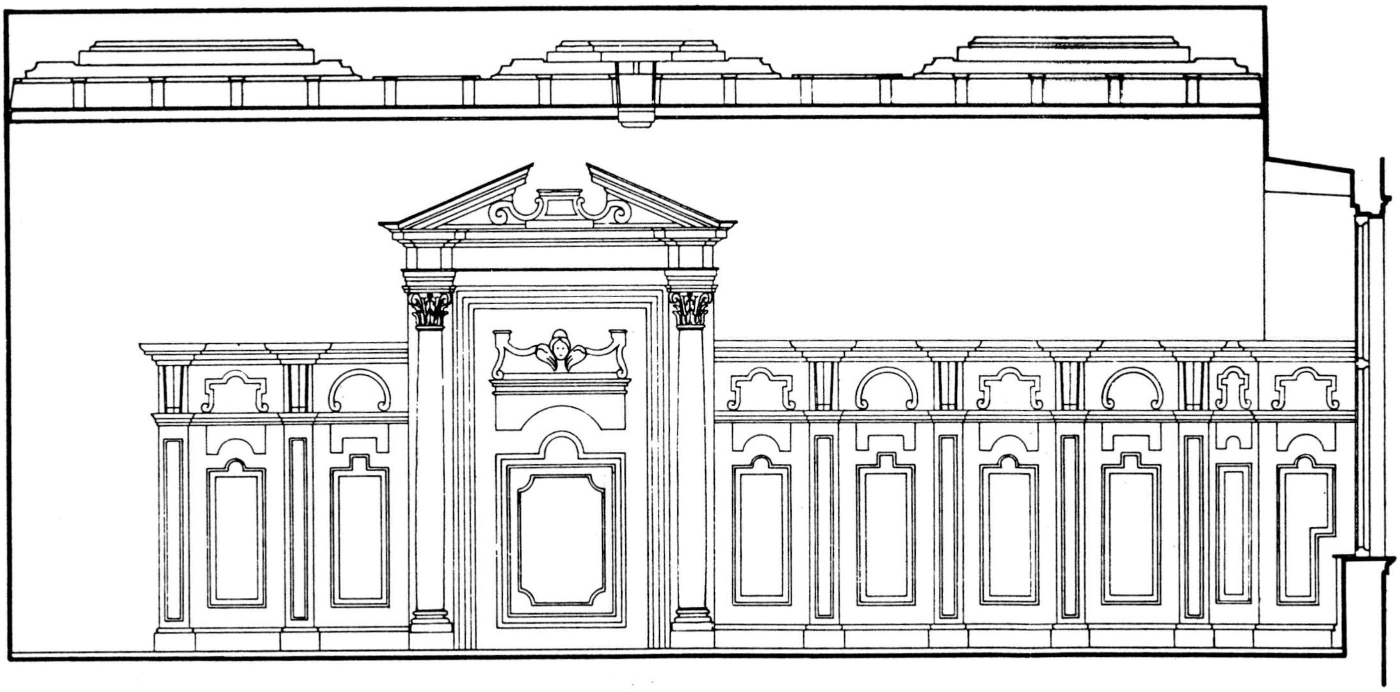

Fürstenzimmer III – Wandverkleidung mit Innenportal. Rekonstruktionsplan von Architekt Machatschek.

Das Innenportal ist umrahmt von zwei Rundsäulen mit geschnitzten korinthischen Kapitellen, die das gegliederte und mit Schnitzwerk versehene Feld über dem Türsturz tragen. Bekrönt wird das Portal wie im südwestlichen Fürstenzimmer mit einem gesprengten Giebel und mit einer geschnitzten Herrscherbüste auf einem Postament. Freizügig gestaltet zeigt sich das breite Türblatt. Ein Engelskopf mit Fruchtgehänge – in Fortsetzung der Schnitzelemente im Fries der Wandverkleidung – schmückt den oberen Türbereich, ergänzt durch ein mehrfach profiliertes Füllungselement.
Der im September 1993 verstorbene Kunstschlosser Johann Weiß hatte es sich nicht nehmen lassen, ohne offiziellen Auftrag im Vorgriff auf eine spätere Rekonstruktion das Kastenschloß sowie sonstige Beschlagsteile für das Innenportal dieses Fürstenzimmers zu fertigen. Aufnahmen des von ihm und seinem Sohn geschaffenen Kastenschlosses zeigen, daß dieses im Vergleich zu dem bereits wiederhergestellten Schloß im Fürstenzimmer I noch etwas größer und repräsentativer ausgebildet ist.

Der Parkettfußboden – Im Vergleich mit der Fußbodengestaltung der westlichen Fürstenzimmer, die beide durch rechtwinklig verlaufende Friese in

Abb. unten
Kastenschloß am Innenportal des Fürstenzimmers III.
Links: Bauaufnahme des Kastenschlosses von Ludwig Leybold.
Mitte: Innenmechanismus des Kastenschlosses.
Rechts: Kastenschloß mit ziselierter Zierplatte.

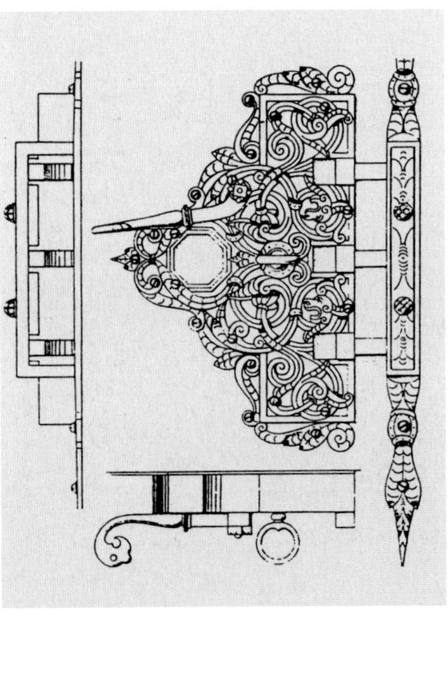

Innenportal des südöstlichen Fürstenzimmers (FZ III). Fotografie aus der Zeit vor der Zerstörung.

Der Kachelofen im südöstlichen Fürstenzimmer (FZ III) von Hafnermeister Adam Vogt aus Landsberg entworfen und gefertigt. Fotografie aus der Zeit vor der Zerstörung.

quadratische und rechteckige Felder gegliedert sind, zeigt der Parkettboden des südöstlichen Zimmers eine wabenförmige Aufteilung. Dieses ansprechende Ornament entsteht durch die Aufeinanderfolge von viereckigen und sechseckigen Feldern, wobei diese von dunkleren Friesen gefaßt werden.

Der Kachelofen – Der in seiner äußeren Erscheinung imposante Kachelofen war hinsichtlich seiner künstlerischen Komposition ebenso beeindruckend wie von seiner handwerklichen Verarbeitung her. Er zeigte in allegorischen Darstellungen die sieben freien Künste und die vier Jahreszeiten. Geschaffen hat ihn der Hafnermeister Adam Vogt aus Landsberg nach eigenen Entwürfen, weshalb seine Belohnung in Höhe von 700 Gulden deutlich höher ausfiel als bei Melchior Lott, der für seine nach Kagers Entwürfen gefertigten Öfen in den Fürstenzimmern I und II 466 Gulden erhielt.
Der Aufbau des Ofens zeigt einen breiten quadratischen Unterbau, über dem sich ein zweigeschossiger Oberbau mit abschließender Kuppel befindet. Prägnante Ofenfüße, als geflügelte Menschenkörper und Masken ausgebildet, tragen ein dekorativ verziertes Sockelgeschoß. Der darüber angeordnete Oberofen besteht aus muschelbekrönten Nischenkacheln mit rundplastischen Figuren sowie Eckelementen mit Frauenfiguren. In dessen oberem Bereich ist jeweils eine breite muschelbekrönte Nischenkachel mit einer Frauenfigur angeordnet. Geflügelte Sphinxe betonen die Ecken. Das mit Rundbogen nach außen geöffnete zweite Geschoß des Oberbaues, mit breiten Gesimsen versehen, wird von einer flachen Kuppel abgeschlossen. An den Ecken stehen die rundplastischen Gestalten der vier Jahreszeiten. Von dem ausladenden Gesims der Kuppel hängen von geflügelten Putten gehaltene Fruchtgirlanden herab.
Ebenso wie bei dem bereits wiederhergestellten Kachelofen im nordwestlichen Fürstenzimmer, ist auch dieser Ofen durch eine Reihe hervorragender Fotografien sowie durch die Bauaufnahme von Leybold exakt erfaßt (Abb. S. 410). Bemaßte Detailskizzen ergänzen die Dokumentation.

Rathaus mit Perlachturm nach der Restaurierung von Nordwesten gesehen.

Zusammenfassung

Der 1994 verstorbene renommierte Kunsthistoriker Professor Dr. Norbert Lieb zählt das Augsburger Rathaus »zu den bedeutsamsten Bauschöpfungen aller Zeiten und Länder...«, und im engeren Zeitrahmen gesehen sei es »die einheitlich größte Leistung der deutschen Profanarchitektur zwischen Mittelalter und Barock. Neben dem gleichzeitigen Nürnberger Rathaus (das an baumeisterlicher Sammlung hinter dem Augsburger zurückbleibt) und dem eine Generation jüngeren Amsterdamer steht hier das großartigste nachmittelalterliche Rathaus überhaupt. Als Verkörperung bürgerlicher Machtgemeinschaft tritt es den weltberühmten Stadtbauten Italiens ebenbürtig zur Seite, in der architektonischen Versinnbildung stadtstaatlicher Organisationen aber ist es wohl einzig.«[1]

Der hochrangige Kunsthistoriker und Denkmalpfleger Professor Alfred A. Schmid, der die Rekonstruktionsmaßnahme als beratender Experte von Anfang an begleitet hat, wies am 28. April 1990 bei der Festversammlung im Goldenen Saal auf die außerordentliche Bedeutung des Augsburger Rathauses weit über den lokalen Rahmen hinaus hin und führte dabei Folgendes aus: »Nie zuvor war eine derart schwierige und problematische denkmalpflegerische Aufgabe so umsichtig angepackt worden ...« »Gelingen konnte die Wiederherstellung«, wie Professor Schmid bei diesem Anlaß feststellte, »weil hier wie selten alle erforderlichen Voraussetzungen erfüllt waren, nämlich:

- eine ausnehmend günstige Quellenlage, die schon bei der Vorbereitung wissenschaftlich aufgearbeitet und methodisch ausgewertet wurde. Archivalische Quellen und Bilddokumente, die sicher in Deutschland, wahrscheinlich aber sogar in ganz Europa in solcher Vollständigkeit einzig dastehen, die Ergebnisse einer sorgfältigen Bauanalyse sowie eine bis ins Einzelne führende präzise Plandokumentation;
- erstklassige Handwerker, Restauratoren und Künstler zum großen Teil aus Augsburg selbst;
- eine hervorragende Leitung des Vorhabens, die den Arbeitsablauf zu jedem Zeitpunkt fest im Griff hatte und auch mit unvorhersehbaren Situationen fertig wurde;
- eine Beratergruppe, die zur Lösung besonders heikler Probleme ihr Fachwissen und ihre Erfahrung einbringen konnte;
- die politischen Instanzen, die nicht nur die erforderlichen erheblichen Mittel bereitstellten, sondern auch bereit waren, das Unternehmen im vollen Wortsinn mitzutragen und dabei den Beteiligten ein Vertrauen entgegenzubringen, das deren Arbeit beflügelte;
- das Bewußtsein schließlich, daß die Wiederherstellung des Goldenen Saales und seiner Ausstattung von der großen Mehrheit der Bevölkerung befürwortet wurde, wodurch es möglich war, das Unternehmen aus der Tagespolitik herauszuhalten.«

Weiter führte Professor Alfred A. Schmid dazu aus: »Mit dem wiedererstandenen Goldenen Saal hat die Stadt Augsburg ein Denkmal zurückerhalten, das wie kein zweites den Bürgerstolz ihrer Blütezeit repräsentiert: ein profaner Raum, der dem von Elias Holl erbauten, in seinem Anspruch ebenso einmaligen Rathaus angemessen war; ein Raum, in dem Augsburgs Traum, die heimliche Hauptstadt des Reiches und der Sitz des Reichstags zu werden, Gestalt geworden sein mag – ein Traum, der sich, wie wir wissen, nie erfüllte. Wir sind glücklich, daß ihn Augsburg, daß ihn Europa, zu dessen eindrucksvollsten Festsälen er zählt, jetzt zurückerhalten haben: ein Zeugnis abendländischer Kultur, des-

1 Ders.: Das Augsburger Rathaus. Führer zu großen Baudenkmälern, Heft 37, Berlin 1944.

Die restaurierte Westfassade des Augsburger Rathauses.

sen Bedeutung gerade in einer Zeit hektischen wirtschaftlichen Wachstums, rapider technischer Entwicklung und der zu erwartenden großräumigen Veränderungen der politischen Landschaft nicht hoch genug angesetzt werden kann.«
Diese klaren Aussagen aus berufenem Munde verdeutlichen den hohen Stellenwert des Augsburger Rathauses auch 360 Jahre nach seiner Erbauung, und es wäre in der Tat gerechtfertigt, diesem wiedererstandenen Meisterwerk Elias Holls das Prädikat »Weltkulturerbe« der UNESCO zu verleihen. Für diesen Anspruch stellt die vorliegende Dokumentation einen fundierten Beleg dar.

Der von der Bildhauerin und Keramikmeisterin Gertrud Nein wiederhergestellte Kachelofen im nordwestlichen Fürstenzimmer.

Dank

Zunächst darf ich dankbar feststellen, daß der damalige Oberbürgermeister Hans Breuer im Frühjahr 1990 die Anregung für die Erstellung einer umfassenden Dokumentation über die Wiederherstellung des Goldenen Saales und der Fürstenzimmer spontan aufgegriffen und mich mit der Autorenschaft beauftragt hat. Dank gebührt aber auch seinem Nachfolger, Oberbürgermeister Dr. Peter Menacher, der die Bedeutung einer gründlichen Darstellung dieses Jahrhundertwerkes erkannt und daher auch gefördert hat. Ebenso gebührt der Dank dem Leitenden Sachbearbeiter im Referat Oberbürgermeister, Gerhard Stadler, der sich auch um die praktische Abwicklung des Projektes gekümmert hat.
Der Dokumentation vorangestellt sind die wertvollen und kompetenten Beiträge der Professoren Dr. Alfred A. Schmid (Fribourg/Schweiz), Dr. Jürgen Paul (Dresden), Dr. Michael Petzet sowie des mit der Rekonstruktion beauftragten Wiener Architekten Professor Dr. Alois Machatschek. Dafür sei den Verfassern ganz besonders gedankt.
Zu danken habe ich weiterhin Herrn Dr. Bernd Vollmar vom Landesamt für Denkmalpflege für seinen Beitrag über die Restaurierung der Wandmalerei-Fragmente, Herrn Stadtbaurat i. R. Friedrich-Hermann Stab für seinen Gestaltungsvorschlag des Rathausplatzes. Ferner sei gedankt den ehemaligen Studierenden Herrn Gregor Dorfleitner und Herrn Thomas Klein am Lehrstuhl für Mathematik an der Augsburger Universität für ihren Beitrag unter der Betreuung von Professor Friedrich Pukelsheim über das optische Erscheinungsbild des Saalbodens.
Bei der Arbeit an dieser Dokumentation habe ich von vielen Seiten fachliche und praktische Unterstützung erhalten. Deshalb möchte ich gerne die Pflicht erfüllen, eine Reihe von Personen, aber auch Institutionen, meinen Dank auszusprechen. Vor allem gilt mein Dank meinem ehemaligen Kollegen und stellvertretenden Amtsleiter Baudirektor Ulrich Lohrmann für sein besonderes Engagement und seine wertvolle Mitarbeit an dieser Veröffentlichung. Auch meinem Nachfolger im Amt, Herrn Leitenden Baudirektor Günter Billenstein danke ich für seine Unterstützung. Außerdem bin ich Herrn Dipl.-Ing. (Univ.) Peter Schenk für seine hilfreiche Mühewaltung sehr verbunden ebenso Herrn Hermann Oberstaller.

Für wertvolle Hilfe bei der textlichen und redaktionellen Aufarbeitung habe ich Herrn Andreas Pintscher zu danken, ohne dessen engagierte Mitarbeit, im Rahmen einer zweijährigen Arbeitsbeschaffungsmaßnahme, das Projekt nicht so zügig hätte verwirklicht werden können. Wertvolle Hinweise und Daten der einzelnen Rekonstruktionsarbeiten habe ich von folgenden Handwerksbetrieben, Kunsthandwerkern und Künstlern erhalten: von Steinmetzmeister und Firmeninhaber P. C. Kienzle; von Schreinermeister und Firmeninhaber Josef Willmeroth, Chef des ehemaligen gleichnamigen Innenausstattungsbetriebes sowie von dessen ehemaligen Betriebsleiter Franz Geßner; von Kunstschlossermeister Johann Weiß und dessen Sohn Günter; von dem Oberammergauer Holzbildhauer Josef Fux; weiterhin von den Holzbildhauern Walter Campidell aus Kärnten, Friedrich Mayet aus Oberammergau, Friedrich Brenner aus Anhausen; Restaurator und Kunstmaler Markus Binapfl, Friedberg; von dem Augsburger Kunstmaler Hermenegild Peiker und schließlich von Frau Gertrud Nein, Bildhauerin und Keramikmeisterin aus Ebermannstadt. Ihnen allen sei für ihre Unterstützung herzlich gedankt.
Des weiteren möchte ich mich bei folgenden Damen und Herren für wichtige Hinweise, Informationsmaterial, Fotografien und sonstige Unterstützung bedanken: Frau Margarethe Mitschl, der Tochter des verdienstvollen Altoberbür-

germeisters Klaus Müller; Frau Liselotte Glässel; Herrn Hellmut Kreppl (Musikhaus Müller); Herrn Altstadtrat und stellv. Vorsitzenden des Goldenen-Saal-Vereins Richard Maier; Herrn Altstadtrat Konrad Rauter; Herrn Landtagsabgeordneten Willi Leichtle; Herrn Franz Keutler vom Amt für Öffentlichkeit; Herrn Architekt Benedikt Laib sowie Herrn Ludwig Stuber vom Personalamt. Zu bedanken habe ich mich weiterhin für die Bereitstellung von Bildmaterial, Informationen und Akten bei Herrn Dr. Wolfram Baer, dem Leiter des Stadtarchivs; Herrn Dr. Helmut Gier, dem Leiter der Staats- und Stadtbibliothek; Herrn Dr. Björn Kommer, dem Leiter der Städtischen Kunstsammlungen, sowie bei den Damen und Herren der städtischen Registratur.

Schließlich richtet sich mein Dank an Herrn Rudolf Winterstein, Frau Stadler und Frau Habicht vom Deutschen Kunstverlag sowie Frau Barbara Kappelmayr für die professionelle Projektbetreuung, im besonderen Frau Inge Hofmann-Hirmer sowie Herrn Rudolf Dorn der Fa. Hofmann-Druck Augsburg GmbH, die die Herstellung des Werkes in gewohnter Qualität besorgt haben.

Augsburg, im November 1996

Hermann Kießling

Anhang

Blick von Osten über die Dächer der Altstadt auf das Rathaus und den Perlachturm.

Auflistung der Spender für die Rekonstruktion des Goldenen Saales und der Fürstenzimmer

1963
Fa. Günther & Falk, Augsburg, 5.018,– DM; Emma von Hößlin, München, 6.400,– DM; Magdalena Haberstock, München, 5.000,– DM.

1964/65
Emma von Hößlin, München, 16.500,– DM.

1966
Emma von Hößlin, München, 5.000,– DM; Hans Hartmann, Augsburg, 1.000,– DM; Josef Hebel, Memmingen, 1.000,– DM.

1967
Hans Hartmann, Augsburg, 1.000,– DM; Emma von Hößlin, München, 10.000,– DM.

1968
Emma von Hößlin, München, 2.100,– DM; Maria Kühnle, Augsburg, 500,– DM.

1969
Stadtsparkasse Augsburg, 5.000,– DM; Maria Kühnle, Augsburg, 500,– DM.

1970
Hans Hafner, Augsburg, 1.000,– DM; Günther & Falk, Augsburg, 2.000,– DM; Fa. Land & Bau, Augsburg, 5.000,– DM; Stadtsparkasse Augsburg, 6.000,– DM; Erna Weißenhorn, Augsburg, 1.500,– DM.

1976
Marianne Hecker, Augsburg, 1.000,– DM; Dr. Klaus Müller, Augsburg, 4.100,– DM; Stadtsparkasse Augsburg, 700,– DM; Dr. Reinhart Müller, Augsburg, 500,– DM; Kiwanis-Club Augsburg, 60.000,– DM; Dr. Alois Brey, Augsburg, 500,– DM.

1977
Raiffeisenbank Augsburg, Friedberger Str. 113, 2.000,– DM; Luise Frobenius, Augsburg, 500,– DM; Dr. Alois Brey, Augsburg, 500,– DM.

1978
Raiffeisenbank Augsburg, Friedberger Str. 113, 3.000,– DM; Josef-Erwin Müller, Augsburg, 1.000,– DM; von Schwartzenberg, 1.000,– DM; Fa. Hieronymus KG, Augsburg, 554,– DM; Musik Durner, Augsburg, 1.200,– DM.

1979
Albert Schenavsky, Augsburg, 80.000,– DM; deutsch-französische Gesellschaft 1.100,– DM.

1980
Fa. Richard Filser, Augsburg, 50.000,– DM; Fa. Treuhand GmbH, München, 10.000,– DM; Rudolf Ismayr, Bad Aibling, 1.000,– DM; Alfred Oberländer, Augsburg, 2.400,– DM; Elias-Holl-Innung Baugewerbe Augsburg, 30.000,– DM; Kreishandwerk Günzburg, 500,– DM; Fa. Franz Karl, Westendorf, 500,– DM; Kfz-Innung Augsburg, 1.000,– DM; Friseur-Innung Augsburg, 1.000,– DM; Münchner Verein, München, 500,– DM; Elektro-Innung Augsburg, 1.000,– DM; Reisch-Bau Augsburg, 1.000,– DM; Bankhaus Hafner, Augsburg, 500,– DM; Bäcker-Innung Augsburg, 500,– DM; Mina Schäffler, Augsburg, 2.000,– DM; Walter Naumann, Augsburg, 12.000,– DM; Raiffeisen-Bank Augsburg, 5.000,– DM; Handwerkskammer für Schwaben, Augsburg, 1.500,– DM; Angestellte der Handwerkskammer für Schwaben, 500,– DM; Maler- und Lackierer-Innung Augsburg, 1.000,– DM; Bäko Schwaben, Augsburg, 500,– DM; Fleischer-Innung Augsburg, 1.000,– DM; Steinmetz-Innung Augsburg, 1.070,– DM; Fotografen-Innung Augsburg, 500,– DM; Festwirt Helmut Ebert, Augsburg, 500,– DM; Kachelofenbauer-Innung Augsburg, 500,– DM; Dachdecker-Innung Augsburg, 1.000,– DM; Alt-Oberbürgermeister Dr. Klaus Müller, 1.100,– DM; Margarete Heiß, Neusäß-Westheim, 500,– DM; Bruno Steger, Ottmarshausen, 500,– DM; Konrad Rauter, Augsburg, 500,– DM; Ilse Tlustek, Augsburg, 1.000,– DM; Gerling & Co, München, 500,– DM; LEW Augsburg, 1.000,– DM; M. Haberstock, München, 1.000,– DM; MAN Augsburg, 5.000,– DM; Autohaus Kummer, Augsburg, 2.000,– DM.

1981
Albert Schenavsky, Augsburg, 30.000,– DM; Nachlaß Eugen Fritz, Blaubeuren, 31.480,– DM; Ilse Tlustek, Augsburg, 1.000,– DM; Josef Dietmayr, Inningen, 500,– DM; LEW Augsburg 1.000,– DM; Otto Kocherscheidt, Augsburg, 500,– DM; Fa. Alfons Diefenthaler, Westendorf, 500,– DM; Elias-Holl-Innung Baugewerbe Augsburg, 5.000,– DM; Raiffeisenbank Augsburg, 20.000,– DM; Deutsch-Amerik. Mens-Club, 4.235,– DM; Schornsteinfeger-Innung Augsburg, 1.600,– DM; Musik-Durner/Musik Müller, Augsburg, 1.200,– DM.

1982
Mercedes Benz, Augsburg, 25.000,– DM; Fa. Erdgas Schwaben, Augsburg, 10.000,– DM; Otto Kocherscheidt, Augsburg, 500,– DM; Stand auf der Augsburger Frühjahrsausstellung, Augsburg, 5.000,– DM; Bäko Schwaben, Augsburg, 5.700,– DM; Ilse Tlustek, Augsburg, 1.000,– DM; Musik Durner/Musik Müller, Augsburg, 1.200,– DM; Josef Dietmayr, Inningen, 500,– DM; LEW Augsburg, 1.200,– DM; Otto Kocherscheidt, Augsburg, 500,– DM.

1983
Vermächtnis Hartmann (Notariat Waibel), Augsburg, 50.000,– DM; Augusta Bank, Augsburg, 3.000,– DM; Musik Durner/Musik Müller, Augsburg, 1.200,– DM; Marga Brand, Augsburg, 1.000,– DM; Josef Dietmayr, Inningen, 1.000,– DM; Josef Schmiderer, 500,– DM; Thomas Mayr, Augsburg, 1.000,– DM.

1984
Martha Tenzler, Diedorf, 2.000,– DM; Joachim Weiß, Neusäß, 3.000,– DM; Keim-Farben, Neusäß, 10.000,– DM; Musik Durner/Musik Müller, Augsburg, 1.200,– DM; Dr. Anny Reßler, Augsburg, 1.000,– DM; LEW Augsburg, 1.000,– DM.

1985
Thüringer Gas AG, München, 5.000,– DM; Martha Tenzler, Diedorf, 2.000,– DM; Armin Klughammer, Stadtbergen, 9.000,– DM; Dr.

Wolfgang Zorn, Seefeld-Hechendorf, 500,– DM; Landeszentralbank Bayern, München, 2.000,– DM; MAN Augsburg, Nutzfahrzeuge, 10.000,– DM; Präsident E. Stein, Steuerberaterkammer, München, 2.000,– DM; Fa. Siemens AG, München, 50.000,– DM; Bayerngas, München, 5.000,– DM; Musik Müller (H. Kreppel), 1.200,– DM; Bruno Merk, Günzburg, 1.000,– DM; Margarete Brand, Augsburg, 1.000,– DM; Kreissparkasse Augsburg, 7.000,– DM; LEW Augsburg, 2.000,– DM; Wilhelmine Willkamm, Wackersberg, 2.000,– DM; Buchbinder-Innung, Augsburg, 2.000,– DM; Müller Donat MdS, Augsburg, 1.000,– DM; Autohaus Kummer, Augsburg, 1.000,– DM; Kiwanis-Club Augsburg, 7.500,– DM; Fa. Goetze, Friedberg, 500,– DM; Bayer. Treuhand AG, Augsburg, 500,– DM; Zahnräderfabrik Renk AG, Augsburg, 500,– DM; Stiermann GmbH, Augsburg, 500,– DM; Else Schwenk, Augsburg, 500,– DM; Fa. Horten Augsburg, 500,– DM; Konrad Rauter, Augsburg, 500,– DM; Augenoptiker-Innung Schwaben-Augsburg, 500,– DM; Karl Kramer, Augsburg, 1.000,– DM; Klara Frauenberger, Augsburg, 2.000,– DM; Fred Piller, Augsburg, 500,– DM; Kreissparkasse Augsburg, 8.265,– DM; Große Spendenaktion der Besucher im Goldenen Saal des Augsburger Rathauses, 17.941,– DM.

1986

Bayerngas München, 5.000,– DM; Paul Mang, 690,– DM; Fa. Interoptik, Fürth, 2.000,– DM; Maria Wörle, 790,– DM; Gertrud Lipp-Reischle, Obergriesbach, 1.000,– DM; Fa. Messer, Griesheim GmbH, Augsburg, 1.000,– DM; Fa. Erhard & Leimer, Augsburg, 2.000,– DM; Walter Settele, Augsburg, 2.000,– DM; Wilhelmine Geipel, Augsburg, 10.000,– DM; Augsburger Kammgarn-Spinnerei (anläßl. 150-jähr. Jubiläum), 46.700,– DM; Historische Bürgergilde Augsburg, 1.410,– DM; Dieter Weißbach, Darmstadt, 500,– DM; Margarete Brand, Augsburg, 1.000,– DM; J. E. Herrmann, Augsburg, 1.500,– DM; Musik Müller (H. Kreppel), Augsburg, 1.200,– DM; Maria Pflug, Augsburg, 1.000,– DM; Marianne Dam, Memmingen, 500,– DM; Karl Peter Branner, Augsburg, 500,– DM; Goetze-Werke, Friedberg, 500,– DM; Fa. Horten, Augsburg, 500,– DM.

1987

Bayerngas München, 3.000,– DM; Bischof Dr. Josef Stimpfle, Augsburg, 10.000,– DM; Fa. Adolf Kaeppel, Augsburg, 5.000,– DM; Wilhelm Geißel, Augsburg, 10.000,– DM; Magdeburger Versicherung, Augsburg, 5.000,– DM; Bürgermeister Metzner, Königsbrunn, 4.000,– DM; Brauerei Riegele, Augsburg, 10.000,– DM; Bayerngas München, 3.000,– DM; Franziska Geck, Wiesbaden, 500,– DM; Dora Westernacher, Augsburg, 1.000,– DM; Walter Settele, Augsburg, 500,– DM; Josef Müller, Augsburg, 500,– DM; Musik Müller (H. Kreppel), Augsburg, 1.200,– DM; J. E. Hermann, Augsburg, 400,– DM; Karl Peter Branner, Augsburg, 1.000,– DM.

1988

Bekleidungshaus Wöhrl, Augsburg, 10.000,– DM; Fa. Essanelle, Düsseldorf, 1.111,11 DM; Besuchergruppe aus der Partnerstadt Dayton, 2.000,– DM; Rudolf Westernacher, Augsburg, 2.000,– DM; Bayer. Treuhand AG, München, 500,– DM; Musik Müller (H. Kreppel, Augsburg, 1.200,– DM; Elisabeth Gehret, Augsburg, 5.000,– DM; Maria Pflug, Augsburg, 500,– DM; Willy Lehmann, Stadtsparkasse Augsburg, 19.710,– DM; Karl Peter Branner, Augsburg, 1.000,– DM; Historische Bürgergilde e.V. Augsburg, 2.500,– DM; Hannes Schütz, Augsburg, 1.000,– DM.

1989

Karl Peter Branner, Augsburg, 1.000,– DM; Maria Wagner, Augsburg, 5.000,– DM; Musik Müller (H. Kreppel) Augsburg, 1.200,– DM; Fa. Rudolf Wöhrl, Augsburg, 500,– DM; Walter Naumann, Augsburg (anl. 75. Geburtstag), 5.705,– DM; Konditoren-Innung, Augsburg, 9.999,– DM; Dellinger, 6.000,– DM.

1990

Karl Peter Branner, Augsburg, 500,– DM; Josef Schwarz, 500,– DM; Rudolf Westernacher, Augsburg, 1.000,– DM; Herbert Rölz, München, 1.000,– DM; Musik Müller (H. Kreppel), Augsburg, 1.200,– DM.

1991

Herbert Rölz, München, 1.000,– DM; Karl Peter Branner, Augsburg, 500,– DM; Rudolf Westernacher, Augsburg, 1.000,– DM; Volksbank/Raiffeisenbank Weißenhorn, 500,– DM; Musik Müller (H. Kreppel), Augsburg, 1.200,– DM; Fritz Kummer, Augsburg (Spenden anl. Beerdigung), 9.580,– DM; Fa. Wittur, Wiedenshausen, 1.000,– DM.

1992

Rudolf Westernacher, Augsburg, 1.000,– DM; Musik Müller (H. Kreppel), Augsburg, 1.200,– DM.

1993

Rudolf Westernacher, Augsburg, 1.000,– DM; Musik Müller (H. Kreppel), Augsburg, 1.200,– DM; Rudolf Dörr, Reg.-Präs. a. D., Augsburg, 1.000,– DM.

1994

Rudolf Westernacher, Augsburg, 1.000,– DM; Kreissparkasse Augsburg, 1.000,– DM; Margarete Metschl, Augsburg, 1.000,– DM; Musik Müller (H. Kreppel), Augsburg, 1.200,– DM; Rotary Club, Augsburg, 1.000,– DM.

1995

Christoph Metzger, Graben b. Schwabmünchen, 600,– DM; Musik Müller (H. Kreppel), Augsburg, 1.200,– DM.

1996

Musik Müller (H. Kreppel), Augsburg, 1.200,– DM.

(Wegen der hohen Zahl der Spender kleinerer Beträge erfolgte die Auflistung ab einer Höhe von 500 DM.)

Chronologische Erfassung der Daten von Rathaus und Perlachturm

Daten und Zeittafel zum Rathausbau

Gebäudeausmaße
Länge: 45,05 m, Breite 34,67 m
bis Höhe Rathausfirst 43,98 m
Höhe der Turmkuppeln
auf den Rathausplatz bezogen 57,59 m
(auf den Elias-Holl-Platz bezogen beträgt die Höhe 65,76 m)

Zeittafel zum Rathausbau

1609/10
Bestandsaufnahme und Umbauplanung des alten Rathauses durch Elias Holl.

1614
Planung des Rathaus-Neubaues durch Elias Holl.

1615
05. Januar: Beschluß des Rates, ein neues Rathaus zu errichten; Beginn Abbrucharbeiten am Alten Rathaus.
15. August: Grundsteinlegung des nördlichen Rathausflügels.

1616
16. Mai: Grundsteinlegung des südlichen Flügels.

1617
09. März: Baubeginn am untersten östlichen Gewölbe.

1618
Mai: Gebälk über dem Goldenen Saal.
25. Juni: Aufrichten des Dachstuhls.
21. August: Beginn der Arbeiten am Nordturm, wenig später am Südturm.

1619
Sommer: Verputzarbeiten und Einsetzen der Fenstergesimse.

1620
20. März: Aufstellung der Obeliske.
Mai: Arbeiten am Hauptportal.
03. August: Erste Ratswahl im Neuen Rathaus.

1624
Abschluß der Innenausstattung.

Bauliche Maßnahmen und Veränderungen am Rathaus bis zur Zerstörung (1944)

1751
Erneuerung des Fußbodens im Goldenen Saal.

1781
Reparaturarbeiten an der Kupferdeckung des Rathausdaches sowie an der südlichen Turmkuppel.

1810/35
Im Goldenen Saal und den Fürstenzimmern wird eine Gemäldegalerie des bayerischen Staates eingerichtet.

1835
Zur Ausstattung des Goldenen Saales überläßt der Bayerische Staat Tintorettos Gonzaga-Zyklus (8 Gemälde), die 1895 wieder in die Alte Pinakothek nach München zurückgenommen werden.

1837
Restaurierung der Wandmalereien des Goldenen Saales und der Holz-Vertäfelung der Fürstenzimmer.

1838
Hauptportal und Unterer Fletz werden restauriert.

1850
Im Erdgeschoß des Rathauses wird das Stadtarchiv eingerichtet.

1867
Die Stadtverwaltung verkauft 25 alte Teppiche aus dem Goldenen Saal an den Augsburger Sammler und Kunsthändler Magnus Soyter.

1882–84
Freilegung der Ostfassade des Rathauses durch Abbruch der »Eisenhofbauten« und Anbau des städt. Verwaltungsgebäudes II; es entsteht der Elias-Holl-Platz.

1886
Anlage der Fischmarkttreppe.

1894
Der vom gotischen Rathaus stammende Wappenstein wird in die Ostfassade des Rathauses eingesetzt.

1894/95
Einrichtung eines Schaumuseums à là Makart in den Fürstenzimmern. Einbau des 1838 wiedergefundenen Grabsteins von Elias Holl im zweiten Zwischenpodest des südlichen Treppenhauses.

1899
Erhöhung des städtischen Verwaltungsgebäudes II.

1907
Die bislang im Rathaus untergebrachte Hauptwache wird aufgelöst.

1927/28
Renovierungsarbeiten der Nord- und Ostfassade an den Außenbereichen des Rathauses.

1933
Sicherung der Bodenkonstruktion des Goldenen Saales.

1934
Reinigung und Restaurierung der Grisaillemalereien im Goldenen Saal. Im Boden des Ratskellers wird Teil der eines römischen Steingrabmals gefunden.

1937/38
Ausbau des östlichen Untergeschoßes als Ratskeller und Anlagen der Rathausterrasse im Zusammenhang mit der Umgestaltung des Elias-Holl-Platzes einschließlich der Fischmarkttreppe.

1940
Einbau bzw. Nutzung eines Raumes im Oberen Fletz als Trauungssaal.

1942
Die Leinwandgemälde der Räume des Rathauses werden auswärts sichergestellt.

1944
In der Nacht vom 25./26. Februar wird das Rathaus durch Brandbomben bis auf die Außenmauern und Treppenhäuser nahezu vollständig zerstört.

Besondere Ereignisse im Augsburger Rathaus (teilweise nach Aufzeichnungen des Stadtarchivs)

1628
15. Mai: Eine kaiserliche Kommission – bestehend aus Erzherzog Veit Ernst, dem Freiherrn von Rechberg, Doktor Johann Geßler, Johann Georg von Leonrod und Doktor Johann Christoph Metzler übergibt im Rathaus ihr Beglaubigungsschreiben zur Durchführung des Restitutionsediktes.

1629
08. August: In Anwesenheit des kaiserlichen Kommissars Kurtz werden im Rathaus die evangelischen Prediger entlassen.

1632
24. April: König Gustav Adolf von Schweden besichtigt das Rathaus und die Türme.
29. April: Wahl des neuen evangelischen Rats.

1632
14. – 24. Juli: Dompropst Christoph von Au, Domherr Johann Ludwig von Grafeneck, Prälat Michael Höffelen von St. Georg, P. Bernhard Hertfelder von St. Ulrich und Afra, P. David von Hl. Kreuz, P. Konrad Reihin, die katholischen Stadtpfleger und zwei katholische Kaufleute werden im südwestlichen Fürstenzimmer in Arrest gehalten, um eine Verbindung mit bayerischen Truppen zu verhindern.

1635
09. Juni: Der kaiserliche Oberkommissar Lang stellt auf dem Rathaus den Grafen Ottheinrich Fugger dem Rat und der Bürgerschaft als kaiserlichen Statthalter vor.

1646
05. September: Rat und Bischof suchen sich im Rathaus mit den Evangelischen zu versöhnen.

1649
26. Januar: Im Rathaus wird eine Friedenskommission eröffnet; anwesend: der Rat der Reichsstadt Augsburg und Delegierte von Konstanz und Württemberg.

1653
Kaiser Ferdinand III. besichtigt das Rathaus.

1655
Königin Christine von Schweden besichtigt das Rathaus.

1658
23. August: Kaiser Leopold I. besichtigt das Rathaus.

1669
Joachim von Sandrart stellt das von ihm gemalte Hochaltarbild der Schottenkirche in Wien im Goldenen Saal aus.

1686
29. Juni: Im Goldenen Saal und den Fürstenzimmern wird die Augsburger Allianz unterzeichnet: Bündnis des Kaisers mit Venedig, Polen, Spanien, Schweden, Brandenburg gegen die Türken.

1691
26. Januar: Bankett im Goldenen Saal zum Abschluß der Krönungsfeierlichkeiten der Kaiserin Elenore und König Josephs I.

1703
Kurfürst Max Emanuel von Bayern besichtigt das Rathaus.

1703/04
Kurbayerische Besatzung: Die Waffenkammer über dem Goldenen Saal wird ausgeraubt.

1704
13. März: Kurfürst Max Emanuel von Bayern setzt im Goldenen Saal den Rat der Reichsstadt Augsburg ab und stellt an die Spitze der Stadtverwaltung drei Kommissare.

1711
Kaiser Karl VI. besucht das Rathaus.

1713
September: Wegen Seuchengefahr wird der Reichstag aus Regensburg vorübergehend in das Augsburger Rathaus verlegt.

1743
Kaiser Karl VII. (Albrecht von Bayern) besucht das Rathaus.

1763
Leopold Mozart besichtigt mit seinen Kindern Wolfgang (7 Jahre) und Nannerl das Rathaus.

1770
Erzherzogin Marie Antoinette im Rathaus.

1782
Papst Pius VI. besucht das Rathaus.

1792
Kaiser Franz II. besucht das Rathaus.

1794
29. Januar: Aufstand der Weber: Diese dringen in das Rathaus ein und verlangen sofortige Einsetzung einer Ratsdeputation zur Untersuchung ihrer Beschwerden; sie fordern das Verbot der Einfuhr fremder Webwaren.
25. Februar: Die Weber erzwingen eine Ratssitzung, werfen während der Sitzung Steine in die Fenster und fordern ein Verbot der ausnahmslosen Einfuhr aller Webwaren.

1805
23. Oktober: Napoleon I. im Rathaus.

1806
04. März: Im Sitzungszimmer des Geheimen Rates übergibt der französische Stadtkommandant General René die Reichsstadt an König Maximilian I. Josef von Bayern, Vertreter Bayerns war Landesdirektor von Merz. Aus dem Westgiebel wird der Bronzeadler entfernt.

1808
08. Januar: Festbeleuchtung des Rathauses zu Ehren des heimkehrenden bayerischen Militärs.
September: Der königlich-bayerische Hofkommissar Freiherr von Gravenreuth verpflichtet im Goldenen Saal die Mitglieder der neuen bayerischen Regierung des Lechkreises.

1810
19. März: Auf Befehl und Kosten der Kaiserin Marie-Luise, Gemahlin Napoleons I., wird in den unteren Räumen des Rathauses ein Gastmahl für 1400 Soldaten des französischen und bayerischen Heeres abgehalten.

1829
Anläßlich des Besuches König Ludwigs I. von

Bayern wird im Rathaus eine »Industrie-Ausstellung« abgehalten.

1838
König Ludwig I. von Bayern und der Zar von Rußland besuchen das Rathaus.

1848
04. März: Bürgerversammlung im Rathaus: eine an den bayerischen König gerichtete Schrift mit politischen Forderungen wird verlesen; es folgen weitere Bürgerversammlungen im Goldenen Saal.
04. April: auf dem Rathaus wird das schwarz-rot-goldene Banner gehißt.

1858
11. September: Festdekoration des Goldenen Saales zum Besuch König Maximilians II. von Bayern (Aquarell von Gottfried Pola, Inv. Nr. 5072).
13. September: Ball im Goldenen Saal.

1892
26. Juni: Bismarck wird im Rathaus empfangen.

1902
01. September: Für den in Augsburg tagenden »Verband deutscher Architekten- und Ingenieur-Vereine« wird im Rathaus ein Empfang und Bankett veranstaltet.

1931
Gedenkfeier zum 400. Todestag des Malers Hans Burgkmair im Goldenen Saal, mit Festrede von Universitätsprofessor Heinrich Alfred Schmid aus Basel.

1943
Letzte Feierlichkeit im Goldenen Saal zur Jahrhundertfeier der Augsburger Liedertafel.

Wiederaufbau und Generalsanierung

1944
25./26 Februar: Das Rathaus wird durch Brandbomben bis auf die Außenmauern und Treppenhäuser nahezu vollständig zerstört.

1946/47
Sicherung des Baukörpers durch Einziehen einer Stahlbeton-Hohlsteindecke und die Errichtung eines eisernen Dachstuhls (MAN-Stahlfachwerk-Konstruktion).

1947
16. Mai: Richtfest.

1949
August bis September: Der Goldene Saal wird provisorisch für Ausstellungszwecke verwendet; Abdeckung der Terrassen, Aufstellung der Bronzefiguren des Augustus- und Herkules-Brunnen im Unteren Fletz.
Oktober bis Dezember: Wiederherstellung des Ratskellers.

1950/54:
Wiederherstellung der Turmkuppel, Einbau der Fenster und Erneuerung des Außenputzes.

1956
28. August: Der Stadtrat beschließt die Durchführung eines bundesweiten Wettbewerbs für den Ausbau des Rathauses.

1957
27. September: Preisgerichtsentscheidung des Gestaltungswettbewerbes; keine der prämierten Arbeiten wird für den Innenausbau berücksichtigt.
13. November: Der Stadtrat beschließt den Innenausbau des Rathauses nach den Plänen von Stadtbaurat Walther Schmidt und des städtischen Hochbauamtes (Baudirektor Jakob Heichele).

1958/62
Ausbau des Rathauses: Oberer Fletz mit Stadtratssitzungssaal sowie kleiner Sitzungssaal mit Nebenräumen, Ausbau des Zwischengeschosses. Der Bereich des Goldenen Saales wird in einen »vorläufigen Zustand« gebracht.

1980/84
Beginnend mit der Auswechslung der Decke über dem Goldenen Saal im Oktober 1980 erfolgt eine grundlegende Sanierung und Restaurierung (Generalsanierung) des Rathauses mit einem Kostenaufwand von 9,2 Millionen DM.

1985
09. Januar: Festakt anläßlich der erfolgten Generalsanierung von Rathaus und Perlach sowie der Teil-Wiederherstellung des Goldenen Saales.
11. – 13. Januar: Tage der offenen Tür für die Bevölkerung. Rathaus und Goldener Saal stehen ganzjährig mit zahlreichen Veranstaltungen, Empfängen und Festlichkeiten im Mittelpunkt der 2000-Jahrfeier der Stadtgründung.

Daten und Zeittafel zum Perlachturm

Ende 10. Jh.
Nach Überlieferungen stand ein hölzerner Wachturm anstelle des heutigen Perlachturmes.

1060
Errichtung des heute noch stehenden steinernen Unterbaues, wohl im Zusammenhang mit dem Bau der Kirche St. Peter.

1260
Erste urkundliche Erwähnung des »Fischmarkts« sowie der anschließenden Krämerläden.

1320
Turmwächter werden seit 1320 auf dem Perlachturm urkundlich nachgewiesen.

1338
Einbau von Sturmglocken.

1410
Erhöhung des Turmes auf 36 m.

1437
Bemalung des Turmes.

1526/27
Der Turm wird zur Hälfte abgebrochen und bis zu einer Höhe von 63 m wieder aufgebaut; die Turmspitze erhält eine vergoldete Kugel. Einbau einer Räderuhr.

1529
Erneute Abtragung des Turmes und Wiederaufbau wegen starker Rissebildung, verursacht durch ein Erdbeben.

1561
Vier Sonnenuhren werden von Jörg Sorg d. J. am Turm angebracht.

1614/16
Elias Holl erhöht den Perlachturm auf seine heutige Höhe von 70,4 m zur Aufnahme der

Rathausglocken als Voraussetzung für den Abbruch des alten gotischen Rathauses und den anschließenden Bau des neuen Rathauses. Stadtmaler Matthias Kager erneuert die vier Sonnenuhren nach Entwürfen von Holl.

1622

Erste Erwähnung des Turamichele.

Elias Holl erstellt den heutigen Turmaufgang anstelle des bisherigen Zuganges von der Kirche her.

1910/11

Grundlegende Erneuerung des Turmes: Abtragung der alten Laterne und Erneuerung in Muschelkalk. Bemalung der Turmfassade von A. Brandes.

1944

25./26. Februar: Zerstörung des Turminneren und der Kuppel sowie des Turamichele durch einen Bombenangriff.

1945/47

Sicherungs- und Wiederherstellungsarbeiten einschließlich der Turmkuppel.

1949

Das Turamichele erscheint am 29. September erstmals wieder nach Kriegsende.

1950

01. Mai: Der Perlachturm wird wieder für Besucher freigegeben.

1954

Bauliche Korrektur der Turmkuppel nach fotogrammetrischen Ermittlungen.

1982/84

Grundlegende Sanierung des Turmes im Verbund mit dem Rathaus aus Anlaß der 2000-Jahrfeier der Stadtgründung. Einbau eines von der Alt-Augsburg-Gesellschaft gestifteten Glockenspiels.

Initiativen und Aktionen für die Wiederherstellung des Goldenen Saales

1956

28. August: Der Verein »Freunde der Augsburger Altstadt e.V.« unter seinem Vorsitzenden Dr.-Ing. Josef Weidenbacher beantragt anläßlich einer Bürgerversammlung, den Ausbau des Rathauses »in seiner früheren Pracht zum Wohle der ganzen Kulturwelt« vorzunehmen.

1957

Dr. Kreisel, Präsident des Bayer. Landesamtes für Denkmalpflege spricht sich im Zusammenhang mit der Wettbewerbsentscheidung zum Ausbau des Rathauses für eine historische Wiederherstellung des Goldenen Saales aus.

1962

18. April: Festliche Wiedereröffnung des Rathauses. Oberbürgermeister Dr. Klaus Müller hält die Festansprache mit einem flammenden Bekenntnis zur Wiederherstellung des Goldenen Saales bis zur 2000-Jahrfeier der Stadt.

1964

08. Juli: Altoberbürgermeister Dr. Klaus Müller übergibt die acht ovalen Deckenbilder des ehem. Goldenen Saales, die dank großzügiger Spenden von Prof. Martin Amorbach kopiert wurden; ein Jahr später (10. Juli 1965) das große Mittelbild und die beiden Rundbilder.

1968

20. Mai: Altoberbürgermeister Dr. Müller übergibt der Stadt das letzte der von Amorbach nachgemalten Bilder: das Rottenhammer-Bild über dem nördl. Hauptportal.

1969

12. November: Der Stadtrat beschließt die Bildung einer Kommission für die Gestaltung des Goldenen Saales.

1970

14. April: Die Goldene-Saal-Kommission (1. Sitzung) lehnt eine historische Wiederherstellung des Goldenen Saales ab.

16. Juli: Die GS-Kommission kommt auch in ihrer 2. Sitzung zu demselben Ergebnis.

1975

22. Oktober: Gründung des »Vereins zur historischen Wiederherstellung des Goldenen Saales im Rathaus zu Augsburg e.V.« durch Altoberbürgermeister Dr. Klaus Müller.

1976

17. Januar: Der Kiwanis-Club arrangiert als erster Sponsor die »Baustein-Aktion« für den Goldenen Saal.

1977

12. Juli: Der Stadtrat beschließt erneut die Bildung einer Goldenen Saal-Kommission.

Dezember: Der Stadtrat beschließt die Durchführung eines internationalen Kolloquiums unter Denkmalpflegern, Kunsthistorikern und Architekten.

1978

08./09. März: Internationales Kolloquium zur Frage der Wiederherstellung des Goldenen Saales im Augsburger Rathaus unter der Federführung des Zentralinstituts für Kunstgeschichte, München, mit abschließender Empfehlung an den Augsburger Stadtrat.

1979

31. Januar: Der Stadtrat beschließt die Beauftragung von Architekt Prof. Alois Machatschek mit der Erstellung eines Vorentwurfes mit Kostenschätzung sowie die Berufung der Professoren Alfred A. Schmid, Sauerländer und Paul in das Beratergremium.

1980

23. Juli: Der Stadtrat beschließt die Wiederherstellung des Goldenen Saales und eines Fürstenzimmers sowie die Generalsanierung des Rathauses und des Perlachturmes. Architekt Prof. Machatschek wird mit der Durchführung der Rekonstruktion beauftragt.

Die Kosten der Rekonstruktion

Kostenaufgliederung – 1. Wiederherstellungsstufe

A) Goldener Saal				
Steinmetzarbeiten				
Natursteinbelag Marmorumrahmung Portale		372.118 DM		
Treppenhauspodeste		61.935 DM		
Schreinerarbeiten				
Saaldecke		1.688.244 DM		
Haupt- und Nebenportale		817.044 DM		
Holzbildhauerarbeiten				
Schnitzwerk Saaldecke		284.642 DM		
Schnitzwerk Portale		461.724 DM		
Vergolderarbeiten				
Deckenelemente		733.787 DM		
Portalelemente		469.454 DM		
Kunstmaler- und Restaurierungsarbeiten	151.871 DM			
Zwei große Saaltische	58.168 DM			
Rekonstruktionsarbeiten, welche vom GS-Verein direkt an die Ausführenden bezahlt wurden	355.482 DM			
Kosten Goldener Saal (1. Stufe) aufgerundet		5.455.000 DM		
B) Fürstenzimmer (FZ I)				
Schreinerarbeiten				
Kassettendecke		506.730 DM		
Wandvertafelung und Innenportal		571.082 DM		
Parkettboden		60.681 DM		
Beschlag Innenportal	16.100 DM			
Holzbildhauerarbeiten	136.667 DM			
Kosten Fürstenzimmer I		1.291.260 DM		
C) Nebenkosten				
Bauliche Nebenkosten und techn. Installation	351.807 DM			
Möblierung: Fürstenzimmer und Andienungsbereich (FZ IV)	845.624 DM			
Architekten- und Ingenieurleistungen, sonstige Kosten	1.578.654 DM			
		2.776.085 DM		
Gesamtkosten 1. Wiederherstellungsstufe			9.521.814 DM	

Kostenaufgliederung – 2. Wiederherstellungsstufe (2)

A) Goldener Saal				
Fertigstellung der Saaldecke				
Zierschnitzwerk mit Vergoldung, spezielle Holzbehandlung der Decke und Kartuschenbemalung einschl. Gerüst	1.865.000 DM			
Freskenmalerei an den Saalwänden				
Freskoputz sowie Gerüste und Schutz-Restaurierung	1.250.000 DM			
und Retuschierung der originalen Freskenfragmente	603.000 DM			
Holzplastiken an den beiden Hauptportalen einschließlich Vergoldung	359.000 DM			
Saalbeleuchtungselemente (veranschlagt)	198.000 DM			
Kosten Goldener Saal (2. Stufe)		4.275.000 DM		
B) Fürstenzimmer I				
Wiederherstellung des Kachelofens einschl. Setzen des Ofens		568.000 DM		
C) Nebenkosten				
Architekten- und Ingenieurleistungen und sonstige Kosten		874.000 DM		
Gesamtkosten der 2. Wiederherstellungsstufe			5.717.000 DM	
Gesamtkosten der Rekonstruktionsmaßnahme (1. und 2. Stufe)				15.239.000 DM

Die Beteiligten an der Generalsanierung des Rathauses und des Perlachturmes

Die an der Generalsanierung des Rathauses und des Perlachturmes beteiligten Architekten, Projektanten, Denkmalpfleger und Künstler

Planung und Bauleitung
Baureferat – Städtisches Hochbauamt
Baureferat: Stadtbaurat Friedrich-Hermann Stab; Hochbauamtsleiter Dr.-Ing. Hermann Kießling; Baudirektor Ulrich Lohrmann, Leiter der Planungsabteilung mit Dipl.-Ing. (Univ.) Eberhard Eisen und Dipl.-Ing. Ilmberger; Dipl.-Ing. Alois Emmerling, Leiter der Bauleitungsabteilung mit Dipl.-Ing. Willi Scharf und Hubert Liebal
Projektierung und Überwachung der Haustechnik
Stadtwerke – Installationsabteilung: Dipl.-Ing. Artur Steidele (Sanitär und Heizung); Dipl.-Ing. Alfred Krick (Elektrotechnik) mit Rudolf Schranzhofer und Dipl.-Ing. Franz Mittenbuber (Lüftung und Aufzug)
Denkmalpflegerische Betreuung
Landesamt für Denkmalpflege München: Dipl.-Ing. Lothar Schaetzl, Dr. Peter Boettger, Dr. Bernd Vollmar
Statische Berechnungen
Büro Stöckle und Reilich, Augsburg
Befunduntersuchungen und farbtechnische Beratungen
Severin Walter, Kunstmaler und Restaurator, Diedorf; Werner Heckl (Gutachter), Neusäß
Künstler und Gestaltung
Lisa Beck, Augsburg; Prof. Ernst Göhlert, Augsburg; Frieder Pfister, Augsburg

Die beteiligten Firmen an der Generalsanierung des Rathauses

Aufzugarbeiten
Fa. Bauer, Augsburg
Bauhauptarbeiten
Pius Fischer, Augsburg; Heilit & Wörner, Augsburg; Leonhard Neff, Augsburg; Walch & v. Hörmann GmbH, Augsburg; Estrich- und Fußbodenarbeiten Ignaz Hacker, Augsburg; W. Müller, Ried b. Mering; Multifloor KG, Augsburg; Estrichbau Unger, Donauwörth
Fliesenarbeiten
Kolling KG, Augsburg
Gerüstbauarbeiten
Duile, Augsburg; F. Hopfenzitz und E. Hartmann, Augsburg; Heinrich Söll, Neusäß; Glaserarbeiten Hermann Kraus, Augsburg; Glas Rampp GmbH, Augsburg; Innenausbau + Möbel Siller & Laar, Augsburg; Möbelhaus des Handwerks, Augsburg
Isolierarbeiten
Walch + Hörmann, Augsburg; Franz Meier, Affing
Malerarbeiten
Alfred Bergmiller, Augsburg; Franz Egger, Augsburg; Werner Frank, Augsburg; Türk & Merkle, Augsburg; K. H. Vogt, Augsburg
Putzarbeiten
Arge Rathaus/Perlachturm, Baur & Hopfenzitz, Augsburg; J. Schnitzer & Sohn, Augsburg; Günther Stiehle, Augsburg; Hermann Strupf, Gersthofen; Sandstrahlarbeiten H. Haberland, Klosterlechfeld
Schlosserarbeiten
Karl Gebbard, Augsburg; Magnus Hirner, Augsburg; Wilhelm Schmidt, Augsburg; J. und H. Weiß, Augsburg
Schreinerarbeiten
Karl Achberger, Bobingen; Josef Greifenegger, Augsburg; Franz Meier, Affing; Donat Müller, Augsburg; Möbel Rager, Gersthofen; Herrmann Rein/Rudolf Greins, Augsburg; Holzbau- und Handel-GmbH, Augsburg; Hüppe GmbH, Oldenburg
Spenglerarbeiten
Helmut Gutmann, Augsburg
Stahlbauarbeiten
Stahlbau-Beck, Augsburg
Steinmetzarbeiten
Wilhelm Brenner, Augsburg; A. Eser (Inh. P. C. Kienzle), Augsburg
Zimmererarbeiten
Arge Rathaus K. H. Walter, Augsburg; Josef Spitzer, Augsburg
Beleuchtung – Elektroinstallationen
Johann Baumeister, Augsburg; Franz Müller (Sonderleuchten), Pfaffenhausen; Siemens AG, Augsburg
Heizungsinstallationen
Gottfried Braun, Thannhausen
Lüftungsinstallation
Kranik GmbH, Friedberg/Derching
Sanitärinstallation
Rieblinger GmbH & Co. KG, Augsburg; Lorenz Wetzenbacher, Augsburg (Feuerlöscheinrichtung)
Sonstige
Gebäudereinigung Strohmayr, Augsburg; Rudolf Pfundmeir, Augsburg (Montage Ausstellungssystem)

Die beteiligten Firmen an der Sanierung des Perlachturmes

Bauhauptarbeiten
WTB-Bau AG, Augsburg
Dachdeckerarbeiten
Voigt + Söhne, Augsburg
Elektroinstallation
Johann Baumeister, Augsburg
Gerüstbauarbeiten
Feig GmbH, Kösching; Hochmuth-Hebebühnen, Diedorf-Hausen
Glaserarbeiten
Glas Rampp GmbH, Augsburg

Malerarbeiten
Türk & Merkle, Augsburg; Bernhard Wöster, Neusäß
Putzarbeiten
Arge Rathaus/Perlachturm; Baur & Hopfenzitz, Augsburg; Schnitzer & Sohn, Augsburg; Günther Stiehle, Augsburg; Hermann Strupf, Gersthofen
Reinigungsarbeiten
Blitz Blank Augsburg
Sandstrahlarbeiten
Otto Böhm, Augsburg
Sanitärinstallation
Heinrich Mannsberger, Augsburg
Schlosserarbeiten
Alfred Mayr, Augsburg; Muckelbauer & Thoma, Augsburg; Wilhelm Schmidt, Augsburg; Tiefenthaler, Augsburg
Schreinerarbeiten
Franz Meier, Affing
Spenglerarbeiten
Helmut Gutmann, Augsburg
Steinmetzarbeiten
A. Eser (Inh. P. C. Kienzle), Augsburg
Vergolderarbeiten
Alfred Binapfl, Friedberg
Uhrenanlage
Philipp Hörz GmbH + Co. KG/Uhren, Ulm
Glockenspiel
Korfhage & Söhne, Melle

Die an der Rekonstruktion des Goldenen Saales und eines Fürstenzimmers beteiligten Architekten, Restauratoren, Kunsthandwerker und Fachfirmen (nach der Reihenfolge ihrer Tätigkeit)

Planung der Rekonstruktion
Architekt Prof. Dr. Alois Machatschek, Wien
Mitarbeit: Dipl.-Ing. W.Schermann, H.Retzl, E. Chaloupek; Leitung der Rekonstruktionsdurchführung: Professor Dr. Alois Machatschek, Wien, mit Architekt Raimund von Doblhoff, Augsburg
Oberleitung und Architektenbetreuung
Städt. Hochbauamt/Leitender Baudirektor Dr. Hermann Kießling (bis Jan. 1991); Leitender Baudirektor Dipl.-Ing. (Univ.) Günter Billenstein (ab Mai 1991); Baudirektor Dipl.-Ing. (Univ.) Ulrich Lohrmann; Dipl.-Ing. (Univ.) Helmut Beck (bis Juli 1988); Dipl.-Ing. Nikolaus Mayer (bis Dez. 1990); Dipl.-Ing. (Univ.) Peter Schenk (ab Jan. 1991)
Beratung und Betreuung der Restaurierung und Retuschierung der Freskenfragmente
Landesamt für Denkmalpflege München (Prof. Dr. Michael Petzet, Dr. Bernd Vollmar)
Zimmererarbeiten
Donath Müller KG, Augsburg
Schreinerarbeiten
Josef Willmeroth Innenausbau KG, Augsburg
Vereinigte Werkstätten, München;
M. Herzog, Thierhaupten
Steinmetzarbeiten
Arbeitsgemeinschaft A. Eser (Inh. P. C. Kienzle) und Wilhelm Brenner, Augsburg
Kunstschlosserarbeiten
(sämtliche Beschläge an den Portalen)
Johann und Günther Weiß, Augsburg
Holzbildhauerarbeiten
Arge der Landesinnung für Holzbildhauer Bayerns unter Federführung von Josef Fux, Oberammergau (1. Stufe)
Friedrich Brenner, Anhausen; Walter Campidell, Feistritz a. d. Drau (A); Konrad Campidell, Bad Kleinkirchen (A); Josef Fux, Oberammergau; Friedrich Mayet, Oberammergau
Vergolderarbeiten
Erich Ehmer (1. Stufe); Franz Nefzger, Surheim (1. Stufe); Anton Finkenzeller, München; Josef Hausch, Fürstenfeldbruck; Marion Kratz-Röhrig, Augsburg; Alfred Binapfl, Markus und Reinhard Binapfl, Friedberg
Herstellung des Blattgoldes
Blattgoldfabrik-Kühny (Inh. Rolf Eitel), Augsburg
Bilderrahmen im Fürstenzimmer I
(Rekonstruktion)
Karl Pfefferle, München
Kunstmalerarbeiten
Nachbildung der Deckenbilder (1963 – 1968): Prof. Oskar Martin-Amorbach, Würzburg
Nachbildung des Rottenhammer-Bildes über dem nördlichen Hauptportal; Wiederherstellung der 10 Tafeln mit Groteskromamentik sowie der Bemalung der 24 Kartuschen an der Decke:
Hermenegild Peiker, Augsburg
Wandfresken
(Wiederherstellung)
Hermenegild Peiker, Kunstmaler, Augsburg
Freskenrestaurierung
Helmut Zernickel, Restaurator, München
Kachelofen
Bildhauerin und Keramikmeisterin Gertrud Nein, Ebermannstadt
Setzen des Kachelofens
Firma Josef Weiß, Boos b. Memmingen
Beleuchtungsprojekt Goldener Saal
Lichtstudio Ingo Maurer, München

Rekonstruktionsbegleitende Arbeiten

Bauhauptarbeiten
L. u. E. Geßwein, Augsburg; Leonhard Neff, Augsburg
Gerüstbauarbeiten
Duile-Gerüstbau, Augsburg; Werner Frank, Augsburg; Felix Hopfenzitz, Augsburg
Glasarbeiten
Glas Rampp, Augsburg
Schlosserarbeiten
Alfred Mayr, Augsburg
Malerarbeiten
Türk & Merkle, Augsburg
Sandstrahlarbeiten
Otto Böhm, Augsburg
Elektroinstallationen
Georg Braun, GmbH, Augsburg; Etos GmbH, Augsburg; Siemens AG, Augsburg
Lüftungsinstallationsarbeiten
Hartig GmbH, Augsburg
Sonstige
B. und R. Sauer, Augsburg; Strohmayr-Baureinigung, Augsburg; K. H. Walter, Augsburg

Ablauf der Rekonstruktionsmaßnahme

Erste Wiederherstellungsstufe

1979
13. April: Abschluß Architektenvertrag mit Prof. Machatschek. Beginn der Rekonstruktionsplanung.
1980
11. Januar: Begutachtung der ersten Planungsergebnisse für die Rekonstruktion von Prof. Machatschek durch den Sachverständigenausschuß.
1981
16. Januar: Begutachtung der weitergeführten Rekonstruktionsplanung durch den Sachverständigenausschuß.
15. Juli: Auftragserteilung für die Zimmerer- und Schreinerarbeiten der Saaldecke an Firma Innenausbau Willmeroth, Augsburg, anschließend Werkstattarbeiten.
02. November: Auftragserteilung für die Steinmetzarbeiten des Saalbodens und Portalumrahmungen an die Arbeitsgemeinschaft Eser (Inh. P. C. Kienzle) und Brenner, Augsburg.
Dezember: Aufstellung des Saalgerüstes.
1982
Januar: Fertigstellung der Zimmerer- und Schreinerarbeiten der Saaldecke.
15. Mai: Auftragserteilung für die Schreinerarbeiten der Portale an Firma Innenausbau Willmeroth, Augsburg.
18. Juni: Auftragserteilung für die Holzbildhauerarbeiten an der Saaldecke an die Arbeitsgemeinschaft der Holzbildhauer Bayerns, Oberammergau.
24. Juni: Auftragserteilung für die Holzbildhauerarbeiten an den Portalen an Restaurator Walter Campidell, Feistritz/Drau (Österreich).
19. Juli: Auftragserteilung für die Vergolderarbeiten der architektonisch gebundenen Zierelemente der Decke sowie für die Vergolderarbeiten an der Saaldecke und an den Haupt- und Nebenportalen.
06. August: Auftragserteilung für die Schreinerarbeiten der Wandverkleidung mit Innenportal des Fürstenzimmers I an Firma Innenausbau Willmeroth, Augsburg. Vergabe der Schreinerarbeiten der Decke im Fürstenzimmer an die Firma Vereinigte Werkstätten, München.
1983
Januar: Fertigstellung der Zimmerer- und Schreinerarbeit an der Saaldecke.
Februar: Beginn der Schreinerarbeiten der Decke im Fürstenzimmer.
März: Fertigstellung der Vergolderarbeiten an der Saaldecke.
April: Montage der vergoldeten Schnitzelemente an der Decke.
Mai: Abbau des Saalgerüstes.
Juni: Fertigstellung der Schreinerarbeiten für die Portale.
Oktober: Fertigstellung der Schreinerarbeiten an der Decke im Fürstenzimmer.
Vergabe der Schnitzerarbeiten im Fürstenzimmer an die Holzschnitzer Walter Campidell, Feistritz, und an die Arbeitsgemeinschaft der Holzschnitter Oberammergau.
November: Beginn der Schreinerarbeiten für die Portale im Saal.
1984
Januar: Beginn der Werkstattarbeiten für die Portale.
Juni: Fertigstellung der Schreinerarbeiten für die Portale.
November: Fertigstellung der Schreinerarbeiten (Wandverkleidung und Innenportal) im Fürstenzimmer.
Dezember: Fertigstellung der Holzbildhauerarbeiten an den Saalportalen sowie im Fürstenzimmer.

Zweite Wiederherstellungsstufe

1985
27. November: Der Stadtrat beschließt die Weiterführung der Rekonstruktion mit den noch fehlenden vergoldeten Holzschnitzereien an der Saaldecke, der Portalfiguren sowie der Freskenmalerei an der Südostecke.
1986
16. Juli: Beauftragung von Kunstmaler Hermenegild Peiker für die Freskenmalerei.
18. Juli: Beauftragung von Restaurator Walter Campidell für das »Deckenachtel«.
Ende Juli: Beginn der Freskenmalerei Südwand (östl. Teil).
August: Beginn mit dem »Deckenachtel«.
1987
17. Februar: Beauftragung von Walter Campidell zur Erstellung von ergänzenden Schnitzelementen an der Decke.
März: Fertigstellung der Freskenmalerei Südwand (östl. Teil).
April: Beginn mit der Freskenmalerei Südwand (westlicher Teil).
Juli: Befunduntersuchung der originalen Freskenreste durch Restaurator H. Zernickel und Erstellung einer Maßnahmenkataloges.
September: Fertigstellung der Freskenmalerei Südwand (westlicher Teil).
08. Dezember: Beauftragung der Arbeitsgemeinschaft Holzschnitzer und Vergolder mit der Komplettierung der Saaldecke.
1988
März: Beginn der Freskenmalerei Nordwand (westlicher Teil).
Mai: Beendigung der Freskenmalerei Nordwand.
25. November: Die Sachverständigen empfehlen einen beschränkten Wettbewerb für die Wiederherstellung der Portalfiguren.
1989
März: Beginn der Freskenmalerei Nordwand (östlicher Teil).

November: Beginn der Freskenmalerei Ostwand.

1990

Januar: Fertigstellung der Freskenmalerei Ostwand sowie Beginn Westwand.

März: Fertigstellung der Freskenmalerei Ostwand und der Komplettierung der Saaldecke mit dem vergoldeten, reichen Schnitzwerk.

21. März: Beschluß des Stadtrates für die Wiederherstellung des Kachelofens im nordwestlichen Fürstenzimmer sowie für die Wiederherstellung der beiden südlichen Fürstenzimmer (FZ II und III). Beauftragung der Keramikmeisterin und Bildhauerin Gertrud Nein, Ebermannstadt, für die Wiederherstellung des Kachelofens im nordwestlichen Fürstenzimmer.

24. August: Beurteilung der vorgelegten Modelle der Portalfiguren; eine zweite Wettbewerbsstufe ist erforderlich.

02. November: Abschließende Beurteilung der Musterwandleuchte von Friedrich Brenner an der Stirnseite durch die Sachverständigen.

1991

26. Februar: Korrekturtermin von Teilstükken des Kachelofens mit ausführlicher Erörterung der Sachverständigen mit Frau Nein über den Spielraum der Rekonstruktionsarbeiten im Detail.

05. Juli: Beurteilung der in einer zweiten Stufe vorgelegten Modelle der Portalfiguren.

06. August: Beauftragung von Holzbildhauer Josef Fux für die Wiederherstellung der Figuren am südlichen Hauptportal und Holzbildhauer Friedrich Mayet für die Figuren am nördlichen Hauptportal.

1992

Mai: Beleuchtungsproben im Zusammenhang mit der Erörterung der Gestaltung von Beleuchtungskörpern. Wiederholte Korrekturtermine für die Figuren an den Hauptportalen. Vorläufige Beendigung der Restaurierung und Retuschierung der originalen Freskenreste.

1993

Weitere Korrekturtermine für die Portalfiguren und die Freskenretuschen.

23. Juli: Die von vier Designern eingereichten Entwürfen von Standleuchten für den Goldenen Saal werden von den Sachverständigen als nicht überzeugend beurteilt; es sollte mit dem Münchner Lichtgestalter Ingo Maurer Verbindung aufgenommen werden.

1994

Juni: Fertigstellung der Freskenretuschen an der Südwand (östlicher Teil).

Vorlage der Ofenkacheln bis zum Gesims des gewölbten Baldachins, wobei diese ebenso wie auch die Bewältigung der technischen Schwierigkeiten als hervorragend bewertet wurden.

25. November: Freigabe der rechten Nymphenfiguren am nördlichen Hauptportal zur Vergoldung.

1995

24. Februar: Begutachtung von Beleuchtungsobjekten (Standleuchten-Lichtstudio Ingo Maurer, München). Freigabe der linken Portalfigur am nördlichen Hauptportal zur Vergoldung. Setzen des Kachelofens im Fürstenzimmer I durch die Fachfirma Weiß, Boos b. Memmingen.

31. Juli: Freigabe der rechten Holzplastik (Cybele) am Südportal.

25. November: Freigabe der linken Portalfigur (Minerva) am südlichen Hauptportal zur Vergoldung.

1996

16. Februar: Abnahme der letzten der vier vergoldeten Portalfiguren (Minerva) von Bildhauer Fux.

23. Februar: Festakt im Goldenen Saal anläßlich des Abschlusses der zweiten Wiederherstellungsstufe.

Quellen und Literatur

Rathaus (Maximilianstraße 1), Band 1 – 5 (1819 – 1971)
Stadtarchiv: Band 6 – 9 (ab 1972) städt. Aktenverwaltung
Rathaus – Goldener Saal (ab 1960) Stadtarchiv
Rathaus – Ratskeller, Band 1 – 5 (1904 – 1971) Stadtarchiv; Band 6 – 16 (ab 1972) städt. Aktenverwaltung
Perlachturm (Ludwigsplatz 2), Band 1 – 4 (bis 1970) Stadtarchiv; Band 5 – 9 (ab 1971) städt. Aktenverwaltung

Arndt, Hans-Joachim: Historische Bauwerke und Kunst unserer Zeit am Beispiel des wiederaufgebauten Schlosses Charlottenburg in Berlin, in: Deutsche Kunst- und Denkmalpflege
Augsburger Album des Akademischen Architektenvereins München (1886).
Augsburger Barock, Ausstellungskatalog, herausgegeben von den Städtischen Kunstsammlungen Augsburg, Augsburg 1967.
Augsburger Frauenlexikon, herausgegeben von der Stadt Augsburg (Redaktion Ingrid Bergmann-Ehm), Augsburg 1987.
Baer, Wolfram: Zur historischen Funktion des Augsburger Rathauses während der reichsstädtischen Zeit, in: Elias Holl und das Augsburger Rathaus, Ausstellungskatalog, Regensburg 1985.
Baer, W./Kruft, H. W./Roeck, B. (Hrsg.): Elias Holl und das Augsburger Rathaus, Ausstellungskatalog, Regensburg 1985.
Baum, Julius: Das Alte Augsburger Rathaus, in: Zeitschrift des Historischen Vereins für Schwaben und Neuburg (ZHVS) 33 (1907).
Berger, Ernst: Beiträge zur Entwicklungsgeschichte der Maltechnik, Bd. V: Freskenmalerei und Sgraffitotechnik, München 1909.
Berlepsch: Das Augsburger Rathaus, in: Zeitschrift des Historischen Vereins 1884 – 1887, Augsburg 1887.
Berliner, Rudolf/Egger, Gerhard: Ornamentale Vorlagenblätter des 15. bis 19. Jahrhunderts, München 1981.
Blümel, Fritz: Deutsche Öfen, München 1965.
Börsch-Supan, Helmut: Schloß Charlottenburg, Berlin 1980.
Ders.: Kopie und Paraphrase als Ersatz zerstörter Deckenmalereien im Schloß Charlottenburg, in: Deutsche Kunst- und Denkmalpflege, 38. Jg. (1980).
Böttger, Peter/Walter, Severin: Zur Farbigkeit der Bauten Elias Holls, in: Kunstchronik Heft 11 (November 1985), München.
Brüning, Adolf: Die Schmiedekunst bis zum Ausgang des 18. Jahrhunderts, Leipzig 1922.
Buff, Adolf: Der Bau des Augsburger Rathauses mit besonderer Berücksichtigung der Ausstattung des Innern, in: Zeitschrift des Historischen Vereins für Schwaben und Neuburg (ZHVS) 14 (1887).
Ders.: Das Rathaus der Stadt Augsburg, erbaut 1615 – 1620 von Elias Holl, Stadtbaumeister. Hrsg. von Ludwig Leybold, Berlin 1886.
Bushart, Bruno: Das Augsburger Rathaus, als Kunstwerk, in: Elias Holl und das Augsburger Rathaus, Ausstellungskatalog, Regensburg 1985.
Canz, Sigrid: Schlösser, Schlüssel und Beschläge, Wuppertal 1981.
Christoffel, Ulrich: Das Augsburger Rathaus (Deutsche Kunstführer Band 47), Augsburg 1929.
Dirr, Pius: Handschriften und Zeichnungen Elias Holls, in: Zeitschrift des Historischen Vereins für Schwaben und Neuburg, (ZHVS) 33 (1907).
Dorfleitner, Gregor/Klein, Thomas: Renaissance Area. Fillings in the City Hall of Augsburg, in: The Mathematical Intelligencer, Vol. 18, No. 2, 1996, New York.
Feuler, A.: Süddeutsche Freskenmalerei, in: Münchner Jahrbuch der Bildenden Künste 1916 – 1918.
Franz, Rosemarie: Der Kachelofen, Graz 1969.
Frei, Hans: Schwaben grüßt Augsburg. Eine Bilderfolge vom Schwabentag des Bezirks am 30. Juni 1985 (Hrsg. Bezirk Schwaben), Augsburg 1985.
Gebeßler, August: Der profane Saal des 16. Jahrhunderts in Süddeutschland und den Alpenländern, München 1957.
Giessler, Heinrich: Die Zeichnungen des Augsburger Bildhauers Caspar Menneler, in: Münchner Jahrbuch der Bildenden Kunst. Dritte Folge, Band XXXIV, München 1983.
Gottlieb, G. u. a. (Hrsg.): Die Geschichte der Stadt Augsburg von der Römerzeit bis zur Gegenwart, Stuttgart 1984.
Graßl, Hans: Das Augsburger Rathaus, in: Monumente Bayerischer Geschichte (Arbeitshefte des Bayerischen Landesamtes für Denkmalpflege, Nr. 35), München 1987.
Gross, Walter: Beiträge zur Topographie von Alt-Augsburg, Augsburg 1967.
Gruber, Karl: Das deutsche Rathaus, München 1943.
Hafner, Doris: Fassadenmalerei in Augsburg vom 16. bis 18. Jahrhundert, Bonn 1922.
Hagen, Bernt von/Wegner-Hüssen, Angelika: Stadt Augsburg, Ensembles – Baudenkmäler – Archäologische Denkmäler, München 1994.
Heinse, Wilhelm: Sämtliche Werke, Band VII, Leipzig 1909.
Herzog, Erich: Werden und Form der mittelalterlichen Stadt Augsburg, in: Augusta 955 – 1955, München 1955.
Hilbich, Eberhard P.: Das Augsburger spätgotische Rathaus und seine Stellung unter den süddeutschen Rathausbauten, Augsburg 1968.
Hinz, Berthold: Die Malerei im deutschen Faschismus. Kunst und Konterrevolution, München 1984.

Hirth, G.: Die Ostfassade des Rathauses zu Augsburg, Kl. Schriften Bd. 1, München 1884.
Hojer, Gerhard: Der italienische Bau (Stadtresidenz Landshut), Ausstellungskatalog 1994.
Kallenbach, Wilhelm u. a.: Brandschatz in Baudenkmälern und Museen, München 1982.
Kempf, Rudolf (Hrsg.): Alt-Augsburg, eine Sammlung architektonischer und Kunstgewerblicher Motive (Text: A. Buff), Berlin 1898.
Kier, Hiltrud: Schmuckfußböden in Renaissance und Barock, München 1976.
Kießling, Hermann: Die städtebauliche Entwicklung rund um das Rathaus, in: Augsburg und sein Rathaus 1985, Augsburg 1985.
Kießling, Hermann/Lohrmann, Ulrich: Das Augsburger Rathaus, Schnell-Kunstführer Nr. 1541 (von 1985), Regensburg, 9. Auflage 1995.
Kießling, Hermann: Stadt Augsburg – Hochbauamt, Das Augsburger Rathaus. Daten und Fakten zum Wiederaufbau und zur Gestaltung des Goldenen Saales. Dokumentation aus Anlaß des internationalen Kolloquiums, Februar 1978.
Kleiner, Salomon: Das prächtige Rath-Hauß der Stadt Augsburg als derselben gröseste Zierde, Augsburg 1732.
Klinger, Johannes/Thomas, Roland: Die Kunst des Vergoldens, München 1989.
Krämer, Gode: Die Rathausbilder, in: Elias Holl und das Augsburger Rathaus, Ausstellungskatalog, Regensburg, 1985.
Landesamt für Denkmalpflege: Arbeitsheft Konservierung – Restaurierung – Renovierung, München 1985.
Leybold, Ludwig: Skizzenbuch zum Bauaufnahmewerk 1883–86 (Stadtarchiv Augsburg).
Lieb, Norbert: Augsburgs bauliche Entwicklung als Ausdruck städtischen Kulturschicksals seit 1800, in: Wiederaufbau und Tradition, Zeitschrift des Historischen Vereins für Schwaben (ZHVS) 58, Augsburg 1951.
Ders.: Das Augsburger Rathaus. Führer zu großen Baudenkmälern, Heft 37, Berlin 1944.
Liedke, Volker: Stadt Landshut, München – Zürich 1988.
Machatschek, Alois: Die Planung und die praktische Durchführung der Rekonstruktion des Goldenen Saales und eines Fürstenzimmers, in: Augsburg und sein Rathaus 1985, Augsburg 1985.
Ders.: Die Rekonstruktion des Goldenen Saales im Augsburger Rathaus, ein Zwischenbericht – Theorie und Praxis, in: Kunstchronik, Heft 11 (November 1985); herausgegeben vom Zentralinstitut für Kunstgeschichte in München.
Ders.: Die Rekonstruktion des Goldenen Saales im Augsburger Rathaus, in: Stadterhaltung und Stadtgestaltung IX, Inst. für Baugeschichte und Kunstgeschichte der Technischen Universität Wien 1986.
Meyer, Christian: Die Hauschronik der Familie Holl (1487 – 1646), insbesondere die Lebensbeschreibung des Elias Holl, Baumeister der Stadt Augsburg, München 1910.
Meyer, Franz Sales: Handbuch der Schmiedekunst, Leipzig 1888.
Michalsky, Sergiusz: Das Ausstattungsprogramm des Augsburger Rathauses, in: Elias Holl und das Augsburger Rathaus, Ausstellungskatalog, Regensburg 1985.
Nasse, Hermann: Johann Matthias Kager, der Stadtmaler von Augsburg, 1575 – 1634. Dissertationsschrift 1925 (Abschrift in der Stadtbücherei Augsburg).
Nerdinger, Winfried: Die Architekturzeichnung. Vom barocken Idealplan zur Axonometrie, München 1986.
Netzer, Susanne: Johann Matthias Kager, Stadtmaler von Augsburg (1575 – 1634). München 1980.
Nowka, Werner B.: Reconstruction of the Augsburg Kachelofen, in: Ceramics monthly 6/1996 Westerville, Ohio.
ÖRAG, Österreichische Realitäten-AG (Hrsg.): Bericht über die Revitalisierung des Palais Ferstel, Wien 1986.
Paul, Jürgen: Der Goldene Saal des Augsburger Rathauses und die Bautradition des Ratssaales, in: Augsburg und sein Rathaus 1985, Augsburg 1985.
Pepper, Wolfgang: Rettung des Rathauses, in: Eine Stadt, Heft 5/1955, Augsburg.
Petzet, Michael: Das ehemalige Marstall- und Kunstkammergebäude in München und sein Umbau zur königlichen Münze, in: Jahrbuch der Bayerischen Denkmalpflege, Band 40.
Randa, Wolfgang: Raumprobleme im europäischen Städtebau, München 1956.
Rée, P. J.: Peter Candid, Sein Leben und seine Werke, Leipzig 1885.
Reinstädter, Hajo: Schloß Bruchsal, Tübingen 1982.
Roeck, Bernd: Elias Holl, Regensburg 1984.
Sandrart, Joachim von: Teutsche Academie der Edlen Bau-, Bild- und Mahlerey-Künste II, Nürnberg 1675 (Neu herausgegeben von), A. R. Peltzer, München 1925.
Scheel, Hans: Die Schmiedearbeiten, 2. Aufl., München 1954.
Schindler, Herbert: Große Bayerische Kunstgeschichte, München 1963, Studienausgabe 1976, Band 2.
Schlegel, Friedrich W.: Türschloß und Beschläge, Duisburg 1952.
Ders.: Kulturgeschichte der Türschlösser, Duisburg 1963.
Schleich, Erwin: Ein Beitrag zum Wiederaufbau Münchens, in: Stadterhaltung – Stadtgestaltung IX, herausgegeben von Hans Koepf, Institut für Baukunst, Denkmalpflege und Kunstgeschichte der Universität Wien.
Schmid, Alfred A.: Denkmalpflege im Widerspruch. Sonderdruck aus Passagen zu Karl Kallers 70. Geburtstag, Winterthur 1990.
Ders.: Das internationale Kolloquium zur Rekonstruierung des Goldenen Saales, in: Augsburg und sein Rathaus 1985, Augsburg 1985.
Ders.: Echtheitsfetischismus? Zur Wahrhaftigkeit des Originalen. Vorträge im Rahmen eines zweitägigen Symposiums am 04./05. April 1979 in der Carl Friedrich von Siemens-Stiftung München-Nymphenburg.
Schmidt, Walther: Von der Unterteilbarkeit

von Fensterflächen, in: Deutsche Kunst- und Denkmalpflege, 19 Jg. (1952).
Schmidt, Wilhelm: Die Verwendung des Naturbausteins. 3. Bericht der Naturforsch. Gesellschaft, Augsburg 1950.
Seegy, Friedrich: Ergebnis im Geiste Holls? Vom Wettbewerb zum Ausbau des Augsburger Rathauses, in: Eine Stadt, Berichte über Kultur und Leben, Augsburg 1958.
Skalecki, Georg: Deutsche Architektur zur Zeit des Dreißigjährigen Krieges, Regensburg 1989.
Stadt Augsburg – Amt für Öffentlichkeitsarbeit (Redaktion: Hermann Lamprecht): 2000 Jahre Augsburg – Höhepunkte im Jubiläumsjahr 1985.
wie vor: Unvergeßliches Stadtjubiläum 1985 – Die Stadt feiert mit ihren Bürgern und Gästen.
wie vor: Die lebendige Stadtgeschichte erleben. Augsburg heute für die Bürger von morgen.
Stadt Augsburg – Bauverwaltung: Wettbewerb Ausbau des Augsburger Rathauses, Augsburg, 1956.
Stadt Augsburg – Hochbauamt: Augsburg und sein Rathaus 1985 – Sanierung des Rathauses und des Perlachturmes. Die Rekonstruktion des Goldenen Saales und eines Fürstenzimmers. Eine Dokumentation, Augsburg 1985.
Stadt Augsburg – Kunstsammlungen: Architektur des 19. Jahrhunderts in Augsburg. Zeichnungen vom Klassizismus bis zum Jugendstil, Ausstellungskatalog, Augsburg 1979.
Stadt Augsburg – Oberbürgermeister der Gauhauptstadt (Hrsg.): Fünf Jahre Aufbau der Stadt Augsburg. Ein Rechenschaftsbericht über die Jahre 1933 – 1937. 2 Bände, Augsburg 1938.
Stab, Friedrich H.: Elias Holl – Genie und Schöpfer eines Gesamtkunstwerkes, in: Augsburg und sein Rathaus 1985, Augsburg 1985.
Stankiewicz, Jerzy: Die Rekonstruktion und ihre Probleme am Beispiel des Goldenen Saales des Rathauses Augsburg und der Innenräume des Rechtsstädtischen Rathauses in Gdansk, in: Architektura XX, Gdansk (Danzig) 1981.
Steinhäußer, Fritz: Augsburg in kunstgeschichtlicher und hygienischer Beziehung. Festschrift, Augsburg 1902.
Stetten, Paul von (d. J.): Die vornehmsten Merkwürdigkeiten der Stadt Augsburg 1772.
Tintelnot, Hans: Die barocke Freskenmalerei in Deutschland, München 1951.
Tipton, Susan: Die Ausstattung des Augsburger Rathauses (1619 – 1926), Seminararbeit an der Universität Augsburg, 1984.
Vollmar, Bernd: Die Dachwerkkonstruktion des Elias Holl, in: Elias Holl und das Augsburger Rathaus, Augsburg 1985.
Walter, Renate von: Das Augsburger Rathaus, Architektur und Bildgehalt, Augsburg 1972.
Walz, Tino: Meitinger, Otto/Beil, Toni: Die Residenz in München. Entstehung – Zerstörung – Wiederaufbau, München 1987.
Weidenbacher, Josef: Fünf Jahre Einsatz für das »Goldene« Augsburg (1953 – 1958), Festschrift des Vereins »Freunde der Augsburger Altstadt e.V.«, Augsburg 1958.
Welt im Umbruch: Augsburg zwischen Renaissance und Barock, Ausstellungskatalog, herausgegeben von den Städtischen Kunstsammlungen Augsburg, Augsburg 1980.
Wihr, Rolf: Fußböden aus Stein, Mosaik, Keramik, Estrich. München 1985.
Wirth: Augsburg wie es ist, Augsburg 1846.
Zangheri, Luigi: Die Wiederherstellung des »Goldenen Saales« in Augsburg. Aus dem Juliheft 1984 von »Architetti d'oggi«, Monatsheftchen Architektenkammer von Florenz und Livorno.
Zimmer, Jürgen: Das Augsburger Rathaus und die Tradition, in: Jahrbuch der bildenden Kunst, München 1977.
Zipper, Jakob: Vollständiges Handbuch der Schlosserkunst, Augsburg 1841.

Personenregister

Fotonachweis

Ay, Hermann 110, 125, 238, 244, 414
Binapfl, Friedberg 219 unten, 288 oben
Buchroth, C., Augsburg 242
Bühler, Traudl, Augsburg 220 unten, 221, 222 oben u. unten, 223 oben u. unten, 203, 216, 272 oben
Diekamp, Wolfg., Augsburg 195
Eberhardinger, Augsburg 54
Eckert, Alfred, Augsburg 60
Fux, Oberammergau 212 oben u. unten, 214 oben u. unten, 214 oben , 287
Geßner, Franz, Augsburg 163, 202, 264 (3)
Glässel, Augsburg 153
Goldener-Saal-Verein Archiv 162, 260
Hien, Helmut, Augsburg 166
Hirmer-Fotoarchiv, München 170
Hohenner sen., Richard, Augsburg 75
Keim-Archiv, Diedorf 173
Kienzle P. C., Augsburg 252 (2 x)
Kießling, Michael, Augsburg 276, 302, 303
Kreppel, Helmut, Augsburg 164, 201, 224 links + rechts (2x), 301 unten
Kron, Jens, Augsburg 194, 198, 199 (2x) oben u. unten, 208, 209 oben u. unten, 210, 211 (3x), 218 unten, 219 oben, 229, 230, 251, 312 oben, 313, 342, 343, 344, 345, 361, 364, 398
Laib, B., Augsburg 163 oben u. unten
Lang, Tino, Augsburg 132
Linke, Ulf, Augsburg 62, 64
Mülbe, Wolf-Christian von der 2, 9, 11, 20, 22, 28, 44, 49, 254, 275, 286, 317, 360, 387, 416
Maurer, Ingo, München 366
Müller, Helmut, Studio Augsburg II, 47, 270, 311, 214 unten
Nein, Gertrud, Ebermannstadt 231, 323, 233, 234
Ostertag, Karin 243, 412, 420
Pistorius, Karl, Augsburg 159
Schöllhorn, Fred, Augsburg 160, 154, 167, 189, 191, 192, 196, 220 oben, 236, 237, 240
Wiedermann Foto, Villach/Kärnten 205, 206, 207 (3 x), 218 oben, 261 oben
Zernickel, Helmut, München 348 (3 x), 357, 358, 359, 360, 361

Die im Fotonachweis nicht aufgeführten Abbildungen stammen von der Stadtbildstelle Augsburg, den städt. Kunstsammlungen sowie von sonstigen städtischen Archiven.